기업범죄예방과
준법지원인제도

김재윤

Corporate
Criminal
Prevention

Compliance
Officer
System

박영사

이 저서는 2016년 정부(교육부)의 재원으로 한국연구재단의 지원을 받아 수행된 연구임(NRF－2016S1A6A4A01019034).

This work was supported by the National Research Foundation of Korea Grant funded by the Korean Government(NRF－2016S1A6A4A01019034).

머리말

"컴플라이언스는 조직의 영혼으로 들어가는 창문이다."라는 문장이 있다. 한국연구재단의 2016년 저술출판지원사업(2016.5.1.~2019.4.30.)으로 선정되어 3년을 넘게 『기업범죄예방과 준법지원인제도』에 관한 연구를 진행하며 이만큼 컴플라이언스가 무엇인지를 짧고도 잘 표현한 문장은 없다고 본다. 우리나라를 대표하고 세계적으로 반도체와 휴대폰 사업을 선도하는 '삼성(SAMSUNG)'이라는 글로벌 기업조직에서 과연 컴플라이언스는 삼성이라는 기업조직의 영혼으로 들어가는 창문으로 작동하고 있는지 의문이다. 이러한 의문은 2020년 1월 열린 이재용 삼성전자 부회장의 뇌물사건 파기환송심 재판부가 "기업범죄의 재판에서 '실효적 준법감시제도'의 시행 여부는 미국 연방법원이 정한 양형 사유 중 하나"라며 "전문심리위원 제도를 활용해 삼성의 약속이 제대로 시행되는지 점검하려 한다"는 언급을 접하고 더욱 커졌다. 이미 미국, 독일 등 선진국의 글로벌 기업에서 CEO(최고경영책임자), CFO(최고재무책임자)와 함께 CCO(최고준법책임자)를 선임하지 않은 기업을 찾아 볼 수 없을 정도이고, 최고준법책임자를 중심으로 기업 내에서 이사회로부터 독립성을 보장받는 준법지원 부서를 두고 효과적인 컴플라이언스 프로그램을 구축·운용함으로써 준법·윤리경영이 단지 선언문 형식의 종이에만 머무는 것이 아니라 생생히 살아 작동하는 기업의 진정한 가치로, 기업문화로, 새로운 경쟁력의 원천으로 내면화되고 있기 때문이다. 그런데 한국의 대표적 글로벌 기업인 삼성에서조차 준법지원위원회와 그 총괄책임자인 최고준법책임자가 2020년 1월말까지도 존재하지 않았다는 데에 놀라지 않을 수 없다.

우리나라도 세계적인 추세인 기업의 준법·윤리경영을 강화해 법률 리스크(legal risk)를 사전에 예방함으로써 기업의 국제 경쟁력을 안정적으로 확보하기 위해 지난 2011년 상법을 개정하여 자산총액 5천억 원 이상인 상장회사는 준법통제기준의 준수에 관한 업무를 담당하는 준법지원인을 1인 이상 의무적으로 선임하도록 하는 준법지원인제도를 도입하였다(2012년 4월 15일 시행). 그런데 준법지원인제도를 도입한 지 이미 8년이 지난 현시점에서 과연 우리나라 상장회사는 준법지원인제도와 컴플라이언스 프로그램을 얼마만큼 실효적으로 운영하고 있는가? 앞서 언급한 삼성의 예를 보더라도 그 대답은 회의적이다. 여전히 기업은 준법지원인제도에 대해 기존 감사나 감사위원회, 법무팀과 중복되는 '옥상옥(屋上屋)' 제도에 불과하다거나, 미국의 연방양형지침매뉴얼(Federal Sentencing Guidelines Manual)과 같이 효과적인 컴플라이언스 및 윤리 프로그램을 운용했을 경우, 검찰의 기소에 있어 기소유예 혹은 소추불허결정, 법원의 양형에서 수천만 달러의 벌금을 감형하는 등 다양한 인센티브를 제공하는 데 우리는 그러한 인센티브가 없다는 등의 이유를 들어 소극적 태도로 일관하고 있다.

그러나 저자는 기업의 입장과 달리 2011년 상법 개정을 통해 준법지원인제도가 도입되었을 때 기업에서 준법지원인과 준법지원 부서가 그 역할을 충실히 하고 효과적인 컴플라이언스 프로그램이 제대로 구축·운용될 경우, 정경유착으로 인한 뇌물공여, 분식회계를 통한 비자금 조성, 업무상횡령·배임, 주가조작, 세금탈루 등과 같이 우리 사회에서 끊임없이 발생하는 기업범죄를 사전에 예방하는 가장 적합한 수단이 될 수 있지 않을까라는 학문적 관심을 가지게 되었다. 이에 저자는 2011년 10월 4일 아주대학교 법학연구소 주최 국제학술회의(대주제: 준법지원인 제도의 법적 쟁점)에서 발표한 "준법지원인제도의 조기 정착을 위한 형사법적 인센티브"를 시작으로 그동안 기업범죄예방과 준법지원인제도와 관련된 학술논문 6편을 작성하여 형사법 전문학술지에 게재하게 되었다. 이러한 6편의 학술논문은 이 저술서의 기본 바탕을 이루고 있다(아래 참조).

1. "준법지원인제도의 도입에 따른 형사법적 인센티브", 「인권과 정의」 통권 제425호, 대한변호사협회, 2015.5, 87−105면.
2. "형법적 준법지원인의 개념과 역할에 대한 고찰", 「일감법학」 제38호, 건국대학교 법학연구소, 2017.10, 83−108면.
3. "기업범죄예방과 관련하여 자율규제로서 준법지원인제도의 이해 −독일의 논의를 중심으로−", 「비교형사법연구」 제21권 제3호, 한국비교형사법학회, 2019.10, 59−82면.

4. "준법지원인제도 비구축에 따른 형법의 개입 개연성 증가가 형법과 형사소송 절차에 미치는 영향 —독일의 논의를 중심으로—", 「영남법학」 제49호, 영남대학교 법학연구소, 2019.12, 103–125면.
5. "기업범죄예방을 위한 준법지원인제도의 문제점과 개선방안", 「원광법학」 제35권 제4호, 원광대학교 법학연구소, 2019.12, 103–125면.
6. "형법적 준법지원인의 보증인지위와 보증의무에 관한 고찰 —독일의 논의를 중심으로—", 「형사법연구」 제32권 제1호, 한국형사법학회, 2020.3, 3–32면.

연구를 마친 시점에서 뒤돌아보니 준법지원인제도가 상법상 제도이다 보니 상법에 대한 이해가 부족한 저자로서는 혹시나 상법, 자본시장법, 금융사지배구조법, 독일증권거래법(WpHG), 독일은행업법(KWG), 독일보험감독법(VAG), 독일주식법(AktG) 등과 관련된 내용에 오류는 없는지, 그리고 국내 형법학계에서 준법지원인제도와 컴플라이언스에 관한 논의가 다소 적어 형법적 준법지원인제도, 형법적 준법지원인의 형사책임, 독일의 준법지원인제도 등과 관련하여 독일 형법학계에서 전개된 논의를 다소 많이 할애한 것은 아닌가라는 아쉬움이 남는다. 이러한 부족함과 아쉬움에도 불구하고 이 저술서가 삼성 준법감시위원회 초대 위원장으로 선임된 김지형 전 대법관의 취임 일성처럼 "최고경영진의 법 위반 리스크를 철저히 관리"하고 임직원의 부정부패를 차단함으로써 기업범죄를 사전에 예방하는 수단으로서 준법지원인제도와 컴플라이언스 프로그램이 우리나라 기업에 제대로 정착되는 데 조금이나마 기여가 되었으면 하는 바람이다.

끝으로, 본 저술서가 출간되기까지 저자를 물심양면으로 도와주신 모든 분들께 감사의 말씀을 전하고 싶다. 그 가운데서도 이 연구주제를 연구하는 3년 동안은 물론이고 지난 12년간 전남대학교 법학전문대학원에서 재직하면서 너무나 큰 사랑과 도움을 주신 전남대학교 법학전문대학원의 모든 교수님들, 특히 함께 형사법을 전공하며 형사법적 쟁점에 대해 허심탄회하게 의견을 교환하며 많은 가르침을 주신 류전철 교수님, 최병천 교수님, 이기옥 교수님, 김봉수 교수님, 이순욱 교수님 그리고 준법지원인제도와 관련된 상법적 쟁점에 대해 문외한의 우문에도 불구하고 하나하나 자세히 설명해주신 전남대학교 법학전문대학원 김순석 교수님, 안성포 교수님, 박인호 교수님께 고마움을 표하고자 한다. 그리고 저자가 교수로 임용되기 전부터 수년간 많은 학문적 조언을 아낌없이 보내주신 건국대학교 법학전문대학원 손동권 명예교수님, 여러 면에서 부족한 저자를 건국대학교 법학전문대학원의 동료 교수로 따뜻하게 환영해주신 이승호 원장님을 비롯한 건국대학교 법학전문대학원 교수님들께 깊은 감사의 말씀을 드린다. 그리고 본 저술서의 출간을 흔쾌히 허락해주신 박영사 안종만 회장님과 편집·교정 작업에 수고를 아끼지 않은 임직원 모두에게도 감사드린다. 마지막으로 독일 트리어(Trier)대학교 유학시절부터 김해 인제대학교, 광주 전남대학교 그리고 서울 건국대학교에 이르기까지 가능한 연구에만 매진할 수 있도록 많은 배려를 해준 아내 조미선과 이제 어엿한 중학생으로 잘 성장해준 두 아들 태영, 태우에게 고마움을 전한다.

2020년 5월
건국대학교 법학전문대학원 연구실에서 일감호를 바라보며
김 재 윤

차   례

CHAPTER 02
외국의 준법지원인제도 / 117

CHAPTER 03
기업범죄예방을 위한 준법지원인제도의 체계적 구축방안 / 275

서 론

"인간 행동에 대한 가장 강력한 제어 장치는 경찰관이나 울타리가
아니다. 그것은 바로 공동체와 문화이다."
– Thomas Friedman(뉴욕 타임즈 칼럼리스트) –

'준법지원(Compliance)'이란 용어가 최근 전 세계를 휩쓸며 유행하고 있다.[1] 우리나
라도 예외는 아니어서 2011년 상법(법률 제10600호, 2011.4.14. 일부개정)은 기업의 윤리·
준법경영과 기업 내부의 의사결정이나 업무집행 과정에서 발생할 수 있는 법률 리스
크(legal risk)를 사전 예방함으로써 기업의 경쟁력을 높이고 사회적 책임의 강화를 위
해 준법지원인(Compliance Officer)제도를 도입하여 지속적인 관심과 주목을 끌고 있
다. 즉 상법 제542의13과 동법 시행령에 따르면 2014년 1월 1일부터 자산 5천억 원
이상 상장회사[2]는 법령을 준수하고 회사경영을 적정하게 하기 위하여 임직원이 그
직무를 수행할 때에 따라야 할 준법통제기준을 마련해야 하고, 준법통제기준의 준수
에 관한 업무를 담당하는 준법지원인을 1인 이상 선임해야 한다.[3] 이러한 준법지원
인제도는 영미법상의 Compliance Officer 제도에서 유래한다.[4] 이때 'Compliance'란
사전적으로 "정해진 법규를 준수한다"는 의미로 관련 법규준수와 이를 위하여 제정
된 내부규정의 준수를 목표로 하는 모든 업무를 말한다. 일반적으로 Compliance를
담당하는 자를 Compliance Officer라고 한다.[5] 같은 관점에서 Compliance는 "모든
기업과 그 기관 및 임직원이 법률상 명시된 요구와 금지를 준수하도록 보장하기 위한
일체의 조치"[6]라고 이해될 수 있다. 이러한 Compliance의 목적은 "기업과 그 기관
및 임직원에 의한 법익침해를 방지하거나 적어도 줄일 수 있게 기업 내부 절차를 미
래지향적으로 설계함으로써 법익침해에 따른 책임위험(Haftungsrisiken)을 최소화"[7]하

는 데 있다.

이런 준법지원인제도는 형사정책적 측면에서 볼 때 '기업범죄(Unternehmenskriminalität)'[8]의 사전 예방과 관련하여 중요한 의미를 갖는다.[9] 왜냐하면 준법지원의 개념은 기업과 관련된 법규범에 합치되게 기업을 경영해야 한다는 의미를 지니므로, 기업은 임직원이 기업의 활동과 관련하여 제3자에게 범하게 되는 범죄뿐만 아니라 기업의 임직원이 기업 그 자체에 대하여 범하게 되는 범죄(예컨대 업무상횡령·배임죄)도 예방하기 위한 조치를 취해야 하기 때문이다.[10] 이에 최근 독일에서는 준법지원인제도의 핵심적 기능인 기업범죄의 사전 예방적 기능에 초점을 맞추어 '기업범죄와 준법지원(Corporate Crime und Compliance)', '형법적 관점에서 본 준법지원(Criminal Compliance)', '준법지원과 형법(Compliance und Strafrecht)'에 관한 연구가 활발히 진행되고 있다.[11]

한편 준법지원인제도의 도입과 관련하여 재계, 상법학계, 대한변호사협회 간에 기존의 감사(내지 감사위원회)와 사외이사제도의 '옥상옥'으로 기업의 비용부담을 증가시키고 변호사들의 밥그릇만 챙겨주는 이중규제라는 부정적 입장[12]과 기업의 준법의식과 경영투명성을 높이고 결과적으로 기업의 수익성도 제고할 수 있으며 변호사의 과잉공급 상황을 해결할 실마리가 될 수 있다는 긍정적 입장[13]이 서로 팽팽히 맞서고 있다. 그러나 준법지원인제도의 도입에 따른 기업의 비용부담의 증가와 이중규제라는 비판적 입장에서도 이 제도의 도입에 따른 유무형의 이익, 즉 ① 엄청난 법률적 피해를 예방하는 효과, ② 만일 법률적 문제가 발생하였을 때 민형사상 제재뿐만 아니라 조세감면과 같은 행정상 제재를 감경시키는 효과, ③ 임직원의 부정부패를 사전에 차단하여 기업범죄를 예방함으로써 기업의 경쟁력과 이미지를 높이는 효과, ④ 기업의 평판(reputation)과 신인도를 제고시켜 경쟁사에 비해 비교우위에 설 수 있도록 하는 효과, ⑤ 주주, 직원, 소비자, 협력업체 등 이해관계인들의 충성도를 높이는 효과 등을 얻어낼 수 있음을 부인할 수 없다.[14]

그러나 상법상 준법지원인제도는 사실상 새로운 제도가 아니다. 이미 1997년 국가적 금융위기(IMF)를 계기로 2000년부터 은행이나 증권회사 등의 금융회사에 처음으로 준법감시인제도[15]가 도입된 이후 종전의 「증권거래법」, 「선물거래법」, 「간접투자자산운영업법」 등 자본시장과 관련된 6개 법률을 통합하여 2007년 8월에 제정된 「자본시장과 금융투자업에 관한 법률」(법률 제8635호, 이하 '자본시장법'이라 한다) 제28조에 준법감시인제도가 규정되었고, 자본시장법을 포함하여 종전의 「은행법」, 「보험업법」,

「상호저축은행법」, 「여신전문금융업법」 및 「금융지주회사법」에 따른 준법감시인 관련 규정은 2015년 7월 31일 제정(법률 제13453호, 시행 2016.8.1.)된 「금융회사의 지배구조에 관한 법률」(이하 '금융사지배구조법'이라 한다) 제25조(준법감시인의 임면 등), 제26조(준법감시인의 자격요건)에 의해 삭제되고 금융사지배구조법상의 준법감시인 규정이 적용됨으로써 금융기관에서 준법감시인제도는 하나의, 그러나 중요한 역할을 하는 내부통제[16] 장치로서 자리매김하고 있다.[17] 이러한 금융기관을 중심으로 한 준법감시인제도는 금융기관의 임직원 모두가 업무수행과 관련하여 제반 법규를 준수하도록 사전적 또는 상시적으로 통제와 감독을 가능케 함으로써 지난 1997년 외환위기와 2008년 미국발 금융위기(서브프라임 사태)를 슬기롭게 극복하는 데 긍정적 역할을 했음에 틀림없다. 그리고 이를 바탕으로 상법 개정을 통해 2012년 4월부터 일정 규모 이상의 상장회사에까지 준법감시인제도를 확대·적용하고자 한 것으로 평가할 수 있다.

그런데 기존 금융기관에 적용된 준법감시인제도가 기업범죄의 사전적 예방수단으로 얼마만큼 효과적으로 기능했는가에 대해 계속해서 의문이 제기되고 있다. 왜냐하면 최근의 단적인 예로 역대 금융권 비리 중 범죄에 연루된 금액만 4조 원으로 금융권 비리 사상 최대를 기록한 부산저축은행 비리사건을 보더라도, 나아가 최근 약 5년간 국내 유가증권시장 중 186개 상장사에서 횡령·배임사건이 발생했고 횡령·배임금액은 총 3조 4,000억여 원에 달한다[18]는 통계를 보면 이들 범죄는 기업의 내부통제 시스템으로서 준법감시인제도가 제대로 수행되었더라면 사전에 일정부분 예방할 수 있었기 때문이다. 이에 상법 제634조의3(양벌규정)은 준법지원인제도가 효과적으로 운영되기 위한 하나의 인센티브로서 단서조항에 "다만, 회사가 제542조의13에 따른 의무를 성실히 이행한 경우 등 회사가 그 위반행위를 방지하기 위하여 해당 업무에 관하여 상당한 주의와 감독을 게을리 하지 아니한 경우에는 그러하지 아니하다"고 규정함으로써 준법지원인제도를 충실하게 실행한 경우에 기업(법인)의 면책사유로 고려될 가능성을 열어두고 있다. 그러나 이러한 양벌규정 단서조항에 따른 면책사유의 고려 가능성이라는 형사법적 인센티브는 미국에서 준법지원인제도를 효율적으로 운영하였을 경우 행정부의 단속과 징계, 검찰의 기소[19]와 구형, 법원의 양형, 손해배상책임 등에서 주요한 고려요소로 작용하여 광범위한 인센티브를 주는 것과 비교할 때 미흡[20]하다는 비판이 제기되고 있다.[21]

　따라서 이 저술서는 이러한 문제의식 아래 상법상 새롭게 도입된 준법지원인제도가 횡령·배임 등 기업의 임직원이 범하는 부패범죄나 자금세탁 등의 기업범죄를 사전에 예방할 수 있는 제도로서 효과적으로 기능하기 위해 형사정책적 관점에서 준법지원인제도를 어떻게 체계적으로 구축할 수 있는가를 연구목적으로 한다.

　이 저술서에서 다루는 구체적인 내용과 범위는 다음과 같다. 제1장 기업범죄예방을 위한 준법지원인제도의 기초에서는 우선, 준법지원인제도의 기초이해로 준법지원인제도의 역사적 발전과정, 개념 및 기능, 현행 상법상 준법지원인제도의 주요 내용과 문제점 등을 검토하고자 한다(§ 1). 둘째, 준법지원인제도의 핵심은 준법지원인이 어떠한 역할을 담당하는가에 있다. 형법적 관점에서 볼 때 준법지원인은 기업범죄의 사전 예방을 위한 역할을 담당해야 하는데, 이러한 준법지원인을 '형법적 준법지원인(Criminal Compliance Officer)'로 명명할 수 있다. 이에 형법적 컴플라이언스의 개념과 형법적 준법지원인의 주요 역할로서 기업 내부에서 임직원에 의한 기업에 대한 범죄행위의 방지, 기업 외부에서 제3자에 의한 기업에 대한 범죄행위의 방지, 기업 내부에서 제3자(예컨대 고객)에 대한 범죄행위의 방지, 복합기업(Konzern)에서 외국 자회사에 대한 범죄행위의 방지 등에 대해 구체적으로 고찰하고자 한다(§ 2). 셋째, 상법상 준법지원인제도의 도입 이전에 이미 은행법 등 금융관련법과 자본시장법에 준법감시인제도가 도입되었고 현재는 금융사지배구조법상의 준법감시인이 금융기관에 통일적으로 적용되고 있는바, 상법 이외의 타법령상 준법감시인제도의 내용을 간략히 살펴보고, 이러한 준법감시인제도와 상법상 준법지원인제도를 비교 검토하고자 한다(§ 3).

　제2장 외국의 준법지원인제도에서는 미국, 독일, 일본 및 그 밖의 외국(영국, 프랑스, 중국)의 준법지원인제도를 개관한다. 특히 이들 국가에서 기업범죄를 사전 예방하기 위해 준법지원인제도가 어떻게 구축되고 실효적으로 운영되고 있는지를 비교법적 시각에서 검토함으로써 우리나라에서 기업범죄의 사전 예방을 위해 준법지원인제도를 어떻게 체계적으로 구축할 수 있는지에 대한 시사점을 찾고자 한다(§ 4~7).

　제3장 기업범죄예방을 위한 준법지원인제도의 체계적 구축방안에서는 앞서 논의된 준법지원제도의 기초이해와 외국의 준법지원인도의 비교법적 검토를 바탕으로, 우리나라에서 기업범죄의 사전 예방을 위해 준법지원인제도를 어떻게 체계적으로 구축할 수 있는지를 살펴보고자 한다. 이를 위해 우선, 기업범죄의 사전 예방을 위한 준법지원인제도의 이론적 토대로서 특별한 범죄적 위협으로서 기업경영자(현대사회에서 기업

의 지위, 기업경영상의 현대적 리스크, 기업범죄에 의한 손해, 정당한 이윤추구와 탐욕), 특별한 범죄적 위협으로서 기업조직과 분업(기업조직의 분업화, 위임 및 탈중심화, 기업조직의 분업화와 탈중심화에 대해 요구되는 상대화), 특별한 범죄적 위협으로서 기업 내 종업원(하나의 기업조직에의 편입이 갖는 범죄적 영향 및 이에 대해 요구되는 상대화), 기업범죄의 범죄증명의 곤란 등을 살펴보고자 한다(§ 8). 다음으로, 기업범죄의 사전 예방적 기능을 수행하기 위해 도입된 컴플라이언스가 타율규제와 자율규제 수단으로서 어떠한 의미를 갖는지, 그리고 컴플라이언스제도의 도입을 통해 기대하고 있는 통제 비용절감과 기업범죄에 있어 입증곤란의 문제해결에 효과적인지 여부와 관련된 독일의 논의를 중심으로 소개하고, 우리나라의 준법지원인제도와 관련하여 어떠한 시사점을 얻을 수 있는지 검토하고자 한다(§ 9). 셋째, 기업에서 컴플라이언스 제도를 제대로 구축하지 않음으로써 형법의 개입 개연성이 높아질 경우, 기업 및 기업 고위경영진, 형법과 형사소송법에게 미치는 부정적 영향의 구체적 내용과 관련하여 전개된 독일의 논의를 중심으로 살펴보고, 우리나라의 준법지원인제도와 관련하여 어떠한 시사점을 얻을 수 있는지를 살펴보고자 한다(§ 10). 넷째, 준법지원인이 자신의 직무를 처리하는 과정에서 기업의 임직원의 위법행위를 알고도 그 위법행위를 저지하거나 고위경영진으로 하여금 신속히 대응하도록 하기 위하여 신속하게 보고하는 등 적절한 조치를 취하지 않음으로써 결과적으로 기업이나 제3자(예컨대 고객)에게 손해를 끼친 경우, 준법지원인에게 어떠한 형사책임을 지워야 하는지를 검토하고자 한다. 이와 관련하여 최근 독일에서는 준법지원인의 형사책임을 인정하는 독일연방법원의 판결[22]이 나와 형법학계와 실무 및 일선 기업에 큰 반향을 불러일으킨 바 있다. 이에 따라 준법지원인의 형사책임과 관련하여 형법적 준법지원인의 보증인지위와 보증의무의 발생근거에 대해 자세한 분석을 시도하고자 한다(§ 11). 다섯째, 본 저술서의 핵심적 부분으로서 기업범죄의 사전 예방을 위해 형사정책적 측면에서 효과적인 컴플라이언스 프로그램을 어떻게 체계적으로 구축할 수 있는지를 모색하고자 한다. 이를 위해 효과적인 컴플라이언스 프로그램을 위한 7가지 필수 구성요소 및 기업조직에서 효과적인 컴플라이언스 프로그램 구축을 위해 지원해야 하는 구체적 내용은 무엇인지, 컴플라이언스 프로그램은 개별 기업조직에 알맞게 재단되어야 하는 데 그 방법은 무엇인지에 대해 살펴보고자 한다(§ 12). 마지막으로, 이러한 기업범죄예방을 위한 준법지원인제도의 체계적 구축방안을 토대로 현재 상법상 준법인제도가 기업범죄예방을 위해 어떠한 측면에서 문제점이 있고 그러한 문제점을 향후 어떻게 개선해야 하는지를 고찰하고자 한다(§ 13).

마지막으로 결론: 준법지원인제도와 기업형법의 전망에서는 이상의 논의를 간략히 요약하고, 향후 기업형법의 영역에서 준법지원인제도가 기업범죄의 사전 예방을 위해 어느 정도까지 기여할 수 있는지 그 가능성과 한계를 예측해 봄으로써 준법지원인제도와 기업형법의 관계를 전망하고자 한다.

---

1) 구글 인터넷 검색창에서 Compliance 단어로 약 1,200,000,000개의 검색결과를 찾아 낼 수 있다(최종검색 2020.2.28.).

2) 최근 금융감독원이 민병두 의원에게 제출한 '준법지원인 선임 현황'에 따르면, 2014년말 기준으로 준법지원인 선임 대상 상장회사 304개사 가운데 준법지원인을 두고 있다고 밝힌 기업은 123개사(40%)에 달하고, 70개사는 변호사를 준법지원인으로 선임하고 있다고 한다(법률신문, 2015.5.11일자 기사).

3) 상법상 준법지원인제도에 대한 상세한 분석으로는 박선종, "개정상법상 준법통제와 준법지원인", 저스티스 통권 제124호(2011.6), 233면 이하; 정찬형, "2011년 개정상법에 따른 준법경영제도 발전방향 ―집행임원 및 준법지원인을 중심으로―", 선진상사법률연구 통권 제55호(2011.7), 30면 이하 참조.

4) 이에 대한 주요 문헌으로는 Michael Goldsmith & Chad W. King, "Policing Corporate Crime : The Dilemma of Internal Compliance Programms", Vanderbilt Law Review Vol.50, Nashville/TN, Vanderbilt University Law School, 1997; Cristie Ford/David Hess, "Can corporate monitorships improve compliance?", 34. J. Corp. L. 679, 2009; Patrick J. Head, "The Development of Compliance Programs : One Company's Experience", 18 J. Intl. L. Bus. 535, 536, 1998; Kevin B. Huff, "The role of corporate compliance programms in determining corporate criminal liability : a suggested approach", Columbia Law Review Vol.96, New York, Columbia Law Review, 1996; Anne M. Marchetti, Sarbanes―Oxley Ongoing Compliance Guide : Key Processes and Summary Checklists, Wiley, 2007; Leonard Orland, Corporate Criminal Liability : Regulation and Compliance, Aspen publisher, 2004 참조.

5) 최규진·곽노성, "글로벌 환경에 따른 금융사고 예방을 위한 준법감시기능 실효성 결정요인에 관한 연구", 무역연구 제6권 제2호, 2010, 378면.

6) Schneider, "Compliance als Aufgabe der Unternehmensleitung", ZIP 2003, 645.

7) Passarge, "Grundzüge eines nachhaltigen Compliance―Programms ―Was jeder Steuerberater zum Thema Comliance wissen sollte", DStR 2010, 1675.

8) 기업범죄란 "합법적으로 조직된 기업 또는 그 구성원이 기업체의 목적을 추구하는 과정에서

기업을 위하여 작위 또는 부작위에 의해 고용인, 소비자, 고객, 일반대중, 기업 그 자체, 그리고 타기업에 대해 인적·물적 손해를 가하는 각종 위법행위로서 국가에 의하여 형사제재가 부과되는 행위"로 정의할 수 있다(김재윤, 기업의 형사책임, 마인드탭, 2015, 14-15면).

9) 이에 따라 준법지원인의 중요한 임무의 하나로 "법령위반의 방지, 특히 기업의 임직원에 의해 행해져 형사책임을 부담해야 하거나 그로 인해 기업의 명성 또는 평판에 손실을 끼쳐 엄청난 손해를 초래할 수 있는 범죄행위를 방지하는 데 있다"고 한다(Bürkle, "Unternehmensinterne Selbstkontrolle durch Compliance-Beauftragte", in: Hauschka (Hrsg), Corporate Compliance, 2. Aufl., 2010, 128 ff.).

10) 이진국, "기업범죄 관련 준법지원인의 역할과 형사책임", 사법 제24호, 2013.6, 11면.

11) 대표적으로 문헌으로 Bock, Criminal Compliance, 1. Aufl., 2011; Grieger, Corporate Crime und Compliance, 1. Aufl., 2010; Hauschka (Hrsg.), Corporate Compliance, Aufl., 2010; Kuhlen (Hrsg.), Compliance und Strafrecht, 2013 참조.

12) 언론의 보도내용은 대체로 부정적이다. 대표적으로 아시아경제, "준법지원인제도 유감", 2011.7.29일자 기사; 연합뉴스, "상사들 '준법지원인제는 옥상옥 규제' 반발", 2011.3.29일자 기사; 경향신문, "속보이는 '준법지원인' 제도", 2011.3.29일자 기사 등 참조.

13) 대표적으로 머니투데이, "준법지원인 제도 논란 유감", 2011.4.12일자; 최완진, "준법지원인제 잘 활용하면 득이다", 고시계 2011/5, 137-138면.

14) 안식, "준법경영, 준법지원인 제도에 대한 올바른 시각", 법률신문 2012.7.8일자 기사.

15) 박선종 교수는 준법감시인제도와 준법지원인제도의 차이점으로 ① 용어의 상이, ② 내부통제기준 내지 준법통제기준의 위반 여부의 점검과 그 결과 보고 대상의 차이, ③ 자격에 관한 규정의 차이, ④ 양벌규정의 탄력성의 차이 등을 언급하고 있다. 이에 대해 상세히는 박선종, 앞의 논문, 242-243면 참조.

16) 내부통제와 준법지원에 대한 개념구별이 필요하다. 내부통제란 넓게는 이사회, 대표이사, 감사(위원회) 등에 의해 이루어지는 회사 경영 전반에 대한 감사, 준법지원(감시), 리스크관리, 내부회계 등을 포괄하는 통제행위를 말하고, 좁게는 법규준수 차원의 내부통제 즉, 준법감시를 말한다(이종건, "준법 감시인에 대한 단상", 법률신문 2014.2.24일자 기사).

17) 준법감시인제도를 분석한 대표적 문헌으로는 서완석, "내부통제와 준법감시인 제도", 기업법연구 제23권 제4호, 2009, 289면 이하; 손영화, "내부통제의 개시에 관한 고찰 -미국에서의 전개의 검토와 우리나라의 제도개정을 위하여-", 한양법학 제21권 제4집, 2010, 357면 이하; 윤상민, "준법감시제도를 통한 기업범죄예방", 법학연구 제53집, 2014, 217면 이하; 이진국, "기업범죄의 예방수단으로서 준법감시제도(Compliance)의 형법적 함의", 형사정책연구 제21권 제1호, 2010, 65면 이하; 최수정, "금융기관의 내부통제제도 강화를 위한 법적 개선방안 -은행을 중심으로-", 상사법연구 제29권 제4호, 2011, 45면 이하 참조.

18) 정윤모, "배임·횡령사건을 통해 본 중소상장기업의 지배구조 개선과제", 자본시장 Weekly 2011-15호, 2011, 2면.

19) 미국 검찰은 연방법무부의 '기업기소지침'(Principles of Federal Prosecution of Business Organizations) 9-28.300에 따라 (4) 기업이 위반행위를 신속하고 자발적으로 공개하고 검찰의 조사에 기꺼이 협조하는지 여부, (5) 기업의 준법지원 프로그램의 존재와 그 효과, (6) 효과적인 준법지원 프로그램의 실행, 기존 프로그램의 개선, 책임 있는 경영진의 교체,

위반행위자에 대한 제재 등을 위한 노력이 포함된 기업의 개선조치 등을 우호적 고려사항으로 하여 기업의 기소 여부를 결정하고 있다[Principles of Federal Prosecution of Business Organizations 9−28.300(Factors to Be Considered)].
<http://www.justice.gov/opa/documents/corp−charging−guidelines.pdf: 최종검색 2020. 2.28.>

20) 한국상장회사협의회가 실시한 설문조사 결과에 따르면, 기업들이 준법지원인을 선임하지 않는 이유(복수선택 가능)로 '보수 등 비용 과다(40.9%)', '실효성이 없을 것 같아서(40.9%)'가 가장 많았고 '인센티브가 없어서(25.5%)'라는 답이 다음 순위를 차지했다고 한다(정준우, "준법지원인 선임 한국거래소 공시 시스템에 공시해야", 법률신문 2015.10.26일자 기사).

21) 박한성, "상법상 준법지원인제도의 개선방안", 외법논집 제38권 제4호, 2014.11, 141−142 면 참조.

22) BGH−Urteil. v. 17.07.2009−5 StR 394/08, in: NJW 43/2009, 3173. 이 판결에 대한 평석으로는 Dann/Mengel, "Tanz auf einem Pulverfass−oder: Wie gefährlich leben Compliance−Beauftragte?", NJW 2010, 3265 ff.; Dannecker/Dannecker, "Die Verteilung der strafrechtlichen Geschäftsherrenhafteung im Unternehmen", JZ 20/2010, 981 ff.; Ransiek, "Zur strafrechtlichen Verantwortung des Compliance Officers", AG 5/2010, 147 ff.; Rönnau, "Der Compliance−Beauftragte als strafrechtlicher Garant", ZIP 2/2010, 53 ff.; Warneke, "Die Garnatenstellung von Compliance−Beauftragten", NStZ 2010, 312 ff. 참조. 국내의 소개로는 이진국, 앞의 논문, 2013, 21면 이하 참조.

CHAPTER

기업범죄예방을 위한
준법지원인제도의 기초

[§ 1] 준법지원인(Compliance Officer)제도의 기초이해

> "컴플라이언스는 조직의 영혼으로 들어가는 창문이다."
> – Rick Wolf(변호사이자 컴플라이언스 컨설턴트) –

I. 머리말

2011년 4월 14일 상법(법률 제10600호, 2011.4.14. 일부개정)이 대폭 개정·공포되었다. 상법의 주요 개정내용 중 기업범죄의 사전 예방과 관련하여 기업의 준법경영과 사회적 책임의 강화를 위해 도입한 '준법지원인(Compliance Officer)'[1)]제도가 주목을 끌고 있다. 즉 상법 제542의13에 따르면 2014년 1월 1일부터 자산총액 5천억 원 이상인 상장회사[2)]는 법령을 준수하고 회사경영을 적정하게 하기 위하여 임직원이 그 직무를 수행할 때에 따라야 할 준법통제기준을 마련해야 하고 준법통제기준의 준수에 관한 업무를 담당하는 준법지원인을 1인 이상 선임해야 한다.[3)]

이 제도의 도입과 관련하여 재계, 상법학계, 대한변호사협회 간에 견해가 팽팽하게 대립하고 있다. 즉 한편에서는 기존의 감사 내지 감사위원회와 사외이사제도의 '옥상옥'으로 기업의 비용부담을 증가시키고 변호사들의 밥그릇만 챙겨주는 이중규제라는 부정적 입장을 제시하고 있다.[4] 그러나 다른 한편에서는 기업의 준법의식과 경영투명성을 높이고 결과적으로 기업의 수익성도 제고할 수 있으며 변호사의 과잉공급 상황을 해결할 실마리가 될 수 있다는 긍정적 입장을 피력하고 있다.[5]

그러나 상법상 준법지원인제도가 사실상 새롭게 도입되기 이전에 이미 1997년 외환위기를 계기로 2000년부터 은행, 증권회사 등의 금융회사에 처음으로 준법감시인제도가 도입되어 시행되어 왔었다. 그리고 최근에는 2007년 8월에 제정된 「자본시장과 금융투자업에 관한 법률」(법률 제8635호, 이하 '자본시장법'이라 한다) 제28조에서 규정된 준법감시인제도가 2015년 7월 31일 제정된 「금융회사의 지배구조에 관한 법률」[6] (이하 '금융사지배구조법'이라 한다) 제25조(준법감시인의 임면 등), 제26조(준법감시인의 자격요건)에 의해 삭제되고 금융사지배구조법상의 준법감시인 규정이 적용되고 있다.[7] 이러한 금융회사를 중심으로 한 준법감시인제도는 금융회사의 임직원 모두가 업무수행과 관련하여 제반 법규를 준수하도록 사전적 또는 상시적으로 통제와 감독을 가능케 함으로써 지난 1997년 외환위기와 2008년 미국발 금융위기(서브프라임 사태)를 슬기롭게 극복하는 데 긍정적 역할을 했다. 그리고 개정상법은 그동안 금융회사를 중심으로 시행된 준법감시인제도의 긍정적 평가를 바탕으로 2012년 4월부터 자산총액 5천억 원 이상의 상장회사에까지 준법감시인제도를 확대하여 적용하고자 한 것이다.

그런데 기존 준법감시인제도가 기업범죄의 사전적 예방수단으로서 얼마만큼 효과적으로 기능했는가에 대해 계속해서 의문이 제기되고 있다. 왜냐하면 최근의 단적인 예로 역대 금융권 비리 중 범죄에 연루된 금액만 4조 원으로 금융권 비리 사상 최대를 기록한 2012년의 부산저축은행 비리사건(분식회계 금액만 하더라도 2조 5,000억 원에 달함)이 발행한 것을 보면 이러한 금융회사의 회계부정은 기업의 내부통제시스템으로서 준법감시인제도가 제대로 수행되었더라면 사전에 일정부분 예방할 수 있었기 때문이다. 이에 상법 제634조의3(양벌규정)은 준법지원인제도가 효과적으로 운영되기 위한 하나의 인센티브로서 단서조항에 "다만, 회사가 제542조의13에 따른 의무를 성실히 이행한 경우 등 회사가 그 위반행위를 방지하기 위하여 해당 업무에 관하여 상당한 주의와 감독을 게을리 하지 아니한 경우에는 그러하지 아니하다"고 규정함으로써 준법지원인제도를 충실하게 실행한 경우에 기업(법인)의 면책사유로 고려될 가능성을 열어두고 있다. 다만 상법상 준법지원인제도 도입의 인센티브로서의 면책규정이 실제로 기능할 수 있을지는 의문이다. 결국 이러한 기존 준법감시인제도의 문제점을 해결하는 동시에 상법상의 준법지원인제도를 통해 기업범죄의 사전 예방효과를 실질적으로 달성할 수 있도록 하는 방안에 대한 이론적·경험적 연구가 요구된다.[8]

준법지원인은 준법지원인제도의 핵심 요소이므로 준법지원인제도라는 주제와 불가분의 연관성을 맺고 있다. 준법지원인은 어떠한 역할과 기능을 하는지, 그리고 이에 의해 설정되는 준법지원인의 형사책임의 근거로서 보증인지위를 설명하기에 앞서 논의의 전제로서 준법지원인제도, 특히 '컴플라이언스(Compliance)'라는 개념이 어떻게 형성되어 발전되었는지를 개략적으로나마 살펴볼 필요가 있다. 왜냐하면 기업범죄의 사전 예방을 위한 준법지원인제도의 성공 여부는 준법지원인이 제대로 역할을 하는가에 의해 좌우되기 때문이다.

따라서 본 절에서는 준법지원인제도를 통한 기업범죄의 사전 예방이라는 논의의 출발에 앞서 준법지원인제도의 역사적 발전과정, 개념 및 기능, 그리고 현행 상법상 준법지원인제도의 주요 내용을 간략히 살펴보고자 한다.

II. 준법지원인제도의 역사적 발전과정, 개념 및 기능

1. 준법지원인제도의 역사적 발전과정

(1) 컴플라이언스(Compliance)의 태동 배경

최근 우리나라에서 '준법감시', '준법지원', '준법통제', '법(규)준수' 또는 '자율준수' 등으로 번역되어 사용되는 '컴플라이언스(Compliance)'[9]라는 용어가 마치 바이러스처럼 빠르게 번져가고 있다. 언론매체에서는 기업에서 벌어지고 있는 분식회계를 통한 비자금조성 등과 같은 부패사건, 가격담합, 정보보호 위반, 조세범죄, 환경범죄, 안전문제 등 기업범죄를 거의 매일매일 보도하고 있다. 기업과 최고경영자, 이사회는 이러한 기업범죄에 대해 아무런 행동을 취하지 않고 바라보면서 형사책임이 따르는 법률 리스크를 연이어 발생하도록 방치할 수 없고 방치하지도 않는다.

이러한 사정은 비단 우리나라뿐만이 아니다. 눈을 미국 쪽으로 돌려보면, 2003년 7

월 22일에 파산한 월드콤(WorldCom)의 파산 조사관으로 임명되었던 전 미국 법무부 장관 리처드 쏜버그(Richard Thornburgh)는 미 상원 법사위원회에서 다음과 같이 증언 했다고 한다.

> 저는 월드콤의 파산이 사실상 무제한의 재량권을 가진 전직 경영진 에버스(Ebbers, 전직 CEO)와 설리번(Sullivan, 전직 CFO), 그리고 이들의 제안을 수동적으로 수용한 이사회와 내부통제, 전향적 계획 수립과 의미 있는 토론이나 분석을 중요하게 생각하지 않는 기업문화 에서 비롯되었다고 확신합니다. 월드콤은 중요한 많은 부분에서 당시의 모범적인 기업 거버 넌스 관행과는 정반대였던 것 같습니다. 조사와 상세한 질문을 억압하거나 묵시적으로 금지 하는 문화와 내부 프로세스는 비리의 온상이 될 수 있습니다.[10]

이러한 쏜버그의 증언은 많은 면에서 우리나라와 미국의 언론매체에서 매일 경제 면을 장식했던 기업범죄 사건들의 특징을 보여준다. 부적정한 내부통제, 컴플라이언 스 이슈들에 대한 부주의, 과도한 탐욕, 회계부정, 이해상충 등은 많은 기업들의 특징 이었다. 이러한 기업 도산과 뒤이은 기소, 벌금과 과징금들이 가장 유명하다는 대기 업들에서조차 여전히 발생하고 있다. 기업에서는 이러한 기업범죄를 사전에 예방하 기 위하여 투명성, 책임성, 윤리, 거버넌스와 같은 말들이 기업조직의 어휘 목록의 일 부가 되었고, 그 가운데 컴플라이언스라는 어휘는 빠질 수 없는 핵심 어휘가 되었 다.[11]

이처럼 오늘날 컴플라이언스라는 용어는 현대적 기업경영에서 간과할 수 없는 중 요한 부분의 하나로 이해되고 있으며, 무엇보다 대기업에서 주요한 주제로 다루어지 고 있다. 그러나 중소기업 역시 컴플라이언스의 필요성과 중요성을 충분히 인식하고 있다. 왜냐하면 대기업이든 중소기업이든 기업은 경영활동을 함에 있어 예전보다 증 가된 법적 요구사항 및 이와 관련하여 높아진 형사처벌의 잠재적 가능성으로 인해 컴 플라이언스의 문제와 조치를 중요하게 다루어야 하기 때문이다. 실제로 기업에서 우 려하는 형사처벌의 잠재적 가능성은 준수해야 하는 법률 규정의 불이행뿐만 아니라 법인의 기관과 종업원에 의한 위반행위로 인해 법인 그 자체에게까지 손해(극단적인 경우에는 법인의 파산)를 끼치는 결과를 초래하곤 한다.

이러한 사실을 고려할 때 오늘날 기업경영에 있어 컴플라이언스의 의미가 역동적으로 발전하고 있고, 여러 사람들에 의해, 특히 기업경영인들에게 하나의 유행어처럼 회자되는 주제가 되고 있음은 명백하다. 그렇다고 하여 컴플라이언스가 유행어처럼 일시적으로 유행했다 사라지는 기업경영상의 전문용어로만 분류할 수 없다.

그런데 현재 우리가 알고 있는 기업경영에 있어 컴플라이언스라는 용어는 어느 날 갑자기 생성된 것이 아니라 여러 해에 걸친 진화와 발전의 산물이다. 그렇다면 컴플라이언스라는 용어는 언제, 어디에서부터 사용되어 발전되고 있는 용어인가를 살펴보지 않을 수 없다.

(2) 1960년대 이전 컴플라이언스(Compliance)의 태동

컴플라이언스의 역사적 기원에 대해 시선을 돌릴 경우 컴플라이언스는 기업경영의 최선의 방법의 일부도 아닐 뿐만 아니라 형법적 관련성도 찾아보기 어렵다고 말할 수 있다. 오히려 컴플라이언스라는 용어는 단지 금융시장 분야와 밀접한 관련성을 맺고 있을 뿐이며, 기업의 청렴성과 기업경영과 관련된 제반 법령의 준수를 외부에 보여주기 위한 기업의 자율적 행동의 한 부분일 뿐이다. 이는 컴플라이언스가 태동한 미국에서 19세기부터 기업의 부정부패 스캔들을 규제하기 위한 데서 유래되었기 때문이다.

여러 면에서 미국의 기업경영의 역사는 부정부패 스캔들의 역사와 그 궤를 같이하고 있다. 이 역사는 기업이 도를 넘어 부정부패 행위를 하는데 고삐를 죄려는 규제당국과 보다 큰 유현성과 혁신을 성취하기 위해 규제에 저항하는 기업 사이의 세력다툼이라고 할 수 있다. 특히, 기업의 부정부패 스캔들이 대량으로 발생하기 시작할 때 규제 당국이 개입한다. 미국에서 1873년 철도가 파산하고 곧이어 자기거래 및 뇌물이라는 부패가 밝혀지자 연방 의회와 일부 주에서는 기업을 보다 더 감시하고 정치과정에서 기업의 영향력을 제한하도록 하는 법률을 제정했다. 1887년의 주 상호간 상업법(Interstate Commerce Act)을 통해 철도에 대한 중대한 규제가 도입되었으며, 1890년의 셔먼 반독점법(Scherman Antitrust Act)으로 독점에 대한 연방의 규제가 도입된 것이 그 대표적인 예이다.[12]

이러한 기업의 부정부패 스캔들을 억지하기 위한 19세기 미국의 규제정책은 1932년 사무엘 인술(Samuel Insull)의 전기 제국 붕괴 스캔들로 인해 계속 유지되었고, 1929년의 주식시장 붕괴와 이에 따른 대공황의 결과 1933년과 1934년에 최초의 유가증권 법률이 제정되었다. 이들 법률에 의해 증권거래위원회(Securities and Exchange

Commission: SEC)가 창설되고, 광범위한 신규 공시요건 및 사기방지 규정들이 도입되었다. SEC의 사명은 금융 및 자본시장에 있어 공정성과 투자자 보호를 확보하는 것이었다.

1932년 사무엘 인술(Samuel Insull)의 전기 제국 붕괴 스캔들

경제적으로 위험한 대공황 시기였던 1932년에 사무엘 인술(Samuel Insull)의 전기 제국 붕괴는 프랭클린 델러노 루스벨트(Franklin Delano Roosevelt) 대통령에게 전면적인 뉴딜 기업 개혁 법안 제정에 박차를 가하는데 도움을 주었다고 한다. 사무엘 인술은 발명왕 토마스 에디슨(Thomas Edison)의 이전 동료이자 시카고의 에너지 거물이었는데, 경쟁 에너지 회사와 다른 기업들을 인수하고, 합병하여 거대한 전기 기업 제국을 건설하였다고 한다. 그러나 그 제국의 재무 상태는 결코 외관처럼 건전하지 못했는데, 인술이 불안정한 재무 상태를 위장하기 위해 정교한 지주회사 구조를 창설했다고 한다. 인술은 미로처럼 복잡한 모회사와 자회사를 이용하여 자기 회사의 재무 상태를 숨겼는데, 이 회사 중에는 상당한 자산이 있는 기업도 있었으나 일부는 서류상 표시된 만큼의 가치가 없었고 결국 인술의 전기 제국은 '세계 역사상 가장 큰 기업 도산' 중 하나라고 평가받으며 역사 속으로 사라졌다고 한다.[13]

이러한 미국 기업의 부정부패 스캔들과 이를 규제하기 위한 입법 내용들을 살펴보면, "어떤 충격적 기업의 부정부패 스캔들의 발생, 해당 기업의 영향력 감소, 의회에서 일반 국민들이 요구하는 기업 개혁 조치들의 입법화를 통한 재빠른 대응, 그리고 이러한 개혁 조치들이 그 이후 수십 년 동안 미 연방 규제의 하부구조 제공"이라는 일련의 순서에 따른 패턴이 자리 잡았고, 이러한 패턴으로 현재 컴플라이언스라고 생각되는 것들이 서서히 조성되었다고 한다.[14]

(3) 1960년대 이후 현대적 컴플라이언스의 출현과 발전

컴플라이언스는 1960년대에 미국에서 금융 및 자본시장에서 인정된 것에서 그 기원을 두고 있다. 당시 미국 기업에서 법규준수를 의미하는 컴플라이언스는 의무사항은 아니었지만 법규준수와 범죄예방을 위한 조치를 위해 현대적 의미의 컴플라이언스 프로그램이 실시되기 시작하였다.

컴플라이언스라는 용어는 1960년대 영미의 경제용어에서 처음 등장하였는데, 당시 컴플라이언스라는 개념은 자본시장과 증권분야의 전문용어였다. 1960년대 초 미국의 제너럴 일렉트릭, 웨스팅 하우스 등 전기장비 제조업체들이 연루된 입찰가격 조작, 가격 고정 공모 등이 만연하여 많은 개인 및 기업들이 셔먼독점금지법위반으로 광범위하게 기소되었다. 이 사건의 심각성과 70년이나 되는 셔먼 독점금지법 역사상 최초로 징역형 선고에 대한 대중의 관심으로 다수의 기업이 이른바 '기업 준법감시 규범(Corporate Compliance Codes)'을 도입하였다. 이는 기업 내부지침의 성격을 띤 것으로 종업원으로 하여금 특히 반독점 이슈들에 관한 법규정의 준수를 엄격하게 지키게 함으로써 예방적 차원에서 형사책임을 배제하게 하고, 기소될 경우 적어도 형벌감경 사유로 작용하게 하였다. 이러한 전기장비 제조업체들의 스캔들은 공공입찰과 관련하여 가격담합, 독점금지위반 및 사기행위가 금지됨을 명확히 하였다. 그 이후에도 이와 유사한 기업 스캔들이 빈번히 발생하자 이러한 반독점 이슈들에 관한 컴플라이언스 노력들이 다른 산업에도 확산되기 시작하였다.

한 가지 주목할 점은 미국에서 컴플라이언스가 기업에서 자리 잡기 시작한 초기에 규제 당국의 강제에 따른 의무사항은 아니었다는 것이다. 즉 1960년대 미국 기업은 그들의 경제활동에 있어 커다란 형사처벌의 잠재가능성을 그 어느 시기보다 크게 인식하게 되었고, 이를 회피하기 위하여 자율규제의 도구들을 스스로 만들어 사용하였다. 그렇게 함으로써 기업은 스스로 만든 규범과 규정을 통해 책임위험에서 벗어나고자 하였으며, 타 경쟁 기업과 적극적으로 차이를 두고자 하였다. 이처럼 컴플라이언스의 초창기 사고에는 강제성이 아닌 '자발성(Freiwilligkeit)'이 근저에 놓여 있었다.

1960년대가 지나자 이미 금융회사 이외의 다른 기업 영역에서도 컴플라이언스가 요구된다는 사고의 확장이 일어났다. 예컨대 컴플라이언스의 활동에 자금세탁과 테러자금 조달의 대처도 포함되기 시작하였다. 컴플라이언스는 1980년대 말에 이르러 그 윤곽을 더욱 분명하게 인식할 수 있게 되었다. 왜냐하면 은행과 그 밖의 기업은 무엇보다 내부거래, 자금세탁 및 이익충돌을 방지하고, 노동법적 규정들의 준수를 도모하기 위해 컴플라이언스 시스템을 더욱 견고하게 구축해 나가기 시작했기 때문이다.[15)]

컴플라이언스 원조(元祖) 중 하나인 방위산업 이니셔티브(DII)

컴플라이언스 프로그램의 원조 중 하나는 '기업 윤리와 행위에 관한 방위산업 이니셔티브 (Defense Industry Initiative: DII)'이다. DII는 1986년 10월에 32개의 주요 방위 산업업체들이 자율규제 프로그램을 제정함으로써 탄생하였다. 이 이니셔티브는 잘 알려진 일련의 방산물품 구입 스캔들(미군은 방위물자 공급자로부터 300달러짜리 망치, 600달러짜리 변기 등과 같은 터무니없이 비싼 품목들을 구입했고, 이로 인해 수십억 달러의 국방 예산이 낭비되었음) 이후 로날드 레이건 당시 대통령에 의해 1985년 7월에 창설된 패커드위원회(Packard Commission)에 대한 반응이었다. 이 위원회는 1986년 6월에 '탁월함에 대한 추구(Quest for Excellence)'라는 보고서에서 방위산업 납품업자들에게 다음과 같이 요구하였다: "계약 프로세스의 무결성(integrity)을 보장하기 위해 자율규제를 강화할 책임을 져야 한다. 회사 관리자들은 계약 실적의 무결성을 확보해 줄 대담하고 건설적인 조치를 취해야 한다. 위반이 일어나지 않도록 관련 규정과 계약상 요건을 준수하는 시스템을 갖춰야 한다." 이 위원회의 권고 사항에는 "모든 기존 직원과 신입 직원에게 윤리강령을 배포"하고, "방위업체의 비즈니스 행동에 윤리적 기준을 마련"하고, "내부통제의 유효성을 증대시키며, 고위경영진의 감독과 직원 교육을 강화할 필요가 있다"는 내용이 포함되었다. 패커드 위원회가 방위업체용으로 제안한 컴플라이언스 권고 사항들은 정부 기관과 다른 기관들에게도 적용되었다. 이 사항들 중 많은 내용들이 궁극적으로 1991년 11월 1일에 제정된 미국 연방 기업 양형 가이드라인(Federal Sentencing Guidelines for Oranizations: FSGO)에 구체화되었다.[16]

입법화된 컴플라이언스는 1991년 11월 1일 '연방 기업 양형 가이드라인(Federal Sentencing Guidelines for Organizations: FSGO)'의 도입과 2004년 11월 개정 연방 기업 양형 가이드라인에서 처음으로 등장하였다.[17]

연방 기업 양형 가이드라인은 미 사법부 내의 독립 기구인 미국 양형위원회에 의해 기업 조직의 비리에 대한 대처와 법률위반 사항에 대해 "공정한 처벌"을 가하고 범죄의 발견 및 예방을 위해 "억제"에 대한 인센티브를 적용함으로써 기관들에게 책임을 지우기 위해 제정되었다. 이 위원회는 효과적인 컴플라이언스 프로그램이 법률위반을 방지하기 위해 갖추어야 할 필요 요건으로 자진보고 및 책임 인정 등 7개 사항을 권고했다. 연방 기업 양형 가이드라인은 형량을 경감받기 위해 컴플라이언스 프로그램을 갖추거나, 보호관찰 대상 기간 중 이행해야 할 의무의 일환으로 컴플라이언스 프로그램을 갖추도록 명령하는 등 기업들이 효과적인 컴플라이언스 프로그램을 갖출 강력한 인센티브를 제공했다. 1991년에 최초로 권고되고, 2004년의 연방 기업 양형 가이드라인 개정시 상당한 수준으로 개선된 다음의 7대 원칙으로 기업체들은 범죄행위의 형사처벌을 경감받기 위해 컴플라이언스 및 윤리 프로그램을 강화하게 되었다.[18]

【2004년 연방 기업 양형 가이드라인 7대 원칙】

1. 컴플라이언스 가이드라인 및 절차
2. 경영진의 리더십 및 컴플라이언스 문화
3. 컴플라이언스 체계 운영을 위한 합리적인 노력
4. 컴플라이언스 가이드라인과 절차에 대한 교육 및 의사소통
5. 컴플라이언스 프로그램의 유효성에 대한 모니터링, 감시 및 평가
6. 컴플라이언스 프로그램 운영 성과에 대한 인센티브 및 징계조치
7. 위법행위에 대한 대응 및 시정 조치사항

연방 기업 양형 가이드라인의 목표는 컴플라이언스 체계를 구축하는 데 있었다. 이 양형 가이드라인은 '최고 윤리책임자(Chief Ethics Officer)' 내지 '최고 준법지원 책임자(Chief Compliance Officer: CCO)'의 역할을 보다 명확히 규정하였다. 나아가 이들이 자신의 임무를 달성할 수 있기 위한 모든 권한을 갖추고자 할 경우에 회사 이사회 차원에 직접적 접근이 가능하고, 보고 및 통제기능을 인수해야만 하도록 규정하고 있다. 따라서 미국의 경우 준법지원인은 준법지원 조직의 필수적 요소이다.

다수의 미국 기업은 이러한 양형 가이드라인과 강화된 형사소추 실무에 당면하여 특히 자금세탁, 부패 및 내부거래와 관련하여 스스로 컴플라이언스 조치를 의무화함으로써 위험을 회피하고 있다. 미국 법원은 양형을 함에 있어 이러한 양형지침에 구속되고 있고, 법원은 이를 통해 실질적 양형규정으로 만들어 가고 있다.[19]

(4) 현대적 컴플라이언스 틀(framework)의 완성

비록 양형 가이드라인으로만 설명되고 있기는 하지만 입법적 형태로 컴플라이언스

체계의 구축을 처음으로 강제한 미국 연방 기업 양형 가이드라인은 미국에서 2002년
에 발생한 엔론(Enron)[20]과 월드컴(WorldCom)의 거대 분식회계 사건[21]을 막을 수 없
었다. 이러한 기업범죄 스캔들의 결과로 미국 의회는 2002년 7월 30일에 짧은 제목인
2002년 사베인-옥슬리 법(Sarbanes-Oxley Acts: SOX)[22]으로 더 유명세를 탄 '상장회
사 회계 개혁 및 투자자 보호법(Public Company Accounting Reform and Investor
Protection Act of 2002)'[23]을 승인했는데, 이 법에 따라 컴플라이언스는 미국식 회계처
리에 있어 의무사항이 되었다. 바꾸어 말하면 컴플라이언스는 사베인-옥슬리 법을
통해 처음으로 입법적 형태로 의무화되었다. 그리고 현대적 의미의 컴플라이언스 틀
은 사베인-옥슬리 법이 통과되고 컴플라이언스 담당 임원의 중요성 및 역할이 증대
되고 난 후에야 자리를 잡아가기 시작하였다.

  사베인-옥슬리 법은 전체 11장 69개 조문으로 구성되어 있으며, 법률위반을 회피
하기 위한 내부통제 시스템의 구축을 규정하고 있다. 특히 이 법은 상장회사 회계감
독위원회(Public Company Accounting Oversight Board: PCAOB)의 창설, 회사의 감사위
원회(audit committee) 및 외부감사인(auditor)의 독립성 확보, 기업의 재무상황 및 경
영성적의 정보공개의 확대, 내부통제 시스템의 구축·유지 의무화, 고위경영자의 부
정행위에 대한 벌칙강화, 회계감사법인의 경영 컨설턴트 등의 겸업금지, 증권분석가
의 이해상충 방지, 이사회 구성원의 자격, 내부고발자의 보호 등 다양한 분야가 규정
되어 있다. 사베인-옥슬리 법의 여러 규정으로부터 컴플라이언스 시스템은 부분이
아닌 전체로서 의무화되었다. 그러나 이러한 컴플라이언스 시스템 내에서 예컨대 특
정 준법지원인의 존재가 반드시 전제되어야 하는 것은 아니다. 이에 따라 사베인-옥
슬리 법 제302조에서 기업의 고위경영진(principal officers)[24]은 재무보고에 포함된 정
보의 완전성과 정확성뿐만 아니라, 정보를 생성해 낸 기초가 되는 내부통제의 유효성
도 인증하도록 요구하고 있다. 무엇보다 기업의 최고경영책임자(CEO)와 최고재무책
임자(CFO)가 이러한 고위경영진에 포함된다. 이에 따라 준법지원인 형태로 단지 내
부통제 기능을 가지고 있는 고위경영진의 변형은 고려되지 않았다. 사베인-옥슬리
법 하에서 규정된 감사상 문제를 보고할 내부고발 정책(특히 내부고발자에 대한 보호장
치 설치에 대한 의무 부과)의 관점은 입법자가 내부고발자에 대한 "처리 담당자"의 규정
을 전제로 하고 있었음을 추측할 수 있는데, 이들은 이사회에 독립적인 사람이어야
한다. 나중에서야 비로소 기업에서 준법지원인의 외양이 갖추어지기 시작했고, 무엇

보다 내부통제 시스템 내지 개별 부서를 감시하기 위해 준법지원인을 두어야 했다.[25]

2. 준법지원인제도의 개념

(1) 컴플라이언스란 무엇인가?

컴플라이언스는 언뜻 보면 단순한 용어로 보이지만 여러 겹의 뉘앙스와 이해를 담고 있다. 또한 컴플라이언스는 복잡한 주제다. 미국 변호사이자 컴플라이언스 컨설턴트인 릭 울프(Rick Wolf)는 컴플라이언스를 "조직의 영혼으로 들어가는 창문"이라 불렀다. 이는 조직의 본질적 정신(essential spirit)을 들여다볼 수 있는 장치일 수 있다는 의미이다. 그러나 컴플라이언스는 조직의 컴플라이언스와 조직 내부 구성원 개인의 컴플라이언스가 다르다. 조직과 개인은 법규를 준수할 수 있는 능력과 동기가 다르며, 법규준수 능력 및 동기는 시기나 이슈에 따라서도 달라지기 때문이다. 또한 컴플라이언스는 조직마다 다르며, 조직 내부에서도 다르다.[26] 그렇다면 과연 컴플라이언스는 무엇을 뜻하는가?

컴플라이언스란 무엇보다 의료계에서 사용된 개념이 법률가와 경영학자에 의해 수용된 개념이라고 한다.[27] 당초 의료계에서 컴플라이언스란 '치료요법의 신뢰(Therapietreue)'를 의미하였다. 즉 환자가 의사에 의해 처방된 약을 정해준 시간마다 복용할 경우 환자는 예상된 치료경과의 의미에서 의사의 지시를 "준수하여(compliant)" 행동한 것이다.[28] 이러한 의미에서 기업과 그 기관 및 임직원이 기업활동과 관련된 법규범을 준수한 행동을 설명하기 위해 의료계에서 사용된 개념을 법학적 차원에서 차용한 것은 충분히 이해할 만하다. 이미 입법적 측면에서 제정된 법규범(법률, 시행령, 시행규칙, 기타 정부규제 등)을 지켜야 하는 기업의 입장에서는 이러한 법규범과 독자적으로 마련한 회사 내규를 일치시키기 위해 여러 조치들을 취해야만 한다. 이때 준법지원인은 모든 관련 법규범을 '준수'할 책임을 지게 된다. 기업이나 개인이 법규범을 준수할 의무는 사소한 것으로 보여도 이러한 법규범의 준수의무는 이미 법의 근본적인 효력으로부터 도출된다는 것은 오래전부터 인정되고 있다. 그러나 이것이 기업실무에서도 적용되기 위해서는 윤리 강령, 컴플라이언스 프로그램, 정책, 통제장치 등의 지원 대책이 요구된다.[29]

우리나라에서는 일반적으로 컴플라이언스란 "회사의 모든 업무절차상 준법의 필요성을 부각시키고 이를 통하여 자발적으로 법적 위험을 인식하여 억제할 수 있도록 하는 것으로서 회사의 법률위험의 법제화를 의미한다"거나,[30] "일반적으로 고객재산의 선량한 관리자로서 회사의 임직원 모두가 제반 법규를 철저하게 준수하도록 사전 또는 상시적으로 통제·감독하는 것",[31] "기업이 사업을 운영함에 있어 접할 수밖에 없는 제규범들과 조화를 이루어 적정하고 건전한 사업활동을 하기 위해 마련한 조직 내지 장치의 총칭, 쉽게 말해 법령, 규정 등에 부합하는 사업운영을 위해 구축한 통제장치",[32] 또는 "모든 기업과 그 기관 및 임직원이 법률상 명시된 요구나 금지를 준수하도록 보장하기 위한 일체의 조치"[33]라고 한다.

컴플라이언스(Compliance)의 어원(語源)

원래 컴플라이언스(compliance)라는 단어는 "누군가의 희망이나 요구에 따르고 순종한다"는 의미의 동사 comply에서 유래한다. 하지만 점차 "완전한, 완성된, 철저한"의 의미를 갖는 complete와 "제공, 공급하다"의 supply가 합쳐져 그 의미가 "따를 것에 따라 완전한 것을 제공한다 또는 완전한 것이 되다"라는 뉘앙스를 가지게 되었다고 한다.[34] 이러한 어원적 의미에서 볼 때 "기업이 사회에 유익한 재화나 서비스를 제공하는 활동은 적정하고도 건전한 형태일 때 비로소 사업으로서 완전한 것으로 인정받을 수 있다"고 해석하면서 이것이 컴플라이언스의 궁극적 목적이라고 한다.[35]

컴플라이언스가 태동한 미국에서는 컴플라이언스를 "확립된 가이드라인, 세부 규정 및 법률에 부합하는 상태를 의미"한다거나, "컴플라이언스가 기업이나 개인의 관련 법규 및 회사 내규 준수 등 특정 법규 또는 내규를 '준수'하는 것으로 정의되기 위해서는 다양한 프로그램, 정책 및 통제 장치를 갖추어야 한다"고 한다. 또한 윤리 및 컴플라이언스 분야에서 저명한 실무자이가 교육자인 코플란드(John D. Copeland) 박사는 "기업 컴플라이언스는 기업이 외부 및 내부의 제약 사항을 기꺼이 따르려는 의지를 말하는 것으로, 외부적으로는 기업의 임직원들이 연방 및 주의 법률과 규칙을 준수하는 것이고, 내부적으로는 임직원들이 회사의 윤리 강령, 정책 및 절차를 존중하는 것"이라고 기업 컴플라이언스를 정의하고 있다. 특히 미국 법무부(Department of

Justice: DOJ)는 효과적인 컴플라이언스 프로그램의 중요성을 강조하기 위하여 컴플라이언스와 관련하여 "컴플라이언스 프로그램은 부정행위를 예방 및 탐지하고, 기업활동이 모든 관련 형사법 및 민사법, 규정, 규칙에 부합하도록 하기 위해 기업의 경영진이 수립한다. 미국 법무부는 기업의 자율규율을 권장하는데, 여기에는 기업이 자체적으로 문제를 발견할 경우 이를 정부에 자진 신고하는 것 등이 포함된다. 그러나 컴플라이언스 프로그램의 존재 자체만으로는 기업의 임직원이나 대리인이 저지른 범죄에 대해 기업을 기소하지 않는 것을 정당화하기에는 충분하지 않다. 사실 컴플라이언스 프로그램이 있음에도 그런 범죄를 저질렀다는 것은 경영진이 컴플라이언스 프로그램을 적정하게 집행하지 않고 있음을 암시할 수도 있다"고 언급하고 있다.[36]

이러한 컴플라이언스의 개념과 관련하여 컴플라이언스의 대상은 강제성이 부여된 법규범(법률, 시행령, 시행규칙, 기타 정부규제 등)뿐만 아니라 회사규범(회사 내규, 업무매뉴얼 등)과 기업윤리, 사회적 책임 등 기업활동에 있어 사회적으로 요구되는 사회규범까지 포함한다.[37]

컴플라이언스에 대한 개념 정의를 종합해보면, 결국 컴플라이언스는 "모든 기업과 기업의 임직원이 업무수행과 관련하여 접하는 법규범, 회사규범, 기업윤리 등의 제반 규범상 명시된 요구나 금지를 '준수'[38]하도록 사전에 상시적으로 통제하고 감독하는 제도"라고 할 수 있다.[39] 이러한 컴플라이언스의 목적은 "기업과 그 기관 및 임직원에 의한 위법행위를 방지하거나 적어도 줄일 수 있도록 기업 내부 절차를 미래지향적으로 설계함으로써 법익침해에 따른 책임위험(Haftungsrisiken)을 최소화"하는 데 있다.[40] 따라서 컴플라이언스는 소극적 의미에서 법규준수 여부를 감시하고 위반 여부를 조사하는데 국한된 것이 아니라, 적극적 의미에서 기업 자체의 윤리 강령 및 법규준수와 관련된 업무절차 규정을 제정하고 위법행위 방지를 위한 사전 감시와 사후 통제 및 교육의 실시 등을 통한 법규준수 전반에 걸친 사전적 예방제도를 의미한다고 볼 수 있다. 이러한 의미에서 진정한 컴플라이언스는 "기업에서 물의를 일으키지 않으려고 단순히 법규범을 지키기만 하는 수준보다 더 깊이 들어가는 것으로, 법규준수와 함께 항상 옳은 일을 하는 데 기반을 둔 윤리적인 기업문화를 개발하고 이를 지속키는 노력과 결합"[41]하는데 있다.

(2) 컴플라이언스와 구별되는 개념

가. 컴플라이언스 주위에 있는 여러 개념들

'컴플라이언스 프로그램', '위험관리(Risk Management)', '가치관리(Value Management)', '기업지배구조(Corporate Governance)', '기업윤리(Business Ethics)', '청렴 강령(Integrity Codes)', '행동 강령(Codes of Conduct)' 및 '기업의 사회적 책임"Corporate Social Responsibility: CSR)'이라는 개념은 모두 기업경영과 관련해서 사용되는 개념들로 '컴플라이언스'라는 개념 주위에 머물고 있다.

'기업윤리', '청렴 강령' 및 '기업의 사회적 책임'이라는 개념은 기업이 지향하는 경영목표와 가치에 대한 길잡이 내지 지침서로 설명된다. 반면에 '컴플라이언스 프로그램'과 '행동 강령'의 개념은 기업 내에서 일정하게 정의 내려진 가치보호를 위해 요구되는 하나의 절차로 기술된다. 기업마다 컴플라이언스 프로그램의 구체적 내용은 다르지만, 컴플라이언스 프로그램은 범죄예방을 목적으로 하고 규범합치적인 행동을 준수·유지하도록 설계되어 있다는 점에서 공통된다. 이러한 컴플라이언스 프로그램의 핵심 역할을 담당하는 사람이 바로 준법지원인이다. 어쨌든 이 경우 컴플라이언스 프로그램은 고위경영진과 그 밖의 종업원을 포함하여 기업의 이익뿐만 아니라 부분적으로 거래당사자, 제3자(소비자 등)의 이익 및 사회적 이익(예컨대 환경보호)을 포함한다. 이와 관련하여 기업 내부의 한 개인인 준법지원인이 이렇게 다양한 이익과 보호영역으로 인해 컴플라이언스의 지향점에 대한 감독과 통제 장치를 전체적으로 이해할 수 있고, 이해해야만 하는 것인지 여부가 문제된다.[42]

그리고 순수히 개념적으로 '컴플라이언스'와 '위험관리' 및 '내부감사'는 서로 구별되어야 한다. 간략히 개념상 준법지원인은 '컴플라이언스'의 개념에 포함될 수 있다. 또한 준법지원인은 기업에서 완벽한 준법지원·통제를 명할 수 있다. 반면에 '위험관리' 또는 '위험통제'라는 개념 아래에서는 위험상태(Risikopositionen)의 적극적 조종이 이해될 뿐이다. 여기에서는 상호 연결된 위험분석, 위험평가, 위험감독 및 정보제공이 포함된다. 이러한 개념 구별의 작업을 통해 위험관리를 통한 '위험의 사전 인식'과 위험통제 기능에 의한 '위험의 통계적 인식' 사이의 역할이 서로 구분될 수 있다. 이러한 개념 정의와 관련하여 준법지원인은 '위험관리'라는 기업의 기능에 포섭될 수 있음에 틀림없다.

한편 내부감사와 위험통제 사이에 일정 정도 컴플라이언스가 밀접한 관계를 맺고 있다. 내부감사는 목표 달성의 개연성을 높이기 위한 여러 조치들을 결정하고 이를 개선함에 있어 이사회에 의해 전폭적으로 지지, 후원, 보호된다. 그러나 또한 기업경영 절차상의 '실효성과 효율성(Effectiveness and Efficiency)'이 내부감사에 의해 판단되기도 한다. 이에 내부감사는 컴플라이언스 조직과 관련해서 뿐만 아니라 위험관리의 기능으로부터 도출되는 감시활동을 의미한다. 이때 준법지원인이, 예컨대 동시에 내부감사인(Innenrevisor)으로 겸직할 경우 직무권한을 어떻게 상호 분배해야 하는가의 문제가 제기될 수 있다.[43]

나. 컴플라이언스와 윤리(Ethics)

컴플라이언스와 윤리는 밀접한 관련은 있지만 동일한 개념은 아니다. 앞서 언급한 바와 같이 컴플라이언스는 일반적으로 기업이 법률, 규칙, 감독 규정, 내규, 표준과 자신의 행동을 규율하는 행위준칙 등을 준수하는 것을 의미하며, 이는 법률위반의 예방과 처벌에 중점을 두는 규칙기반 접근법이다. 반면에 윤리는 기업의 가치와 도덕적 표준을 일컫는 것으로, 고결성에 기반한 접근법이다. 즉 윤리는 기업 안에서의 고결성, 존중, 다양성 등과 관련한 이슈들을 정의한다. 가치와 윤리는 기업의 외부나 내부 당사자들의 마음속에 당해 기업에 대한 이미지와 평판을 형성한다. 그리고 윤리적 실패는 평판 손상, 직원의 사기 저하, 정부의 감독 강화, 고객과의 관계 손상, 민형사상 제재 가능성의 증가 등 기업에게 파괴적 악영향을 미칠 수 있다.

컴플라이언스와 윤리의 중요성은 무엇보다 2004년 미국 연방 기업 양형 가이드라인에 적절히 반영되었다. 이 2004년 개정 가이드라인은 기업의 행동을 관리함에 있어서 윤리가 담당하는 역할의 중요성을 인식하고, 가이드라인의 기준을 "효과적인 컴플라이언스 프로그램" 기준으로부터 "효과적인 컴플라이언스 및 윤리 프로그램" 기준으로 확장하였다. 왜냐하면 실제로 어느 한 기업의 행태는 그 기업의 문화, 가치, 윤리, 도덕성을 반영하며, 기업의 철학과 행동은 이 기업이 컴플라이언스 책임에 어떻게 반응하는지를 반영하기 때문이다.[44]

이러한 중요성에도 불구하고 일부 기업의 고위경영진이 효과적인 컴플라이언스 및 윤리 프로그램을 회사 이익에 아무런 기여도 하지 않는 추가적 비용으로 간주하거나, 심지어 기업 윤리에 대해 강조하면 자기 회사를 경쟁상 불리한 입장에 놓이게 될 것이라 두려워하기까지 한다. 그러나 지각 있는 고위경영진이라면 컴플라이언스 시스템의 구축과 윤리적 기업문화 구축이 주주 가치를 극대화하고 기업 이익을 증가시키는 강력한 수단임을 알고 있다. 결국 컴플라이언스와 윤리는 기업의 비용이 아닌 이익을 증가시킨다.[45)]

다. 컴플라이언스와 행동 강령(Code of Conduct)

기업의 행동 강령은 컴플라이언스와 윤리가 서로 뒤얽힌 고전적 예이다. 왜냐하면 행동 강령은 본질적으로 윤리적 행동에 관한 특정 기준에 대한 기업의 공개적인 서약이기 때문이다. 행동 강령은 의사, 변호사, 심리학자, 회계사, 엔지니어들이 행동 강령을 준수하는 데서 알 수 있듯이 많은 전문직에서 오래된 관행이었다.

기업의 행동 강령은 기업의 가치와 윤리를 보여주는 순전히 자발적인 노력이라는 전통적 견해는 행동 강령 개발을 규율하는 법적 요구들이 많아짐에 따라 바뀌고 있다. 행동 강령에 대한 법적 요구의 대표적인 예가 사베인-옥슬리 법이다. 즉 사베인-옥슬리 법의 섹션 406은 증권거래위원회(SEC)가 상장회사들이 "주된 재무책임자 및 감사관, 주된 회계책임자 또는 유사한 기능을 수행하는 자에게 적용되는 최고재무책임자(CFO)용 윤리 강령(code of ethics)을 채택했는지 여부, 그리고 채택하지 않았을 경우 그 이유를 공시하도록 요구하는 규칙을 공포하게 했다. 이에 따라 증권거래위원회는 사베인-옥슬리 법의 시행 규정을 공포하면서 윤리 강령이 ① 개인적 또는 업무상 관계에 있어 실제적 또는 외관상 이해상충에 대한 윤리적 처리 등 정직하고 윤리적인 행동, ② 완전하고, 공정하며, 시의적절하고, 이해할 수 있는 보고 및 문서의 공시, ③ 정부의 법률, 규칙 및 규정 준수, ④ 강령위반에 대해 적절한 사람에게 신속한 보고, ⑤ 강령 준수에 대한 책임성이라는 사항들을 증진하기 위해 제정된다고 설명하였다.

기업의 행동 강령의 구체적인 내용은 기업마다 다르지만, 행동 강령은 일반적으로 내부자거래, 이해상충, 업무관행(workplace practices), 정부와의 관계, 법률 및 규정 준수, 시장에서의 고결성, 조직의 효율적인 컴플라이언스 및 윤리 프로그램의 역할, 보고 장치와 같은 주제를 다룬다. 행동 강령은 이러한 항목 이외에도 기업의 임직원에게 특수한 컴플라이언스 윤리 상황 처리하기, 가치와 윤리를 강령에 구현된 규칙에 적용하기, 그리고 윤리적으로 모호한 특정 상황에서 어떻게 처신할지 결정하기 등에

관한 지침을 제공한다.46)

라. 컴플라이언스와 내부통제(Internal Control)

우리나라에서는 일반적으로 컴플라이언스와 내부통제는 같은 의미로 받아들여지고 있다는 견해가 제시되고 있다.47) 하지만 이러한 견해는 내부통제의 개념을 보다 면밀히 살펴보면 설득력이 다소 약하다고 본다.

내부통제란 기업의 회계부정을 방지하기 위해 미국에서 최초로 사용한 개념인데,48) 오늘날에는 기업의 경영관리 전반으로 확대 적용되고 있다. 기업이 일상적인 경영활동에서 직면하게 되는 각종 위험을 관리하는 수단에는 여러 가지가 있다. 하지만 오늘날에는 내부통제가 기업의 목표달성에 장애가 될 수 있는 각종 위험을 종합적으로 관리하는 중요한 절차로서 부각되고 있으며, 현재까지도 합리적이고 현실적인 방안으로 평가되면서 국제적인 표준이 되고 있다.49)

부적정한 내부통제로 인해 조장된 횡령

2005년에 미국 연방 예금보험공사의 감독상 통찰력은 조직의 내부통제 시스템이 제 기능을 발휘하지 못할 때 발생할 수 있는 황당한 횡령 사례를 보여주었다.

어느 소도시에 위치한 소매은행은 자산이 5억 달러도 안 되었지만 계속해서 영업이익을 냈었다. 2년 동안 어느 고위임원이 대출 기능뿐만 아니라 은행 업무에도 중대한 영향력을 행사했다. 권위주의적인 경영 스타일을 지닌 그는 절반이 넘는 은행 대출 자산의 관리 책임을 맡고 있었다. 은행 이사회는 그에게 매우 큰 금액의 대출한도를 부여했다. 더구나 이사회는 대부분 대출이 실행된 뒤에야 이를 검토 및 승인했으며, 이사회에 제출된 연체 대출 보고서는 은행 직원이 수작업으로 작성하였고, 이 임원에 의해 조작되었다. 직원에 대한 이 임원의 위협과 직원의 인원수가 상당한 자산 성장에 보조를 맞추지 못했던 점도 이 은행의 부정직한 내부통제와 비효과적인 내부감사 프로그램의 영향을 악화시켰다. 더욱이 고위경영진은 이 임원의 행동에서 특이 사항을 알아챘지만, 이를 이사회나 규제기관 또는 법집행 당국에 적시에 알리지 않음으로써 비리가 계속되도록 허용했다.

이 비리를 통해 이 임원은 개인적으로 1백만 달러가 넘는 혜택을 보았다. 그러나 이 임원의 비리가 자신의 행동을 감추려는 노력과 결합되어 은행에는 거의 5백만 달러의 손실이 초래되었다. 또한 그의 퇴직으로 경영진에는 중대한 공백이 생겼고, 결국 이 소매은행은 다른 은행에 흡수되었다.50)

내부통제의 개념과 관련하여 이를 한마디로 정의하기는 어렵지만 기본적으로 회사의 회계부정 등에 대처하는 회사 내부의 관리·통제 시스템을 의미한다. 이와 같은 내부통제는 가장 좁은 의미로 회사의 회계부정을 방지하기 위한 회계적인 내부통제를 의미하고, 넓은 의미로 회사의 업무수행을 법률, 규칙 및 규정에 적합하게 이루어지도록 하는 이른바 법규준수의 내부통제를, 그리고 가장 넓은 의미로 법규준수뿐만 아니라 경영활동 및 기업의 업무집행이 적법하고 효율적으로 수행되도록 체계적으로 구축한 일련의 경영활동 통제과정을 의미한다.[51] 이러한 내부통제의 일반적 정의는 COSO(Committe of Sponsoring Organizations of Treadway Commission)[52]의 1992년 보고서의 내용을 기초로 한 것이다. 이에 따르면 내부통제란 "회사가 그것을 통하여 그들의 내부통제의 효율성을 평가할 수 있는 것으로서 회계통제를 포함하되 그것만으로 제한되지 않는 광범위한 모형을 규정하기 위해 고안된 통합적인 체제"를 의미한다고 한다.[53] 이는 회사가 ① 효율적인 사업운영(성과목적), ② 정확하고 신뢰성 있는 회계보고 체계의 유지(정보목적), ③ 관련 법규 및 내부정책·절차의 준수(준법목적) 등과 같은 세 가지 목표를 달성할 수 있도록 합리적 확신(reasonable assurance)을 주기 위하여 회사 자체적으로 제정하여 이사회, 경영진 및 직원 등 회사의 모든 구성원들이 지속적으로 실행하고 준수하는 일련의 통제과정을 의미한다.[54]

COSO보고서에서 제시된 내부통제의 세 가지 목표의 내용을 살펴보면 첫째, 성과목적(Performance Objective)인 사업운영의 실효성과 효율성(Effectiveness and Efficiency of Operations)은 가장 상위의 포괄적 개념으로서 자산이나 자원을 투입하여 성과를 산출하는 데 있어 효과적이고 효율적인 것을 말한다. 이러한 목적을 달성하기 위한 내부통제로 경영관리(Management Control), 위험관리(Risk Management), 업무감사(Operation Auditing) 등이 있으며, 이는 경영통제의 영역이라고 할 수 있다. 둘째, 정보목적(Information Objective)인 회계보고의 신뢰성(Reliability of Financial Reporting)은 내부회계관리제도와 같이 재무정보에 대한 통제 시스템에 의해 확보되는데, 이는 정보통제의 영역이라고 할 수 있다. 이때 내부회계관리제도는 내부지향적 내부통제의 하나로, 공시제도는 외부지향적인 내부통제의 하나로 이해된다. 셋째, 준법목적(Compliance Objective)인 법규준수(Compliance with Applicable Laws and Regulations)는 법규뿐만 아니라 사규(윤리 강령 포함)도 포함된다. 이는 금융회사의 준법감시인과 같은 컴플라이언스를 통하여 이루어지게 되며, 절차통제의 영역이라고 할 수 있다.[55]

이와 같은 컴플라이언스와 내부통제의 관계를 보다 엄밀히 살펴보면 컴플라이언스는 내부통제의 여러 유형 가운데 하나 내지 내부통제의 하위개념이면서 비회계적 영역에서의 절차통제로 파악함이 정확하다고 본다([그림 1-1] 참조).

[그림 1-1] 컴플라이언스와 내부통제의 관계

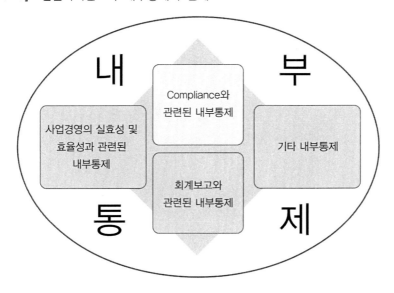

나아가 COSO는 2004년 9월 「기업리스크관리 통합체제(Enterprise Risk Management – Integrated Framework)」라고 하는 보고서(이하 'COSO Ⅱ'라 한다)를 공표하였다. 2004년 COSO Ⅱ에서는 기업은 모든 이해관계자를 위하여 가치를 창조함을 목적으로 존재하며, 기업은 경영상 직면하는 리스크(=불확실성)에 대처하는 체제를 구축할 필요가 있다고 한다. COSO Ⅱ에서는 기업리스크관리(ERM)는 내부통제보다 넓은 개념이며, 리스크 전반에 초점을 맞춘다. 내부통제는 기업리스크관리(ERM)에 포섭되어 그 일부를 구성한다고 설명되고 있다.[56] 이때 기업리스크관리(ERM)을 위한 내부통제란 회사의 주요 사안에 대한 경영상 결정과 집행이 효율적이고 적법하게 수행될 수 있도록 하는 체계적인 절차를 구축하여 정보가 경영진에게 신속하게 전달될 수 있도록 함을 의미한다. 동시에 경영진을 감시하는 이사회나 감사 역시 정보의 흐름과 경영판단 과정을 확인하여 적절히 대응할 수 있도록 하는 것이다. 기업리스크관리(ERM)의 목적은 전략, 운용, 재무보고, 법규준수 등이고 준법지원인제도는 네 번째 목적인 법률 리스크

(legal risk) 회피를 달성하기 위함이다.

이처럼 내부통제제도는 기관 상호간 권력분립을 전제로 한 회사지배구조의 틀 속에서 기관 상호간 유기적 정보공유를 위한 절차적 메커니즘을 설계하는 것으로, 기관 상호간을 연결시켜 주는 '혈관' 역할을 한다. 내부통제 시스템은 예기치 못한 리스크로부터 회사를 보호해 줄 뿐 아니라 경영판단 과정에서 초래될 수 있는 리스크로부터 경영진을 보호해 주는 기능도 한다. 그리고 이사나 경영진이 내부통제 시스템을 사전에 잘 갖추고 있을 경우 사후적으로 경영판단이나 직원의 행동으로 회사가 피해를 볼 경우 경영진이 리스크를 정확히 예측하지 못했다거나 직원들을 제대로 감시하지 못했다는 이유로 책임을 묻는 것을 막아주는 역할도 한다.[57] 또한 내부통제는 하나의 프로세스라고 할 수 있다. 내부통제와 내부통제의 세 가지 목표 가운데 하나인 컴플라이언스는 목적을 위한 수단이지, 그 자체가 목적은 아니다. 강력한 내부통제 시스템은 책임 있는 기업의 행동에 대한 회사의 의지를 직원들과 외부 계약자들에게 보여주는 강력한 선언임에 틀림없다. 따라서 내부통제는 컴플라이언스와 더불어 비윤리적이거나 불법적인 행동의 예방과 적발에 커다란 도움이 된다.

그런데 내부통제는 그 형성과정과 COSO보고서의 개념정립에도 불구하고 여전히 개념이 모호하다. 비록 기업이 자신에게 적합한 내부통제 시스템을 구축하여 운영하더라도 내재적인 한계[58]로 인해 기업의 목표 달성과 내·외부의 각종 경영리스크를 완벽하게 차단할 수 없는 문제점을 내포하고 있다.[59] 특히 우리나라 내부통제 시스템 설계의 가장 큰 문제점은 사업운영의 효율성, 재무보고의 신뢰성, 법규준수 등을 포섭하는 내부통제 시스템의 큰 틀에서 개별 시스템을 구축해 나가지 못하고 있다는 것이다. 1997년 외환위기, 2002년 미국 엔론 사태, 2008년 글로벌 금융위기 등 개별 경제사건이 발생할 때마다 관련 개별 법률들에 내부통제의 목적 가운데 일부를 달성하기 위해 임시방편적으로 제도를 도입해 왔기 때문이다.[60]

(3) 컴플라이언스의 장애물

컴플라이언스의 중요성은 선진국뿐만 아니라 대부분의 국가에서 이미 널리 인식되고 있으며, 이는 몇몇 글로벌 기업만의 선택사항이 아니라 대다수 기업의 필수요건으로 자리를 잡아 가고 있다. 좁은 의미로 기업 내외의 모든 법규를 기업과 기업의 임직원이 준수하고 있는 상태를 의미하는 컴플라이언스는 기업의 이윤추구와 상반되는 것이 아니라 이윤을 증대시키는데 기여한다. 이에 대부분의 기업은 컴플라이언스를 전담하는 조직을 갖추고 전사적 차원에서 부정부패, 직권남용, 정책 및 법규 미준수 등을 방지하기 위해 열성적인 노력을 아끼지 않고 있다. 그러나 이러한 열성적인 노력에도 불구하고 여전히 많은 기업에서 기업범죄 발생가능성을 감소시키거나 기업범죄에 대한 기업 내부에서의 문제제기에 대한 보복의 두려움과 문제제기를 불편해 하는 것을 감소시키는 데에 커다란 영향을 못 미치고 있는 것이 현실이다. 실제로 엔론 사(Enron)가 65쪽의 윤리 강령을 보유하고 있었음에도 불구하고 희대의 분식회계 사건으로 2001년 12월에 파산한 이유는 어디에 있는지 의문이다.61) 이는 엔론 사에 컴플라이언스가 제대로 작동되지 않은 커다란 장애물이 있었음을 뜻한다.

  컴플라이언스가 제대로 작동되지 않고 실패로 이끄는 대표적 세 가지 주요 장애물로 ① 조직의 구조 및 복잡성, ② 규제 인플레이션에 따른 법규에 대한 이해 곤란, ③ 법규에 대한 신뢰붕괴를 언급할 수 있다. 첫째, 조직의 구조 및 복잡성과 관련하여 오늘날 기업 조직은 더욱더 독특한 컴플라이언스 도전 과제를 제기하는 복잡한 기관이 되어 가고 있다. 예를 들어, 2015년 4월 8일 원유 메이저 회사인 로열 더치 셸(Royal Dutch Shell, 본사 네덜란드)은 인수가 680억 달러(약 74조 8,000억 원)를 지불하고 천연가스 메이저인 회사 BG그룹(본사 영국)와 M&A를 단행함으로써 세계 1위의 글로벌 에너지 그룹이 탄생하였는데,62) 이 두 회사는 서로 문화와 가치, 역사와 규제자와의 관계, 조직 구조와 의사 결정 형태, 그리고 리스크에 대한 견해와 선호도 등의 차이에 직면할 수밖에 없다. 이 모든 요인들이 컴플라이언스에 대한 조직의 태도와 가치에 커다란 영향을 미칠 것은 분명하다. 둘째, 규제 인플레이션에 따라 법규에 대한 이해를 어렵게 하는 것도 컴플라이언스에 대한 장애물로 작용한다. 기업에서 컴플라이언스를 통해 법규준수를 개선하기 위해서는 준법지원인은 물론이고 기업의 임직원이 먼저 기업활동과 관련된 제반 법규들을 충분히 이해할 필요가 있다. 그런데 환경, 조세, 안전, 보안 등의 분야와 관련된 법률, 시행령, 시행규칙, 규정 및 표준들의 막대한 분량과 복잡성은 법률 등에서 무엇이 요구되는지를 제대로 이해하지 못하게 하거나, 심지어 애당초 그러한 요구가 있다는 것조차 모르게 함으로써 법규준수를 어렵게 하고 있다. 이러한 컴플라이언스의 대상이 되는 법규 등의 복잡성과 분량의 증가로 인해 이를 준수하지 못할 리스크와 잠재성이 높아진다. 셋째, 컴플라이언스는 법규 등을 준수해야 하는 조직과 개인이 법규 그 자체의 준수뿐만 아니라 법규의 이면에 놓여 있는 정책 목표에 대한 신뢰를 요구하는데, 그러한 목표를 거절한 경우 컴플라이언스는 실패로 연결된다. 기업들이 기업활동과 관련된 제반 법규의 이면에 놓여 있는 정책 목표를 확보하기 위한 규칙들을 받아들이면서도 그 목표 자체를 거절할 경우, 재앙적인 결과가 발생할 위험성은 높아만 진다. 이는 예컨대 화물트럭 운전사가 법률에서 요구하는 최소한의 휴식을 취하기는 하였지만, 자신은 밤새 파티 후에도 운전을 잘 할 수 있다고 믿고 운전할 경우에 교통사고가 발생할 위험성이 높아지는 것과 같은 이치다.[63]

3. 준법지원인제도의 기능

법률이나 감독 규정만으로 기업범죄를 효과적으로 막을 수 없다. 기업의 자체 경찰활동을 통해 스스로 비리나 위법행위를 예방하고 비리나 위법행위가 발생했을 때 이를 탐지하고 적발하여 적절한 시정 조치를 취할 수 있도록 해야 하는데, 이를 가능하게 해 주는 것이 바로 컴플라이언스이다. 이러한 컴플라이언스의 목표를 고려할 경우 본질적으로 공통적인 요소가 항상 언급된다. 이러한 공통요소로 기업의 사회적 평판에 대한 보호, 비리나 위법행위에 대한 효과적인 조기경보 시스템 및 효율적인 리스크관리, 일상감시(사전검토, 상시감시), 기업, 주주 및 종업원 등의 손실 회피, 품질보증과 혁신, 공정한 경쟁의 유지, 그리고 국내외에서 관련 규범을 숙지하고 지켜야만 하는 임직원들에 대한 교육, 상담 및 정보제공 등에 관한 것들이 있다.[64] 이러한 목표들 가운데 공통적으로 언급되는 것은 법규준수 및 윤리적인 사업경영, 내·외부 규정과 원칙의 준수, 무엇보다 기업범죄의 방지 및 기업윤리 등으로 요약할 수 있다.[65]

컴플라이언스는 다양한 기능을 가지고 있다. 컴플라이언스를 통해 ① 기업 임직원의 법규위반으로 발생하는 다양한 손해 등으로부터 기업을 보호하고 범죄를 예방하며, ② 기업의 투명성 및 법적 안정성을 확보하며, ③ 고객에 대해 적정한 자문 등을 함으로써 임직원의 질적 능력을 향상시킬 수 있다.[66] 이러한 컴플라이언스 기능의 핵심적 요소는 본질적으로 예방(Prävention), 교육(Instruktion) 및 억제(Repression)라고 할 수 있다. 이러한 핵심적 요소는 조직을 구성하는 규정과 기준들에서도 다시 발견된다. 다음의 요소들은 기업 내부의 컴플라이언스 기능의 일부이다: 포괄적인 위험평가, 컴플라이언스 기준의 확립(여기에는 행동지침, 윤리지침, 행동 강령, 기업윤리 강령 등 생각 가능한 모든 행위규준들이 포함됨), 전문적인 안내, 명확한 책임규정, 의사소통 및 교육, 모니터링체계, 감사체계, 자체평가 체계 및 보고체계의 수립(내부고발제도, 핫라인, 이러닝 프로그램 등), 일관된 훈련과 적정한 인센티브의 마련, 지금까지의 행동양식에 대한 적절한 재반응과 변화 등.[67]

이러한 요소들이 구현되기 위해서는 기업 내에서 조직적 차원에서의 준비가 요구된다. 이와 관련하여 준법지원인이 언제나 핵심적 역할을 담당한다. 기업 내에 컴플라이언스 가이드라인의 마련 이외에 준법지원인의 임면 형태에 있어 독자적인 제도적−조직적 통일성의 마련이 핵심적인 구성요소로 간주된다. 이는 컴플라이언스가 처음 등장한 미국에서도 마찬가지이다. 즉 컴플라이언스에 대한 미국의 이해는 컴플라이언스를 담당하는 사람, 즉 준법지원인이 임직원의 위법행위를 끊임없이 들추어내고 기소하여 기업 내부에서 마치 검사의 역할을 담당하는 것으로 정의되고 있다.[68] 이에 따라 미국에서 다수의 준법지원인은 이전에 검사였던 사람 가운데 임명되는 경우가 많으며, 이러한 현상은 독일 기업에서도 발견된다. 다만 컴플라이언스 기능의 기초가 되는 위법행위에 대한 예방 전략이 주로 억제(Repression)를 통해 달성될 수 있을지 여부는 확실하지 않다. 그리고 컴플라이언스에 대해 유럽과 우리나라에 전달된 사고는 미국의 법적 이상에 가깝다. 이와 관련하여 유럽과 우리나라에서 컴플라이언스에 대한 이해는 상당 부분 미국의 컴플라이언스에 기초를 두고 있으며, 이에 따라 준법지원인은 컴플라이언스 기능에 있어 핵심 인물로 볼 수 있다. 그럼에도 불구하고 현재까지 유럽과 우리나라에서 미국에서와 같은 완결된 컴플라이언스 규정은 존재하지 않는다. 억제(repressiv)를 중심으로 하는 미국의 컴플라이언스 기능과 달리 유럽과 우리나라에서 컴플라이언스 기능은 지금까지의 입법 경향에서도 알 수 있듯이 법령위반을 회피하는 데 중점을 두고 있다. 그러므로 여기서 컴플라이언스 기능은 범죄예방에 놓여 있지, 범죄행위에 대한 진상규명과 소추에 있지 않다.[69]

무엇보다 이러한 컴플라이언스의 핵심적 기능은 형법적 관점에서 볼 때 범죄예방 기능에 있다. 즉 기업은 컴플라이언스를 통해 임직원이 형법상 범죄행위나 행정법상 위반행위를 범하지 않도록 적절한 조치를 취해야 한다. 이는 기업은 컴플라이언스를 통해 임직원이 기업의 활동과 관련하여 제3자에게 범하게 되는 범죄뿐만 아니라 기업의 임직원이 기업 그 자체에 대하여 범하게 되는 범죄(예컨대 업무상횡령·배임죄)도

예방하기 위한 조치를 취해야 함을 의미한다. 만약 기업이 컴플라이언스 조치를 취하지 않는 경우에 해당 기업에만 피해를 끼치는 것이 아니라, 거래처, 고객, 일반 투자자, 나아가 전체 국민 경제 등 여러 이해관계자에게 다양한 유·무형의 피해를 끼치게 된다. 한편으로는 손해배상 또는 과태료나 과징금 등을 통해 기업에게 재산상 손해를 가져오고, 다른 한편으로는 시장에서의 기업 지위의 하락, 고객의 상실 또는 기업서열의 하락 등의 형식으로 기업의 사회적 평판과 관련한 손해가 발생한다. 이러한 점에서 컴플라이언스는 기업의 재산상 손해를 제한하고 기업의 사회적 평판을 유지·제고하는 순기능을 가지고 있다.[70]

요컨대, 형법적 관점에서 볼 때 기업범죄의 예방과 관련하여 준법지원인은 컴플라이언스 기능의 핵심적 역할을 담당하며, 기업 내에서 준법지원인을 중심으로 한 컴플라이언스 조직의 견고한 수립이 회사경영의 주요한 과제임을 잊어서는 안 된다. 그렇기 때문에 준법지원인에게 어떠한 권한을 어디까지 위임할 것인지가 매우 중요하다. 따라서 준법지원인에게 포괄적이고 면책적인 업무관리의 위임이 부여되어 있는지, 회사경영에 있어 항상 최종적 책임이 누구에게 있는지를 검토해야 한다. 이는 준법지원인의 형사책임 범위와 관련하여 커다란 영향을 미침에 틀림없다. 기업 내에서 컴플라이언스를 조직 차원에서 어떻게 실행할지 그 방식의 문제와 관련하여 업무관리의 원칙적 책임 이외에 이른바 옴브즈맨(Ombudsman) 시스템을 생각할 수 있다. 옴브즈맨 시스템에서는 개별 기업의 특수한 컴플라이언스 임무의 수행을 위해 외부 전문가와 법률 사무소가 빈번히 활용된다. 하지만 이러한 준법지원인의 변형이 컴플라이언스의 핵심적 기능인 범죄예방 기능을 완화시키는지, 심지어 이러한 핵심적 기능을 전혀 달성할 수 없게 하는지 여부를 면밀히 검토할 필요가 있다.[71]

III. 현행 상법상 준법지원인제도의 주요 내용

1. 준법지원인제도의 입법과정과 특징

2011년 4월 14일에 개정된 상법은 정부가 제출했던 상법 개정안[72]과 의원입법으로 제출되어 있던 기존의 6개의 법안[73]을 하나로 통합하여 대안[74]으로 만든 것이다.

당초 정부안과 여러 개의 법안이 하나로 통합되는 과정에서 기존 상법에 입법례상 매우 이례적인 준법지원인제도가 포함되었다. 준법지원인제도는 정부가 제출한 법안에는 포함되어 있지 않았던 것인데, 노철래 의원 등 국회의원 33인이 발의한 상법 개정안[75])에 포함되었던 것을 일부 수정하여 상법에 규정한 것이다.

상법상 준법지원인제도는 자산총액 5천억 원 이상의 상장회사에 대하여 준법지원인을 반드시 두도록 의무화한 제도이다. 준법지원인제도를 법으로 강제한다는 점에서 상법의 준법지원인제도는 '의무적 준법지원인제도'라고 할 수 있다. 새롭게 도입된 준법지원인제도는 이사회와 감사 또는 감사위원회를 중심으로 한 상장회사의 지배구조에 미칠 영향이 큰 제도이므로, 기존의 상법상 기관과의 관계도 매우 중요하다. 향후 상장회사의 주주총회에서 이사의 선임을 결의할 때 이사회가 준법지원인을 선임하게 된다는 점까지 고려하여 의결권을 행사하여야 한다.[76])

2. 준법지원인제도의 성격: 경영통제장치 vs. 경영지원장치

상법상 준법지원인제도는 한편으로 일정 규모의 상장회사에 준법통제기준과 준법지원인을 도입하여 법적 분쟁 내지 기업의 위법행위 여부에 대해 법률전문가의 충분한 법률지원을 받아 준법경영·윤리경영을 실현할 수 있도록 하고, 다른 한편으로 이를 통해 형법적 측면에서 상장회사 및 임직원의 법규위반행위를 사전에 효과적으로 방지하여 기업범죄를 사전적으로 예방하는 데 적지 않게 기여할 것으로 평가받고 있다.[77]) 준법지원인제도가 기업범죄의 사전적 예방수단으로 기능할 수 있다는 평가의 근거로 Sykes와 Matza의 중화기술이론(Techniques of Neutralisation Theory)[78])에 의하면 기업 내 컴플라이언스 프로그램을 통해 처음부터 범죄자가 자신의 행위를 정당화시키는 중화기술이 나오지 않게 할 수 있다거나, Hirschi의 사회유대이론(Social Bonds Theory)[79])에 의하면 준법지원제도는 개인이 가치와 규범을 내면화하여 내면적 자기통제를 이룰 수 있도록 하는 데 도움을 줄 수 있음을 제시하고 있다.[80])

이처럼 준법지원인제도가 기업범죄를 사전적으로 예방하는 데 기여할 수 있다는 긍정적 평가는 준법지원인제도, 특히 준법통제기준의 핵심 내용인 컴플라이언스 프로그램(Compliance Program)이 효과적으로 기능할 것을 전제로 한 평가라 보인다. 그렇다면 상법에 새롭게 도입된 준법지원인제도가 효과적으로 기능할 수 있는 장치를 가지고 있는지가 문제될 수밖에 없다.

이와 관련하여 상법은 기존 금융관련 법률상 좁은 의미의 준법감시뿐만 아니라 자산운영의 건전성 확보를 위한 리스크관리까지 포함하는 내부통제제도 전반에 관한 통제업무를 수행하고, 그 결과를 감사위원회 또는 감사에게 보고하는 준법'감시'인이 아니라(「자본시장과 금융투자업에 관한 법률」제335조의8 제3항), 그리고 준법통제기준의 준수 여부를 점검하고 그 결과를 이사회에 보고하도록 함으로써 고위경영진의 준법경영을 '통제'하는 기관으로서가 아니라 어디까지나 '지원'하는 기관으로서의 성격을 강조하여 준법'지원'인을 두고 있다. 이는 준법지원인의 기본성격을 고위경영진에 대한 감독 내지 통제기관이 아니라 종업원의 업무수행에 있어 법규준수에 대한 감시기구로 보는 시각을 바탕으로 한 것이다.

그러나 우리나라에서 기업범죄는 종업원의 법규위반행위의 문제가 아니라 대표이사, 이사, 사실상 이사 등 기업의 실질적 활동방침과 의사결정을 하는 기업의 고위관리자[81]로서 경영진의 탈·불법경영과 관련된 위반행위가 실질적으로 문제되고 있다. 두산그룹 비자금조성 사건, 쌍용건설 분식회계 사건, 현대자동차그룹회장의 회사자금 횡령·배임 사건,[82] 삼성에버랜드 전환사채 저가발행 및 조세포탈 사건,[83] 분식회계, 대출사기, 횡령, 배임 등 1조 원대 경제범죄를 저지른 C&그룹사건[84] 등은 대기업 및 그 고위경영진에 의한 기업범죄의 대표적인 예라 할 수 있다. 더욱이 이러한 기업범죄는 한국 기업이 안고 있는 독특한 기업구조인 재벌체제, 즉 일정 지분을 차지하고 있는 소수의 소유경영자(owner manager)가 주주총회와 이사회를 모두 지배하는 형태를 취하고 있는 기업지배구조 체제에 기인하고 있음을 부인할 수 없다. 이러한 상황에서 준법지원인을 이사회에서 선임하여 준법통제기준의 준수 여부를 점검하고 그 결과를 이사회에 보고하게 한들 고위경영진 내지 소수 경영진이 이사회를 사실상 지배하고 있는 기업지배구조 아래에서 얼마만큼 준법지원인의 활동에 대한 독립성과 실효성을 확보할 수 있을지, 나아가 이를 통해 한국 사회에서 문제되고 있는 기업 및 고위경영진에 의한 기업범죄를 사전적으로 예방할 수 있을지 의문이 아닐 수 없다.[85]

따라서 상법상 준법지원인제도가 기업과 고위경영진의 탈·불법 경영활동에 대한 '통제'기관으로서가 아니라 준법경영의 '지원'기관으로서 종업원의 업무수행에 있어 법규준수에 대한 감시기관에 중점을 두도록 설계되어 있는 점을 고려할 때 준법지원인제도를 통해 기업범죄를 사전적으로 예방할 수 있다는 가설은 준법지원인제도의 본질적 성격을 간과한 것으로 일정부분 한계를 내포할 수밖에 없다고 본다.[86]

3. 준법지원인의 선임의무 적용대상 회사

상법은 일정한 규모 이상의 상장회사로 하여금 임직원의 법령준수를 통한 적정한 회사경영을 확립하기 위하여 준법지원인제도를 의무적으로 운용하도록 하고 있다(상법 제542조의13). 이는 앞서 살펴본 바와 같이 기업의 윤리경영과 준법경영을 강화하고 있는 세계적인 추세에 발맞추고 그동안 국민경제에 큰 위험을 야기하였던 각종 기업비리 문제를 효과적으로 규제·관리하기 위하여 2011년 상법을 개정하여 상장회사 임직원의 준법경영 여부를 체계적으로 관리하며 지원할 수 있는 주체로서 준법지원인을 두도록 한 것이다.

여기서 "일정한 규모 이상의 상장회사"란 최근 사업연도 말 현재의 자산총액이 5천억 원 이상인 상장회사를 말한다(상법 시행령 제39조). 상법은 2013년 12월 31일까지 자산총액 1조 원 이상인 상장회사를 그 대상으로 하였지만(1단계), 2014년 1월 1일부터는 자산총액 5천억 원 이상인 상장회사로 확대하였다(2단계). 다만 자산총액 5천억 원 이상인 상장회사라도 다른 법률에 따라 준법통제기준이나 준법감시인을 둔 상장회사에 대해서는 상법이 적용되지 않는다(상법 시행령 제39조 단서). 2011년 상법개정 당시에 은행과 금융투자업자 등의 금융기관은 이미 관련 법령(은행법, 자본시장법 등)에 의해 준법감시인을 두고 있었는데, 상법이 준법지원인제도를 도입하면서 양 제도의 상호관계 등에 관한 규정을 두지 않아 금융기관인 상장회사의 경우에는 양 법의 이중적용에 따른 실무적 혼란발생의 우려가 있었기 때문이다. 이에 따라 은행과 금융투자업자 등의 금융기관은 자산총액이 5천억 원 이상이더라도 각각의 규제법령에 의한 준법감시인을 이미 두고 있다면 상법상의 준법지원인을 별도로 둘 필요가 없다. 그렇지만 금융회사가 준법감시인을 두고 있지 않다면 당연히 상법상의 준법통제기준을 마련하고 준법지원인을 두어야 한다.

〈표 1-1〉 자산규모별 상장회사 수 현황(누계)

(단위: 원, 개사, %)

구분	유가증권시장			KOSDAQ			총 합 계		
		누계	비율		누계	비율		누계	비율
5조 이상	77	77	10.5	–	–	–	77	77	4.4
3조~5조	32	109	14.9	1	1	0.1	33	110	6.2
2조~3조	27	136	18.6	–	1	0.1	27	137	7.8
1조~2조	74	210	28.7	6	7	0.7	80	217	12.3
5천억~1조	**79**	**289**	**39.5**	**20**	**27**	**2.6**	**99**	**316**	**17.9**
3천억~5천억	98	387	52.9	34	61	5.9	132	448	25.4
1천억~3천억	227	614	84.0	265	326	31.5	492	940	53.2
5백억~1천억	73	687	97.0	349	675	65.2	422	1,362	77.1
5백억 미만	44	731	100.0	361	1,036	100.0	405	1,767	100.0

* 전제 상장회사 1,767개사(유가증권시장 731개사, 코스닥 시장 1,036개사)
* 경제 5단체 준법통제제도 관련 상법시행령에 대한 의견, 2011.9.에서 재인용

2011년 상법개정시 무엇을 기준으로 준법지원인제도의 도입대상을 정할 것인지에 대하여 논란이 많았지만, 국민경제에 미치는 영향력을 고려하여 자산총액을 기준으로 제1단계는 자산총액 1조 원 이상의 상장회사, 그리고 제2단계는 자산총액 5천억 원 이상인 상장회사로 확정하였다. 이처럼 상법이 2단계의 수용과정을 선택한 것은 상장회사의 경우 주식이 공개시장에서 거래되므로 일반 투자자의 이익보호를 위해 전면적으로 도입할 필요가 있지만, 준법지원인제도의 설치와 운용에 따른 기업의 경제적인 부담도 고려해야 하였기 때문이다.

4. 준법지원인의 법적 지위

(1) 준법지원인의 자격

준법지원인제도를 의무적으로 수용해야 하는 자산총액 5천억 원 이상의 상장회사는 임직원의 준법경영에 관한 관리업무를 총괄적으로 담당하는 준법지원인을 반드시 1인 이상 두어야 한다. 준법지원인은 일정한 자격요건을 갖추어야 하는데, ① 변호사

자격이 있는 사람, ②「고등교육법」제2조에 따른 학교의 법률학 조교수 이상의 직에 5년 이상 근무한 사람, ③ 그 밖에 법률적 지식과 경험이 풍부한 사람으로서 대통령령으로 정하는 사람만이 될 수 있다(상법 제542조의13 제5항).

여기서 "법률적 지식과 경험이 풍부한 사람"이란 ① 상장회사에서 감사·감사위원·준법감시인 및 이와 관련된 법무부서에서 합산하여 10년 이상 근무한 경력이 있는 사람, ② 법률학 석사 학위 이상의 학위를 가진 사람으로서 상장회사에서 감사·감사위원·준법감시인 및 이와 관련된 법무부서에서 합산하여 5년 이상 근무한 경력이 있는 사람 중의 어느 하나에 해당하는 사람을 의미한다(상법 시행령 제41조).

이러한 준법지원인은 상법상의 준법통제기준과 그에 근거하여 회사내부에 정립되어 있는 세부적인 준법통제기준의 각 내용에 따라 소속 임직원의 준법경영을 체계적으로 지원·관리하며 그 위반행위를 감시해야 하는 직무를 수행하는 주체이다. 따라서 준법지원인은 그러한 자신의 업무수행에 영향을 미칠 수 있는 회사의 영업에 관련된 업무를 전혀 담당할 수 없다(상법 시행령 제42조).

(2) 준법지원인의 임면·임기

준법지원인은 이사회의 결의로 임명한다(상법 제542조의13 제4항). 상법은 지배구조상 준법지원인의 지위에 관하여 명문으로 규정하고 있지는 않지만, 준법지원인을 이사회에서 선임한다고 규정함으로써 준법지원인의 경우 경영담당기관인 이사회와 밀접한 관계가 있음을 간접적으로 밝히고 있다.

준법지원인은 임기의 만료로 퇴임하는 경우 외에 위임의 일반적인 종료사유에 따라 퇴임한다(민법 제690조). 따라서 위임의 상호해지 자유(민법 제689조)에 따라 준법지원인도 언제든지 사임할 수 있다고 보아야 한다. 하지만 회사가 준법지원인을 언제든지 해임할 수 있는지는 의문이다.

준법지원인의 임기는 3년이다(상법 542조의13 제6항). 그리고 이사의 임기에 관한 규정의 표현방식과 비교해 볼 때 준법지원인의 임기를 3년보다 단기로 정할 수는 없다고 보아야 한다. 또한 다른 법률이 준법지원인의 임기를 상법보다 단기로 정한 경우에는 상법이 그 다른 법률에 우선하여 적용된다(상법 제542조의13 제11항 단서).

(3) 준법지원인의 지위

준법지원인의 경우 그 지위가 상법에 의해 정해지고 상법에서 규정하고 있는 고유한 업무를 수행한다. 그렇지만 준법지원인의 지위는 구체적으로 회사 이사회의 선임에 의해 주어지기 때문에는 준법지원인과 회사와의 관계는 이사와 마찬가지로 위임계약관계라고 보아야 한다(민법 제680조).

준법지원인은 상장회사의 법률 리스크(legal risk)을 예방하기 위한 주체이므로 준법통제기준에 따라 임직원의 일상적인 경영활동상의 준법경영을 체계적으로 지원·관리하며 그 위반행위를 상시적으로 감시해야 한다. 따라서 이사회가 결의로 준법지원인을 선임할 때에는 반드시 상근으로 해야 한다(상법 제542조의13 제6항 제2문). 이처럼 준법지원인과 회사와의 관계는 위임계약관계이므로 당연히 준법지원인은 수임인으로서 위임계약의 본질에 따라 선량한 관리자의 주의로 그 직무를 성실히 수행해야 한다(상법 제542조의13 제7항).

준법지원인은 임직원의 경영활동상의 준법경영을 지원하고 그 위반행위를 조사하여 이사회에 보고하는 업무를 수행하기 때문에 자연스럽게 직무수행과 관련하여 각종 내부정보를 취득할 수 있다. 그리하여 상법 제542조의13 제8항은 "준법지원인은 재임 중뿐만 아니라 퇴임 후에도 직무상 알게 된 회사의 영업상 비밀을 누설해서는 아니 된다"고 규정하고 있다. 이에 위반하게 되면 회사에 대하여 손해배상책임을 부담한다.

5. 준법지원인의 직무권한

(1) 준법지원인의 직무범위

자산총액 5천억 원 이상인 상장회사는 법령을 준수하고 회사경영을 적정하게 하기 위하여 임직원이 그 직무를 수행할 때 따라야 할 준법통제에 관한 기준 및 절차(준법통제기준)를 마련해야 하는데, 준법지원인의 주된 직무는 이러한 준법통제기준의 준수 여부를 점검하고 그 결과를 이사회에 보고하는 것이다.

다만 준법지원인은 이러한 직무를 독임제적 기관으로서 수행해야 한다. 이를 위해 상법 제542조의13 제9항은 "상장회사는 준법지원인이 그 직무를 독립적으로 수행할 수 있도록 해야 한다"고 규정하고 있다. 따라서 준법지원인은 직무의 수행에 있어서 이사회나 대표이사의 감독을 전혀 받지 아니한다. 그런데 준법지원인이 수행한 직무 활동의 결과가 회사경영에 효과적으로 반영되려면 경영담당기관(대표이사나 이사회)이나 업무감사기관(감사위원회 또는 감사)과 밀접한 연계관계가 형성되어야 한다. 따라서 준법지원인과 지배구조상의 일반적인 기관과의 상호관계를 어떻게 정립하는 것이 준법지원제도의 활성화에 도움이 될 것인지에 대한 보다 체계적인 검토가 요구된다.

한편 준법지원인이 그 직무를 수행할 때 자료나 정보의 제출을 요구하는 경우 상장회사의 임직원은 이에 성실히 응해야 한다(상법 제542조의13 제9항 후단). 이는 준법지원인의 직무수행상의 편의성을 제고하기 위한 것이다. 따라서 만약 임직원이 준법지원인의 요구를 거부하거나 부실하게 정보 등을 제공한 때에는 법령을 위반한 것이므로 준법지원인은 이사회에 이를 보고하여 필요한 조치를 취할 수 있다.

그리고 준법지원인의 직무는 임직원의 준법경영을 지원하고 그 위반행위를 감시하는 것이므로 당연히 임직원과 일정한 긴장상태를 형성할 수 있다. 이에 상법은 상장회사로 하여금 준법지원인이었던 사람에 대하여 그 직무수행과 관련된 사유로 부당한 인사상의 불이익을 줄 수 없도록 규정하고 있다(상법 제542조의13 제10항).

이처럼 준법지원인은 회사내부에 구축된 준법통제기준에 의거하여 임직원의 준법통제기준의 준수 여부를 점검하고 그 위반행위를 이사회에 보고하여 적절한 조치가 취해지도록 해야 한다. 그런데 준법지원인이 이러한 방대한 업무를 수행하기 위해서는 업무보조 조직이 있어야 하는데, 상법은 이에 관하여 전혀 규정하고 있지 않다.

(2) 준법지원인의 직무의무와 책임

준법지원인의 직무의무와 관련하여 준법지원인이 의무에 위반하여 임직원들의 준법통제기준 준수 여부 점검을 해태하거나 그 점검결과를 이사회에 제대로 보고하지 아니하는 경우 준법지원인은 어떠한 책임을 부담하는지가 문제된다. 준법지원인은 이사회에서 임면하고 이사회의 직무집행 감독기능을 대신하고 있으므로 준법지원인의 선임기관인 이사회가 준법지원인의 업무적정성에 대하여 감독하고 담보할 책임을 져야 한다. 준법지원인이 이사회의 직무활동에 대한 촉구에도 불구하고 이를 행하지 아니하는 경우 준법감시인에게 민사상 손해배상 책임을 부담하도록 할 수 있는지 여부, 그 손해배상을 받을 상대방을 회사로 할 것인지 여부 및 제3자에 대하여 준법지원인이 손해를 배상할 것인지 여부가 문제될 수 있다. 상법은 이에 관한 명문의 규정을 두고 있지 아니하여 결국 현행 법규상으로는 민법상 불법행위로 인한 손해배상책임조항에 의하여 해결할 수밖에 없다.

(3) 준법지원인의 직무근거

준법지원인제도가 적용되는 자산총액 5천억 원 이상의 상장회사는 법령을 준수하고 회사경영을 적정하게 하기 위하여 임직원이 그 직무를 수행할 때 준수해야 할 준법통제기준을 마련해야 한다(상법 제542조의13 제1항). 준법지원인은 임직원의 준법경영 준수 여부를 점검하고 위반행위를 조사하여 그 결과를 이사회에 보고해야 하는데, 이러한 준법지원인의 업무수행기준이 되는 것이 바로 상법상 준법통제기준이다.

이러한 준법통제기준에서는 ① 준법통제기준의 제정 및 변경의 절차에 관한 사항, ② 준법지원인의 임면절차에 관한 사항, ③ 준법지원인의 독립적 직무수행의 보장에 관한 사항, ④ 임직원이 업무수행 과정에서 준수해야 할 법규 및 법적 절차에 관한 사항, ⑤ 임직원의 준법통제기준 사전 이해에 관한 사항을 정해야 한다. 또한 ⑥ 임직원의 준법통제기준 준수 여부를 확인할 수 있는 절차·방법에 관한 사항, ⑦ 준법통제기준을 위반하여 업무를 집행한 임직원의 처리에 관한 사항, ⑧ 준법통제에 필요한 정보가 준법지원인에게 전달될 수 있는 방법에 관한 사항, ⑨ 준법통제기준의 유효성 평가에 관한 사항, ⑩ 그 밖에 준법통제기준에 관하여 필요하다고 인정하여 법무부장관이 정하는 사항이 포함되어야 한다(상법 시행령 제40조 제1항). 한편 상장회사가 준법통제기준을 정하거나 변경하는 경우에는 반드시 이사회의 결의를 거쳐야 하고(상법 시행령 제40조 제2항), 준법지원인은 이렇게 작성된 준법통제기준의 내용에 따라 그 직무를 수행해야 한다.

2011년 상법에 준법지원인제도가 새롭게 도입된 후 같은 법에 규정된 준법통제기준의 내용을 기초로 하여 법무부와 한국상장회사협의회가 2012년에 상호 협의하여 모든 적용대상 상장회사들에게 공통적으로 적용될 수 있는 「상장회사 표준준법통제기준」을 작성하여 공시하였다. 이 표준준법통제기준은 본문 24개조와 부칙으로 구성되어 있는데, 현재 많은 상장회사들이 이를 근거로 하여 개별기업의 특성을 반영한 준법통제기준을 작성하여 운용하고 있다.

〈표 1-2〉 상법상 준법지원인제도의 주요 내용[87]

구 분		주요 내용
준법통제기준의 정의		– 회사의 법령준수 및 경영의 적정성을 확보하기 위해 임직원이 따라야 할 준법통제에 관한 기준 및 절차
채택 여부		– 자산총액 5천억 원 이상인 상장회사 의무화
대통령령으로 정할 사항		– 적용대상 상장회사 – 준법지원인의 자격 – 준법통제기준 및 준법지원인에 관한 필요한 사항
회사에 대한 혜택		– 준법통제제도를 성실히 이행하는 경우 양벌규정(주요 주주 등 이해관계자와의 거래위반의 죄)중 회사의 벌금형 면제
준법지원인	정의	– 준법통제기준의 준수에 관한 업무를 담당하는 자
	임면	– 이사회에서 임면
	자격	– 변호사 – 법률학 관련 조교수 이상 5년 이상 경력자 – 그 밖에 법률적 지식과 경험이 풍부한 사람으로서 대통령으로 정하는 사람
	임기·근무형태	– 3년/상근
	의무	– 준법통제기준의 준수 여부를 점검하여 그 결과를 이사회에 보고해야 할 보고의무 – 선량한 관리자의 주의의무 – 직무상 알게 된 회사의 영업비밀의 누설금지의무
	회사의 협력의무	– 회사는 그 직무를 독립적으로 수행할 수 있도록 자료 및 정보 요구에 성실히 응하여야 함 – 그 직무수행과 관련된 사유로 부당한 인사상의 불이익을 주어서는 아니 됨

IV. 현행 상법상 준법지원인제도의 문제점[88]

1. 준법지원인의 선임 의무화에 대한 문제

상법은 상장회사가 준법지원인제도를 도입할지 여부를 스스로 결정하는 것이 아니라 자산총액 5천억 원 이상인 상장회사에 대하여 준법지원인을 1인 이상 '의무적으로' 선임하고 준법통제기준을 마련하여 임직원의 직무수행상 준법경영을 체계적으로 관리하도록 하고 있다(상법 제542조의13 제2항).

현재 정부와 학계에서는 이러한 준법지원인 선임 의무화에 대해 대체적으로 긍정적인 평가를 하고 있다. 이를 긍정적으로 평가하는 이유로 ① 대규모 자본조직인 상장회사는 경영의사를 집행하는 과정에서 항상 예견하지 못한 영업 리스크(기업의 생산·판매·재투자의 과정에서 발생하는 리스크), 시스템 리스크(기업의 비본적인 활동에 근거하는 것으로 불공정하거나 불법적인 기업활동 등으로 인한 리스크), 법률 리스크 등 다양한 리스크에 직면하게 되는데, 특히 법률 리스크를 미리 예견하고 효과적으로 회피·관리하는 전사적인 노력이 필요하다는 점, ② 준법지원인제도의 도입목적인 임직원의 준법경영을 제대로 확립하려면 초기 단계에서 어느 정도 의무화가 필요하다는 점, ③ 의무화된 준법지원인제도를 통해 임직원의 준법경영체계가 확립되면 기업은 각종 법률 리스크로부터 발생하는 손해를 사전에 방지할 수 있고 그로 인해 회사의 건실한 운영이 가능하며, 최종적으로 기업 이미지를 개선하여 영업성과로 연결시킬 수 있다는 점 등이 언급되고 있다.[89]

반면에 학계의 일부와 기업실무에서는 다음과 같은 다양한 이유를 제시하면서 준법지원인의 선임 의무화에 대해 부정적 입장을 나타내고 있다. 그 대표적인 이유로 ① 준법지원인제도를 채택한 상장회사의 경우 미국과 달리 별다른 유인책이 없어 이를 효율적으로 운영할 동기로 작용할 수 없게 되어 준법지원인의 선임으로 인해 법규준수 비용만 증가할 우려가 있다는 점,[90] ② 특정한 형태의 준법지원인제도를 일률적으로 의무화하는 것은 기업들의 수용능력과 기업의 규모와 유형에 따른 특성을 고려하지 못함에 따라 그 효용을 기대하기 어려울 것이라는 점, ③ 준법지원이제도는 다른 내부통제시스템과 체계적 정합성을 확보해야 하므로 각 제도간 기능과 역할 조정, 통합적 운영 등 문제점이 선결되지 않으면 기업에게 제도적 폐해를 초래할 것이라는 점, ④ 미국의 모범회사법, 독일주식법, 일본회사법 등에서 컴플라이언스의 이행을 강제 또는 권장하고 있지만, 이는 내부통제절차를 의무적으로 채택하도록 한 입법례에 지나지 않고 우리나라와 같이 준법지원인의 선임을 의무화한 경우는 없다는 점 등이 언급되고 있다.[91] 이와 같은 이유에서 2012년 한국상장회사협의회가 주관한 설문조사에서는 응답회사의 40%인 46개사가, 2014년의 설문조사에서는 응답회사의 50.5%인 110개사가 여전히 준법지원인을 선임하지 않고 있다고 한다.[92] 이러한 부정적 입장에서는 준법지원인제도는 경영진의 경영활동을 '감시(monitoring)'하기 위함이 아닌 '지원(supporting)'하는 제도라는 관점에서 개별 상장회사에게 준법지원인제도를 법적으로 강제하기보다 자신들의 기업규모, 특수성 및 경영환경 등을 고려하여 자신들에게 적합한 형태(예컨대 준법지원인을 둘지, 이미 운영하고 있는 감사 또는 감사위원회에 그 권한을 부여할지, 회사의 법무담당임원이나 사내변호사가 이러한 업무를 담당할지 여부 등)를 선택할 수 있게 하고 다양한 인센티브를 통해 자율적 도입을 권장하는 것이 바람직하다고 한다.[93]

2. 준법지원인의 자격의 문제

상법 제542조의13 제5항에서는 준법지원인은 ① 변호사 자격을 가진 사람, ②「고등교육법」 제2조에 따른 학교에서 법률학을 가르치는 조교수 이상의 직에 5년 이상 근무한 사람, ③ 그 밖에 법률적 지식과 경험이 풍부한 사람으로서 대통령령[94]으로 정하는 사람 중에서 임명하여야 한다고 규정함으로써 준법지원인의 자격에 제한을 두고 있다. 이처럼 상법은 임직원의 준법경영을 체계적으로 지원하고 그 위반행위를 감시하는 주체인 준법지원인의 업무적 특성을 고려하여 그 자격을 법률전문가로만 한정하고 있다. 하지만 이러한 제한이 타당한가에 대해 여전히 의문이 제기되고 있다.

준법지원인의 자격과 관련하여 우선 변호사에게 그 자격과 관련한 별도의 경력을 요구하고 있지 않다. 이는 준법감시인은 변호사 또는 공인회계사의 자격을 가진 사람으로서 그 자격과 관련된 업무에 5년 이상 종사한 사람이어야 한다[「금융회사의 지배구조에 관한 법률」(이하 '금융사지배구조법'이라 한다) 제26조 제1항 제2호 다목]고 규정하고 있는 것과 비교해 볼 때, 일정기간 이상의 근무경력과 상관없이 변호사 자격을 가진 사람을 모두 준법지원인의 자격이 있다고 규정한 것은 타당하지 않다는 것이다.[95] 그러나 이러한 견해에 대해 금융기관은 일반 상장회사와 비교할 때 전체 국민경제에 미치는 영향이 크며, 준법감시인에게는 내부통제를 요구하지만 준법지원인에게는 준법통제를 요구하고 있어 양 제도와 역할이 동일할 수 없어 그 자격 또한 동일할 필요가 없다는 반론도 있다.[96] 그리고 보다 근본적으로 준법지원인의 자격을 법률전문가(실질적으로는 변호사)로 제한한 것이 문제라는 지적도 있다. 즉 준법지원인의 역할은 단순히 '준법'을 돕거나 자문을 해주는 사람이 아니라 회사의 의사결정과 사업수행 과정에서 법적인 측면을 고려하며 준법'경영'을 하는 전문가이므로 법조인이라기보다는 경영자로 보아야 이들의 역할을 제대로 파악할 수 있고, 컴플라이언스 프로그램은 단순히 법률적 지식만으로 설계되고 운용될 수 있는 것이 아니며 법학 이외의 다양한 학제적 지식과 연계된 전문지식을 갖춘 전문가(multidisciplinary expertise)를 필요로 하고, 각국의 준법지원인제도를 살펴보더라도 산업별 특성에 따라 기술, 환경, 컴퓨터 등 다양한 지식의 전문가들이 준법지원인으로 참여하고 있지 변호사나 법학 학위 소지자로 그 자격을 제한하고 있지 않다고 한다.[97]

둘째, '법률학을 가르치는 조교수 이상의 직에 5년 이상 근무한 사람'으로 요건을 정한 것도 준법지원인은 임기를 3년으로 하여 상근하도록 한 규정에 비추어 퇴직한 법률학 교수만이 가능하며, 실제로 2014년 한국상장회사협의회가 주관한 설문조사에서 준법지원인을 선임한 108개 상장회사에서 법률학을 가르치는 조교수 이상의 직에 있는 교수를 준법지원인으로 선임한 경우는 단 한 개의 회사도 없었음을 볼 때 이 요건은 자칫 제도적 장식물이 될 가능성이 높다.[98]

셋째, 준법지원인의 결격사유(소극요건)에 대한 규정이 마련되지 않아 상법상의 적극요건에만 해당하면 누구나 아무런 제한 없이 준법지원인으로 선임될 수 있는 점도 문제이다.[99] 이는 금융사지배구조법 제5조 제1항에서 준법감시인의 결격사유에 관하여 규정하고 있는 것과 비교된다. 이에 ① 미성년자나 피성년후견인 또는 피한정후견인의 선고를 받은 자, ② 금고 이상의 실형을 선고받고 그 집행이 종료되거나 집행이 면제된 날로부터 3년이 경과되지 않은 자, ③ 법원의 판결 또는 법률에 따라 자격이 상실되거나 정지된 자, ④ 법(상법)에 의해 해임되거나 징계면직된 자로서 해임되거나 징계면직된 날부터 3년이 지나지 아니한 자, ⑤ 법(상법) 위반으로 벌금 이상의 처벌을 받은 자 등의 경우에는 준법지원인이 될 수 없고, 준법지원인이 된 후에 이에 해당할 때에는 그 직을 상실하도록 제한해야 한다는 주장도 제기되고 있다.[100]

3. 준법지원인 업무의 독립성 확보와 겸직가능 여부의 문제

상법 제542조의13 제9항에서는 상장회사는 준법지원인이 그 직무를 독립적으로 수행할 수 있도록 하여야 하고, 상장회사의 임직원은 준법지원인이 그 직무를 수행할 때 자료나 정보의 제출을 요구하는 경우 이에 성실하게 응해야 한다고 규정하고 있다. 이는 준법지원인의 독립성을 제도적으로 확보하여 상장회사의 준법경영체제가 올바르게 정착될 수 있도록 하기 위함이다. 이처럼 준법지원인은 감사와 유사한 독임제적 기관이지만 이사회에 의해 임면되고, 대표이사를 비롯한 임직원들의 업무 및 경영활동의 준법 여부를 감시하며 그 결과를 이사회에 보고해야 하는 주체이기 때문에 이사회로부터 독립된 지위를 확보한다는 것은 현실적으로 쉽지 않다. 그리고 회사가 급여와 인사권을 통해 준법지원인의 독립성을 훼손할 가능성도 높다. 이 때문에 준법지원인과 이사회와의 관계설정이 매우 중요하다. 그럼에도 불구하고 상법은 이에 대한 명확한 규정을 두고 있지 않는 문제점을 보이고 있다.

이러한 문제를 해소하기 위해 ① 준법지원인의 급여를 회사가 직접 지급할 것이 아니라 적용대상 회사들이 각각의 준법지원인들에게 지급할 급여를 출자하여 독립된 준법지원펀드를 조성한 후 그러한 준법지원펀드를 통해서 준법지원인들에게 급여를 지급하는 방법을 통해 준법지원인의 업무상 독립성과 실효성을 확보할 수 있다는 견해,[101] ② 원칙적으로 변호사 자격이 있는 법무담당임원을 준법지원인으로 임명하면 비록 이사회로부터 재선임되지 못하더라도 다른 곳에서 자신의 업무를 어렵지 않게 계속할 수 있기 때문에 이사회로부터 독립하여 소신껏 준법지원인의 임무를 수행할 수 있을 것이라는 견해,[102] ③ 준법지원인의 독립성을 위해서는 준법지원인을 지명위원회의 추천을 받아 이사회에서 선임하도록 해야 한다는 견해[103] 등이 제시되고 있다.[104]

한편 준법지원인 업무의 독립성과 중립성의 확보를 위하여 상법 시행령 제42조에서 준법지원인의 경우 자신의 업무수행에 영향을 미칠 수 있는 회사의 영업에 관련된 업무를 담당할 수 없도록 제한하고 있다. 그런데 상법상의 겸임규제기준인 "준법지원인의 업무수행에 영향을 미칠 수 있는 회사의 영업에 관련된 업무"가 구체적으로 어떠한 범위의 업무인지 그 의미가 명확하지 않아 적용에 어려움이 있다. 실제로 한국상장회사협의회의 2014년 설문조사에 따르면 현재 준법지원인을 선임한 108개 상장회사의 경우 그 대부분에서 준법지원인이 겸직을 하고 있었고, 겸직업무 중에는 법무분야가 압도적인 우위를 차지하였다고 한다.[105] 그렇다면 이와 같이 준법지원인의 겸임규제를 엄격하게 할 필요가 있는가라는 의문이 제기된다. 현재 준법지원인제도를 두고 있는 미국에서 조차도 준법지원인과 회사의 법무담당 임원(general counsel)과의 관계에서 법무담당 임원이 준법지원인을 겸직할 수 있는지, 법무담당 임원이 준법지원인에게 보고하여야 하는지, 반대로 하부기관으로서 준법지원인이 법무담당 임원에 보고해야 하는지 여부 등에 관하여 명확하지 않다.106) 그리고 준법지원제도의 핵심을 기업 내부에서의 준법문화의 창설이라고 본다면, 준법지원인제도는 경영진에 대한 준법경영의 '감시'가 아닌 급변하는 기업의 영업활동과 법률적 환경에 효과적으로 대처할 수 있도록 준법경영을 '지원'하는 것이다. 이 때문에 준법지원인이 실제적인 경영의사의 결정주체인 이사(예컨대 업무담당임원, 업무집행임원 등)의 지위를 겸할 수 없는 것인지 의문이 제기된다.

이러한 의문과 관련하여 ① 준법지원인이 이사를 겸하게 되면 독립적인 업무수행에 영향을 받을 수밖에 없으므로 엄격히 규제해야 한다는 견해,107) ② 법령을 준수하고 경영을 적정하게 하도록 하는 데에는 이사의 겸직이 긍정적으로 작용할 수도 있으므로 겸직을 허용하는 것이 바람직하다는 견해,108) ③ 준법지원인의 이사겸직은 가능하지만 사외이사인 이사는 이사회 내에서의 독립성 확보 차원에서 겸직을 제한해야 한다는 견해109) 등이 제시되고 있다.110)

4. 준법지원인과 법무부서, 이사회, 감사 또는 감사위원회와의 상호관계의 문제

현재 대부분의 상장회사들은 법무부서(예컨대 법무실, 법무팀 등)를 두고 있는데, 법무부서는 회사 내규 등 각종 내부규범과 계약서의 작성 및 점검, 각종 소송의 수행, 준법감시활동, 각종 사업전략에 대한 의견제시, 각종 법률정보의 수집 및 분석, 일반부서에 대한 법률지원, 법률관련 업무에 관한 전반적인 상황을 정기 또는 수시로 준법감시인에게 보고 등 법률기능(legal function)과 관련하여 매우 다양한 업무를 수행하고 있고, 직원 중에도 사내 변호사를 비롯한 법률전문가들이 상당수 포진해 있다. 따라서 준법지원인제도를 운용할 경우에는 준법지원인과 기존의 법무부서간의 관계 및 상호 역할을 어떻게 구성할 것인지가 문제된다. 즉 법무부서의 법률기능과 회사 내부에서 구성원들이 자발적으로 법률을 준수하도록 하는 준법문화의 창출을 목적으로 하는 준법지원인의 준법기능(compliance function)을 통합하여 운영할 것인지 아니면 양자를 분리하여 운영할 것인지111) 또는 양자를 기능적으로 상호 보완되는 조직으로 운영할 것인지 등을 결정해야 한다. 그럼에도 불구하고 상법은 대부분의 상장회사에서 두고 있는 기존의 법무부서와 새롭게 도입된 준법지원인 내지 준법지원부서

와의 관계설정 등에 대해 아무런 규정을 두고 있지 않다(<표 1-3> 참조).[112]

〈표 1-3〉 회사 내 각 조직의 기능 비교[113]

준법지원부서	법무부서	감사실	감사위원회
- 기업과 최고경영자가 위험을 피하기 위하여 도입한 최고경영자 및 이사회 지원기관 - 회사의 업무집행기능인 컴플라이언스를 담당 - 컴플라이언스와 관련된 정책 및 절차의 채택, 교육, 연수 등 사전적인 컴플라이언스 프로그램 운영을 통하여 위반행위를 사전에 예방	- 일반부서에 대한 법률지원 및 자문 업무에 있어 준법지원인을 보조 - 법률관련 업무에 관한 전반적인 상황을 수시 또는 정기적으로 준법지원인에게 보고 - 금융감독원은 필요한 경우 법률담당부서를 준법감시인의 보조 조직으로 둘 수 있도록 지도하고 있음	- 회사의 경영진을 감독하기 위하여 관계법령에 따라 강제적으로 도입한 감독기관 - 경영감사기능을 담당. 다만 최근에는 경영컨설팅까지 그 범위를 넓히고 있음 - 위법행위의 사후 적발 또는 감독에 중점을 둠	- 외국의 경우 주로 회계감사기능을 담당 - 우리나라의 경우 회계감사기능 이외에 경영진에 대한 업무감독까지 담당

그리고 상법은 대표이사, 이사 등 (고위)경영진들의 경영활동을 감시·감독하기 위해 이사회, 감사 또는 감사위원회의 장치들을 두고 있다. 먼저 이사회는 이사의 직무집행에 대한 감시·감독 권한을 가지고 있으며, 감사 또는 감사위원회는 이사회와 이사의 직무집행을 감사한다. 이사회의 감독권은 일종의 자기 시정 내지 자정기능으로서 적법성과 아울러 이사가 하는 업무집행의 타당성·합목적성 및 효율성에 관해서도 영향을 미친다. 반면에 감사 또는 감사위원회의 감사권은 이사의 업무집행의 적법성에 국한하여 영향을 미친다고 이해되고 있다.[114] 이사회와 준법지원인과 관계와 관련하여 상법은 제542조의13 제4항에서 "상장회사는 준법지원인을 임면하려면 이사회 결의를 거쳐야 한다"고 규정하고 있고, 제3항에서 "준법지원인은 준법통제기준의 준수여부를 점검하여 그 결과를 이사회에 보고하여야 한다"고 규정하고 있으며, 제9항에서 "상장회사의 임직원은 준법지원인이 그 직무를 수행할 때 자료나 정보의 제출을 요구하는 경우 이에 성실하게 응하여야 한다"고만 규정하고 있을 뿐 준법지원인과 경영담당자인 이사회 및 이사 또는 업무집행임원과의 상호관계에 대해서는 명확하게

규정하고 있지 않음으로써 준법지원인과 이들과의 상호관계가 문제된다. 나아가 상법은 준법지원인으로 하여금 "법령을 준수하고 회사경영을 적정하게 하기 위하여 임직원이 그 직무를 수행할 때 따라야 할 준법통제에 관한 기준 및 절차를 두고 이 업무를 담당"하도록 함으로써 감사 또는 감사위원회와의 업무영역 구분이 모호해지고 업무자체가 중복되거나 상충될 수 있어 준법지원인제도 도입으로 인한 사회적 비용의 낭비가 우려된다는 비판이 제기되고 있다.[115]

　반면에 이러한 견해와 달리 준법지원인에 의한 준법통제는 기업 외부적 규제를 대체하는 수단으로 경영활동과 관련된 법적 규제에 대한 준수 여부의 확인과 사전적 예방과 억제의 측면을 그 주된 목적으로 하고 있는 반면, 감사 또는 감사위원회는 주주 등 이해관계인의 관점에서 경영진의 업무수행 전반에 대한 적법성 확인, 즉 업무감사(회계감사를 포함함)를 목적으로 하고 있다는 점에서 명확히 구별되므로 준법지원인과 감사 또는 감사위원회의 업무가 중복·상충되는 것은 아니라는 견해도 제시되고 있다.[116]

5. 준법지원인제도의 효과적 운영에 따른 인센티브 결여의 문제

　준법지원인제도가 형사법의 영역에서 주목을 받은 이유는 준법지원인제도를 도입한 상장회사가 기업 및 임직원의 업무활동에 있어 법령을 준수하기 위한 컴플라이언스 프로그램을 효과적으로 운영했을 경우에 기업(법인)의 형사책임과 관련하여 사업주(법인 또는 개인 사업주) 내지 고위경영진 등 이사 개인의 형사책임의 면제 또는 감경, 소추면제 등과 같은 형사법적 인센티브를 제공할 수 있을지 여부가 논란이 되기 때문이다. 상장회사의 입장에서 보면 추가적 규제와 비용으로 인식되는 준법지원인제도가 기업의 직접적인 이익과 연결되지 않는 한 이 제도의 조기정착과 그에 따른 기업범죄의 사전적 예방이라는 효과를 기대하기 어렵다는 이유에서 형사법적 인센티브의 제공을 적극적으로 고려해야 한다는 견해가 설득력 있게 제시되고 있다.[117]

　준법지원인제도의 효과적 운영에 따른 인센티브 제공 여부와 관련하여 우선 논의의 전제가 되는 양벌규정이 무엇인가를 살펴볼 필요가 있다. 일반적으로 양벌규정이라 함은 행정법상 벌칙에 채용되는 제도로서 법인의 대표자나 법인 또는 개인의 대리인·사용인 및 기타의 종업원이 위반행위를 한 때에 행위자를 처벌하는 외에 그 업무의 주체인 법인 또는 개인 사업주도 함께 처벌하는 제도를 말한다. 그런데 2007년 11월 29일 헌법재판소는 보건범죄단속에 관한 특별조치법(1990.12.3 법률 제4293호로 개정된 것) 제6조와 관련하여 형법의 기본원리인 책임주의에 반한다는 이유로 위헌결정을 내린 바 있다.[118] 법무부는 이를 계기로 양벌규정의 개정을 추진하였고, 그 결과 2010년 1월말 기준으로 약 110여 개의 법률의 양벌규정에 대해 "다만, 법인 또는 개인이 그 위반행위를 방지하기 위하여 해당 업무에 관하여 상당한 주의와 감독을 게을리하지 아니한 경우에는 그러하지 아니하다"는 면책규정을 추가하는 방식으로 개정이 이루어졌다. 상법도 예외는 아니어서 "다만, 회사가 제542조의13에 따른 의무를 성실히 이행한 경우 등 회사가 그 위반행위를 방지하기 위하여 해당 업무에 관하여 상당한 주의와 감독을 게을리 하지 아니한 경우에는 그러하지 아니하다"(상법 제634조의3)라고 면책규정을 명시하고 있다.

그런데 상법상 양벌규정은 다른 양벌규정의 단서조항과 달리 회사가 그 종업원의 위반행위를 방지하기 위하여 해당 업무에 관하여 상당한 주의와 감독을 게을리 하지 아니한 경우의 한 예시로서 "회사가 제542조의13에 따른 의무를 성실히 이행한 경우 등", 즉 준법통제기준과 준법지원인제도를 구축하고 컴플라이언스 프로그램을 효과적으로 운영했을 경우에 이를 사업주의 면책사유로서 고려할 수 있는 가능성을 열어 두고 있다. 이에 따라 사업주인 상장회사가 이미 컴플라이언스 프로그램을 효과적으로 운영하고 있는 상태에서 어느 종업원이 범죄행위를 저지른 경우 사업주가 이 종업원에 대해 적절하게 감독의무를 이행했다고 판단하여 사업주에 대해 양벌규정의 면책조항을 적용하여 형벌을 면제할 수 있게 되었다. 이는 사업주에게 형벌이라는 제재수단이 갖는 의미를 고려할 때 상당한 형법적 인센티브가 제공되는 것으로 볼 수 있다.[119]

그러나 학계의 일부에서는 이 규정의 문제점으로 인센티브의 대상을 특정의 위반행위, 즉 "상법 제542조의9 제1항에 의하여 상장회사는 주요 주주 및 그의 특수관계인, 이사, 감사 어느 하나에 해당하는 자를 상대방으로 하거나 그를 위하여 신용공여(금전 등 경제적 가치가 있는 재산의 대여, 채무이행의 보증, 자금 지원적 성격의 증권 매입, 그밖에 거래상의 신용위험이 따르는 직접적 간접적 거래로서 대통령령으로 정하는 거래를 말한다.)를 하여서는 아니 되며, 이에 위반하여 신용공여를 한 행위"(상법 제634조의3 본문)로 국한하고 있어서 인센티브로서의 효과가 매우 제한적이라는 점을 지적하고 있다.

이에 따라 준법지원인제도의 실효성 향상을 위하여 기업범죄 발생시 형사책임의 면제 또는 감경, 소추면제 등과 같은 형사법적 인센티브뿐만 아니라 민사책임의 감면과 같은 민사상 인센티브, 과징금, 직권조사 면제 등의 행정적 인센티브 부여도 적극 고려할 필요가 있다는 견해가 제시되고 있다.[120]

Ⅴ. 맺는 말

전 세계적으로 컴플라이언스가 기업경영에 있어 하나의 시대적 화두가 되고 있다. 미국에서는 이미 엔론, 월드컴 등의 대규모 분식회계 사건을 통해 글로벌 기업도 그릇된 의사결정 한 번으로 경제시장에서 완전히 사라질 수 있음이 드러났다. 이는 우리나라도 예외가 아니다. 2005년 중반 이후 국내 기업의 해외시장 진출이 큰 폭으로 증가하면서 국내 법규뿐만 아니라 해외에 진출해 있는 현지 시장의 컴플라이언스에 제대로 대응하지 못할 경우 해당 기업은 물론 국가경제에까지도 악영향을 미칠 수 있게 되었다. 세계경제의 개방화, 글로벌화가 가속화되면서 컴플라이언스의 경계선은 더 이상 국내에 국한되지 않으며 이에 따른 피해 규모도 과거와 비교가 불가할 정도로 확대되고 있다.

이러한 컴플라이언스는 미국에서 태동을 했는데, 기업경영에 있어 부정부패 스캔들의 역사와 그 궤를 같이하고 있다. 1960년대에 이르러 기업경영과 규제영역 양면에서의 복잡성이 증가하면서 의무사항은 아니었지만 법규준수와 범죄예방을 위한 조치로서 현대적 의미의 컴플라이언스 프로그램이 실시되기 시작했고, 1991년 미국양형위원회가 '연방 기업 양형 가이드라인'을 공표함으로써 전환점에 도달하였다. 그리고 컴플라이언스는 2002년 사베인-옥슬리 법을 통해 처음으로 입법적 형태로 의무화되어 현대적 컴플라이언스의 틀이 완성되어 가고 있다.

컴플라이언스는 "모든 기업과 기업의 임직원이 업무수행과 관련하여 접하는 법규범, 회사규범, 기업윤리 등의 제반 규범상 명시된 요구나 금지를 '준수'하도록 사전에 상시적으로 통제하고 감독하는 제도"로 정의되는데, "조직의 영혼으로 들어가는 창문"이라 불리기도 한다. 이는 조직의 본질적 정신(essential spirit)을 들여다볼 수 있는 장치일 수 있음을 의미한다. 컴플라이언스는 다양한 기능을 가지고 있는데 그 핵심적 요소는 본질적으로 예방, 교육 및 억제라고 할 수 있으며, 형법적 관점에서 볼 때 기업범죄의 사전적 예방을 그 핵심적 기능으로 언급할 수 있다.

미국에서 태동하고 그 틀이 완성되어 가고 있는 준법지원인제도는 종래 금융회사를 중심으로 한 준법감시인제도와 더불어 2011년 상법 개정을 통해 자산총액 5천억원 이상인 상장회사에 준법통제기준과 그 준수에 관한 업무를 담당하는 준법지원인을 1인 이상 두도록 의무화하고, 변호사 등 법률전문가로 자격을 제한하여 준법지원인을 이사회를 통해 임면하고 그 임기를 3년 상근직으로 함으로써 업무의 독립성을 유지하고자 하고 있다. 그러나 상법상의 준법지원인제도는 준법지원인 선임을 개별 상장회사의 자율에 맡기지 않고 법에 의해 의무화시킨 점, 다양한 전문가들이 준법지원인으로 참여할 필요가 있음에도 불구하고 실질적으로 변호사로 준법지원인의 자격을 제한하고 있다는 점, 준법지원인의 업무 독립성을 이사회의 관계에서 확보하기 어렵다는 점, 기존의 법무부서, 감사 또는 감사위원회와 준법지원인의 역할이 상호 중첩된다는 점, 기업들로 하여금 준법지원인제도를 적극적으로 도입할 동인될 만한 인센티브가 미흡하다는 점 등의 문제점이 계속해서 제기되고 있다.

그러나 현행 준법지원인제도의 이와 같은 여러 문제점에도 불구하고 기업경영에서 컴플라이언스는 단순한 법규준수를 위한 장식품이 아니라, 효율적이고 실행력 있는 컴플라이언스 체계를 구축함으로써 기업의 컴플라이언스 면역체계(compliance immune system)를 확보하는 것이 기업 경쟁력의 핵심 요소로 인식되고 있다. 효율적이고 실행력 있는 컴플라이언스 체계의 구축을 통해 기업의 투명성을 높이고 소비자와 종업원, 주주와 채권자, 하청업체, 노동조합 등 이해관계자(Stakeholder)에 대한 건전한 책임을 다하는 것은 기업의 생존을 위한 필수요건, 즉 지속가능경영(sustainability)과도 직결되어 있기 때문이다. 그렇다면 이제 핵심적이고 본질적인 문제는 효율적이고 실행력 있는 컴플라이언스 체계를 어떻게 구축하고 운용하는가에 달려 있는데, 이러한 내용들에 대해서는 이후의 장들에서 논의한다.

---

1) 상법에서 사용하고 있는 준법지원인과 금융관련법에서 사용하고 있는 준법감시인은 'Compliance Officer'의 번역어에 해당하지만 우리나라에서 두 제도는 임명과 역할 등에서

다소 차이를 보이고 있다. 다만 본서에서는 통칭해서 '준법지원인'이라는 용어를 사용하며, 특별히 구별의 필요성이 있는 경우에는 두 가지 용어를 구별하여 사용하고자 한다.

2) 다만 시행령에서는 부칙에 적용특례를 두어, 자산총액 1조 원 이상인 상장회사에 대하여 우선 시행하고 자산총액 5천억 원에서 1조 원 미만의 회사는 2014년 1월 1일부터 적용 시행토록 하였다. 2014년 4월 15일 기준으로 자산총액 1조 원 이상 상장회사는 총 174개사(코스피: 165개사, 코스닥: 9개사), 자산총액 5천억 원에서 1조 원 미만 상장회사는 총 132개사(코스피: 108개사, 코스닥: 24개사)로 전체 306개사가 준법통제 및 준법지원인제도를 도입하여 시행할 대상회사이다. 그런데 2014년 6월에 실시한 설문조사의 결과에 따르면, 대상회사 전체 306개사 중 218개사가 설문조사에 응하였는바, 그 중 108개사(49.5%)가 준법지원인제도를 도입하였고 110개사(50.5%)는 도입하지 않았다고 한다(한국상장회사협의회, 상장회사의 준법지원인제도 도입 및 운영현황, 2014.7, 2면). 이처럼 기업실무에서는 여전히 준법지원인제도가 제대로 정착하지 못하고 있고, 더욱이 준법지원인제도를 도입한 회사에서도 법이 기대한 만큼 제대로 운영되지 못하고 있음을 알 수 있다.

3) 상법상 준법지원인제도에 대한 상세한 분석으로는 박선종, "개정상법상 준법통제와 준법지원인", 저스티스 통권 제124호(2011.6), 233면 이하; 정찬형, "2011년 개정상법에 따른 준법경영제도 발전방향 - 집행임원 및 준법지원인을 중심으로-", 선진상사법률연구 통권 제55호(2011.7), 30면 이하 참조.

4) 언론의 보도내용은 대체로 부정적이다. 대표적으로 아시아경제, "준법지원인제도 유감", 2011. 7. 29일자 기사; 연합뉴스, "상사들 '준법지원인제는 옥상옥 규제' 반발", 2011. 3. 29일자 기사; 경향신문, "속보이는 '준법지원인' 제도", 2011. 3. 29일자 기사 등 참조.

5) 대표적으로 머니투데이, "준법지원인 제도 논란 유감", 2011. 4. 12일자 기사; 최완진, "준법지원인제 잘 활용하면 득이다", 고시계 2011/5, 137-138면.

6) 법률 제13453호, 시행 2016.8.1.

7) 준법감시인제도를 분석한 최근의 대표적 문헌으로는 서완석, "내부통제와 준법감시인 제도", 기업법연구 제23권 제4호, 2009, 289면 이하; 손영화, "내부통제의 개시에 관한 고찰 -미국에서의 전개의 검토와 우리나라의 제도개정을 위하여-", 한양법학 제21권 제4집, 2010, 357면 이하; 윤상민, "준법감시제도를 통한 기업범죄예방", 법학연구 제53집, 2014, 217면 이하; 이진국, "기업범죄의 예방수단으로서 준법감시제도(Compliance)의 형법적 함의", 형사정책연구 제21권 제1호, 2010, 65면 이하; 최수정, "금융기관의 내부통제제도 강화를 위한 법적 개선방안 -은행을 중심으로-", 상사법연구 제29권 제4호, 2011, 45면 이하 참조.

8) 김재윤, "준법지원인제도의 도입에 따른 형사법적 인센티브", 인권과정의 통권 제425호, 2012.5, 88-89면.

9) 이처럼 컴플라이언스는 우리나라에서 문맥에 따라 다양한 용어로 번역되어 사용되고 있으며, 최소한의 법규범과 회사규범을 준수하는 것 이외에도 기업윤리 등 기업활동에 있어 사회적으로 요구되는 사회규범까지 준수하도록 요구되어지는 개념으로 확대되고 있다. 따라서 본서에서는 이러한 다층적 의미를 살리고자 문맥에 따라 그 의미를 특히 강조하고자 할 때를 제외하고는 통상 '컴플라이언스(Compliance)'라는 원어를 그대로 사용하고자 한다.

10) 상원 법사위원회, 리차드 쏜버그의 증언, "월드콤 사례: 파산 및 경쟁 이슈 고찰하기", 법사위원회 청문회, 2013년 7월 22일(마이클 실버만·노동래 옮김, 공공, 민간, 비영리 조직을 위

한 컴플라이언스 매니지먼트, 연암사, 2013, 24−25면에서 재인용).

11) 실버만·노동래 옮김, 앞의 책, 25면.

12) 마틴 비겔만·노동래 옮김, 윤리 준법 경영의 성공 전략 컴플라이언스, 연암사, 2013, 90−91면.

13) 비겔만·노동래 옮김, 앞의 책, 93−94면.

14) 비겔만·노동래 옮김, 앞의 책, 95면.

15) Langenhahn, Die strafrechtliche Verantwortlichkeit des Compliance Officers im deutsch−österreichischen Rechtsvergleich, 2012, 27−28면.

16) 실버만·노동래 옮김, 앞의 책, 27−28면; 비겔만·노동래 옮김, 앞의 책, 97−98면.

17) 이에 대해 상세한 설명으로는 본서 제2장 § 4 참조.

18) 비겔만·노동래 옮김, 앞의 책, 100면.

19) Langenhahn, 앞의 책, 28−29면.

20) Enron 사건의 경우 Enron의 최고재무책임자였던 패스토우(Fastow)가 여러 개의 SPV (Special Purpose Vehicle)를 이용하여, 이 SPV들과 파생상품을 통하여 Enron의 재무상 어려움을 은닉하였으며, 직원들은 자신들의 퇴직 이후를 보장하기 위하여 퇴직연금인 401(K)를 Enron주식에 집중 투자함으로써 Enron의 붕괴 이후 같이 재기불능사태가 초래되었으나, 이런 상황에서도 외부감사인 Arthur Anderson이나 사외이사들이 경고를 하는 내부경고자로서 알람 벨을 울리지 않았으며 투자애널리스트 등 시장도 제대로 기능하지 아니하여, 기업회계개혁법이 이와 같은 문제를 해결하기 위하여 CEO와 CFO에게 공시통제 등에 대한 책임을 분명하게 부여하게 되었다(한국법경제학회, 상장회사의 준법지원인제도 입법화에 대한 연구, 2009.10, 17면).

21) Enron 사건과 WorldCom 사건의 구체적인 내용과 처리과정에 관해서는 유병규, 기업지배구조와 기업범죄, 한국형사정책연구원, 2004, 79−95면 참조.

22) 2002년 7월에 성립된 「An Act to protect investors by improving the accuracy and reliability of corporate disclosures made pursuant to the securities laws, and for other purposes」를 상하 양원의 제안자 이름을 따서 Sarbanes−Oxley Act of 2002(SOX법)라고 부르고 있다(「기업개혁법」이라고도 한다). SOX법에 대해서는 그 성립배경과 관련 논의, 회사지배구조와 관련된 사항 및 우리나라에의 영향 등에 대하여는 손영화, "미국 기업개혁법(The Sarbanes−OxLey Act)의 회사지배구조에 관한 영향", 한양법학 제24집, 2008.10, 150−169면 참조.

23) 이 법은 미국 상하 양원에서 가결되어(H. R. 3763(EAS), H. Rept. 107−610), 7월 30일에 대통령의 서명을 받아 성립되었다. 그 정식명칭은 「증권제법에 기하여 행해지는 기업정보개시의 정확성 및 신뢰성을 향상시키는 것에 의해 투자자를 보호하는 것 등을 목적으로 하는 법률(An Act to Protect Investors by Improving the Accuracy and Reliability of Corporate Disclosure Made Pursuant to The Securities Laws, and for Other Purposes)」 (Pub. L. No.107−204, 116 Stat. 745, 2002)이고 사베인−옥슬리 법(Sarbanes−Oxley Act of 2002) 또는 기업개혁법이라고도 한다.

24) 회사의 주요한 업무집행임원, 주요한 재무담당임원 또는 이와 동등의 직무를 가지는 자(the principal executive officer or officers and the principal financial officer or officers, or persons performing similar functions)를 말한다.

25) 실버만·노동래 옮김, 앞의 책, 33-34면; Langenhahn, 앞의 책, 29-30면.

26) 실버만·노동래 옮김, 앞의 책, 86-87면.

27) Passarge, "Anti-Korruptions-Compliance im Vertrieb", in: Handbuch des Vertriebsrechts, 4. Aufl., 2016, § 79 Rn. 122.

28) Hauschka, "Compliance als Teil einer modernen Unternehmensführung", AnwBl 2010, 629.

29) Langenhahn, 앞의 책, 24-25면.

30) 김혜경, "기업범죄예방을 위한 내부통제로서 준법지원인제도", 비교형사법연구 제15권 제2호, 2013, 396면.

31) 금융감독원, 은행 준법감시인 제도운영 모범규준(Best Practice), 2006.2, 3면.

32) 조창훈·이근택·민병조·김종천, 영업점 컴플라이언스 오피스(공통편), 한국금융연수원출판부, 2016, 10면.

33) 이진국, 앞의 논문, 68면; Hauschka(Hrsg.), Corporte Compliance, 2. Aufl., 2010, § 1 Rn. 2; Schneider, "Compliance als Aufgabe der Unternehmensleistung", ZIP 2003, 645.

34) 조창훈·이근택·민병조·김종천, 앞의 책, 10면.

35) 浜辺陽一郞, コンプライアンスの考え方, 中央公論新社, 2005, 6면 참조.

36) 비겔만·노동래 옮김, 앞의 책, 35-36면, 245-246면.

37) 조창훈·이근택·민병조·김종천, 앞의 책, 10면.

38) 흔히 '준수'라고 하면 위로부터 주어진 것을 지킨다는 의미를 갖는다. 하지만 컴플라이언스는 단순히 룰을 강제적으로 지키는 것이 목적이 아니다. 컴플라이언스 사상의 배후에는 위에서 주어진 룰을 의미도 모른 채 무비판적으로 지키는 것이 아니라, 이미 있는 룰을 준수하는 것에 덧붙여 어떤 룰을 설정하느냐 어떻게 룰을 운용하느냐도 중요한 과제라고 한다(浜辺陽一郞, 앞의 책, 6면).

39) 이렇게 기업윤리 등을 포함하는 컴플라이언스에 대해 비용부담도 크고, 본래 영리를 목적으로 하는 기업에 발목을 잡는 요소라는 우려가 등장할 수 있다. 그러나 컴플라이언스에 기반을 둔 윤리적 행동에 대한 명성은 경쟁사와의 차별화를 가능하게 하므로 치열한 글로벌 경쟁체제에서 오히려 유리한 입지를 제공해 줄 수 있으며, 경영학계의 실증연구는 "윤리가 이윤을 증가시킨다"는 구체적인 증거를 제시하고 있다.

40) Passarge, "Grundzüge eines nachhaltigen Compliance-Programms -Was jeder Steuerberater zum Thema Comliance wissen sollte", DStR 2010, 1675.

41) 비겔만·노동래 옮김, 앞의 책, 6면.

42) 이에 대한 상세한 설명으로는 본서 제1장 § 2 참조.

43) Langenhahn, 앞의 책, 37-39면.

44) 실버만·노동래 옮김, 앞의 책, 86-87면.

45) 비겔만·노동래 옮김, 앞의 책, 43면.

46) 실버만·노동래 옮김, 앞의 책, 98-103면.

47) 대표적으로 조창훈·이근택·민병조·김종천, 앞의 책, 12면.

48) 안수현, "내부통제의 회사법제 정비를 위한 검토", 상사판례연구 제20집 제2권, 2007, 29면.

49) 박세화, "내부통제시스템의 설계와 기업 지배구조에 관한 회사법적 고찰", 상사법연구 제26 권 제2호, 2007, 293면.

50) 마이클 실버만·노동래 옮김, 앞의 책, 323－324면.

51) 성희활, "상장법인에 대한 내부통제와 준법지원인 제도의 도입타당성 고찰", 인하대학교 법 학연구 제12집 제2호, 2009.8, 184면; James Hamilton/N. Peter Rasmussen, Guide to Internal Controls Under Section 404 of the Sarbanes－Oxley Act, CCH Inc., 2004, 9면.

52) COSO는 1988년에 Treadway 위원회의 지원조직으로 설립된 위원회인데, 미국공인회계사 협회(AICPA), 내부감사협회(IIA), 미국회계학회(AAA), 전국회계인협회(NAA), 재무담당경 영자협회(FEI) 등 5개 기관으로 구성되었다. COSO보고서와 내부통제에 대해 상세한 설명 으로는 서완석, 앞의 논문, 296－297면 참조.

53) Committee of Sponsoring Organizations of Treadway Commission, AICPA, Internal Control－Integrated Framework 1992.

54) 김혜경, 앞의 논문, 395면; 박선종, 앞의 논문, 236면; 성희활, 앞의 논문, 184면.

55) 조창훈·이근택·민병조·김종천, 앞의 책, 13－15면.

56) 손영화, "내부통제와 준법지원인제도", 선진상사법률연구 통권 제60호(2012.10), 151면.

57) 신석훈, "개정 상법상 준법지원인제도의 문제점과 개선방안", KERI 정책제언 11－11, 2011, 5－6면.

58) 내부통제의 한계는 기업 내부에 존재하는 인식을 변화시킬 수 없다는 점이다. 즉 경영판단 과정에서 발생할 수 있는 실수나 오류, 공모에 의한 회피, 경영진에 의한 무시가 있을 수 있 고, 자원의 제약과 비용에 의한 영향을 받을 수도 있다. 따라서 내부통제 그 자체만으로는 기업의 목표의 달성과 회사의 생존을 확실히 보장할 수는 없다.

59) 김건식·안수현, "법적 시각에서 본 내부통제", BFL 제4호, 2004, 10면.

60) 신석훈, 앞의 논문, 6면.

61) 엔론사 사태에 대한 상세한 설명으로는 노순갑, "미국기업의 분식회계 배경과 시사점", 증권· 금융저널(2003.2), 59－62면 참조.

62) 중앙일보 데일리코리아뉴스, "한 집안 된 로열더치셸·BG … 세계 1위 엑손모빌 제쳤다", 2015년 4월 8일 기자. 〈http://www.koreadaily.com/news/read.asp?art_id=3295199: 최종검색 2020.2.28.〉

63) 실버만·노동래 옮김, 앞의 책, 92－94면.

64) Hauschka, 앞의 논문, 631.

65) Preusche, "Wenn der Compliance－Auftrag zweimal klingelt －Einige nützliche Hinweise zum Erstkontakt mit einem möglichen Compliance－Mandat", AnwBl 10, 638.

66) 이진국, "기업범죄 관련 준법지원인의 역할과 형사책임", 사법 제24호(2013년 6월), 10면.

67) Hauschka, 앞의 논문, 632.

68) Wessing, "Der Einfluß von Compliance, Revision und firmeninternen Ermittlungen auf die Strafverteidigung", in: Strafverteidigung im Rechtsstaat, 2009, 910.

69) Wessing, 위의 논문, 912.

70) 이진국, 앞의 논문, 2013.6, 11면.

71) Langenhahn, 앞의 책,44-47면.

72) 상법 일부개정법률안, 의안번호 제1566호, 2008. 10. 21.

73) 상법 일부개정법률안, 2009. 2. 3. 발의 (홍재형 의원 대표발의), 의안번호 제3700호.
상법 일부개정법률안, 2009. 2. 10. 발의 (이상민 의원 대표발의), 의안번호 제3753호.
상법 일부개정법률안, 2009. 2. 24. 발의 (박영선 의원 대표발의), 의안번호 제3913호.
상법 일부개정법률안, 2009. 3. 18. 발의 (노철래 의원 대표발의), 의안번호 제4201호.
상법 일부개정법률안, 2009. 8. 14. 발의 (노철래 의원 대표발의), 의안번호 제5699호.
상법 일부개정법률안, 2010. 8. 31. 발의 (우윤근 의원 대표발의), 의안번호 제9218호.

74) 상법 일부개정법률안, 의안번호 제11092호, 2011. 3. 11.

75) 상법 일부개정법률안, 2009. 8. 14. 발의 (노철래 의원 대표발의), 의안번호 제5699호.

76) 윤성승, "개정 상법상 준법지원인 제도의 문제점", 기업법연구 제25권 제4호, 2011.12, 155-156면.

77) 대표적으로 이진국, 앞의 논문, 2010, 70면 이하.

78) 중화기술이란 "행위자가 범행을 부인하려고 하고, 불법을 최소화하려 하거나 피해자나 제3 자에게 책임을 떠넘기려 함으로써 자신의 내면의 안정을 되찾고자 하는 과정으로 이해"된다고 한다. Sykes/Matza, "Techniques of Neutralisation. A Theorien of Delinquency", in: American Sociological Review 22(1957), 664-670면(이진국, 앞의 논문, 2010, 72면에서 재인용).

79) 사회유대이론은 "비행은 개인의 사회유대가 약하거나 깨졌을 때 발생한다"는 것을 기본전제로 하여 "가치와 규범이 내면화되어 있으면 있을수록 법을 위반할 가능성이 적어지게 된다"고 한다. Hirschi, Causes of Delinquency, University of California Press, 1969, 16면(이진국, 앞의 논문, 2010, 73면에서 재인용).

80) 이진국, 앞의 논문, 2010, 72-73면.

81) 조병선 교수는 고위관리자를 "법인의 기관(이사회 등)을 넘어서 실질적으로 법인의 활동방침을 형성하거나 관리자라는 자격을 가지고 하급직원을 감독하는 데 있어서 비교적 중요한 권한을 가지고 있는 법인의 종업원 또는 그 외의 직원"으로 파악하고 있다(조병선, "환경형사판례에 관한 비판적 검토 -특히 형벌규정과 감독책임에 관하여-", 형사판례연구 제1권, 1993, 307면).

82) 이들 사건에 대한 소개와 분석으로는 한상훈, "경제범죄의 개념과 형사법적 대책", 형사정책 제19권 제2호, 2007, 214-217면 참조.

83) 이에 대한 비판적 분석으로는 곽노현, "배임특권의 법과 정치 -삼성에버랜드사안의 공소사실과 1, 2심 판결을 중심으로-", 민주법학 제35호, 2007, 309면 이하 참조.

84) 서울중앙지법 형사합의 24부(염기창 부장판사)는 27일 분식회계를 통해 금융권으로부터 수천억원의 사기대출을 받고 부실 계열사를 부당지원하는 등 모두 1조 2천 499억 원의 경제범죄를 저지른 혐의(특정경제범죄 가중처벌 등에 관한 법률 위반)로 구속기소된 임병석(50) C&그룹 회장에게 징역 10년을 선고했다(연합뉴스, "임병석 C&그룹 회장 징역 10년 선고", 2011년 6월 27일자 기사).

85) 독일 형법학계에서 컴플라이언스 프로그램이 기업범죄의 예방수단으로서 효과적이지 않다는

회의적 입장으로는 Hefendel, "Corporate Governance und Business Ethics: Scheinberuhigung oder Alternativen bei der Bekämpfung der Wirtschaftskriminalität?", JZ 2006, 123 ff.; Theile, "Unternehmensrichtlinie: Ein Beitrag zur Prävention von Wirtschaftskriminalität?", ZIS 2008, 406 ff.

86) 김재윤, 앞의 논문, 92－93면.

87) 김재호, "준법지원인제도에 관한 실무적 이해", 월간 상장 2011.12월호, 2011, 93면.

88) 이하 김재윤, "기업범죄예방을 위한 준법지원인제도의 문제점과 개선방안", 원광법학 제35권 제4호(2019.12), 83－89면.

89) 한국법정책학회, 준법지원인제도와 준법경영의 활성화 방안, 법무부 연구용역보고서, 2014. 10, 167－168면.

90) 미국에서는 효율적인 컴플라이언스의 구축과 연방 양형 가이드라인상 형량감경을 서로 연결시키는 시스템을 두고 있다. 이를 통해 연방증권거래위원회에 등록된 일부 금융회사를 제외하고 연방 양형 가이드라인상 형사처벌 수위를 감경 받는 인센티브를 활용하고자 하는 일반회사가 컴플라이언스 구축 여부를 자발적으로 선택하도록 하고 있다. 이에 대해 상세한 설명으로는 성희활, "미국 준법통제제도의 발전과정에서 연방검찰의 기업사법처리지침의 역할과 시사점", 사법 제19호, 사법발전재단, 2012. 3, 55면 이하; 이상복, "기업의 컴플라이언스와 책임에 관한 미국의 논의와 법적 시사점", 선진상사법률연구 통권 제79호, 법무부, 2017. 7, 17－20면 참조.

91) 신석훈, 앞의 논문, 6－7면; 윤성승, 앞의 논문, 157－160면.

92) 한국법정책학회, 앞의 연구보고서, 166면.

93) 신석훈, 앞의 논문, 7면; 윤성승, 앞의 논문, 167－168면.

94) 상법 시행령 제41조(준법지원인 자격요건 등) 법 제542조의13 제5항 제3호에서 "대통령령으로 정하는 사람"이란 다음 각 호의 어느 하나에 해당하는 사람을 말한다.
   1. 상장회사에서 감사·감사위원·준법감시인 또는 이와 관련된 법무부서에서 근무한 경력이 합산하여 10년 이상인 사람
   2. 법률학 석사학위 이상의 학위를 취득한 사람으로서 상장회사에서 감사·감사위원·준법감시인 또는 이와 관련된 법무부서에서 근무한 경력이 합산하여 5년 이상인 사람 등이라고 규정하고 있다.

95) 박한성, "상법상 준법지원인제도의 개선방안", 외법논집 제38권 제4호, 2014.11, 140면; 주기종, "상법상 준법지원인제도의 문제와 해결", 법학연구 제48권, 한국법학회, 2012, 411면.

96) 최정식, "준법통제와 준법지원인에 대한 고찰", 법학논총 제27집, 숭실대학교 법학연구소, 2012. 1, 280－281면.

97) 신석훈, 앞의 논문, 10면.

98) 주기종, 앞의 논문, 412면; 한국법정책학회, 앞의 연구보고서, 205면.

99) 박한성, 앞의 논문, 140면; 신종석, "기업지배구조의 공정성 제고에 관한 연구", 법학연구 제47집, 한국법학회, 2012. 8, 29면; 주기종, 앞의 논문, 411면; 한국법정책학회, 앞의 연구보고서, 207－209면.

100) 한국상사법학회, 국제적 기준에 부합하는 준법지원인제도의 운영 방안에 관한 연구, 2011.12, 98－99면.

101) 권성연, "준법지원인제도의 현재와 미래", 저스티스 통권 제127호, 2011.12, 94면.

102) 가정준, "준법지원인의 회사내 독립성과 그 역할 분석", 동아법학 제52호, 2011, 700면.

103) 정대, "글로벌 스탠더드로서의 내부통제: 상장회사의 준법지원인제도", 법학연구 제43집, 2011.8, 290면.

104) 박상한, 앞의 논문, 139면; 최정식, 앞의 논문, 19－20면; 한국법정책학회, 앞의 연구보고서, 222－223면.

105) 한국법정책학회, 앞의 연구보고서, 195－196면 [표 22]와 [표 23] 참조.

106) 윤성승, 앞의 논문, 163－164면.

107) 윤성승, 앞의 논문, 170면.

108) 박세화, "준법지원인제도의 안정적이고 효율적인 운용을 위한 법적 과제", 상사법연구 제30권 제2호, 2011, 284면.

109) 신종석, 앞의 논문, 31－32면.

110) 한국법정책학회, 앞의 연구보고서, 211－213면.

111) 성희활 교수는 법무부서와 준법지원부서를 분리하여 법률자문 제공은 법무부서의 역할로 하고 위법행위 예방과 준법감시는 준법지원부서의 기능으로 하는 것이 바람직하다는 견해를 제시하고 있다(성희활, 앞의 논문, 2019.8, 201면).

112) 한국법정책학회, 앞의 연구보고서, 225－226면.

113) 성희활, 앞의 논문, 2019.8, 200면.

114) 이철송, 회사법강의(제27판), 박영사, 2019, 865면.

115) 윤성승, 앞의 논문, 161면.

116) 박선종, 앞의 논문, 251면.

117) 대표적으로 김성규, 양벌규정의 문제점과 법인처벌의 개선방안, 국회입법조사처, 2010, 67면 이하 참조.

118) 헌법재판소 2007. 11. 29. 선고, 2005헌가10 결정. 이에 결정에 대한 대표적인 평석으로는 오경식, "양벌규정에 대한 판례분석", 영남법학 제27호, 2008, 55면 이하 참조.

119) 김재윤, 앞의 논문, 2012.5, 94－95면.

120) 권성연, 앞의 논문, 92－93면; 박세화, 앞의 논문, 287면; 박한성, 앞의 논문, 139, 141－142면; 주기종, 앞의 논문, 417－419면; 최정식, 앞의 논문, 282－283면.

[§ 2] 형법적 준법지원인(Criminal Compliance Officer)의 개념과 역할[1)]

"컴플라이언스는 주기적으로 찾아와 진전 사항을 검토하는 외부 감사인에 의해 행해지는 것이 아니다. 컴플라이언스는 정의된 내부통제의 어느 것이라도 다룰 책임 있는 조직 내의 모든 사람에 의해 일상적으로 행해져야 한다."
– Summer Blount(CA, Inc.의 보안 솔루션 담당이사) –

Ⅰ. 머리말

형법적 관점에서 볼 때 준법지원인은 기업범죄의 사전 예방을 위한 역할을 담당해야 하는 데, 이러한 준법지원인을 '형법적 준법지원인(Criminal Compliance Officer)'으로 명명할 수 있다.[2)] 이러한 개념이 탄생한 배경에는 준법지원인이 형법적 관점에서 사기, 횡령, 배임 등 기업 내부에서 임직원이 범하는 뇌물공여를 포함한 부패범죄나 자금세탁, 분식회계, 조세포탈 등을 예방하는 데 핵심적 역할을 할 수 있다는 사고가 바탕을 이루고 있다.

개인이든 기업이든 사회활동, 특히 경제활동을 하면서 현재 시행 중인 관련 법령을 숙지하고 이를 준수해야 한다는 것은 법치국가 시민으로서 당연한 의무이다. 하지만 오늘날 형법규범은 규범의 홍수라고 언급될 정도로 양적으로 방대하고 질적으로도 추상적 위험범의 광범위한 도입을 통해 가벌성의 인정 시점이 미수범보다 앞당겨진 이른바 '전단계범죄화(Vorfeldkriminalisierung)'의 현상을 보이고 있다.[3)] 이 때문에 기업이나 기업 임직원은 준법경영의 관점에서 볼 때 언제, 어떠한 방식으로 형사책임을 부담해야 하는 것인지 항상 법률 리스크(legal risk)에 놓여 있게 된다.[4] 이러한 형법규범의 홍수 속에서 기업이나 기업 임직원에게 다가오는 형사책임에 대한 위협이 적지 않다는 점을 고려할 때 기업의 준법경영활동은 단지 준법경영 내지 윤리경영 헌장의 형식적 선포를 통해 자동적으로 확보되는 것이 아니라 기업 내부에서 컴플라이언스 조직과 시스템, 그리고 이를 뒷받침 해주는 효과적인 컴플라이언스 및 윤리 프로그램의 완비를 통해 확보될 수 있다. 이처럼 기업에서 준법경영을 위해 요구되는 컴플라이언스 체계를 구축하고 이를 통해 기업범죄의 사전 예방을 위해 핵심적 역할을 담당하는 사람으로서 형법적 준법지원인의 역할은 아무리 강조해도 지나치지 않을 것이다.

따라서 본 절에서는 상법상 새롭게 도입된 준법지원인제도가 횡령·배임 등 기업의 임직원이 범하는 부패범죄나 분식회계, 자금세탁, 주가조작, 세금탈루 등 각종 기업범죄를 사전에 예방할 수 있는 제도로서 효과적으로 기능하기 위해 형사정책적 관점에서 준법지원인제도를 어떻게 체계적으로 구축할 수 있는가를 논의의 전제로 하여 일반적인 컴플라이언스의 특수한 부분으로 이해되는 형법적 컴플라이언스와 형법적 준법지원인이 구체적으로 무엇을 뜻하는지, 그리고 형법적 준법지원인은 기업범죄의 사전예방을 위해 어떠한 핵심적 역할을 해야 하는지에 대해 살펴보고자 한다.

II. 형법적 컴플라이언스(Criminal Compliance)의 개념

1. 컴플라이언스 개념과 형법적 컴플라이언스 개념

형법적 컴플라이언스는 상위 개념으로서 '컴플라이언스' 개념과 분리하여 생각할 수 없다. 하지만 앞서 살펴본 바와 같이 컴플라이언스 개념과 관련하여 이미 다양한 개념 정의가 시도되었음에도 불구하고,[5] 하나의 통일적인 개념 정의가 내려지고 있지 않다. 그 결과 형법적 컴플라이언스라는 개념 뒤에 무엇이 숨겨져 있는가에 대한 질문에 대한 답변은 여전히 명확하지 않은 채 남겨져 있다. 그럼에도 불구하고 일반적으로 컴플라이언스를 "모든 기업과 기업의 임직원이 업무수행과 관련하여 접하는 법규범, 회사규범, 기업윤리 등의 제반 규범상 명시된 요구나 금지를 준수하도록 사전에 상시적으로 통제하고 감독하는 제도"라고 개념 정의할 경우, 형법적 컴플라이언스 역시 기본적으로 현재 시행 중인 법률과 규정의 준수에 관한 것임을 손쉽게 알 수 있다.[6]

그러나 이와 달리 조직 시스템이란 관점에서 컴플라이언스에 대한 개념 정의를 시도하는 견해도 있다. 이에 따르면 "법률위반과 그에 따른 결과로부터 보호해야 하는 안전시스템을 갖춘 상태에서 기업 내에서 전략적으로 의도되고 시행된 법률준수의 제반 활동"을 컴플라이언스로 이해한다.[7] 반면에 다수견해에 따르면 컴플라이언스는 기업경영에 있어 적절한 조직적 조치를 통해 어떠한 법령위반 행위도 일어나지 않도록 주의를 기울어야 하는 핵심적 의무사항으로 설명되고 있다. 이 경우 컴플라이언스에 수반되는 기본적 개념은 내부통제와 감시를 통해 또는 이미 저질러진 법령위반 행위에 대한 철저한 진상규명과 처벌을 통해 법령위반에 대한 예방적 사전조치를 무엇보다 중요하게 다룬다.[8]

이러한 컴플라이언스에 대한 개념 정의에서 "형법적 컴플라이언스" 개념을 도출할 수 있다. 이때 형법적 컴플라이언스는 "일반적인 컴플라이언스의 특수한 부분, 즉 기업의 최종의사결정자인 최고경영자(Chief Executive Officer: CEO)나 그 밖의 임직원에 의한 범죄행위를 방지해야 하는 일체의 조치 또는 감독의무"[9]로 이해된다. 그러므로 형법적 컴플라이언스에서는 기업 내부에서 범죄행위를 방지하기 위한 모든 기업적 예방조치가 중요하게 다루어진다.[10] 이에 따르면 형법적 컴플라이언스는 예방개념 (Präventivkonzept) 차원에서 논의되는 것이고 기업에서 활동하는 모든 임직원의 형사처벌의 위험(Strafbarkeitsrisiken)에 주목한다. 이는 예방, 탐지(내지 적발) 및 대응이라는 세 가지 기본기능을 갖는 일반적인 컴플라이언스 개념과 달리 형법적 컴플라이언스의 경우, 기업 내부에서 범죄행위의 방지가 무엇보다 중요한 기능으로 인식된다. 이처럼 기업에서 중요한 주제로 다루어지는 형법적 컴플라이언스의 출현은 전체적으로 범죄행위에 대한 반작용의 도구로서의 전통적 형법에서 벗어나 범죄행위의 위험을 사전에 방지하기 위한 하나의 조종수단(Steuerungsmittel)으로까지 발전하고 있다고 한다.[11] 나아가 이러한 기업경영에 있어 범죄행위의 방지라는 형법적 컴플라이언스의 목표설정은 전 임직원을 포함한 기업 전체가 부진정부작위범의 가벌성의 근거가 되는 형법적 보증의무(strafrechtliche Einstandspflicht)로부터 보호되어야 한다는 관점에

서 포괄적으로 이해되어야 한다고 한다.12)

2. 형법적 컴플라이언스와 (경제)형법

형법적 컴플라이언스 개념과 관련한 논의 가운데 주목할 견해로 독일 기센
(Gießen)대학교 형법 교수인 Thomas Rotsch는 형법적 컴플라이언스를 경제형법의
고유한 문제와 구별하는 또 다른 차별화를 시도하고 있다.13) 즉 Rotsch 교수의 견해
에 따르면 예컨대 형법적 컴플라이언스 논의에서 중요하게 다루어지는 준법지원인
의 보증의무에 대한 문제를 형법적 컴플라이언스에서만 다루는 특별한 문제로 설정
하지 않고 경제형법상의 부진정부작위범의 보증의무라는 일반적인 문제로 다룬다.
이와 유사하게 고위경영진의 형사책임에 대한 문제도 정범 및 공범(Täterschaftf und
Teilnahme)을 규정하고 있는 독일형법 제25조 이하의 문제로 다룬다. 그의 견해에 따
르면 이러한 준법지원인의 보증의무, 고위경영진의 형사책임 등의 문제는 어떠한 새
롭고, 독자적이고, 고유한 형법적 컴플라이언스라는 독특한 현상에서 비롯된 것이
아니라고 한다. 오히려 그는 형법적 컴플라이언스 그 자체의 독특한 문제들을 기업
경영에서 요구되는 안전조치만으로 예견할 수 없는 범죄행위의 방지에 대한 필요성
에서 찾고 있다.14) 또한 그는 이러한 범죄행위의 방지 이외에 형법적 컴플라이언스
의 또 다른 독특한 문제의 하나로, 기업 차원에서 업무활동을 수행함에 있어 준수해
야 하는 주의의무 기준에 대해 공식적 마련의 필요성을 언급하고 있다. 그의 견해에
따르면 기업은 무엇보다 규범준수가 요구되는 사업영역에서 주의의무기준과 관련된
자체 모범기준을 마련하지 않을 경우, 특히 과실 영역에서 형사책임이 인정될 위험
성이 높다고 한다.15)

이처럼 형법적 컴플라이언스 그 자체의 문제(즉 범죄행위의 방지 필요성, 주의의무기준
과 관련된 자체 모범기준 마련의 필요성)를 경제형법의 고유한 문제와 구별하고자 하는
Rotsch 교수의 견해는 일정 부분 설득력이 있다고 본다. 특히 준법지원인의 보증의무
내지 부작위 가벌성의 문제는 형법적 컴플라이언스 그 자체의 문제라기보다 본래 경
제형법, 특히 형법총칙상의 문제이기 때문이다. 경제영역에 투영된 모습으로 준법지
원인의 형사책임을 계속해서 다룰 경우에 형법적 보증의무에 대한 의문의 제기는 전
체적으로 경제형법의 문제가 된다.

요컨대 준법감시인의 형사책임에 대한 문제는 형법적 컴플라이언스에서 중요한 주제의 하나로 포함될 수 있다. 하지만 이 문제는 "일반적인 컴플라이언스의 문제"가 아니라 "형법과 컴플라이언스의 구조 사이의 하나의 연결 고리"에 불과한 문제라고 할 수 있다. 이에 따라 준법지원인의 형사책임의 문제는 상위 개념인 컴플라이언스로부터 도출되는 특별한 문제로서 (경제)형법의 영역에서 다루어져야 한다.[16]

한편 국내외의 여러 문헌을 종합하여 살펴보면 형법적 컴플라이언스라는 개념에 대한 논의가 여전히 불충분함을 알 수 있다. 그나마 우리나라보다 논의가 활발하게 진행되고 있는 독일에서 형법적 컴플라이언스에 대한 논의는 일반적인 컴플라이언스와 구별되는 특별한 분야로서,[17] 특히 준법지원인의 보증의무와 관련한 독일연방법원의 판결[18]에 대한 평석[19]을 중심으로 폭넓게 진행되고 있다. 그러나 이러한 논의와 관련하여 Rotsch 교수는 컴플라이언스와 형법의 현상에 대한 근본적인 문제 제기가 형법 도그마틱과 형사정책적 관점에서 발견되지 않음을 적절하게 지적하고 있다.[20] 이들 문헌에서 다루는 핵심적인 내용은 여전히 "컴플라이언스의 개념과 기능"에 대한 문제 제기에 그치고 있다고 한다.

그럼에도 불구하고 컴플라이언스에 대한 개념 정립과 이를 어디에 위치시킬 것인지에 대한 종래의 논의를 바탕으로, 형법적 컴플라이언스가 지향하는 목적은 무엇인지, 이것이 준법지원인과 어떠한 연결 고리가 있는지는 주목할 가치가 충분히 있다. 이와 관련하여 앞서 살펴본 바와 같이 형법적 컴플라이언스가 지향하는 핵심 목적은 범죄행위의 방지에 있다. 그러나 이와 관련하여 왜 형법적 컴플라이언스를 통해 최고경영자를 포함한 전체 임직원이 형사책임으로부터 자유롭게 하도록 시도되어야 하는지 의문이 제기된다. 이에 대한 해답은 형법적 책임귀속에 대한 패러다임의 전환[21]에서 찾을 수 있을 것이다. 특히 독일연방법원은 피혁스프레이 판결[22]을 통해 회사법상 책임을 형사책임과 동일시하고, 이에 따라 실제 행위를 한 하급 종업원뿐만 아니라 관련 임원에 대한 직접적 책임귀속의 길을 열어 둠으로써 이미 기업 내부에서 임직원을 형사책임으로부터 보호해야 할 필요성이 더욱더 대두되고 있다.[23]

독일연방법원의 피혁스프레이(Lederspray-Fall) 판결의 사실관계 및 판결개요[24]

【사실관계】

W와 M 주식회사는 주로 구두나 의류 등 피혁제품에 바르는 스프레이를 생산하는 회사로 E, R, 그리고 S라는 자회사를 통해 이 제품을 판매하고 있었다. 1980년 늦가을부터 소비자들이 스프레이를 사용 한 후 건강이상을 호소하는 사례들이 접수되었다.

증상은 기침과 구역질, 식은 땀, 그리고 고열에서부터 폐수종까지 다양하였다. 피해 접수 이후 회사는 자체 조사를 거쳐 스프레이의 성분을 변경하였다. 그럼에도 불구하고 1981.2.14경 다시금 피해사례(F)가 접수된 이후 추가로 4건의 피해가 발생하였다.

이에 회사의 지휘부는 1981.5.12 대책회의를 개최하였는데 당시 참석자는 W, M, S 회사의 대표와 회사그룹의 중앙연구센터의 소장인 화학자 B박사 등이었다. 참석자들은 사안을 충분히 인지하였음에도 기존 제품을 계속 판매하여 소진하는 한편, 용기에 기재된 경고 문구를 개선하기로 합의하고 판매중지 또는 제품회수는 결정치 않았다. 그러나 대책회의 이후 추가적으로 38건의 피해가 발생하였고, 1983.9.20 결국 보건당국의 개입에 따라 해당 회사들은 제품판매 중지 및 회수조치에 나섰다.

【판결개요】

독일연방법원은 대책회의 이전인 1981.2.14 피해사례 F와 이어 발생한 4건에 대해 과실책임만을 인정하였다. 이유는 사례 F가 발생할 당시 이후 4건의 피해를 유발한 제품이 이미 시중에 있었으므로 문제된 제품을 회수하지 아니한 책임을 물을 수 없다는 것이다. 피고인들은 부작위에 의한 과실치상(독일형법 제230조 및 제13조)으로 처벌되었다. 하지만 독일연방법원은 대책회의 이후 발생한 38건에 대해서는 고의책임을 인정하였는데 그 죄책을 다시 다음과 같이 구분하였다. 즉 독일연방법원은 대책회의 당시 피해를 유발한 38개의 제품 가운데 28개는 이미 시중에 있었고 10개는 대책회의 이후 추가로 제조되어 판매되었다는 점에 주목하여 전자의 28건의 피해에 대해서는 부작위에 의한 상해죄(독일형법 제223조의a 및 제13조)를 인정하였으나 후자의 10건에 대해서는 적극적인 작위에 의한 상해죄(독일형법 제223조의a)에 해당한다고 보았다.[25]

다른 한편으로 형법적 준법지원인은 컴플라이언스 프로그램의 한 부분이고, 무엇보다 형법적 컴플라이언스의 효과적이고 효율적인 이행을 위해 노력한다. 이와 관련하여 형법적 준법지원인은 감독기관 및 형사소추기관과 의사소통을 할 권한이 있어

야 함이 주장된다.[26] 반면에 이러한 견해와 달리 형법적 준법지원인은 기업 내에 상
주하는 검찰의 조력인이 아니라는 견해도 제시되고 있다.[27] 어쨌든 형법적 준법지원
인은 컴플라이언스 프로그램 내에서 그 지위로 인해 범죄행위를 방지하기 위한 보증
의무라는 책임 리스크가 증대되었음에 틀림없다.

3. 형법적 컴플라이언스와 형법적 준법지원인의 형사책임 귀속

마지막으로 형법적 컴플라이언스와 관련하여 실질적 문제, 즉 형법적 준법지원인
에게 잠재적으로나마 형사책임이 귀속될 수 있다는 문제가 남아 있다. 형법적 컴플라
이언스 내에서 가장 커다란 실질적 문제는 다름 아닌 목적 설정 그 자체에 있다. 범
죄행위의 방지라는 형법적 컴플라이언스의 목적 설정은 예방적 개념이기 때문에 손
해의 발생에 앞서 예방적 차원의 조언 내지 상담과 과실에 대한 사전 인식을 기반으
로 한다. 이에 따라 사전적 관점(ex ante)에서의 평가가 중요하다.[28] 이러한 사전적
관점이 중요함에도 불구하고 Rotsch 교수는 독일연방법원이 베를린시 청소회사 사건
에서 사후적 관점(ex post)을 통해 그리고 최종적으로 발생한 손해를 고려하여 손해
발생의 회피가능성을 인정함으로써 결과적으로 피고인(위 사건의 법무과 과장임과 동시
에 내부감사 부서의 과장)에게 부작위에 의한 사기죄의 방조범으로 유죄를 선고한 것이
타당함을 적절히 지적하였다.[29] 나아가 형법적 컴플라이언스 개념과 관련하여
Rotsch 교수는 또 다른 중요한 문제로 형법적 준법지원인이 최선을 다하여 실행한 컴
플라이언스 상담과 조치들에도 불구하고 범죄행위의 방지에 실패할 경우가 있을 수
있는데, 독일연방법원은 최종적으로 또 다시 사후적 관점을 적용하여 이러한 실패를
간과할 수 있다는 점을 언급하고 있다.[30] 이러한 Rotsch 교수의 견해는 타당하다고
본다. 인식 내지 예견할 수 있는 범죄행위의 잠재가능성과 범죄행위를 방지하기 위해
취할 수 있는 여러 조치들은 하나의 커다란 어려움만으로 설명되기보다 오히려 형사
책임을 부담할 수 있는 잠재가능성을 내포하고 있다. 이 때문에 형법적 준법지원인은
이러한 의무의 딜레마에 빠져 있다. 따라서 형법적 준법지원에 대한 의미 있는 형사
책임의 한계 설정이 형법적 차원, 보다 구체적으로는 보증의무[31]를 인정할 수 있는
구성요건과 책임귀속의 차원에서 이루어져야 한다.

이와 관련하여 형법적 컴플라이언스의 형사책임에서 형법적 보증의무의 제한은 금

지착오의 형태로 가능할 수 있다.[32] 대부분의 기업은 사업활동에서 야기될 수 있는 형사책임을 부담하지 않기 위하여 기업 내부의 사내변호사 내지 외부 법률자문가의 신뢰할 만한 법률 자문에 의존하고 있다. 이러한 법률 자문이 종국에 잘못된 것으로 밝혀져 법적 비난이 불가피한 경우일지라도 이는 금지착오에 해당하여 형사책임이 조각될 수 있다.[33] 그리고 형법적 준법지원인은 구체적인 상황에서 사후적 관점에서 의무가 부여된 행위를 했어야 했지만 구체적인 규범요구를 알지 못하여 그러하지 못하였을 경우 기업에 대한 범죄행위의 위험의 예견가능성이 결여되거나 과실 영역에서 기업 내부규정의 부재를 이유로 비난가능성이 결여되어 면책될 수 있다.[34]

III. 형법적 준법지원인의 주요 역할

1. 준법지원인의 일반적 역할

앞서 언급한 바와 같이 기업은 컴플라이언스 조직과 시스템의 구축을 통해 ① 임직원의 법령위반으로 발생하는 다양한 손해 등으로부터 기업을 보호하고 범죄를 예방하며, ② 기업의 투명성 및 법적 안정성을 확보하며, ③ 고객에 대한 적정한 자문 등을 함으로써 임직원의 질적 능력 등을 향상시키고자 한다.[35] 이러한 목표들이 실현되기 위해서는 기업 내에서 제도적·조직적 차원에서의 컴플라이언스에 대한 준비가 요구되는데, 이와 관련하여 준법지원인이 언제나 핵심적 역할을 담당한다.

기업 내에서 법령준수 및 윤리적인 사업경영, 내부 및 외부 규정과 원칙의 준수, 무엇보다 기업범죄의 방지 및 기업윤리의 준수 등이라는 컴플라이언스 목표가 달성되기 위해서 준법지원인은 포괄적인 리스크 평가, 기업 내 자체 컴플라이언스 기준의 확립, 전문적인 조언과 상담, 명확한 책임규정의 확립, 법령준수와 관련된 원활한 의사소통 및 교육, 모니터링체계·감사체계·자체평가체계 및 보고체계(내부고발제도, 핫라인 등)의 수립, 일관된 훈련과 적정한 인센티브의 마련 등[36] 다양한 역할을 수행한다.

준법지원인의 일반적 역할과 관련하여 상법에 따르면 자산총액 5천억 원 이상인 상장회사는 법령을 준수하고 회사경영을 적정하게 하기 위하여 임직원이 그 직무를

수행할 때 따라야 할 준법통제에 관한 기준 및 절차(준법통제기준)를 마련해야 하는데
(상법 제542조의13 제1항), 준법지원인의 핵심 역할은 이러한 준법통제기준의 준수 여
부를 점검하고 그 결과를 이사회에 보고하는 것이다. 보다 구체적으로 상법상 준법지
원인은 준법통제기준 준수 여부를 점검하고, 준법통제체제의 운영 실태를 상시 모니
터링하며, 준법통제기준을 위반하거나 특이사항이 있을 경우에 직접 조사하기도 하
고, 임직원의 법령위반 사항이 적발될 경우에 그 결과를 최고경영자 및 감사 내지 감
사위원회에 보고한다. 그리고 준법통제체제를 운영·점검한 결과 문제점이나 미비점
이 발견되는 경우 이에 대한 개선 및 시정을 요구하는 역할을 담당한다. 그 밖에도
준법지원인은 법령준수 측면의 사전검토를 하여야 하는데, 예컨대 정관·규정 등의
제정 및 개폐, 주요 계약의 체결 및 변경, 신상품 개발 등 신규업무의 개발 및 추진,
감독기관에 제출하는 중요 서류, 이사회나 각종 위원회에 제출하는 의안에 대하여 준
법지원인이 제반 법령의 위반 여부를 사전 검토한다.[37] 그렇다면 이러한 준법지원인
의 일반적인 역할 가운데 형법적 준법지원인의 특별한 역할은 무엇인지 살펴볼 필요
가 있다.

2. 형법적 준법지원인의 특별한 역할

(1) 기업 내부에서 임직원에 의한 기업에 대한 범죄행위의 방지

기업 내부에서 발생하는 임직원에 의한 범죄행위를 방지할 의무는 형법적 준법지
원인이 담당해야 할 중요한 역할이며, 이를 위해 형법적 준법지원인이라는 기본사고
가 만들어진 이유이기도 하다. 왜냐하면 컴플라이언스 체계를 구축하는 주요한 목적
이 기업의 법익을 보호하는 데 있기 때문이다. 이와 관련하여 독일연방법원은 준법지
원인은 다음의 역할을 수행해야 한다고 판시함으로써 형법적 준법지원인이 어떠한
역할을 해야 하는지를 분명히 하였다: "(형법적) 준법지원인의 역할은 법령위반, 특히
기업 내부에서 발생하는 범죄행위를 방지하는 데 있다. 그러하지 않은 경우 기업으로
하여금 손해배상책임의 위험을 증가시킴으로써 막대해 손실 혹은 기업평판의 하락을
초래할 수 있다."[38] 컴플라이언스 체계의 기능을 고려할 경우 기업의 법익보호 기능
이 그 중심에 놓여 있음을 알 수 있다. 왜냐하면 컴플라이언스는 법령위반을 예방하

고 민형사상 제재를 포함하여 각종 행정제재로부터 기업을 보호하는 데 컴플라이언스 체계의 기능이 맞춰져 있기 때문이다. 이러한 점에서 기업 내에서 발생하는 임직원에 의한 범죄행위로부터 기업을 보호하는 것이 컴플라이언스 체계의 고유한 목적이며 형법적 준법지원인의 핵심적 역할이기도 하다.[39]

형법적 준법지원인은 기업의 법익보호를 조직 차원에서 달성하기 위해 선임된다. 이 때문에 형법적 준법지원인의 선임은 많은 기업, 특히 대기업에서 관찰되는 '조직화된 무책임(organisierte Unverantwortlichkeit)'[40]과 정반대되는 일이다. 책임자와 통화가 되지 않고 자동적으로 연결되는 통화 연결음 시스템, 온라인상에만 존재하는 회사 그리고 고객이 인식할 수 없는 통화 상대방과 회사조직은 그러한 조직화된 무책임을 대표한다. 형법적 준법지원인의 선임은 의식적으로 형법적 준법지원인이라는 직함을 대외적으로 사용하게 하여 책임자임을 분명히 함으로써 조직화된 무책임이 자리 잡지 못하게 한다. 이러한 이유에서 형법적 준법지원인은 기능적으로 법령준수 관리만을 담당하는 단순한 '감독보증인(Überwachungsgarant)'이 아니라 기업의 법익보호에 대해 부작위범으로서 형사책임을 부담하는 사람일 수 있다. 그러므로 형법적 준법지원인은 무엇보다 기업 내에서 발생하는 임직원에 의한 범죄행위를 방지해야만 한다.[41]

기업 내에서는 임직원, 즉 기업 내 모든 계층조직의 직원, 이사 및 감사가 업무수행 과정에서 법령위반 행위를 할 수 있다. 이에 따라 형법적 준법지원인은 기업의 전 임직원이 업무수행과 관련된 제반 법령을 준수할 것을 책임진다. 형법적 준법지원인의 법령위반 방지의무는 바로 이러한 책임으로부터 도출된다. 다만 형법적 준법지원인에게 자동적으로 부진정부작위범의 보증인지위와 보증의무가 발생하는지 여부는 아래에서 조금 더 자세한 검토가 필요하다.

어느 누구도 타인의 범죄행위에 대하여 책임을 지지 않는다. 그러나 법질서에 의하여 특별히 타인에 대한 감시의무를 부여받고 그 타인을 통제할 수 있는 권한을 부여받은 사람은 그 타인의 제3자에 대한 법익침해 행위에 대해 보증인지위와 보증의무를 진다.[42] 이와 관련하여 형법적 준법지원인의 범죄행위 방지의무의 범위를 고려할 경우 그가 사실상 기업의 임직원 전부의 행위를 하나하나까지 물샐틈없이 감독해야 지는 의문이다. 이와 관련하여 기업 내 감사 내지 감사위원회의 직원의 의무와 비교하는 것이 일정부분 도움이 된다. 독일의 다수견해에 따르면 기업 내 감사 내지 감사위원회의 직원에게도 마찬가지로 보증인지위가 인정된다고 한다.[43] 이러한 보증인지위는 이사회 활동에 대한 감사 내지 감사위원회의 개별 사안에 대한 효과적인 통제를 가능케 하는 감독가능성으로부터 도출된다. 그러나 이사 내지 이사회의 활동에 대한 감독과 관련하여 감사 내지 감사위원회의 업무범위가 매우 제한되어 있다. 이에 따라 이사 내지 이사회 차원에서 법령위반 행위를 할 경우 감사 내지 감사위원회는 본질적으로 사후적 감독의 성격으로 인해 거의 영향력을 발휘하지 못하고 있으며, 경우에 따라 감사 내지 감사위원회에 의한 감독이 "거부"되기까지 한다는 사실에 주목할 필요가 있다.[44]

그러나 형법적 준법지원인은 이사 내지 이사회의 활동에 대한 감독·통제를 담당하는 감사 내지 감사위원회와 달리 기본적으로 기업 내에서 범죄행위를 방지하는 활동을 하는 사람으로 이해되어야 한다. 이 때문에 법령위반의 방지와 제반 규범을 준수하는 행동의 보증은 형법적 컴플라이언스 시스템을 구축하고 그에 따라 형법적 준법지원인을 선임하려는 본래의 목적이다. 따라서 형법적 준법지원인은 이사나 그 밖의 하급 직원에 대해서만이 아니라 기업의 모든 임직원의 법령준수 행동에 대해 책임을 지는 사람으로 이해되어야 한다. 하지만 형법적 준법지원인에 대한 이러한 일반적 역할 정의로부터 부진정부작위범의 보증의무가 자동적으로 발생하는 것인지 여부는 별개의 문제이고 조금 더 상세한 검토가 요구된다. 이와 관련하여 형법적 준법지원인보다 상위 내지 동등한 직급인 고위경영진의 법령준수 행동과 관련하여 감독의무와 이에 따른 형법적 준법지원인의 보증인지위는 이미 인정될 수 없다. 왜냐하면 형법적 준법지원인은 기업의 최고경영자 내지 대표이사로부터 권한위임을 통해 일정한 역할 목록을 부여받는데, 이에 따라 자기 자신보다 상급자인 최고경영자 내지 대표이사를 포함한 고위경영진의 법령위반에 따른 보증의무, 즉 '결과발생방지의무(Erfolgsabwendungspflicht)'가 인정되기 어렵기 때문이다. 나아가 하급 직원의 법령준수 행동과 관련해서도 형법적 준법지원인에게 보증인지위가 언제나 인정될 수 있는지 의문이다. 형법적 준법지원인이 제3자인 하급 직원의 법령위반 행동을 얼마만큼 방지할 수 있을지는 감독의무의 성공적인 위임으로부터 발생하는 "하급 직원에 대한 지배력"에 의해 좌우될 수 있기 때문이다. 이를 위해서는 형법적 준법지원인에게 전폭적인 지시권한과 위임권한이 전제되어야 한다. 하지만 이러한 권한들이 형법적 준법지원인의 기본적인 역할과 기능으로부터 저절로 도출되는 것은 아니다. 이 때문에 전체적으로 형법적 준법지원인의 역할 목록의 정의는 이로부터 도출될 수 있는 보증인지위의 문제와 엄격하게 구분될 수 있다. 형법적 준법지원인의 고유하고 핵심적인 역할이 기업에 속한 모든 임직원의 범죄행위를 방지하는 데 있다고 가정한다고 해서 이것이 곧바로 형법적 준법지원인으로 하여금 보호 내지 감독보증인의 위치로 이동시키는 것은 아니다. 형사책임의 분명한 귀속과 보증의무의 제한을 위해서라도 모든 형법적 준법지원인의 선임계약서에는 형법적 준법지원인이 부담하는 감독의무와 관련된 규정이 명확히 포함되어야 한다.

한편 형법적 준법지원인이 원칙적으로 모든 임직원의 범죄행위를 감독해야 한다는 사실에 근거해서 그가 생각가능한 모든 법령위반을 방지해야만 하는지도 의문이다. 형법적 준법지원인이 주차위반에서부터 회사자산의 횡령 그리고 직장 내 성희롱에 이르기까지 모든 범죄행위를 방지하기 위해 심지어 기업 내 각종 부정부패를 방지를 위해 포괄적 보호의무의 인수와 그에 따른 개인적 형사책임을 부담해야 하는지 의문이기 때문이다. 이러한 포괄적 보호의무의 인수와 그에 따른 개인적 형사책임의 인정은 부정되어야 한다. 실질적 관점에서도 어느 누구라도 언제든지 형사책임을 부담할 수 있는 잠재적 가능성이 있는 그러한 불합리하고 실질적으로 불가능한 역할을 맡으려 하지 않을 것이다.[45] 이 세상 어느 누구도 범죄행위의 최종적이고 포괄적인 퇴치를 약속하거나 보증할 수 없다. 만일 그러한 약속이나 보증을 요구하는 근로계약상의 의무는 이행가능성이 없기 때문에 신의칙에 반하는 계약이 될 수밖에 없다. 또한 그러한 초월적 감독권한을 가진 사람을 가정하는 것은 컴플라이언스의 본래적 개념과도 상충된다.[46]

이러한 문제의 해결책은 형법적 준법지원인의 결과발생방지의무를 제한하는 데 있다. 즉 형법적 준법지원인은 사실적이고 법적인 영향력을 행사할 수 있는 범위 내에서만 범죄행위를 방지할 수 있다. 형법적 준법지원인이 기업 내에서 발생하는 임직원에 의한 모든 범죄행위에 대해 포괄적인 감독의무를 부담할 수 없음은 당연한 것이다. 이에 따라 특정 업무분야 혹은 중요한 업무분야로 국한하여 결과발생방지의무의 한계가 설정되어야 한다. 형법적 준법지원인에게 부여되는 범죄행위의 방지의무는 기업의 다양한 업무수행과 별개로 업무상횡령죄 내지 업무상배임죄와 같은 재산범죄, 주가조작 등의 자본시장범죄, 유가증권위·변죄와 같은 유가증권범죄, 영업비밀의 국외 누설 등의 부정경쟁범죄 등 분야를 특정하여 부여될 수 있다. 왜냐하면 형법적 준법지원인은 법익침해의 위험성이 높은 이러한 특정 분야를 중점적으로 감시하여야 하기 때문이다. 구체적인 보증의무의 범위는 형법적 준법지원인의 선임계약 체결시에 설정될 수 있을 것이다.

요컨대 형법적 준법지원인은 기업 내에서 발생하는 임직원에 의한 범죄행위를 방지할 특별한 의무를 진다고 말할 수 있다. 이러한 의무는 잠재적 범죄자의 범위와 관련하여 기업 내 모든 임직원을 대상으로 하나, 재산범죄, 자본시장범죄, 유가증권범죄, 부정경쟁범죄 등 특정한 구성요건으로 한정된다. 그러나 이러한 의무로부터 보증인지위 및 보증의무가 언제나 도출되는 것은 아니고, 형법적 준법지원인의 선임계약 체결시에 그가 부담하는 구체적인 보증의무의 범위가 설정되어야 한다.

다른 한편으로 법익보호의 관점을 고려할 경우 형법적 준법지원인은 "기업의 법익보호"에 책임을 진다. 독일연방법원은 (형법적) 준법지원인의 일반적 보증의무를 손해를 방지하기 위해 기업으로부터 위임받은 의무로부터 도출하였다.[47] 그러나 이와 관련하여 형법적 준법지원인의 일반적 보증의무의 한계를 어디까지 설정해야 하는지, 그리고 그가 기업재산을 보호하기 위해 사실상 책임을 지는지는 의문이다. 이러한 점에서 형법적 준법지원인은 감사 내지 감사위원회와 뚜렷이 구별된다. 즉 일반적 견해에 따르면 감사는 이사나 이사회에 의해 초래되는 손해에 대해 기업재산을 보호할 보증의무를 부담한다.[48] 이러한 감사의 보증의무는 감사는 다름 아닌 기업의 이익보호를 위해 존재하고, 무엇보다 기업의 이익을 지향한다는 사실에서 근거를 찾을 수 있다. 하지만 감사의 보증의무가 동일한 내용으로 형법적 준법지원인에게 이전될 수 없다. 왜냐하면 형법적 준법지원인은 감사와 달리 본래 기업재산을 보호하는 데 책임을 지는 사람이 아니기 때문이다. 즉 기업의 경제적, 재정적 그리고 인적 이익을 감독하기 위해 형법적 준법지원인이 선임되는 것은 아니다. 형법적 준법지원인의 역할은 예컨대 새로운 법령, 부정부패, 뇌물수수 등에 의해 기업의 내부와 외부에 노출된 범죄행위의 위험에 대처하는 데 있다. 이러한 역할 범위에서 기업재산의 보호는 형법적 준법지원인의 간접적인 역할에 속한다. 다만 그러한 범위 내에서 형법적 준법지원인은 예컨대 횡령·배임행위, 자금세탁행위, 내부자거래 등을 방지해야 한다. 기업재산의 유지와 증대를 목적으로 하는 건전한 사업운영의 안전조치는 형법적 준법지원인의 역할이 아니라 감사의 역할에 속한다.

그러므로 형법적 준법지원인은 앞서 언급한 특정 업무분야 혹은 중요한 업무분야에 국한하여 기업 내에서 발생하는 임직원에 의한 범죄행위를 방지할 책임을 진다. 이 때문에 형법적 준법지원인은 범죄행위를 방지할 특별한 의무를 부담한다. 법령위반을 방지할 의무는 형법적 준법지원인의 의무에 속한다. 범죄행위의 방지를 목적으로 하는 이러한 의무는 형법적 준법지원인으로 하여금 모든 임직원이 법령을 준수하도록 적극적으로 개입하는 것을 정당화시켜 준다. 이에 따라 형법적 준법지원인은 임직원의 작위 내지 부작위에 의해 기업의 법익에 대한 침해가능성이 언제 발생할 것인지를 사전에 인식하고, 이미 발생했다면 이를 적발하는 한편, 이를 토대로 향후 유사한 범죄행위가 재발하는 것을 방지할 책임이 있다.[49]

(2) 기업 외부에서 제3자에 의한 기업에 대한 범죄행위의 방지

형법적 준법지원인이 기업 외부에서 제3자에 의해 기업의 법익을 침해하는 범죄행위를 방지할 의무를 부담하는가라는 의문이 제기된다. 이러한 의문이 처음부터 형법적 준법지원인의 역할 범위에서 제외될 수 없다. 왜냐하면 앞서 언급한 바와 같이 형법적 준법지원인은 간접적으로나마 기업의 법익을 보호하는 데 책임을 지기 때문이다. 기업의 법익은 기업 내부에서 임직원에 의해서 뿐만 아니라 기업 외부에서 제3자에 의해서도 침해될 수 있다. 범죄행위의 방지의무와 관련하여 이러한 의무는 사전예방적 성격을 갖고 있다. 하지만 기업 내부 혹은 외부에서 야기될 수 있는 생각가능한 모든 범죄행위의 위험을 예방적 차원에서 대응하는 것은 불가능에 가깝다. 그렇기 때문에 일정한 경우로 한정하여 형법적 준법지원인에게 예방적 방지의무를 인정하는 제한을 둘 필요가 있다.

기업 외부에서 제3자에 의한 기업의 법익침해의 위험과 관련하여 예컨대 형법 제357조의 배임수증재죄의 구성요건을 생각할 수 있다. 형법적 준법지원인이 배임수증재죄에 있어 배임수재 혹은 배임증재 어느 한 행위의 방지에 대해서만 책임을 진다고 생각되지는 않는다. 왜냐하면 기업의 임직원 입장에서 볼 때 배임수재죄의 행위인 재물 또는 재산상의 이익의 취득은 기업 외부에서 제3자의 재물 또는 재산상 이익의 공여행위가 전제되어야 가능하기 때문이다. 이에 따라 형법적 준법지원인은 기업의 임직원이 배임수증재와 관련하여 "포괄적인" 방지의무와 개입의무를 부담한다. 이 때문에 형법적 준법지원인이 기업 자체 내지 기업 임직원에 대한 제3자의 범죄행위(예컨대 배임증재 행위 등)를 방지해야 할 의무까지 부담하는가 여부는 추가적인 검토가 요구된다.

이와 관련하여 제3자는 무엇보다 기업에서 체결하는 여러 형태의 계약과 관련하여 중요한 역할을 담당한다. 예컨대 형법적 준법지원인이 기업의 인수합병 관련 계약체결 과정에서 그러한 계약이 자신의 기업에게 손실을 야기할 것인지 여부와 관련하여 계약상대방의 정직성을 조사하고 검토해야 하는지를 생각할 수 있다. 이러한 형법적 준법지원인의 역할은 개념상 '범죄행위에 대한 기업실사(Crime Due Diligence)'로 정의되고 있으며, 이는 실제로 기업에서 인수합병 대상기업의 재정운영 과정에 범죄적 속임수가 숨어 있는지, 계약당사자의 사기적 행위는 없는지 여부를 적발하기 위해 수행되고 있다. 대부분의 경우에 기업실사는 기업 내부의 법무부서에 담당하고 있고, 여기에 범죄행위에 대한 기업실사도 포함되어 있다. 다만 법무부서가 아닌 형법적 준법지원인에게 이러한 역할을 특별히 맡기고 그로 하여금 제3자의 범죄행위를 적발할 수 있는 컴플라이언스 프로그램을 운영하게 할 수 있다. 하지만 형법적 준법지원인에 대한 이러한 방지의무는 이와 관련된 기능을 인수함으로써 당연히 인정되는 아니라 형법적 준법지원인의 선임계약 체결시 이러한 의무의 인수를 통해 인정되도록 함이 타당하다고 본다. 왜냐하면 범죄행위에 대한 기업실사는 대규모 재정사업에 있어 법률에 의해 강제되는 필수요소는 아니고 개별 사안에 따라 실시되는 것이기 때문이다. 결과적으로 범죄행위에 대한 기업실사는 형법적 준법지원인의 의무범위에 당연히 포함되는 것은 아니라고 본다. 형법적 준법지원인은 기업 외부에서 제3자에 의한 법익침해의 위험에 대해 원칙적으로 책임을 질 수 있다. 그러나 형법적 준법지원인의 이에 대한 방지의무는 기대가능하고, 이에 따라 사실상 실현가능하고 요구되는 결과발생방지의무로 제한되어야 한다.[50]

(3) 기업 내부에서 제3자(예컨대 고객)에 대한 범죄행위의 방지

독일연방법원은 2009년 7월 17일 판결에서 제3자(예컨대 고객)보호와 관련하여 형법적 준법지원인의 역할을 분명히 하였다.[51] 즉 독일연방법원은 판결이유에서 민간기업 내 법무부서와 내부감사부서의 책임자는 일반적으로 제3자에게 손해를 야기하는 범죄행위를 방지할 어떠한 보증의무도 부담하지 않는다고 판시하였다. 하지만 이러한 독일연방법원의 판결이유는 부작위가 제3자에 대한 보호의무와 관련될 경우 그리고 해당 당사자가 이러한 제3자에 대한 보호의무를 단지 계약체결에 의해서만이 아니라 사실상 인수했을 경우에 공법상 설치된 공공기관에서 동일한 지위에 있는 사람에게는 적용되지 않는다고 한다.52) 반면에 독일연방법원은 (형법적) 준법지원인에 대해 기업 내부에서 제3자에게 대한 범죄행위를 방지해야 할 의무가 컴플라이언스라는 일반적인 기능으로부터 도출될 수 있다고 한다.53) 이에 따라 독일 판례에 따르면 형법적 준법지원인에 대한 제3자 보호의무는 긍정될 수 있다. 하지만 독일연방법원은 유감스럽게도 (형법적) 준법지원인과 관련하여 그에게 이러한 일반적 제3자 보호의무가 인정되어야 하는 추가적 근거를 제시하지 않았다. 이 때문에 형법적 준법지원인의 제3자에 대한 보증의무가 제대로 기능할 수 있는 것인지, 컴플라이언스가 갖는 기능이 제3자에게 이익이 될 수 있는지, 그리고 형법적 준법지원인이 공공의 이익을 위해서도 보증의무를 부담하는 것인지라는 근본적 의문이 제기된다.

독일연방법원의 베를린시 청소회사(Berliner Stadtreinigung-Fall) 판결의 사실관계 및 판결요지54)

【사실관계】

피고인 W는 독일 사법시험에 합격한 후 1998년 이후부터 베를린시 청소회사 법무과 과장임과 동시에 위원회자문부서 과장으로 활동하였다. 또한 W는 2000년부터 2002년 사이에 베를린시 청소회사에서 내부감사의 직무를 담당하였다. 베를린시 청소회사는 거주자 부동산의 소유주에게 그 가입과 이용이 강제된 도로청소를 담당하는 공법상 법인이다. 베를린시 청소회사와 거주자부동산 소유주간의 법률관계는 민법에 따르도록 되어 있었지만 청소요금의 결정에 대해서는 비용산정의 공법적 원칙인 상당성 원리와 적정가격의 원리가 적용되었다. 베를린 주의 도로청소법 규정에 따르면 도로청소에 소요되는 비용의 75%를 거주자가 부담하고, 나머지 25%는 베를린 주가 부담하되, 공도(公道)의 청소에 소요되는 비용은 베를린 주가 모두 부담하도록 되어 있었다. 그런데 1999년, 2000년 청소요금 적용기간의 요금을 산정함에 있어 실수로 원래 베를린 주가 모두 부담했어야 할 거주자 없는 도로에 대한 비용도 거주자가 부담하게 될 75%에 포함되었다. 이 요금산정은 W가 위원장으로 주재한 요금산정위원회에서 이루어진 것이었다. 베를린시 청소회사가 이 요금산정이 실수에 의한 것이었다는 사실을 알게 된 후 2011년, 2012년 정산기간 동안의 비용조사를 위하여 구성된 내부 프로젝트그룹은 그 실수를 수정하고자 하였다. 그러나 공동피고인 G의 지시로 그 실수는 수정되지 못했다. W는 이 프로젝트그룹에 속해 있지는 않았지만, W의 직속 부하로부터 G가 그 실수를 그냥 내버려 두라고 말했다는 사정을 알게 되었다. 한편 W도 간헐적으로 이 프로젝트그룹에 참가하였고 감사회 회의에서는 G가 잘못 산정한 수도요금을 보고하여 감사회의 승인을 받았다. 그 이후 W는 G의 잘못을 보고할 수 있었음에도 자신의 직속상관뿐만 아니라 감사회 구성원에 대해서도 아무런 보고를 하지 않았다. 그 결과 거주자 있는 부동산의 소유자들로부터 총 2,300만 유로에 달하는 초과요금을 징수하였고, 소유자들 대부분은 초과요금을 납부하였다.

【사건의 경과】

이 사건에서 원심인 베를린 지방법원(LG)은 G의 행위에 대하여 사기죄의 간접정범을 인정하였고, W에 대해서는 부작위에 의한 방조범으로 유죄를 선고하였다. 베를린 지방법원은 W가 요금산정위원회의 위원장으로서 이전의 요금적용기간에 행해진 요금산정의 실수를 문제 삼았어야 했고, 차기 요금적용기간에 그 실수를 제거하도록 했어야 했다는 점에서 W의 보증인지위를 도출하였다. 나아가 W에게는 내부감사부서의 과장으로서 보증인지위가 인정된다고 보았다.

【판결이유】

W의 상고에 대하여 독일연방법원은 그 판결이유에서 "그러한 수임자(즉, W)는 일반적으로 기업의 활동과 관련된 기업 임직원의 범죄를 방지할 형법 제13조 제1항 소정의 보증인의무를 부담한다. 이것은 법위반, 특히 범죄를 방지할 의무가 있는 기업의 최고경영진에게서 인수된 의무의 불가피한 이면이다"고 판시하여 W의 상고를 기각하였다. 다만 이 사안에서 독일연방법원은 준법지원인의 이러한 부작위 형사책임이 언제나 인정되는 것이 아니라 책임의 위험과 기업의 권위실추에 의한 '현저한 손해'가 나타날 수 있는 범죄행위에 한하여 인정된다는 일정한 제한을 달았다.[55]

이와 관련하여 독일에서는 컴플라이언스 체계는 기업 외부에서 존재하는 제3자의 이익을 위해서도 일정 부분 기능할 수 있으나, 이 경우 긍정적 측면보다는 부작용이 나타날 수 있다는 견해가 제시되고 있다. 왜냐하면 컴플라이언스 체계는 원칙적으로 제3자가 아닌 기업 자체의 이익이 우선되도록 구축되기 때문이라고 한다. 일반 대중, 계약당사자와 그 밖의 사람들은 어쨌든 기업의 효과적인 컴플라이언스 프로그램으로 인해 이익을 얻을 수 있는데, 이는 부수적인 것으로 컴플라이언스 체계가 추구하는 본래의 목적은 아니라는 것이다.[56] 때문에 이 견해는 독일연방법원의 판결에 대해 비판적 입장을 취한다. 이러한 견해는 원칙적으로 타당하다고 본다. 왜냐하면 컴플라이언스는 본래 기업 내부의 자기통제를 의미하는 것이지 외부의 제3자 보호를 위한 제도는 아니기 때문이다. 무엇보다 제3자 보호와 관련된 형법상 중요한 부작위 책임을 형법적 준법지원인에게 부과하기 위해서는 특별한 정당성을 필요로 한다. 어쨌든 그와 같은 제3자 보호라는 목적 설정은 현행 법률에서 아직까지 규정된 바 없다. 이때문에 형법적 준법지원에게 제3자 보호가 당연히 인정될 수 있는 것은 아니다. 하지만 예컨대 자본시장법의 영역에서 컴플라이언스는 자본시장 내지 자본시장 참여자들을 보호하는 데 기여하고 있으며, 이에 따라 투자자 내지 자본시장 보호가 컴플라이언스 조직에 재투영될 수 있음은 제한된 영역에서나마 인정될 수 있다.57)

그리고 예컨대 형법적 준법지원인이 상장회사 내부에서 내부자거래와 주가조작을 방지할 책임을 지는 경우에 이러한 방지의무는 직접적으로 자본시장과 투자자에게 이익이 되고 기업의 명성과 평판의 보호 형태로 간접적으로나마 기업에게 이익이 될 것이다. 그러나 이러한 생각이 일반적인 제3자 보호의무를 형법적 준법지원인의 보증의무로 정당화시킬 수 있는지 의문이다. 전혀 그렇지 않다. 왜냐하면 컴플라이언스는 자본시장의 영역에서도 모든 법령의 이행과 준수를 의미하지 제3자의 손해방지를 의미하지 않기 때문이다.58)

이러한 제3자의 법익에 대한 형법적 준법지원인의 보증의무의 부인은 다시 감사의 보증의무의 범위와 병렬적으로 관련을 맺을 수 있다. 감사는 회사의 이익을 보호하기 위해 선임되고 회사의 이익에 중점을 두고 활동하는 사람이다. 이로부터 감사의 보증의무는 제3자나 제3자의 법익이 아닌 오로지 회사의 재산상 이익과 법익의 보호를 위해서만 인정될 수 있다는 결론이 도출된다.59) 다만 형법적 준법지원인은 때때로 감사로서 폭넓은 보호방침을 수행하기도 한다. 예컨대 앞서 언급한 사례에서와 같이 제3자와 기업의 인수합병 관련 계약을 체결할 경우 형법적 준법지원인이 범죄행위에 대한 기업실사와 관련하여 제3자의 행동을 검토하고 평가해야 함은 당연하다. 그러나 형법적 준법지원인의 이러한 활동은 제3자의 법익을 보호하기 위해서가 아니라 외부로부터 기업에 대한 손실을 방지하기 위해서이다. 결국 형법적 준법지원인의 역할 범위에 제3자의 법익보호가 포함되지 않음은 분명하다. 이에 따르면 형법적 준법지원인은 공공의 일반적 이익을 보호하는데 어떠한 보증의무도 부담하지 않는다.60)

(4) 복합기업에서 외국 자회사에 대한 범죄행위의 방지

외국 자회사를 소유한 복합기업(Konzern)은 일반적으로 포괄적인 컴플라이언스 체계를 구축하도록 허용되고 있으며 그 정점에 최고준법지원인(Chief Compliance Officer: CCO)이 있다. 또한 다수의 책임자가 개별 자회사에서 법령에 합치되는 행동을 하도록 보증하고 기업에 손실을 야기하는 행위를 방지하는 일을 담당하고 있다. 이를 위해 다수의 (형법적) 준법지원인이 존재하고 있는데, 범죄행위의 방지의무와 관련하여 권한의 위임과 감독이 매우 중요한 의미를 가지고 있다. 최고준법지원인은 외국 자회사에서도 기업에 손실을 야기하는 법령위반이 발생하지 않도록 복합기업 내부의 컴플라이언스 체계를 구축·운영해야 한다. 이러한 이유에서 복합기업에서 형법적 준법지원인의 범죄행위의 방지의무가 일반 형태의 기업보다 확대될 수 있음을 고려할 수 있다. 그러나 복합기업에서 최고준법지원인 내지 형법적 준법지원인이 부담하는 범죄행위의 방지의무의 구체적 범위는 그 선임계약의 체결시에 분명하게 규정될 필요가 있다. 왜냐하면 그러한 확대된 범죄행위의 방지의무는 컴플라이언스 업무를 담당한다고 하여 결코 자동적으로 인수되는 의무가 아니기 때문이다. 다만 최고준법지원은 권한의 위임, 선임 및 감독의 결여를 이유로 하여 책임비난이 가해질 수 있다. 그리고 최고준법지원은 범죄행위의 방지의무와 관련하여 그 권한이 하급 형법적 준법지원인에게 전적으로 위임되었다고 하더라도 결코 완전히 책임이 면제되지 않는다. 왜냐하면 최고준법지원은 하급 형법적 준법지원인의 선임감독책임이 있기 때문이다. 그렇기 때문에 복합기업에 속한 외국의 한 자회사에서 활동하는 형법적 준법지원인의 가벌적 부작위는 복합기업 내부의 최고준법지원에게 그 책임이 귀속될 수 있다.

최고준법지원인(Chief Compliance Officer: CCO)의 역할과 직무

오늘날 기업에서 최고준법지원인(CCO)은 단기간 동안에 기업 내에서 가장 중요한 사람 중 하나가 되었다. CCO는 문제가 있다는 최초의 신호에 대해 조치를 취하는 회사의 '긴급 구조원(first responder)'인 경우가 많다. CCO들은 긴급 구조원들과 마찬가지로 신속하고 단호한 조치로 기업에 대한 피해를 최소화할 수 있다. 이들이 없다면 피해가 치명적일 수도 있다.

기본적으로 최고준법지원인은 임원들의 강력한 지원을 받아 자신의 조직에서 세계적인 수준의 컴플라이언스 프로그램을 구축하고 이 프로그램의 유효성을 유지할 1차적 책임을 지고 있다. 이러한 관점에서 CCO의 역할이 무엇보다 중요하다. 그렇다면 기업에서 CCO의 적절할 역할, 힘, 그리고 권한은 무엇인지 살펴볼 필요가 있다. 이와 관련하여 각각의 기업은 저마다 독특한 상황에 처해 있으므로, 이사회와 고위경영진이 CCO가 관장할 범위와 한계를 정해야 한다. 다음의 질문은 다뤄야 할 몇 가지 핵심 이슈들이다.

Issue 1 : 최고준법지원인이 컴플라이언스 프로그램을 효과적이도록 하는데 필요한 힘, 지위, 권한을 가지고 있는가?

미국 전국 예방법 센터의 기업 컴플라이언스 원칙은 최고준법지원인이 "컴플라이언스와 관련된 사안에 대한 효과적인 통제를 발휘하고, 조직의 다른 구성원들이 컴플라이언스 관리를 중요한 활동으로 인식하도록 하려면 기업의 거버넌스 기구에 대한 접근권과 권위"를 가지고 있어야 한다고 말한다. 그러나 현실은 최고준법지원인이 한정된 힘과 권한만을 가지고 있는 경우가 흔하다. 그들의 힘은 최고경영자나 이사회에 의해 그들에게 명시적으로 부여된 힘이다. 대부분의 기업에서는 최고준법지원인이 비리를 저지른 직원을 해고할 수 없고, 조직의 관리자들에게 컴플라이언스 조치들에 협력하도록 강제할 수 없으며, 잠재적인 컴플라이언스 리스크가 있는 신상품이나 서비스를 일방적으로 중단시킬 수도 없다. 그들의 권한과 지위는 최고경영자, 이사회, 또는 집행위원회와의 "힘의 연결"과 어느 CCO의 말을 빌리자면, "도덕적 설득자"가 될 수 있는 그들의 능력으로부터 나온다.

Issue 2 : 최고준법지원인이 조직의 자원, 서류 및 직원에 대해 필요한 접근 권한을 가지고 있는가?

최고준법지원인은 다음과 같은 일을 할 수 있어야 한다.

• 자신의 사명을 완수하기 위해 조직 내에서 활용가능한 전문지식을 이끌어낸다(예컨대 법률, 회계, 시스템, 소통, 또는 인사에 관한 전문지식)
• 조사할 부서 또는 기타 문의할 영역의 기록, 시스템, 직원들에 대해 제약되지 않는 접근 권한을 가진다.
• 컴플라이언스와 관련된 핵심 이슈들을 조직 전체에 소통할 수 있는 권한과 능력을 보유한다.

Issue 3 : 최고경영자 또는 고위경영진의 일원이 심각한 비리 혐의의 대상자여서 이들이 보고 석상에 참석하지 않아야 할 경우 최고준법지원인이 직접 얘기할 수 있는 이사회 또는 그 하위 위원회의 위원이 있는가?

고위경영진과 관련된 특별한 상황을 다루기 위해 최고준법지원인이 이사회 또는 컴플라이언스 담당 위원회를 직접 만날 수 있는 규정이 마련되어야 한다.

Issue 4 : 컴플라이언스 프로세스에서 최고준법지원인의 역할과 책임은 무엇인가?

조직의 정책을 감시함에 있어서의 최고준법지원인의 역할과 책임에 대한 질문들이 제기되었다. 최고준법지원인의 역할은 감시인가, 단속인가? 2005년에 National Underwriter에 게재한 글에서 어느 주요 투자회사의 최고준법지원인은 자신의 역할을 정책 감시자이지 단속자가 아니라고 보았다. 그는 이렇게 말했다: "그것은 내부통제에 관한 것입니다 … 저는 이 프로세스의 일상적인 운영을 통제할 책임을 지지 않습니다. 저는 이 프로세스가 적절하게 운영되도록 모니터할 책임을 지고 있습니다."

최고준법지원인이 담당하는 주된 직무는 다음과 같다.

① 컴플라이언스 및 윤리 연수 프로그램

② 컴플라이언스 및 윤리 정책 및 절차 개발

③ 컴플라이언스 리스크 식별 · 평가 · 모니터링

④ 윤리 강령

⑤ 헬프 라인 운영

⑥ 컴플라이언스 및 윤리 정책과 절차 위반 징계

⑦ 관련 법규준수에 관한 동향 모니터링 및 해석

⑧ 컴플라이언스 위반 조사

⑨ 감독 당국과의 관계 관리

⑩ 문서기록 관리[61]

요컨대 복합기업에서 외국 자회사의 법익을 침해하는 범죄행위와 관련하여 최고준법지원인 내지 형법적 준법지원인의 범죄행위의 방지의무가 원칙적으로 고려될 수 있다. 그러나 이들에게 언제나 범죄행위의 방지의무가 자동적으로 인수되는 것은 아니다. 복합기업에서 최고준법지원인 내지 형법적 준법지원인에게 유리한 책임제한과 책임면제의 문제는 이들의 선임계약 체결시에 명확히 규정되어야 할 사항이라고 본다.[62]

IV. 맺는 말

컴플라이언스(Compliance)가 무엇을 뜻하는지에 대해 일의적으로 개념을 정의하기 어렵지만 일반적으로 "모든 기업과 기업의 임직원이 업무수행과 관련하여 접하는 법규범, 회사규범, 기업윤리 등의 제반 규범상 명시된 요구나 금지를 준수하도록 사전에 상시적으로 통제하고 감독하는 제도"라고 말할 수 있다. 이러한 컴플라이언스의 개념은 형법적 관점에서 볼 때 기업범죄의 사전 예방을 위한 법적 조치로서의 성격을 포함하고 있다. 왜냐하면 형법적 측면에서 컴플라이언스는 기업범죄의 사전 예방을 위해 특별형법 및 부수형법을 포함하는 광의의 형법이 규정하고 있는 규범적 내용의 준수를 확보하기 위한 조치로 이해될 수 있기 때문이다.[63] 이러한 이해로부터 형법적 컴플라이언스의 개념이 도출될 수 있는데, 형법적 컴플라이언스는 일반적 컴플라이언스의 특수한 부분으로서 기업 내부에서 발생하는 임직원에 의한 범죄행위를 방지하기 위해 필요한 일체의 조치라고 할 수 있다.

무엇보다 형법적 컴플라이언스의 핵심적인 기능은 기업 내부에서 발생할 수 있는 범죄행위의 방지에 있다. 즉 기업은 형법적 컴플라이언스를 통해 임직원이 형법상 범죄행위나 행정법상의 위반행위를 범하지 않도록 적절한 조치를 취해야 한다. 바꾸어 말하면 기업은 형법적 컴플라이언스를 통해 임직원이 기업의 업무활동과 관련하여 기업 그 자체에 대하여 범하게 되는 범죄(예컨대 업무상횡령죄, 업무상배임죄 등)뿐만 아니라 제3자(예컨대 당해 기업의 거래당사자 또는 고객)에게 범하게 되는 범죄를 방지하기 위한 조치를 취해야 함을 의미한다. 만약 기업이 형법적 컴플라이언스 조치를 취하지 않는 경우에 해당 기업에게만 피해를 끼치는 것이 아니라 거래처, 고객, 일반 투자자, 나아가 전체 국민경제 등 여러 이해관계자에게 다양한 유·무형의 피해를 끼치게 된다. 그로인해 한편으로 손해배상 또는 과태료나 과징금 등의 부과를 통해 기업에게 재산상 손실을 가져오고, 다른 한편으로 시장에서의 기업 지위의 하락, 고객의 상실 또는 기업서열의 하락 등의 형태로 기업의 사회적 명성이나 평판과 관련한 손해가 발생하게 된다.[64]

이처럼 범죄행위의 방지라는 형법적 컴플라이언스의 핵심적 기능이 제대로 작동되기 위해서는 형법적 준법지원인을 중심으로 한 컴플라이언스 조직과 시스템의 견고

한 구축이 요구된다. 이때 형법적 준법지원인은 무엇보다 기업 내부에서 임직원에 의한 기업에 대한 범죄행위를 방지하고, 제한된 범위 내에서 기업 외부에서 제3자에 의한 기업의 법익침해의 위험을 방지하며, 복합기업의 경우 외국 자회사의 법익을 침해하는 범죄행위를 방지하는 주요한 역할을 담당한다. 다만 형법적 준법지원인이 부담하는 이러한 범죄행위의 방지의무로부터 이들에게 언제나 자동적으로 보증인지위와 보증의무가 도출되는 것은 아니고 이들의 선임계약 체결시에 구체적인 보증의무의 범위가 명확히 규정되어야 한다.

그리고 형법적 준법지원인의 역할과 관련하여 한 가지 주의할 점은 형법적 준법지원인의 역할에 제3자(예컨대 고객)의 법익보호는 포함되지 않는다는 것이다. 왜냐하면 형법적 준법지원인은 제3자의 법익(또는 공공의 일반적 이익)을 보호하기 위해서가 아니라 기업의 내부나 외부로부터 범죄행위로 인한 기업의 손실을 방지하기 위해서 존재하는 사람이기 때문이다.

---

1) 이 글은 김재윤, "형법적 준법지원인의 개념과 역할에 대한 고찰", 일감법학 제38호, 2017.10, 83 – 108면에 게재된 것으로 최근의 논의까지를 반영하여 수정·보완한 것임.

2) 이 개념에 대한 상세한 분석으로는 Bock, "Strafrechtliche Aspekte der Compliance – Diskussion –§130 OWiG als zentrale Norm der Criminal Compliance", ZIS 2/2009, 68 – 81; Hauschka (Hrsg.), Corporate Compliance, 2. Aufl., 2010; Theile, "Unternehmensrichtlinie – Ein Beitrag zur Prävention von Witschaftskriminalität?", ZIS, 9/2008, 406 – 418 참조.

3) 이에 대한 상세한 분석으로는 김재윤, 현대형법의 위기와 과제, 전남대학교출판부, 2009, 40 – 43면 참조.

4) 이진국, "기업범죄의 예방수단으로서 준법감시제도(compliance)의 형법적 함의", 형사정책연구, 제21권 제1호, 2010, 67면.

5) 이에 대한 상세한 설명으로는 본서 제1장 § 1 Ⅱ. 2. 참조.

6) Hauschka, 앞의 책, § 1 Rn. 2.

7) Streck/Binnewies, "Tax Compliance", DStR 2009, 229; Passarge, "Risiken und Chancen mangelhafter Compliance in der Unternehmensinsolvenz", NZI 2009, 86.

8) Bock, Criminal Compliance, 1. Aufl., 2011, 21면.

9) Bock, "Strafrechtlich gebotene Unternehmensaufsicht(Criminal Compliance) als Absenkung des Schadenserwartungswerts aus unternehmensbezogenen Straftaten", HRRS 2010, 316; Hinterhofer, "Begriff und Bedeutung der Criminal Compliance im

öterreichischen Strafrecht − eine Bestandsaufnahme − ", in: Braumüller/Ennöckl/Gruber/ Raschauer (Hrsg.), Compliance und Finanzmarktrecht, 2011, 63면.

10) Hinterhofer, 앞의 논문, 63.

11) Rotsch, "Criminal Compliance", ZIS 2010, 614, 617.

12) Rotsch, 앞의 논문, 615.

13) Rotsch, 앞의 논문, 615.

14) Rotsch, 앞의 논문, 616.

15) Rotsch, 앞의 논문, 616.

16) Rotsch, 앞의 논문, 614.

17) Bock, 앞의 논문, 21 ff.; Rotsch, 앞의 논문, 614; Sieber, "Compliance − Programme im Unternehmensstrafrecht. Ein neues Konzept zur Kontrolle von Wirtschaftskriminalität", in: Sieber/Dannecker/Kindhäser/Vogel/Walter (Hrsg.), Festschrift für Tiedemann, 2008, 449면.

18) BGH − Urteil. v. 17.07.2009 − 5 StR 394/08, in: NJW 43/2009, 3173. 이 판결을 소개한 국내문헌으로는 이진국, "기업범죄 관련 준법지원인의 역할과 형사책임", 사법 제24호, 2013.6, 6면 이하 참조.

19) 대표적으로 Dann/Mengel, "Tanz auf einem Pulverfass − oder: Wie gefährlich leben Compliance − Beauftragte?", NJW 2010, 3265 ff.; Dannecker/Dannecker, "Die Verteilung der strafrechtlichen Geschäftsherrenhafteung im Unternehmen", JZ 20/2010, 981 ff.; Ransiek, "Zur strafrechtlichen Verantwortung des Compliance Officers", AG 5/2010, 14 ff.; Rönnau, "Der Compliance − Beauftragte als strafrechtlicher Garant", ZIP 2/2010, 53 ff.; Warneke, "Die Garnatenstellung von Compliance − Beauftragten", NStZ 2010, 312 ff. 참조.

20) Rotsch, 앞의 논문, 614.

21) 이에 대해 자세히는 Rotsch, Individuelle Haftung in Großunternehmen: Pläoyer für den Rükzug des Umweltstrafrechts, 1. Aufl., 1998, 152면 이하, 161 − 163면 참조.

22) BGHSt 37, 106.

23) Rotsch, 앞의 논문, 616.

24) 김동혁, "환경범죄에 있어 인과관계 확정의 문제점 − 독일 피혁스프레이 사건에 나타난 문제점을 중심으로 − ", 환경법연구 제36권 제1호, 2014, 243 − 244면.

25) BGHSt 37, 108.

26) Hinterhofer, 앞의 논문, 73.

27) Casper, "Der Compliance − Beauftragte-unternehmensinternes Aktienamt, Unternehmensbeauftragter oder einfacher Angestellter? − ", in: Bitter/Lutter/Priester/Schön/ Ulmer (Hrsg.), Festschrift für Karsten Schmidt zum 70. Geburtstag, 2009, 211면.

28) Hinterhofer, 앞의 논문, 76; Rotsch, 앞의 논문, 616.

29) Bock, 앞의 논문, 445; Rotsch, 앞의 논문, 616.

30) Rotsch, 앞의 논문, 616.

31) 독일에서 형법적 준법지원인의 보증의무의 발생근거는 질서위반법 제130조 및 제30조, 주식
    법(AktG) 제91조 및 제93조 그리고 유한회사법(GmbHG) 제43조 등에서 찾을 수 있다. 반
    면에 우리나라에서는 상법 제542조의13, 동법 시행령 제40조에서 보증의무의 발생근거를
    찾을 수 있다. 이처럼 독일과 우리나라에서 형법적 준법지원인의 보증의무의 발생근거가 상
    이하므로 그 구체적인 보증의무의 범위와 내용에서도 차이가 남에 유의할 필요가 있다.

32) Hinterhofer, 앞의 논문, 77; Rotsch, 앞의 논문, 617.

33) Hinterhofer, 앞의 논문, 77.

34) Rotsch, 앞의 논문, 616, 617.

35) 이진국, 앞의 논문, 2013.6, 10면.

36) Hauschka, 앞의 책, 632면.

37) 박선종, "개정상법상 준법통제와 준법지원인", 저스티스 통권 제124호(2011.6), 241–243
    면; 박한성, "상법상 준법지원인제도의 개선방안", 외법논집 제38권 제4호, 2014.11,
    137–138면; 이진국, 앞의 논문, 2010, 69–71면; 주기종, "상법상 준법지원인제도의 문제
    와 해결", 법학연구 제48권, 한국법학회, 2012, 413–415면.

38) BGH–Urteil. v. 17.07.2009–5 StR 394/08, in: NJW 43/2009, 3174.

39) Lösler, "Spannungen zwischen der Effizienz der internen Compliance und mölichen
    Reporting–Pflichten des Compliance Officers", WM 2007, 677.

40) 이에 대한 상세한 설명으로는 김재윤, 앞의 책, 209–210면 참조.

41) Langenhahn, Die strafrechtliche Verantwortlichkeit des Compliance Officers im
    deutsch–österreichischen Rechtsvergleich, 2012, 61면.

42) 손동권·김재윤, 새로운 형법총론, 율곡출판사, 2011, 408면.

43) 대표적으로 Cramer, "Rechtspflicht des Aufsichtsrats zur Verhinderung unternehmensbezogener
    strafbarer Handlungen und Ordnungswidrigkeiten", in: Küer (Hrsg.), Festschrift für
    Walter Stree und Johannes Wessels zum 70. Geburtstag, 1993, 564면 이하; Schilha,
    Die Aufsichtsratstäigkeit in der Aktiengesellschaft im Spiegel strafrechtlicher
    Verantwortung, 2008, 181면; Krause, "Strafrechtliche Haftung des Aufsichtsrats", NStZ
    2011, 60 ff. 참조.

44) Krause, 앞의 논문, 60.

45) Michalke, "Neue Garantenpflichten? – oder: Haftung des Compliance Officers", AnwBl
    2010, 669.

46) Langenhahn, 앞의 책, 62–63면.

47) BGH–Urteil. v. 17.07.2009 – 5 StR 394/08, in: NJW 43/2009, 3173.

48) Cramer, 앞의 논문, 58면.

49) Langenhahn, 앞의 책, 64–66면.

50) Langenhahn, 앞의 책, 66–67면.

51) BGH–Urteil. v. 17.07.2009–5 StR 394/08, in: NJW 43/2009, 3173.

52) BGH–Urteil. v. 17.07.2009–5 StR 394/08, in: NJW 43/2009, 3173; Michalke, 앞의 논
    문, 667.

53) Michalke, 앞의 논문, 667.

54) 이 판결에 대한 상세한 분석으로는 본서 제3장 § 11 Ⅱ. 참조.

55) 이진국, 앞의 논문, 2013.6, 21－22면.

56) Barton, "Der Compliance Officer im Minenfeld des Strafrechts－Folgewirkungen des Urteils des BGH vom 17.07.2009 auch für den Datenschutzbeauftragten?", RDV 2010, 24.

57) Lösler, "Zur Rolle und Stellung des Compliance－Beauftragten", WM 2008, 1102.

58) Kapfer/Resch, in: Gruber/Raschauer (Hrsg.), Kommentar zum WAG Band I und II, 2010, § 18 Rn. 2.

59) Krause, 앞의 논문, 61.

60) Langenhahn, 앞의 책, 67－69면.

61) 마틴 비겔만·노동래 옮김, 윤리 준법 경영의 성공 전략 컴플라이언스, 연암사, 2013, 284면; 마이클 실버만·노동래 옮김, 공공, 민간, 비영리 조직을 위한 컴플라이언스 매니지먼트, 연암사, 2013, 183－185면.

62) Langenhahn, 앞의 책, 71－72면.

63) 김성규, "준법관리 프로그램의 형법적 의의와 기능", 형사정책 제23권 1호, 2011, 181－182면.

64) 이진국, 앞의 논문, 2013.6, 11면.

[§ 3] 상법 이외의 타 법령상 준법감시인제도

"여러분은 정책이 구비되어 있다는 것만으로는 충분하지 않다는 것을 압니다.
이 모든 정책들은 도움이 될 수 있습니다. 그러나 성공하려면, 컴플라이언스가
여러분 회사의 내면화된 문화의 일부여야 합니다."
– 미국 증권거래위원회(SEC)의 컴플라이언스 검사 및 조사 사무국
(Office of Compliance Inspections and Examination: OCIE)
책임자인 Lori A. Richards의 2003년 4월 23일 연설문 중에서 –

Ⅰ. 머리말

2012년 4월부터 시행된 상법 제542조의13는 "① 자산 규모 등을 고려하여 대통령령으로 정하는 상장회사는 법령을 준수하고 회사경영을 적정하게 하기 위하여 임직원이 그 직무를 수행할 때 따라야 할 준법통제에 관한 기준 및 절차(이하 "준법통제기준"이라 한다)를 마련하여야 한다. ② 제1항의 상장회사는 준법통제기준의 준수에 관한 업무를 담당하는 사람(이하 "준법지원인"이라 한다)을 1명 이상 두어야 한다"고 규정하여 상장회사에 대한 준법통제기준 및 준법지원인제도를 신설하였다. 이러한 상법상 준법지원인제도는 이미 금융회사에서 시행하고 있는 준법감시인제도를 자산총액 5천억 원 이상의 상장회사까지 범위를 확대하여 적용한 것이다. 즉 1997년의 국가적 금융위기(IMF)를 겪고 난 후 2000년부터 은행, 증권회사 등의 금융회사에 대한 효과적인 감독체계의 중요성이 부각되었고 금융 전 부문에 대한 규제완화, 개방화가 진전되면서 금융회사의 내부통제[1] 강화를 위해 준법감시인제도가 법의 강제 사항으로 도입되었다. 이후 종전의 「증권거래법」, 「선물거래법」, 「간접투자자산운영업법」 등 자

본시장과 관련된 6개 법률을 통합하여 2007년 8월에 제정된 「자본시장과 금융투자업에 관한 법률」(법률 제8635호, 이하 '자본시장법'이라 한다) 제28조에 준법감시인제도가 규정되었다.[2] 그리고 자본시장법을 포함하여 종전의 「은행법」, 「보험업법」, 「상호저축은행법」, 「여신전문금융업법」 및 「금융지주회사법」에 따른 준법감시인 관련 규정은 "금융회사 임원의 자격요건, 이사회의 구성 및 운영, 내부통제제도 등 금융회사의 지배구조에 관한 기본적인 사항을 정함으로써 금융회사의 건전한 경영과 금융시장의 안정성을 기하고, 예금자, 투자자, 보험계약자, 그 밖의 금융소비자를 보호하는 것을 목적으로" 2015년 7월 31일 제정[3]된 「금융회사의 지배구조에 관한 법률」(이하 '금융사지배구조법'이라 한다) 제25조(준법감시인의 임면 등), 제26조(준법감시인의 자격요건)에 의해 삭제되고 금융사지배구조법상의 준법감시인 규정이 적용됨으로써 금융회사에서 준법감시인제도는 내부통제 장치로서 중요한 역할을 담당하고 있다.[4]

이처럼 준법감시인제도가 일반 상장회사가 아닌 금융산업에 한정되어 일찍 도입된 것은 금융산업의 특성에 기인한 것이다. 즉 고객의 자산을 위탁받아 운용하는 금융업의 특성상 금융인의 엄격한 도덕성과 신뢰성이 금융산업의 유지발전에 필수적인 요소이며, 이를 위해 상시적인 통제·감독 장치로서 법규준수제도가 필요했던 것이다.[5]

한편 우리나라는 2011년 상법 개정을 통해 준법지원인제도가 도입되기 이전에 주로 금융회사를 대상으로 하는 내부통제제도를 규정하였고, 「주식회사의 외부감사에 관한 법률」(이하 '외부감사법'이라 한다)상의 외부감사대상 주식회사는 재무보고에 관한 내부통제제도를 마련하고 있다. 금융회사에 대한 내부통제제도는 지난 1997년의 외환위기 이후에 계속되는 대기업의 분식회계 사례들[6]로 인해 회계정보의 중요성을 인식하고, 회계투명성의 확보를 위한 방안으로 도입되었다. 즉 2000년 1월 「증권거래법」을 시작으로 「은행법」, 「보험업법」, 「상호저축은행법」 등에서 내부통제기준과 준법감시인의 자격 등을 명문화하여 내부통제제도를 도입하였다. 금융회사에 대한 내부통제제도에 연이어 일반 주식회사를 대상으로 재무보고에 관한 내부통제제도(내부회계관리제도)는 2001년 한시법으로 제정된 「기업구조조정 촉진법」에서 도입하였다. 기업구조조정촉진법상의 내부회계관리제도는 2003년 외부감사법으로 이관되면서 현재에 이르고 있다. 이러한 우리나라의 내부회계관리제도는 미국의 회계규제강화, 기업경영에서 주주존중 풍토의 확산, 당국의 경영투명성 제고의지 등에 따라 미국의 2002년 사베인-옥슬리 법(Sarbanes-Oxley Acts: SOX)[7]을 벤치마킹하여 도입된 것이다. 즉 정보의 흐름과 임직원들의 업무수행을 체계적으로 파악하여 효과적인 감시를 함으로써 감시·감독의 사각지대를 사전에 제거하고, 회계처리통제시스템에 대한 경영진과 내부구성원들의 관심을 높이고 회계의 신뢰성을 강화하기 위한 것이다.[8]

국내 분식회계 주요 사례

▣ A사

A사에 부실이 발생한 주요 원인은 무리한 투자와 매출채권의 회수불능이 대부분이다. 특히, 종합상사의 특성상 매출이익은 적은데 비하여 매출채권의 회수불능 등에 따른 부실자산이 빈번하게 발생하여 재무구조가 부실한 상황에서 사실대로 회계처리를 할 경우 대외신인도가 추락하고 그에 따라 금융기관으로부터 자금차입조건이 악화 내지 중단될 것 등을 우려하여 분식회계를 하였다.

1976년부터 그룹차원에서 A사의 재무제표를 분식하여 채무를 숨기고 이익잉여금을 허위로 증가시키는 등의 방법으로 매 회계연도마다 회계분식을 계속하여 왔고, 이미 2000년에는 1조 원이 넘는 규모의 부실이 발생한 상태였다.

그리고 제49기 2001회계연도의 가결산 결과 자산 6조 4,979억여 원, 부채 5조 8,358억여 원으로 순자산이 6,621억여 원이고, 당기순손실이 2,537억여 원으로 적자가 발생하였다. A사의 경우 이러한 부실을 그대로 재무제표에 기재하는 경우 대외신인도가 추락하고 금융기관으로부터의 차입이 중단될 것을 우려하였기 때문인 것으로 분석됐다.

▣ B사

1983년경부터 1989년경까지 시행한 제1차 리비아 대수로공사 등 해외공사에서 적자를 보아 재무구조 및 경영성과가 부실해지자 1988년경부터 재무제표를 조작하여 누계 수천억 원 상당의 당기순이익을 허위로 증가시켜 온 것으로 조사됐다.

그리고 1995회계연도 결산결과 당기순이익이 136억 원 상당의 적자가 발생하였고, 1996회계연도 결산결과 당기순이익이 1,687억 원 상당의 적자가 발생한 것으로 나타나는 등 경영상태와 재무구조가 부실화되어, 금융기관으로부터 대출을 받거나 회사채발행에 대한 지급보증 등을 받더라도 이를 정상적으로 상환할 능력이 없자 분식회계를 하였다.

◪ C사

건설업계의 불황으로 부실이 심화되어 정상적인 기업회계기준에 따라 거액의 영업적자를 기록한 사실 그대로 회계처리할 경우 대외신인도가 크게 하락하여 금융기관으로부터 기존 여신의 회수압력이 가중되고 공사수주에 타격을 입게 될 것은 물론, 자금난을 해결할 신규여신을 받지 못할 것을 우려한 나머지 경영상태와 재무상태가 양호한 것으로 허위의 재무제표를 작성하고 이를 토대로 금융기관으로부터 대출을 받기 위하여 분식회계를 하였다.

◪ D사

1980년대 말 이후 중국과 아시아 후발 개발도상국의 화섬공장 신설과 증설 등으로 저렴한 제품이 양산되어 국제경쟁이 심화되고 수출이 감소되면서 전반적으로 가격이 하락하고 D사의 화섬제품 생산기계가 노후화됨에 따라 생산성과 품질경쟁력이 떨어져 영업수익이 심각하게 악화되는 바람에 1989년부터 발생한 적자가 수백억 원 내지 수천억 원씩 누적된 바 있다. 이에 따라 기업회계기준에 따라 거액의 영업적자를 시현한 사실을 그대로 회계처리할 경우 대외신인도가 크게 하락되어 금융기관으로부터 신규 여신을 받지 못하는 것은 물론 기존 여신과 회사채의 회수 압박이 가중되고 신규 투자자 등의 투자 중단으로 자금조달에 실패하고 주가가 폭락하며 소비자들의 불신으로 영업에 큰 타격을 입게 될 것으로 예상되었다.

이를 우려한 경영진은 영업이익을 과대계상하여 경영상태와 재무상태가 양호한 것처럼 허위로 재무제표를 작성하여 이를 토대로 회사채의 발행 등을 통하여 금융기관으로부터 자금을 조달하여 만기가 도래하는 회사채와 기존 대출금의 변제 및 신규사업투자 등 회사의 운영자금으로 사용하기 위해 분식회계를 하였다.[9]

따라서 본 절에서는 금융사지배구조법상의 준법감시인제도와 외부감사법상의 내부회계관리제도에 대하여 간략히 검토하고, 이를 바탕으로 상법상 준법지원인제도와 어떠한 차이점이 있는지를 살펴보고자 한다.

II. 금융사지배구조법상 준법감시인제도

1. 도입배경

우리나라에서 준법감시제도는 처음에 금융회사의 기업지배구조적 차원에서 논의되기 시작하였다. 1999년 9월 21일 정부의 경제정책조정회의에 의해 확정·발표된 「제2금융권 지배구조개선안」에서는 증권사와 보험 및 투신사가 한국 기업이 안고 있는 독특한 기업구조, 즉 일정 지분을 차지하고 있는 소수의 소유경영자(owner manager)가 주주총회와 이사회를 모두 재배하는 형태인 이른바 '재벌'의 사금고(私金庫)로 전락하지 않도록 재벌총수의 권한행사를 최소화 하는데 초점이 맞추어졌다. 또한 금융회사 임직원의 위법행위로 인한 영업 손실이 1997년 외환위기의 주요 원인 중의 하나로 지적되면서 금융회사에 대한 효과적인 감독체제의 중요성도 부각되었다. 이에 따라 보험·투신사에 법령준수 여부를 감시하는 미국식 준법감시인(Compliance Officer)제도를 도입하기로 하였다.

이러한 준법감시제도는 단순히 국내법규의 준수문제뿐만 아니라 'OECD의 국제상거래 뇌물방지협약(OECD Anti-Bribery Convention)'[10]과 이에 따른 회원국들의 '국제상거래 뇌물방지법' 그리고 현지국의 민감한 법규 등을 준수할 수 있는 컴플라이언스 프로그램을 구축할 수 있도록 하여야 하며, 특히 국내법규 준수 문제에서도 위법행위에 의하여 회사가 피해를 보게 되면 외국인투자가에 의한 기업경영진, 이사회, 감사위원회, 업무담당자 및 외부회계감사인에게도 손해배상 청구소송이 벌어지게 되는 상황을 맞게 될 가능성이 있으므로 이러한 위험을 인식하고 대비하기 위해서도 도입이 필요한 제도였다.

이에 따라 정부는 2000년 1월 21일 구 증권거래법 개정을 시작으로 은행, 증권회사, 보험회사 등 관련법을 개정하여 금융회사에 준법감시인의 설치를 의무화하게 하였고, 여러 금융 관련 법률에 산재되어 있는 내부통제기준과 준법감시인 관련 규정은 2015년 7월 31일 제정된 금융사지배구조법에 통합되어 현재에 이르고 있다.[11]

2. 준법감시인과 준법감시부서

(1) 의의

준법감시인이란 내부통제기준의 준수 여부를 점검하고 내부통제기준을 위반하는 경우 이를 조사하여 감사위원회 또는 감사에게 보고하는 등 내부통제 관련 업무를 총괄하는 사람을 말한다. 금융회사[12]는 준법감시인을 1명 이상 두어야 한다(금융사지배구조법 제25조 제1항). 이때 금융회사는 사내이사 또는 업무집행책임자 중에서 준법감시인을 선임하여야 한다. 다만, 자산규모, 영위하는 금융업무 등을 고려하여 대통령령으로 정하는 금융회사[13] 또는 외국금융회사의 국내지점은 사내이사 또는 업무집행책임자가 아닌 직원 중에서 준법감시인을 선임할 수 있다(금융사지배구조법 제25조 제2항). 만일 금융회사가 준법감시인을 1명 이상 두지 않을 경우 1억 원 이하의 과태료에 처해지게 된다(금융사지배구조법 제43조 제1항 제17호). 다만 「자본시장과 금융투자업에 관한 법률」에 따른 투자자문업이나 투자일임업 외의 다른 금융투자업을 겸영하지 아니하는 자로서 최근 사업연도 말 현재 운용하는 투자일임재산의 합계액이 5천억 원 미만인 자는 준법감시인을 두지 않아도 된다(같은 법 시행령 제20조 제1항).

(2) 준법감시인의 역할

금융사지배구조법에 따르면 "준법감시인이란 내부통제기준의 준수 여부를 점검하고 내부통제기준을 위반하는 경우 이를 조사하여 감사위원회 또는 감사에게 보고하는 등 내부통제 관련 업무를 총괄하는 사람"을 말한다(금융사지배구조법 제25조 제1항). 따라서 법규상 준법감시인의 핵심 역할은 내부통제기준의 준수 여부를 점검 및 감독하는 것이라고 할 수 있다.

그런데 금융사지배구조법에 따라 내부통제기준을 정의하면 "법령의 준수, 건전한 경영, 주주 및 이해관계자 등을 보호하기 위하여 금융회사의 임직원이 직무를 수행할 때 준수하여야 할 기준 및 절차"를 의미하므로(같은 법 제24조 제1항), 결국 준법감시인의 역할은 "금융회사가 법규를 준수하고 자산운용을 건전하게 하며 금융소비자를 보호할 수 있는 절차와 체제를 갖추도록 경영진을 지원하며, 이러한 절차 및 체제를 운영하고 유지·개선해 나가는 것"이라고 할 수 있다.

한편 금융감독원은 "금융회사에 있어서 준법감시 기능은 금융회사 임직원이 직무를 수행함에 있어 법규를 준수해 나가도록 하는 준법감시체제(Compliance System)를 마련하고 이를 운영·점검하는 활동을 말하며, 준법감시인(Compliance Officer)은 이러한 업무에 종사하는 자"라고 정의하고 있다.

보다 구체적으로 준법감시인의 역할을 열거하면, ① 준법감시인은 경영진이 효과적인 준법감시체제를 수립하고 운영할 수 있도록 지원하고 자문해야 하며, ② 준법감시체제가 유지될 수 있도록 위반행위를 점검하고 모니터링할 수 있는 기준과 절차를 수립해야 하며, ③ 컴플라이언스 매뉴얼 개발과 운영을 통해 임직원들이 쉽게 컴플라이언스를 이해하고 실천할 수 있도록 지원해야 하며, ④ 주기적이고 상시적인 교육을 통해 임직원의 관련 지식 함양과 의식제고를 이끌어야 한다. 한마디로 이러한 제반활동은 컴플라이언스 프로그램의 수립과 운영이라고 할 수 있는데, 경영진은 컴플라이언스 프로그램의 최종책임자이며 준법감시인은 이러한 프로그램의 총괄관리자라고 할 수 있다.[14]

(3) 준법감시인의 임면과 자격

금융회사(외국금융회사의 국내지점은 제외한다)가 준법감시인을 임면하려는 경우에는 이사회의 의결을 거쳐야 한다(금융사지배구조법 제25조 제3항). 금융회사는 준법감시인을 임면하였을 때에는 그 사실을 금융위원회에 임면일부터 7영업일 이내에 보고하여야 한다(같은 법 제30조 제2항, 같은 법 시행령 제25조 제1항).

준법감시인의 자격요건에 대하여는 일정한 제한을 두고 있다(같은 법 제26조 제1항). 이러한 준법감시인의 자격요건은 적극적 요건과 소극적 요건으로 구분할 수 있다. 우선 적극적 요건으로 준법감시인의 업무를 효과적으로 수행할 수 있는 사람을 선임할 수 있도록 하기 위해 일정한 경력을 요구[「금융위원회의 설치 등에 관한 법률」 제38조에 따른 검사 대상 기관(이에 상당하는 외국금융회사를 포함)에서 10년 이상 근무한 사람, 금융 관련 분야의 석사학위 이상의 학위소지자로서 연구기관 또는 대학에서 연구원 또는 조교수 이상의 직에 5년 이상 종사한 사람 등]하고 있는데, 특히 변호사 또는 공인회계사의 자격을 가진 사람으로서 그 자격과 관련된 업무에 5년 이상 종사한 사람을 준법감시인의 자격요건으로 규정하고 있는 점이 특징이다. 이는 준법감시인의 업무가 법규준수의 여부와 자산운용의 건전성을 점검하는 것임을 고려한 결과이다. 이에 따라 변호사의 경우 법규준수와 관련된 준법감시업무에는 매우 적합하지만 자산운용의 건전성을 점검하는 업무를 변호사가 수행하는 것이 적합할 것인가에 대해서는 의문이 제기되고 있다.15) 또한 공인회계사의 경우에도 자산운용의 건전성을 점검하고 조사하는 업무에는 적합하겠지만, 법규준수의 여부를 조사하기에는 미흡한 점이 있을 수 있다.16) 이러한 문제가 발생한 이유는 COSO보고서의 영향을 받은 내부통제제도와 법규상의 준법감시인제도에 있어서 각각의 개념과 역할에 관한 충분한 검토 없이 도입하다 보니 어느 한 측면의 내용만 고려하여 준법감시인의 자격요건을 정한데 있다. 즉 준법감시 업무는 법규준수 업무로서 일반적으로 내부통제 업무의 일부분으로 인정되고 있고 준법감시인은 준법감시를 담당하는 조직 내의 기구로 보고 있는데, 우리나라의 금융사지배구조법은 준법감시인에게 내부통제 업무 전체를 담당하도록 규정하면서 관련 분야의 일정한 경력을 자격요건으로 정하여 이와 같은 문제가 야기된 것이다.17)

다음으로 소극적 요건으로 "최근 5년간 금융사지배구조법 또는 금융 관계 법령을 위반하여 금융위원회 또는 금융감독원의 원장, 그 밖에 대통령령으로 정하는 기관으로부터 같은 법 제35조 제1항 각 호 및 제2항 각 호에 규정된 조치 중 문책경고 또는 감봉요구 이상에 해당하는 조치"를 받은 경우 또는 "기획재정부, 금융위원회, 「금융위원회의 설치 등에 관한 법률」 제19조에 따른 증권선물위원회, 감사원, 금융감독원, 한국은행 등의 금융감독 관련 기관이나 단체에서 퇴임하거나 퇴직한 후 5년이 지나지 아니한 경우에는 준법감시인으로 선임될 수 없으며(같은 법 제26조 제1항 제1호, 제2호 단서), 준법감시인으로 직무를 수행하는 경우에도 소극적 요건에 해당하면 그 직을 상실한다(같은 법 제26조 제2항).18)

(4) 준법감시인의 직무와 독립성

준법감시인의 직무는 내부통제기준의 준수 여부를 점검하고 내부통제기준을 위반하는 경우 이를 조사하여 그 결과를 감사위원회 또는 감사에 보고하는 것이다. 즉 준법감시인은 내부통제체제의 운영 실태를 상시적으로 모니터링하고 특이사항이 있을 경우 직접 조사하기도 하여 임직원의 위법사항이 적발될 경우에는 그 결과를 감사위원회 또는 감사에 보고하여야 한다. 또한 내부통제체제를 운영하고 점검한 결과 문제점이나 미비점이 발견된 경우에는 이에 대한 개선 및 시정을 요구하여야 한다.

이와 같은 준법감시인의 직무 특성상 경영진과 마찰이 생길 가능성이 많고, 인사상의 불이익을 받을 가능성이 많다. 이 때문에 이사회와 경영진은 자체 감시기능 및 내부통제 기능을 효과적으로 수행하기 위해서라도 준법감시인의 업무활동의 독립성을 보장할 필요가 있다. 이에 금융사지배구조법은 준법감시인이 독립적으로 직무를 수행해야 함을 명시하고 있다(같은 법 제30조 제1항). 그리고 준법감시인에게 직무수행에 관련된 사유로 부당한 인사상의 불이익을 줄 수 없다고 규정하고 있으며(같은 법 제30조 제4항), 만일 준법감시인에 대하여 인사상의 불이익을 준 경우에는 금융투자업자 및 그 임직원을 제재할 수 있도록 명시함으로써 준법감시인의 독립성을 한층 강화하고 있다(같은 법 제35조 제1항).

또한 금융사지배구조법은 준법감시인의 직무상 독립성을 보장하기 위하여 자산 운용에 관한 업무, 해당 금융회사의 본질적 업무(해당 금융회사가 인가를 받거나 등록을 한 업무와 직접적으로 관련된 필수업무로서 대통령령으로 정하는 업무를 말함) 및 그 부수업무, 해당 금융회사의 겸영(兼營)업무, 금융지주회사의 경우에는 자회사등의 업무(금융지주회사의 위험관리책임자가 그 소속 자회사등의 위험관리업무를 담당하는 경우는 제외함), 그 밖에 이해가 상충할 우려가 있거나 내부통제 및 위험관리업무에 전념하기 어려운 경우로서 대통령령으로 정하는 업무를 하지 못하도록 제한하고 있다(같은 법 제29조).[19]

(5) 준법감시부서

금융회사는 준법감시업무가 효율적으로 수행될 수 있도록 충분한 경험과 능력을 갖춘 적절한 수의 인력으로 구성된 지원조직(이하 "준법감시부서"라 한다)을 갖추어 준법감시인의 직무수행을 지원하여야 한다(금융투자회사 표준내부통제기준 제16조 제1항).[20] 준법감시부서는 준법감시인의 직무수행을 보좌하고 준법감시담당자 및 준법감시 관련 부서의 업무수행과 관련한 협의 또는 자문을 총괄 지휘하기 위한 조직으로 준법감시에 대한 문제점을 파악하고 해결책을 모색할 수 있는 사람으로 구성되어야 할 것이며, 그러한 능력을 지속적으로 함양하여야 한다. 이때 준법감시부서의 인원은 기업의 규모, 업종 등을 고려하여 자율적으로 정하여야 하는데,[21] 이와 관련한 구체적인 감독 가이드라인이 없어 준법감시인이 준법감시부서 역할을 위한 적정수준의 물리적 자원(인력, 예산, 시스템 등)을 확보하기 어려운 실정이다.[22]

준법감시부서(Compliance Department) 운영 사례(△△증권)[23]

가. 준법감시인의 지원조직

 - 준법감시인의 직무수행을 보좌하기 위한 지원조직으로 준법감시인 하부에 준법감시부서를 둔다.
 - 준법감시부서는 준법감시인의 지시, 감독을 받아 회사의 준법감시업무를 수행한다.

나. 준법감시부서의 인원

 - 회사는 준법감시업무가 효율적으로 수행될 수 있도록 준법감시부서에 충분한 경험과 능력을 갖춘 적절한 수의 인력을 배치하여야 한다.
 - 준법감시부서의 인원은 각 분야별 전문가로 구성함을 원칙으로 하며, 회사는 해당인력의 인사 이동시 반드시 준법감시인과 사전 협의를 거치고 동 직원에 대한 인사평정시 준법감시인의 의견을 적극 반영하여야 한다.

다. 준법감시부서와 준법감시부서 직원의 독립성

 - 준법감시부서 및 준법감시부서 직원은 준법감시업무와 관련하여 자신의 직무를 독립적으로 수행할 수 있으며, 준법감시업무와 관련하여 어떠한 부서로부터 부당한 간섭이나 지시를 받지 아니한다.
 - 준법감시부서의 직원은 준법감시부서 직원으로 재직 또는 재임시 업무수행과 관련된 사유로 인사상의 불이익을 받지 아니한다.

라. 준법감시부서의 주요 업무

 - 내부통제기준(시행세칙 포함), 내부통제지침 등의 입안 및 시행
 - 법규준수 정책(또는 방침)의 수립
 - 준법감시 매뉴얼(Compliance Manual)의 제작
 - 법규준수 프로그램의 입안 및 관리
 - 준법감시계획 수립 및 결과 보고
 - 법규준수체제 운영실태에 대한 모니터링 및 조사
 - 임직원의 법규준수와 관련한 정보 수집
 - 법규준수 실태에 대한 보고, 시정·개선요구 및 제재(또는 감사) 의뢰
 - 일상업무에 대한 법규준수 측면 사전검토

- 법규준수 관련 이사회, 경영진, 유관부서에 대한 지원 및 자문
- 고객보호 업무처리의 적정성 점검
- 임직원 윤리 강령(또는 행동규범)의 제정·운영
- 법규준수 관련 임직원 교육
- 감독당국 및 감사조직과의 협조 지원
- 준법감시 결과의 기록유지
- 불공정거래, 분쟁예방, 이해상충방지 등을 위한 상시 모니터링
- 불법재산의 수수 및 자금세탁행위 방지업무
- 준법감시위원회 관련 업무
- 고객 신용정보의 보호·관리업무
- 기타 준법감시인의 효율적인 업무수행을 위한 업무보조
- 기타 준법감시인이 지시하는 사항[24]

그러나 준법감시부서의 인원구성 및 배치는 법규준수 달성 정도에 대한 특정, 관련 정보의 수집 정도, 피드백 등 통제기능 충실화 정도와 높은 상관성이 있기 때문에 준법감시 인력은 그 자체만으로도 큰 의미를 가진다고 할 수 있다. 준법감시인은 자신이 담당하고 있는 준법감시업무 중 일부를 위임의 범위와 책임의 한계 등을 명확히 구분한 뒤, 준법감시업무를 담당하는 임직원에게 위임할 수 있다(금융투자회사 내부통제기준 제22조).

한편 <표 3-1>과 <표 3-2>에서와 같이 통상 내부통제기준 또는 준법감시인 직무규정에서 준법감시인은 체계적이고 효율적인 준법감시업무의 수행을 위하여 각 사업본부별로 준법감시인 및 준법감시부서를 도와 그 업무를 보좌하는 조직(준법감시 자율운영조직)과 담당자(준법감시 업무담당자)를 지정하고 상시적인 현장점검 권한을 위임할 수 있으며, 이때 위임되는 업무가 명확히 구분될 수 있도록 해야 한다.

〈표 3-1〉 금융투자회사 표준내부통제기준상 준법감시부서 관련 규정[25]

제16조(준법감시부서의 설치 및 운영)	① 회사는 준법감시업무가 효율적으로 수행될 수 있도록 충분한 경험과 능력을 갖춘 적절한 수의 인력으로 구성된 지원조직(이하 "준법감시부서"라 한다)을 갖추어 준법감시인의 직무수행을 지원하여야 한다. ② 회사는 준법감시업무에 대한 자문기능의 수행을 위하여 준법감시인, 준법

	감시부서장, 인사담당부서장 및 변호사 등으로 구성된 준법감시위원회를 설치·운영할 수 있다. ③ 회사는 IT부문의 효율적인 통제를 위하여 필요하다고 인정되는 경우 준법감시부서 내에 IT분야의 전문지식이 있는 전산요원을 1인 이상 배치하여야 한다. ④ 기타 준법감시조직과 관련한 회사의 조직 및 업무분장은 사규에서 정하는 바에 따른다.
제22조(준법감시업무의 위임)	① 준법감시인은 준법감시업무 중 일부를 준법감시업무를 담당하는 임직원에게 위임할 수 있으며, 이 경우 위임의 범위와 책임의 한계 등이 명확히 구분되어야 한다. ② 준법감시인은 준법감시업무의 효율적 수행을 위하여 부점별 또는 수개의 부점을 1단위로 하여 준법감시인의 업무의 일부를 위임받아 직원의 관계 법령 등 및 이 기준의 준수 여부를 감독할 관리자를 지명할 수 있다.

〈표 3-2〉 메릴린치증권 서울지점 준법감시부서 관련 규정(예시)[26]

제6조(준법감시체제의 구축)	① 회사는 준법감시인을 통하여 경영진을 도와 임·직원의 불법행위를 예방하고 감독하며, 그 직무를 수행함에 있어서 스스로 법규를 준수할 수 있는 효율적인 준법감시체제를 구축하여야 한다. ② 제1항에서 정하는 준법감시체제는 다음 각 호의 사항을 수행할 수 있어야 한다. 1. 법규준수 프로그램의 입안·관리 2. 임·직원의 법규준수 실태 모니터링, 보고 및 시정 요구 3. 증권 관련 법령의 위반 및 준수여부 확인 4. 지점경영위원회(EXCO) 및 유관부서에 대한 지원 5. 준법 관련 교육 및 자문(내부통제기준 교육 및 준법감시문화 조성) 6. EXCO 및 회사 내 산하 각종 위원회 부의사항에 대한 법규준수(내부통제) 측면에서 사전검토 7. 사규 등의 제정 및 개폐 시 또는 신상품개발 등 새로운 업무의 개발 및 추진시 법규준수(내부통제) 측면에서 사전검토 8. 감독당국과의 협조·지원
제10조(준법감시인 지원조직)	① 회사는 준법감시업무가 효율적으로 수행될 수 있도록 충분한 경험과 능력을 갖춘 적절한 수의 인력으로 구성된 지원조직(이하 "준법감시부서"라 한다)을 갖추어 준법감시인의 직무수행을 보좌하여야 한다.
제18조(준법감시업무의 위임)	① 준법감시인의 준법감시업무 중 일부를 위임할 수 있으며 그 위임업무는 명확히 구분되어야 한다. ② 회사는 준법감시업무가 효과적으로 수행될 수 있도록 부서별 감독자 가이

드라인(Supervisory Guideline)에 따라 준법감시인의 책무의 일부를 위임
받아 직원의 법규준수를 감독할 관리자를 지명할 수 있다.
③ 준법감시인의 책무를 위임받는 자는 다음 각 호의 자격을 갖추어야 한다.
　1. 준법감시업무를 효과적으로 수행할 수 있는 충분한 경험과 능력을 갖춘 자
　2. 해당 부점의 업무를 전반적으로 숙지하고 있으며, 그 부점에 상근하고
　　 있는 자
　3. 관리자가 해당 부점에서 수행하는 일의 양에 의해 감독업무 수행에 곤
　　 란을 받지 않는 자

3. 감사(감사위원회)와의 관계

(1) 업무적 상관관계

금융사지배구조법상 준법감시인은 내부통제기준의 준수 여부를 점검하고, 기준을
위반하는 경우 이를 조사하여 감사위원회 또는 감사에게 보고하여야 한다(같은 법 제
25조 제1항). 준법감시인이 그 직무를 수행함에 있어 기준이 되는 구체적인 내부통제
기준의 내용은 현행 법령의 준수 여부 점검 및 자산운용의 건전성 여부를 정기적으로
점검하고 점검결과 문제점 또는 미비사항이 발견된 경우 이의 개선 또는 개정을 요구
할 수 있다. 그리고 이러한 준법감시인제도를 구성하는 요소로는, ① 법규준수정책
내지 기본방침, ② 컴플라이언스 기준과 절차, ③ 준법감시부서, ④ 준법감시 매뉴얼,
⑤ 임직원 윤리 강령, ⑥ 모니터링, ⑦ 준법에 대한 임직원의 연수와 교육 등이 있
다.[27]

한편 감사(감사위원회)는 업무감사를 주된 직무로 하는 주식회사의 필요적 상설기관
이므로 회계감사뿐만 아니라 이사의 직무집행을 감사할 권한과 의무가 있다. 또 이사
에 대하여 영업에 대한 보고를 요구할 수 있으며(상법 제412조), 감사위원회는 감사의
권한에 관한 규정이 준용된다. 따라서 감사(감사위원회)는 회사이익을 침해하는 임직
원의 횡령이나 배임과 같은 부정행위가 발생하는 것을 방지하기 위한 기관으로서 사
후적 감독에 그 중점을 두고 있다.

그리고 감사(감사위원회)는 준법감시인으로부터 내부통제기준의 위반사실을 보고받
고, 이에 대한 시정조치 또는 문제점을 개선하는 역할과 의무를 담당하게 된다. 감사
(감사위원회)는 내부통제기준의 제·개정 및 폐지 관련 협의, 준법감시인의 해임 건의,

내부통제체제의 평가 및 개선사항 등에 관하여 심의한다.[28] 그리고 감사(감사위원회)
는 업무감사권의 일환으로서 내부통제체제가 유효하게 구축 및 운용되고 있는지를
연 1회 이상 감독·검사 및 평가하고 이를 이사회에 보고해야 한다.[29]

이처럼 준법감시인의 내부통제기준 준수 여부 점검업무는 감사(감사위원회)의 고유
업무와 중복되므로 이러한 중복을 최소화하기 위하여 금융회사는 준법감시인과 감사
(감사위원회)의 업무분장을 자율적으로 정하고(준법감시인은 가급적 준법감시 등 법규준수
관련 업무에 중점),[30] 감사(감사위원회)는 준법감시인의 준법감시 결과를 내부통제시스
템의 적정성 평가시 가급적 활용하는 것이 바람직하며, 필요한 경우에는 준법감시인
의 준법감시와 별도로 준법감시를 실시할 수 있다.

(2) 기능상의 차이

내부통제는 외부규제를 대체하는 수단으로서 외부규제에 대한 준수 여부의 확인을
목적으로 하므로 내부적 규제에 속하지만, 주주의 입장에서 경영진의 업무수행에 대
한 적법성 확인을 목적으로 하는 감사 또는 감사위원회의 기능과는 구별된다.[31]

금융사지배구조법에서 준법감시인을 이사회에서 임면하도록 하는 것은 준법감시인
제도를 이사회의 업무감독기능으로 전제하고 있는 것이다. 그리고 준법감시인의 임
면사실을 금융위원회에 임면일부터 7영업일 이내에 보고하도록 하는 것은 개별 회사
의 주주가치 극대화와 상충되더라도 공익적인 성격에서 법규준수의 필요성을 강조한
것으로 해석할 수 있다.

준법감시인제도는 경영진이 내부통제제도(또는 체제)를 스스로 마련하고 임직원이
업무를 수행하기 전에 법규위반에 대한 사전적 예방과 감독기능에 중점을 두고, 특히
임직원에 대한 법규준수의 연수와 교육 등 컴플라이언스 감시프로그램을 운영하는
제도이다. 반면에 감사(감사위원회)는 주주를 대신하여 경영진(이사회) 이외의 제3자가
경영진(이사회)이 수행한 업무 및 회계 등의 적정성 여부를 감사하는 제도를 의미한
다. 그러므로 준법감시인은 경영진을 보조하고 협력하는 입장에서 임직원의 내부통
제기준의 준수 여부에 대한 사후적인 점검·감독 못지않게 교육 및 연수 등을 통하여
사전적으로 법규위반을 예방하는데 역점을 두고 업무를 수행하나, 감사(감사위원회)는
주주의 입장에서 경영진에 대하여 감독업무를 수행한다는 점에서 중요한 차이가 있
다.[32]

이와 같이 준법감시인과 감사(감사위원회)의 기능에 있어 차이가 있음에도 불구하고 일부 업무의 경우 준법감시인의 지원조직인 준법감시부서와 감사(감사위원회)부서 사이에 업무가 중첩되는 문제가 발생된다. 왜냐하면 감사(감사위원회)부서는 감사(감사위원회)의 회계감사 및 업무감사를 보좌하기 위하여 경영집행 조직의 업무내용을 사후적인 조사를 통하여 파악하고 위법 또는 위규사항을 적발하기도 하지만, 일상감사 활동을 통하여 실무조직의 중요한 업무에 대하여는 업무가 집행되기 전에 사전적인 검사를 하고 이를 통하여 기업에 미치게 될 중대한 위법 또는 위규사항을 사전에 통제하게 되는데, 이는 준법감시부서가 경영진의 법규준수 여부를 조사하는 활동의 내용과 크게 다르지 않기 때문이다. 이렇게 감사(감사위원회)부서의 기능과 역할 중 어떤 부분들이 준법감시부서와 중복되는지를 보다 구체적으로 살펴보면 다음과 같다.

첫째, 업무감사이다. 가장 일반적이고 전형적인 감사부서의 업무는 금융회사 본사 및 지점에서 수행하는 업무에 대해 관련 법규와 내규를 준수하고 있는지, 업무오류를 방지할 수 있는 효과적인 통제절차를 준수하는지, 비합리적인 업무수행은 없는지 등 추구하고자 하는 감사 목표에 따라 체계적으로 점검하고 조사하는 것이다. 금융회사에 따라 규정준수에 대한 점검뿐만 아니라 비합리적인 업무 프로세스를 발굴하여 개선하는 일종의 컨설팅 기능을 추가하여 운영하는 경우도 많다.

둘째, 부정(不正)감사 및 사고조사이다. 부정(不正)감사 및 사고조사란 임직원의 횡령 또는 배임 등의 부정행위가 없는지 감찰(모니터링의 개념을 포함)하고 조사하는 것과 비정기적으로 발생하는 각종 사건사고에 대한 조사를 말한다.

이러한 업무감사와 부정(不正)감사 및 사고조사의 감사업무는 기본적으로 법규 및 내규준수가 잘 되고 있는지 여부가 점검 항목이므로 준법감시부서의 업무와 일정 부분 중복이 될 가능성이 높다. 따라서 업무의 혼동과 중첩에서 발생하는 비효율성 등의 문제를 예방하기 위해서는 업무 접근방식의 명확한 구분과 감사(감사위원회)부서와 준법감시부서의 긴밀한 협의와 의사소통을 통해 불필요한 인력과 시간 낭비를 예방할 필요가 있다.[33]

4. 준법감시인의 책임

현행 금융사지배구조법상 준법감시인의 행위로 인하여 발생한 손해와 관련된 민사책임에 관한 규정은 없다. 다만 준법감시인은 금융사지배구조법상 그 직무를 수행함에 있어 선량한 관리자로서의 주의의무(due diligence)를 다하여야 하며(같은 법 제29조), 의무를 이행하지 못한 경우 민사상 불법행위로 인한 손해배상책임을 부담하거나 금융위원회가 영업의 전부 또는 일부의 정지를 명할 수 있는 행정적 제재를 부과할 수 있을 뿐이다. 현실적으로 준법감시인에게 완전무결하게 금융회사의 모든 위법행위를 막을 수 있다고 기대하는 것은 불가능에 가깝다. 따라서 선량한 관리자로서의 주의의무를 다하도록 규정한 것은 개별 금융회사의 상황과 특성을 고려하여 합리적이고 효과적인 준법감시체제를 구축 및 운영하라는 의미이다.[34]

2008년 대우 분식회계와 관련된 대표이사의 책임

■ 대법원 2008.9.11. 선고 2006다68636 판결

[사실관계]

주식회사 대우(이하 '대우')의 1997 사업연도 재무상태가 실제 자산은 24조 3,416억 원, 부채는 34조 4,152억 원, 자기자본은 (−)10조 736억 원임에도 (분식회계를 하여) 마치 자산이 14조 2,223억 원, 부채가 11조 4,708억 원, 자기자본이 2조 7,515억 원으로서 부채비율이 416%에 불과한 것처럼 대차대조표와 손익계산서 등의 재무제표를 허위로 작성하였다. 이러한 사정을 알지 못하는 신용평가기관이 대우의 회사채 발행 및 매입 등을 위한 평가를 하였고, 또한 그 사정을 알지 못한 원고(조흥은행)가 위 잘못된 신용평가에 기초하여 대우의 회사채의 매입이 이루어졌다. 이후 거액의 손실을 입은 원고가 대우의 임원진을 상대로 감시의무를 해태하여 전사적인 회계분식과 허위공시가 단행되었다고 주장하여 상법 제401조에 기한 손해배상을 청구하였다

[판결요지]

대표이사는 이사회의 구성원으로서 다른 대표이사를 비롯한 업무담당이사의 전반적인 업무집행을 감시할 권한과 책임이 있으므로, 다른 대표이사나 업무담당이사의 업무집행이 위법하다고 의심할 만한 사유가 있음에도 악의 또는 중대한 과실로 인하여 감시의무를 위반하여 이를 방치한 때에는 그로 말미암아 제3자가 입은 손해에 대하여 배상책임을 면할 수 없다. 이러한 감시의무의 구체적인 내용은 회사의 규모나 조직, 업종, 법령의 규제,

영업상황 및 재무상태에 따라 크게 다를 수 있는바, 고도로 분업화되고 전문화된 대규모의 회사에서 공동대표이사와 업무담당이사들이 내부적인 사무분장에 따라 각자의 전문분야를 전담하여 처리하는 것이 불가피한 경우라 할지라도 그러한 사정만으로 다른 이사들의 업무집행에 관한 감시의무를 면할 수는 없고, 그러한 경우 무엇보다 합리적인 정보및 보고시스템과 내부통제시스템을 구축하고 그것이 제대로 작동하도록 배려할 의무가이사회를 구성하는 개개의 이사들에게 주어진다는 점에 비추어 볼 때, 그러한 노력을 전혀 하지 아니하거나, 위와 같은 시스템이 구축되었다 하더라도 이를 이용한 회사 운영의감시·감독을 의도적으로 외면한 결과 다른 이사의 위법하거나 부적절한 업무집행 등 이사들의 주의를 요하는 위험이나 문제점을 알지 못한 경우라면, 다른 이사의 위법하거나부적절한 업무집행을 구체적으로 알지 못하였다는 이유만으로 책임을 면할 수는 없고,위와 같은 지속적이거나 조직적인 감시 소홀의 결과로 발생한 다른 이사나 직원의 위법한 업무집행으로 인한 손해를 배상할 책임이 있다.

III. 외부감사법상 내부회계관리제도

1. 도입배경

내부회계관리제도의 도입은 국내에서 빈발하는 회계부정사건으로 인한 기업의 회계투명성의 제고에 대한 요청과 미국에서 일련의 대규모 회계부정사건으로 인해 2002년에 제정된 사베인-옥슬리 법(Sarbanes-Oxley Acts: SOX)의 내용 중 재무보고에 관한 내부통제를 구축·운영할 책임이 경영진에게 있고, 이러한 내부통제 대한 유효성을 경영진이 직접 평가하도록 요구하고 있으며, 이에 대해 외부감사인이 증명하도록 한 같은 법 제404조의 규정[35]을 모델로 하여 도입된 제도이다. 이는 기본적으로 COSO보고서의 내부통제를 준거기준으로 하고 있는 것으로 평가된다.[36]

내부회계관리제도는 기본적으로 기업의 재무보고에 대한 내부통제이다. 즉 기업이일반적으로 인정된 회계원칙에 의거한 재무제표의 작성과 재무보고체계의 신뢰성에대한 합리적 확신을 제공하기 위해 설계된 제도로서 기업의 이사회, 경영진 등 모든구성원들에 의해 지속적으로 실행되는 절차를 의미한다.[37]

외부감사법상의 내부회계관리제도는 재무정보의 작성 및 공시에 있어서의 신뢰성 확보를 목적으로 하고 있다. 이는 COSO보고서의 세 가지 목적 중 "재무보고의 신뢰성에 대한 합리적인 보증"에 해당한다.[38] 이와 같이 우리나라에서도 내부통제제도 중 재무보고에 관한 내부통제는 법적 의무로 되어 있다(외부감사법 제2조의2 제1항). 재무보고에 관한 내부통제에 대하여 별도로 규정하고 있는 것은 미국 및 일본과 마찬가지로 투자자 등 이해관계자의 보호를 위하여 재무보고의 신뢰성을 확보하는 것이 특히 중요하기 때문이다.[39]

2. 주요 내용

외부감사법 제8조 제1항에서는 "회사는 신뢰할 수 있는 회계정보의 작성과 공시를 위하여 다음 각 호의 사항이 포함된 내부회계관리규정과 이를 관리·운영하는 조직(내부회계관리제도)을 갖추어야 한다"고 규정하고 있다.

내부회계관리규정의 구체적 내용은 다음과 같다.

① 회계정보(회계정보의 기초가 되는 거래에 관한 정보를 포함한다. 이하 이 조에서 같다)의 식별·측정·분류·기록 및 보고방법에 관한 사항

② 회계정보의 오류를 통제하고 이를 수정하는 방법에 관한 사항

③ 회계정보에 대한 정기적인 점검 및 조정 등 내부검증에 관한 사항

④ 회계정보를 기록·보관하는 장부(자기테이프·디스켓, 그 밖의 정보보존장치를 포함한다)의 관리 방법과 위조·변조·훼손 및 파기를 방지하기 위한 통제 절차에 관한 사항

⑤ 회계정보의 작성 및 공시와 관련된 임직원의 업무 분장과 책임에 관한 사항

⑥ 그 밖에 신뢰할 수 있는 회계정보의 작성과 공시를 위하여 필요한 사항으로서 대통령령으로 정하는 사항

한편 외부감사법은 내부회계관리제도의 관리·운영에 관한 사항도 규정하고 있는데, 중요한 사항은 다음과 같다.

① 회사의 대표자는 내부회계관리제도의 관리·운영을 책임지며, 이를 담당하는 상근이사(담당하는 이사가 없는 경우에는 해당 이사의 업무를 집행하는 자를 말한다) 1명을 내부회계관리자(이하 "내부회계관리자"라 한다)로 지정하여야 한다(외부감사법

제8조 제3항).

② 회사의 대표자는 사업연도마다 주주총회, 이사회 및 감사(감사위원회가 설치된 경우에는 감사위원회를 말한다. 이하 이 조에서 같다)에게 해당 회사의 내부회계관리제도의 운영실태를 보고하여야 한다. 다만, 회사의 대표자가 필요하다고 판단하는 경우 이사회 및 감사에 대한 보고는 내부회계관리자가 하도록 할 수 있다(외부감사법 제8조 제4항).

③ 회사의 감사는 내부회계관리제도의 운영실태를 평가하여 이사회에 사업연도마다 보고하고 그 평가보고서를 해당 회사의 본점에 5년간 비치하여야 한다. 이 경우 내부회계관리제도의 관리·운영에 대하여 시정 의견이 있으면 그 의견을 포함하여 보고하여야 한다(외부감사법 제8조 제5항).

④ 감사인은 회계감사를 실시할 때 해당 회사가 이 조에서 정한 사항을 준수했는지 여부 및 제4항에 따른 내부회계관리제도의 운영실태에 관한 보고내용을 검토하여야 한다(외부감사법 제8조 제6항).

감사인의 내부회계관리에 대한 검토의견 표명이 의무화된 것은 2004년도의 일이다. 이에 따라 현재 대부분의 상장회사는 회계감사시 자체 작성한 '내부회계관리제도 운영실태보고서'를 감사인에게 제출하고, 검사인은 해당 임직원에 대한 질문, 관련 문서의 확인, 내부회계관리제도 운영실태에 대한 점검 등을 통하여 내부회계관리제도가 적정하게 설계·운영되고 있는지를 검토하고 그 의견을 감사보고서에 첨부하여야 한다.[40)

또한 외부감사법은 위와 같은 규정의 위반에 대해서도 규정하고 있는데, ① 내부회계관리제도에 따라 작성된 회계정보를 위조·변조·훼손 또는 파기한 자는 5년 이하의 징역 또는 5천만 원 이하의 벌금에 처하며(외부감사법 제41조 제1호), ② 내부회계관리제도를 갖추지 않거나 내부회계관리자를 지정하지 않은 경우와 내부회계관리제도의 운용실태를 보고하지 않거나 평가보고서를 본점에 비치하지 않은 경우에는 3천만 원 이하의 과태료를 부과한다고 규정하고 있다(외부감사법 제47조 제2항 제1호, 제2호).[41)

3. 내부회계관리제도에 관한 모범규준

(1) 모범규준의 목적

내부회계관리제도는 현행 외부감사법이 규정하고 있는데, 2005년에 발족된 한국상장회사협의회의 상설기구인 내부회계관리제도운영위원회[42]가 「내부회계관리제도 모범규준」을 제정하여 발표하였다.[43]

내부회계관리제를 법으로 강제하는 이유는 의무적용 대상기업들이 국제적인 내부통제체제의 모형을 반영하면서 국내실정에 일반적으로 적용할 수 있는 모형으로 정책의 효과성을 증대하고 각 기업이 제도를 운영하는 데 필요한 기본원칙을 제시함으로써 회사가 합리적이고 효과적인 내부회계관리제도의 구축을 지원하고 이를 통해 재무재표의 신뢰성을 제고하는데 있다.

이처럼 내부회계관리제도는 자산의 보호 및 부정방지를 포함하여 재무정보의 신뢰성을 확보하는 것을 목적으로 한다. 내부통제제도의 다른 목적인 운영의 효율성이나 법규준수 등과 관련된 절차가 재무제표의 신뢰성 확보와 연관된 경우 해당 통제절차도 내부회계관리제도의 범주에 포함된다고 할 수 있다.[44]

회사와 감사인이 제공하는 내부회계관리제도 관련 정보의 유용성을 확보하기 위해서는 회사의 통일적인 내부회계관리제도의 운영·보고와 감사인의 표준화된 검토절차 및 의견표시가 필수불가결한 전제조건이다. 이에 따라 회사는 모범규준에 따라 내부회계관리제도를 설계·운영·평가·보고하고, 감사인은 감사기준에 준하는 「내부회계관리제도 검토기준」에 따라 의견을 표명하는 체제구축이 필요하다.

(2) 모범규준의 적용대상

내부회계관리제도 모범규준은 원칙적으로 외부감사법 제8조의 적용을 받는 회사를 대상으로 하고 있으나, 사실상 적용대상을 다음과 같이 세 그룹으로 구분하여 회사의 수준에 따라 모범규준을 차별적으로 적용하도록 하고 있다.

- 제1그룹 : 상장대기업(주권상장법인 또는 코스닥상장법인으로서 중소기업기본법에 의한 중소기업이 아닌 법인)에 대하여는 모범규준의 일반적 내용을 모두 적용
- 제2그룹 : 상장중소기업에 대하여는 이보다 완화된 기준을 적용함(비상장대기업

에 대하여도 이를 준용)

- 제3그룹 : 비상장중소기업의 경우 외감법상 내부회계관리규정과 조직을 구축하
고 관련 통제절차를 준수하는 경우 모범규준을 준수하는 것으로 인정하는 체계
를 가지고 있음

한편 중소기업의 경우 모범규준을 적용하는 과정에서 회사의 사업환경과 규모 및
조직구조 등을 고려하여 합리적인 수준에서 조정하여 적용할 수 있도록 하고 있다.[45]

4. 내부회계관리제도의 운영과 그 평가

(1) 재무보고에 관한 내부통제 유효성의 평가주체

재무보고에 관한 내부통제의 유효성에 대한 평가는 미국의 직접보고방식과 일본의
간접보고방식이 있는데, 우리나라의 내부회계관리제도는 내부회계관리자를 통한 간
접보고방식이라 할 수 있다.[46]

외부감사법에서는 회사의 대표자는 내부회계관리제도의 관리·운영을 책임지며,
이를 담당하는 상근이사(담당하는 이사가 없는 경우에는 해당 이사의 업무를 집행하는 자를
말한다) 1명을 내부회계관리자로 지정하고(같은 법 제8조 제3항), 회사의 대표자는 사업
연도마다 주주총회, 이사회 및 감사(감사위원회가 설치된 경우에는 감사위원회를 말한다)에
게 해당 회사의 내부회계관리제도의 운영실태를 보고하여야 한다(같은 법 제8조 제4항)
고 규정하고 있다.

또한 이에 대한 검토와 관련해서 회사의 감사는 내부회계관리제도의 운영실태를
평가하여 이사회에 사업연도마다 보고하고(같은 법 제8조 제5항), 감사인은 회계감사를
실시할 때 해당 회사가 이 조에서 정한 사항을 준수했는지 여부 및 제4항에 따른 내
부회계관리제도의 운영실태에 관한 보고내용을 검토하여야 한다(같은 법 제8조 제6항)
고 규정하고 있다.[47]

(2) 내부회계관리제도의 평가에 대한 감사인의 의견표명

재무보고에 관한 내부통제의 유효성에 대한 평가보고서에 대해 외감법에서는 내부

회계관리제도의 운영실태에 대한 평가에 대해서 감사(감사위원회)의 평가와 감사인에 의한 검토를 규정하고 있다. 즉 내부회계관리제도의 평가에 대해 감사(감사위원회)의 평가와 감사인의 검토라는 두 가지의 의견표명과정을 규정하고 있다.

이처럼 내부회계관리제도의 경우 감사조서 작성시 도출하기 위하여 적용하였던 감사절차의 내용, 그 과정에서 입수한 정보 및 정보의 분석결과를 포함할 것을 요구하고 있어 포함시킬 내용이 제한적이다. 이에 대하여 외부감사에게는 검토의무만으로 충분하며, 만약 감사의무를 부과하게 되면 외부감사인에게 책임문제가 따르므로 감사보수가 증가하게 되는 문제가 있고, 감사보수의 증액이 없이 외부감사인에게 감사의견을 제출하라고 한다면 규정을 시행할 수 없거나 유명무실하게 된다는 견해가 있다. 즉 감사인이 감사를 하게 되면 결국 증명을 위한 절차가 동반하게 되고 결국 많은 형식적인 증거가 제시될 필요가 생기며, 이는 상당한 비용(시간적, 물질적)이 필요한 절차가 되는 것이라고 한다.[48]

반면에 미국의 경우에는 회계사항만이 아니라 공시통제 및 공시절차(Disclosure Control and procedures)도 경영진의 내부통제보고서에 포함되는 점, 내부통제보고서에 포함하여야 할 항목과 이에 관련한 회계법인의 의무를 상세히 규정한 점에서 정보의 충실성과 강도에서 큰 차이점을 보이고 있다.[49]

〈표 3-3〉 내부회계관리제도 평가보고서의 작성주체와 객체 및 감사 · 검토 여부[50]

구분	우리나라	미국	일본
평가보고서 작성주체	내부회계관리자, 감사(감사위원회)	최고경영자(CEO), 최고재무책임자(CFO)	경영자
보고객체	이사회 및 감사위원회	주주	주주
감사 · 검토 여부	검토	감사	감사

(3) 내부고발자 보호제도

미국의 사베인-옥슬리 법 제301조의 내부고발절차를 본받아 외부감사법 제28조의3 제1항에서는 내부고발자의 보호에 관한 내용을 규정하고 있다.[51] 그런데 외부감사법 제28조 제1항에서 신고 내지 고지의 대상을 "회계정보"에 한정하고 있는 것과 제47조 제1항 제2호에서 신고자 등에게 불이익한 대우를 한 자에게는 5천만 원 이하의 과태료를 부과한다고 규정하고 있으나, 이러한 제재 역시 내부고발자 보호제도로는 미흡하다고 할 수 있다.

　내부고발은 부정행위의 조기발견에 매우 중요한 역할을 담당한다. 그리고 대기업의 경우 모든 종업원의 부정행위를 감시할 수 없는 한계가 있다. 따라서 내부고발과 관련하여 가장 중요한 것은 내부고발자의 효과적인 보호라고 할 수 있다. 기업의 임직원의 부정행위도 감사인의 부정행위의 경우와 동일하게 증권선물위원회에 신고할 수 있도록 하여야 하며, 재무보고에 관한 내부통제는 회계 관련 사항 이외에도 다양한 부분과 연관되어 있으므로 신고 내지 고지대상을 회계정보에 한정할 필요는 없다.

　그리고 내부고발자에 대한 불이익한 대우를 방지하기 위한 5천만 원 이하의 과태료 부과는 외부감사법 제41조 제5호에서 신고자등의 신분 등에 관한 비밀을 누설한 경우 5년 이하의 징역 또는 5천만 원 이하의 벌금으로 처벌하는 규정과 비교하여 볼 때 미약하다고 볼 수 있다.[52]

IV. 상법상 준법지원인제도와 타 법령상 준법감시인제도와의 비교 검토

1. 상법상 준법지원인제도와 금융사지배구조법상 준법감시인제도와의 차이점

　상법 제542조의13 규정과 금융사지배구조법 제24조, 제25조의 특징을 살펴보면 우선, 용어의 상이함을 언급할 수 있다. 상법 제542조의13은 '준법통제기준'으로 되어 있는 반면, 금융사지배구조법에서는 '내부통제기준'으로 규정되어 있다. 또한 상법에서는 '준법지원인'으로 표현하고 있고, 금융사지배구조법에서는 '준법감시인'으로 명명하고 있는 점도 특징이다.

　둘째, 상법상 준법지원인은 준법통제기준의 준수 여부를 점검하고 그 결과를 이사회에 보고하도록 되어 있는 반면, 준법감시인은 내부통제기준의 준수 여부를 점검하고 내부통제기준을 위반하는 경우 이를 조사하여 감사(감사위원회)에게 보고하도록 되어 있는 것도 중요한 차이점이다.

셋째, 자격에 관한 규정의 차이점을 들 수 있다. 먼저 상법상 준법지원인의 자격은 ① 변호사 자격이 있는 사람, ②「고등교육법」제2조에 따른 학교의 법률학 조교수 이상의 직에 5년 이상 근무한 사람, ③ 그 밖에 법률적 지식과 경험이 풍부한 사람으로서 대통령령으로 정하는 사람만이 될 수 있다(같은 법 제542조의13 제5항). 여기서 "법률적 지식과 경험이 풍부한 사람"이란 ① 상장회사에서 감사·감사위원·준법감시인 및 이와 관련된 법무부서에서 합산하여 10년 이상 근무한 경력이 있는 사람, ② 법률학 석사 학위 이상의 학위를 가진 사람으로서 상장회사에서 감사·감사위원·준법감시인 및 이와 관련된 법무부서에서 합산하여 5년 이상 근무한 경력이 있는 사람 중의 어느 하나에 해당하는 사람을 의미한다(같은 법 시행령 제41조).

이에 반하여 금융사지배구조법상 준법감시인은 ①「금융위원회의 설치 등에 관한 법률」제38조에 따른 검사대상기관(이에 상당하는 외국금융회사를 포함)에서 합산하여 10년 이상 근무한 사람, ② 금융 관련 분야의 석사학위 이상의 학위소지자로서 연구기관 또는 대학에서 연구원 또는 조교수 이상의 직에 5년 이상 종사한 사람, ③ 변호사 또는 공인회계사의 자격을 가진 사람으로서 그 자격과 관련된 업무에 5년 이상 종사한 사람, ④ 기기획재정부, 금융위원회,「금융위원회의 설치 등에 관한 법률」제19조에 따른 증권선물위원회, 감사원, 금융감독원, 한국은행,「예금자보호법」제3조에 따라 설립된 예금보험공사(이하 "예금보험공사"라 한다), 그 밖에 금융위원회가 정하여 고시하는 금융 관련 기관에서 7년 이상 근무한 사람(이 경우 예금보험공사의 직원으로서 「예금자보호법」제2조 제5호에 따른 부실금융회사 또는 같은 조 제6호에 따른 부실우려금융회사와 같은 법 제36조의3에 따른 정리금융회사의 업무 수행을 위하여 필요한 경우에는 7년 이상 근무 중인 사람을 포함)만이 준법감시인이 될 수 있다(같은 법 제26조 제1항 제2호).

이처럼 상법상 준법지원인의 자격은 금융사지배구조법상 준법감시인의 자격요건에 비하여 그 범위를 법률전문가에 한정하여 열거하고 있는 점이 차이점이다.

그리고 자격요건과 관련하여 금융사지배구조법에서는 금융감독과 관련한 기관이나 관련단체에서 퇴임 또는 퇴직한 후 5년이 경과되지 아니한 경우, 임원의 결격사유에 해당하는 경우 및 관련 법령 위반으로 인해 일정한 수준 이상의 제재를 받은 경우에는 준법감시인으로 선임될 수 없도록 하는 결격사유를 규정하고 있는 반면, 상법에서는 이러한 결격사유를 규정하고 있지 아니한 점도 차이점이다(<표 3-4> 참조).

〈표 3-4〉 준법지원인과 준법감시인의 비교

구분	준법지원인	준법감시인
적용법률	상법 제542조의13	금융사지배구조법 제24조, 제25조
통제범위	준법통제기준 • 법령준수 • 회사경영의 적정성 확보	내부통제기준 • 법령준수 • 이해상충 방지 • 건전한 자산운용
통제자	준법지원인(1인 이상) • 선임: 이사회 • 자격: 법률전문가로 한정 　　　(적극적 요건만 규정)	준법감시인(1인 이상) • 선임: 이사회 • 자격: 법률전문가로 한정 하지 않음 　　　(적극요건&소극요건)
보고라인	이사회	감사 또는 감사위원회
임기	3년	2년
자격요건	• 변호사 • 법률학 관련 5년 경력 이상의 조교수 • 그 밖에 법률적 지식과 경험이 풍부한 사람	• 금융기관에서 10년 이상 근무한 사람 • 금융 관련 분야의 석사학위 이상의 학위소지자로서 연구기관 또는 대학에서 연구원 또는 조교수 이상의 직에 5년 이상 종사한 사람 • 변호사 또는 공인회계사의 자격을 가진 사람으로서 그 자격과 관련된 업무에 5년 이상 종사한 사람 • 기기획재정부, 금융위원회, 증권선물위원회, 감사원, 금융감독원, 한국은행, 예금보험공사, 그 밖에 금융위원회가 정하여 고시하는 금융 관련 기관에서 7년 이상 근무한 사람

넷째, 양벌규정의 탄력성의 차이점을 들 수 있다. 상법 제634조의3은 양벌규정이란 표제 하에 "회사의 대표자나 대리인, 사용인, 그 밖의 종업원이 그 회사의 업무에 관하여 제624조의2의 위반행위를 하면 그 행위자를 벌하는 외에 그 회사에도 해당 조문의 벌금형을 과(科)한다. 다만, 회사가 제542조의13에 따른 의무를 성실히 이행한 경우 등 회사가 그 위반행위를 방지하기 위하여 해당 업무에 관하여 상당한 주의와 감독을 게을리하지 아니한 경우에는 그러하지 아니하다"고 규정하고 있다. 특히 단서 규정에서 "다만, 회사가 제542조의13에 따른 의무를 성실히 이행하는 경우 등…"이라 는 문구를 삽입함으로써 준법통제기준과 준법지원인을 두고 있는 경우 위반행위 방지를 위해 상당한 주의와 감독을 기울인 것으로 보고 회사에 대한 처벌을 면할 수 있

음을 명확히 하여 회사로 하여금 준법통제기준과 준법지원인을 두게 하는 인센티브를 제시하였다.

반면에 금융사지배구조법에서는 법이 정한 위반행위를 회사의 대표자나 대리인, 사용인, 그 밖의 종업원이 하게 되면 그 행위자와 함께 회사에 대하여도 벌금형을 과하도록 하여 양자를 모두 처벌하는 규정을 두고 있다. 다만, 회사가 그 위반행위를 방지하기 위하여 해당 업무에 관하여 상당한 주의와 감독을 게을리하지 아니한 경우에는 그러하지 아니하다는 단서규정[53])을 두고 있을 뿐 금융회사로 하여금 내부통제기준과 준법감시인을 두었을 경우 어떠한 인센티브의 제공도 제시하고 있지 않다(같은 법 제42조 제3항).[54]

2. 상법상 준법지원인과 금융사지배구조법상 준법감시인과의 관계

상법의 경우 2011년에 준법지원인제도를 도입하였으나, 금융회사의 경우 이미 2000년대 초부터 준법감시인제도를 도입하여 시행하였다. 이에 상법상 새롭게 도입된 준법지원인제도가 종래 금융회사에서 도입하고 있는 준법감시인제도와 동일한 제도인지 아니면 다른 제도인지에 대해 의문이 제기되고 있다. 상법상 도입논의 과정에서 준법감시인의 명칭이 준법지원인으로 정해졌고,[55] 종래 준법감시인제도에 대한 여러 가지 합리적인 비판[56]을 수용하여 상법상 준법지원인제도가 탄생되었다. 그리하여 상법은 금융관련법상의 준법감시인과 다르게 준법지원인의 업무범위를 법규준수업무인 준법통제에 한정하여 규율하고 있다. 즉 준법감시인은 좁은 의미의 준법통제와 더불어 위험관리(리스크관리)업무도 담당함으로써 내부통제 전반에 대한 통제업무를 수행하는 것으로 규정되어 있다.[57] 또한 준법감시인의 경우에는 내부통제기준의 준수여부를 점검하고 내부통제기준을 위반하는 경우 이를 조사하여 감사(감사위원회)에게 보고하도록 되어 있다. 반면에 상법상 준법지원인은 준법통제기준의 준수 여부를 점검하여 그 결과를 이사회에 보고하도록 하고 있다(상법 제542조의13 제3항).

이와 같은 준법지원인과 준법감시인의 규정 내용을 살펴볼 때, 준법지원인과 준법감시인을 동일한 개념으로 이해하는 것은 적절하지 않다고 본다. 다만 양 제도가 모두 내부통제에 있어서의 준법통제(법규준수)를 위하여 존재하고 있고, 이미 준법감시인을 두고 있는 금융회사에게 또 다시 준법지원인을 두게 됨으로써 부담하게 되는 비용적 측면을 고려하여 상법 시행령에서는 "다른 법률에 따라 내부통제기준 및 준법감시인을 두어야 하는 상장회사는 제외한다"는 명문의 규정을 둠으로써 이러한 문제를 해결하고 있다(상법 시행령 제39조 단서).[58]

그러나 금융회사는 일반 상장회사에 비하여 엄격한 책임과 의무가 있음에도 불구하고 준법감시인으로 하여금 기업의 내부통제의 세 가지 요소인 위험관리, 재무정보통제, 준법통제를 모두 담당하게 하는 것은 너무 과도한 업무 부담을 지우는 것으로 내부통제업무의 실효성을 가져오기 어렵다는 문제가 있다. 실제로 2011년 2월 부산저축은행 사태를 볼 때 준법감시인이나 감사의 상당수가 금융감독기관 출신인데도 불구하고, 내부통제가 제대로 이루어지지 않았다. 이러한 문제점을 해소하기 위해 금융사지배구조법은 금융회사(자산규모 및 영위하는 업무 등을 고려하여 대통령령으로 정하는 투자자문업자 및 투자일임업자는 제외한다)는 자산의 운용이나 업무의 수행, 그 밖의 각종 거래에서 발생하는 위험을 점검하고 관리하는 '위험관리책임자'를 1명 이상을 두도록 하고 있다(같은 법 제28조 제1항).

---

1) 내부통제와 준법지원에 대한 개념구별이 필요하다. 내부통제란 넓게는 이사회, 대표이사, 감사 내지 감사위원회 등에 의해 이루어지는 회사경영 전반에 대한 감사, 준법지원(감시), 리스크관리, 내부회계 등을 포괄하는 통제행위를 말하고, 좁게는 법규준수 차원의 내부통제, 즉 준법감시를 말한다(이종건, "준법 감시인에 대한 단상", 법률신문 2014. 2. 24일자 기사).
2) 현행 자본시장법(법률 제16958호, 2020.2.4., 일부개정)은 제28조를 삭제(2015.7.31.)하고 신용평가회사에 대해 준법감시인의 선임을 의무화 하는 규정만을 남겨두고 있다(자본시장법 제335조의8 제3항).
3) 법률 제13453호, 시행 2016.8.1.
4) 금융회사에 도입된 준법감시인제도를 분석한 대표적 문헌으로는 서완석, "내부통제와 준법감시인 제도", 기업법연구 제23권 제4호, 2009, 289면 이하; 손영화, "내부통제의 개시에 관한 고찰 −미국에서의 전개의 검토와 우리나라의 제도개정을 위하여−", 한양법학 제21권 제4집, 2010, 357면 이하; 윤상민, "준법감시제도를 통한 기업범죄예방", 법학연구 제53집, 한국법학회, 2014, 217면 이하; 이진국, "기업범죄의 예방수단으로서 준법감시제도(Compliance)의 형법적 함의", 형사정책연구 제21권 제1호, 2010, 65면 이하; 최수정, "금융기관의 내부통제제도 강화를 위한 법적 개선방안 −은행을 중심으로−", 상사법연구 제29권 제4호, 2011, 45면 이하 참조.
5) 이천현·송효종, 기업의 경제활동에 관한 형사법제 연구(2) −기업범죄에 대한 제재체계의

현황과 개선방향, 한국형사정책연구원, 2010, 47면.

6) 공식적인 통계에 따르면 1990년부터 2000년까지 11년간 1,544개 기업에 대한 감리가 실시되었으며, 감리대상 기업 중 35%인 540개 기업이 분식회계를 한 것으로 나타났다. 상장법인의 경우에도 전체 감리대상 724개 기업 중 23%에 해당하는 165개 기업이 분식회계를 한 것으로 나타났다고 한다(전삼현, "국내 분식회계 관련사례 및 시사점", 증권집단소송 ISSUE 시리즈 04, 2005.4, 1면).

7) 2002년 7월에 성립된 「An Act to protect investors by improving the accuracy and reliability of corporate disclosures made pursuant to the securities laws, and for other purposes」를 상하 양원의 제안자 이름을 따서 Sarbanes－Oxley Act of 2002(SOX법)라고 부르고 있다(「기업개혁법」이라고도 한다). SOX법에 대해서는 그 성립배경과 관련 논의, 회사지배구조와 관련된 사항 및 우리나라에의 영향 등에 대하여는 손영화, "미국 기업개혁법 (The Sarbanes－OxLey Act)의 회사지배구조에 관한 영향", 한양법학 제24집, 2008.10, 150－169면 참조.

8) 서완석, 앞의 논문, 311－312면; 손영화, 앞의 논문, 2010, 359면.

9) 전삼현, 앞의 논문, 3－5면.

10) 이 협약은 국제상거래에 있어 뇌물공여행위가 공정한 경쟁을 제한함으로써 국제무역 및 투자의 증진을 저해한다는 인식에서 출발하였는데, 뇌물수뢰행위(passive bribery)가 아닌 공여행위(active bribery)를 형사처벌하는 것을 목적으로 하여 규제대상 뇌물공여 행위는 '외국 공무원(foreign public officials)'에 한정되며 민간간의 뇌물공여행위(commercial bribery)는 제외된다. 이에 대해 상세히는 국가청렴위원회, OECD 뇌물방지협약가이드북, 2006 참조.

11) 이성웅, "준법감시제도의 회사법제화를 위한 시론", 경상대학교 법학연구 제14집 제2호, 2006.12, 205－206면; 원동욱, "내부통제업무 관련 준법감시인의 지위", 기업법연구 제22권 제1호, 2008.3, 254－255면; 최정식, "준법통제와 준법지원인에 대한 고찰", 숭실대학교 법학논총 제27집, 2012.1, 9면.

12) 금융사지배구조법 제2조 제1호에 따르면 "금융회사"란 다음 각 목의 어느 하나에 해당하는 회사를 말한다.
가. 「은행법」에 따른 인가를 받아 설립된 은행
나. 「자본시장과 금융투자업에 관한 법률」에 따른 금융투자업자 및 종합금융회사
다. 「보험업법」에 따른 보험회사
라. 「상호저축은행법」에 따른 상호저축은행
마. 「여신전문금융업법」에 따른 여신전문금융회사
바. 「금융지주회사법」에 따른 금융지주회사
사. 그 밖의 법률에 따라 금융업무를 하는 회사로서 대통령령으로 정하는 회사

13) 금융사지배구조법 시행령 제20조 제2항 법 제25조 제2항 단서에서 "대통령령으로 정하는 금융회사"란 다음 각 호의 어느 하나에 해당하는 자를 말한다. 다만, 해당 금융회사가 주권상장법인으로서 최근 사업연도 말 현재 자산총액이 2조원 이상인 자는 제외한다.
1. 최근 사업연도 말 현재 자산총액이 7천억원 미만인 상호저축은행
2. 최근 사업연도 말 현재 자산총액이 5조원 미만인 금융투자업자. 다만, 최근 사업연도 말

현재 운용하는 집합투자재산, 투자일임재산 및 신탁재산의 전체 합계액이 20조원 이상인
금융투자업자는 제외한다.

3. 최근 사업연도 말 현재 자산총액이 5조원 미만인 보험회사
4. 최근 사업연도 말 현재 자산총액이 5조원 미만인 여신전문금융·회사
5. 그 밖에 자산규모, 영위하는 금융업무 등을 고려하여 금융위원회가 정하여 고시하는 자

14) 서완석, 앞의 논문, 316－317면; 조창훈·이근택·민병조·김종천, 영업점 컴플라이언스 오피스(공통편), 한국금융연수원출판부, 2016, 36면; 최정식, 앞의 논문, 273－274면.

15) 김병연, "증권거래법상 준법감시인의 법적 책임에 관한 연구", 기업법연구 제20권 제4호, 2006, 279면.

16) 김병연, 앞의 논문, 279면.

17) 원동욱, 앞의 논문, 262면.

18) 서완석, 앞의 논문, 313－315면; 조창훈·이근택·민병조·김종천, 앞의 책, 37면; 최정식, 앞의 논문, 272면; 한국법정책학회, 준법지원인제도와 준법경영의 활성화 방안, 2014.10, 125－127면.

19) 서완석, 앞의 논문, 317－319면; 한국법정책학회, 앞의 연구보고서, 127－128면.

20) 금융투자협회, 금융투자회사 표준내부통제기준, 2016.11, 4면. 그리고 2015년 9월에 제정된 「은행 내부통제 및 준법감시인 제도 모범규준」 제16조 제2항에서도 "은행은 준법감시인이 효과적으로 업무를 수행할 수 있도록 적정수준의 준법감시 전담인력을 확보하여야 하며, 준법감시부서 소속으로 내부통제 점검업무를 담당하는 인력현황을 은행 및 은행연합회 홈페이지 등을 통해 공시하여야 한다"고 규정하여 준법감시부서를 둘 것을 명확히 하고 있다.

21) 회사 내 준법감시부서의 인원이 어느 정도가 적정한지에 대하여 일률적인 기준이나 참고할 만한 숫자는 없다. 이와 관련하여 미국에서도 준법감시인의 수에 대하여 일률적으로 규정하고 있는 사례는 없다고 한다. 법규를 위반한 회사가 정부와 합의각서(Consent Decree)를 체결한 사례를 기준으로 살펴보면 대다수의 경우 정부는 1명의 준법감시인을 요구하고 있으나, 회사가 지역적으로 분산되어 있는 경우에는 1명 이상의 준법감시인을 두도록 하고 있는 사례도 있다고 한다. 즉 준법감시인의 인원은 회사의 규모, 영업의 성격, 회사의 역사 및 정부의 규제 등에 따라 다르다. 일반적으로 회사의 규모가 클수록 준법감시인의 수도 많아야 하는 것으로 받아들여지고 있으며, 영업의 성격상 가장 법규 위반의 가능성이 가장 큰 분야에 더 많은 준법감시인이 필요할 것이다. 당연한 결과로 정부의 규제가 많을수록 준법감시인이 더 많이 필요하다고 한다(성대규, "미국의 준법감시인제도 및 시사점", 월간 손해보험, 2000.9, 8면 참조).

22) 한국법정책학회, 앞의 연구보고서, 128－130면.

23) 금융투자협회, 금융투자회사의 컴플라이언스 매뉴얼 공통·증권·선물편, 2015.12.31.
＜http://law.kofia.or.kr/service/law/lawView.do?seq＝284&historySeq＝0&gubun＝cur&tree＝part: 최종검색 2020.2.28.＞

24) 마틴 비겔만·노동래 옮김, 윤리 준법 경영의 성공 전략 컴플라이언스, 연암사, 2013, 93－94면.

25) 금융투자협회, 금융투자회사 표준내부통제기준, 2016.11.24.
＜http://law.kofia.or.kr/service/law/lawView.do?seq＝150&historySeq＝1141&gubun

= cur&tree = part: 최종검색 2020.2.28. >

26) 메릴린치증권 서울지점 내부통제기준, 2007.3.
    < http://sharedmedia.ml.com/media/80648.pdf: 최종검색 2020.2.28.)

27) 금융감독원, 은행 내부통제 및 준법감시인 제도 모범규준, 2015.9.

28) 한국상장회사협의회, 상장회사 감사위원회의 표준 직무규정; 금융투자회사 등의 사외이사
    및 감사위원회 운영모범규준(2012.10.26), 제3-20조.

29) 감사위원회 업무 중 하나는 효과적으로 준법감시업무가 수행되었는지에 대하여 독립적으로
    검토하는 것이며, 이러한 준법감시업무에 대한 감사를 하는 경우에는 ① 준법감시보고서에
    포함된 점검항목의 적정성과 점검결과의 정확성, ② 발견된 취약점에 대한 조치의 적정성,
    ③ 준법감시 관련 연수프로그램의 유효성 및 타당성, ④ 준법감시업무 지원인력 등 자원의
    충분성 등에 따라 중점 점검하여야 함(금융투자협회, 금융투자회사 등의 사외이사 및 감사
    위원회 운영 모범규준(2012.10.26) 제3-20조).

30) 미국의 경우 준법감시인의 업무범위는 법규준수업무로 제한되고 있음(이정숙, "미국 증권회
    사 컴플라이언스 프로그램의 이론적 배경과 특징", 증권법연구 제5권 제1호, 2004, 231면).

31) 이와 관련하여 금융감독원은 "감사위원회는 이사의 직무수행을 감사하며, 준법감시인은 임
    직원의 내부통제기준 준수 여부를 점검하는 것으로 그 역할이 다르며, 업무 중복이 아니다"
    라고 하고 있으며, "준법감시조직의 내부통제업무 강화를 위한다는 명분으로 검사부서 인력
    을 준법감시부서로 단순 이동 배치하는 것은 바람직하지 않으므로 준법감시업무 활성화를
    위한 실질적인 인력 확충 노력이 중요하다"고 하고 있다(금융감독원, 은행 준법감시인 제도
    운영 모범규준(Best Practice), 3-4면, 16면 참조).

32) 최정식, 앞의 논문, 274면; 한국법정책학회, 앞의 연구보고서, 128-130면.

33) 원동욱, 앞의 논문, 263면; 조창훈·이근택·민병조·김종천, 앞의 책, 48-49면.

34) 조창훈·이근택·민병조·김종천, 앞의 책, 39면; 한국법정책학회, 앞의 연구보고서, 132면.

35) SOX법 제404조에 근거하여 경영자는 증권거래소법 제13조 또는 제15조에 따라서 제출되는
    연차보고서에 ① 적절한 내부통제 체제 및 재무보고의 절차를 확립·유지할 경영자의 책임
    을 명기하는 것, ② 재무보고에 관한 발행회사의 내부통제체제 및 절차의 유효성에 대하여
    발행회사의 직전 회계연도가 종료한 시점에 있어서의 평가를 기재하지 않으면 안 된다. 이
    에 더하여 SOX법 제404조에 의하여 당해 기업을 감사하는 등록공인회계사무소(registered
    public accounting firm: 감사법인)는 작성하는 증명보고서에 경영자에 의한 내부통제의 평
    가를 증명하고, 보고하여야 한다(손영화, 앞의 논문, 2010, 383면).

36) 내부통제기준위원회, 내부회계관리제도 모범규준(최종보고서), 2005, 35면 참조.

37) 내부통제기준위원회, 앞의 보고서, 5면.

38) 최준선·백원선·송인만, 내부통제제도 및 내부회계관리제도의 법적 정비방안, 2011.2, 149면.

39) 원동욱, 앞의 논문, 251면; 한국법정책학회, 앞의 연구보고서, 134-135면.

40) 이와 같이 우리나라는 일본과 마찬가지로 내부회계관리제도의 감사에 대하여 간접보고방식
    을 채택하고 있다. 직접보고방식과 간접보고방식에 대한 설명으로 이효경, "일본의 감사제도
    에 대한 최근 동향", 기업법연구 제22권 제1호, 2008, 75면 참조.

41) 손영화, 앞의 논문, 2010, 363-364면; 최정식, 앞의 논문, 268-269면; 한국법정책학회, 앞

의 연구보고서, 135 – 137면.

42) 내부회계관리제도운영위원회는 한국상장회사협의회, 금융감독원, 코스닥상장법인협의회, 중소기업협동조합중앙회, 한국공인회계사회 등이 공동으로 참여하고 있다.

43) 내부회계관리제도운영위원회는 2005년 6월 내부회계관리제도모범규준을 발표하였으며, 이후 모범규준의 기본원칙에 대한 기업규모별 해설과 적용사례를 제시하기 위하여 상장대기업에 적용되는 모범규준 적용해설서와 상장중소기업 및 비상장대기업에 적용되는 모범규준 중소기업 적용해설서를 각각 2005년 12월, 2007년 6월 제정하여 발표하였다. 2012년 12월 모범규준 등이 최근 내부회계관리제도를 둘러싼 내적·외적 환경변화 내용을 충분히 반영하지 못하고 있음을 고려하여 내부회계관리제도의 운영 및 평가 등에서 나타난 모범규준 등의 문제점을 개선하고, 내부통제와 관련된 해외 집행사례를 모범규준 등에 반영하여 내부회계관리제도가 보다 안정적이고 효율적으로 정착할 수 있게 하는 동시에 기업의 입장에서 모범규준 등의 준수 관련 부담을 경감시킬 수 있도록 모범규준 등을 개정하였다.

44) 내부회계관리제도운영위원회, 내부회계관리제도 모범규준집, 2013.2, 21면.

45) 한국법정책학회, 앞의 연구보고서, 138 – 140면.

46) 이는 경영자에게 재무보고에 관한 내부통제의 유효성에 대한 평가를 요구하는 것이 신뢰의 확보라는 책임에 대해서 자각하게 되고, 실제로 유효한 내부통제를 정비 운용하도록 촉구하는 것을 목적으로 하고 있다는 점이 감안되었다고 볼 수 있다(김강수, 회사 내부통제제도 발전을 위한 법적 개선방안, 중앙대학교 박사학위논문, 2012, 201면).

47) 최준선·백원선·송인만, 앞의 연구보고서, 229면; 한국법정책학회, 앞의 연구보고서, 140 – 141면.

48) 김강수, 앞의 학위논문, 202면.

49) 한국법정책학회, 앞의 연구보고서, 141 – 142면.

50) 한국법정책학회, 앞의 연구보고서, 142면.

51) 외부감사법 제28조(부정행위 신고자의 보호 등) ① 증권선물위원회는 회사의 회계정보와 관련하여 다음 각 호의 어느 하나에 해당하는 사실을 알게 된 자가 그 사실을 대통령령으로 정하는 바에 따라 증권선물위원회에 신고하거나 해당 회사의 감사인 또는 감사에게 고지한 경우에는 그 신고자 또는 고지자(이하 "신고자등"이라 한다)에 대해서는 제29조에 따른 조치를 대통령령으로 정하는 바에 따라 감면(減免)할 수 있다.
   1. 제8조에 따른 내부회계관리제도에 의하지 아니하고 회계정보를 작성하거나 내부회계관리제도에 따라 작성된 회계정보를 위조·변조·훼손 또는 파기한 사실
   2. 회사가 제5조에 따른 회계처리기준을 위반하여 재무제표를 작성한 사실
   3. 회사, 감사인 또는 그 감사인에 소속된 공인회계사가 제6조제6항을 위반한 사실
   4. 감사인이 제16조에 따른 회계감사기준에 따라 감사를 실시하지 아니하거나 거짓으로 감사보고서를 작성한 사실
   5. 그 밖에 제1호부터 제4호까지의 규정에 준하는 경우로서 회계정보를 거짓으로 작성하거나 사실을 감추는 경우

52) 정대, "미국의 주식회사의 내부통제제도와 이사의 임무에 관한 연구", 비교사법 제12권 제4호, 2005, 414면; 한국법정책학회, 앞의 연구보고서, 142 – 143면.

53) 이러한 단서규정은 궁극적으로 입증의 문제로 해결할 수밖에 없다. 입증책임과 관련하여서

는 영업주가 관리·감독상의 주의의무를 위반하였다는 점에 대하여 검사가 이를 입증하는 것으로 보고 있다(한국증권법학회, 자본시장법[주석서 Ⅱ], 박영사, 2009, 982면). 그러나 헌법재판소 2007. 11. 29. 선고 2005헌가10 전원합의부 판결 이후 명시적이진 않지만 기업에게 사실상 과실에 대한 입증책임이 전환된 것이라고 보는 견해도 있다(조명화·박광민, "양벌규정과 형사책임 – 개정된 양벌규정의 문제점을 중심으로 –", 숭실대학교 법학논총 제23집, 2010, 291면). 그러나 추정에 관한 명문의 규정이 없음에도 해석을 통해 과실의 추정을 인정하는 것은 형사소송의 대원칙에 반한다는 점, 종래 대법원이 면책규정이 있는 양벌규정에 대해 과실의 추정을 인정한 것과 달리 과실의 추정이란 표현을 사용하고 있지 않은 점에 비추어 보면 대법원은 면책규정이 추가된 개정 양벌규정의 법적 성격을 진정과실책임으로 파악하면서 개인은 물론이고 법인 사업주에 대한 과실 여부도 검사가 입증해야 하는 것으로 보고 있다고 이해함이 타당하다(김재윤, 앞의 책, 117면).

54) 박선종, "개정상법상 준법통제와 준법지원인", 저스티스 통권 제124호(2011.6), 242 – 243면.

55) 준법감시인이 아니고 준법지원인으로 도입하게 된 것에 대하여는 동제도의 입안단계에서 준법감시인으로 할 생각이었지만 「감시인」의 어감이 좋지 않다는 이유로 「준법지원인」으로 용어가 순화되었다고 한다(최준선, "내부통제에 관한 바람직한 개선방향 – 준법지원인에 관한 논의를 포함하여", 상장회사 감사회회보 제137호, 2011, 3면).

56) 예컨대 내부통제는 회사의 모든 위험을 관리하는 넓은 개념이고, 준법감시는 그 중에서 법적 위험만을 담당하는 것이 원칙인데 내부통제업무의 담당자를 준법감시인으로 하여 준법감시인의 업무범위가 모호하고 혼선이 빚어지고 있다는 비판 등이 그것이다(성희활, "상장법인에 대한 내부통제와 준법지원인 제도의 도입타당성 고찰", 인하대학교 법학연구 제12집 제2호, 2009.8, 195면).

57) 김병연, 앞의 논문, 279면.

58) 김재호, "준법지원인제도에 관한 실무적 이해", 월간상장 제12월호, 2011, 97면; 손영화, "내부통제와 준법지원인제도", 선진상사법률연구 제60호, 2012.10, 159 – 160면; 윤상민, 앞의 논문, 232 – 233면; 최정식, 앞의 논문, 283면.

외국의 준법지원인제도

[§ 4] 미국의 준법지원인제도

"미국 법무부는 조사를 멈추지 않을 것이고, 사베인-옥슬리 법은 조직의
행동을 규율하는 많은 법률들 중 하나에 불과하며, 법률의 집행은
미래에도 사라지지 않을 것이다."
- Roy Snell(기업 컴플라이언스 및 윤리 협회 최고책임자) -

Ⅰ. 머리말

오늘날 현대적 기업경영에서 컴플라이언스의 필요성과 중요성은 아무리 강조해도 지나치지 않다. 대기업이든 중소기업이든 기업은 경영활동을 함에 있어 예전보다 증가된 법적 요구사항과 그 위반에 따른 형사처벌의 잠재적 가능성의 증가로 인해 효과적인 컴플라이언스 및 윤리 프로그램의 구축이 중요하게 다루어지고 있기 때문이다. 실제로 기업에서 우려하는 형사처벌의 잠재적 가능성은 준수해야 하는 법률 규정의 불이행뿐만 아니라 법인의 기관과 종업원에 의한 위반행위로 인해 법인 그 자체에게까지 크고 작은 손해, 극단적인 경우에는 법인의 파산까지 야기하는 결과를 초래하곤

한다.

이러한 사실을 고려할 때 오늘날 기업경영에 있어 컴플라이언스의 의미가 역동적으로 발전하고 있고, 여러 사람들, 특히 기업경영인들에게 하나의 유행어처럼 회자되는 주제가 되고 있음은 명백하다. 그렇다고 하여 컴플라이언스가 유행어처럼 일시적으로 유행했다 사라지는 기업경영상의 전문용어로만 분류할 수 없다.

그런데 현재 우리가 익숙하게 접하고 있는 기업경영에 있어 컴플라이언스라는 개념은 어느 날 갑자기 생성된 것이 아니라 100년 이상에 걸친 진화와 발전의 산물이다. 이러한 컴플라이언스라는 개념의 태동과 그 제도적 발전은 미국을 중심으로 이루어지고 있다. 미국에서 처음 시작된 컴플라이언스 제도가 세계로 확산되고 있는 시점에서 실질적이고 효과적인 컴플라이언스 제도의 정착과 개선을 위해서는 무엇보다 선진제도에 대한 현황을 파악하고, 문제점을 인식하는 것이 선행되어야 한다. 이러한 점에서 컴플라이언스가 미국에서 어떻게 태동되었고 어떠한 과정을 거치면서 제도적으로 발전하였는지 고찰하는 것은 컴플라이언스의 이해에 필수적인 작업이라고 본다.

따라서 본 절에서는 미국의 준법지원인제도와 관련하여 미국에서 컴플라이언스가 언제 태동하여 어떠한 발전과정을 거쳤는지, 21세기 미국에서 현대적 컴플라이언스의 기본 틀이 어떻게 구축되었는지, 컴플라이언스 구축의무와 범위와 관련하여 미국 판례의 법리가 어떻게 발전해 오고 있는지를 살펴보고자 한다.

II. 미국에서 컴플라이언스의 태동과 발전

1. 1960년대 이전 미국에서 컴플라이언스의 태동

컴플라이언스라는 개념은 미국에서 19세기부터 기업의 부정부패 스캔들을 규제하기 위한 데서 태동되었다. 미국에서 기업경영의 역사는 부정부패 스캔들의 역사와 밀접하게 관계를 맺고 있다. 기업의 추악한 부정부패 스캔들은 기업이 존재해 온 것만큼이나 오랫동안 존재해 왔다. 이 역사는 기업이 비즈니스 관련 법률을 위반하여 부정부패 행위를 하는 데에 고삐를 틀어쥐려 하는 규제 당국과 보다 큰 유연성과 경영혁신을 달성하기 각종 규제정책에 저항하려는 기업체 사이의 세력 다툼이라고 할 수 있다. 무엇보다 기업의 부정부패 스캔들이 대량으로 발생하기 시작할 때 규제 당국이 적극적으로 개입한다.

그 첫 번째 예가 1887년의 「주 상호간의 상업법」(Interstate Commerce Act)과 1890년의 「셔먼 반독점법」(Scherman Antitrust Act)이다. 이 두 법규의 탄생에는 1860년대 필라델피아 은행가 '제이 쿠키(Jay Cooke)'가 있다. 그는 1860년대 남북전쟁 당시 북부군의 자금조달을 위한 정부채권을 판매함으로써 명성과 재산을 축적하였는데, 남북전쟁 후 정부채권 판매와 유사한 기법을 활용함과 동시에 막대한 광고를 사용하여 북태평양 철도건설 자금조달을 위한 채권을 판매하였다. 그러나 그 당시 다수의 사람이 인플레이션의 우려와 철도 건설이 수요를 훨씬 초과한다는 경고신호를 보냈음에도 그는 이를 무시하였다. 결국 그가 운영하던 은행과 철도가 파산하였고, 그 직접적인 결과로 1873년의 경제공황을 야기하였다. 1873년 철도파산 직후 자기거래 및 뇌물이라는 부패가 세상에 알려지자, 연방의회와 일부 주에서는 회사를 더욱 엄격히 감시하고 기업의 정치에 대한 영향력을 제한하는 법률을 제정하였다. 그리고 경제공황에 대한 경험을 토대로 1887년의 「주 상호간의 상업법」에 철도에 대한 중대한 규제가 도입되었고, 1890년의 「셔먼 반독점법」에 의해 독점에 대한 연방규제가 도입되었다. 나아가 연방의회는 이 시기에 소비자와 기업체 소유자를 겨냥한 사기가 만연해지자, 이로부터 미국인들을 보호하기 위해 1872년 최초의 연방법으로 또 다른 사기방지법인 「우편사기법」(Mail Fraud Statute)을 제정하였다. 현재에도 기업사기를 포함한 많은 사기행위가 우편사기법을 통해 기소되고 있다.[1]

이러한 기업 스캔들을 억제하기 위한 19세기의 규제정책은 1932년 사무엘 인술(Samuel Insull)의 전기제국 붕괴 스캔들로 인해 계속 유지되었고, 1929년의 주식시장 붕괴와 이에 따른 대공황의 결과 1933년과 1934년에 최초의 유가증권 법률이 제정되었다. 이들 법률에 의해 '증권거래위원회(Securities and Exchange Commission: SEC)'가 창설되고, 광범위한 신규 공시요건 및 사기방지 규정들이 도입되었다. SEC의 사명은 금융 및 자본시장에 있어 공정성과 투자자 보호를 확보하는 것이었다.

이러한 미국 기업의 부정부패 스캔들과 이를 규제하기 위한 입법 내용들을 살펴보면, "어떤 충격적 기업의 부정부패 스캔들의 발생, 해당 기업의 영향력 감소, 의회에서 일반 국민들이 요구하는 기업 개혁 조치들의 입법화를 통한 재빠른 대응, 그리고 이러한 개혁 조치들이 그 이후 수십 년 동안의 미 연방 규제의 하부구조 제공"이라는 일련의 순서에 따른 패턴이 자리 잡았고, 이러한 패턴으로 현재 컴플라이언스라고 생각되는 것들이 서서히 조성되었다고 한다.[2]

2. 1960년대 초 현대적 의미의 컴플라이언스의 시작

컴플라이언스는 1960년대에 미국에서 금융 및 자본시장에서 인정된 것에서 그 기원을 두고 있다. 당시 미국 기업에서 법규준수를 의미하는 컴플라이언스는 의무사항은 아니었지만 법규준수와 범죄예방을 위한 조치를 위해 현대적 의미의 컴플라이언스 프로그램이 실시되기 시작하였다. 보다 구체적으로 1960년대 초 미국의 제너럴 일렉트릭, 웨스팅 하우스 등 전기장비 제조업체들이 연루된 입찰가격 조작, 가격고정 공모 등이 만연하여 많은 개인 및 기업들이 셔먼독점금지법위반으로 광범위하게 기소되었다. 이 사건의 심각성과 70년이나 되는 셔먼 독점금지법 역사상 최초로 징역형 선고에 대한 대중의 관심으로 다수의 기업이 이른바 '기업 준법감시 규범(Corporate Compliance Codes)'을 도입하였다. 이는 기업 내부지침의 성격을 띤 것으로 종업원으로 하여금 특히 반독점 이슈들에 관한 법규를 엄격하게 지키게 함으로써 예방적 차원에서 형사책임을 배제하게 하고, 기소될 경우 적어도 형벌감경 사유로 작용하게 하였다. 이러한 전기장비 제조업체들의 스캔들은 공공입찰과 관련하여 가격담합, 독점금지위반 및 사기적 행위가 금지됨을 명확히 하였고, 그 이후에도 이와 유사한 기업 스캔들이 빈번히 발생하자 이러한 반독점 이슈들에 관한 컴플라이언스 노력들이 다른 산업에도 확산되기 시작하였다.[3]

한 가지 주목할 점은 미국에서 컴플라이언스가 기업에서 자리 잡기 시작한 초기에 규제 당국의 강제에 따른 의무사항은 아니었다는 것이다. 즉 1960년대 미국 기업은 그들의 경제활동에 있어 커다란 형사처벌의 잠재가능성을 그 어느 시기보다 크게 인식하게 되었고, 이를 회피하기 위하여 자율규제의 도구들을 스스로 만들어 사용하였다. 그렇게 함으로써 기업은 스스로 만든 규범과 규정을 통해 책임위험에서 벗어나고자 하였으며, 타 경쟁 기업과 적극적으로 차이를 두고자 하였다. 이처럼 컴플라이언스의 초창기 사고에는 강제성이 아닌 '자발성(Freiwilligkeit)'이 근저에 놓여 있었다.[4]

3. 1977년 해외부패방지법(FCPA)

(1) 해외부패방지법의 제정 배경 및 개정

미국 증권거래위원회(Security and Exchange Commission: SEC)는 1970년대 초반 워터게이트 사건을 수사하는 과정에서 미국 공기업들이 불법적으로 선거자금을 조성하였다는 사실을 발견하였고, 이와 함께 록히드(Lockheed) 사건을 통해 400개 이상의 미국 기업들이 외국공무원과 정치인들에게 불법적인 뇌물을 총 3억 달러 이상 지급해왔다는 사실을 발견하게 되었다.[5] 이러한 사실들이 발견됨에 따라 미국 연방의회는 1977년 「해외부패방지법」(Foreign Corrupt Practice Act: FCPA)을 제정하였다. 해외부패방지법은 컴플라이언스 제도의 직접적 계기가 된 것으로, 미국 기업과 그들을 위해 행동하는 개인 및 조직이 외국의 정부 관리들에게, 비즈니스 획득이나 유지를 지원하거나 해당 업체와 거래하도록 지시하는 대가로 뇌물을 제공하는 것을 범죄로 규정한다.[6]

1977년 제정 이후 FCPA는 두 차례의 개정을 거치면서 법률을 정비하였다. 1988년 1차 개정에서는 기존 FCPA 조항에 '긍정적인 방어'에 관한 조항이 추가되었다. 즉 현금 등의 제공행위가 해당 국가의 성문법에 의해 적법한 경우 또는 이것이 원활한 사업을 위한 합리적인 실비일 경우 면책을 받을 수 있다는 내용이다. 또한 이 개정에서 미국 의회는 OECD 회원국들에게 미국의 FCPA와 유사한 반부패 관련법을 시행할 것을 촉구하였다. 이후 1998년에 2차 개정이 이루어졌다. 2차 개정에서는 1997년 체결된 OECD 부패방지협약의 이행과 관련된 사항들이 추가되었으며, FCPA의 규제대상 및 적용관할권을 확대함으로써 FCPA의 집행력을 강화시켰다. 구체적으로 미국 국민이나 미국 기업이 해외에서 뇌물을 지급하는 경우 주 상호간 통상 (또는 국가 상호간 통상, interstate commerce) 수단을 사용하였는가의 여부와 상관없이 처벌대상으로 간주하게 되었으며, 외국인이나 외국 기업의 FCPA 적용요건과 외국공무원의 범위를 기존보다 확대하여 전반적인 집행범위를 강화하였다.

두 차례의 개정뿐만 아니라 미국 법무부는 2012년 『A Resource Guide to the U.S. Foreign Corrupt Practices Act, November 14, 2012』[7]를 발간하여 FCPA 법조항에 대한 해석을 보다 명료하고 이해하기 쉽게 하였다. 특히 각 조항마다 해석의 모호성이 존재하는 부분에 대해 실례나 가상 시나리오를 추가하여 이해의 범위를 넓히는 노력을 기울이고 있다.

미국 FCPA 안내서

미국 FCPA 안내서에는 FCPA의 해석 및 적용에 관한 상세한 설명을 담고 있는데, 그 중에서도 효과적인 반부패 컴플라이언스 확립의 중요성에 대해 매우 강조하고 있다. 즉 회사의 임직원 등이 부패행위를 하였더라도 해당 회사가 반부패 컴플라이언스 프로그램을 실질적으로 가동하고 있었다면 해당 회사는 처벌을 감면받을 수 있다고 한다.

안내서에 따르면, 회사가 반부패 컴플라이언스 프로그램을 실질적으로 가동하고 있는지 여부는 미국 사법당국의 기소 여부 및 처벌 수위 결정에 있어서 가장 중요한 판단 요소라고 강조하고 있다. 즉 회사 임직원이 뇌물제공 등 부패행위를 한 것으로 인정된다고 하더라도, 회사가 평소 강력한 반부패 컴플라이언스 프로그램을 구축하고 시행하였다면, 회사 자체는 불기소처분을 받거나 처벌 수준이 상당히 감경될 수 있다.

안내서 56쪽 이하에서는 반부패 컴플라이언스 프로그램이 실질적이고 효과적으로 운용되고 있다고 인정받기 위해서는 아래와 같은 요건을 충족하는지 살펴볼 것을 요구하고 있다.

1. 회사 간부 등 최고위층에서부터 부패에 대해 절대 용납하지 않겠다는 명확한 의지의 표명이 있고, 이것이 정책으로 확립되어 있는지
2. 명확하고 자세한 윤리규정 등을 마련하여 전 사원에게 전파하고 습득시키고 있는지
3. 조직 내에 컴플라이언스 수립 및 이행을 책임질 수 있는 담당자(준법지원인)를 선임하는 등 회사의 크기, 구조, 회사가 직면한 위험 등 제반사정을 고려하여 회사의 인적·물적 자원을 컴플라이언스 수립 및 이행에 투입하고 있는지
4. 회사가 직면하는 위험을 효과적이고 상시적으로 평가하고, 이에 맞춰 컴플라이언스 프로그램을 개선하고 있는지
5. 전사적이고 상시적인 교육 등을 통해 회사의 반부패 컴플라이언스 정책이 철저히 집행되고 확립될 수 있도록 소통하고 있는지
6. 회사 구성원들에게 컴플라이언스 개발과 향상 혹은 부패행위 적발 등에 대한 확실한 유인책을 구비함과 동시에 부패행위자에 대한 적절하고 명확한 징계절차를 구비하고 있는지
7. 에이전트나 유통업자 등 제3자에 대한 실사를 강화하여 제3자를 통한 간접적인 부패행위를 차단하고 있는지

8. 의심되는 부패행위 적발시 보복이나 비밀유지에 대한 걱정없이 내부적인 고발이나 보고가 가능하도록 절차와 제도를 구비하고 있는지

9. 내부고발 등이 있을 경우 이를 은폐하지 않고 철저하고 효과적인 내부조사(Internal Investigation)를 통해 진상을 규명하고 책임을 물을 수 있는 시스템을 갖추고 있는지

10. 반부패 컴플라이언스 프로그램을 지속적으로 개선, 발전시켜 나가고 있는지 여부 등

여기서 한 가지 유의할 점은 위와 같은 반부패 컴플라이언스는 효과적으로 운용되고 있어야 실질적인 형의 감경사유로 고려될 수 있는 것이지, 단순히 남에게 보여주기 위한 '서류상의 컴플라이언스(paper compliance)'로는 결코 충분하지 않다는 점이다. 즉 단순히 서류상으로 윤리규정을 작성해 놓거나, 단발적이고 이벤트 성격의 교육을 실시하는 것으로는 효과적인 컴플라이언스로 인정받을 수 없다.[8]

(2) 해외부패방지법의 주요 내용

FCPA는 크게 반부패규정(anti-bribery provision)과 회계규정(accounting provision)으로 구성된다. 반부패규정은 ① 미국 증권시장에 증권이 상장되어 있거나, SEC에 공시를 하도록 되어 있는 기업(issuer)(ADR을 미국 증권시장에 상장하고 있는 경우 등의 외국기업 포함), ② 미국을 주요한 사업 소재지로 하거나 미국법에 따라 설립된 기업(domestic concern)(미국 국적자 및 거주자를 포함), 그리고 ③ 그 밖의 사람(person)이 부당한 방법으로 외국공무원에 대한 영향력을 행사하여 사업을 취득하거나 기타 부당한 이익을 취득하기 위한 목적으로(with an intent to obtain or retain business) 금전 등(money or anything of value)을 외국공무원에게 공여하는 것을 금지함을 주요 내용으로 한다. 무엇보다 기업은 뇌물제공 사실을 알았을 경우(knowledge) 뿐만 아니라 묵인한 경우(willful blindness, conscious disregard)에도 책임을 진다. 특히 1998년 개정을 거치면서 FCPA에 관해 국내정부 및 기업이 유의해야 할 부분이 속지적 관할권(territorial jurisdiction)에 관한 사항이다. FCPA는 미국국적의 개인이나 기업이 아닌 외국인이나 외국기업이라 하더라도 이들이 뇌물제공행위를 하는 과정에서 미국의 이메일, 문자메시지, 전화, 팩스, 계좌이체 등의 수단을 조금이라도 사용했을 경우 규제대상으로 삼는다. 이밖에도 뇌물의 제공이 제3자를 통해 간접적으로 이루어졌다 하더라도 뇌물제공 사실을 인지하고 있는 한 규제대상이 될 수 있다.

회계규정의 주요 내용은 크게 두 가지로 '장부 및 기록(books and records)'을 정확하게 해야 한다는 것과 '내부회계 관리체계(internal control)'를 보유해야 한다는 것이다. 회계규정의 적용대상은 반부패규정과 달리 기본적으로 발행자에게만 적용된다. 그러나 외국기업이라 하더라도 발행자에 해당되면 회계규정이 적용되며, 발행자가 50% 이상의 지분을 갖고 있는 자회사에 대해서도 이 규정이 적용될 수 있기 때문에 주의해야 한다. 즉 주 상호간 통상(interstate commerce) 요건과 상관없이 발행자이면 무조건 회계규정에서 부과하는 의무를 이행해야 하고, 이를 위반할 경우 FCPA에 준하여 책임을 물을 수 있다. 그리고 이러한 회계규정의 의무위반은 반부패규정 위반행위와 직접 연관될 필요가 없어 기업들은 적절한 회계장부의 불비 또는 내부통제기준의 미비만으로도 FCPA 위반에 따른 제재를 받을 수 있다. 이 때문에 FCPA 집행기관은 대상기업의 반부패규정 위반혐의를 찾지 못하거나 대상기업과 합의를 하는 과정에서 회계규정을 자주 이용하고 있다.9)

[그림 4-1] FCPA의 주요 내용

반부패기준	회계규정
• 부당한 방법으로 외국공무원에 대한 영향력을 행사하여 사업을 취득하거나 기타 부당한 이익을 취득하기 위한 목적으로 경제적 가치가 있는 것을 외국공무원에 대하여 공여하는 것은 금지됨	• 미국 회사들은 정확하게 장부를 관리할 의무가 있음 • 내부회계관기체계의 보유 [장부외 계정, 부정확한 기록, 허위비용 기록, 허위문서 금지]

(3) 해외부패방지법의 최근 동향 및 추세

지난 2004년에는 한 해 동안 미국에서 총 두 명만이 FCPA 위반으로 기소되고 총 1,100만 달러의 금전적 제재가 가해졌다. 반면에 2008년의 경우 독일계 다국적 기업인 지멘스(Siemens) 1개 기업에 가해진 금전적 제재가 총 8억 달러에 달했다. 또한 2009년의 경우 KBR/Halliburton 기업이 납부한 제재금은 5억 7,900만 달러에 달하였고, 2010년의 경우 50명 이상의 기업이나 개인에게 총 20억 달러에 가까운 금전적 제재가 가해졌다.

2012년에는 총 2억 6천만 달러가 넘는 금전적 제재가 기업에 가해졌는데(기업 당 평균 제재금은 2,170만 달러, 조정된 평균 제재금은 1,770만 달러), 이는 2011년의 총 5억 880만 달러의 금전적 제재(기업당 평균 제재금은 3,380만 달러, 그리고 조정된 평균 제재금은 2,210만 달러)에 비하면 줄어든 수치이지만 여전히 큰 규모라 할 수 있다.

무엇보다 최근 외국기업에 대한 FCPA의 적용을 강화하고 있다는 점에 주목할 필요가 있다. 2013년 초반을 기준으로 볼 때 지금까지 FCPA가 적용되어 가장 높은 제재금을 지불한 상위 10개 기업의 경우, 이 중 9개 기업이 외국기업에 해당한다. 그 가운데 지멘스는 미국에서 8억 달러의 금전적 제재가 가해졌고, 모국인 독일에서도 독일 경찰청의 수사에 따라 8억 달러 상당의 금전적 제재가 가해짐으로써 총 16억 달러에 달하는 제재금이 부과되었다. 또한, 속지적 관할권 규정에 따라 외국기업 혹은 미국에 거주하지 않는 외국인이라 하더라도 외국공무원에 대한 뇌물제공행위를 하는 과정에 있어 미국의 통신망이나 은행전산망을 조금이라도 이용할 경우 FCPA의 적용대상이 된다고 한다.[10]

[그림 4-2] 기업에 대한 총 금전적 제재

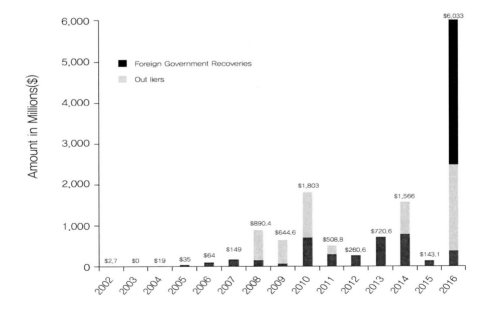

※ 출처: FCPA Digest 2017 by Shearman & Sterling LLP

〈표 4-1〉 제재금 상위 10개 기업

순위	회사명	국적	금전적 제재	연도
1	Siemens	독일	8억 달러	2008
2	KBR / Halliburton	미국	5억 7,900만 달러	2009
3	BAE	영국	4억 달러	2010
4	Snamprogetti Netherlands B.V. / ENI S.p.A	네덜란드/이탈리아	3억 6,500만 달러	2010
5	Technip S.A.	프랑스	3억 3,800만 달러	2010
6	JGC Corporation	일본	2억 1,880만 달러	2010
7	Daimler AG	독일	1억 8,500만 달러	2010
8	Alcatel-Lucent	프랑스	1억 3,700만 달러	2010
9	Magyar Telekom / Deutsche Telekom	헝가리/독일	9,500만 달러	2010
10	Panalpina	스위스	8,180만 달러	2010

※ 출처: www.fcpablog.com

집행소송[11] 건수의 경우 2012년은 2011년에 비해 다소 감소한 추세를 보이고 있다. 하지만 여전히 상당수의 기업이 지난 몇 년간 조사대상으로 지목되고 있다. 2012년의 경우 총 12개 기업(Marubeni, Smith & Nephew, BizJet/Lufthansa Technik, Biomet, Data Systems & Solutions, Orthofix, NORDAM, Pfizer/Wyeth, Tyco International, Oracle, Allianz, Eli Lilly)에 대해 집행소송이 이루어졌다. 이 12개 사건 중 5개 사건이 증권거래위원회와 법무부가 연계하여 집행소송이 이루어졌고, 4개 사건(Marubeni, Bizjet/Lufthansa, Data Systems, NORDAM)이 법무부에 의해 독립적으로 취해졌으며, 증권거래위원회에 의해 독립적으로 집행소송이 취해진 사건은 3개(Oracle, Allianz, and Eli Lilly)에 그쳤다.

개인소송의 경우에도 최근 개인에 대한 형의 부과가 엄격하게 이루어지고 있는 추세이다. 2010년 4월에는 파나마의 전직 공무원에게 뇌물제공을 한 개인에게 FCPA를 적용하여 7년 3개월의 자유형이 선고된 바 있다. 2012년의 경우에는 5명이 FCPA 위반으로 피소되었는데, 문제는 기업분쟁이 해결된 이후에도 개인은 별도로 피소될 수 있는 가능성이 여전히 남아있다는 점이다. 예를 들어 2010년 기업분쟁이 해결된 Noble Corporation의 전·현직 임원인 James Ruehlen, Mark Jackson, Thomas

O'Rourke의 경우 2012년에 개인소송의 형태로 증권거래위원회에 의해 다시 피소되었다. 따라서 기업뿐만 아니라 개인 역시 FCPA의 적극적인 적용대상이 되고 있다고 한다.[12]

[그림 4-3] 개인소송 건수

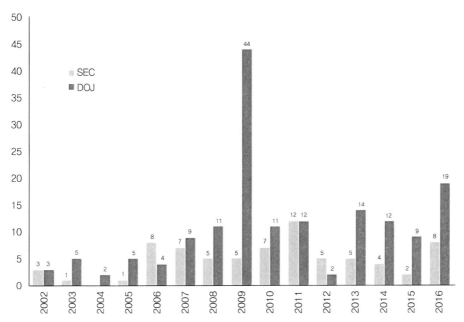

※ 출처: FCPA Digest 2017 by Shearman & Sterling LLP

4. 1986년 방위산업 이니셔티브의 설립

1980년대 초에 과다하게 부풀려진 국방물자조달계약(예컨대 300달러짜리 망치, 600달러짜리 변기 등)으로 인해 수십억 달러의 국방예산이 낭비되었다는 뉴스로 미국 국민은 경악하였다. 이에 로널드 레이건 당시 미국 대통령은 1985년 7월에 '국방 관리에 관한 블루리본위원회(의장인 데이빗 패커드의 이름을 따서 일명 '패커드위원회'라고도 함) (Blue Ribbon Commission on Defense Management)'를 설치하여 이 사건을 조사하도록 하여 컴플라이언스의 향상을 위한 권고안을 마련토록 했다.

패커드위원회는 1986년 6월에 '탁월함에 대한 추구(Quest for Excellence)'라는 보고서에서 방위산업 납품업자들에게 다음과 같이 요구하였다: "계약 프로세스의 무결성(integrity)을 보장하기 위해 자율규제를 강화할 책임을 져야 한다. 회사 관리자들은 계약 실적의 무결성을 확보해 줄 대담하고 건설적인 조치를 취해야 한다. 위반이 일어나지 않도록 관련 규정과 계약상 요건을 준수하는 시스템을 갖춰야 한다." 또한 이 위원회의 권고안에는 모든 기존 직원과 신입 직원에게 윤리 강령을 배포하고 비즈니스 수행기준 및 전형적인 비즈니스 상황을 직원의 경험이나 성과 평가의 정식 고려요소가 되게 하는 내용이 있고, 윤리 강령과 컴플라이언스 준수를 확실하게 하려는 내부통제의 실행과 함께 모니터링(감독)도 권고되었다. 패커드위원회가 방위업체 용도로 제안한 컴플라이언스 권고 사항들은 정부기관 및 다른 기관들에게도 적용되었다.

패커드위원회의 조사를 바탕으로 컴플라이언스를 향상시키기 위하여 1986년 10월 32개의 주요 방위산업체들이 기업윤리 및 행위에 관한 '방위산업 이니셔티브(Defense Industry Initiative: DII)'를 설립하였다. DII는 연방정부 구매에 관하여 국방부, 일반대중, 정부 및 다른 기업에 대한 기업의 책임을 인정하고 이를 표명하는 일련의 기업윤리와 행동원칙을 채택하고 실행하기로 서약하였다. 그 이후 20년 이상 방위산업체 전 부문에 걸쳐 수준 높은 기업행동 및 윤리기준의 달성을 위한 원칙을 입안하여 왔다. 이 사항들 중 많은 내용들이 궁극적으로 1991년 11월 1일에 제정된 '미국 연방 기업 양형 가이드라인'에 구체화되었다.[13]

2017년에도 DII는 정부 계약을 통해 제품과 서비스를 제공하는 모든 회사에서 윤리적 행위 문화를 지속적으로 증진하고 발전시키는 것을 사명으로 하여, 미국 정부와 계약을 맺고 있는 항공 우주 및 방위산업 분야의 약 80개 회원사의 대표로 구성된 초당파적 비영리 조직으로 활동하고 있다.[14]

5. 1991년 연방 기업 양형 가이드라인

입법화된 컴플라이언스는 1991년 11월 1일 '연방 기업 양형 가이드라인(Federal Sentencing Guidelines for Organizations: FSGO)'의 도입과 2004년 11월 개정 연방 기업 양형 가이드라인에서 처음으로 등장하였는데, 이를 통해 기업경영에 있어 컴플라이언스 제도가 본격적으로 발달하는 계기가 되었다.

1991년 연방 기업 양형 가이드라인은 미국 사법부 내의 독립 기구인 미국 양형위원회에 의해 기업조직체의 비리에 대한 대처와 법률위반 사항에 대해 "공정한 처벌"을 가하고 범죄의 발견 및 예방을 위해 "억제"에 대한 인센티브를 적용함으로써 기관들에게 책임을 지우기 위해 제정되었다. 이 위원회는 효과적인 컴플라이언스 프로그램이 법률위반을 방지하기 위해 갖추어야 할 필요 요건으로 자진보고 및 책임 인정 등 7개 사항을 권고했다. 연방 기업 양형 가이드라인은 형량을 경감받기 위해 컴플라이언스 프로그램을 갖추거나, 보호관찰 대상기간 중 이행해야 할 의무의 일환으로 컴플라이언스 프로그램을 갖추도록 명령하는 등 기업들이 효과적인 컴플라이언스 프로그램을 갖출 강력한 인센티브를 제공하였다(준법통제). 무엇보다 효과적인 컴플라이언스 프로그램으로 인정받기 위해서는 적정한 자원, 적절한 권한, 연수 프로그램, 보고 절차, 리스크 평가 및 지속적인 컴플라이언스 문화를 증진시키기 위한 정기적 평가를 갖춰야 한다.

FSGO의 핵심 목표는 효과적인 컴플라이언스 체계를 구축하는 데 있다. FSGO는 최고윤리책임자(Chief Ethics Officer) 내지 최고준법지원책임자(Chief Compliance Officer: CCO)의 역할을 보다 명확히 규정하였다. 나아가 이들이 자신의 임무를 달성할 수 있기 위한 모든 권한을 갖추고자 할 경우 회사는 이사회 차원에 직접적 접근이 가능하고, 보고 및 통제기능을 인수해야만 하도록 규정하고 있다. 미국 기업들은 기존의 FSGO에 따라 새로운 컴플라이언스 프로그램의 창설 또는 기존 컴플라이언스 프로그램의 개선에 박차를 가하게 되었다.[15]

6. 1992년 COSO 보고서

1985년 전임 SEC 위원이었던 James Treadway에 의해 구성된 사기적 재무보고에 관한 국가위원회[National Commission on Fraudulent Financial Reporting; 일명 '트레드웨이위원회'(Treadway Commission)]는 재무보고 시스템을 연구하여 사기적 재무보고에 이르게 하는 요인과 이러한 사건을 감소시킬 수 있는 권고안을 마련하였다. 그리고 1987년에는 트레드웨이위원회가 재무보고 시스템을 연구하여 최고경영진이 세운 상부에서의 기조, 내부통제 및 감사 기능의 질적 향상, 이사회 및 감사위원회의 역할, 외부감사인의 독립성, 적절한 자원에 대한 필요성, 단속강화 등을 권고하는 보

고서를 발표하였다.[16)]

이에 대한 반응으로 미국 공인회계사협회(AICPA) 등 5개 회계조직[17)]이 후원하여 마련한 '트레드웨이위원회 조직위원회'(Committee of Sponsoring Organizations of the Treadway Commission: COSO)가 내부통제에 관한 광범위한 연구를 맡았다. 이 연구의 목적은 회사, 독립적인 공인회계사, 입법권자, 규제기관의 필요를 뒷받침하여 회사가 내부통제 시스템의 효율성을 스스로 평가할 수 있는 기준의 광범위한 틀을 제공하는 내부통제의 공통개념을 정리하는 것이었다.[18)] 그리고 1992년 9월 현재의 체계적 내부통제제도가 시작되었다고 평가되는 '내부통제—통합체제'(Internal Control—Integrated Framework)를 공표하였다. 이를 COSO 보고서(이하 "COSO I"이라고 한다)[19)]라고 하는데, COSO I에 따르면, 내부통제란 "회사가 그것을 통하여 그들의 내부통제의 효율성을 평가할 수 있는 것으로서 회계통제를 포함하되 그것만으로 제한되지 않는 광범위한 모형을 규정하기 위해 고안된 통합적인 체제"를 의미한다고 한다.[20)] 이는 회사가 ① 효율적인 사업운영(성과목적), ② 정확하고 신뢰성 있는 회계보고 체계의 유지(정보목적), ③ 관련 법규 및 내부정책·절차의 준수(준법목적) 등과 같은 세 가지 목표를 달성할 수 있도록 합리적 확신을 주기 위하여 회사 자체적으로 제정하여 이사회, 경영진 및 직원 등 회사의 모든 구성원들이 지속적으로 실행하고 준수하는 일련의 통제과정을 의미한다.[21)]

COSO I에서 제시된 내부통제의 세 가지 목표의 내용을 살펴보면 첫째, 성과목적(Performance Objective)인 사업운영의 실효성과 효율성(Effectiveness and Efficiency of Operations)은 가장 상위의 포괄적 개념으로서 자산이나 자원을 투입하여 성과를 산출하는 데 있어 효과적이고 효율적인 것을 말한다. 이러한 목적을 달성하기 위한 내부통제로 경영관리(Management Control), 리스크관리(Risk Management), 업무감사(Operation Auditing) 등이 있으며, 이는 경영통제의 영역이라고 할 수 있다. 둘째, 정보목적(Information Objective)인 회계보고의 신뢰성(Reliability of Financial Reporting)은 내부회계 관리제도와 같이 재무정보에 대한 통제 시스템을 통하여 확보되는데, 이는 정보통제의 영역이라고 할 수 있다. 이때 내부회계 관리제도는 내부지향적 내부통제의 하나로, 공시제도는 외부지향적인 내부통제의 하나로 이해된다. 셋째, 준법목적(Compliance Objective)인 법규준수(Compliance with Applicable Laws and Regulations)는 법규뿐만 아니라 사규(윤리 강령 포함)도 포함된다. 이는 금융회사의 준법감시인과

같은 컴플라이언스를 통하여 이루어지게 되며, 절차통제의 영역이라고 할 수 있다.[22]

COSO Ⅰ은 내부통제가 위와 같은 세 가지 목표를 달성하기 위하여 통제환경, 리스크관리, 통제활동, 정보 및 의사소통 그리고 모니터링 등 다섯 가지 구성요소로 되어 있다고 설명한다.[23]

(1) **통제환경**(Control environment): 조직원의 통제의식을 결정하는 조직의 전반적인 분위기 또는 내부통제 시스템의 효율적·효과적 운영을 위한 여러 환경적 요인으로서 내부통제에 적합한 조직구조, 효과적인 내부통제가 이루어지도록 하는 보상체계 및 적절한 인사정책, 교육정책, 적절한 권한과 책임의 위임, 경영진의 경영철학 등을 들 수 있다. 강력한 통제환경을 형성하기 위해서는 회사 내 모든 구성원이 내부통제 시스템의 중요성을 인식하고, 제반 정책 및 절차를 준수하겠다는 실천 의지를 공유하는 통제문화를 형성하는 것이 매우 중요하다. 통제환경 조성은 효과적인 내부통제 시스템 운영에 대한 이사회 및 경영진의 확고한 의지가 필수적이다.

(2) **리스크평가**(Risk assessment): 목적달성을 저해하고 영업성과를 약화시킬 수 있는 모든 종류의 위험을 식별하고 분석하여야 한다. 외부 및 내부 위험 요인을 조사하고 위험의 심각성을 평가하며 위험의 발생가능성을 추정하여 위험을 줄이거나 회피하는 방안을 강구해야 한다. 리스크에는 ① 신용 리스크(country risk, political risk, counter party risk 등), ② 시장 리스크(interest rate risk, currency risk, maturity risk, liquidity risk, share price risk 등), ③ 환경 리스크(자연 재해 리스크, 규제 또는 법률 리스크, 세제 리스크, 사회적 리스크 등), ④ 직무 리스크(기관 내 및 기관간 사기, 직원의 실수 등), ⑤ 운영 리스크(시스템 오류, 청산절차 등), ⑥ 전략 리스크 등을 들 수 있다. 회사의 업종이나 전략적 목표 또는 회사가 처해 있는 상황에 따라 리스크관리의 우선순위를 두고 하나하나 리스크관리 체계를 확립해 나가야 한다. 효과적인 리스크평가를 통해 회사가 직면한 제반 리스크의 본질이 무엇이고, 이를 관리하기 위해 어떤 통제수단이 필요하며 이러한 리스크를 어떠한 방법으로 관리할 수 있는지를 결정하여야 한다.

(3) **통제활동**(Control activities): 모든 구성원이 이사회와 경영진이 제시한 경영방침이나 지침에 따라 일상 업무를 수행할 수 있도록 정책 및 절차를 마련하고 이러한 정책 및 절차가 준수될 수 있도록 확인하는 제반 활동을 말한다. 통제활동의 구체적인 내용으로는 성과검토(performance review), 정보처리(information processing), 물리적 통제(physical control) 그리고 직무분리(segregation of duties) 등을 들 수 있다. 통제활

동은 조직 내 최고경영진에서부터 최하위 직원에 이르기까지 모든 구성원에 의해 상시적으로 이루어져야 한다.

(4) **정보 및 의사소통 시스템**(Information and communication systems): 이사회, 경영진 및 직원들이 책임을 적절하고 효과적으로 수행할 수 있도록 시의적절하게 정보를 수집·제공하는데 적절한 정보의 생산 및 의사소통은 내부통제 시스템의 원활한 작동을 위하여 필수적이다. 모든 유효한 거래를 식별하고 기록하여야 하며, 시의적절하게 거래를 기술하고, 거래의 가치를 적절히 측정하여야 한다. 효과적인 내부통제 시스템은 경영의사 결정에 적절한 외부 시장정보뿐만 아니라 내부의 재무상황, 영업활동 및 준법상황 등 경영상황 전반에 관한 종합적인 정보를 효율적이고 효과적으로 제공해 줄 수 있어야 한다. 또한 보안이 잘 유지되고 독립적으로 모니터링 되며 여러 비상상황에 대비한 비상계획(contingency plan)이 항시 준비되어 있어야 한다.

(5) **감시활동**(Monitoring): 계획되거나 의도한 데로 내부통제 시스템이 효율적으로 또는 효과적으로 작동되고 있는지 점검하는 활동으로 모든 부분에서 상시적으로 이루어져야 한다. 모니터링 과정에서 나타난 사항들을 평가하여 모니터링 시스템을 보완·개선해 나가야 한다.

1992년의 COSO 보고서는 내부통제의 개념을 체계화하고 내부통제라는 목적을 달성하기 위한 구성요소 및 그들의 상호관계를 체계적으로 설명한 것으로 내부통제 개념 및 운용 시스템에 대한 연구의 출발점이 되고 있지만, 통제를 위한 절차나 과정 중심이라는 한계도 있다고 평가된다.[24]

III. 21세기 미국에서 현대적 컴플라이언스 기본 틀(framework)의 구축

1. 2002년 7월 사베인-옥슬리 법(기업개혁법)

(1) 사베인-옥슬리 법(Sarbanes-Oxley Act of 2002)의 제정 배경

입법적 형태로 컴플라이언스 체계의 구축을 처음으로 강제한 미국 연방 기업 양형 가이드라인을 포함하여 1929년 미국 대공황 이후 투자자들을 보호하기 위해 입법된

1933년의 연방 증권법을 통한 노력에도 불구하고 미국에서 2002년에 발생한 엔론 (Enron)[25]과 월드콤(WorldCom)의 거대 분식회계 사건[26]을 막을 수 없었다. 이러한 경제범죄 스캔들을 계기로 하여 미국 의회는 2002년 7월 30일에 짧은 제목인 2002년 「사베인－옥슬리 법」(Sarbanes－Oxley Acts: SOX)[27]으로 더 유명세를 탄 「상장 회사 회계 개혁 및 투자자 보호법」(Public Company Accounting Reform and Investor Protection Act of 2002)[28]을 압도적인 지지로 승인했고(하원 찬성 423, 반대 3, 상원 찬성 99, 반대 0), 2004년 11월 15일부터 적용되기 시작하였다. 사베인－옥슬리 법은 기업 회계 및 재무보고의 투명성과 정확성을 높이는 것을 목적으로 하여 기업지배구조의 본연의 모습과 감사제도를 근본적으로 개혁함과 동시에 투자자에 대한 기업경영자의 책임과 의무, 벌칙을 규정하고 있다. 이 법에 따라 컴플라이언스는 미국식 회계처리 에 있어 의무사항이 되었다. 바꾸어 말하면 컴플라이언스는 사베인－옥슬리 법을 통 해 처음으로 입법적 형태로 의무화되었다. 그리고 현대적 의미의 컴플라이언스 틀은 사베인－옥슬리 법이 통과되고 컴플라이언스 담당 임원의 중요성 및 역할이 증대되 고 난 후에야 자리를 잡아가기 시작하였다.[29]

(2) 사베인-옥슬리 법의 구성 및 핵심 내용

가. 사베인-옥슬리 법의 구성

'프랭클린 루즈벨트 대통령 이래 최대의 개혁'으로 지칭되고 있는 사베인－옥슬리 법은 전체 11장 69개 조문으로 구성되어 있으며, 그 주된 내용은 ① 공개기업의 회계 과정을 감시하는 공개회사 회계감독위원회(the Public Company Accounting Oversight Board: PCAOB)를 창설하고, ② 회사의 감사위원회 및 외부감사인(auditor)의 독립성 확보를 위한 새로운 요건을 부가하며, ③ 외부감사인의 고객에 대한 컨설팅 등 비감사 업무의 제공을 금지하고, ④ 최고경영자(CEO)와 최고재무책임자(CFO)에게 회사가 작 성한 재무제표의 정확성에 대한 인증을 요구하며, ⑤ 회사 내부에서 재무데이터의 정 확성을 담보할 수 있도록 내부통제 시스템을 확립해야 하고, ⑥ 회사에 대하여 일정한 부외거래를 개시할 것을 요구하고, ⑦ 회사가 업무담당자에게 대부하는 것을 제한하 는 것 등이다.[30] 사베인－옥슬리 법의 여러 조항 가운데서도 컴플라이언스와 관련하 여 핵심적인 조항으로는 제3장 제301조 내부고발제도, 제302조 재무보고에 대한 책임, 제4장 제404조 내부통제에 대한 경영진 평가, 제406조 기업윤리규정으로 알려져 있다.

나. 제301조(내부고발제도)

미국에서 내부고발자 보호는 1970년대에 연방정부 직원에게 처음으로 인정되었다. 기업의 종업원에게는 1980년대부터 각 주의 주법으로 도입되어 현재에는 많은 주에서 위험행위와 위법행위의 고발을 이유로 임의고용계약을 해지하는 것을 위법하다고 하고 있다. 이러한 내부고발은 부정행위의 조기발견에 유익하기 때문에 적절한 내부고발제도의 정비는 감시(monitoring)의 역할로서 중요하다. 그래서 사베인-옥슬리 법은 상장기업의 감사위원회에 회계 및 감사상 의문을 익명으로 보고하기 위한 절차의 확립을 의무화했다. 즉 사베인-옥슬리 법 제301조에 따르면, 감사위원회가 회계, 내부회계통제 또는 감사 사안에 관한 불만이나 의문스런 회계나 감사 사안에 관한 피용자의 비밀 제보 또는 익명의 제보를 처리하는 절차, 즉 내부고발절차를 수립해야 한다. 또한 이러한 내부고발절차가 유효하게 기능하기 위해서는 종업원 등이 위축되지 않고 내부고발 등을 할 수 있게 하는 것이 필요하므로 내부고발자에 대한 보호제도도 함께 규정하고 있다. 즉 금융, 증권 또는 주주 등에 관련하는 사기에 해당하는 연방법 위반이 존재한다고 합리적으로 믿어지는 한, 내부고발을 행한 상장기업의 종업원은 법적으로 보호를 받게 된다.[31] 다만 SEC는 내부고발절차에 대하여 특정한 요건을 강제하지 않고 회사의 상황에 적절하게 절차를 수립할 수 있는 탄력성을 인정[32]하고 있다고 한다.[33]

다. 제302조(CEO 및 CFO의 재무보고에 대한 인증책임)

사베인-옥슬리 법 제302조는 최고경영자 및 최고재무책임자 또는 그와 유사한 기능을 수행하는 사람(the principal executive officer or officers and the principal financial officer or officers, or persons performing similar functions)에 대해 연차보고서 및 분기보고서(quarterly reports)상의 일정한 사항, 즉 ① 당해 보고서를 검토하고 중요사실의 누락 또는 허위의 기재가 없는 것, ② 재무제표 등이 기업의 재무상황 및 경영성적을 공정하게 표시하고 있는 것, ③ 내부통제의 구축·유지의무를 부담하고 그 유효성을 평가할 것, ④ 감사 및 감사위원회에 대해서 내부통제의 중요한 결함 및 평가 후의 변경을 보고할 것 등에 대하여 인증(certify)할 것을 의무화하고 있다.[34]

특히 내부통제의 구축·유지의무를 부담하고 그 유효성을 평가한 인증임원으로 하여금 ① 내부통제의 구축·유지에 책임을 부담할 것, ② 관련 기업의 모든 중요한 정보가 관련 기업체의 내부자에 의해서 정기보고서(periodic reports)가 작성되는 기간 내에 확실하게 당해 임원에게 알려지도록 내부통제를 설정하고, ③ 보고되기 전 90일 이내에 발행회사의 내부통제의 유효성을 평가하고, ④ 내부통제의 유효성에 대하여 해당일 현재의 평가에 근거한 결론을 인증하도록 규제하고 있다[제302조(a) (4)].

사베인－옥슬리 법 제302조와 관련하여 허위의 인증을 한 상급임원은 동법 제906조에 의해 엄격한 형사책임이 부과된다. 즉 사베인－옥슬리 법 제906조는 상급임원에 대하여 1934년 「증권거래소법」(Securities Exchange Act of 1934, 이하 "증권거래소법"이라고 한다) 제13조 또는 제15조에 따라 회사가 SEC에 제출하는 재무제표를 포함한 모든 정기보고서에 ① 정기보고서의 내용이 증권거래소법 제13조 또는 제15조의 요건을 완전히 준수하고 있는 것, ② 당해 보고서에 포함된 정보가 회사의 재무상태, 업적의 중요한 점에 관하여 공정하게 표시하고 있음을 CEO 및 CFO가 인증하는 취지의 서면을 첨부하도록 요구하고 있다.

따라서 ①과 ②의 요건이 충족되지 않았음을 알면서도(knowingly) 인증을 행한 자에 대하여는 10년 이하의 금고형이나 100만 달러 이하의 벌금 또는 양자의 병과, 그리고 ①과 ②가 충족되지 않는 보고서를 의도적으로(willfully) 인증한 자에 대하여는 20년 이하의 금고형이나 500만 달러 이하의 벌금 또는 양자의 병과라는 형사적 제재가 부과된다[35]고 한다.[36]

라. 제404조(내부통제에 대한 경영진 평가 및 회계감사인의 증명)

재무보고에 관한 내부통제의 유효성을 보장하기 위해서 경영자는 사베인－옥슬리 법 제404조에 근거하여 증권거래소법 제13조나 제15조에 따라 제출되는 연차보고서 (annual reports)에 '회사의 내부통제에 대한 운영보고서'를 포함할 것이 요구된다. 이러한 내부통제 보고서에는 ① 최종보고를 할 때 회사를 위한 적절한 내부통제를 확립하고 유지할 경영진의 책임에 대한 설명, ② 회사의 최근 회계연도 말 현재의 최종보고시 회사의 내부통제의 유효성에 대한 경영진의 평가, ③ 최종보고시 경영진이 회사의 내부통제의 유효성을 평가하는 데 사용되는 체제에 대한 설명, ④ 연차보고서에 포함된 회사의 재무제표를 감사하는 등록된 공개회계법인이 최종보고시 회사의 내부통제에 대한 경영진의 평가에 대한 증명서(attestation report)를 발행하였다는 데에 대한 설명이 포함되어야 한다.[37] 경영진은 회사의 재무보고에 관한 내부통제에 중대한 영향을 미쳤거나 미칠 것으로 합리적으로 기대되는 회사의 내부통제 시스템의 변화에 대하여 평가하여야 한다.[38]

이처럼 사베인－옥슬리 법 제404조는 내부통제를 통하여 재무보고에 관한 부실표시를 감소시켜 회계부정으로부터 생기는 자본시장이나 투자가에의 악영향을 감소시키는 데에 그 목적을 두고 있다. 그리고 동 규정은 공개회사에 대해 준수비용(감사비용, 기회비용 등을 포함)의 부담을 강제한다. 즉 내부통제의 규제에 관한 규제의 초점은 투자자의 보호와 규제비용의 균형을 이루는 것이라고 한다.[39]

〈표 4-2〉 사베인-옥슬리 법 제302조 및 제404조

사베인-옥슬리 법	
제302조: CEO 및 CFO의 재무보고에 대한 인증책임	분기 및 연간 보고서 상의 재무상태 및 운영 실적이 정확하고 완전하며 회사의 공시 통제 및 관련절차에 대한 책임은 CEO/CFO에 있음
	중요한 공시정보의 신뢰성을 보장하기 위한 공시통제 및 관련절차가 설계되어 있음
	공시 통제 및 관련절차에 대한 효과성 평가 여부(내부통제 효과성에 대한 평가결과를 공시보고서에 제시)
	내부통제상 중요한 결함 및 이슈들이 감사위원회 및 감사인에게 통보되었음
	내부통제 관련 담당자가 개입된 부정(중요성 불문)이 감사위원회 및 감사인에게 통보되었음
제404조: 내부통제에 대한 경영진 평가 및 회계감사인의 증명	감사인은 재무보고를 위한 발행인의 내부통제 구조와 절차의 유효성 평가를 평가함
	내부통제 평가는 외부감사인에 의해 인증되어야 하며, 인증사항은 보고서로 작성됨

마. 제406조(기업윤리규정의 채택 여부의 정기적 공시)

사베인－옥슬리 법 제406조는 증권발행회사가 최고경영자나 최고재무책임자를 위한 기업윤리규정(codes of ethics)을 채택했는지, 만일 채택하지 않았다면 그 이유가 무엇인지를 정기적으로 공시할 것으로 요구하고 있다. 또한 기업윤리규정이란 위법행위를 방지하고 기업에 있어 중요한 사항들, 즉 ① 이해충돌을 윤리적으로 조정하는

것을 포함한 청렴하고 윤리적인 행동, ② 완전하고 공정하며 정확한 그리고 시의적절하고 이해가능한 공시, ③ 기업에 적용되는 법률·규칙 등의 준수, ④ 규정위반의 신속한 내부보고, ⑤ 규정준수의 책임관계 등이 합리적으로 이루어지도록 고안된 문서라고 정의하고 있다[제406조(c)]. 이에 더하여 윤리규정을 회사의 인터넷 사이트나 Form 8－K로 SEC에 공시하도록 하고 있다.[40] 공시된 규정은 인터넷 사이트에서는 최소한 12개월 동안 유지되어 있어야 하고 SEC에는 5년간 비치되어야 한다. 또한 SEC 406의 윤리규정은 연차보고서에 기재해야 하고 이 연차보고서는 누구에게나 열람과 사본요구가 가능해야 한다[41]고 한다.[42]

(3) 사베인－옥슬리 법에 대한 평가

사베인－옥슬리 법의 핵심은 기업들이 100% 객관적일 수는 없는 회계상 허점을 악용하여 이른바 "창조적 회계"를 하지 못하게 하고 있는 그대로를 정확하게 보고하도록 함으로써 재무정보에 대한 정확도의 향상, 철저한 사내 견제와 균형을 통한 경영의 투명성 증가 및 경영진에 대한 책임을 증가시키고, 내부통제에 관한 정책 및 절차와 보다 신속한 보고를 통하여 조직에 더 많은 책임 및 기업에 대한 통제를 강화하는 데 있다. 이에 따라 상장회사들은 당연히 지배구조의 운영 프로세스와 보고 및 공시 방법, 그리고 컴플라이언스 프로그램을 포함한 내부통제 시스템을 더 엄밀히 검토하고 개선하게 되었고, 비상장기업과 비영리 기업들조차도 다양한 이해관계자들의 요구에 맞는 지배구조를 갖추려 노력한다. 또한 사베인－옥슬리 법의 핵심인 기업정보의 폭넓은 공개에 대한 요구와 강제는 정도가 점점 더 심해져서 국가의 정책입안자, 각종 규제주체, 투자자, 자본시장, 그리고 신용평가기관들에 이르기까지 지배구조, 기업의 리스크관리, 내부통제에 대한 더 많은 정보를 요구하게 되었다.[43]

그러나 사베인－옥슬리 법에 대해 이 법을 준수하는 데 너무 많은 비용이 소요되고 비효율적이라는 비판이 제기되고 있다. 무엇보다 사베인－옥슬리 법의 핵심조항인 제404조를 준수하기 위해 대기업(매출 75억 달러 이상)들은 회계정보의 진위 여부와 관계없는 일에 평균 380만 달러를 지출했으며, SEC의 자체 평가로도 한 회사당 평균 383시간의 추가적인 시간과 시간당 300달러의 비용부담이 있을 것으로 평가했는데 이는 현실에 훨씬 못 미치는 낮은 예상치인 것으로 보고되었다.[44] 또한 사베인－옥

슬리 법에 너무 많은 관료적 형식주의와 과도하게 부담스러운 절차가 경제와 주식시
장을 억압하여 미국 내의 신생기업의 상장(Initial Public Offering: IPO)을 감소시키며
투자가와 기업을 외국으로 몰아내고 있다는 것이다. 그리고 사베인-옥슬리 법 제
404조가 회사의 경영진에 대하여 재무보고에 대한 내부통제를 감독하는 절차를 만들
라고 하면서, 이러한 기능을 수행하는 구체적인 방침에 대해서는 아무런 언급이 없는
것도 문제라고 주장한다.

　이에 대하여 사베인-옥슬리 법안이 통과된 이후 다우존스 산업평균지수가 크게
상승한 데서 볼 수 있듯이 투자자들의 신뢰가 높아졌고, 투자자들은 엄격한 미국의
규제기준(미국시장의 상장조건으로서 컴플라이언스에 대한 서약 및 재무적 안정성)을 통과한
외국계 상장기업의 주식을 사기 위해 상당한 정도의 프리미엄을 지출할 의향을 가지
고 있으며, 컴플라이언스에 지출된 비용을 자본투자로 볼 수 있는데 처음에는 시스템
의 구축에 많은 비용이 들어가게 되지만, 그 이후 기업이 내부검토를 효율적으로 처
리하게 되면서 사베인-옥슬리 법 제404조 비용은 해마다 감소하였고, 미국 이외의
나라들도 비슷한 방향으로 가고 있으며 오히려 더 엄격한 기준을 가지고 있는 경우도
있다고 반박한다.[45)]

사베인-옥슬리 법이 미국 기업에 미친 영향[46)]

"사베인-옥슬리 법은 민주주의 국가에서 규제 당국이 어떻게 이상적으로 행동해야 하는
지에 대한 교과서적 사례이다. 즉 관련 기관들은 기업의 회계부정에 대해 강력한 입법조
치로 반응한 후, 이를 섬세하게 조율하였다. 전 세계적으로 프랑스, 캐나다, 일본, 중국
및 다른 국가들에서 이와 유사한 법률을 채택하고 있는 것도 놀랄 일은 아니다."[47)]

▶ 미국의 S&P 500 지수는 2002년 7월 30일(부시 대통령이 SOX 법안에 서명한 날)부터
　2007년 6월 30일까지 67% 상승하였다. 이는 4.2조 달러의 시장 가치에 해당한다.[48)]
　SOX가 금융시장에 대한 투자자의 신뢰 회복에 큰 영향을 미쳤다는 사실은 아무도 부
　정하지 않는다.

▶ 비판자들은 미국 기업들이 2006년에 SOX 준수를 위해 지출한 비용이 약 60억 달러로
　추정된다고 불평하지만, 이는 엔론의 기업 부정으로 투자자들이 잃어버린 600억 달러
　에 비하면 아주 적은 금액이다.[49)]

▶ SOX 제404조가 효과를 발휘하고 있다. 현재 내부통제가 취약한 기업은 크게 줄었다.

제404조 보고 첫 해에는 97개 기업이 내부통제상 주요 취약점이 있다고 보고하였으나, 2007년 4월 1일에 종료한 제404조 보고 3년차에는 그 수가 55개로 줄어들었다.[50]

▶ SOX 제정 이후 재무제표를 다시 작성하는 기업의 수는 해마다 증가해 왔지만, 이제 그 수도 감소하기 시작한 것으로 보인다. 2006년 상반기의 재무제표 재작성 건수는 786개였던 반면, 2007년 상반기에는 698개사가 재무제표를 재작성했다.[51]

▶ 미국 전역에 걸쳐 많은 사례가 있지만 그 중 하나만 예로 들자면, 캘리포니아 주 칼스배드 소재 바이오테크 회사 인비트로젠(Invitrogen Corp.)은 SOX의 효용에 대해 다음과 같이 말한다: "SOX는 우리 회사가 잘 운영되게 한 여러 변화를 촉진하는데 도움이 됐다. 사외이사들은 집행임원들이 참석하지 않은 회의를 자주 개최하였을 뿐만 아니라 다수의 옴브즈맨이 직원들의 불만을 처리하고 윤리교육 또한 더 엄격해졌다. 그리고 CEO인 그레그 루시에르(Greg Lucier)는 참모들에게 그 결과에 대해 보다 많은 책임을 지도록 요구한다."[52]

2. 2004년 개정 미 연방 기업 양형 가이드라인의 7가지 조치와 그에 따른 벌금액 감경

1991년 연방 기업 양형 가이드라인이 시행된 지 10년 정도 경과한 2002년에 미국 법무성의 독립위원회인 양형위원회는 법률가 등으로 구성된 고문그룹을 마련한 후 동 가이드라인의 개정을 검토하였는데, 이 과정에서 발생한 엔론사 등의 회계부정사건은 연방 기업 양형 가이드라인의 개정에 큰 영향을 끼쳤다. 수차례 논의를 거쳐 2004년 11월 1일부터 시행된 개정 연방 기업 양형 가이드라인은 기업의 컴플라이언스를 향상시킬 필요가 있다는 인식을 바탕으로 기업경영의 윤리를 강조하여 프로그램 명칭을 개정 전의 '컴플라이언스 프로그램'에서 '효과적인 컴플라이언스 및 윤리 프로그램(Effective Compliance and Ethics Program)'으로 변경하였다. 그리고 프로그램의 유효성 요건으로 ① 기업이 상당한 주의(due diligence)를 기울어야 하는 것 이외에, ② 기업 내에 윤리적인 행동 및 법규준수를 장려하는 기업문화(organizational culture)를 촉진할 것을 규정하였다.[53]

한편 기업이 "법위반행위를 하였더라도 그 내부에 효과적인 컴플라이언스 및 윤리 프로그램을 운영한 경우"에 기업범죄에 대하여 벌금액을 감경할 수 있게 함으로써 기업이 스스로 컴플라이언스 및 윤리 프로그램을 도입하여 자율적으로 이행할 인센티브를 제공하고 있다. 즉 연방 기업 양형 가이드라인은 징벌적 손해배상(penalty damage) 제도와 맞물려 기업과 같은 조직체의 범죄행위에 대해서는 종래와는 비교가 안 될 정도로 고액의 벌금형을 부과할 수 있도록 하는 한편, 양형의 결정 시에 기업에 의해서 구축·실시되고 있는 효과적인 컴플라이언스 및 윤리 프로그램을 벌금액의 감경사유로 고려할 것을 규정하고 있다.[54]

구체적으로 동 가이드라인 제8조 B2.1.(a)에 따르면, 기업이 벌금감경 규정의 적용을 받기 위해서는 ① 범죄행위의 예방과 적발에 상당한 주의를 다할 것, ② 윤리적인 행동 및 법규준수를 장려하는 조직 내의 문화를 촉진할 것을 요건으로 하는 효과적인 컴플라이언스 및 윤리 프로그램을 운영하지 않으면 안 된다. 그와 같은 컴플라이언스 및 윤리 프로그램은 효과적으로 범죄행위를 예방·적발하도록 '합리적으로 설계, 실행, 집행'(reasonably designed, implemented and enforced)되어야 하며, 일회적인 위반행위의 예방 또는 적발에 실패했다고 하여 프로그램이 범죄행위를 예방·적발함에 있어 일반적으로 효과적이지 않다는 것을 반드시 의미하지는 않는다.[55]

그리고 효과적인 컴플라이언스 및 윤리 프로그램이라고 인정되기 위해서는 범죄행위의 예방과 적발에 기업이 상당한 주의를 기울였다고 인정되는 것이 필요하다. 기업이 상당한 주의를 기울였다고 인정되기 위한 7가지 최소 요건은 ① 컴플라이언스 가이드라인 및 절차, ② 경영진의 리더십 및 컴플라이언스 문화, ③ 컴플라이언스 체계 운영을 위한 합리적인 노력, ④ 컴플라이언스 가이드라인과 절차에 대한 교육 및 의사소통, ⑤ 컴플라이언스 프로그램의 유효성에 대한 모니터링, 감시 및 평가, ⑥ 컴플라이언스 프로그램 운영 성과에 대한 인센티브 및 징계조치, ⑦ 위법행위에 대한 대응 및 시정조치 등이다.[56]

효과적인 컴플라이언스 프로그램에 대한 7가지 최소 요건

1. 컴플라이언스 가이드라인 및 절차
   - 기업은 범죄행위를 예방 및 탐지하고 법규준수를 확보하기 위한 가이드라인과 절차를 수립해야 한다. 달리 말하면, 기업의 윤리 강령은 견고해야 하며, 윤리적 행동을 컴플라이언스 및 윤리 프로그램의 필수불가결한 구성요소로 삼아야 한다.

2. 경영진의 리더십 및 컴플라이언스 문화

- 조직의 최상층부는 컴플라이언스 및 윤리 프로그램의 내용과 운영에 대해 알아야 한다. 최상층부에는 CEO, CFO, 이사회가 포함된다.
- 이들은 컴플라이언스 및 윤리 프로그램의 운영과 유효성에 대해 합리적으로 감독해야 한다.
- 기업 최고위급의 특정인에게 컴플라이언스 및 윤리 프로그램의 전반적인 책임이 부여되어야 한다. 실무책임을 맡는 직원들은 컴플라이언스 및 윤리 프로그램의 유효성에 대해 정기적으로 상사에 보고해야 하며, 필요한 경우 거버넌스 구조의 최상층부에도 보고해야 한다.
- 이러한 실무상의 책임을 수행하기 위해 실무 담당자들에게 적정한 자원과 적절한 권한, 그리고 조직 거버넌스의 최상층부에 대한 직접적인 접근이 부여되어야 한다.

3. 컴플라이언스 체계 운영을 위한 합리적인 노력

- 기업은 세심한 주의를 통해 불법적인 활동이나 효과적인 컴플라이언스 및 윤리 프로그램과 부합하지 않은 행동에 관여한 것으로 알고 있거나, 그렇게 알고 있어야 할 사람에게 중요한 권한이 부여되지 않도록 합리적인 노력을 기울여야 한다.

4. 컴플라이언스 가이드라인과 절차에 대한 교육 및 의사소통

- 기업은 직원 각자의 역할과 책임에 맞게 효과적인 교육 프로그램을 시행하거나, 다른 방법으로 정보를 배포함으로써 컴플라이언스 가이드라인과 절차 및 기타 다른 측면들을 정기적으로, 또한 실제적인 방식으로 소통하기 위한 합리적인 노력을 기울여야 한다.
- 교육은 거버넌스 구조의 최상층부, 기타 고위임원, 직원 및 적절한 경우 기업의 대리인들에게 제공되어야 한다.

5. 컴플라이언스 프로그램의 유효성에 대한 모니터링, 감시 및 평가

- 기업은 범죄행위 탐지를 위한 모니터링과 감시 등 기업의 컴플라이언스 및 윤리 프로그램이 준수되도록 합리적인 조치를 취해야 한다.
- 기업은 컴플라이언스 및 윤리 프로그램의 유효성을 판단하기 위한 합리적인 조치를 취해야 한다.
- 기업은 직원과 대리인들이 보복에 대한 두려움 없이, 잠재적이거나 실제적인 범죄

행위에 대해 익명 또는 비밀로 보고하거나 조언을 구할 수 있도록 하는 핫라인 등
의 시스템을 설치하고, 이 시스템에 대한 홍보를 위한 합리적인 조치를 취해야 한다.

6. 컴플라이언스 프로그램 운영 성과에 대한 인센티브 및 징계조치

- 기업의 컴플라이언스 및 윤리 프로그램은 이에 따른 업무수행에 대한 적절한 인센
티브를 줌으로써 일관성 있게 증진되고 강제되어야 한다.
- 기업의 컴플라이언스 및 윤리 프로그램은 범죄행위에 관여하거나, 범죄행위를 예
방하고 탐지할 수 있는 합리적인 조치를 취하지 못한 데 대한 적절한 징계조치를
함으로써 일관성 있게 증진되고 강제되어야 한다.

7. 위법행위에 대한 대응 및 시정조치

- 기업은 범죄행위가 탐지된 후에는 범죄행위에 적절히 대응하고, 기업의 컴플라이
언스 및 윤리 프로그램에 필요한 수정을 가하는 등 향후 유사행위를 방지하기 위
한 합리적인 조치를 취해야 한다.
- 기업은 범죄행위의 위험을 정기적으로 평가하고, 이 과정을 통해 파악된 범죄행위
의 위험을 감소시키기 위해 컴플라이언스 요건 설계, 시행 또는 수정을 위한 적절
한 조치를 취해야 한다.[57]

법원은 기업의 범죄행위로 인한 벌금 부과시 위반등급에 따라 기준벌금액(base
fine)을 산정하는데, 기준벌금액은 위반등급별로 달리 나타난다. 예컨대 최저 위반등
급인 '6점 이하'인 경우에는 기준벌금액이 5,000달러이고, 위반등급이 '20점'인 경우
에 650,000달러, '30점'인 경우에 10,500,000달러, 최고의 위반등급인 '38점 이상'에
달하는 경우에는 72,500,000달러로 책정되어 있다.[58] 그리고 법원은 연방 기업 양
형 가이드라인에 따라 기업에 대한 '유책성 지수(culpability score)'를 고려하는데, 이
유책성 지수는 기본점수 5점을 기준으로 가중·감경 요소에 따라 최저 0점에서 최
고 10점까지 주어진다. 만일 기업이 효과적인 컴플라이언스 및 윤리 프로그램을 가
지고 있다고 결정되면 유책성 지수에서 3점을 차감하도록 되어 있다.[59] 이때 법원
은 기업 내 범죄행위가 있을 경우 컴플라이언스 및 윤리 프로그램이 없다면 즉 컴
플라이언스 및 윤리 프로그램을 무시하였다면 엄벌에 처하고, 컴플라이언스 및 윤
리 프로그램이 구축되어 있고 앞서 언급한 효과적인 컴플라이언스 및 윤리 프로그

램의 7가지 최소 요건을 갖추어 운영되고 있다면 벌금액의 최고 95%까지 감면해
준다고 한다.[60]

3. 2004년 COSO 보고서

COSO는 2004년 9월에 1992년 COSO I의 한계를 의식하여 COSO I의 내부통제의
구성요소를 확대하고 더욱 정교하게 다듬은 결과, 기존의 내부통제체제와 리스크관
리체제를 기업의 전조직적 차원에서 통합적으로 결합시켜 '기업위험관리 통합체제
(Enterprise Risk Management: ERM – Integrated Framework)'라는 보고서(이하 "COSO Ⅱ"
라고 한다)를 공표하였다. 2004년 COSO Ⅱ는 ① 왜 내부통제체계가 기업지배구조에
있어 중요한지, ② 왜 내부통제체계가 전략수립과 사업계획을 세우는 데 있어 중요한
지, ③ 왜 내부통제체계가 사업계획을 실행함에 있어 중요한지, ④ 왜 내부통제체계
가 모니터링을 하는 데 중요한지, ⑤ 왜 내부통제체계가 적응을 하는 데 중요한지 등
을 다루면서, COSO 체계를 성공적인 조직을 통제하고 관리하기 위한 상당히 표준적
인 리더십 우산(leadership umbrella)이라는 맥락에서 설명하고 있으며, 기업들이 실질
적으로 내부통제를 통하여 통합적인 위험관리체제를 구축하고 운영하는데 지침이 되
었다.[61]

COSO Ⅱ에 따르면, 기업은 모든 이해관계자를 위하여 가치 창조를 목적으로 존재
하고, 기업은 경영상 직면하는 리스크에 대처하는 체제를 구축할 필요가 있다고 한
다. COSO Ⅱ에서 기업위험관리(ERM)[62]란 "회사의 경영목표 달성에 합리적 확신을
제공하기 위하여, 회사의 모든 계층이 참여하여 만들어진 전략수립과 기업영업 전반
에 적용되고, 회사에 영향을 주는 잠재적 사건을 식별하고 해당 리스크를 리스크 선
호도(risk appetite) 내에서 관리할 수 있도록, 설계된 전체적이고 진행형의 프로세스(a
process, ongoing and flowing through an entity)"라고 정의되고 있다.[63] 그리고 기업위
험관리에는 ① 경영 리스크 선호도와 전략과의 연계(aligning risk appetite and
strategy), ② 리스크 대응 능력의 강화(enhancing risk response decisions), ③ 운영상
예상치 못한 사고 및 손실의 감소(reducing operational surprise and losses), ④ 부서별·
기능별 리스크의 식별 및 관리(identifying and managing multiple and cross – enterprise
risks), ⑤ 기회 포착(seizing opportunities), ⑥ 자본금의 합리적 배분(improving deployment

of capital) 등의 요소가 강조되고 있다. 이와 같은 통합체제로 발전된 기업위험관리 통합체제는 기업의 경업활동에서 발생하는 전반적 위험을 체계적으로 관리하는 시스템으로서 경영성공의 필수적인 도구이기 때문에 전 직원의 이해와 참여 그리고 적합한 역할분담이 중요함을 강조하며, 경영진이 경영목표를 달성하기 위해서는 재무관리, 사업운영, 준법감시의 효율성과 유효성 확보를 위한 내부관리 시스템을 반드시 구축해야 한다고 한다. 그 결과 리스크관리를 위한 사전적 교육과 훈련을 중시하며 상시적인 점검(조사)과 원활한 보고체제의 절차 그 자체를 내부통제의 본질로 파악한다.[64]

2004년 COSO Ⅱ가 공표된 것은 사베인 – 옥슬리 법을 뛰어넘는 내부관리체제의 정비가 필요했기 때문이다. 즉 COSO Ⅱ에 의하면, 사베인 – 옥슬리 법의 요청을 따른다 해도 사업의 성공이 보장되지 않고 오히려 새로운 리스크관리가 필요하므로 사베인 – 옥슬리 법에서 요구하는 보고의 완전성을 전제로, 다음 단계로서의 리스크관리가 요구된다는 것이다. 여기서의 기업위험관리(ERM)는 내부통제보다 광범위한 개념으로서, 내부통제가 ERM의 일부를 구성하는 한편, ERM은 기업지배구조(corporate governance) 과정의 일부분이라고 할 수 있다.[65] 이를 그림으로 표시하면 [그림 4-4]와 같다.

[그림 4-4] 기업지배구조 · ERM · 내부통제의 관계[66]

4. 2005년 개정 모범회사법

2005년 미국변호사협회(American Bar Association)는 모범회사법(MBCA)를 개정하면서 제8.01조에서 공개회사(public corporation)의 이사회는 ① 사업의 성과와 계획, ② 회사가 노출될 수 있는 중요 위험, ③ 고위집행임원의 보수와 성과, ④ 법률 및 윤리강령의 준수, ⑤ 재무제표의 준비, ⑥ 내부통제의 유효성, ⑦ 이사에게 정보제공을 위한 약정, ⑧ 독립이사의 역할을 고려한 이사회와 위원회 구성 등에 관하여 감독책임이 있다고 규정하였다.[67] 이는 내부통제 시스템을 구축하고 운용 및 감독할 책임이 이사회에 있음을 확인한 것이다.[68]

5. 미국 연방검찰의 기업사법처리지침과 그 변화

(1) 1999년 연방검찰의 기업사법처리지침

1999년 미국 법무부는 기업에 대한 연방검찰의 사법처리 기준의 명확성에 대한 요청이 증가하자 기업에 대한 불법행위 책임부과를 결정함에 있어 컴플라이언스 구축과 운용을 고려하는 인센티브제도를 발표했다. 당시 연방 법무부차관인 에릭 홀더(Eric Holder)가 "Bringing criminal charges against corporations"이라는 지시회람(memorandum)에서 Federal prosecution of corporations을 발표하여 '홀더 지침(Holder Memo)'라고 불리기도 한다.

1999년 지침은 현재 연방검찰의 기업에 대한 사법처리지침의 기본적 구조를 확립한 최초의 체계적 지침으로 연방검찰의 수사관행을 획기적으로 변화시킨 조치로 평가되고 있는데,[69] 그동안 검찰 내부에서 비공식적·단편적으로 컴플라이언스 제도 등에 우호적 조치를 취해온 것을 보다 공식적·체계적으로 정리한 것이다. 특히 1999년 지침은 기업의 컴플라이언스 제도에 대한 우호적 고려 및 수사 협조 정도를 판단함에 있어서 컴플라이언스 제도의 시행과 효과 여부, 변호사·의뢰인 비밀유지특권의 자발적 포기와 임직원에 대한 변호사비용 대납 거부 등 협조 요소[70]를 주요 내용으로 하고 있다.[71]

〈표 4-3〉 Federal Prosecutorial Guidelines (1999)[72]

기업에 대한 입건시 고려 요소 (Factors To Be Considered in Charging Corporations)	대배심 기소 회부 여부 결정시 구체적 고려 사항 (Organizational Factors To Be Considered in Determining Whether To Seek an Indictment)
1. 위법행위의 성격과 심각성(The nature and seriousness of offense)	a. 대배심기소전(pre-indictment) 기업의 행위 b. 기업이 위법행위에 대한 공개를 완전히 하였는지 여부
2. 위법행위의 만연성(The pervasiveness of wrongdoing)	종업원이 형사범죄를 저질렀을 당시 컴플라이언스 제도의 존재
3. 동 기업의 유사행위 전력(The corporation's history of similar conduct)	a. 불법을 장려하거나 용인하는 기업문화의 증거 b. 기업이 과거 잘못으로부터 교훈을 얻지 못했다는 추정을 가능케 하는 유사한 범죄혐의의 반복
4. 위법행위에 대한 자발적이고 신속한 공개와 수사 협조 의지(The corporation's timely and voluntary disclosure of wrongdoing and willingness to cooperate)	a. 조직 내 범죄혐의자 적발에 대한 기업의 의사 b. 변호사·의뢰인 특권 포기 의사
5. 컴플라이언스 제도의 존재와 적절성(The existence and adequacy of compliance designed programs)	a. 컴플라이언스 제도가 잘 설계되었는지 b. 컴플라이언스 제도가 작동하고 있는지
6. 기업의 사후 대응(The corporation's remedial actions)	a. 유책 종업원에 대한 기업의 징계 b. 충분한 배상에 대한 기업의 의사
7. 관련 부수적 피해(Any relevant collateral consequences)	a. 기업의 기소로 죄 없는 종업원이 받을 불이익 b. 죄없는 주주를 처벌하는 효과의 공정성
8. 비형사적 조치의 적절성(The adequacy of non-criminal Remedies)	기업이 적절한 화해조치(mediation)없이 비형사적 제재를 당한 사실

(2) 2003년 톰슨 지침(Thompson Memorandum)

미국 연방검찰은 2002년 사베인-옥슬리 법의 제정에도 불구하고 책임 있는 내부 임직원들에 대한 사법처리는 당해 기업의 협조 없이는 거의 불가능함을 인식하였고, 이에 다른 방안을 강구하게 되었다. 2001년 법무부차관인 래리 톰슨(Larry Thompson)은 홀더 지침의 수정판인 '톰슨 지침(Thompson Memo)'[73]을 공표하였다. 이때 지침의 명칭을 종래 'Federal Prosecution of Corporations'에서 'Federal Prosecution of

Business Organizations'으로 변경하면서 회사뿐만 아니라 모든 형태의 기업, 즉 조합(partnerships), 개인사업자(sole proprietorships), 정부기관, 비법인 단체(unincorporated associations)에도 적용됨을 명확히 하였다. 또한 기본 고려 요소를 하나 더 추가하여 홀더 지침의 8개 고려 요소가 9개로 되었다.

톰슨 지침은 홀더 지침보다 훨씬 공격적인 입장을 취하였다. 우선 기업의 협조(cooperation)의 진정성을 강조하여 이를 위해 수사에 협조한다고 하면서 사실상 수사방해를 하는 행위인지 여부(예컨대 전·현직 종업원에 대한 회사 차원의 보호에 대한 과도한 과시행위, 인터뷰 거절과 같이 수사에 공개적이고 충분하게 협조하지 말 것을 종업원이나 변호사에게 지시하는 행위, 오해를 유발하거나 중요사항이 생략된 자료를 제출하는 행위, 자료제출의 불충분이나 지연행위, 이미 알고 있는 위법행위의 신속한 공개 지연행위 등)를 고려하였다. 또한 범죄혐의로 수사대상이 되고 있는 기업의 임직원들이 있는 경우 그 기업의 전반적인 형사책임(entity-wide criminal liability)을 고려하도록 명확히 하였고, 홀더 지침상의 고려 요소들을 단순한 권고가 아니라 의무화 하였다.[74]

그러나 톰슨 지침에서 협조 요소 중 변호사·의뢰인 비밀유지특권과 변호사 법률자문자료 보호특권(work product immunity)의 포기가 가장 논란이 되었다. 이에 대해 미국변호사협회(ABA)는 이러한 특권의 포기가 공익(public interest)에 반한다는 이유를 들어 가장 먼저 조직적인 반대운동을 전개하였다. 연방검찰의 주요 타겟인 대부분의 공개기업으로서는 사법처리에 직면한 입장에서 이러한 특권 포기 요청을 거부하기 어렵다. 검찰에 대한 특권 포기는 이후 관련 민사소송에서 다른 정부기관이나 소송 상대방의 증거개시(discovery) 요구에 대해 특권을 주장하기 어렵게 만든다. 결국 변호사로 하여금 범죄 혐의를 인지하였을 때 기업과 핵심 직원들에 대한 조언을 제공하는데 주저하게 하는 효과를 발휘하게 한다.[75]

톰슨 지침의 유효성에 결정적 타격을 가한 것은 법원과 의회였다. 2006년 6월 연방 뉴욕남부지법의 Kaplan 판사는 United States v. Stein 사건[76]에서 톰슨 지침의 협조 요소 중 기업의 임직원에 대한 변호사비용 대납시 불리하게 고려하도록 한 것에 크게 비판적인 의견을 제시하였다. 동 사건은 미국 역사상 최대의 탈세사건으로 칭해지기도 한 사건으로 회계법인 KPMG의 전 파트너들과 직원들에 대한 것인데, Kaplan 판사는 이 사건에서 KPMG로 하여금 전 파트너들과 직원들에 대하여 변호사비용 대납을 못하도록 톰슨 지침을 사용[77]하는 것은 공정한 재판에 대한 적법절차 및 연방헌법 수정 제6조의 변호인 선임권을 침해하는 것이라고 판결하였다.

한 달 후 Stein Ⅱ사건[78]에서 Kaplan 판사는 더 나아가 KPMG로부터 검찰에 협조하지 않으면 변호사비용을 대납하지 않겠다는 압력에 따라 이루어진 두 명의 피고인의 진술에 대하여 그 증거능력을 부인(suppress)하였다. 판결문에서 Kaplan 판사는 "톰슨 지침과 이를 적용하는 검찰에 의하여 이루어진 이러한 압력은 이 사건에서와 같은 상황, 즉 기업이 그 직원들로 하여금 헌법적 권리를 희생하도록 엄청난 경제적 영향력을 행사하는 것을 고착화 시킨다"고 하였다.[79] 이에 따라 향후 연방검찰이 톰슨 지침을 계속 적용할 수 있을지에 대해 심각한 의문이 제기되었고 법무부는 제2연방고등법원에 항소하였다.[80]

약 두 달 후인 2006년 9월 연방상원법제사법위원회(Senate Judiciary committee)는 기업범죄 수사에 있어서 변호인 선임권에 대한 톰슨 지침의 영향을 조사할 청문회를 개최하였고,[81] 2006년 12월 8일 알렌 스펙터(Arlen Specter) 상원의원은 「변호사・의뢰인 비밀유지특권 보호법」(Attorney－Client Privilege Protection Act of 2006)을 발의하였다. 동 법안은 민・형사 소송에서 정부가 기업으로 하여금 변호사・의뢰인 비밀유지특권이나 변호사 법률자문자료 보호특권의 포기를 요청하지 못하도록 하였고, 검찰이 기업에 대한 형사처벌을 고려할 때 기업이 종업원의 변호사비용을 대납하거나, 공동 방어약정을 맺거나, 변호사・의뢰인 비밀유지특권이나 법률자문자료 보호특권을 포기하지 않기로 하는 결정을 내리거나, 수사대상인 종업원을 계속 고용하고 있는 사실들을 감안하지 못하도록 하였다.[82][83]

(3) 2006년 맥널티 지침(McNulty Memorandum)

2006년 12월 13일 당시 법무부 차관 폴 맥널티(Paul McNulty)는 2003년 톰슨 지침의 개정판을 발표하였다.[84] 공식명칭이 "Principles of Federal Prosecution of Business Organizations"으로 통상 '맥널티 메모(McNulty Memo)'로 일컬어지는 이 지침은 톰슨 지침에서 기업체와 변호사들로부터 많은 비판을 받은 기업의 협조 요소 부분을 상당히 수정하였다. 구체적으로 맥널티 지침은 변호사・의뢰인 비밀유지특권 등이 중요한 헌법적 권리임을 명시하면서 특권포기가 협조 요건 충족의 전제가 아니라고 명시하고, 예외적인 경우 특권포기를 요구할 때는 엄격한 통제장치를 두었다. 이에 따라 검찰은 톰슨 지침 하에서 고려되었던 일부 협조 요소들을 더 이상 고려할 수 없게 되었다. 검찰은 기업이 변호사의 주관적 느낌(mental impression)이나 결론과 같은 '비사실적(non-factual)' 정보와 관련하여 변호사·의뢰인 비밀유지특권과 법률자문자료 보호특권을 포기하였는지 여부를 고려할 수 없게 되었으며, 기업이 혐의를 받고 있는 종업원에게 변호사비용을 대납했는지도 고려할 수 없게 되었다. 또한 맥널티 지침은 검사가 특정 정보에 대하여 변호사·의뢰인 비밀유지특권이나 법률자문자료 보호특권의 포기를 요청할 때 법무부 장관에게 특별히 신청하여 승인을 받아야 한다.

그리고 맥널티 지침은 구형 결정에 있어서 평가되어야 할 9가지 요인들을 열거함으로써 기업범죄를 다루는 일반적인 지침뿐만 아니라, 임원과 기업에게 법률위반이 발견되었을 때 어떤 조치를 취할 거라고 기대되는지와 무슨 조치를 취해야 하는지에 대한 가이드라인을 제공한다. 이 가이드라인을 살펴보면, 강력한 컴플라이언스 프로그램의 가치가 명백해진다. 즉 혐의 대상비리가 발생하기 전에 컴플라이언스 프로그램이 있었다면 이는 검사들이 조사의 전 과정에 걸쳐 이를 고려하게 되는 요인이 된다. 이 요인은 다음의 두 가지 방향으로 고려될 수 있다. 하나는 컴플라이언스 프로그램이 존재함에도 불구하고 위반행위를 저질렀다는 것은 경영진이 컴플라이언스 프로그램을 전적으로 지원하지 않고 있음을 시사할 수도 있다. 반면에 다른 하나는 강력한 컴플라이언스 프로그램은 컴플라이언스를 달성하려는 성실한 노력을 실질적이고 일관적으로 기울이고 있음을 입증할 수도 있는데, 이는 회사에 유리하게 작용할 수 있다. 이때 검사는 맥널티 지침에서 '종이 프로그램'이라고 불리는 컴플라이언스 프로그램의 피상적인 외양보다는 컴플라이언스에 대한 회사의 진정한 의지를 검토할 것이다. 컴플라이언스 프로그램의 설계 및 시행, 회사의 컴플라이언스 노력의 결과에 대한 감사, 문서화, 분석 및 활용을 위한 인력의 충분성, 직원들이 컴플라이언스 프로그램에 대한 적정한 정보를 제공받고 있는지와 컴플라이언스에 대한 회사의 의지를 확신하고 있는지 등의 요인들이 검토된다.

맥널티 지침에 따라 검사가 기업을 기소할 때 고려해야 할 9가지 요소

맥널티 지침은 검사들이 기업의 위법성을 평가할 때 증거의 강도 및 유죄판결 가능성과 같은 정형적인 고려 요인 외에 특별히 고려해야 할 9가지 요인을 열거하고 있다. 검사들은 조사 수행, 기소 여부 결정 및 유죄인정 조건부 형량협상시 다음 사항을 고려해야 한다.

1. 범죄의 성력 및 심각성
   - 대중에 대한 피해 위험, 특정 범죄유형에 대한 기업체 기소에 적용할 수 있는 정책 및 우선순위 포함
2. 기업 내 비리행위 정도
   - 기업 경영진의 비리 공모 또는 용인 포함
3. 해당 기업의 유사행동 전력
   - 과거의 민·형사상 조치 또는 규제 당국의 제재 조치 포함
4. 비리에 대한 회사의 시의적절하고 자발적인 공지 및 당국의 조사에 대한 협력의지
5. 회사 컴플라이언스 프로그램의 적정성
6. 회사의 시정조치
   - 효과적인 컴플라이언스 프로그램 도입 또는 기존 프로그램의 개선 노력, 책임 있는 경영진 교체, 비리 행위자 징계 또는 해고, 배상금 지급 및 관련 정부 기구에 대한 협력 포함
7. 부수적인 결과들
   - 주주·연금수급권자·개인적으로 책임이 없는 직원들에 대한 균형이 맞지 않는 피해 및 기업에 대한 기소로 일반 대중에게 미치는 영향
8. 기업비리에 책임 있는 사람에 대한 기소의 적정성
9. 민사상 또는 규제 당국의 단속조치와 같은 해결방안의 적정성[85]

그러나 맥널티 지침에 대해서도 "너무 변화가 없고 너무 늦었다"(too little, too late)는 비판이 제기되었다.[86] 맥널티 지침도 과거와 같이 여전히 검찰로 하여금 기업의 특권포기 여부를 협조의 증거로 여기도록 계속 허용하고 있기 때문이라는 것이다. 동 지침은 비록 기업이 변호사·의뢰인간 의견교환이나 비사실적 법률자문자료에 대해 제공을 거부하더라도 이를 사법처리 여부 결정시 참고하면 안 된다고 명확히 하고 있으나, 그러면서도 검찰의 요청 수락이나 자발적 제공을 우호적으로 고려할 수 있다는 점 또한 명백히 밝히고 있다.[87] 또한 맥널티 지침은 기존 지침들과 같이 법적인 구속

력이 없어 사실상 93개 연방 지방검찰에 거의 영향을 미치지 못하고 있다. 이 때문에 맥널티 지침에도 불구하고 검찰과 피고 기업은 기업의 특권포기의 범위와 빈도를 두고 계속적으로 분쟁을 이어가고 있다고 한다.[88]

(4) 2008년 필립 지침(Filip Memorandum)

2008년 8월 28일 제2연방고등법원 Stein 사건과 관련하여, 법무부가 KPMG의 전 파트너와 직원들의 헌법 수정 제6조의 변호인 선임권을 침해하였다고 판시하면서 Kaplan 판사의 제1심판결을 인용하였다. 그리고 같은 날, 법무부는 맥널티 지침에 있는 기준을 대체할 새로운 기업사법처리지침을 연방검찰매뉴얼(United States Attorney's Manual: USAM)에 추가, 포함하였다고 발표하였다. 2008년 개정된 연방검찰매뉴얼 §9-28.800에 있는 기업사법처리지침은 달리 '필립 지침(Filip Memo)'으로 통칭된다.[89] 이 지침은 무엇보다 기업사법처리지침이 사상 처음으로 연방검찰업무매뉴얼(U.S. Attorneys' Manual)에 포함되었다는 데서 다소 비공식적인 성격의 이전 지침들보다 공식화되었다는데 의미가 있다.

필립 지침은 검사가 기업의 협조를 판단할 때 검찰수사과정에서 기업의 '관련 사실(relevant facts)'을 얼마나 잘 제출하는가를 고려하도록 하였다. 법무부는 이것이 맥널티 지침의 2단계 절차보다 개선되었다고 주장하였으나, 피고측 변호사들은 관련 사실이 결국 변호사·의뢰인 비밀유지 특권이나 법률자문자료 보호특권도 포함하는 것 아니냐는 의심의 눈길을 거두지 못하고 있다고 한다.[90][91]

6. 2010년 도드-프랭크 법(금융개혁법)

미국에서는 글로벌 금융위기 이후에도 잇달아 발생한 기업 스캔들에 적극적으로 대응하기 위해 금융감독체계를 전반적으로 개편하는 내용의 2010년 「도드-프랭크 월가개혁 및 소비자보호법」(Dodd-Frank Wall Street Reform and Consumer Protection Act, 이하 '도드-프랭크법'이라고 한다)[92]이 제정·발효되었다. 이 법은 입안자인 미국 상원의 크리스토퍼 도드(Christopher Dodd) 금융주택위원장과 하원의 바니 프랭크(Barney Frank) 금융서비스위원장의 이름을 따라 '도드-프랭크법'이라고 불린다. 도드-프랭크법은 「은행지주회사법」(Bank Holding Company Act of 1956), 「증권거래법」

(Securities Exchange Act of 1934), 「연방준비법」(Federal Reserve Act) 등 각종 금융 관련 법안들을 대폭 수정하는 내용을 담고 있으며, 금융감독 시스템의 효율적 개편을 통한 금융시장의 투명성 확보와 금융회사에 대한 규제·감독 강화는 물론 금융소비자 보호의 강화와 대출 관행 개선 등 포괄적 이슈를 다루고 있다.[93)]

컴플라이언스와 관련해서 도드-프랭크법은 기업의 내부고발제도를 크게 강화하였다. 도드-프랭크법 제922조는 1934년 증권거래법에 21F조를 신설했다.[94)] 동조에 의하면 내부고발자가 100만 달러 이상의 비용지출이 되는 연방법위반에 관한 정보를 미국 증권거래위원회(SEC)에 제공한 경우, SEC는 그 복구비용의 10~30%를 내부고발자에게 보상금으로 지급해야 한다. 보상금은 SEC의 투자가보호기금에서 받는다. 그런데 보상금을 목적으로 정보제공이 SEC에만 집중되어 기업의 내부고발 시스템을 형해화시킬 수 있다는 비판이 제기되었다. SEC는 이러한 비판을 수용하여 기업의 내부고발을 장려하는 규칙을 추가했지만, 기업 내부절차에 따른 보고를 보상금의 지급요건으로 하는 것은 거부했다. 내부고발제도의 근본적인 목적을 기업의 컴플라이언스의 장려가 아닌 SEC의 집행의 강화에 두었기 때문이다.

사업주가 적법한 내부고발을 행한 종업원에 대해 고용관계에 의거하여 보복조치를 하는 것은 엄격히 금지되어 있고,[95)] 이를 위반할 경우 동일한 직위로의 복직, 이자와 2배 임금의 지급 및 소송비용의 변제 등의 구제가 명령될 가능성도 있다.[96)] 이에 덧붙여 SEC 내에 내부고발프로그램 전문부서가 설치되어 있다.[97)]

내부고발자는 변호사를 통해 익명으로 정보를 제공할 수 있다. 또한 SEC는 내부고발자의 신원을 특정할 것으로 합리적으로 예상되는 정보에 관하여 비밀보장의무를 진다. 다만 일정한 연방재판절차 또는 행정절차에서 피고인 또는 피신청인에게 공개할 필요가 있는 경우 이로써 제한되지 않는다.[98)] 그리고 1934년 증권거래법의 목적을 달성하여 투자자를 보호하기 위해 필요하다고 SEC가 인정하는 경우 미국 법무부, 적절한 규제당국, 자율규제기관, 각 주의 법무장관(형사수사와 관련하여), 적절한 각 주의 규제당국, 상장기업회계감독위원회(PCAOB) 또는 외국의 증권규제당국 및 법집행기관에 공개하는 것도 인정된다.[99)]

한편 도드-프랭크법에서는 금융안정감시위원회(Financial Stability Oversight Council)가 관리 금융기관에 대하여 시스템리스크 관리보고서를 요구할 수 있게 함으로써 내부통제 제도와도 일정한 관련성을 갖고 있다.[100)]

	미국의 컴플라이언스 제도	우리나라의 컴플라이언스 제도
제도 도입 및 발달	정부의 규제에 대한 대응 노력의 일환으로 민간 기업에서 장기간에 걸쳐 발전	정부 주도로 단기간에 도입
정부의 역할	연방 양형 가이드라인을 통해 제도의 효과성 판단기준 및 효과적인 컴플라이언스 제도 운영 인센티브 제공	법률 제정에 의한 제도 도입 강제
특징	컴플라이언스를 담보하기 위한 효과적인 내부통제 시스템 구축을 강조	컴플라이언스 책임자 배치, 내부통제 기준제정 등 형식적 요건만을 요구
법적요건 준수 입증	형식적 요건보다 효과적인 내부통제 시스템을 구축하여 운영하고 있음을 기업이 입증하게 하므로, 단순한 제도 운영만으로는 효과성을 입증할 수 없고, 기업이 많은 노력을 기울여야 함	형식적 요건준수만을 요구하므로, 요건준수 여부 판단도 용이하고 별다른 노력을 기울이지 않아도 준수하기 용이함
인센티브	효과적인 컴플라이언스 시스템을 운영하고, 정부 조사에 협조하며, 위반 사항 발견시 자진 신고할 경우 처벌을 감경함	효과적인 컴플라이언스 시스템 구축 및 운영에 대한 인센티브 없음
효과성 요건	연방 양형 가이드라인에 구체적으로 규정됨	규정하지 아니함

IV. 미국 판례에 나타난 컴플라이언스 구축의무와 범위

미국에서 기업과 이사들은 효과적인 컴플라이언스 및 윤리 프로그램의 실패로 기업비리가 적발되었을 경우 정부와 주주로부터 엄격한 민·형사상 처벌 및 법적 조치를 당할 수 있다. 케어마크 사례[102]는 이사들에게 "컴플라이언스 내지 내부통제 시스템의 구축의무"를 처음으로 부과한 대표적인 사례이다. 케어마크 사례 이후 회사법 분야에서의 법원판결들에 따르면,[103] 이사들의 행동은 세밀하게 조사되어야 하고, 이사들이 법령을 준수하지 않은 것으로 판명될 경우 엄격한 조치를 당할 수 있다. 이때 이사들이 "법률이 준수되도록 성실한 노력을 기울이고 이 목표를 위하여 필요한 조치를 충실히 취했는지 여부"가 판단의 기준이다. 다음에서는 미국에서 기업 컴플라이언스에 관련된 판례가 어떻게 발전해 나아갔는지를 살펴보고자 한다.

1. 1996년 케어마크 사례

1996년 케어마크 사례는 컴플라이언스 프로그램에 있어 이사들의 역할에 중대한 영향을 끼쳤다고 평가받고 있는데, 기업의 법적 컴플라이언스에 대한 노력을 감독할 이사회의 의무는 무엇인가에 관한 것이다.

케어마크 인터내셔널 주주대표소송은 의료 서비스 회사인 케어마크 사를 상대로 주주들이 제기한 소송이다. 이 소송에서 주주들은 케어마크 사와 직원 두 명이 자사가 판매하는 특정 의약품을 납품하기 위해 의사들에게 불법적으로 금전을 지급하는 등의 방식으로 연방 소개료 지급 금지법과 다른 주법 및 연방법을 위반했다고 주장하였다. 이러한 뇌물로 인해 회사와 두 명의 직원에 대한 조사와 기소가 이루어졌다. 케어마크 사는 이 사건에서 연방과 주의 소송절차를 해결하기 위해 유죄협상을 통해 민사 및 형사처벌에 약 2억 5천만 달러를 지급하기로 합의했다. 이 후에 주주들은 이사들을 상대로 델라웨어(Delaware) 주 형평법원에 소송을 제기했다.[104]

이 소송에서 주주들은 이사들이 직원들을 적절히 감독(모니터링)하지 못함으로써 회사에 민·형사상의 벌금 등 심각한 재무적 손실을 입혔다고 주장했다. 다만 주주들은 증거부족으로 이사들의 행동에서 주의의무 위반이나 이해상충과 같은 전형적인 법리를 적용할 수 없었고, 그 대신에 이사들이 직원들을 적절하게 감독(모니터링)하지 못했고, 시정조치를 취하지 않음을 이유로 책임을 추궁했다. 이 사례의 핵심 쟁점은 "기업이 법률의 테두리 내에서 목표를 달성하도록 하기 위한 조직구조 및 감독과 관련한 이사회의 책임은 무엇인가"이다.[105]

이 사건에서 델라웨어 주 형평법원의 윌리엄 앨런(William Allen) 판사는 이사들의 감독의무와 관련하여 이사의 의무에는 이사회를 포함한 고위경영진이 회사의 법률준수 및 비즈니스 성과와 관하여 자신의 업무범위에 속한 정보를 시의적절하고 정확하게 그리고 충분히 제공받은 상태에서 의사결정을 할 수 있도록 하기 위해 조직 내에 합리적으로 고안된 정보 및 보고시스템이 갖춰지도록 성실하게 노력할 의무가 포함됨을 강조하였다.106) 이 판결은 이러한 이사들의 감독의무가 이사의 회사에 대한 전반적인 의무의 일부라는 점을 확립하였고, 어떠한 기업도 다른 기업과 동일하지 않고 어떠한 컴플라이언스 프로그램도 똑같지 않을 것이라는 인식 하에 기업의 의사결정자들이 어떠한 컴플라이언스 프로그램이 자신들의 회사의 특수한 비즈니스 상황에 맞는지를 선량한 관리자의 주의를 다하여 사려 깊게 결정하도록 하고 있다. 즉 기업은 법률을 준수해야 하지만 정확한 방법은 기업에게 맡겨져 있다는 것이다.

본 사례에서 델라웨어 주 형평법원은 이사회가 컴플라이언스 프로그램을 설치하기 위하여 선량한 관리자로서의 노력을 다하는 한 이사의 감독의무가 충족되는 것으로 보면서 케어마크 사의 이사회가 그들의 감독의무의 수행시 선량한 관리자의 주의의무를 결여하였다거나, 회사의 법률위반 사실을 알면서도 허용했다는 증거가 없다는 이유로 이사회의 감독의무 불이행은 인정되지 않는다고 판단하였다.107) 이에 따라 이사회가 컴플라이언스 프로그램 구축을 시도하기만 했다면, 이사회의 노력이 실패하든 컴플라이언스 프로그램이 효과를 발휘하지 못하든 관계가 없어 보인다. 이는 "이사회가 합리적인 정보 및 보고시스템이 존재하도록 하기 위한 노력을 전혀 기울이지 않는 등 이사회가 지속적이거나 체계적으로 감독기능을 행사하지 못할 경우에만 이사회가 책임질 필요조건이 되는 선량한 관리자의 주의의무 부재가 성립된다"108)라는 판결에서도 분명하게 나타난다.

케어마크 사례는 미국 연방 기업 양형 가이드라인이 그다지 부각되지 않던 시절에 기업 양형 가이드라인의 영향 및 중요성에 대한 인식을 제고하였고, 이에 더하여 연방 법원 및 델라웨어 주 뿐만 아니라 다른 많은 주의 법원들이 법적 컴플라이언스를 달성하기 위한 최소한의 조치를 취하지 못한 이사회를 상대로 소송을 제기하기 위한 선례[이른바 '케어마크 주장(caremark claim)']가 되었다는 점에서 큰 의미가 있다고 한다.109)

그러나 이 판결이 내려지고 몇 년이 지나지 않아서 기업의 부정부패 스캔들이 계속해서 발생한 데서 보듯이 케어마크 판결이 추구했던 기업 거버넌스의 혁명은 달성되지 못한 채 실질에 대한 형식의 공허한 승리에 지나지 않았다는 비판이 제기되었다.110) 이 판결은 이상은 높았지만 적절히 집행되지 않았는데, 거기에는 이사회의 의무가 상대적으로 엄격하지 않은 데서 그 이유를 찾을 수 있다. 즉 이 판례 하에서 이사회의 의무는 아주 중대한 법률위반, 예컨대 이사회 구성원들이 불법행위를 암시하는 명백한 위험신호를 무시하는 경우,111) 감사위원회 위원을 임명하지 않거나 감사위원회를 소집하지 않는 경우112) 등이 있을 때에만 위반한 것으로 본다. 그에 따라 이사가 자신이 성실하게 행동했다고 합리적으로 주장하는 한 의사의 결정이 회사에 얼마나 치명적인 피해를 입혔는지 불문하고 면책될 수 있다. 이처럼 케어마크 판결은 기업에게 절차뿐만 아니라 실제로 법규를 준수할 적절한 인센티브를 제공하지 못하였고, 유일한 인센티브라고 한다면 이사들이 주주대표소송으로부터 자신을 보호하기 위해 복잡한 절차의 그물망을 만드는 것이었으며, 이사회가 적극적으로 법률 위반자를 뿌리 뽑거나 해로운 행동을 감독하고 예방하기에 충분할 정도로 엄격한 통제를 부과할 동기를 부여하지 못했다.113)

2. 2006년 스톤 사례

델라웨어 주 대법원은 2006년의 스톤 사례를 통해 공식적으로 케어마크 판결을 재확인하였다.114) 본 사례에서 원고(주주)들은 회사의 이사들이 자금세탁(money laundering)을 방지하고 탐지하기 위하여 법적으로 요구되는 내부통제의 설계 및 운용을 확립하는 데 실패했다고 주장하였다. 이에 따라 5천만 달러의 벌금을 받게 될 것이 예상되었다.115) 원고들은 미 재무부 산하 금융범죄단속기구(Financial Crimes Enforcement Network: FinCEN)가 회사에 벌금을 부과할 연방준비이사회(Federal Reserve Board)와 보조를 맞추어 회사의 자금세탁방지 컴플라이언스 프로그램에 대하여 "해당 회사의 프로그램은 적절한 이사회와 경영진의 감독을 받지 못했고, 결과적으로 은행권이 「은행비밀유지법」(Bank Secrecy Act)상의 컴플라이언스 책임자들에게 보고되지 않은 수상한 행위에 관한 정보를 얻기에는 부족한 프로그램이었다"라는 비판적인 평가서를 제출하였음에 주목하였다.116)

그러나 델라웨어 주 대법원은 FinCEN의 보고서에도 불구하고 앞서 언급한 케어마크 주장이 성공할 가능성이 거의 없다는 주 형평법원의 결정을 수용하면서 다음과 같이 케어마크 의무의 구성요건들을 확인하였고 그 의무의 위반이 이사의 충실의무 위반을 구성한다는 것을 명확히 하였다: "케어마크 사례는 이사의 감독책임을 인정하기 위하여 필요한 조건을 명시하고 있다. 즉 (a) 이사들이 어떠한 보고 또는 정보 시스템이나 통제를 시행하는 데 완전히 실패했을 것, 또는 (b) 그러한 시스템이나 통제를 시행했지만 의식적으로 그 운영을 감독 또는 감시하지 않아 그들의 주의를 요하는 위험이나 문제를 알지 못했을 것을 전제조건으로 한다. 둘 중의 어떤 경우라도 이사에게 책임을 부과하기 위해서는 이사가 자신의 신인의무(fiduciary obligations)의 불이행을 알았음이 증명되어야 한다. 이사가 알려진 의무를 다하지 않아서 자신의 책임을 의식적으로 무시하였음이 입증된 경우 이사는 성실하게 신인의무를 다하지 못함으로써 충실의무를 위반하게 되는 것이다."117)

스톤 사례에서 델라웨어 주 대법원은 이사들이 주의의무 및 충실의무와 별도로 신의성실의무를 부담하지는 않지만, 신의성실은 이사들의 배상책임 유무에 대한 분석에서 중요한 일부분이라고 판시하였다. 즉 본 법원은 신의성실 요건을 이사가 회사에 가장 이익이 되는 방향으로 행동해야 하며 자신의 이익을 회사의 이익보다 우선해서는 안 된다는 충실의무와 연계하였다.118)

한편 델라웨어 주 대법원은 이사의 감독책임에 대한 케어마크 의무의 의무를 채택하면서도 컴플라이언스 및 기업윤리를 정립할 이사의 첫 번째 의무(a director's initial duty to address compliance and ethics)와 컴플라이언스 및 기업윤리를 정립할 계속적 의무(an ongoing duty to address compliance and ethics)라는 두 가지 의무를 재배열하여 이 두 의무위반을 주장하는 원고들에게 많은 것을 요구하였다. 즉 원고는 이사의 첫 번째 의무위반과 관련하여 "이사가 컴플라이언스 및 윤리와 관련된 어떠한 조치도 취하지 않았음"을 주장할 것이 요구된다. 둘째로, 원고가 컴플라이언스 및 윤리에 대한 계속적 감시의무의 위반을 주장할 경우의 주장기준 역시 매우 엄격하다. 그러한 경우에 델라웨어 주 법원들은 원고에게 이사가 조직의 컴플라이언스 및 윤리 프로그램을 감시해야 할 계속적 의무를 '의식적으로 무시했음(knowingly disregarded)'을, 달리 말하면 '이사들이 법적 문제점을 알고서 무시했음(the directors must have known about and ignored the legal problem)'119)을 보여주는 구체적 사실을 밝혀야 함을 요구함으로써 이사의 케어마크 책임을 주장하기 위한 높은 수준의 기준을 확립해왔다. 그 결과 원고는 이사가 부정행위를 사실상 알고 있었다거나 이사가 잠재적인 부정행위를 언급하는 데 완전히 실패했다는 것(the directors actually knew of the wrongdoing or utterly failed to address potential wrongdoing)을 증명하는 사실을 주장해야 한다고 한다.120)121)

3. 2009년 시티그룹 사례

씨티그룹은 2007년에 시작된 글로벌 금융위기의 일환으로 서브프라임 모기지 시장에서 막대한 손실을 봤다. 이에 씨티그룹 주주들은 뉴욕 타임즈 2005년 5월 27일자에서 폴 크루그먼(Paul Krugman)이 제기한 '투기 거품의 격렬한 단계'가 있다는 공적 언급을 소위 '위험 신호(red flags)'라고 주장하면서 이사들이 (1) 은행의 위험 목록을 제대로 감독하지 못하였고, (2) 은행에 의해 떠맡은 위험을 통제하지 못함으로써 감독의무를 위반했음을 근거로 소송을 제기하였다.[122]

이에 델라웨어 주 형평법원은 2009년의 씨티그룹 판결[123]에서 원고들의 주장을 다음과 같이 요약하고 비판하면서, 케어마크 의무가 사업위험(business risk)의 감독에도 적용되는지 여부에 대한 판단을 유보하였다: "원고들은 피고 이사들이 서브프라임 모기지 시장의 황폐화라는 경고사인을 읽지 못하여 씨티그룹으로 하여금 서브프라임 시장에 대한 노출을 제한하도록 투자정책을 전환하게 하는 데 실패함으로써, 악의로 또는 불성실하게(in bad faith) 행동하였다고 주장하였다. 이사의 감독의무는 이사들이 회사에 손실을 야기할 수 있는 부정행위에 대하여 알고 막을 수 있게 하는 합리적인 보고 및 정보 시스템(reasonable reporting and information systems)이 존재하도록 하는 것이다. 종업원의 사기 또는 범죄행위에 대한 감독의 실패와 회사의 사업위험의 정도에 대한 인식의 실패에는 상당한 정도의 차이점이 있다. 이사들은 특히 델라웨어 주법 하에서는 자신들이 회사 내에서의 사기 또는 범죄행위에 대하여 통지받을 수 있게 하는 합리적인 정보 및 보고 시스템을 확립할 의무가 있다. 그러한 감독 프로그램(oversight programs)은 이사들로 하여금 회사를 손실위험에 노출시킬 수 있는 사기나 기타의 부정행위에 개입하여 방지할 수 있게 한다. 이사가 사업위험을 감독 및 감시할 동일한 의무가 있다고 말하고 싶은 유혹이 있을 수는 있지만, 이사에 대하여 사업위험을 감독할 케어마크 유형의 의무를 부과하는 것(imposing Caremark−type duties on directors to monitor business risk)은 근본적으로 다른 것이다. 씨티그룹은 투자 및 기타 사업위험을 떠맡고 운영하는 사업을 하고 있었다. 이사들에게 '과도한' 위험을 감독하지 못한 데에 대하여 감독책임을 부과하는 것은 법원으로 하여금 이사들의 경영판단의 중심에서 그 판단에 대한 결과론적 평가를 행하도록 하는 것이다. 델라웨어 주 법상 감독의무(Oversight duties)는 이사들, 심지어는 전문가로서의 이사들이 미래를 예측하고 사업위험을 적절하게 평가하지 못한 것(failure to predict the future and to properly evaluate business risk)에 대하여 그들에게 개인적인 책임을 묻기 위하여 설계된 것이 아니다."124)

씨티그룹 사례에서 델라웨어 주 법원은 사업위험에 대한 감시의 실패를 이유로 한 케어마크 주장의 수용가능성을 완전히 배제하지는 않았지만, 그러한 주장은 원고들이 "소위 '위험신호'라는 것을 법원에 제출함으로써 이사들에 대하여 악의 또는 불성실을 증명할 수 있는 사실들을 주장하지 않은 경우에 설 자리가 없다."125)고 판단하였다는 데 의미가 있다고 한다.126)

4. 2011년 골드만 삭스 사례

골드만 삭스 그룹(Goldman Sachs Group)은 직원들에게 성과급 이론에 따라 성과급을 지급하였다. Goldman의 경영진은 보상위원회에 수익 추정치를 제공하고 경쟁사 비율을 비교하여 보상비율을 제안하였다. 2007년부터 2009년까지 Goldman의 이사들(피고)은 Goldman이 정부의 구제금융에 의해 재정적 파산에서 구제된 직후 순수익의 약 44%에 달하는 보상을 제안했다. 골드만 삭스의 주주들(원고)은 보상구조가 직원들로 하여금 주주의 이익을 해치는 위험한 투자를 추구하도록 장려했다고 주장하면서 소송을 제기했다. 원고는 주주들이 배당금 수익의 2%만을 가져가면서 위험을 감수했기 때문에 직원들이 Goldman의 자산을 경쟁자보다 더 많이 활용했다고 주장했다. 그 단적인 예로 2008년 골드만 삭스 그룹의 어느 한 그룹은 9억 6천만 달러의 순매출을 올렸으나, 보너스를 지급받은 직후 27억 달러의 손실을 입었다. 골드만 삭스 감사위원회(Goldman's Audit Committee)는 위험을 감독했다고 했으나, 원고는 그것이 실패했다고 주장했다. 원고는 델라웨어 주 형평법원에 이사들이 다음과 같은 이유에서 신인의무(fiduciary duties)를 위반했으므로, 이에 따른 정당한 구제를 요청했다. 그 주된 이유는 (1) 보상계획을 승인한 이사의 과반수가 관심을 보였고, (2) 보상계획은 이사회의 경영판단의 대상이 아니며, (3) 보상계획의 승인은 손실로 연결되었다는 것이다.127)

2011년 델라웨어 주 형평법원은 골드만 삭스 사례에서 이사들이 법적 위험(legal risks)과 반대되는 의미로서의 사업위험(business risks)을 감독하지 못했다는 것(케어마크 주장)을 인정하지 않은 종전의 델라웨어 주 형평법원의 선례들을 그대로 답습하였다. 즉 예전의 사건들이 케어마크 의무가 사업위험의 감독에도 적용될 수 있는지 여부에 대하여 판단의 여지를 남겨두었지만, 본 법원은 만약 그러한 주장이 적절하다면 이는 이사들이 의식적으로 그리고 신의성실에 반하여 중요한 사업위험을 무시했음을 보여주는 구체적 사실을 주장함으로써 높은 장애물을 극복해야 한다고 판단하면서 피고 이사들의 손을 들어주는 판결을 내렸다.[128]

골드만 삭스 사례에서 주주인 원고들은 "피고인 이사들이 주주의 이익에서 벗어난 경영진의 이익을 초래한 보상구조를 만들었고, 그 결과 경영진은 궁극적으로 골드만 삭스를 재정적인 책임에 노출시킨 비윤리적 행위와 불법행위로 이끈 위험을 선택했다. 피고 이사들은 골드만 삭스의 보상구조를 만든 후에 그 구조유형으로 인해 발생 가능성이 더욱 높다고 주장되는 경영진의 남용을 막을 의무가 있었다. 하지만 피고 이사들은 경영진을 감시해야 할 자신들의 책임을 다하지 않았다"고 하면서 회사의 이사들이 손실이 발생할 수밖에 없는 영업환경을 만들었다고 주장하였다.[129] 그러나 본 법원은 이러한 원고들의 주장을 받아들이지 않고 골드만 삭스의 피고 이사들은 회사의 사업위험을 합리적이고 지속적으로 알게 해줄 리스크관리 시스템을 선택하고 시행함에 있어서 경영판단을 행사하였다고 판단하였다.[130] 보다 구체적으로 본 법원에 따르면, "골드만 삭스의 이사회 및 경영진은 그 결정이 의회 등에 의해 강력하게 비판받아 오긴 했지만, 주택시장의 붕괴 기간 동안의 위험을 방어하기 위한 결정을 하였다. 그러한 결정은 특별히 평판손실의 위험을 포함하여 객관적으로 대규모인 위험을 감수하는 데에 대해서도 이루어졌다. 그러한 위험부담은 궁극적으로 회사에 큰 비용을 초래할 수도 있다. 하지만 원고들은 피고 이사들이 의식적으로 그리고 불성실하게(consciously and in bad faith) 이러한 위험을 무시하였음을 구체적으로 주장하지 못했다. 이와는 반대로 제시된 사실관계에 따르면, 이사회는 포함된 위험에 대하여 지속적으로 알고 있었음을 알 수 있다. 원고들은 케어마크 사례에서의 피고 이사들의 상당한 귀책가능성을 증명하는 사실관계를 주장하는 데 실패했다"[131]고 판단함으로써 이사회가 의식적으로 감독의무를 무시하지 않았다고 결론을 내리게 되었다.[132]

V. 맺는 말

현재 우리가 알고 있는 기업의 컴플라이언스에 대한 개념과 제도는 미국에서 19세기부터 서서히 시작되어 진화와 발전을 거듭해온 결과이다. 미국에서 비즈니스의 역사는 부정부패 스캔들의 역사와 그 궤를 같이 한다. 이러한 기업의 스캔들을 규제하려는 규제 당국과 규제에 저항하면서 기업의 혁신을 성취하기 위한 다툼 속에서 기업의 컴플라이언스가 발전해 왔다. 이러한 비즈니스 규제는 19세기부터 서서히 시작되어 그 이후 가속화 되었고, 1960년대에 이르러 비즈니스와 규제 영역의 양면에서 복잡성이 증가하면서 강제성이 아닌 자발성에 바탕을 두고 현대적 컴플라이언스의 기초가 출현하기 시작하였다. 이러한 추세는 1977년 해외부패방지법(FCPA)의 제정과 1986년 방위산업 이니셔티브(DII)의 설립을 중심으로 1970년대와 1980년대에도 계속되었으며, 1991년 연방 기업 양형 가이드라인의 공표로 컴플라이언스 프로그램을 비즈니스의 본류 안으로 집어넣는 계기가 되었다. 이러한 기업 양형 가이드라인에 기초해서 기업을 기소하는 연방검찰은 1999년 홀더 지침(Holder Memo), 2003년 톰슨 지침(Thompson Memo), 2006년 맥널티 메모(McNulty Memo) 그리고 2008년 필립 지침(Filip Memo)을 통해 기업에 대한 연방검찰의 사법처리기준을 보다 명확히 해 나아갔다.

초기의 컴플라이언스 내지 내부통제 제도를 통한 기업의 규제에서는 '경영통제' 및 '회계통제'가 주된 대상이었고 '준법통제'를 의미하는 컴플라이언스는 업계의 자율규제에 맡겼는데, 1991년 연방 기업 양형 가이드라인과 2004년 개정 연방 기업 양형 가이드라인에서 효과적인 컴플라이언스 및 윤리 프로그램을 벌금형의 감경사유로 규정한 이후 기업 내에서 컴플라이언스의 의미가 더욱 중요해졌다. 그리고 1992년 COSO 보고서와 2004년 COSO 보고서를 통해 기존의 내부통제체제와 리스크관리체제가 전사적 차원의 '리스크관리'까지 포함하는 컴플라이언스로 발전해 나갔다. 그리고 전체적인 현대적 컴플라이언스 틀(framework)은 2002년 7월 사베인-옥슬리 법(기업개혁법) 및 2010년 도드-프랭크 법 등이 통과되면서 컴플라이언스 담당 임원의 중요성 및 역할이 증대되고 난 후에야 발전되었다.

한편 연방 법원과 주 법원의 판례들도 기업이 효과적인 컴플라이언스 및 윤리 프로그램에 관심을 기울이는데 커다란 기여를 했다. 그 가운데 델라웨어 주 법원에 의해 결정된 1996년의 케어마크 판결은 이사들에게 '컴플라이언스 내지 내부통제 시스템의 구축의무'를 처음으로 부과하였고, 2006년 스톤 사례는 공식적으로 케어마크 판결을 재확인하였으며, 그 후 2009년 씨티그룹 사례와 2011년 골드만 삭스 사례를 통해 이사들이 부담하는 케어마크 의무, 즉 컴플라이언스 및 기업윤리를 정립할 이사의 첫 번째 의무 및 컴플라이언스 및 기업윤리를 정립할 계속적 의무가 어디까지 인정되어야 하는가에 대한 판례 법리를 발전시켜 오고 있다.

---

1) 마틴 비겔만·노동래 옮김, 윤리 준법 경영의 성공 전략 컴플라이언스, 연암사, 2013, 90-91면.

2) 비겔만·노동래 옮김, 앞의 책, 95면.

3) 비겔만·노동래 옮김, 앞의 책, 96면.

4) Langenhahn, Die strafrechtliche Verantwortlichkeit des Compliance Officers im deutsch-österreichischen Rechtsvergleich, 2012, 27-28면.

5) U. S. Department of Justice & Department of Commerce, Foreign Corrupt Practice Act: Antibribery Provisions. <http://www.justice.gov/criminal/fraud/fcpa: 최종검색 2020.2.28.>

6) 비겔만·노동래 옮김, 앞의 책, 96-97면.

7) 원문은 <https://www.sec.gov/spotlight/fcpa/fcpa-resource-guide.pdf: 최종검색 2020. 2.28.>

8) 법부법인 세종, Legal Update, 2013.6.14., 1-2면.

9) 국민권익위원회, 해외 반부패 입법동향 및 대응방안 연구, 2013, 17면, 43면; 김건, "미국 FCPA의 최근 집행경향 및 FCPA 개정안을 둘러싼 논란과 관련하여", 법무법인 율촌 뉴스레터, 2012.1 <https://www.yulchon.com/mail/201201/newsletter/sub4.html: 최종검색: 2020.2.28.>; 손영화, "내부통제의 개시에 관한 고찰", 한양법학 제21권 제4집, 2010.11, 371-372면.

10) 국민권익위원회, 앞의 연구보고서, 12-13면.

11) 미국 증권거래위원회는 연방증권관계법을 집행할 책임을 지며, 법규위반시 이에 대한 조사 권한 및 시정 권한을 지닌다. 따라서 법규 위반자에 대해서 중지명령 등의 행정조치를 취하거나 금지명령 등의 시정조치를 구하는 집행소송을 연방법원에 제기할 수 있다(박운규, 조사연구 Review, 금융감독원, 2003).

12) 국민권익위원회, 앞의 연구보고서, 13-16면.

13) 마이클 실버만·노동래 옮김, 공공, 민간, 비영리 조직을 위한 컴플라이언스 매니지먼트, 연암사, 2013, 27-28면; 비겔만·노동래 옮김, 앞의 책, 97-98면.

14) <https://www.dii.org/about/about−dii: 최종검색 2020.2.28.>

15) 비겔만·노동래 옮김, 앞의 책, 100면; 손영화, 앞의 논문, 378−379면.

16) 비겔만·노동래 옮김, 앞의 책, 98−99면.

17) 미국공인회계사협회(AICPA), 내부감사협회(IIA), 미국회계학회(AAA), 전국회계인협회(NAA), 재무담당경영자협회(FEI)

18) COSO 보고서와 내부통제에 대해 상세한 설명으로는 서완석, "내부통제와 준법감시인 제도", 기업법연구 제23권 제4호, 2009, 296−297면 참조.

19) COSO 보고서는 volume 1 (Executive Summary); volume 2 [Framework (with a reprint of the Executive Summary]; volume 3 (Reporting to External Parties); 그리고 volume 4 (Evaluation Tools)으로 구성되어 있고, 내부통제의 의미와 목적 그리고 구성요소 등에 대한 정의를 내리고 설명하는 데 많은 영향력을 끼쳤다[The Committee on Law and Accounting, 'Management' Reports on Internal Control: A Legal Perspective, 49 Bus. Law. 889 (1994)].

20) Committee of Sponsoring Organizations of Treadway Commission, AICPA, Internal Control−Integrated Framework 1992.

21) 김혜경, "기업범죄예방을 위한 내부통제로서 준법지원인제도", 비교형사법연구 제15권 제2호, 2013, 395면; 박선종, "개정상법상 준법통제와 준법지원인", 저스티스 통권 제124호 (2011.6), 236면; 성희활, "상장법인에 대한 내부통제와 준법지원인 제도의 도입타당성 고찰", 인하대학교 법학연구 제12집 제2호, 2009.8, 184면; 손영화, 앞의 논문, 375−376면.

22) 조창훈·이근택·민병조·김종천, 영업점 컴플라이언스 오피스(공동편), 한국금융연수원 출판사업부, 2016, 13−15면.

23) Securities Act Release No. 8238(June 5, 2003), 68 FR 36636.

24) 박세화, "준법지원인제도의 안정적이고 효율적인 운용을 위한 법적 과제," 상사법연구 제30권 제2호, 2011, 256면; 정대, "주식회사의 내부통제제도에 관한 연구", 연세대학교 법학연구 제2권 제1호, 2010, 109−110면.

25) Enron 사건의 경우 Enron의 최고재무책임자였던 패스토우(Fastow)가 여러 개의 SPV (Special Purpose Vehicle)를 이용하여, 이 SPV들과 파생상품을 통하여 Enron의 재무상 어려움을 은닉하였으며, 직원들은 자신들의 퇴직 이후를 보장하기 위하여 퇴직연금인 401(K)를 Enron주식에 집중 투자함으로써 Enron의 붕괴 이후 같이 재기불능사태가 초래되었다. 그러나 이런 상황에서도 외부감사인 Arthur Anderson이나 사외이사들이 경고를 하는 내부경고자로서 알람 벨을 울리지 않았으며 투자애널리스트 등 시장도 제대로 기능하지 아니하여, 사베인−옥슬리 법이 이와 같은 문제를 해결하기 위하여 CEO와 CFO에게 공시통제 등에 대한 책임을 분명하게 부여하게 되었다(한국법경제학회, 상장회사의 준법지원인제도 입법화에 대한 연구, 2009.10, 17면).

26) Enron 사건과 WorldCom 사건의 구체적인 내용과 처리과정에 관해서는 유병규, 기업지배구조와 기업범죄, 한국형사정책연구원, 2004, 79−95면 참조.

27) 2002년 7월에 성립된 「An Act to protect investors by improving the accuracy and reliability of corporate disclosures made pursuant to the securities laws, and for other purposes」를 상하 양원의 제안자 이름을 따서 Sarbanes−Oxley Act of 2002(SOX법)라고

부르고 있다(「기업개혁법」이라고도 한다). SOX법에 대해서는 그 성립배경과 관련 논의, 회사지배구조와 관련된 사항 및 우리나라에의 영향 등에 대하여는 손영화, "미국 기업개혁법 (The Sarbanes—OxLey Act)의 회사지배구조에 관한 영향", 한양법학 제24집, 2008.10, 150—169면 참조.

28) 이 법은 미국 상하 양원에서 가결되어(H. R. 3763(EAS), H. Rept. 107—610), 7월 30일에 대통령의 서명을 받아 성립되었다. 그 정식명칭은 「증권제법에 기하여 행해지는 기업정보개시의 정확성 및 신뢰성을 향상시키는 것에 의해 투자자를 보호하는 것 등을 목적으로 하는 법률」(An Act to Protect Investors by Improving the Accuracy and Reliability of Corporate Disclosure Made Pursuant to The Securities Laws, and for Other Purposes)(Pub. L. No.107—204, 116 Stat. 745, 2002)이고 사베인—옥슬리 법(Sarbanes—Oxley Act of 2002) 또는 기업개혁법이라고도 한다.

29) 권성현, "준법지원인제도의 현재와 미래", 저스티스 통권 제127호, 2011, 82—83면; 김봉선·김언수, "사베인—옥슬리 법(Sarbanes—Oxley Act)이 기업지배구조와 기업경영에 미치는 파급효과와 학문적, 실무적 시사점", 전략경영연구 제11권 제1호, 2008.3, 3면; 비겔만·노동래 옮김, 앞의 책, 138—139면; 육태우, "미국에서의 기업 컴플라이언스의 발전 —제도적 진화과정 및 최근의 판례법상의 적용—", 강원법학 제39권, 2013.6, 142—143면.

30) 손영화, 앞의 논문, 2010, 381면; 정대, 앞의 논문, 116—117면.

31) The Sarbanes—Oxley Act § 806.

32) Standards Relating to Listed Company Audit Committees, Exchange Act Release Nos. 33-8220; 34-47654, 17 C.F.R. x §§ 228, 229, 240, 249 & 274(April 25, 2003).

33) 박세화·홍복기, 국제적 기준에 부합하는 준법지원인제도의 운영 방안에 관한 연구, 법무부, 2011.12, 21면; 육태우, 앞의 논문, 143면.

34) Protivity, Guide to the Sarbanes—Oxley Act : Internal Control Reporting Requirements Frequently Asked Questions Regarding Section 404, 2003, 11.

35) 예를 들어 SOX법 제906조에 의해서 도입된 연방법전 제18권 제63장 제1350조에 있어서는 경영자에 의한 재무제표의 허위인증(certification)에 관한 책임은 10년 이하의 징역 또는 100만 달러 이하의 벌금 그리고 보다 악질적인 경우에는 20년 이하의 징역 또는 500만 달러 이하의 벌금으로 되어 있다고 한다(久保田敬一, "經營財務戰略と企業価値最大化目標の實現", 武蔵大学論集 第55卷 第4号, 2008, 42—43면).

36) 손영화, 앞의 논문, 2010, 382—383면; 육태우, 앞의 논문, 144면; 정대, 앞의 논문, 115—116면.

37) The Sarbanes—Oxley Act § 404.

38) John F. Olson, Josiah O. Hatch, Ty R. Sagalow & publisher's editorial staff, "Director & Officer Liability: Indemnification and Insurance, Current through the December 2007 Update," Dir. & Off. Liab § 3:136.

39) 손영화, 앞의 논문, 2010, 383—384면; 육태우, 앞의 논문, 145면; 정대, 앞의 논문, 116면.

40) Disclosure Required by Sections 406 and 407; Exchange Act Release Nos. 33-8177; 34-47235, 17 C.F.R.x229.406(d) (2003); Item 5.05 of Form 8—K.

41) Disclosure Required by Sections 406 and 407; Exchange Act Release Nos. 33-8177; 34

-47235, 17 C.F.R.x229.406(c) (2003)

42) 박세화·홍복기, 앞의 보고서, 21 – 22면; 육태우, 앞의 논문, 145면.

43) J. DeLoach, "After Sarbanes – Oxley – what next?," Handbook of Business Strategy, 5(1) (2004), 35 – 40.

44) L. Sneller, & H. Langendijk, "Sarbanes Oxley section 404 costs of compliance: A case study", Corporate Governance: An International Perspective 15(2), 2007, 102 – 103.

45) 김봉선·김언수, 앞의 논문, 10 – 12면; 비겔만·노동래 옮김, 앞의 책, 98 – 99면; 육태우, 앞의 논문, 145 – 146면.

46) 비겔만·노동래 옮김, 앞의 책, 143 – 144면.

47) Thomas J. Healey, "Sabox Was the Right Medicine", 월 스트리트 저널, 2007.8.9.자 A13.

48) 위의 글.

49) 위의 글.

50) Gregory Jonas, Marc Gale, Alan Rosenberg and Luke Hedges, "The Third Year of Section 404 Reporting on Internal Control," Monday's Investor Service, 2007년 5월호.

51) Joann S. Lubin and Kara Scannell, "Critics See Some Good From Sarbanes – Oxley", 월 스트리트 저널, 2007.7.30.자 B1.

52) 위의 글

53) United States Sentencing Commission, U.S. Sentencing Guidelines Manual [hereinafter U.S.S.G.] § 8B2.1(a).
    < http://www.ussc.gov/Guidelines/2010_guidelines/Manual_HTML/Chapter_8.htm: 최종 검색 2020.2.28. >

54) U.S.S.G. §8B.C.

55) U.S.S.G. §8B2.1.(a).

56) U.S.S.G. §8B2.1.(b). 이와 같은 7가지 최소기준에 관한 상세한 내용은 사법제도개혁추진위원회, 「사법제도개혁추진위원회 자료집」 제15권, 사법선진화를 위한 개혁 연구보고서 참고자료 Ⅵ – Ⅱ, 2006, 340면 참조.

57) 비겔만·노동래 옮김, 앞의 책, 274 – 276면.

58) U.S.S.G. §8C2.4.

59) U.S.S.G. §8C2.5.(f).

60) 김재윤, "준법지원인제도의 도입에 따른 형사법적 인센티브", 인권과정의 통권 제425호, 2012.5, 100 – 101면.

61) 박세화, 앞의 논문, 257 – 258면; 서완석, "기업의 내부통제 활성화 방안", 법학연구 제43집, 2014.12, 48 – 49면.

62) 국내에서 이에 대한 자세한 설명으로는 강정현·이여주, "OCC의 내부통제 자체점검 체크리스트의 주요 내용 및 시사점", 금융리스크리뷰, 2014, 33 – 34면; 김건식·안수현, "법적 시각에서 본 내부통제", BFL 제4호, 2004, 7 – 16면; 박형근·이재춘, "우리나라 금융기관의 내부통제 및 준법감시인제도에 관한 소고", 재무관리논총 제28권 제1호, 2012, 24 – 31면; 장경

근, "전사리스크관리와 내부감사의 역할", 감사저널, 2005, 42－45면; 정홍진, "내부통제개념의 변천과 국제적 동향－미국과 일본의 경우를 중심으로－", 경영연구 제21집, 2004, 277－280면 참고.

63) ERM이 진행형 상태의 과정이라는 의미는 기업의 위험관리체제는 계획(Plan)－실행(Do)－평가 및 조사(Check)－개선작업(Action)이 지속적으로 순환한다는 PDCA이론에 따라 설계되고 운용된다는 의미이며, 그 과정 속에 리스크관리 담당자가 MTR(Monitoring－Testing－Reporting)의 절차로 업무를 수행한다는 의미가 내포되어 있다.

64) 박세화, 앞의 논문, 257－258면; 손영화, 앞의 논문, 2010, 394－395면; 정대, 앞의 논문, 111－113면.

65) 손영화, "내부통제와 준법지원인제도," 선진상사법률연구 제60호, 2012.10, 151면.

66) 松本祥尚, "企業集団における內部統制槪念の展開," 商事法務2091号(2016年 2月 5日), 25면.

67) MBCA § 8.01. (c) (2)·(4)·(5)·(6)·(7).

68) 김경석, "한국형 내부통제제도에 관한 연구", 법학논문집 제36권 제3호, 2012, 222－223면; 박세화, 앞의 논문, 264면; 박한성, "상법상 준법지원인제도의 개선방안", 외법논집 제38집 제4호, 2014.11, 134면.

69) Robert A. Del Giorno, "Corporate counsel as government's agent: The Holder memorandum and Sarbanes－Oxley Section 307", The Champion, 22(August 2003).

70) 이후 3차례의 개정을 거치면서 가장 논란이 많았던 변호사·의뢰인 비밀유지특권의 포기 등 수사 협조요소에 관한 부분을 제외하면 아직까지도 많은 부분 그 골격이 유지되고 있다.

71) 성희활, "미국 준법통제제도의 발전과정에서 연방검찰의 기업사법처리지침의 역할과 시사점", 사법 제19호, 65면.

72) William S. Laufer/Alan Strudler, "Corporate intentionality, desert, and variants of vicarious liability", 37 Am. Crim. L. Rev. 1285, 1303(2000).

73) Memorandum from Larry D. Thompson, Deputy Att'y Gen., U.S. Dep't of Just, to Heads of Dep't Components and U.S. Attorneys on Principles of Fed. Prosecution of Business Organizations(January 20, 2003).

74) Mayer Brown, "Requests to waive corporate attorney－client privilege: History and analysis", 2008, 2.
<https://www.mayerbrown.com/files/Publication/15d78024－bb27－4ca0－916c－db301fd25541/Presentation/PublicationAttachment/2405829f－2afe－4f5e－aa01－6f5e69f45a0b/Requests－Waive－Attorney－Client%20Privilege.pdf: 최종검색 2020.2.28.>

75) Jack Selden/Kyle Hankey/Mike Duffy, "Corporate cooperation: The evolving DOJ and SEC policies on investigating and prosecuting corporate fraud", National institute on internal corporate investigations and in－house counsel, American Bar Association center for continuing legal education, C－3(2009).

76) United States v. Stein, 435 F.Supp.2d 330(S.D.N.Y. 2006).

77) KPMG는 회사 차원의 사법처리를 피하기 위해 임직원들의 변호사비용 대납 약정을 파기하는 한편 동 임직원들이 검찰 수사에 협조하지 않으면 해고를 할 것이라며 검찰 수사에 적극 협조하였다.

78) United States v. Stein, 440 F.Supp.2d 315, 318−19(S.D.N.Y. 2006)(Stein II).

79) Jack Selden/Kyle Hankey/Mike Duffy, 앞의 논문, C−4.

80) United States v. Stein, 541 F.3d 130, 136(2nd Cir. 2008).

81) The Thompson memorandum's effect on the right to counsel in corporate investigations : Hearings before the Senate judiciary committee, 109th Cong(2006).

82) Jack Selden/Kyle Hankey/Mike Duffy, 앞의 논문, C−4.

83) 성희활, 앞의 논문, 68−70면.

84) Memorandum from Paul J. McNulty, Deputy Attorney General, U.S. Department of Justice, Principles of Federal Prosecution of Business Organizations.

85) 비겔만·노동래 옮김, 앞의 책, 112−113면.

86) Elkan Abramowitz/Barry A. Bohrer, "Defending corporate America: The year in review", New York Law Journal(January 3, 2007).

87) Jack Selden/Kyle Hankey/Mike Duffy, 앞의 논문, C−5.

88) 비겔만·노동래 옮김, 앞의 책, 107−1116면; 성희활, 앞의 논문, 70−72면, 83면; 육태우, 앞의 논문, 148−149면.

89) United States Attorneys' Manual, Principles of Federal Prosecution of Business Organizations, §9−28.800(2008).

90) Miriam Hechler Baer, "Governing corporate compliance", 50 B.C. L. Rev. 949, 971(September 2009).

91) 성희활, 앞의 논문, 71−72면.

92) The Dodd−Frank Wall Street Reform and Consumer Protection Act, Pub. L. No. 111−203, 124 Stat. 1376 (2010). 이 법에 대한 자세한 소개로는 서병호, "도드−프랭크법의 주요 내용 및 시사점", 법령연구(한국기업지배구조원), 2011.3, 26−31면 참조.

93) 서병호, 앞의 논문, 26−27면.

94) <https://www.sec.gov/about/offices/owb/dodd−frank−sec−922.pdf: 최종검색 2020. 2.28.>

95) Securities Exchange Act of 1934 § 21F(h)(1)(A).

96) Securities Exchange Act of 1934 § 21F(h)(1)(C).

97) The Dodd−Frank Act § 924(d).

98) 17 C.F.R. § 240.21F−7(a)(1).

99) 17 C.F.R. § 240.21F−7(a)(2).

100) 박세화, 앞의 논문, 264−265면; 육태우, 앞의 논문, 150−151면.

101) 노동래, "금융투자 회사 컴플라이언스 프로그램의 운영 현황 및 개선 방안에 관한 연구", 윤리경영연구 제15권 제2호, 2015, 68면.

102) In re Caremark International Inc. Derivative Litigation, 698 A.2d 956 (Del. Ch. 1996).

103) McCall vs. Scott, 239 F.3d 817 (6th Cir. 2001); In re Abbot Laboratories Derivative Shareholder Litigation, 325 F. 3d 796 (7th Cir. 2003); Stone vs. Ritter, 911 A.2d 362

(Del. 2006).

104) <https://www.quimbee.com/cases/in−re−caremark−international−inc−derivative−litigation: 최종검색 2020.2.28.>

105) Caremark, 698 A.2d at 968−969.

106) Id. at 970.

107) Id. at 972.

108) Id. at 971.

109) 비겔만·노동래 옮김, 앞의 책, 137면.

110) Charles M. Elson/Christopher J. Gyves, "In Re Caremark: Good Intentions, Unintended Consequences", Wake Forest Law Review Vol. 39, 692(2004).

111) McCall v. Scott, 250 F.3d 997, 999 (6th Cir. 2001).

112) Guttman v. Huang, 823 A.2d 492, 506−07 (Del. Ch. 2003).

113) 비겔만·노동래 옮김, 앞의 책, 129−137면; 육태우, 앞의 논문, 154−156면; 실버만·노동래 옮김, 잎의 책, 117−118면.

114) Stone ex rel. AmSouth Bancorporation v. Ritter, 911 A.2d 362 (Del. 2006)

115) Id. at 365, 366, 370.

116) Corporate Compliance Comm., Am. Bar Ass'n Section of Bus. Law, "Corporate Compliance Survey," 63 BUS. LAW. 195, 210−11(2007).

117) Stone, 911 A.2d at 370, 373.

118) 비겔만·노동래 옮김, 앞의 책, 136면.

119) Stone, 911 A.2d at 373.

120) Paul E. McGreal, "CORPORATE COMPLIANCE SURVEY", 68 Bus. Law. 163, 167−169(2012).

121) 육태우, 앞의 논문, 156−161면.

122) <https://en.wikipedia.org/wiki/In_re_Citigroup_Inc._Shareholder_Derivative_Litigation: 최종검색 2020.2.28.>

123) In re Citigroup Inc. Shareholder Derivative Litig., 964 A.2d 106 (Del. Ch. 2009).

124) Id. at 130−31.

125) Id. at 126.

126) 육태우, 앞의 논문, 162−163면.

127) <https://www.quimbee.com/cases/in−re−the−goldman−sachs−group−inc−shareholder−litigation: 최종검색 2020.2.28.>

128) In re Citigroup Inc. S'holder Derivative Litig., 964 A.2d 106, 131 (Del. Ch. 2009).

129) Id. at *22.

130) Goldman Sachs, 2011 WL 4826104, at *23.

131) Id. at *23.

132) Paul E. McGreal, 앞의 논문, at 169−171; 육태우, 앞의 논문, 163−166면.

[§ 5] 독일의 준법지원인제도

"지멘스의 모든 임직원들은 시간과 장소를 막론하고 오로지 청렴한 사업만을
추구할 것이며 컴플라이언스는 기업의 사회적 책임의 최우선 과제입니다."
- Peter Löscher(전 Siemens AG 대표이사) -

Ⅰ. 머리말

독일을 포함한 유럽의 여러 나라는 일반적으로 앞서 설명한 미국과 같은 재무분야
의 내부통제 시스템이나 내부통제에 관한 세밀한 공시제도가 존재하지 않았다. 2010
년부터 시행된 독일 「기업회계근대화법」(Bilanzrechtsmodernisierungsgesetz: BilMoG)에서
도 내부통제와 리스크관리 시스템의 기술적 측면만 도입되었고 감사 등의 내용은 포
함되지 않았다.[1]

그러나 독일에서 역사적으로 내부통제와 관련된 조치가 전혀 없었던 것은 아니다.
독일에서는 1989년 Coop-Gruppe가 회계부정사건으로 파산하였고,[2] 1990년대 들어
1994년 운동장 및 운동시설건축업 회사인 발잠 주식회사(Balsam AG), 1994년 금속과
비철금속의 생산을 주 사업으로 하는 메탈게젤샤프트 주식회사(Metallgesellschaft),
1996년 조선업 회사인 브레머 발칸 주식회사(Bremer Vulkan Verbund AG), 1999년 건
설회사인 필립 홀츠만(Philipp Holzmann)이 줄지어 파산하자,[3] 주식회사의 감독이
사회(Aufsichtsrat)가 이사의 업무집행을 효과적으로 감독하지 못한다는 반성이 높아지
게 되었다.[4] 이러한 대기업의 도산과 자본시장의 글로벌화에 대한 대응이라는 관점
에서 독일에서도 기업회계기준, 증권거래법, 주식법, 상법 등의 개정을 통해 투자자
보호 및 분식회계 방지를 위한 제도 개편에 착수하게 되었다.

독일에서 이러한 제도개선의 가시적 성과는 1998년 「기업영역에서의 통제와 투명성에 관한 법률」(Das Gesetz zur Kontrolle und Transparenz im Unternehmensbereich: KonTraG, 이하 '콘트라법'이라고 한다)의 제정으로 나타났다. 동 법률은 독일 주식법과 독일 상법을 중심으로 하여 기업 및 자본시장에 관한 수많은 법률들을 개정하는 것으로, 기업의 통제 및 투명성의 개선 및 확보를 통해 독일 기업 및 자본시장의 국제사회에서의 경쟁력을 향상시키는 데에 그 목적을 두고 있다.[5] 이 점에서 콘트라법은 독일에서 최초로 리스크와 리스크관리(Risikomanagement)에 대하여 규정한 입법이며, 내부통제 제도와 관련된 최초의 입법이라고 할 수 있다. 이처럼 콘트라법은 메탈게젤샤프트 사건이나 홀츠만 사건 등을 포함하여 1990년대에 독일에서 발생한 몇 건의 대규모 기업부실 및 도산과 관련하여 제정된 것으로, 기업경영의 투명성 제고와 감독이사회의 경영감시 기능 향상을 주요 내용으로 하고 있다.[6] 이러한 1998년 콘트라법의 제정과 마물러 기업지배구조의 개선을 위한 내부통제제도와 리스크관리를 도입하는 개별 법률, 즉 독일 증권거래법(WpHG), 독일 은행업법(KWG), 독일 보험감독법(VAG), 독일 주식법(AktG) 등의 개정이 이루어졌다.

한편 독일에서 컴플라이언스에 대한 논의는 1992년에 규정된 증권관련법상의 '행동규칙의 준수'(증권시장에서 이해상충의 부정적 영향에서 고객을 보호하기 위한 것)에서 시작하여 2014년 8월 7일 독일 연방금융감독기관(Bundesanstalt für Finanzdienstleistungsaufsicht: BaFin)[7]이 금융투자업자에 대한 증권거래법 제31조 이하에 따른 컴플라이언스 기능과 그 외 행동, 조직 및 투명성 의무에 대한 권고문(MaComp)[8]을 공고함으로써 본격적으로 이루어지고 있다.

따라서 본 절에서는 독일에서 1990년대 들어 발생한 대기업의 도산과 자본시장의 글로벌화에 대한 대응이라는 관점에서 컴플라이언스에 대한 논의가 어떻게 시작되고 발전되었는지, 컴플라이언스와 관련된 내용이 독일 개별 법률 등에 어떻게 반영되었는지, 그리고 실제 사례로 독일 지멘스 회사에서 컴플라이언스 프로그램이 어떻게 운용되고 있는지를 살펴보고자 한다.

Ⅱ. 독일에서 컴플라이언스의 태동과 발전

1. 독일에서 컴플라이언스의 논의 전개

미국과 마찬가지로 현재 독일에서도 컴플라이언스라는 용어는 더 이상 낯설지 않다. 독일 자본시장 관련 법률과 주식법에서 컴플라이언스란 일반적으로 자본회사의 지휘기관 및 감시기관이 기업 및 그 종업원으로 하여금 법규를 준수할 수 있게 배려해야 하는 원칙이며, 적법성 원칙(Legalitätsprinzip)이라고도 불린다.9) 더 간략히 컴플라이언스란 "기업이 법률상의 규정과 내부규칙의 준수를 위해 행하는 모든 보호조치"로 정의할 수 있다. 이러한 정의 하에 넓은 의미의 컴플라이언스는 다양한 목적을 달성하기 위한 기능으로 사기와 부패방지, 금융제재, 자기규제 및 감독규정의 준수 등을 이행한다.10) 이러한 컴플라이언스는 무엇보다 금융회사의 영업활동에 관계되는 감시기구뿐만 아니라 감독기관의 강력한 감독법규로서 기능을 수행한다.11)

컴플라이언스의 목적은 미래지향적인 관점에서 기업과 임직원이 법규준수의 위반을 사전적으로 감시·통제하는 데 있다. 그리고 이를 통해 임직원들로 하여금 다양한 새로운 제도에 대해 준비하게 함으로써 국제경쟁과 기업경쟁에서 전략적인 우위를 차지하는 것이다. 그 밖에 컴플라이언스는 기업의 컴플라이언스 조직을 전사적 리스크관리(enterprise risk management)로 편입시키면서 기업에 내재하는 기업과 고객 사이, 또는 특정 고객과 다른 고객 사이의 이해상충을 예방하거나 감소시킴으로써 고객의 이익을 보호하는 중요한 기능을 수행한다.12)

독일에서 컴플라이언스에 대한 논의가 시작된 일차적 계기는 1990년 10월 독일 통일에 따른 경제의 변화와 아울러 유럽연합의 회사법 및 자본시장 통합입법에 의한 독일 자국 내 의무의 이행에서 찾을 수 있지만, 세계화의 진행과 그에 의한 기업환경의 변화가 보다 더 큰 계기가 되었다. 1990년대 미국에서 시작된 기업간 인수합병(M&A) 붐은 독일을 포함한 유럽 자본시장에도 커다란 영향을 미쳤는데, 이를 통해 영미식의 기업지배구조와 자본시장의 원리가 독일에도 전파되었고 증권시장의 발달은 영미계 기관투자자들의 독일 기업들에 대한 투자를 증가시켜 그들을 통해 주주이익 중심의 모델이 점진적으로 독일에 유입되었다.13)

이러한 상황에서 1992년에 규정된 증권관련법상의 '행동규칙의 준수'에서 컴플라이언스에 대한 논의가 처음으로 시작되었다. 이때 행동규칙의 준수는 증권시장에서 이해상충의 부정적인 영향으로부터 고객을 보호하기 위한 것이다. 그 밖에 행동지침(Verhaltensrichtlinien), 정보차단벽(Chinese Walls) 및 내부자거래금지(Verbot von Insidergeschäften)에 관한 규정 등은 고객보호와 관련하여 함께 도입되었다.14)

그리고 독일은 유럽연합의 투자서비스 지침(Richtlinie 93/22/EWG)15) 제10조를 구 증권거래법(WpHG) 제33조 제1항 제3호에 규정하였다. 이는 '금융투자업자(Wertpapierdienstleistungsunternehmen)'16)로 하여금 증권거래법에 규정된 의무의 이행에 관한 적합한 통제절차의 구비를 요구하는 것이다. 결국, 독일은 1994년 행동규칙의 준수에 관한 보호조치로 컴플라이언스 제도를 법으로 규정하게 된다. 나아가 1999년에 독일연방 증권관리위원회(Bundesaufsichtsamt für den Wertpapierhandel: BAWe)는 컴플라이언스 지침(Compliance – Richtlinie)을 공고하였다. 이후 '컴플라이언스 조직의무(Compliance – Organisationspflichten)'는 금융상품시장 지침(MiFID)17) 제13조 및 동 지침의 이행지침(DRL)18)에 의하여 크게 확장되었고, 두 지침은 2007년에 금융상품시장지침전환법(FRUG)19)에 따라서 독일법으로 전환되었고, 독일 증권거래법 제33조 제1항에서 오늘날의 법적 형식을 갖추게 되었다.20)

2. 독일의 대표적인 기업부실 내지 도산 사례

1990년대 중반에 접어들어 일련의 독일 대기업들의 부실 내지 도산을 계기로 감독이사회를 중심으로 하는 독일의 전통적 기업지배구조에 대한 회의와 비판을 불러일으켰다. 1990년대 대표적인 기업부실 내지 도산 사례로 언급되는 것으로는 아래에서 언급하게 될 메탈게젤샤프트 주식회사 사건, 발잠 주식회사 사건, 브레머 발칸 주식회사 사건, 홀츠만 주식회사 사건 등이다. 이들 주식회사의 기업부실 내지 도산의 원인으로 경영자에 의한 경영판단의 오류, 부당한 경영정책, 투기적 거래의 실패, 사기적 거래행위 등의 부조리, 유명한 대기업의 감사가 그 지위에 기해서 입수한 정보를 이용한 내부자거래 등이 언급되었다. 이러한 기업부실 내지 도산 사례는 독일에서 기업지배구조의 결함을 어떻게 개선할 것인가에 대한 논의와 아울러 1990년대부터 시작된 컴플라이언스에 대한 논의를 더욱 가속시켰고, 이를 바탕으로 독일 증권거래법,

독일 주식법 등 관련 법률에 컴플라이언스를 법규범화하는 계기로 작용하였다.[21]

(1) 메탈게젤샤프트(Metallgesellschaft) 주식회사 사건

독일 최대의 광산·금속회사인 메탈게젤샤프트(Metallgesellschaft) 주식회사는 1881년에 2백만 제국마르크(Reichsmark)의 창업자금으로 설립되었다. 이 회사는 창립 이후부터 지속적 성장을 하여 1960년 이후에는 법적으로 독자적인 경영회사임과 동시에 수많은 자회사를 거느리게 되었고, 1980년 이후에도 성장은 계속되었다. 1988/89년에는 경영진의 교체가 이루어졌으며, 그때까지의 임시대표이사가 정식의 대표이사직을 인계받음으로써 새 대표이사 체제 하에 이 회사는 몇 가지 구조조정을 단행하였는데, 이 구조조정은 그 이후의 기업부실의 단초가 되었다.

메탈게젤샤프트 주식회사는 지배구조를 강화시킬 목적으로 구조조정을 통해 경영진뿐만 아니라 자회사들조차 분산시켰다. 메탈게젤샤프트 주식회사 자체도 단지 무역과 재정영역에서만 경영을 집중시켰다. 이러한 분산은 다양한 사업영역의 지휘가 법적으로 독립된 경영체제로 나아간다는 것을 의미했다. 이러한 적극적 구조조정을 통해 메탈게젤샤프트 주식회사는 1990년까지 매우 양호한 재무상태를 유지하였다. 1988/89 사업연도에는 메탈게젤샤프트 주식회사와 자회사들은 총 1억 4천 1백만 마르크의 당기 순이익을 획득했으며, 메탈게젤샤프트 주식회사는 6백 4십만 마르크의 당기순이익을 남겼다.

그러나 메탈게젤샤프트 주식회사의 양호한 재무상태는 1990년 이후 미국 석유사업에의 진출 등 경영진의 독단적이고 무리한 사업 확장과 핵심 사업분야인 금속산업의 열악한 시장상황으로 인하여 점점 더 악화되기 시작하였다. 특히 1991년 미국에서 인수한 석유사업의 개편과정에서 나타난 기업부실은 메탈게젤샤프트 주식회사의 위기를 재촉하였다. 그 결과 1993년 12월 독일에서 14번째 대기업이었던 메탈게젤샤프트 주식회사와 258개의 자회사는 석유선물과 파생상품 투자 등 약 15억 달러의 손실로 파산 직전에까지 도달했다.

메탈게젤샤프트 주식회사의 부실과정에서 경영이사회는 손실을 적절한 시기에 막을 상황에 처해있지 못했고, 감독이사회나 회계법인은 석유사업에 관하여 아무런 지식을 가지고 있지 못했으며, 석유사업에 어떠한 위험이 도사리고 있는지에 관해서도 알고 있지 못했다. 이 때문에 감독이사회나 회계법인은 경영이사회의 결정에 대하여

아무런 감독기능을 수행하지 못하였다고 한다.[22]

(2) 발잠(Balsam) 주식회사 사건

1986년 초 회사자본금이 1,800만 마르크에 달했던 발잠(Balsam) 주식회사는 1984년부터 기업부실이 시작되어 1994년에 파산절차가 개시된 독일의 대표적인 부실기업에 해당한다. 1973년에 운동장 및 운동시설건축업으로 출발한 이 회사는 원래 발잠 운동장건축 유한회사 및 합자회사(GmbH & Co. KG.)의 형식을 취하고 있다가 1988년 6월 20일에 노르트라인-베스트팔렌(Nordrhein-Westfalen) 주에 소재하는 할레 (Halle) 시의 상업등기부에 주식회사(AG)로 변경등기하였다.

1988년에 주식회사로 변경하기 전에 이 회사는 사업을 확장하여 이미 국제적인 콘체른(Konzern)으로 발전하였다. 그러나 발잠 주식회사의 전신이었던 발잠 운동장건축 유한회사 및 합자회사의 사업 확장은 그 이후 이 기업의 부실에 커다란 영향을 미치게 되었다. 1970년대만 하더라도 이 기업은 양호한 사업실적으로 인하여 사업을 계속 확장해 왔지만, 1980년 이후에는 유동자산이 지속적으로 부족한 상황에 빠져들게 되었다.

발잠 주식회사가 유동성의 부족을 겪고 그 이후부터 부실과 도산에 이르게 된 이유로는 ① 그 당시 2개의 실내경기장 건축회사의 매입과정에서 재정적인 압박을 받았다는 점, ② 집중적인 비용투자가 필요한 새로운 운동경기시설을 건축하는 과정에서 비용을 절감하기 위하여 자회사를 설립하는 과정에서 재정적 압박을 받았다는 점, ③ 1980년 이후의 운동장경기시설공사와 관련된 건축시장이 급속도로 위축되었다는 점, ④ 재정적 위기를 타개하기 위하여 유럽지역 및 세계 각국에 총 34개의 자회사를 설립하였지만 원하는 결과를 가져오지 못하고 재정상태는 지속적으로 악화되어 갔다는 점 등이다. 특히 인수의 수익성과 자체 유동성을 무시한 채 20여 개의 경쟁업체를 무리하게 인수하는 과정에서 발잠 주식회사의 경영이사회는 치밀하게 총 78건에 해당하는 사기사건을 범했다. 발잠 주식회사의 사기사건은 독일 역사상 기업범죄 중 최악의 사례 중 하나로 평가되고 있다. 발잠 주식회사 사건은 1993년 9월부터 1994년 5월까지 총 1,440억 마르크에 달하는 피해를 가져왔다. 이와 같은 경영이사회의 치밀한 사기행각은 감독이사회가 자신의 감독기능을 수행하기 어렵게 만들었는데, 감독이사회도 스스로 경영이사에 의한 기망에 빠졌기 때문이다. 발잠 주식회사 사건에서

감독이사회가 자신의 감독업무를 수행할 여지가 매우 좁았다고 평가되고 있다.[23]

독일 검찰은 발잠 주식회사 사건에 대해 신용사기, 문서위조 및 탈세 혐의에 대한 수사를 실시하여 875쪽에 달하는 공소장을 빌레펠트(Bielefeld) 지방법원에 제출했다. 3년여의 재판 끝에 발잠 주식회사의 2명의 이사에게는 10만 마르크의 벌금이 부과되었고, 회사 설립자인 프리델 발잠(Friedel Balsam)에게는 8년의 자유형이, 회계사인 클라우스-델트레브 슐리엔캄프(Klaus-Detlev Schlienkamp)에게는 10년의 자유형이 선고되었다.[24]

(3) 브레머 불칸(Bremer Vulkan Verbund) 주식회사 사건

조선과 기계설비에 관한 사업을 수행했던 브레머 불칸(Bremer Vulkan Verbund) 주식회사는 1893년 10월 23일 그 당시 30만 제국마르크에 해당하는 자본금을 가지고 설립되다. 초기에 소규모로 출발한 이 회사는 1895년부터 급속도로 발전하여 1960년대 이후부터는 컨테이너 화물선과 유조선 분야에서도 고도의 성장을 이룩하여 독일 최대의 조선회사로 성장하였다. 그러나 1980년대 이후 한국 등의 조선업 성장과 맞물려 유럽 조선업계의 불황으로 인해 수주를 받기 힘들게 되었고 이로 인하여 1981년 파산절차를 눈앞에 두게 되었다. 이를 막기 위하여 독일 정부는 군함건조프로그램에 기초하여 재정적 지원을 하였으나, 그 이후의 세제 개혁으로 인하여 이 주식회사는 다시금 파산위기에 놓이게 되었다. 이러한 기업부실은 1995년 파산이 진행되고 실질적으로 파산을 선언한 1996년 2월 21일까지 지속되었다.

브레머 불칸 주식회사가 파산을 선언한 1996년 2월보다 훨씬 이전부터 서서히 몰락하게 된 원인으로는 ① 증자를 통해 발생한 생긴 소득, 1990년대 초 두 개의 구동독 조선소(MTW-GmbH, VWS-GmbH)를 인수하는 과정에서 조달한 자본에서 나온 소득 및 브레멘(Bremen) 시가 일자리 창출을 위하여 지원한 재원에서 나온 소득을 가지고 회사의 재정적 부실을 은폐하였다는 점, ② 경영이사회는 이러한 회사의 외관을 3억 마르크의 자금결손이 발생(1995년 11월)하여 회사에 대한 현실적 평가를 할 수밖에 없는 상황에 놓일 때까지 그대로 유지했다는 점, ③ 1980년대 후반에 브레멘 시가 이 회사의 사업영역을 조선업에만 국한시키지 않고 타 업종에까지 확대시키는 구조조정안을 통과시킴으로써 기업의 회생가능성을 더 봉쇄했다는 점 등이다. 그래서 1995년에 3억 마르크의 자금결손이 발생하고 그 이듬해인 1996년 1월 유럽연합 집행

이사회가 이 회사에 대한 자금지원을 동의하지 않았을 때부터 현실적인 기업도산이 진행되고 있었다.

브레머 불칸 주식회사의 부실과 그로 인한 파산 사례로부터 몇 가지 특수한 점이 발견된다. 예컨대 브레멘 시가 이 회사에 일정한 영향을 끼쳤고, 이로 인하여 경영이 사회와 감독이사회로 하여금 이 회사에 대한 공적 자금지원에 친숙해지도록 했다는 점이다. 그 결과 경영이사회는 신중하지 못하게 기업을 경영하여 결국 기업의 재정압박을 초래하였으며, 감독이사회도 감독의무를 해태하여 기업에 대한 감독업무를 무장해제하고 말았다. 회계법인의 경우 경영이사회나 감독이사회와는 달리 브레멘 시의 재정지원정책과는 무관하였지만, 이 회사의 파산위기에 영향을 받아 엄격한 결산심사를 하지 않았다. 이러한 다양한 요소들이 공동으로 작용함으로써 브레머 불칸 주식회사의 부실과 파산을 미연에 방지할 기회를 놓이고 말았다.

브레머 불칸 주식회사의 부실 및 파산으로 인하여 브레머 불칸 선박그룹의 전 회장이었던 프리드리히 헨네만(Friedrich Hennemann)과 전 경영이사회 이사였던 귄터 슈미트(Günter Smidt) 및 감독이사회 이사인 요하네스 슈눗겐(Johannes Schnuttgen)은 브레멘 지방법원에 배임죄로 기소되었다. 2001년 브레멘 지방법원은 3명의 피고인에 대하여 100회 이상의 심리를 거친 결과 각각 2년의 징역형에 보호관찰부 집행유예를 선고하였다. 그러나 브레멘 지방법원의 판결에 대하여 3명의 피고인은 무죄를 주장하며 독일 연방법원에 상고하였으며, 검사는 양형부당을 이유로 상고하였다. 이에 독일 연방법원 형사 제5부는 공동피고인들과 검사의 상고를 심사한 결과 브레멘 지방법원의 판결을 파기하고, 3명의 공동피고인에 대해 배임죄의 죄책을 인정하였다.[25]

브레머 불칸(Bremer Vulkan) 사례에 대한 독일 연방법원 판례[26]

■ 사실관계

1980년대부터 시작된 유럽 조선업계의 불황이 계속되고 경영 위기를 견디지 못한 브레머 불칸 콘체른은 1995년에 파산을 진행하게 되어, 1996년 1월 유럽연합 집행이사회가 자금지원을 동의하지 않음으로써 실질적으로 도산상태에 놓였다. 브레멘 시 및 시의회도 이 회사에 대해 관여하고 있었고, 그에 따라 경영이사회와 감독이사회가 공적 자금에 크게 기대하였다는 사실도 드러났다. 이것이 경영진의 의무 불이행에 대한 원인이 되었다는

지적도 있었다. 구동독의 조선회사의 인수합병을 허용한 독일 신탁관리공사(Treuhandanstalt)
는 보조금을 회수하려 했으나 좌절되자 브레머 불칸의 당시 회장인 헨네만(Friedrich
Hennemann)과 경영이사회 이사였던 슈미트(Günter Smidt) 및 감독이사회 이사 슈눗겐
(Johannes Schnuttgen)을 브레멘 지방법원에 민사상 손해배상청구와 별도로 형사상 배
임 등의 혐의로 고소하였다.

공소사실은 동독의 두 조선회사에게 지급했던 437,000,000유로의 공적 자금인 보조금을
원래 목적에 맞지 않게 유용하였다는 것이었다. 배임의 피해자인 자회사의 시각에서 보
면, 이 보조금에 포함된 기본자산까지 공동관리시스템(konzernweites Cash Management –
System; Cash Pooling)에 편입시켰는데, 결국 모회사가 파산하게 됨에 따라 자회사의 채
권을 행사할 수 없게 되었다는 데에서 직접적인 손해가 발생하였다는 것이다. 브레멘 지
방법원은 피고인들에게 각각 2년의 징역형에 보호관찰부 집행유예를 선고하였으며, 검사
와 피고인이 모두 상고하였다.

■ 판결주문

판결주문은 다음과 같다.

1. 사무처리자가 보조금의 지원목적에 따라서 보조금지급자의 재산상 이익을 고려하여
   행한 때에는, 그 보조금 사용은 원칙적으로 독일형법 제266조 제1항에서 말하는 재산
   보호의무의 위배에 해당하지 않는다.

2. 콘체른 내에서 종속적 지위를 갖는 자회사가 역할을 이행할 수 없게 되거나 존립이 위
   태로워지는 수준으로 그 재산상 가치가 불확실해진 때라면, 콘체른 내 지배적인 지위
   를 갖는 주식회사의 대표이사는 그 종속된 유한회사에 대해서 부담하는 재산보호의무
   를 위배한 것이다.

■ 주요 판결내용

독일 연방법원 형사 제5부는 우선 형사사법에서 타인의 재산상 이익에 주의를 기울여야
하는 의무를 행위자에게 과도하게 요구하는 경우에 그의 고유한 처분의 권한을 위축시킬
수 있다는 점을 경계하고 있다. 자회사가 수행하고 있는 매매나 기타 보조금의 사용 등에
모회사의 대표이사가 지배력을 행사한 것 자체만으로 재산보호의무의 위반이 있는 것은
아니라고 한다. 즉 신탁공사가 지급한 보조금을 승인된 사용방식에 반하여, 공동자금관리
의 방식을 통해 이용하였다고 하더라도 독일형법 제264조 제1항 제2호 '보조금사기'[27]에
해당할 수는 있지만 곧바로 배임죄의 구성요건을 충족하는 것은 아니라고 본다. 다만 그

로부터 재산보호의 주의의무는 확대된다고 하면서, 이는 재산적 가치가 한 단일 회사의 영역에 그치지 아니하고 콘체른 내에서 관리되도록 만든 것이기 때문이라는 것이다. 단일 회사를 넘어 복수 회사의 자산이 행위자를 통해 관리·이전될 수 있도록 만든 것은 콘체른을 구성하고 있는 각 회사의 종속성을 감안할 때, 자금손실을 야기하여 재산상 위해를 가하게 될 우려가 커지는 것이기 때문이다. 그렇기에 이와 같은 방식을 사용하려면 더욱 확실한 담보를 통해 자금관리를 안정되게 유지하여야만 하는 것으로 보았다.

사안에서 독일 연방법원은 피고인 헨네만이 자회사인 구동독의 조선소 두 개 회사의 모든 자금을 브레머 불칸 주식회사 콘체른으로 유입시켜 관리하였으며, 그것이 원인이 되어 콘체른 내 회사들이 파산에 이르게 되었다는 점을 확인하였다. 여기서 피고인의 재산상 보호의무를 긍정하였다. 즉 기업집단의 모회사로서 자회사 및 그를 신뢰한 제3자가 갖는 고유의 경제적인 이익을 보호·관리해야 할 필요가 있다. 여러 단계로 얽힌 지배관계에서 비롯된 이와 같은 의무는 위험에 닥친 모회사뿐만 아니라 하위 회사 및 콘체른의 전체 영역에도 미친다는 것이다.

피고인은 공동자금관리시스템을 이용하여 자회사의 모든 자금까지 통합하여 운영한 결과, 독일 유한회사법 제30조에 규정된 "채권 변제를 위한 기본재산 보호의무"에 위배하여 소속되어 있는 콘체른구성체 간 결속의 목적에 위해를 가하는 한편 자회사의 존립을 위태롭게 하는 수준의 침해를 발생시켰다고 한다. 그리고 이와 같은 손해는 독일형법 제266조 배임죄의 구성요건을 충족하고 있다고 판시하였다.[28]

(4) 필립 홀츠만(Philipp Holzmann) 주식회사 사건

1849년 요한 필립 홀츠만(Johann Philipp Holzmann)에 의해 설립되어 그 후 수십 년 동안 가장 규모가 큰 독일의 건설회사로 평가받는 필립 홀츠만(Philipp Holzmann) 주식회사가 2002년에 도산한 사건은 독일에서 비교적 짧은 기간 내에 부실이 발생한 대표적인 사례로 언급되고 있다. 필립 홀츠만 주식회사는 처음에 합명회사(OHG)에서 출발하였으며 1895년에 유한회사(GmbH)로 변경하면서 사업을 확장시켜 나갔다. 특히 이 회사는 제2차 세계대전 이후의 독일 국내 및 외국의 건축 붐을 타고 급속도로 성장하기 시작하였지만, 1974년 이후부터는 독일 국내의 열악한 경제사정으로 인하여 사업을 외국으로 확대시켰고 1990년대 이후로는 회사의 재정상태가 점점 더 악화일로를 걷게 되었다. 그 근본적인 이유는 1980년대 말부터 시작된 무리한 사업 확장 때문이었다. 특히 1990년대 초반부터 시작된 건축투자경기의 하락 및 이와 결부된 기업부실은 사업 확장 과정에서 많은 손실을 가져왔다.

보다 구체적으로 1999년 10월 25일 필립 홀츠만은 회사 창립 150주년을 맞이했다. 1999년 11월 15일 새로운 대표이사인 하인리히 빈더(Heinrich Binder)는 "지금까지 발견되지 않은 곳"에서 과도한 부채가 있음을 발표했다. 부채는 24억 마르크의 손실로 평가되었고, 후에 밝혀진 바와 같이 약 11억 마르크의 영업 손실이 포함되어 있었다. 1999년 11월 23일에 은행과의 협상이 실패했고, 파산 절차가 개시되었다. 1999년 11월 24일 당시 게르하르트 슈뢰더(Gerhard Schröder) 총리의 주도로 홀츠만 회생을 위해 1억 5천만 마르크를 지원하고 채권은행들의 비상대출금 중 일부인 1억 마르크에 대해서는 지급보증을 해주는 방안을 내용으로 하는 회생방안이 발표되었다. 19개 은행으로 구성된 컨소시엄은 추가 협상을 통해 회사의 구조조정 계획에 자금을 지원했다. 당시 구조조정 계획은 총 43억 마르크로 구성되었다. 빈더는 1999년 12월에 사임했으며, 그 후임으로 콘라트 힌리히(Konrad Hinrichs)가 새 대표이사로 선임되었다. 그러나 당시 건설업계의 전체적인 경기침체로 인해 필립 홀츠만 주식회사의 일자리는 1999년 말 28,300명에서 2002년 3월 10,300명으로 감소했다. 필립 홀츠만 주식회사의 구조조정 계획은 많은 채권단 은행들이 더 이상 대출을 해주지 않아 실행되지 못하였고 회사는 2002년 3월에 마침내 파산하였다.[29]

특히 필립 홀츠만 주식회사는 기업부실을 파산 직전까지 비밀로 유지하였으며, 감독이사회는 경영이사회의 비밀을 알고 있으면서도 경영이사회가 외부에 기업사정에 관하여 분식회계에 기한 허위의 보고를 할 때 이를 막지 않았다. 필립 홀츠만 주식회사의 손실에 관하여 감독이사회가 미리 포착만 했더라도 이 회사의 파산신청을 막을 수 있었을 것이라고 평가되고 있다.[30]

3. 독일 개별 법률상 컴플라이언스 기능과 준법지원인

(1) 기업경영에서 통제와 투명성에 관한 법률(KonTraG)

독일에서는 앞서 살펴본 메탈게젤샤프트 주식회사, 발잠 주식회사, 브레머 불칸 주식회사 등의 파산으로 인하여 독일 전통의 기업지배구조에 대한 비판이 확산되었고 감독이사회의 감독기능 강화와 주식회사의 경영감독기능 개선을 위한 논의가 활발히 전개되기 시작하였다. 이에 따라 독일 정부는 기업지배구조 개선작업에 착수하여 1998년 4월 「기업경영에서 통제와 투명성에 관한 법률」(Das Gesetz zur Kontrolle und Transparenz im Unternehmensbereich: KonTraG)을 제정하였다.

콘트라법은 독일 주식법과 독일 상법을 중심으로 하여 기업 및 자본시장에 관한 수많은 법률들을 개정하는 것으로, 기업의 통제 및 투명성의 개선 및 확보를 통해 독일의 기업 및 자본시장의 국제사회에서의 경쟁력을 향상시키는 데에 그 목적이 있다. 이러한 점에서 콘트라법은 독일에서 최초로 리스크와 리스크관리에 대하여 규정한 입법이며, 내부통제제도에 관련된 최초의 입법이라고 할 수 있다.

구체적으로 기업의 결산시에 작성해야 하는 '영업보고서(Lagebericht)'와 '콘체른 상황보고서(Konzernlagebericht)'에는 장래 발전될 리스크에 대해서도 기입해야 한다(독일 상법 제289조 제1항, 제315조 제1항).[31] 그리고 독일 주식법은 제91조 제2항에서 "이사회는 회사의 존속을 위태롭게 하는 상황전개를 사전에 인식할 수 있도록 적절한 조치를 취해야 하고, 특히 감독시스템을 설치해야 한다"고 규정하여 적절한 리스크관리와 적절한 내부감사에 주의해야 할 의무를 이사회에게 부과하고 있다. 이 조문은 리스크의 조기인식과 감시에 관한 이사의 책임을 규정한 것으로 내부통제에 대하여 규정한 것이다. 즉 이사회는 먼저 회사의 존립을 위태롭게 할 리스크를 발견하기 위한 감독시스템을 구축해야 하고(감독시스템의 구축), 그런 연후에 그러한 리스크를 조기에 발견[32]해야 한다(리스크의 조기발견).[33]

한편 감독시스템이란 리스크의 조기인식시스템을 감독하는 것으로서 구체적으로 '예방기능(Präventfunktion)'과 '수정기능(Korrekturfunktion)'을 수행한다. 이 가운데 예방기능은 존재하거나 잠재하는 리스크를 회피 또는 감소시키는 기능을 말하는데, 잘못의 회피를 위한 조직구조적 또는 조직경과적 통합, 잘못의 확률 감소를 위한 토대의 통합과 내부감사의 감사행위를 들 수 있다. 그리고 수정기능은 시행된 조직적인 조치의 검토 및 수정을 말하는데, 내부감사의 감사행위와 리스크관리를 언급할 수 있다.[34]

이러한 규정에 따라 리스크 감독시스템에 관한 감사와 관련하여 독일 상법은 "영업보고서 및 콘체른 상황보고서의 감사에 있어 그 때 또는 장래에 발전될 리스크가 적절하게 기술되어 있는가에 대해서도 감사해야 한다"고 규정하였고(독일 상법 제317조 제2항 제2문), "정식으로 상장되어 있는 주식을 발행한 주식회사에 있어서는 다시 이사가 주식법 제91조 제2항에 의해 의무지워져 있는 조치를 적절한 형태로 강구하였는가에 대하여, 그리고 그것에 의해 설치되어야 할 감독시스템이 그 임무를 다하고 있는가에 대하여 감사의 범위 내에서 판단해야 한다"고 규정하고 있다(독일 상법 동조 조4항).[35]

또한 장래에 발전될 리스크가 적절하게 기술되어 있는가에 대해서도 감사해야 한다는 독일 상법 제317조 제1항에 따라 '결산감사(Abschlußprüfung)'에도 영향을 끼쳐 '결산감사인(Abschlußprüfer)'은 영업보고서 및 콘체른 상황보고서에서 장래 발전될 리스크가 적절하게 기술되어 있는가에 대해서도 감사해야 하고(독일 상법 제317조 제2항), 설치가 의무화된 감독시스템에 관한 조치의 적절성과 그 임무수행능력에 관해서도 감사의 범위 내에서 판단해야 한다(독일 상법 제317조 제4항). 이처럼 독일에서는 이러한 취지를 갖는 모든 법률규정을 통해 리스크관리에 관한 법적 정비가 이루어졌다고 판단된다.[36]

이처럼 콘트라법은 기업의 투명성과 통제를 확보하기 위한 다양한 법규정을 포함하고 있었으며, 이는 곧 독일 주식법의 개정으로 이어졌다. 그러나 기업부실과 기업도산을 막기 위해서는 감독이사회나 회계법인에 의한 감독과 통제만으로 부족하고, 이에 덧붙여 감독이사회와 회계법인 간의 긴밀한 협력이 기업의 투명성을 제고하기 위한 수단으로 매우 중요하다. 그러나 감독이사회와 회계법인 간의 긴밀한 협력이 이루어지도록 관련법의 내용을 개정하는 경우에도 예컨대 경영이사회가 정보를 제공하지 않거나 잘못된 정보를 제공하는 경우에는 효과적인 기업감독이 어렵게 된다. 이에 따라 경영이사회의 감독에 관련을 가지는 모든 기관들 간의 협력이야말로 감독의 효율성을 높일 수 있는 필수적인 요건이다. 이러한 관점에서 보면 콘트라법은 경영이사회의 감독체계를 개선하는 일반적인 조항만을 신설하였으며 일반적인 조건의 내용적 형성에 간접적인 동기를 부여해주고 있을 뿐이라고 평가되고 있다.[37] 독일에서 콘트라법이 제정된 이후 2000년대부터 기업의 투명성과 통제를 강화하는 방향으로 독일 증권거래법, 독일 은행업법, 독일 보험감독법, 독일 주식법이 개정된 이유도 바로 여기에 있다.[38]

(2) 독일 증권거래법(WpHG)

독일 「증권거래법」(WpHG)[39]은 금융투자업자만을 적용대상으로 한다. 이 분야에서 독일 입법자는 컴플라이언스 관련 법률 규정의 필요성을 깊이 인식하였다. 이에 독일 입법자은 증권거래법 제6장(행위의무, 조직의무 및 투명성의무) 제33조 제1항 제2문 제1호에서 컴플라이언스 기능을, 동 규정과 관련된 「투자금융업무 준칙 및 조직에 관한 시행령」(WpDVerOV)[40] 제12조 제4항 제1문에서 준법감시인의 선임을 명시적으로 규정하였다.

보다 구체적으로 증권거래법 제33조 제1항 제2문 제1호에 따르면, "금융투자업자는 투자업자 자신은 물론 회사의 직원이 증권거래법에 규정된 의무의 이행을 보장하기 위하여 적합한 기본원칙을 수립하고, 구체적인 방법을 채택하며, 절차를 확립하여야 한다. 이 경우 무엇보다 금융투자업자는 자신의 임무를 독립적으로 수행할 수 있는 지속적이고 효과적인 컴플라이언스 기능을 유지하여야 한다"고 한다. 이에 따라 금융투자업자는 독립성과 효율성이 보장된 컴플라이언스 기능을 구축하여야 한다. 이는 일반적으로 금융투자업자에 대한 조직상의 요구사항으로 이해된다.

한편 증권거래법 제33조 제1항 제2문 제1호는 '컴플라이언스 기능'의 유지만을 요구한 반면, 투자금융업무 준칙 및 조직에 관한 시행령은 '준법감시인'을 명시적으로 언급하고 있다. 동 시행령 제12조 제4항 제1문에 따르면, 준법감시인은 컴플라이언스 기능에 대해 책임을 진다. 그리고 본질적으로 준법감시인의 법적 지위를 파악할 수 있다. 즉 동 시행령 제12조 제3항에 따르면, 준법감시인은 금융투자업무 또는 부수적 금융투자업무를 제공함에 있어 고객이익의 손실을 야기하는 구체적 위험을 회피하기 위한 적절하고 필요한 잠정적 조취를 취할 권한을 가지고 있어야 한다. 이 때문에 준법감시인은 경영진의 위임결정에 의해 적절한 조취를 취할 권한을 가지고 활동을 해야 한다. 그리고 '구체적 위험'의 개념이 중요하다. 이때 증권거래법상 준법감시인은 구체적인 위험 상황에서만 개입할 의무가 있다고 주장할 수 있다. 만약 그렇다면 입법자는 준법감시인으로 하여금 추상적인 위험과 잠재적 위험 상황에서 개입하지 못하게 함으로써 그러한 범위 내에서 예방적 범죄방지의무를 의식적으로 포기한 것은 아닌지 의문이다. 그렇지 않다. 왜냐하면 동 시행령에 따르면 준법감시인의 의무 목록에 적절한 '잠정적' 조취가 포함되어 있기 때문이다. 여기에서 입법자는 예방적 범죄방지의무를 찾을 수 있다. 형법상 중요한 준법감시인의 부작위 책임 문제[41]와 연결 짓고자 할 경우 범죄행위 방지를 위한 준법감시인의 일반적 의무는 증권거래법의 관점에서 그리 멀리 떨어져 있지 않다.

그리고 준법감시인의 업무와 관련하여 증권거래법 제33조 제1항 제2문 제5호와 투자금융업무 준칙 및 조직에 관한 시행령 제12조 제4항에 따르면, 준법감시인은 감독이사회뿐만 아니라 경영진에게 적어도 1년에 한번 보고의무를 이행해야 한다고 규정하고 있다. 즉 이들 규정에 따르면, 준법감시인은 경영진과 감독기관(Aufsichtsorgan)에게 컴플라이언스 기능 및 보고에 대해 책임을 부담하며, 그러한 보고의무에는 금융투자업자 또는 사원의 증권거래법상 의무사항에 대한 위반행위 여부, 그러한 위반의 위험의 제거를 위해 적절한 조취가 취해졌는지 여부가 포함되어 있다.[42]

증권거래법상 컴플라이언스 기능과 관련된 규정을 살펴보면 무엇보다 독일 「자본시장법」(Kapitalmarktrecht)의 영역에서 2008년 금융위기를 계기로 컴플라이언스 관련 규정이 제정되었음을 알 수 있다. 특히 증권거래법 이외에도 「투자자보호 및 기능개선법률」(AnsFuG)[43]이 2011년 7월 1일 시행되었다. 이 법률의 목적은 금융투자업자의 내부통제를 현저히 개선하는 데 있다.[44] 그리고 이 법률에서 준법감시인은 필수적인 규제수단이며, 새롭게 도입된 증권거래법 제34조의d(투자 상담에 있어 판매 대리인 또는 준법감시인으로서 사원의 투입)에서도 이를 반영하였다.[45] 준법감시인의 역할과 관련된 컴플라이언스 관련 법규정의 이와 같은 추가적인 확대는 세계적인 신용등급기관인 Standard & Poor's(S&P)의 보완된 평가시스템에 의해서도 영향을 받았다. S&P는 고유한 평가등급으로서 전사적 리스크관리를 인정하여 도입했고, 이러한 기준은 기업의 신용평가에 있어 기초가 되었다. 그리고 여기서 컴플라이언스의 중요성이 다시금 주목을 끌고 있다. 어떠한 금융투자업자도 불충분하게 구축된 리스크관리 시스템으로 인해 중요한 신용평가 점수를 잃은 채 사업을 할 수는 없다. 때문에 이러한 금융투자 사업분야에서 준법감시인의 중요성과 책임이 더욱 강조되고 있다.

(3) 독일 은행업법(KWG)

독일 「은행업법」(Kreditwesengesetz: KGW)[46]은 컴플라이언스 개념을 직접적으로 사용하고 있지 않지만 컴플라이언스 관련 규정을 발견할 수 있다. 왜냐하면 독일 은행업법은 1997년 효과적인 은행감독을 위해 바젤은행감독위원회(Basler Ausschuss für Bankenaufsicht)에 의해 마련된 '바젤 준칙(Basler Grundsätze)'[47]과 밀접한 관련성을 맺고 있기 때문이다. 바젤 준칙은 모두 25개 핵심 준칙으로 구성되어 있는데, 건전성 규제와 감독을 위해 보편적으로 적용되는 최소한의 기준이라고 할 수 있다. 바젤 준칙은 컴플라이언스 기능과 준법감시인을 명확하게 언급하고 있다. 즉 "내부통제와 검사"라는 표제가 붙은 [바젤 준칙 17]에서 "적절하고, 독립적이고, 효과적인 컴플라이언스 기능"을 언급하고 있다. 이때 컴플라이언스 기능의 개념을 각주에서 보다 구체화 하고 있으며, 준법감시인에 대해 법률상 개념으로 다음과 같이 정의하고 있다: "컴플라이언스 기능의 개념이 반드시 조직단위를 뜻하는 것은 아니다. 컴플라이언스 기능을 수행하는 사원(준법감시인)은 사업운영 부문 또는 지역에 위치한 지점에 배치될 수 있고, 사업운영 체계관리 또는 지점 관리를 보고한다. 그러나 이들은 동시에 컴플라이언스 책임자에게 이러한 사항들에 대해 보고해야 한다."[48]

바젤 준칙(Basler Grundsätze)

- ■ 1997년 바젤은행감독위원회(Basel Committee on Banking Supervision)는 효율적인 은행감독을 위한 핵심 준칙을 발표하고, 1999년 10월 이 핵심 준칙에 대한 자세한 해석과 실행지침을 담은 방법론(Core Principles Methodolgy)을 발표함
- • 은행감독에 대한 국제적인 기준을 설정하고자 하는 움직임이 나타난 것은 1980년대 이후 규제완화와 금융세계화의 진전으로 은행시스템의 위기가 확산되자 이에 대한 국제적인 공조의 필요성에 공함하였기 때문임
- • 핵심 준칙은 건전성 규제와 감독을 위해 보편적으로 적용되는 최소한의 기준이라고 할 수 있으며, 건전한 금융시스템을 위한 선결조건 및 감독기관의 효율적인 금융감독 방안과 은행영업의 안전성 및 건전성에 관한 25개 핵심 준칙으로 구성됨
- • 핵심 준칙의 목적은 은행감독체계를 확립하여 개별 은행들의 역량을 강화하는 데 있으며, 핵심 준칙의 준수를 통하여 직접적으로 은행감독방안을 개선하고, 간접적으로는 건실한 금융인프라 확립을 통해 금융시스템의 안정성에 기여하고자 함

- ■ 2006년 10월 Mexico Merida에서 열린 국제은행감독회의(International Conference of Banking Supervisors)의 120개 참가국은 핵심 준칙 및 방법론의 개정안을 추인하였음
- • 핵심 준칙 개정의 목적은 전 세계적으로 적용할 수 있는 기준의 지속적인 적정성을 확보하기 위한 것이고 개정 방법론에서는 핵심 준칙의 준수 여부에 대한 보다 면밀한 검토를 위해 자세한 평가기준을 제시하고 있음

- 개정은 기존 핵심 준칙의 타당성에 의문을 갖거나 새로운 기준을 제시하기보다는 기존 준칙의 골격을 유지하면서 금융환경 변화에 대한 적응, 실행상의 문제점 개선, 여타 금융 분야 감독과의 균형유지 등에 대한 새로운 사안을 반영하기 위한 것임
- 특히 리스크관리에 대한 중요성이 강조되어 리스크 항목을 세분화하여 감독원칙을 제시하였고 은행의 규모 및 업무성격에 따라 차등화된 정책의 적용을 허용하는 등 새로운 BIS기준과의 정합성을 제고하였으며, 자금세탁이나 투명성 강화 등의 분야에서 감독당국의 역할을 강조함

■ 개정된 핵심 준칙은 효과적인 은행감독을 위해 필요한 25개 준칙으로 구성되어 있으며, 은행감독에 대한 7개 분야의 기준을 제시하고 있음
- 7개 분야는 우선 감독기구의 목적성, 독립성, 권한, 건전성 및 협력 분야(준칙 1), 은행의 설립인가 및 조직구조에 관한 사항(준칙 2~5), 은행의 건전성 규제 및 요건(준칙 6~18), 은행영업활동에 대한 감독수단(준칙 19~21), 회계와 공시(준칙 22), 은행감독기관의 시정과 개선 권한(준칙 23), 연결감독 및 국제적 은행업무(준칙 24~25) 등으로 구성됨[49]

이러한 바젤 준칙상 컴플라이언스 기능은 독일 은행업법 제25조의a 제1항 제1문에서 '법규정의 준수(Einhaltung der gesetzlichen Bestimmungen)'라는 형태로 수용되어 규정되었다. 이에 따르면 금융기관 및 금융서비스기관은 이들 기관에 의해 지켜져야 하는 법규정의 준수가 보장되는 합법적 사업조직을 갖추고 있어야 한다. 이때 "법규정의 준수"라는 용어에서 의심의 여지없이 컴플라이언스 기능이 추론된다. 그러나 준법감시인 선임의 필요성은 이 조문으로부터 직접적으로 도출되지 않는데, 이를 은행업법에서 직접적으로 의도한 것은 아니다. 그럼에도 불구하고 은행업법은 컴플라이언스 관련 규정과 관련하여 최소한의 기준을 포기하지 않고 있다. 즉 은행업법 제25조의a 제1항 제3문에서 "합법적 사업조직은 특히 적절하고 효과적인 리스크관리를 갖추고 있어야 하며, 이를 토대로 금융기관 및 금융서비스기관은 리스크 부담에 대한 수용력(Risikotragfähigkeit)을 지속적으로 보장해야 한다. 이때 리스크관리에는 ① 금융기관 및 금융서비스기관의 지속적 발전을 목표로 하는 사업전략과 그에 따른 일관된 리스크전략의 수립, ② 리스크 부담에 대한 수용력의 확인 및 보증을 위한 절차, ③ 내부통제 시스템 및 내부감사가 포함된 내부통제 절차의 수립, ④ 적절한 인적 및

기술적 조직을 갖춘 금융기관 및 금융서비스기관의 설비, ⑤ 특히 IT 시스템에 대한 적절한 비상대책의 수립, ⑥ 적절하고 투명한 그리고 지속적인 금융기관 및 금융서비스기관의 발전을 목표로 하는 보수체계가 포함된다"라고 함으로써 리스크관리에 대한 개념과 이를 위해 요구되는 사항을 상세히 규정하고 있다. 나아가 동 규정 제6문과 제7문에는 특히 은행감독법상 컴플라이언스에 대해 구체화 하고 있다. 또한 컴플라이언스 기능과 관련하여 은행업법 제25조의c 제1항은 사기적 행위의 방지를 위한 "내부적 안전조치"를 금융기관 및 금융서비스기관의 부담으로 하고 있다. 은행업법에는 사기적 행위방지를 위한 내부통제 부서를 별도로 규정하고 있지는 않지만, 최근 이를 위해 은행업법에서 규정하고 있는 준법감시인이 성공적으로 정착될 수 있을 것이다.[50]

(4) 독일 보험감독법(VAG)

보험법 분야에서도 독일 은행업법과 유사한 규정이 제정되었다. 이러한 규정은 독일 「보험감독법」(das deutsche Versicherungsaufsichtsgesetz: VAG)[51]에서 2007년 11월 제9차 개정을 통해 최근 반영되었다. 이러한 개정은 유럽연합이 유럽경제구역(EEA)에서 영업 중인 중·대형 보험회사 및 재보험회사를 대상으로 소비자 보호 강화, 감독 선진화, 리스크관리 강화, EU 시장통합, EU 보험회사의 국제경쟁력 강화를 목적으로 하는 '솔벤시 Ⅱ'(Solvency Ⅱ)의 시행에 적절히 대응하기 위함이다. 유럽연합은 부채 시가평가 등을 기반으로 하는 보험회사에 대한 새로운 재무건전성 감독체계인 솔벤시 Ⅱ 도입을 위해 2001년부터 준비 작업을 시작하였고, 솔벤시 Ⅱ는 수차례 계량영향평가를 거친 후 2012년 시행 예정이었으나 2014년 시행 연기가 되어 2016년 1월부터 시행되고 있다.[52]

컴플라이언스와 관련하여 솔벤시 Ⅱ는 보험회사에 대한 컴플라이언스 규정을 상당히 구체화하고 확장하고 있다. 이에 따르면 보험회사는 관련 법률규정을 준수하는지 감독함과 동시에 리스크를 식별 및 평가하여 그에 따라 경영진에게 적절히 조언하는지를 보증함으로써 내부의 리스크관리를 최적화할 의무를 부담한다. 이러한 보험회사의 의무는 준법감시인의 업무활동과 일치하며, 이에 따라 보험법상 규정으로부터 준법감시인을 선임해야 할 필요성이 도출될 수 있다.[53]

솔벤시(Solvency) Ⅱ

■ **솔벤시(Solvency) Ⅱ는 유럽연합(EU)에서 시행하고 있는 보험사 건전성 기준이다.**

- 솔벤시 Ⅱ는 보험회사의 보유자산을 원가가 아닌 시가로 평가, 재무적 위험 요인을 위험 수준에 따른 시나리오 분석을 통해 자체적으로 평가토록 하는 제도다.
- 유럽계 보험사들은 올해부터 이를 시행하고 보유 주식에 대한 위험 부담금을 최대 40%까지 마련해야 한다. 준비금은 자산에 따라 차별적으로 적용된다.
- 업계에서는 금융당국이 IFRS 2단계를 도입하면서 지급여력비율(RBC) 제도가 솔벤시 Ⅱ 수준에 맞춰 오를 가능성이 있다고 보고 있다.
- 현행 RBC는 8~12%다. 한 보험사의 보유 주식이 1조 원 규모라면 요구 자본은 800억~1천 200억 원 수준이란 것이다.
- 백경윤 SK증권 연구원은 "유럽 보험사들은 지속적인 저금리와 솔벤시 Ⅱ 도입에 대비해 보장금리를 축소하고 시장금리 연동 상품을 늘리는 등 상품 구조를 변경하고 원가를 줄이기 위한 노력을 지속하고 있다"며 "솔벤시 Ⅱ는 보험부채 평가 및 리스크 측정과 관련해 기존 제도와 크게 구별되는 혁신적인 내용을 담고 있으며 향후 지급 여력제도와 관련해 새로운 국제 표준이 될 가능성이 크다"고 진단했다.[54]

솔벤시 Ⅱ의 시행에 적절히 대응하기 위한 독일 보험감독법 제9차 개정의 핵심은 보험업계에서 전문적 리스크관리를 위해 신설된 제64조의a이다. 즉 보험감독법 제64조의a에 따르면, 보험회사는 합법적 사업조직을 갖추어야 한다. 이러한 합법적 사업조직의 일환으로서 보험회사는 경영진이 보험사업에서 노출되는 중대한 리스크를 식별하고 통제할 수 있도록 일관되고 투명한 통제 및 모니터일 메커니즘으로 통합된 내부통제 및 모니터링 프로세스를 수립해야 한다. 합법적 사업조직과 적정한 리스크관리에 대한 이사의 책임이 새로운 제64조의a에 명시되어 있다. 이러한 이사의 책임은 위임될 수 없다. 그리고 입법자는 제64조의a에 적절한 리스크관리에 대한 요구사항을 상세하게 규정하였다. 이러한 리스크관리에 대한 구체적 요구는 하나의 카탈로그로 열거되었는데, 이에는 현재 운영되는 보험사업의 모든 리스크를 포괄적으로 고려한 리스크 전략뿐만 아니라 보험사업 운영의 전반적 진행과정을 효과적으로 감독 및 통제하고 변화하는 상황에 적응할 수 있는 조직적인 틀을 포함하고 있다. 이러한 리스크관리에 포함된 개별 요소들은 보험회사의 개별적 리스크를 효과적으로 처리하기

위해 서로 조정될 수 있다. 이처럼 새롭게 규정된 보험감독법 제64조의a에서는 준법
감시인의 모습은 명시적으로 언급되고 있지 않지만, 관련 법률규정의 준수 감독과 리
스크관리의 최적화를 위한 적절한 내부통제 및 모니터링 시스템의 구축을 요구하고
있다.[55)]

(5) 독일 주식법(AktG)

독일 증권거래법, 독일 은행업법, 독일 보험감독법에서 살펴본 바와 같이 컴플라이
언스 관련 법규정의 필요성은 특수한 경제분야에서 요구된다. 하지만 비금융기관인
주식회사의 영역에서도 컴플라이언스 기능과 준법감시인에 대한 법규정의 필요성이
마찬가지로 요구되는가? 다양한 법적 요구가 있음을 고려할 때 주식회사에 대해서도
리스크관리, 컴플라이언스 및 내부감사, 그리고 이를 바탕으로 회사 내부에 준법감시
인을 두어야 할 의무가 있다고 생각할 수 있다.

이와 관련하여 기업을 전체로 포착하는 주식회사(Aktiengesellschaft: AG) 및 주식합
자회사(Kommanditgesellschaft auf Aktien: KGaA)에서 컴플라이언스 규율의 출발점은
독일 「주식법」(AktG)[56)] 제90조 제1항, 제91조 제2항 및 제93조의 규정이다. 우선 독
일 주식법 제90조 제1항에서 "경영이사회는 감독이사회에 의도한 사업정책 및 기타
의 사업계획의 기본적인 문제(특히 재무, 투자 및 인사의 계획)에 대해 보고하여 한다"고
규정하여 감독이사회에 의한 사전통제 시스템을 도입하고 있다. 다음으로, 제91조 제
2항에서 "경영이사회는 회사의 존속을 위태롭게 하는 상황전개를 사전에 인식할 수
있도록 적절한 조치를 취해야 하고, 특히 감독시스템을 설치해야 한다"고 규정하여
적절한 리스크관리와 적절한 내부감사에 주의해야할 의무를 경영이사회에게 부과하
고 있다. 입법자의 의도에 따르면, 회사의 존속을 위태롭게 하는 상황전개에 회사 재
산 상태에 중대한 영향을 주는 법규 위반들이 포함된다. 마지막으로, 이사의 주의의
무와 책임(Sorgfaltspflicht und Verantwortlichkeit der Vorstandsmitglieder)을 표제로 하는
제93조는 제1항 제1문에서 이사의 선관주의의무와 관련하여 "이사는 업무를 집행함
에 있어 통상의 그리고 성실한 경영자의 주의를 해야 한다"고 규정하고 있고, 제1항
제2문에서는 경영판단 원칙을 규정하여 "이사가 경영상의 결정을 함에 있어 적절한
정보에 기초하여 회사의 이익을 위하여 행하였다고 합리적으로 인정하는 것이 가능
한 경우에 의무에 위반한 것이 아니다"고 규정하고 있다.

이러한 컴플라이언스와 관련된 독일 주식법의 규정 가운데 주식법 제91조 제2항에 의해 설치해야 하는 컴플라이언스 조직에 대한 개별적 요구사항들이 동 조항에서 보다 더 구체적으로 기술되어 있지 않음에 유의할 필요가 있다. 이 때문에 비금융기관에 대해 준법감시인의 선임을 포함하여 컴플라이언스 조직의 설치를 위한 일반적인 법적 의무가 있는지 의문이 제기되는데, 이에 대해 독일에서는 견해가 나누어지고 있다.[57) 다수견해는 주식회사의 경영진은 일정한 위험 상황에 도달할 경우 주식법 제93조 제1항에 따른 이사의 조직책임의 일부분으로서 컴플라이언스 조직을 설치할 의무가 있다고 한다.[58) 이와 관련하여 과거의 기업관행이 중요한 역할을 한다. 즉 과거에 컴플라이언스 위반을 이유로 하여 부정행위 또는 심지어 손실이 발생했을 경우 장래에 그와 같은 위반을 방지할 적절한 시스템을 갖추어야만 한다.[59) 따라서 이때 시스템은 "장래의 위반"을 방지하기에 적절한 것이어야 한다는 것이 일치된 견해이다. 여기서 준법감시인의 모습이 직접적으로 나타난다. 그리고 준법감시인의 임무도 명확해진다. 즉 준법감시인의 임무는 이미 발생한 장애의 제거뿐만 아니라 그와 같은 종류의 위험원을 장래에 방지함에 있다. 이 때문에 준법감시인의 부작위 가벌성은 의심할 여지없이 비금융기관의 영역에도 열려 있다. 그러나 준법감시인에게 부여된 행위의무의 불명확성으로 인해 주식회사로부터 보증인지위가 당연히 도출되는 것은 아니다. 반면에 계약에 따른 자발적 의무인수로 인한 보증인지위의 문제는 여전히 남아 있다.[60)

3. 독일 기업지배구조 모범규준(DCGC)상 컴플라이언스 기능과 준법지원인

앞서 설명한 컴플라이언스와 준법감시인과 관련된 독일의 증권거래법, 은행업법, 보험감독법 및 주식법의 규정과 반대로 법률의 성격을 갖지 않는 규범이 존재한다. 이러한 규범을 자율규제의 수단으로서 이른바 '규준' 또는 '강령'(Kodies, Codes)이라고 한다. 컴플라이언스와 관련된 대표적인 독일의 규준으로 독일 「기업지배구조 모범규준」(Deutscher Corporate Governance Codex: DCGK)[61)을 언급할 수 있다.

독일 정부는 독일 기업의 지배구조를 개선하기 위해 2001년 9월 법무장관으로 하여금 정부위원회를 지명하게 하고 독일 기업지배구조 모범규준의 작성을 의뢰하였으며, 이에 따라 2002년 2월 동 위원회는 독일 기업지배구조 모범규준(이하 '모범규준'이라 한다)을 발표하였다.

이 모범규준은 종래 독일 국내외에서 독일 기업들의 지배구조에 대해 제기되었던 다섯 가지의 비판을 수용한 것으로, ① 주주이익에 대한 배려의 부족, ② 경영이사회와 감독이사회의 이원적 이사회 구조, ③ 기업지배구조의 불투명성, ④ 감독이사회의 독립성 부족, ⑤ 외부감사의 독립성에 관한 한계 등이 그에 해당한다. 이 모범규준 자체는 법률적 효력을 가지지 않으나, 독일 주식법 제161조와 연계시켜 경영이사회와 감독이사회는 매년 독일연방전자관보에 공표된 독일 법무성의 독일 기업지배구조 정부위원회의 권고를 준수하였는지, 준수할 것인지 및 그 가운데 어떠한 규정을 적용하지 않았는지, 적용을 하지 않을 것인지를 설명할 것을 의무(이른바 'comply-or-explain')로 함으로써 준법규범화 하고 있다(같은 조 제1문).[62]

보다 구체적으로 모범규준의 주요 내용을 살펴보면, 모범규준은 독일 상장기업의 경영 및 감독(지배구조)에 대한 현행 법령상의 요구사항을 반영하고 있으며, 좋은 기업지배구조에 대해 국제적·국내적으로 인정된 기준을 포함하고 있다. 모범규준은 독일기업의 지배구조를 투명하게 하고 쉽게 이해할 수 있도록 하며, 상장회사의 경영 및 감독에 대해 외국인 투자자 및 국내 투자자, 종업원 그리고 기타 이해관계자들의 신뢰를 구축하기 위해서 제정되었다. 모범규준에서는 반드시 준수하지는 않아도 되나 이를 준수하지 않는 경우에는 의무적으로 공시하도록 한 권고사항은 "~하여야 한다"로 표현하였으며, 준수하지 않아도 되고 공시의 의무성도 없는 제안사항은 "~하도록 한다"로 표현하고 있다. 이러한 표현 이외의 내용은 관련 법규에 의거하여 준수되어야 하는 사항들을 나타내고 있다. 원칙적으로 모범규준은 상장기업이 적용대상이나, 비상장기업도 본 모범규준을 준수할 것을 권고하고 있다.[63]

컴플라이언스와 관련하여 2007년 6월 14일 모범규준에서 처음으로 "컴플라이언스"라는 용어가 추가되었고 그 개념을 명확히 하였다. 즉 경영이사회와 관련하여 모범규준 4.1.3은 다음과 같이 규정하고 있다: "경영이사회는 관련 법규를 준수하며, 그룹 내 회사들이 이를 준수하도록 조치한다." 나아가 모범규준 3.4. 제2문에서 "경영이사회는 회사의 업무계획, 업무진행상황, 리스크현황, 리스크관리, 컴플라이언스에 관한 중요한 문제를 감독이사회에게 정기적으로 보고한다"라고 하여 보다 구체화하고 있다. 통제기능의 구축과 관련하여 모범규준 5.3.2.가 중요하다. 이에 따르면, 감독이사회는 '감사위원회(Audit Committee)'를 설치하여야 하며, 감사위원회는 회계, 리스크관리 및 컴플라이언스, 결산감사인에게 요구되는 독립성 요건, 결산감사인에 대한 감사임무의 부여, 중점 감사분야 및 감사보수결정 등의 업무를 수행한다. 경영이사회의 이사였던 사람은 감독이사회 의장직을 맡을 수 없다.

무엇보다 감독이사회 및 독립성의 용어로부터 준법감시인의 기능을 추측할 수 있다. 다만 모범규준에서 준법감시인의 선임에 대해서는 명확히 하고 있지 않다. 오히려 일반적인 감사위원회를 규정하고, 이 감사위원회를 통해 통제임무가 수행되어야 한다. 그리고 책임법적 관점에서 모범규준 3.8에서 "경영이사회 및 감독이사회가 신중하고도 양식에 따라 행동하는 선량한 관리자의 의무를 위반할 경우 회사에 대해 손해보상을 할 책임이 있다"라는 이사 및 임원 책임보험(D&O – Versicherung) 규정도 흥미롭다. 이러한 이사 및 임원 책임보험 규정은 준법감시인의 책임과 관련하여 리스크를 제한하는 방법으로 언급된다.[64] 그러나 모범규준상 이사 및 임원 책임보험 규정은 회사의 이사에게만 해당된다. 이 규정은 명시적으로 선임된 준법감시인과 관련해서 적용될 수 없다. 오히려 컴플라이언스 의무는 전반적으로 감독위원회와 경영이사회 사이에 분배되어야 한다고 한다.[65]

4. 컴플라이언스 기능 강화로서 MaComp

(1) MaComp의 형성과 발전

2010년 6월 독일 연방금융감독청(BaFin)은 금융투자업자의 조직의무의 효율적인 규제를 목적으로, 금융투자업자에 대한 증권거래법 제31조 이하에 따른 컴플라이언스 기능과 그 외 행동, 조직 및 투명성 의무에 대한 첫 번째 권고문(Rundschreiben 4/2010 – WA: MaComp)[66]을 공고하였다. 그 결과 독일 증권거래법 제33조 이하의 행동규정, 특히 금융투자업자의 컴플라이언스 기능이 체계적이고 구체적으로 형성되었다. 그리고 2012년 8월 31일 두 번째 권고문에서 「투자금융업무 준칙 및 조직에 관한 시행령」(WpDVerOV)이 MaComp에 도입되었고, 이어서 같은 해 11월 30일 MaComp의 세 번째 권고문에서는 금융상품시장지침(MiFID)에 규정된 컴플라이언스 기능이 MaComp으로 전환되었다. 이후 2014년 8월 7일 독일 연방금융감독청은 금융투자업자의 투명한 조직구성과 진행조직을 형성하기 위하여 네 번째 권고문을 공고하였다.

동 권고문에서는 컴플라이언스 기능에 대한 법률상의 요구사항을 상세하게 규정하고 있으며, 이에 의하여 금융투자업자는 컴플라이언스 지위(MaComp BT 1.1)와 컴플라이언스 기능에 대한 조직상의 요구사항(MaComp BT 1.3)을 더욱 부담하게 되었다. 특히, 컴플라이언스 기능의 임무가 MaComp BT 1.2에 집중적으로 규정됨으로써 준법감시인의 임무영역을 명확히 규정하고 있다. MaComp는 독일 증권거래법 제6장에 대한 독일 연방금융감독청의 광범위한 해설서로서 이해되고, 동법에 대한 컴플라이언스 기능을 새롭게 정립하였다고 평가된다.[67]

MaComp의 목적은 MaComp AT 1 Ziffer 2에서 규정되어 있는데, 증권시장에서 투자자의 신뢰제고, 투자자보호, 자본시장의 기능향상, 금융투자업자와 임직원의 보호, 기업에 대한 손해배상책임 및 기업 이미지 손실에 대한 위험의 최소화 등에 있다.[68]

(2) MaComp에 의한 컴플라이언스 기능 강화의 구체적 내용

가. 컴플라이언스 기능의 독립성 확보

MaComp에 따른 컴플라이언스 기능의 핵심은 "임무의 독립적 수행"에 있다(MaComp BT 1.1 Tz. 1 Satz 1). 특히 컴플라이언스 기능의 독립성은 영업정책적 차원에서 또는 의도적인 외부의 간섭으로부터 영향을 받지 않도록 보장되어야 한다. 또한 컴플라이언스 기능을 수행하는 사람은 자신의 통제기능 역시 효율적으로 행사할 수 있어야 하고, 이러한 점에서 경영진은 컴플라이언스 기능에 대해 포괄적인 책임을 가지고 그 효율성을 감시하여야 한다(MaComp BT 1.1 Tz. 1 Satz 2).

MaComp BT 1의 핵심요소는 컴플라이언스 기능의 강화인데, 구체적으로는 독일 증권거래법 제33조 제1항 제2호 제1문에 규정된 컴플라이언스 기능의 독립적인 업무수행이다. 동법 제33조에는 컴플라이언스 기능과 준법감시인의 구성요소가 규정되어 있는데, 특히 동조 제1항 제2문 제1호에 의하면, "금융투자업자는 투자업자 스스로 또 회사의 직원이 증권거래법에 규정된 의무의 이행을 보장하기 위하여 적합한 일반원칙을 수립하고 구체적인 방법을 채택하고 절차를 확립하여야 한다. 무엇보다 금융투자업자는 자신의 임무를 독립적으로 수행할 수 있는 지속적이고 효율적인 컴플라이언스 기능을 유지하여야 한다." 이에 따라 금융투자업자는 독립성과 효율성이 보장된 컴플라이언스 기능을 구축하여야 할 의무가 있다.[69]

컴플라이언스 기능의 독립성 보장을 위하여 준법감시부서 및 준법감시인은 자체의 직무영역에 속하는 금융투자업에 관여해서는 안 된다(MaComp BT 1.3.3.1 Tz. 1). 또한 금융투자업자는 회사의 임직원이 규칙적으로 컴플라이언스와 관련된 중요한 정보(예컨대 내부정보 또는 기밀정보)에 접근하는 경우 독립적인 조직구성 요소를 구축하여야 한다(MaComp BT 1.3.3.4 Tz. 1 Satz 1). 하지만 기업의 크기, 기업활동의 종류, 범위, 복잡성 내지 위험요소 및 제공되는 서비스의 성질과 종류로 인하여 독립적인 조직구성 요소의 유지가 불합리한 경우에는 예외적으로 독립적인 조직구성 요소가 구축되지 않을 수도 있다(MaComp BT 1.3.3.4 Tz. 2). 독립적인 조직구성 요소의 구축과 관련하여 기업 내에 존재하는 이해상충, 고객 분류 및 거래되는 금융상품도 고려되어야 한다(MaComp BT 1.3.3.4 Tz. 2).[70]

금융투자업자는 준법감시인을 의무적으로 선임하여야 하는데, 이때 준법감시인은 최소한 1년에 한 번 경영진과 감사기관에게 보고하여야 할 의무를 부담하고 컴플라이언스 기능에 대한 책임을 진다. 준법감시인은 법에 의하여 자신에게 부과된 업무를 제3자에게 위임하지 못한다(MaComp BT 1.1 Tz. 3 Satz 1; 독일 증권거래법 제33조 제1항 제2문 제5호). 준법감시인은 경영진으로부터 선임되고 해임된다(MaComp BT 1.1 Tz. 3 Satz 2). 하지만 준법감시인의 독립성을 강화하기 위하여 준법감시인의 임기는 최소한 24개월이 보장되어야 하며, 고용인은 준법감시인을 해임하고자 하는 경우 해임일로부터 12개월 이전에 통보하여야 한다(MaComp BT 1.3.3.4 Tz. 4).[71]

나. 컴플라이언스 기능의 효율성 확보

한편 컴플라이언스 기능의 효율적인 직무수행을 보장하기 위하여 준법감시부서의 구성원은 컴플라이언스의 수행을 위해 필요한 모든 중요한 정보흐름에 연결되어야 한다(MaComp BT 1.3.1.2 Tz. 1 Satz 2). 또한 준법감시부서의 구성원은 제한 없이 모든 장소, 기록, 문서, 테이프 녹음, IT 시스템 및 중요한 사실관계의 조사에 필요한 정보에 관하여 정보권, 열람권 및 진입권을 가진다(MaComp BT 1.3.1.2 Tz. 1 Satz 3). 준법감시인은 사실관계를 조사하기에 필요한 정보가 부족한 경우 부분적으로 모든 중요한 장소에 대한 진입, 행위 장소 또는 다른 신뢰영역에서 정보를 습득할 수 있다. 하지만 이러한 권한은 단지 필요한 경우에 한하여 허용된다. 또한 성공적인 직무수행을 위한 전제요건으로서 컴플라이언스 기능의 담당자는 금융투자업자가 금융투자업의 제공시 준수하여야 하는 법률규정에 대한 지식, 독일 연방금융감독청의 조직의 개요와 관할에 관한 지식, 독일 연방금융감독청의 행정명령 및 공고에 대한 지식, 감독법 규정을 위반한 행위를 예방 또는 발견하기 위한 지식, 컴플라이언스 기능과 준법감시인의 임무, 책임 및 권한에 관한 지식, 금융상품의 종류의 기능과 위험에 관한 지식 및 제3국을 향한 금융투자업의 제공에 관한 지식 등을 갖추어야 한다(MaComp BT 1.3.1.3 Tz. 1).

그리고 컴플라이언스 임무를 충분하고 독립적으로 수행하기 위한 인적·물적 자산이 확보되어야 한다(MaComp BT 1.3.1.1). 특히 금융투자업자는 컴플라이언스 기능의 충분한 IT‒장비를 공급하여야 하고, 적합한 고유예산을 준비하여야 한다. 나아가 효율적인 컴플라이언스 기능을 보장하기 위하여 준법감시인에게 충분한 자격요건을 갖춘 대리인을 귀속시켜야 한다(MaComp BT 1.3.2). 이는 준법감시인이 질병 및 휴가 등의 사유로 인하여 직무를 수행할 수 없을 때 컴플라이언스 업무를 처리하기 위함이다. 그러나 준법감시인을 대리하고자 하는 자는 MaComp BT 1.3.2에 따라 충분한 자격요건을 갖추어야 한다.72)

다. 준법감시인의 책임

MaComp AT 4 Satz 1에 따라서 경영진은 증권거래법에 규정된 의무의 준수에 관하여 책임을 가진다. 모든 총지배인은 기업 또는 콘체른의 내부규정에 따른 영업조직과 영업조직의 발전에 대하여 책임을 부담한다. 이 책임은 아웃소싱 활동과 과정뿐만 아니라 업무의 위임의 경우에도 적용된다.

MaComp BT 1.1은 컴플라이언스 기능에 대한 경영진의 책임을 규정하고 있는데, 이에 따라 경영진은 컴플라이언스 기능에 대하여 모든 책임을 부담한다. 이때 컴플라이언스 기능은 경영진을 보좌하는 수단에 불과하다(MaComp BT 1.1 Tz. 2). 그러나 준법감시인은 경영진과 공동책임을 부담하지 않으며, 컴플라이언스 기능에 대해서만 책임을 진다(MaComp BT 1.1 Tz. 3). 이 점에 있어서 기업의 내부구조는 어떠한 영향을 미치지 못한다.

독일 증권거래법 제33조 제1항 제2문 제5호에 따르면, 준법감시인은 컴플라이언스 기능에 대해서 책임을 지며, 경영진과 감사기관에 대하여 최소한 1년에 한 번의 보고의무를 가진다. 이러한 준법감시인의 의무는 MaComp BT 1.1 Tz. 3에 동일하게 규정되어 있다. 이에 의하면 준법감시인은 법에 의하여 자신에게 할당된 업무를 다른 제3

자에게 위임하지 못하며, 준법감시인의 책임은 경영진의 전체 책임과 관계없이 컴플라이언스 기능에 대하여 책임을 질뿐이다.[73]

5. 콘체른 지휘의무에서 콘체른 컴플라이언스 의무로 발전

기업결합이라는 불리는 '콘체른(Konzern)'은 독일에 흔한 기업형태이다. 법적으로는 독립되어 있는 개별 기업들이 공동의 경제적 이익추구를 위해 경제적, 재정적, 조직적으로 하나의 통일적 경영체제에 귀속된 기업집단의 형태이다. 19세기 전반 로스차일드 은행(Rothschild Bank)이 최초의 콘체른을 형성한 이후 지주회사는 대부분의 경우 콘체른을 경영 수단으로 사용하고 있으며, 제1차 세계대전 이후 독일에서 지주회사는 현저히 급증하기 시작하였다. 독일의 경우 대기업이 다각화하면서 사업부문을 자회사로 하고 지주회사는 그룹의 전략을 책정하는 등의 기능을 수행하는 경우가 많다.[74] 독일의 기업들은 특히 순수지주회사 형태를 많이 이용하는데, 그 이유는 다수의 자회사가 일상적 사업활동을 수행하고 지주회사는 자회사의 사업수행과 관련한 의사결정에 있어서의 기동성을 확보함으로써 그룹경영의 효율성을 제고하기 위해서이다.

독일에서도 지주회사에 대해 직접적인 규제를 하고 있지 않다. 다만 일반적인 합병·주식취득과 같은 기준으로 「경쟁제한금지법」(Gesetz gegen Wettbewerbsbeschränkungen: GWB)에서 간접적으로 이를 규제하고 있다. 지주회사는 순수지주회사 또는 사업지주회사 등 그 형태와 상관없이 독일 주식법에서 정한 콘체른에 해당하고, 이 콘체른이 지주회사의 설립을 통해 형성된 시장지배적 지위를 남용하는 경우 이를 규제하고 있다. 콘체른 내부의 계약에 있어서는 지배회사가 기업집단 전체의 이익을 위해서 기업경영을 강제하는 것을 허용하되, 종속회사에 대해서는 일정 책임을 지도록 하는 구조를 취하고 있다.[75]

콘체른 컴플라이언스와 관련하여 지주회사의 업무지휘자는 콘체른 지휘의무로서 지주회사의 자회사에 대해 지분가치를 높이거나 그 가치를 훼손하지 않을 의무를 부담한다.[76] 그러나 독일의 통설은 이러한 지주회사의 지분가치 유지 내지 향상 의무로부터 자회사를 가능한 한 중앙집권적으로 통제해야 할 의무가 도출되는 것은 아니며, 지주회사의 업무지휘자는 경영판단의 원칙을 적용하여 기업가적 재량에 따라 자

회사의 독립성을 배려한 비집중형의 통제기구를 갖는 기업결합 형태도 취할 수 있다고 한다.[77]

한편 독일의 통설에 의하면, 지주회사의 이사는 지주회사가 자회사에 대하여 자본참가를 함에 있어 지주회사가 출자하고 있는 지분가치를 유지할 기본적 의무가 있고, 이로부터 자회사를 관리할 때 컴플라이언스 체제의 구축을 통해 자회사가 위법행위를 하지 않도록 할 사전 방지의무가 발생한다고 한다. 왜냐하면 자회사가 위법행위를 행함으로써 벌금 등을 부담하게 되면 자회사의 재산이 감소하게 되고 그 결과 지주회사의 자회사에 대한 지분가치가 감소할 뿐만 아니라, 자회사가 위법행위를 하였다는 사실 그 자체가 공개될 경우 지주회사의 신용이 하락 내지 훼손되어 지주회사의 이익이 침해되기 때문이다. 독일에서는 이러한 자회사의 위반행위를 예방할 지주회사 이사의 의무를 "콘체른 컴플라이언스 의무"로 인정하고 있다. 이처럼 독일에서 콘체른 형태의 지주회사의 이사는 콘체른 지휘의무에서 콘체른 컴플라이언스 의무로 발전하고 있다.[78]

III. 지멘스의 컴플라이언스 프로그램

1. 지멘스의 컴플라이언스 프로그램 마련의 배경

독일 베를린과 뮌헨에 본사를 두고 있는 세계적인 전기전자기업 지멘스(Siemens AG)는 1847년에 설립된 이래 산업, 에너지, 헬스케어 등의 분야에서 혁신적인 기술력을 바탕으로 최첨단 제품과 솔루션 및 서비스를 제공하고 있다. 전 세계 190여 개국에서 2019년 기준 427,000여 명의 직원이 근무하고 있다.[79]

2006년 독일 검찰은 독일 뮌헨에 있는 지멘스 본사와 간부들의 집을 압수수색하고, 전·현직 간부를 체포했다. 독일 검찰은 지멘스와 일부 전·현직 직원이 횡령, 뇌물 수수, 자금세탁과 탈세 등 회계규정 위반을 포함한 부패 의혹과 관련된 조사를 시작한다고 발표했다. 이들은 2001~2004년 러시아, 나이지리아, 리비아 등에서 거액의 뇌물을 뿌린 것으로 드러났다. 또한 지멘스는 2004년 아테네 올림픽의 보안시스템 설치계약 건을 따내기 위해 그리스 내무부와 국방부 관리들에게 뇌물을 쓴 것으로 밝혀졌다. 지멘스의 한 간부는 그리스 지사에 재직할 때 지사 수입 중 무려 10%를 뇌물로 사용했다고 증언했다. 그리고 나이지리아 전 독재자인 사니 아바차(Sani Abacha)에게도 오스트리아의 비밀 계좌를 통해 연간 7,500만~1억 유로를 지급한 것으로 드러났다.

당시 경영진은 전격 퇴진했고 핀란드 노키아와의 무선기기 부문 합병계획은 연기됐다. 지멘스의 이미지가 실추됐음은 물론이다. 그 후 약 2년이 흐른 2008년 12월 지멘스는 정부 당국이 제기했던 부패 의혹에 대한 법적 절차가 독일 뮌헨과 미국 워싱턴에서 같은 날 종결됐다고 발표했다. 독일 검찰도 지멘스 전직 경영진의 경영의무 수행 실패에 대한 소송을 종료했다. 미국 워싱턴DC 연방법원에서 진행된 소송에서 지멘스는 내부통제의 고의적 회피와 실패에 대한 형사책임과 미국의 해외부패방지법 (FCPA) 위반에 대한 책임을 인정했다. 관련 소송에서 아르헨티나 지멘스 S.A., 방글라데시 지멘스, 베네수엘라 지멘스 S.A. 등 지멘스의 해외 자회사 3곳이 FCPA를 위반했음을 인정했다. 지멘스는 미국과 독일 정부에 약 10억 유로의 벌금을 내고 소송을 끝낼 수 있었다. 이는 한 기업이 금전매수거래에 대해 낸 벌금으로선 최대 수준으로 지멘스의 부패가 얼마나 큰 규모였는지를 보여주었다.

지멘스는 2007년~2008년 뮌헨 검찰과 미국 증권거래위원회, 미 법무부 및 다른 사법 기관들이 착수한 사법 조사에 대응하여 새로운 컴플라이언스 프로그램을 개발하였고, 이를 전 세계에 걸친 지멘스 직원에게 강력하게 실시하고 있다.[80]

2. 지멘스의 컴플라이언스 프로그램 주요 내용

(1) 경영진의 의무: 경영자의 반부패 의지(The Tone from the Top)

지멘스는 부정부패 사건이 붉어지자 자체 조사를 통해 지멘스 그룹사의 컴플라이언스 문화 실패와 조직적인 부패행위를 밝혀냈다. 이를 바탕으로 2007년 그룹이사회 감독기관, 그룹회장과 그룹법률고문단, 그룹준법감시인, 그룹내부감시인 등 신규 경영진들이 대거 내정되었다. 다시 말해 지멘스 최고경영진의 거의 모든 임원진들이 새롭게 편성된 것이다. 모든 지멘스의 경영진들은 반부패 의지에 대한 메시지를 회사 전반에 전달하는 데 역점을 두었다. 이는 지멘스 자체 조사에서 밝혀진 중요한 반부패 행동이 지멘스 그룹사의 컴플라이언스 문화 실패와 조직적인 부패행위였음을 감안한 것이다. 사업행동 강령의 기본 행동요건에 "청렴성(integrity)과 컴플라이언스 문화는 위로부터 시작된다"고 명시하고 있다.

지멘스 그룹이사회와 그룹준법감시인, 그룹컴플라이언스 조직의 상급경영진은 2008년 9월 30일까지 54개국을 직접 방문하여 컴플라이언스 로드쇼(Compliance Road show)를 실시하였다. 대상지역은 사업규모가 큰 지역과 부패 위험이 비교적 높을 것으로 예측된 54개국이었다. 이들은 컴플라이언스 로드쇼를 통해 해당 국가의 경영진들과 직접 얼굴을 맞대고 컴플라이언스의 중요성 및 필요성에 대해 공감대를 쌓을 수 있었다.

[그림 5-1]   지멘스 컴플라이언스 프로그램

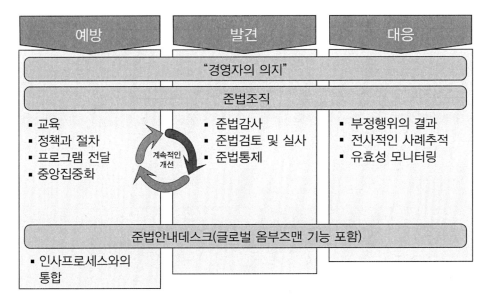

※ 출처: 국민권익위원회, "지멘스의 준법 프로그램", 기업윤리 브리프스 2009년 제7호, 2009, 2면.

(2) 예방(Prevent)

가. 컴플라이언스 관련 규정 및 사업행동 강령(Business Conduct Guidelines)

지멘스 경영이사회는 2009년 1월 지멘스 컴플라이언스 프로그램의 핵심인 새로운 사업행동 강령(Business Conduct Guidelines)을 개정, 승인하였다. 여기에는 특히 부패

방지를 위한 노력과 경쟁법(또는 공정거래법)과 관련한 내용들이 자세하게 기술되어 있다. 예를 들면 "모든 종업원들은 사업하고 있는 국가와 지멘스의 주요 원칙들을 반드시 지켜야 하며, 경쟁자와 가격이나 결과, 능력, 세일즈, 입찰, 이익 규모, 비용, 유통 방법, 회사의 경쟁적인 행동에 영향을 미치는 어떤 요인에 대해서도 말하면 안 된다. 또 입찰을 위해 허위로 제안서를 내거나 고객시장 영역을 나눠서도 안 된다"는 등의 내용을 담고 있다.

또한 컴플라이언스 지침서는 기부, 후원 및 합병과 관련된 컴플라이언스 이슈를 추가적으로 쉽게 소개하고 있다. 아울러 2008년 직원들의 신뢰를 저해할 가능성이 높은 규정들과 조항들이 빈번하게 제정되어 컴플라이언스 통제가 직원들에게 복잡하고 어려운 내용으로 간주된 점을 보완하기 위해 2008년과 2009년에 걸쳐 컴플라이언스 관련 규정을 보다 간소화하고 체계적으로 통합했다. 즉 컴플라이언스와 윤리가 또 하나의 번잡스러운 절차 및 제도가 아니라는 점을 직원들에게 인식시켜주기 위해 컴플라이언스 관련 규정을 일상적인 비즈니스 활동에 녹아들게 간소화 하였다.

나. 교육 및 사내 커뮤니케이션(Communication)

최고의 컴플라이언스 관련 규정이 있어도 실무에서 규정들을 어떻게 적용하는지 모른다면 아무런 소용이 없다. 따라서 컴플라이언스 관련 규정을 체계적으로 직원들에게 교육하고 소통(communication)하는 것은 매우 중요하다.

2007년 이후부터 전 세계 약 30만 명 이상의 지멘스 직원들을 대상으로 컴플라이언스 교육을 실시했다. 이 중 약 10만여 명은 오프라인상에서 4~8시간 동안 교육을 받았고, 결재 권한이 있는 약 20만여 명은 온라인 교육프로그램을 이수했다. 이는 최고의 컴플라이언스 관련 규정이 있어도 만약 직원들이 실무에서 이런 규정들을 어떻게 적용하는지 모른다면 아무런 소용이 없기 때문이다. 따라서 컴플라이언스 관련 규정을 체계적으로 직원들에게 교육하고 소통하는 것은 매우 중요하다. 이런 컴플라이언스 교육은 최고 경영진들도 예외가 아니며, 특히 컴플라이언스 교육은 영업이나 마케팅, 구매, 법무 등 컴플라이언스와 관련해 민감한 분야의 직원들을 대상으로 중점적으로 진행되었다.

한 가지 특이한 점은 컴플라이언스 교육을 받은 사람들이 다시 다른 직원들에게 재교육(Train-the-trainer)을 하게 했다는 점이다. 지금도 지멘스 내 모든 컴플라이언스 교육은 다른 외부 컨설턴트의 지원 없이 자체적으로 진행된다. 교육내용을 다른 직원들에게도 전달을 할 수 있을 정도로 충분하게 숙지하게 하기 위한 목적이다.

그리고 전 세계 모든 신규 컴플라이언스 종사자들은 독일 뮌헨의 본사로 직접 가서 약 4일간 집중 입문 코스 교육을 받는다. 이와 함께 지멘스는 컴플라이언스가 지멘스 사업에 뿌리내릴 수 있게 e메일과 인트라넷, 사보 등 다양한 사내외 커뮤니케이션 프로그램을 통해 직원들과 경영진들이 정기적으로 새로운 컴플라이언스 정책과 관련 내용을 신속하게 전달하고 있다.

  다. 컴플라이언스 안내데스크(Compliance Helpdesk)

컴플라이언스 안내데스크는 전 세계 모든 지멘스 직원들이 컴플라이언스 프로그램과 관련한 다양한 질문들을 e메일을 통해 안내데스크에 문의할 수 있게 했다('Ask us' 질의 기능). 2007년 9월 컴플라이언스 안내데스크가 만들어진 뒤 약 1만 1,250개 이상의 질문들이 안내데스크 담당자들에게 전달됐다. 질문들은 각각 컴플라이언스 법무부서의 법률 전문가들의 도움을 받아 모두 답변된다. 초기 단계에서는 직원들이 준법감시원들과의 접촉을 어려워했지만, Ask us를 중심적인 문제해결 창구로 삼은 후엔 한결 편해졌다. 이제 Ask us는 난해한 질문에 대한 전문적 해결책을 얻고자 하는 준법감시원들이 논의를 벌일 수 있는 공론의 장이 됐다.

Ask us뿐 아니라 다른 기능들도 준법을 지원한다. 'Approve‒it'은 여행비 지출이나 행사 초대장 등 제3자를 위해 지출하는 복잡한 내역에 대한 사전 승인 신청을 위한 예방책을 담고 있다. 'Find it' 기능은 직원들이 보다 쉽고 빠르게 전 세계 및 각 지역에 적용되는 컴플라이언스와 관련된 다양한 내용들을 IT 플랫폼에서 검색할 수 있는 기능을 제공한다.

  라. 보상(Incentive)

2008년부터 지멘스는 경영진에게 컴플라이언스를 잘하면 보상(incentive)을 해주는 제도를 실시하고 있다. 경영진에 대한 평가항목에 컴플라이언스와 관련된 항목을 넣어 컴플라이언스의 실효성을 높이고 있다. 잘못을 벌주기보다 올바르게 하는 행동에 상을 줘서 장려하자는 취지다. 전 세계 약 5,500명의 경영진이 컴플라이언스 관련 인센티브 시스템을 통해 보상을 받는다. 2008~2010년 연간 성과 보너스의 약 20%가 컴플라이언스 목표의 달성에서 비롯됐을 정도로 보상에서 컴플라이언스는 상당한 비중을 차지한다. 직원 대상 설문결과와 더불어 또 다른 컴플라이언스 프로그램 목표 달성 분야는 경영진이 새로운 컴플라이언스 사항에 적절한 조치를 취했는지, 또 이런 사항을 컴플라이언스 기관에 즉각 보고하고 기관의 조사를 지원했는지 등에 대한 컴플라이언스 프로그램 시행에 대해 감사를 벌여 보상을 지급한다.

(3) 발견(Detect)

예방기능과 함께 컴플라이언스 안내데스크의 'Tell Us'는 내부고발자(whisleblower)의 핫라인으로 잠재적인 컴플라이언스 위반사항들이 보고된다. 이는 전세계 거의 모든 언어로 보고될 수 있다. 직원뿐만 아니라 협력업체 임직원 등 외부인들까지도 24시간 사용할 수 있다. 또 외부 독립적인 서비스업체를 통해 운영되는 점도 특이하다. 익명으로 고발된 정보들은 즉각 안내데스크에 전달되게 하되 해당 정보를 추적할 수 없게 한 것이다. 이는 내부고발자 등 제보자의 익명성을 유지함으로써 이들을 보호하기 위한 조치다.

제보된 모든 정보들은 안내데스크에 기록된다. 또 컴플라이언스 법률 담당부서의 전문가들은 추가적인 조치나 조사가 필요한지 또는 의혹에 대한 합리적인 근거 등이 있는지 자세히 검토한다. 지멘스는 2007년부터 독일 뉘른베르크에 독립적인 법률 옴부즈맨을 보유하고 있다. 2010년에는 약 580여 개의 보고서들이 Tell Us와 옴부즈맨(개인적인 이슈들과 관련된 사항 포함)에서 나온다. 이 중 대다수의 보고서들에 대해 추가적인 조사와 후속 조치들이 실행된다.

부패행위가 파악되면 즉각 조사가 진행된다. 2008년 부패행위 관련 조사와 컴플라이언스 프로그램 이행에 대한 감사를 위해 설립된 컴플라이언스 감사부(Compliance Investigations Department)나 법정감사기관(Forensic Audit)이 컴플라이언스 법무부(Compliance Legal Department)의 전폭적인 지원을 받는다.

감사가 끝난 뒤에는 컴플라이언스 기관의 또 다른 전문가들이 발견된 결손액이 충당됐는지, 컴플라이언스 프로그램 시행에 구조적인 문제가 있었는지 등을 평가하는 후속 조치를 취한다.

[그림 5-2] 지멘스 Tell Us 보고체계[81]

Ingenuity for life

이 프로그램은 Siemens 웹사이트 또는 Siemens 인트라넷의 일부가 아닙니다

한국   ＸA 한국어

첫 신고메시지를 보내고자 할 경우 여기를 누르십시오:

신고메시지 보내기

이미 메일박스를 설정하였을 경우 여기에서 로그인을 하실 수 있습니다:

로그인

📞 전화 신고메시지 보내기에 대한 정보

왜 보고를 해야 합니까?
어떤 사건을 보고할 수 있습니까?
보고 절차는 어떻게 이루어집니까? 보안 메일박스는 어떻게 설정합니까?
제 익명성은 보장되는 것이며 피드백은 어떻게 받습니까?
지멘스는 어떤 방식으로 제 신고를 평가합니까?
제가 보복을 받게 될 경우 어떻게 해야 합니까?

사용자님, 다음 사항을 참고하십시오:

2018년 3월 16일부터 Siemens Healthineers 가 주식 상장회사가 되었으며 따라서 자체적인 내부고발 훤라인 "헬어스 노우"를 설치하였습니다. 귀하가 Siemens Healthineers 와 관련한 메시지를 보내고자 할 경우, 다음의 링크를 사용해 주십시오. https://www.bkms-system.net/bkwebanon/report/clientinfo?cin=19sh8&language=kor

Siemens Gamesa 는 "인티그리티 핫라인"이라는 내부고발 시스템을 설치하였습니다. 귀하가 Siemens Gamesa 와 관련한 메시지를 보내고자 할 경우, 다음의 링크를 사용해 주십시오. https://www.bkms-system.net/bkwebanon/report/clientinfo?cin=23wd4&language=kor

오직 청렴한 사업만이 지멘스 사업입니다

임직원, 사업 파트너, 주주들과 대중에 대한 우리의 활동은 청렴함과 책임감으로 특징지어질 수 있습니다. 지멘스는 적용되는 법률 또는 지멘스 사업행동지침(준법)의 위반을 일체 허용하지 않습니다.

지멘스는 보고 채널인 "Tell Us"를 통해 준법 위반 행위로 의심되는 사항과 관련된 특정 정보를 제보할 수 있는 기회를 제공합니다. Tell Us의 기술적 관리는 당사와는 관련없는 별개 회사인 Business Keeper AG에 의해 유지 및 관리되고 있으며, 해당 프로그램은 독일의 보안 서버에 저장되어 있습니다. 내용은 지멘스에 의해서만 검토됩니다.

- 귀하가 제공하는 정보는 엄격하게 기밀사항으로 처리되며 차후 검토를 담당하는 관계자들과만 공유됩니다. Tell Us를 통해 귀하가 공유하는 개인정보 처리에 대한 자세한 내용은 여기에서 찾을 수 있습니다. 지멘스는 귀하의 신원을 공개할 것을 권장합니다.
- 귀하가 보고하는 내용은 내부 조사 뿐만 아니라, 공공 기관에 의한 조사로 이어질 수 있으므로, 가능한 한 사실의 정보만 보고하여 주십시오. 허위 또는 오해의 소지가 있음을 알고 정보를 제출할 경우, 심각한 결과가 초래될 수 있습니다. 허위임을 알고 보고하는 것은 다수의 국가에서 형사상 범죄로 인정됩니다. 선의로 제공한 보고에는 어떠한 회사의 부정적인 조치도 따르지 않습니다.
- 유의 사항: Tell Us는 응급 서비스가 아닙니다! 생명, 건강 또는 자산에 대한 즉각적인 위협을 신고하기 위해 본 보고 채널을 사용하는 것은 불가합니다. 필요 시 관할 관청 또는 내부 보안 담당 부서에 알리십시오.
- 귀하의 국가 법에 의거하여 형사상 범죄가 되는 정보는 제공하지 마십시오. 이는 특히 국가 기밀 공유와 관련된 경우에 적용됩니다.

Siemens AG • Compliance Legal
Werner-von-Siemens-Straße 50 • 91052 Erlangen • Germany

2008년 컴플라이언스에 대한 감사와 통제는 무엇보다 '반부패 툴 프로그램(Anti-Corruption Tool-kit)' 이행을 평가하기 위해 중요했다. 2008년 3월 약 56개의 고위험 국가들과 106여 개의 매출이 높은 사업조직들은 100개가 넘는 지역 컴플라이언스 프로그램의 통제항목을 이행해야 했다. 이들은 컴플라이언스 프로그램 전달, 컴플라이언스 조직개발, 컴플라이언스 사례에 따른 보고서와 후속조치, 지불거래, 사업 파트너들에 대한 컴플라이언스 규정이행과 교육제공 등을 증명할 수 있는 사항을 포함하고 있다. 이러한 조치이행은 2006~2007년 사건 이후 몇 단계의 감사를 받고, 2008년 말까지 효율적인 내부통제 시스템에 대한 외부감사를 통해 종결되었다. 반부패 툴 프로그램은 컴플라이언스 프로그램의 권위적인 면을 탈피하고 효율성을 재고하기 위해 2009년 이후부터는 '컴플라이언스 통제 기본틀(Compliance Control Framework: CCF)'로 대체되었다. CCF는 반부패법의 범위에서 컴플라이언스에 대한 통제방법과 쉽고

편리한 통제과정을 포함하고 있다.

(4) 대응(Respond)

2007년 8월 설립된 징계위원회(Corporate Disciplinary Committee)는 경영진의 위법행위를 평가하고 구속력 있는 조치 방안을 제안한다. 고용법 관련 조치에 대한 평가는 지멘스의 자체적인 사면제도(Amnesty Program)를 염두에 두고 이루어져야 한다.

사면으로 더 많은 컴플라이언스 위반행위를 밝히는 데 도움이 될 수 있다. 미국 법무법인 Debevoise & Plimpton이 실시한 내부 조사는 미 당국과 뮌헨 검찰청의 동의로 2007년 10월 31일부터 2008년 2월 29일까지 시행된 사면제도와 함께 이루어졌다. 이 제도는 조사에 전면 협조하고 부패행위를 밝히려는 일반 직원들의 처벌을 면제해주는 것으로 손해배상 면제와 회사 측에서의 일방적인 해고 등을 방지했다. 총 123명의 직원들이 사면제도에 응하였고, 이 중 대다수가 과거의 컴플라이언스 위반행위를 밝히는 데 도움이 되는 중요한 정보를 제공하고 사면을 받았다.

(5) 반부패 및 공정거래의 지향을 위한 공동노력(Collective Action)

지멘스의 반부패 및 공정경쟁에 대한 의지는 내부적인 노력에만 그치지 않고 외부로도 확대되고 있다. 이는 지멘스가 2006년부터 진행해온 컴플라이언스 프로그램의 발달 과정에서 잘 나타나 있다([그림 5-3] 참조).

지멘스는 컴플라이언스 위반과 그 결과가 내·외부에 큰 영향을 미칠 뿐만 아니라 부패는 심각한 법률위반이며, 나아가 해당 국가의 경제성장과 사회발전을 가로막는 심각한 행동임을 잘 알고 있다. 많은 회사들이 부패가 만연한 시장에서 활동하고 있으며, 부패는 회사에 경쟁상의 불이익을 초래하고, 결과적으로 시장에서의 퇴출을 의미할 수도 있다. 이를 위한 해결방안으로 산업, NGO 및 정책당국 간의 "반부패 및 공정거래를 위한 공동노력(이하 '공동노력'이라 한다)"을 들 수 있다. 이 공동노력을 통해 모든 회사들에게 경쟁상의 불이익을 주지 않는 깨끗한 사업환경을 만들어 갈 수 있다.

이러한 공동노력은 다음과 같은 방법들을 통해 반부패를 지양한다.

• 고객과 공급자 간에 특정 프로젝트나 구매 획득과정을 위한 청렴서약
• 주요 산업체 선두 주자들을 중심으로 동일 산업군 내 사업행동 강령과 준법서약

• 정부기관과 정책당국의 관련 법률안 마련을 위한 장기적인 측면의 공동노력(법률적인 계약절차 입안)

[그림 5-3]　지멘스 컴플라이언스 프로그램 발달과정(2006년~2010년)

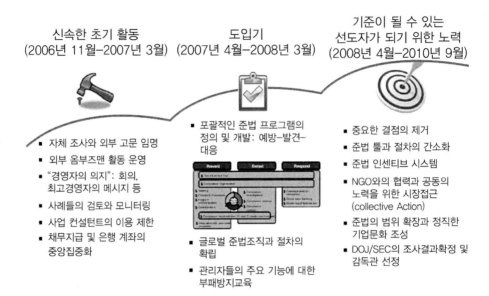

※ 출처: 국민권익위원회, "지멘스의 준법 프로그램", 기업윤리 브리프스 2009년 제7호, 2009, 4면.

이는 많은 이해당사자들(경쟁사업자, 정부기관, NGO 등)의 참여를 필요로 한다. 공동노력을 통해 모든 이해당사자들이 특화된 사업행동 강령을 승인하고 그 사업행동 강령과 그 처벌절차를 효과적으로 집행할 수 있도록 합의할 수 있다. 다른 사업관계자, NGO 그리고 정책당국과의 공동노력은 깨끗한 사업환경을 전 세계적으로 만들어 가는 중요한 방법이다.

지멘스가 추구하는 정부기관, NGO, 경쟁사업자 그리고 기타 이해당사자들과의 공동노력은 공정하고 평등한 시장을 만들어 가는 확실한 사업적 해결방안이다. 따라서 이러한 공동노력은 지멘스 컴플라이언스 프로그램의 가장 중요한 부분을 차지하고 있다. 공동노력은 반부패를 위해 노력하고 있는 많은 기관들과 많은 반부패 프로젝트에 참여하는 것을 포함한다. 일례로 지멘스가 참여하는 세계은행의 공동노력활동그룹, 유엔 글로벌 컴팩트와 국제상공회의소 반부패위원회의 "부패방지를 위한 10가지 원칙의 활동그룹"의 지멘스 회원가입 등을 들 수 있다. 현재 그 결과를 반영하기 위한 초기 절차가 진행 중이다.

[그림 5-4] 반부패 및 공정거래를 위한 공동노력

※ 출처: 국민권익위원회, "지멘스의 준법 프로그램", 기업윤리 브리프스 2009년 제7호, 2009, 5면.

IV. 맺는 말

독일에서 일반적으로 컴플라이언스란 기업이 법률상의 규정과 내부규칙의 준수를 위해 행하는 모든 보호조치로 이해되고 있으며, 기업과 임직원이 법규준수의 위반을 사전적으로 감시·통제하는 데 그 목적을 두고 있다.

독일에서 컴플라이언스 관련 논의의 시작과 발전은 독일 기업의 자생적인 요구에서 시작되었다기보다 독일 최대의 광산·금속회사인 메탈게젤샤프트가 원유 선물거래의 실패에 의해 거액의 손실을 부담하게 되면서 도산한 것을 포함하여 1990년 중반 발생한 여러 대형기업의 도산 사례와 아울러 자본시장의 글로벌화와 시스템의 발전에 따라 독일 기업의 경영과 자본시장의 운용을 국제적인 기준에 접근시키기 위해 이루어졌다. 무엇보다 독일 자본시장법, 독일 은행업법, 독일 보험감독법, 독일 주식법, 독일 기업지배구조 모범규준(DCGC) 등에서 컴플라이언스 기능과 준법감시인과 관련된 규정의 도입과 개정을 통해 기업과 임직원이 법규준수의 위반을 사전적으로 감시·통제함으로써 자본시장에서 투자자의 신뢰제고, 투자자 보호, 분식회계와 부패 방지 및 자본시장의 기능 향상을 위한 제도적 개선 노력은 그러한 점을 명확하게 보여주고 있다.

무엇보다 2004년 8월 7일 독일 연방금융감독기관(BaFin)이 금융투자업자의 조직의무를 효과적으로 규제하기 위하여 공고한 MaComp는 컴플라이언스 기능의 포괄적인 임무카탈로그를 상세하게 규정하였고, 이로 인해 금융투자업자는 독일 증권거래법 제31조 이하에 따른 컴플라이언스 기능과 그 외 행동, 조직 및 투명성 의무를 부담하게 되었다. MaComp에 따르면, 컴플라이언스 기능은 크게 지위와 임무로 구분되는데, 전자는 컴플라이언스 기능의 독립성·효율성 및 지속성에 관계되며, 후자는 감시의무·보고의무 및 직원들에 대한 교육의무 등에 관계된다. 그리고 컴플라이언스 기능은 금융투자업자 내에 작성된 기본원칙과 절차 및 결함을 제거하기 위해서 이행된 조치를 감시하고 평가해야 하며, 이는 컴플라이언스 기능의 독립성, 효율성 및 지속성이 보장되어야 가능하다. 따라서 독일에서 컴플라이언스 논의와 관련하여 MaComp는 효율적인 컴플라이언스 기능의 유지를 위하여 중요한 역할을 수행하고 있다고 평가되고 있다.[82]

그리고 콘체른 컴플라이언스와 관련하여 지주회사의 업무지휘자는 콘체른 지휘의무로서 지주회사의 자회사에 대해 지분가치를 높이거나 그 가치를 훼손하지 않을 의무를 부담하는데, 이러한 콘체른 지휘의무는 자회사가 위법행위를 하지 않도록 할 사전 방지의무를 핵심내용으로 하는 "콘체른 컴플라이언스 의무"로 발전하고 있다.

독일의 컴플라이언스 논의와 관련하여 한 가지 주목할 점은 독일은 기업지배구조를 법률에 의하여 강제적으로 요구하기보다는 자율규제의 형식인 독일 기업지배구조 모범규준(DCGC)에서 국제적인 틀을 제시하고 그것을 가능하면 준수하도록 유도하고 있다는 것이다. 그리고 법률에서 그 모범규준을 준수하였는지 여부 및 준수하지 않았을 경우에는 왜 그랬는지를 공시(이른바 'comply-or-explain')하도록 하여 투자자들에게 판단의 기회를 주도록 하는 방식으로 운용하고 있어 기업지배구조와 관련한 탄

력성을 도모하고 있다.[83]

이러한 자율규제의 형식을 바탕으로 한 독일 기업지배구조의 개선 노력과 아울러 1992년부터 시작된 컴플라이언스 논의의 결실의 하나로 지멘스의 컴플라이언스 프로그램을 언급할 수 있다. 2006년 독일 검찰의 수사에서 비롯된 지멘스의 부정부패 사건을 계기로 2007년~2008년에 개발된 지멘스의 컴플라이언스 프로그램은 전 세계 모든 임직원들이 컴플라이언스 프로그램을 통해 준법의식을 고취하고 행동하도록 요구하고 있으며, 현재에는 지멘스의 핵심적인 가치와 자산으로 자리 잡고 있다.

1) 佐藤行弘, IFRS に関する欧州調査報告 資料4－2 (三菱電機), 2010.6, 1－2면 참조.
2) Coop－Gruppe가 자기주식의 대량취득 등의 위법행위를 회계조작을 통해 은폐하였다가 1988년 말에 그 사실이 발각되어 20억 마르크의 손실을 발생시키고 1989년에 파산한 사건이다(정대, "주식회사의 내부통제제도에 관한 연구", 연세대학교 법학연구 제2권 제1호, 2010, 137면).
3) 이 사건들에 대해 자세한 설명으로는 아래 Ⅱ. 2. 참조.
4) 정대, 앞의 논문, 138면.
5) 이 법률의 두 가지의 주된 목적은 ① 내부통제와 리스크관리 시스템의 효율성을 증진시키는 것과 ② 주주에게 공개되는 정보의 질과 투명성을 증진시키는 것이다[Nerissa C. Brown/Christiane Pott/Andreas Wömpener, "The effect of internal control and risk management regulation on earnings quality: Evidence from Germany", Journal of Accounting and Public Policy 33 (1) (2013), 7].
6) 김화진, "독일의 기업금융과 자본시장의 최근변화", 서울대학교 법학 제43권 제2호, 2002.3, 41면.
7) 독일 연방금융감독기관(BaFin)은 2002년 은행감독기관(Bundesaufsichtsamt für das Kreditwesen: BAKred), 증권감독기관(Bundesaufsichtsamt für den Wertpapierhandel; BAWe) 및 보험감독기관(Bundesaufsichtsamt für das Versicherungswesen: BAV)이 하나의 감독기관으로 통합되면서 새롭게 형성되었다.
8) Rundschreiben 4/2010(WA) der BaFin vom 07. 08. 2014, Mindestanforderungen an die Compliance－Funktion und die weiteren Verhaltens－, Organisations－ und Transparenzpflichten nach §§31 ff. WpHG für Wertpapierdienstleistungsunternehmen (MaComp).
9) Goette, "Organisationspflichten in Kapitalgesellschaften zwischen Rechtspflicht und Opportunität", ZHR 175 (2011), 388, 400.
10) Zingel, "Stellung und Aufgaben von Compliance nach den MaComp", BKR 2010, 500.

11) Zingel, 위의 논문, 500.

12) Lampert, "Compliance–Organisation", in: Hauschka (Hrsg.), Corporate Compliance Handbuch der Haftungsvermeidung im Unternehmen, 2007, § 9 Rn. 1; Passarge, "Risiken und Chancen mangelhafter Compliance in der Unternehmensinsolvenz", NZI 2009, 86, 87; Vetter, "Compliance im Unternehmen", in: Wecker/Laak (Hrsg.), Compliance in der Unternehmerpraxis: Grundlagen, Organisation und Umsetzung, 2008, 29면; Weiss, "Compliance–Funktion in einer deutschen Universalbank", Die Bank 3/1993, 136.

13) 김화진, 앞의 논문, 39–40면.

14) 이에 대해 상세히는 Eisele, "Insiderrecht und Compliance", WM 1993, 1021, 1021 ff. 참조.

15) Richtlinie 93/22/EWG des Rates vom 10.5.1993 über Wertpapierdienstleistungen (Amtsblatt der Europäischen Gemeinschaften vom 11.6.1993 L 141/27).

16) 'Wertpapierdienstleistungsunternehmen'의 개념을 한국어로 번역하면 '증권서비스기업'으로 할 수 있으나, 현행 우리나라 법제 하에서 이와 같은 개념을 사용하고 있지 않다. 이에 자본시장법 제8조에 규정되어 있는 '금융투자업자'로 기술하기로 한다.

17) Richtlinie 2004/39/EG des Europäischen Parlaments und des Rates vom 21.4.2004 über Märkte für Finanzinstrumente, zur Änderung der Richtlinien 85/611/EWG und 93/6/EWG des Rates und der Richtlinie 2000/12/EG des Europäischen Parlaments und des Rates und zur Aufhebung der Richtlinie 93/22/EWG des Rates (Markets in Financial Instruments Directive–MiFID), ABl L 145/1, ber. ABl 2005 L 45/18, geändert durch die Richtlinie 2006/31/EG des Europäischen Parlaments und des Rates vom 5.4.2006 zur Änderung der Richtlinie 2004/39/EG über Märkte für Finanzinstrumente in Bezug auf bestimmte Fristen, ABl L 114/60.

18) Richtlinie 2006/73/EG der Kommission vom 10.8.2006 zur Durchführung der Richtlinie 2004/39/EG des Europäischen Parlaments und des Rates in Bezug auf die organisatorischen Anforderungen an Wertpapierfirmen und die Bedingungen für die Ausübung ihrer Tätigkeit sowie in Bezug auf die Definition bestimmter Begriffe für die Zwecke der genannten Richtlinie (MiFID–Durchführungsrichtlinie–DRL), ABl L 241/26.

19) Gesetz zur Umsetzung der Richtlinie über Märkte für Finanzinstrumente und der Durchführungsrichtlinie der Kommission (Finanzmarktrichtlinie–Umsetzungsgesetz–FRUG) vom 16.7.2007, BGBl I. S. 1330.

20) 신상우, "독일의 MaComp과 컴플라이언스 기능 –한국 준법감시인제도에 대한 시사점–", 증권법연구 제16권 제1호, 2015, 5–8면.

21) 이하의 논의는 유병규, 기업지배구조와 기업범죄, 한국형사정책연구원, 2004, 142–148면; 정대, 앞의 논문, 137–138면 참조.

22) 유병규, 앞의 연구보고서, 142–143면.
< http://www.company–histories.com/Metallgesellschaft–AG–Company–History. html: 최종검색2020.2.28.> 참조.

23) 유병규, 앞의 연구보고서, 143 – 144면.

24) <https://de.wikipedia.org/wiki/Balsam_AG: 최종검색 2020.2.28.>

25) 유병규, 앞의 연구보고서, 145 – 146면.

26) BGH 17. 9. 2001 – 2 ZR 178/99, NJW 2001, 3622.

27) 독일형법 제264조(보조금사기) 제1항 다음 각 호의 1에 해당하는 자는 5년 이하의 자유형 또는 벌금형에 처한다.
　　2. 보조금과 관련하여 법률규정 또는 보조금지급자를 통해 대상물이나 금전의 사용이 제한 되었음에도 이러한 제한에 반하여 사용한 자

28) 홍영기, "기업 내 배임죄에서 의무위배 요건에 대한 독일판례 분석", 안암법학 제52권, 2017, 84 – 88면.

29) <https://de.wikipedia.org/wiki/Philipp_Holzmann: 최종검색 2020.2.28.>

30) 유병규, 앞의 연구보고서, 147 – 148면.

31) 하지만 구체적인 기재내용이나 기재사항 등에 관한 상세한 규정은 없다. 그리하여 이 조문을 어떻게 적용하여 리스크에 관한 보고를 구체적으로 할 것인지에 관한 문제가 야기된다고 한다.

32) 리스크의 발견은 리스크 지표(Risikoindikator)의 계속적인 관찰에 의하여 리스크 발생의 위험이 조기에 인식되는 것이다(Alder/Düring/Schmaltz, Rechnungslegung und Prüfung der Unternehmen, 6. Aufl., 2001, § 91, 299).

33) 기업 내부의 리스크관리에 관한 이사회의 의무를 명확히 함으로써 기업의 통제기능을 강화하고, 그 과정에서 파악되는 리스크에 관한 정보공개에 투명성을 높이는 동시에 그것에 관련된 정보 등의 감사를 통해 기대격차 축소를 도모한 것으로, 결과적으로 콘트라법의 전체적 목적인 국제시장에서의 자본조달을 촉진한다는 것이다. 이때 경영자에게 필요한 그리고 기본적인 과제는 기업의 목적, 기업의 전략, 이에 대항하는 리스크를 명확하게 정의하고 전달하는 데에 있다(Weiss/Heiden, "§ 91 AktG Organisation; Buchführung", in: Küting/Weber (Hrsg.), Handbuch der Rechnunglegung Einzelabschluss – Kommentar zur Bilanzierung und Prüfung, 2003, 32면).

34) Weiss/Heiden, 앞의 책, 38면.

35) 石川祐二, "ドイツ会計制度におけるバランスト・スコアカードの適用形態 －M.Pollanzの所説に基づいて－", 駒沢大学経済学論集　第34巻 第2号(2002), 2 – 3면.

36) 한국법정책학회, 준법지원인제도와 준법경영의 활성화 방안, 2014, 112 – 113면.

37) Westerburg, Die Kontrolle des Vorstandes durch Aufsichtsrat und Abschlussprüfer, 2002, 305면.

38) 유병규, 앞의 연구보고서, 155면.

39) Gesetz über den Wertpapierhandel (Wertpapierhandelsgesetz – WpHG vom 9. September 1998, BGB. I S. 2708) zu finden unter: https://www.gesetze – im – internet.de/wphg/

40) WpDVerOV vom 20.07.2007 zu finden unter: https://www.jurion.de/gesetze/ wpdverov/

41) 이에 대해 자세히는 본서 제2장 § 11 참조.

42) Langenhahn, Die strafrechtliche Verantwortlichkeit des Compliance Officers im

deutsch－österreichischen Rechtsvergleich, 2012, 77－78면.

43) Gesetz zur Stärkung des Anlegerschutzes und Verbesserung der Funktionsfähigkeit des Kapitalmarkts (Anlegerschutz－ und Funktionsverbesserungsgesetz) (BGBl I S. 538) zu finden unter:
http://www.bundesgerichtshof.de/DE/Bibliothek/GesMat/WP17/A/Anlegerschutz.html

44) RegE AnsFuG, BT－Drucks. 17/3628, 22.

45) 투자자보호 및 기능개선법률 제9조 제4항에 따라 증권거래법 제34조의d가 2012년 11월 1일에 도입·시행되었다.

46) Kreditwesengesetz in der Fassung der Bekanntmachung vom 9. September 1998 (BGBl. I S. 2776) zu finden unter: https://www.gesetze－im－internet.de/kredwg/

47) Basler Ausschuss für Bankenaufsicht, Methodik der Grundsätze für eine wirksame Bankenaufsicht, zu finden unter: http://www.bis.org/publ/bcbs130ger.pdf.

48) Langenhahn, 앞의 책, 76면.

49) 이건범, "새로운 바젤은행감독 핵심준칙 및 시사점", 금융포커스 제17권 제1호, 2007, 10－11면.

50) Langenhahn, 앞의 책, 82면.

51) Gesetz über die Beaufsichtigung der Versicherungsunternehmen(Versicherungs-aufsichtsgesetz－VAG) zu finden unter: http://www.gesetze－im－internet.de/vag_2016/BJNR043410015.html

52) 유럽연합의 솔벤시 Ⅱ에 대한 상세한 분석으로는 장동식·김경환, 솔벤시 Ⅱ의 보고 및 공시체계와 시사점, 보험연구원, 2012.12; 황인창·조재린, EU Solvency Ⅱ 경과조치의 의미와 시사점, CEO Report 2016－4, 보험연구원, 2016.7 참조.

53) Langenhahn, 앞의 책, 83면.

54) 연합인포맥스 2016년 4월 19일자 기사 참조
＜http://news.einfomax.co.kr/news/articleView.html?idxno＝219714: 최종검색 2020.2.28.＞

55) Langenhahn, 앞의 책, 83면; RiskNET 2007년 11월 17일자 기사 참조.
＜https://www.risknet.de/themen/risknews/risikomanagement－in－versicherungen－bundestag－hat－9－vag－novelle－verabschiedet/47f0ad4b8c31fc42770ecfc365eb6685/ : 최종검색 2020.2.28.＞

56) Aktiengesetz vom 6. September 1965 (BGBl. I S. 1089) zu finden unter:
https://www.gesetze－im－internet.de/aktg/

57) 이에 대해 자세한 설명으로는 Fleischer, "Vorstandsverantwortlichkeit und Fehlverhalten von Unternehmensangehörigen－Von der Einzelüberwachung zur Errichtung einer Compliance－Organisation", AG 2003, 291, 300; Bürkle, "Corporate Compliance － Pflicht oder Kür für den Vorstand der AG?," BB 2005, 565; Hauschka/Greeve, "Compliance in der Korruptionsprävention － was müssen, was sollen, was können Unternehmen leisten?", BB 2007, 165, 167 참조.

58) Winter, "Die Verantwortlichkeit des Aufsichtsrats für Corporate Compliance", in:

FS－Hüffer, 2010, 1105면.

59) Winter, 위의 논문, 1105, 1106면.

60) Langenhahn, 앞의 책, 83－84면.

61) 독일 기업지배구조 모범규준을 소개한 국내 문헌으로는 김병규, "독일의 회사법계 운용경과와 시사점", 일감법학 제27호, 2014, 599, 610－619면 참조.

62) 김병규, 앞의 논문, 611면; 김화진, 앞의 논문, 42－43면.

63) 독일 기업지배구조 모범규준 서문.
   <http://www.dcgk.de//files/dcgk/usercontent/de/download/kodex/170424_Kodex.pdf: 최종검색 2020.2.28.>.

64) Held, "Die Garantenpflicht des Compliance Officers und die D&O －Versicherung als Allheilmittel", CCZ 2009, 231.

65) Langenhahn, 앞의 책, 94－95면.

66) Rundschreiben 4/2010(WA) der BaFin vom 7.6.2010, Mindestanforderungen an die Compliance－Funktion und die weiteren Verhaltens－, Organisations－ und Transparenzpflichten nach §§ 31 ff. WpHG für Wertpapierdienstleistungsunternehmen (MaComp).

67) Zingel, 앞의 논문, 500.

68) 신상우, 앞의 논문, 5－7면.

69) 신상우, 앞의 논문, 11－12면.

70) 신상우, 앞의 논문, 12－13면.

71) 신상우, 앞의 논문, 13면.

72) 신상우, 앞의 논문, 14－17면.

73) 신상우, 앞의 논문, 18면.

74) 독일은 지주회사 산하에 매우 많은 수의 자회사를 거느리는 경우가 관찰된다. 예컨대 티센주식회사(Thyssen AG)는 철강, 특수강, 공업제품, 차량부 등 190개의 연결자회사를 거느리고 있으며, 지멘스 주식회사(Siemens AG)는 주요 자회사로 국내 17사, 해외 45사 등 전 세계 127개국에 생산, 판매 자회사를 거느리고 있다.

75) <http://www.merger.co.kr/html/sub0203.html?bbs_data = <?=aWR4PTE2MDAmY29k ZT1j||?>&mode=v: 최종검색 2020.2.28.>

76) Verse, "Compliance in Konzern", ZHR 175 (2011), 407.

77) Fleischer, in: Spindler/Stilz (Hrsg.), Kommentar zum Aktiengesetz: AktG, 3. Aufl., 2015, § 76 Rn. 87.

78) 육태우, "미국 · 일본 · 독일에서의 기업 컴플라이언스 개념 및 제도의 발전과 우리 법제에 대한 시사점", 경영법률 제27권 제2호, 2007, 388－389면.

79) <https://en.wikipedia.org/wiki/Siemens: 최종검색 2020.2.28.>

80) 이하의 논의는 국민권익위원회, "지멘스의 준법 프로그램", 기업윤리 브리프스 2009년 제7호, 2009; 동아비지니스리뷰 79호, 2011년 4월 Issue2 기사 참조.
   <http://dbr.donga.com/article/view/1901/article_no/4150: 최종검색 2020.2.28.>

81) <https://www.bkms-system.net/bkwebanon/report/clientInfo?cin=19siem14: 최종검색 2020.2.28.>

82) 신상우, 앞의 논문, 22-23면.

83) 최병규, 앞의 논문, 619-620면.

[§ 6] 일본의 준법지원인제도

"건전한 회사경영을 실시하기 위해서는 회사가 영위하는 규모, 특성 등에 따른 리스크관리 시스템(이른바 내부통제 시스템)을 정비할 것을 요한다."
- 다이와(大和)은행 주주대표소송 사건에 대한
오사카지방법원 판결 중에서 -

Ⅰ. 머리말

기업의 부정부패 스캔들은 미국, 독일 기업에 국한된 문제는 아니다. 일본에서도 기업의 부정부패 스캔들이 2000년대 이후 계속해서 발생하고 있다. 그 대표적인 예로 2000년과 2004년 미쓰비시(三菱) 자동차의 리콜은폐사건, 2000년 6월 유키지루시(雪印) 유업의 집단식중독사건, 2003년 12월 일본 최대의 소비자금융업체인 다케후지(武富士)의 불법도청사건, 2004년 12월 야쿠르트사의 주주대표소송 사건 및 식품판매사업체인 다스킨사의 주주대표소송 사건 등 일련의 기업 부정부패 스캔들을 언급할 수 있다.[1] 이러한 기업의 부정부패 스캔들로 인해 해당 기업의 주가가 하락하고, 기업의 이미지가 훼손되며, 최고경영자가 기소되어 형사처벌을 받거나 주주대표소송을 제기당하는 등의 결과가 발생하였다.

이러한 일본 기업의 부정부패 스캔들은 내부통제 시스템(Internal Control System)이 제대로 작성되지 못하여 기업이 리스크관리에 실패하거나 회사의 임·직원에 대한 컴플라이언스 시스템(Compliance System)의 허점이 노출된 데서 비롯된 것이다. 특히 일본에서 내부통제 시스템이란 기업이 사업의 유효성과 효율성, 재무보고의 신뢰성 및 관련 법규의 준수라고 하는 경영목적을 달성하기 위해 기업 내에 구축한 체제 및 과정의라 말하는데,[2] 여기에는 리스크관리 시스템(Risk Management System)뿐만 아니라 기업범죄의 발생을 방지할 목적으로 종업원의 불법·부정행위 등을 경영진이 효과적으로 통제·감독하는 체제와 함께 경영진의 불법·부정행위를 감시하는 체제, 즉 컴플라이언스 시스템이 포함되어 있다.

요컨대, 일본에서 논의되고 있는 내부통제 시스템에는 리스크관리 시스템과 컴플라이언스 시스템이라는 두 개의 큰 축이 모두 포함된 개념으로 이해되고 있다.[3]

일본에서 내부통제와 관련된 논의는 1950년대부터 시작되어 1970년 6월 일본회계연구학회에 의해 공표된 '재무제표 감사에 있어서의 내부통제의 연구'[4]에서 본격적인 논의가 이루어졌다. 하지만 오늘날 논의되는 내용과 동일한 것은 아니고 초기에는 회계적인 관점에서 시작되었다가 시간이 흐를수록 경영전반의 문제로 확대되었다. 특히 2000년 다이와(大和)은행 주주대표소송 사건에 대한 오사카지방법원 판결에서 이사의 내부통제 시스템 구축의무가 확인되면서 학계와 판례를 중심으로 내부통제와 관련된 논의가 심화되었고, 2002년 상법특례법과 2005년 회사법에 내부통제에 관한 기본규정이 신설되어 법제화되기 시작하였다. 그 이후 금융회사의 내부통제에 관한 규제로 2005년 12월에 재무보고에 관한 내부통제의 평가 및 감사기준이 발표되었고, 2006년에는 내부통제보고제도를 포함한 금융상품거래법이 제정되면서 내부통제 시스템이 확립되었다.[5]

일본에서 컴플라이언스 관련 논의는 이러한 내부통제 시스템의 논의에 포함되어 진행되었는데, 무엇보다 2000년대 연이어 발생한 기업의 부정부패 스캔들의 대책의 하나로 컴플라이언스 시스템의 구축과 컴플라이언스 프로그램의 도입이 진행되었으며, 그로 인해 컴플라이언스 프로그램에 대한 사회적 이해도 점차 높아지게 되었다. 이에 따라 일본에서도 컴플라이언스 프로그램에 어떠한 법적 의의를 부여하는 것이 가능한지 논의되기 시작하였고, 법적 의의가 인정될 경우 컴플라이언스 프로그램을 기업에 대한 주의의무의 내용으로서 평가할 하나의 근거로 파악할 수 있는가에 대해 논의가 모아졌다.

따라서 본 절에서는 우선 일본에서 컴플라이언스에 관한 논의가 어떻게 태동되고 발전되었는지, 이사의 법적 의무로서 내부통제 시스템 구축의무가 인정되기 시작한 다이와(大和)은행 주주대표소송 사건, 고베(神戸)제강 주주대표소송 사건 등 대표적 주주대표소송의 판결내용을 살펴보고자 한다. 다음으로, 이러한 주주대표소송의 판결을 수용하여 일본 현행법제에 있어 컴플라이언스 시스템을 포함하고 있는 내부통제 시스템이 어떠한 내용으로 법제화 되었는지를 검토하고자 한다. 마지막으로, 일본에 서도 미국에서와 마찬가지로 컴플라이언스 프로그램의 효율적 운용이 양형에 있어 감경사유로 작용할 수 있는지, 그리고 일본에서 컴플라이언스 프로그램을 기업시스 템 과실책임에 있어 기업의 고유한 주의의무의 내용으로 평가할 수 있는지를 검토하 고자 한다.

II. 일본에서 컴플라이언스의 태동과 발전

1. 1980년대 중반까지의 동향

(1) 예방법적 관점에 기초한 기업의 대처

법규준수를 위한 일본 기업의 자발적 노력과 대처가 어떻게 발전해 왔는지를 살펴 보면, 일본에서 컴플라이언스 개념과 관련한 논의는 여러 예를 들여다보더라도[6] 1980년대 후반까지 거의 이루어지지 않았다. 그러나 일본에서도 법규준수와 관련된 기업의 대처가 전혀 없었던 아니다.

우선 어느 정도 조직화된 대처로 언급할 수 있는 것이 기업 법무담당 부서에 의한 예방법무활동이다. 일본 기업은 일반적으로 법무부서의 필요서와 중요성에 대한 인 식이 부족하였지만, 일부 대기업에서는 1960년대 중반부터 독립적인 법무부서를 정 비하는 움직임을 찾아 볼 수 있다.[7] 당초 법무부서의 주요한 역할은 계약 관련 문서 의 작성과 관리, 채권과 담보의 관리 등에 있었지만, 그 후 기업의 국제화나 사회적 영향력의 증가로 인해 예방법무로 시야를 확대하여 폭넓은 활동이 서서히 진행되기 시작하였다.[8] 이러한 예방법무에 대해서는 독점금지법위반에 따른 과징금 또는 벌금 의 지불이나 제조물책임에 의한 손해배상의 지불 등 기업활동으로부터 발생하는 다 양한 법적 리스크를 회피하기 위한 예방조치가 실시되어 왔다. 예컨대 관련 사업부문 에의 법률자문, 계약내용의 사전 체크, 종업원에게 업무 관련 법적 지식의 교육·계몽 활동 등이 여기에 해당된다. 또한 감독관청 등 행정기관이 인허가 권한의 행사나 행

정지도를 통해 기업에게 법규준수를 위한 대처를 요청하는 경우도 많았다.[9]

(2) 법적 요청으로서 기업의 대처

한편 법규를 준수하기 위한 대처가 기업에 대해 보다 직접적인 형태인 법적 의무로서 요청되는 경우도 있었다. 예를 들어 이사회의 기능 강화, 감사역과 회계감사인 제도의 충실화 등에 의해 기업에게 법규준수를 위한 자발적인 노력과 대처를 요구하였고, 1960년대 중반(쇼와 40년대) 이후의 상법 개정의 주요 목적의 하나로 여겨져 왔다.[10] 분식회계, 뇌물제공, 자금의 부정지출 등 기업의 위법행위가 존재하였다는 점은 일련의 상법 개정의 주요 배경이 되었다. 특히 1976년 2월 록히드사가 대형 제트항공기 판매를 위해 일본 정부의 고위관리에게 뇌물을 제공하다 적발된 록히드 사건(Lockheed bribery scandals)을 계기로 이루어진 1981년 상법 개정은 기업 뇌물제공 스캔들에 대한 대응으로서 기업에게 자발적인 통제대책을 강화할 것을 요구한 1970년대 미국의 동향과 궤를 함께하는 것으로 평가할 수 있다.

(3) 1980년대 중반까지 기업의 대처

1960년대 이후 일본에서도 법규준수를 위한 기업의 대처가 다양한 형태로 실시되어 왔다. 다만 그러한 대처에 기업 스스로 자발적 의사에 기초하여 적극적이었던 것은 아니다. 다수 발생한 기업의 부정부패 스캔들에서 보듯이 일본 기업은 종래 그러한 대처를 소홀히 하여 형식적인 제도와 기구만을 정비하고 겉모습만을 손질해 온 데지나지 않았다. 이 때문에 종래 기업의 대처는 체계적이고 기능적인 성격을 가지지 않았다. 이는 일본의 고도 경제성장기에 부정적인 측면에서 이익지상주의에 함몰되어 기업활동을 실시해 온 데서 기인한다고 한다.[11]

2. 1980년대 후반 이후

이와 같이 1980년대 중반까지 일본에서 기업의 부정부패 스캔에 적극적으로 대처하기 위한 컴플라이언스 프로그램의 구축은 결코 충분한 것은 아니었다. 그러나 일본에서도 긍정적인 부분을 찾아 볼 수 있다. 미국 정부는 대일무역적자를 해소하기 위해 1989년 7월 14일 일본 정부와 '일·미구조문제협의회(Japan – US structural impediment initiative talks)'[12])를 만들었는데 이를 통한 외압, 잇따르는 기업범죄나 버블경제 붕괴 후의 금융·증권사의 불상사에 따른 사회적 비난여론 등으로 인해 1980년대 후반부터 조금씩 일본의 기업도 미국과 동일하게 구체성이나 체계성을 갖춘 컴플라이언스 프로그램의 도입에 적극적인 자세를 보이기 시작하였다.

(1) 수출규제 관련 법규와 컴플라이언스 프로그램

일본에서 컴플라이언스 프로그램은 수출규제 관련 법규의 영역에서 그 도입이 최초로 요구되었다. 이는 1987년 도시바기계(東芝機械)의 대공산권수출통제위원회(Coordinating Committee for Multilateral Export Controls: COCOM, 이하 '코콤'이라 한다)[13] 규정위반 사건이 계기가 되었다. 본 사건의 개요는 도시바기계의 종업원 2명이 당시의 통상산업성(通商産業省)의 승인을 받지 않고 대공산권수출통제위원회 규정의 대상이 되는 대형 선박용 프로펠러 공작기계의 부품을 구소련에 수출하였고, 그 가동에 필요한 컴퓨터 소프트웨어 프로그램을 제공했다. 이 행위가 당시의 외환 및 외국무역법 제48조 제1항과 제25조 제2항에 위반한다고 하여 2명의 종업원과 도시바기계가 기소되고 유죄를 선고받았다.[14] 1987년 7월과 9월 통상산업성은 이 사건을 계기로 수출 관련 기업에 대해 수출규제 관련 법규의 준수를 위한 컴플라이언스 프로그램을 마련할 것을 요청했다.[15] 이때 통상산업성은 포함되어야 할 사항으로 다음의 9가지를 제시하였다: "① 법규준수를 기업의 기본방침으로 대내외에 천명한다. ② 전략물자의 수출에 관한 책임자를 명확히 하여 수출심사체제를 정비한다. ③ 이사 이상의 고위직급자를 전략물자 수출절차의 최종판단 권한자로 한다. ④ 수출화물의 관리체제를 강화한다. ⑤ 수출절차의 적정화를 유지한다. ⑥ 수출관리의 적정한 점검을 위한 감시체제를 강화한다. ⑦ 담당자에 대한 수출 관련 법규에 대한 교육훈련을 강화한다. ⑧ 법령위반이 발생했을 경우 관련자에게 엄정한 처분을 실시한다. ⑨ 전략물자의 수출과 관련된 문서 보존기간을 장기화 한다." 수출 관련 기업에 대해 이러한 9가지 사항을 고려한 컴플라이언스 프로그램의 마련이 요구되었다. 이에 1987년 말에는 수출 관련 기업 약 2,300개 가운데 94%에 해당하는 2,200개 기업이 컴플라이언스 프로그램을 마련하였다. 이와 같이 대부분의 기업이 컴플라이언스 프로그램을 마련한 것으로부터 통상산업성은 1987년 11월에 「수출무역관리령 운용지침」을 제정하여 수출허가 신청에 있어 컴플라이언스 프로그램을 첨부하도록 행정지도를 실시하였다. 그리고 1988년 2월에는 수출허가 신청절차와 심사의 효율화를 꾀하기 위해 사전에 컴플라이언스 프로그램을 제출하도록 하여 심사를 받은 사람에 대해서는 수리표를 교부하여 수출허가 신청에 있어 수리표의 사본을 첨부시키는 제도를 도입하였다.[16] 이 때문에 컴플라이언스 프로그램의 실시는 수출허가를 얻기 위한 실질적인 요건으로 되었고, 관련 기업으로서는 컴플라이언스 프로그램의 도입과 운용이 사실상 불가피한 조치가 되었다.

(2) 독점금지법과 컴플라이언스 프로그램

또한 일본에서도 미국에서와 마찬가지로 독점금지법위반의 방지에 관해 컴플라이언스 프로그램의 발전이 가시화되었다. 즉 일본에서는 1989년부터 발효된 일·미구조문제협의회에 따라 ① 독점금지법의 집행강화, ② 독점금지법에 대한 사회적 인식의 상승, ③ 공정거래위원회로부터 독점금지법의 적용에 관한 다수의 가이드라인의 공표 등 독점금지법을 둘러싼 환경에 급격한 변화가 있었다.[17] 이러한 변화를 바탕으로 독점금지법상 컴플라이언스 프로그램의 중요성이 재차 강조되었다.[18] 그와 같은 상황에서 1991년 일본 기업에의 도입을 전제로 「독점금지법 컴플라이언스 프로그램 안내서」[19]와 「컴플라이언스 프로그램을 위한 독점금지법 매뉴얼(모형)」[20]이라는 2개의 컴플라이언스 프로그램 매뉴얼이 잇달아 공간(公刊)되었다. 이들 매뉴얼에서 독점금지법위반의 방지를 위해 실시되어야 할 컴플라이언스 프로그램에 관한 기본적 사항을 상세하게 기술하고 있다. 이러한 매뉴얼이 효과를 발휘하여 이후 매뉴얼에 근거하여 다수의 기업이 컴플라이언스 프로그램의 도입에 착수하였다. 일본의 컴플라이언스 프로그램의 특징으로 기업마다 통일적인 가이드라인이 마련된 후 개개의 기업에 일제히 도입되었다는 점을 언급할 수 있다. 1993년에 도쿄, 오사카, 나고야의 각 증권거래소에 상장된 2,063개 기업을 대상으로 한 설문조사에서 컴플라이언스 프로그램을 실시하고 있는 기업이 60%에 달하였고, 실시를 예정하고 있는 기업도 약 20%에 이르렀다고 한다.[21]

(3) 기업거버넌스(corporate governance)이론

더욱이 컴플라이언스 프로그램의 도입은 내부자거래방지, 이익공여방지 및 환경보호 등의 영역으로 확대되었다. 당시 일본에서는 업계마다 컴플라이언스 프로그램에 관한 통일적인 지침서가 작성된 후에 그것이 각 기업에 일제히 도입되었는데, 그와 같은 환경에 영향을 미친 요인으로 이른바 '기업거버넌스(corporate governance)이론'을 언급할 수 있다. 기업거버넌스이론은 기업의 실적을 높이기 위한 효율적인 경영방식과 아울러 법규준수를 위한 경영방식을 대상으로 삼는 것을 말한다. 특히 버블경제 붕괴 이후 금융·증권사의 여러 불상사나 소수의 주식을 가지고 있으면서 주주 총회에 참석하여 말썽을 부리거나, 금품을 받고 의사진행에 협력하거나 방해하는 총회꾼에 의한 이익공여 등이 사회적 비판을 받자 일본의 기업거버넌스이론을 바탕으로 법규준수를 위한 경영방식에 관심이 높아졌다. 여기서 단순히 기업윤리강령의 채택과 같은 형식적인 조치뿐만 아니라 법규준수를 위한 보다 실질적이고 효과적인 컴플라이언스 대책에 주목하게 되었다. 그러한 논의 과정에서 컴플라이언스 프로그램의 중요성도 폭넓게 인식되었다고 볼 수 있다.[22]

(4) 1980년대 후반 이후 기업의 대처

일본에서 컴플라이언스 프로그램의 도입이 본격화 된지도 상당한 시간이 경과하고 있다. 그동안 컴플라이언스 프로그램은 다수의 기업에 의해, 그리고 여러 법 영역에 점차 확대되고 있다. 또한 업종간이나 기업의 규모에 따라 그 보급률에 있어 다소간 차이가 있지만, 컴플라이언스 프로그램의 중요성은 계속해서 강조되고 있다. 그러나 일본 기업의 컴플라이언스 프로그램에 대한 대처는 미국 기업과 비교할 때 다소 소극적인 측면이 강한 것도 부인할 수 없는 사실이다. 1980년대 말부터 시작된 버블경제의 붕괴에 의해 여러 방면에서 기업의 부정부패 행위가 부각되었다. 이러한 기업의 부정부패 행위에 대한 사회적 비난은 종전과 비교할 수 없을 정도 강하고 혹독했다. 이 때문에 기업은 종전과 같이 "윤리 강령"이나 "경영건전화"를 형식적으로 발표하는 것만으로는 사회적 비난으로부터 벗어날 수 없다고 판단하여 경영의 건전성과 안정성을 강조하고, 실추된 기업 이미지를 회복하기 위해 새로운 방법으로서 컴플라이언스 프로그램의 도입을 적극적으로 단행했음을 부인할 수 없다. 무엇보다 소극적인 자세로 시작된 일본의 컴플라이언스 프로그램 도입 움직임은 21세기에 들어서 여러 방면에서 법적 의의가 부여됨으로써 더욱 가속화하고 있는 실정이다.[23]

III. 일본에서 컴플라이언스 관련 주요 주주대표소송

1. 기업에 대한 법적 의무로서 컴플라이언스 시스템 구축의무

경제활동을 규제하는 일본의 법규 가운데에는 기업 대표자의 법규준수 의무와 관련된 몇 가지 규정이 있다.[24] 그러나 이러한 법규준수 의무는 대표자 개개인으로서 법규를 준수할 의무이며, 법규준수를 위한 시스템의 구축을 명확하게 의무지운 것은 아니다. 이와 관련하여 컴플라이언스 시스템의 구축·운용을 기업에 대한 법적 의무로 하는 움직임이 발견된다. 이러한 움직임의 몇몇 예를 살펴보면 다음과 같다.

우선 예금을 취급하는 금융기관에 대해 컴플라이언스 시스템의 구축과 그 공표를 의무 지우는 규정이 있다. 즉 예금을 취급하는 금융기관은 각종 법규에 의해 회계연도마다 업무 및 자산상황에 관한 설명서를 작성하여 모든 영업소 및 대리점에 비치하여 일반 고객이 언제나 열람할 수 있도록 의무 지워지고 있다.[25] 이러한 업무에 관한 사항의 일부로 컴플라이언스 시스템(법규준수 체제)에 관한 사항을 기재해야 한다.[26]

금융시장의 자유화 및 글로벌화에 따라 예금자에 의한 금융기관의 선택 및 자기결정이 보다 더 중요한 의미를 가지게 되었다. 이에 따라 이와 관련한 판단의 일환으로 각 금융기관의 신용도를 적정하게 평가하기 위해 컴플라이언스 시스템에 대한 금융기관의 정보공개의 중요성이 더욱 강조되고 있다.[27] 또한 "기업의 사업내용을 유리벽과 같이 투명하게 공개하는 것은 그 기업이 사회적으로 부정한 행위를 하는 것을 사전에 방지하는 데에 간접적으로 도움이 된다"[28]라는 효과도 컴플라이언스 시스템의 구축과 그 공표를 통해 기대되고 있다.

둘째, 일본 금융청이 1999년에 공표한 「금융검사 매뉴얼」에 의하면,[29] 금융기관이 얼마만큼 효과적인 컴플라이언스 시스템을 구축하고 있는가에 대한 확인이 점검항목의 하나였다. 1999년 당시 금융청은 금융 시스템의 안정과 재생을 도모하여 금융기관에 대한 국내외의 신뢰회복을 목적으로 하여 금융기관 감독의 개선책의 일환으로 금융검사 매뉴얼을 마련했다. 그리고 그 검사의 중점 점검항목으로 컴플라이언스 시스템의 구축과 정비를 포함시켰다. 구체적으로는 ① 법규준수 체제의 정비·확립 상황, ② 법규준수 사항(행동 강령)의 규정·정비 상황, ③ 법규준수 체제가 기능하고 있는지 아닌지 여부의 점검 체제의 정비 상황, ④ 법령 등을 위반했을 경우 제재규정의 정비·운용 상황, ⑤ 금융기관과 그 경영자 등이 준수해야 할 구체적인 법령의 내용으로 구성되어 있다.30)

물론 이 매뉴얼은 검사관이 금융기관을 검사할 때 이용하는 안내서로서 일차적인 역할을 한다. 그러나 동시에 ① 금융기관의 대표이사나 이사에게 컴플라이언스 시스템의 구축에 대한 중요성을 인식할 것을 요구하고, ② 금융기관 전체에 컴플라이언스를 중요시하는 기업문화가 형성되므로, 금융기관으로서의 공공성이 발휘되는 것을 촉진하는 효과가 기대되고 있다.31)

셋째, 일정한 업무의 허인가 신청을 함에 있어 제출해야 하는 서류에 법규준수 사항의 기재가 요구되는 경우가 있다. 예를 들어 통상산업성은 1987년 적발된 도시바기계 사건 이후 수출 관련 기업에 대해 수출규제 관련 법규준수를 위한 컴플라이언스 프로그램의 작성을 요청하였고,32) 1987년 11월「수출무역관리령 운용지침」을 제정하여 수출 허가신청을 함에 있어 컴플라이언스 프로그램을 첨부하도록 요구하였다. 그리고 통산산업성은 1988년(쇼와 63) 2월 수출허가신청절차의 심사의 효율화를 위해 컴플라이언스 프로그램을 제출하여 사전심사를 받은 사람에 대해 수리표를 교부하여 수출 허가신청을 함에 있어 수리표 사본을 첨부시키는 제도를 도입하였다.

구소련의 붕괴로 대 공산권에 대한 수출규제를 목적으로 코콤(COCOM)은 1994년 3월 파기되었지만, 지역분쟁의 빈발이 국제사회의 새로운 문제로 대두되기 시작하자 새로운 수출관리 체제의 구축의 필요성이 높아져 종래 코콤 체결국과 러시아를 포함한 동유럽 국가들과 '바세나르 협정(Wassenaar Arrangement)'33)을 체결하여 무기 및 관련 부품 및 기술이전 방지를 도모할 수 있었다. 이러한 새로운 수출관리 체제 아래에서도 종래와 같이 컴플라이언스 프로그램의 구축과 그 보고가 요구되고 있다. 바세나르 협정 대책으로 외환법 관련 컴플라이언스 프로그램의 구축은 수출 관련 기업에 실질적으로 사업활동의 전제조건으로 기능하였다.

또한 금융청 청장은 보험회사가 실시한 증권업무의 인가신청 및 채권모집 또는 관리의 수탁 등 인가신청에 대해 제출 서류를 기초로 하여 경영관리에 관련된 체제를 심사함에 있어 법규준수의 상황을 참고한다.34) 그리고 증권회사 등이 내부관리에 관한 업무를 수행함에 있어 증권거래법 제45조에 따라 금지된 행위에 대해 승인을 받으려 할 경우, 금융청 청장 등에 제출이 의무화된 승인 신청서에 내부관리 업무의 일부로서 법규준수 관리에 관한 업무를 기재하여야 한다.[35] 이때 일정한 업무에 대해 인가신청을 내어주는 조건으로 컴플라이언스 시스템의 구축·운용이 중요한 지침으로 작용함으로 인해 적정한 업무의 실시에 있어 간과할 수 없는 전제로서 자리매김하게 되었다.[36]

2. 컴플라이언스 관련 주요 주주대표소송

(1) 다이와(大和)은행 주주대표소송 사건[37]

가. 사건의 개요

형사사건은 아니지만 일본의 컴플라이언스 시스템의 법적 의의와 관련하여 무엇보다 주목할 판결로 2000년 9월 20일에 내려진 다이와(大和)은행 뉴욕지점 사건에 대한 오사카지방법원 판결[38]을 언급할 수 있다. 이 사건은 크게 甲사건과 乙사건으로 구분할 수 있는데, 甲사건의 개요는 다음과 같다.

다이와은행 뉴욕지점의 은행원 A는 1984년부터 11년간에 걸쳐 미국 재무성증권의 무단·부외거래를 실시하여 약 11억 달러의 손실을 냈다. 이에 대해 주주 X 등은 은행의 대표이사인 Y1 및 뉴욕지점장인 이사 Y2, Y3, Y4가 A에 의한 부정행위를 방지하기 위한 내부통제 시스템을 구축해야 할 선관주의의무 및 충실의무가 있었음에도 불구하고 이를 태만히 하였기 때문에, 또한 그 외의 이사 Y5, 감사 Y6은 내부통제 시스템 구축을 감시할 선관주의의무 및 충실의무가 있었음에도 불구하고 이를 태만히 하였기 때문에, 본건 무단거래 및 무단매각을 저지할 수 없었다고 하여 이들을 피고로 하여 다이와은행이 입은 11억 달러의 손해배상을 요구하는 대표소송을 제기하였다.

그리고 乙사건의 개요는 다음과 같다. 甲사건 후 다이와은행은 상기 약 11억 달러의 손해발생을 미국 당국에 은닉했다고 하여 형사소추를 당해 유죄협상에 따라 벌금 3억 4,000만 달러(당시 약 365억 엔)를 지급하였다. 주주 X 등은 대표이사 Y1 등이 내부통제 시스템의 구축 및 그 감시를 태만히 하였기 때문에 A의 행위를 방지할 수 없었으며, 더욱이 무단매매 및 무단매각의 사실을 안 후 즉시 미국의 은행규제당국에 보고하지 않고 손실을 은닉하기 위해 허위기재 등을 실시했기 때문에 벌금액 상당한 손해가 다이와은행에 발생했다고 하여 벌금 3억 4,000만 달러 및 위 형사사건의 변호사 보수 1,000만 달러, 합계 3억 5,000만 달러에 대해 Y1 등을 피고로 손해배상을 요구하는 대표소송을 제기하였다.

나. 원고의 주장

원고의 주장은 당시의 대표이사 및 뉴욕지점장의 지위에 있던 이사가 내부통제 시스템을 구축해야 할 선관주의의무 및 충실의무가 있었는데 이를 태만히 하였고, 그 외의 이사 및 감사는 대표이사 등이 내부통제 시스템을 구축하고 있는지 감독할 의무가 있었는데 이것을 태만히 하였기 때문에 은행원 A가 형사소추의 대상이 된 허위기재 등을 실시하는 것을 방지할 수 없었다는 것이었다.

다. 오사카지방법원의 판결

오사카지방법원은 甲사건과 관련하여, 뉴욕지점장인 Y2, Y3, Y4 및 감사 Y6에 대해 내부관리 체제(리스크관리)의 구축에 관한 임무를 게을리 한 책임을 인정하여 Y2에 대해 5억 3천만 달러의 손해배상을 명하였으나, Y3, Y4 및 Y6에 대해서는 각각 임무해태의 책임을 인정하면서도 손해의 입증이 없다고 하여 청구를 기각하였다.

나아가 乙사건과 관련하여, 다이와은행의 대표이사인 Y1를 비롯한 11인의 이사들에 대해 선관주의의무 및 충실의무를 태만히 하였다는 원고들의 주장의 일부를 인정하여 미국 법규위반에 관한 임무해태의 연대책임을 인정하였고, 1인당 7억 7,500만 달러(약 829억 엔)에서 7,000만 달러(약 75억 엔)의 손해배상을 명하였다.

이 사건에서 주목할 점은 은행의 손실이 뉴욕지점의 은행원 A에 의한 무단의 행위에 기인하였음에도 불구하고 이사 11인에 대해 총액 7억 7,500만 달러의 손해배상책임을 인정한 것이다(그 후 오사카고등법원에서 화해가 성립하였음). 특히 본 사건의 주주대표소송에 있어 이사에게 내부통제 시스템의 구축에 관하여 임무해태 행위가 있었는지가 문제되었는데, 이 판결에서는 내부통제 시스템 구축의 의무에 대해 다음과 같이 판시하고 있다:

① 건전한 회사경영을 실시하기 위해서는 회사가 영위하는 규모, 특성 등에 따른 리스크관리 시스템(이른바 내부통제 시스템)을 정비할 것을 요한다.
② 회사경영의 근간에 관련되는 리스크관리 시스템의 대강에 대해서는 이사회에서 결정할 것을 요한다.

③ 이사는 이사회의 구성원으로서 또한, 대표이사 또는 업무담당이사로서 리스크 관리 시스템을 구축해야 할 의무를 진다.

④ 이사는 대표이사 및 업무담당이사가 리스크관리 시스템을 구축해야 할 의무를 이행하고 있는지의 여부를 감시할 의무를 진다.

라. 판결의 의미

다이와은행사건에 대한 오사카지방법원 판결은 이사가 이사회의 구성원으로서 또는 대표이사 내지 업무집행이사로서 리스크관리 시스템을 구축해야 할 의무를 부담하고, 더욱이 대표이사와 업무집행이사가 리스크관리 시스템을 구축해야 할 의무를 이행하고 있는지의 여부를 감시할 의무가 있다는 취지를 명확하게 하였다는데 의의가 있다. 다만 구체적인 리스크관리 시스템상의 결함이 무엇인지를 특정하지 못하였고, 그 대강 뿐만 아니라 구체적인 구조에 대하여도 정비가 없다고는 할 수 없어 뉴욕지점장을 맡은 이사 및 보관 잔고의 확인방법의 불비에 대해 그 문제점을 파악한 감사에게 임무해태의 책임을 묻는 데에 그친 것은 한계로 지적된다. 그럼에도 불구하고 이 판결 이후 일본은 법원에서 이사의 내부통제 의무를 계속 인정하였고, 회사법을 개정하여 대회사 및 위원회 설치회사에 대하여 내부통제 시스템의 정비에 관한 사항을 명문으로 의무화 하는 계기로 작용하였다.

(2) 고베(神戶)제강 주주대표소송 사건[39]

가. 사건의 개요

고베(神戶)제강소 등 강교(鋼橋) 공사업자 47사는 오랜 세월 동일본의 국토교통성 지방정비국이나 일본도로공단이 발주하는 강교 상부공사의 경쟁 입찰에 있어 K회나 A회로 불리는 입찰담합조직을 구축하고 위법한 담합행위를 행하여 왔다고 하여 일본 공정거래위원회가 2005년 9월 29일 고베제강소에 대해 독점금지법(「私的独占の禁止及び公正取引の確保に関する法律」) 위반으로 배제권고를 하였다(담합을 행하였다고 인정된 것은 2002년 4월 1일부터 2004년 10월 29일까지임. 고베제강소는 동일 입찰담합조직으로부터 이탈함. 고베제강소는 2005년 11월에 교량부문으로부터 사업을 철수할 것을 표명함).

그 결과 고베제강소는 국가 및 지방공공단체 등으로부터 장기간의 지명정지 조치를 받아 고액의 수주를 하지 못하는 손해를 입고, 2006년 3월 27일에는 공정거래위원회로부터 총액 2억 146만 엔의 과징금 납부명령을 받았다. 또한 고베제강소는 2006년 9월 12일 독점금지법위반에 의한 위약금으로 국가로부터 3,321만 1,500엔의 청구를 받았다.

나. 원고의 주장

원고는 고베제강소의 주주였는데, 고베제강소의 회장, 사장, 법무담당 이사, 강교공사부문 담당이사 등 6인이 오랜 세월동안 위법한 담합행위를 용인(묵인)하고, 담합을 방지하는 실효성 있는 내부통제 시스템 구축을 게을리 하였음을 이유로 주주를 대표하여 회사가 입은 손해(상기 과징금·위약금의 합계액)를 회사에 대해 배상하도록 요구하였다(2006년 6월 27일 제소).

다. 화해의 내용

피고 등은 담합에 대해 회사 전체의 조직적인 행위가 결코 아니었으며, 극히 소수의 자가 개인적으로 행한 것이고, 담합을 발견할 수 없었다든가 내부통제 시스템에는 아무 문제도 없었음을 주장을 하면서 원고의 주장을 강하게 다투었다.

이에 대해 원고 측은 담합에 관한 형사사건의 기록, 피고 측으로부터 제출된 내부문서 등을 분석하여 담합이 조직적으로 이루어질 수밖에 없었으며, 조직적으로 담합이 이루어짐을 전제로 하지 않는 내부통제 시스템은 담합방지에 의미가 없음을 주장하였다.

주주대표소송은 약 4년에 걸쳐서 계속되었는데, 2010년 2월 10일에 소송상 화해가 성립하여 종결되었다. 화해의 주요 내용은 다음과 같다:

① 고베제강소는 본건 교량담합 사건의 원인조사 및 재발방지를 위해서 "담합방지 컴플라이언스 검증·제언위원회"를 설치하고 제언을 받아 1년 이내에 그 제언 내용과 재발방지책을 홈페이지에서 공표한다. 이 컴플라이언스 위원회 중 3인은 외부위원으로 하고, 그 중 1인은 원고가 추천하는 변호사로 선임한다.

② 상기 임원 외 6인은 회사에 대해 연대하여 화해금 8,800만 엔을 지급한다(2010년 3월 말일까지).

③ 상기 화해금은 컴플라이언스 위원회의 운영비용 등 컴플라이언스 시스템의 구축을 위해서 충당한다.

라. 판례의 의의

지금까지 불상사기업은 변호사를 포함시킨 외부 조사위원회를 설치하여 조사하여
왔는데, 이 외부위원회는 이른바 해당 기업의 사람으로 파악되는 변호사를 포함시킨
조사였다. 이번과 같이 주주(원고)가 추천하는 외부위원이 포함되는 방식은 투명성의
관점에서 향후 불상사기업의 외부조사의 존재방식에 관해 하나의 "모델"이 될 수 있
다는 데서 중요한 의의가 있다.

IV. 일본 개별 법률상 내부통제제도의 내용과 최근 동향

(1) 개관

일본에서는 2000년에 들어와서 은행의 부정금융거래사건, 분식회계 및 허위공시에
관련된 기업 부정부패 스캔들, 총회꾼과 관련된 기업스캔들 등과 같은 일련의 기업의
부정부패 스캔들이 연이어 발생하였다. 이러한 기업의 부정부패 스캔들을 방지할 목
적으로 경영진의 불법·부정행위를 감시하는 체제, 즉 컴플라이언스 시스템의 내용이
포함된 내부통제 시스템을 제도적으로 기업내부에 구축하도록 하는 방안이 입법화되
기 시작하였다.

일본에서 기업의 부정부패 스캔들의 원인40)

■ 직접적인 원인
- 경영진 최일선의 관여를 포함한 조직적인 관여
- 경영진 최일선의 외관상 당기이익의 인상의 목적
- 당기이익 지상주의와 목표달성의 압박
- 상사의 의향에 거스르는 것이 불가능한 기업 풍토
- 경영자의 적절한 회계처리에 대한 의식 또는 지식의 결여
- 도시바의 회계처리기준 또는 그 운용에 문제가 있었던 점
- 부적절한 회계처리가 외부에서는 발견하기 어려운 기묘한 형태로 이루어진 점

■ 간접적인 원인
• 각 계열사의 내부통제가 기능하지 않은 점
• 기업의 내부통제가 기능하지 않은 점
• 이사회에 의한 내부통제기능(감독기능)이 작동하지 않은 점
• 감사위원회에 의한 내부통제기능(감사기능)이 작동하지 않은 점
• 회계감사원에 의한 감사가 기능하지 않은 점
• 업적평가제도의 악영향
• 재무·경리부문에 한정된 인사 로테이션
• 내부통보제도가 충분히 활용되지 않은 점

이상의 점 외에 회사의 불상사의 원인으로 다음과 같은 것이 있다.
• 일본 기업의 리걸마인드 부족
• 경영자의 CSR(기업의 사회적 책임) 관리의 결여
• Bad news가 관리자에게 전해지지 않는 조직
• 리스크관리 체제의 불비
• 컴플라이언스(법령·기업윤리준수) 체제의 불비
• 경단연의 기업행동헌장에 따른 경영이 이루어지고 있지 않은 점

특히 2000년 9월의 다이와은행 주주대표소송 사건에서 제1심 판결[41]은 일본에서 처음으로 이사에게 선관주의의무로서 리스크관리 시스템, 즉 내부통제 시스템을 구축할 의무가 있다고 인정하였다. 이를 계기로 이사에게 내부통제 시스템의 구축의무가 있다는 인식이 널리 퍼졌고, 그로 인해 2002년 상법특례법에서는 위원회 등 설치회사에 대해, 그리고 2006년 5월의 회사법 시행에서는 대회사[42]에 대해 법령에의 적합성이나 업무의 적정성을 확보하는 체제, 이른바 내부통제 시스템의 구축이 명확하게 요구되었다. 또한 2002년에는 일본 공인회계사협회의 감사기준위원회가 작성한 보고서인 "통제 리스크의 평가"[43]가 발표되었고, 동년에 개정된 "감사기준"은 내부통제의 의의와 목적 및 구성요소를 설명하는 규정과 정보기술(IT)의 이용에 대응한 규정을 신설하였다.[44]

한편 2004년에 상장기업의 유가증권 보고서 부실기재 사건이 잇따라 발생하자, 재무보고의 신뢰성을 확보하기 위한 내부통제의 정비가 시급하다는 인식이 확산되었고,

이에 따라 2006년 6월에 금융상품거래법에 내부통제보고제도가 도입되었다. 이는 재무보고에 관한 내부통제의 유효성에 대하여 경영자(대표이사, 대표집행임원 등)가 평가한 후 그 결과를 내부통제보고서로 제출하도록 하고, 그러한 보고내용에 관한 평가는 공인회계사나 감사법인의 감사에 의해 담보하는 것이다. 이처럼 경영자가 재무보고에 관한 내부통제의 유효성에 관하여 평가를 하고 그 결과에 대해 재무제표 감사에 관한 감사인의 감사(내부통제감사)를 받도록 하는 목적은 경영자가 작성한 내부통제보고서가 일반적으로 공정하고 타당하다고 인정되는 내부통제의 평가의 기준에 준거하고, 내부통제의 유효성의 평가결과를 모든 중요한 점에 대해 적정하게 표시하고 있는지에 대해 감사인 스스로가 입수한 감사증거에 근거하여 판단하고 그 결과를 감사의견으로서 표명하도록 하는데 있다. 감사인의 내부통제의 평가에 관한 감사보고서(내부통제 감사보고서)에 감사인이 내부통제 보고서가 적정하다는 취지의 의견을 표명하는 경우, 그것은 내부통제 보고서에 중요한 허위의 표시가 없다고 하는데 대해 합리적인 보증을 얻었다는 감사인의 판단을 포함하는 것이다. 여기서 합리적인 보증이란 감사인이 의견을 표명하기 위해서 충분하고 적절한 증거를 입수하였다는 것을 의미한다고 한다.[45)46)]

(2) 2002년 상법특례법상 내부통제제도

일본의 경우 2002년 「상법등의 일부를 개정하는 법률」과 「상법등의 일부를 개정하는 법률의 시행에 따른 관계법률의 정비에 관한 법률」에 의해 상법특례법[47)]에서 위원회등설치회사제도가 신설되었다(상법특례법 제21조의5 이하). 이들 회사에 대해서는 내부통제 시스템을 구축할 것이 의무화되었으며 이들 사항에 관해 이사회가 결의하도록 하였다. 즉 위원회등설치회사의 경우 이사회의 기본적 권한은 ① 업무집행의 결정(이사회의 전결사항), ② 이사 및 임원의 직무집행의 감독(상법특례법 제21조의7 제1항)이며, 이사회의 업무집행의 결정사항으로서 다음 네 가지를 규정하고 있다. 즉 ① 경영의 기본 방침, ② 감사위원회의 직무수행을 위하여 필요한 것으로서 법무성령에서 정하는 사항, ③ 임원이 복수인 경우 임원의 직무분배 및 지휘명령관계 기타 임원의 상호관계에 관한 사항, ④ 임원의 이사회소집청구권의 규정에 의한 이사회의 소집을 받는 이사 등이 그것이다.

이 가운데 ②의 사항으로서 상법시행규칙 제193조에서는 다음과 같이 정하고 있다. 즉 a) 감사위원회의 직무를 보조하여야 할 사용인에 관한 사항(제1호), b) 전호의 사용인의 집행임원으로부터의 독립성 확보에 관한 사항(제2호), c) 집행임원 및 사용인이 감사위원회에 보고하여야하는 사항 및 기타 감사위원회에 대한 보고에 관한 사항(제3호), d) 집행임원의 직무집행에 관한 정보의 보존 및 관리에 관한 사항(제4호), e) 손실의 위험관리에 관한 규정 기타 체제에 관한 사항(제5호), f) 집행임원의 직무집행이 법령 및 정관에 적합하고 효율적으로 이루어질 수 있도록 하는 것을 확보하기 위한 체제에 관한 기타 사항(제6호) 등을 이사회의 결의사항으로 규정하고 있다. 따라서 이사회는 감사위원회가 그 감독기능을 충분히 발휘할 수 있도록 상법시행규칙 제193조에 규정한 사항에 대해 결의를 해야 할 의무가 있고, 그와 같은 결의가 있었는지의 여부는 감사의 대상이 된다(상법특례법 제21조의9 제2항 제1호). 또한 감사위원회는 이러한 결의가 상당하지 않다고 판단되는 경우에는 그 취지와 이유를 감사보고서에 기재하여야 한다(상법 제21조의 29 제2항 제2호). 나아가 집행임원은 영업보고서에 내부통제 시스템에 관한 이사회결의의 개요를 기재하여(상법시행규칙 제104조 제1호) 이사회의 승인을 받아야 하며(상법특례법 제21조의26), 이사는 이것을 정기주주총회에 제출하여 보고하여야 한다(상법특례법 제21조의31 제1항). 법문에는 내부통제 또는 내부통제 시스템이라는 용어는 없지만, 입법담당자는 업무집행이 법령 및 정관에 적합하고, 효율적으로 행하여지고 있음을 감시하는 회사의 내부체제가 내부통제 시스템이라고 생각한다고 하고 있다.[48]

이에 대하여 통설에 따르면,[49] 위원회등설치회사 이외의 주식회사에 대해서는 명문상 내부통제 시스템의 구축에 관한 규정은 없지만, 일정규모 이상의 주식회사의 이사에게는 그 사업의 규모, 특성 등에 따른 내부통제 시스템을 구축·운용할 의무가 있으며, 이러한 의무는 이사로서의 선관주의의무의 일부분을 구성한다고 한다.[50]

(3) 2006년 회사법상 내부통제제도

가. 내부통제 시스템 구축의 결정권한 명문화

일본의 회사법은 주식회사의 모든 유형(공개·비공개, 대회사·비대회사, 위원회등설치회사, 회계참여회사, 감사설치회사, 감사회설치회사 등)에 대해 내부통제 시스템의 구축에 관한 권한을 명문화하고 있다.[51] 우선, 이사회 설치회사에 있어서는 내부통제 시스템의 구축에 관한 결정권한을 이사회의 전결사항으로 규정하고 있다(회사법 제362조 제4항 제6호, 제416조 제1항 제1호 및 제3항). 예컨대, 회사법 제362조는 제4항에서 중요한 업무집행의 결정에 관한 이사회의 전결사항을 제1호부터 제7호까지 예시적으로 열거하고, 제6호에서 "이사의 직무집행이 법령 및 정관에 적합하다는 것을 확보하기 위한 체제, 기타 주식회사의 업무의 적정성을 확보하기 위해 필요한 것으로서 법무성령으로 정하는 체제의 정비"를 규정하고 있다. 즉 구상법특례법에 비해 회사법이 내부통제 시스템의 개념에 관해 보다 명확하게 규정하고 있다.[52] 다음으로, 이사회 비설치회사에서는 내부통제 시스템의 구축을 이사의 다수결에 의한 전결사항으로서 규정하고 있다(회사법 제384조 제3항 제4호). 즉 이사회 비설치회사에서는 내부통제 시스템의 구체적인 내용으로 ① 정보보존관리 체제, ② 리스크관리 체제, ③ 효율성확보 체제, ④ 사용인 컴플라이언스 체제, ⑤ 기업집단 컴플라이언스 체제라는 회사법 시행규칙 제98조 제1항 각호, ⑥ 회사법 제348조 제1항 제4호가 직접 규정하는 이사 컴플라이언스 체제 등 6개 항목을 규정하고 있다.[53]

나. 대회사 및 위원회 설치회사에 대한 강행규정

한편 이와 달리 대회사(자본금 5억 엔 이상, 부채 200억 엔 이상)와 위원회 설치회사에 대해서는 내부통제 시스템의 구축 및 정비를 의무화 하고 있다(회사법 제362조 제5항, 제416조 제2항, 제348조 제4항). 그러나 내부통제 시스템의 구축에 관한 결정은 이사회의 전결사항이다. 그리고 이러한 시스템의 구축이 의무화된 대회사에서는 당연한 것이지만, 이 시스템을 임의로 도입하는 회사에 있어서도 이사회에서 결정하는 것으로 이해되고 있다. 또한 위원회 설치회사에 대해서는 회사법이 이사회가 스스로 결정하지 않으면 안 되는 사항(회사법 제416조 제3항)으로 "집행임원의 직무집행이 법령 및 정관에 적합하다는 것을 확보하기 위한 체제, 기타 주식회사의 업무적정성을 확보하기 위하여 필요한 것으로서 법무성령으로 정하는 체제의 정비"(회사법 제416조 제1항 제1호)를 규정하고 있다.

이는 집행임원의 직무집행에 관한 감독을 언급한 것인데, 위원회 설치회사의 이사회는 집행임원만이 아니라 널리 이사의 직무집행도 감독하므로 구상법특례법상의 규정을 모방하여 "감사위원회의 직무수행을 위해서 필요한 것으로서 법무성령으로 정하는 사항"(회사법 제416조 제1항 제1호)이라고 규정하고 있다. 따라서 회사법상 위원회 설치회사의 내부통제 시스템은 제416조 제1항 제1호에 따라 구축하게 된다. 이처럼 위원회 설치회사에서는 내부통제 시스템의 구축이 의무적이고(회사법 제416조 제2항), 이사회의 전결사항으로서 규정되어 있어 개개의 이사에게 위임할 수 없다(회사법 제416조 제3항).54) 위원회 설치회사의 경우 회사의 규모에 관계없이 이러한 의무가 부과되는 것은 법률상 상근감사위원이 요구되지 않으며, 감사위원의 조사권한 등에 관해서도 독임제가 취해지고 있지 않아 감사위원회는 내부통제 시스템에 의해서 조직적인 감사를 실시하는 것이 바람직하기 때문이라고 한다.55)

또한 회사법은 이사회 비설치회사에 있어서도 이사가 2인 이상 있는 경우, 이사에게 위임할 수 없는 결정사항(회사법 제348조 제3항 주석)으로서 "이사의 직무집행이 법령 및 정관에 적합하다는 것을 확보하기 위한 체제, 기타 주식회사의 업무의 적정성을 확보하기 위해서 필요한 것으로서 법무성령으로 정하는 체제의 정비"를 언급하고 있고, 대회사에 대해서는 이사가 업무의 적정성을 확보하기 위한 사항을 결정하도록 규제하고 있다(회사법 제348조 제4항). 즉 회사법은 주식회사의 기관설계에 있어 유연화를 도입하였는데, 가장 간소한 기관설계로 이사가 1인인 기관구조의 주식회사를 제외하고는 모든 주식회사에 대하여 상기의 체제에 관한 규제가 영향을 미친다.56)

다. 법무성령으로 정하는 체제의 정비에 관한 사항

회사법의 위임에 따라 법무성령으로 정해야 하는 체제의 정비에 관하여 회사법 시행규칙은 다음과 같이 규정하고 있다. 즉 ① 이사 또는 집행임원의 직무집행이 법령 및 정관에 적합하다는 것을 확보하기 위한 체제, ② 직무의 집행에 관한 정보의 보존 및 관리에 관한 체제, ③ 손실의 리스크관리에 관한 체제, ④ 이사 또는 집행임원의 직무집행이 효율적으로 행해지는 것을 확보하기 위한 체제, ⑤ 사용인의 직무집행이 법령 및 정관에 적합하다는 것을 확보하기 위한 체제, ⑥ 해당 주식회사 및 그 모회사 및 자회사로 이루어지는 기업집단에 있어서 업무의 적정성을 확보하기 위한 체제에 관하여 정해야 한다(회사법 시행규칙 제98조 제1항, 제100조 제1항, 제112조 제2항). 또한 회사법 시행규칙은 감사 설치회사에 대하여 감사의 감사체제의 정비에 대해서도 규정을 두고 있는데(회사법 시행규칙 제100조 제3항), 그 이유는 감사제도의 경우 회사법이 위임하고 있는 이사의 직무집행의 적정성을 확보하기 위한 체제의 하나로서 해

석되기 때문이다.[57]

한편 감사위원회의 감사에 있어서 "감사위원회의 직무집행을 위해 필요한 것으로 법무성령으로 정하는 사항"에 관한 회사법 시행규칙의 규율내용(회사법 시행규칙 제112조 제1항)과 이사회 설치회사에 있어서 동 시행규칙의 규율내용을 비교해보면, 양자에 있어 감사환경체제의 정비에 대한 내용은 거의 동일하다.[58]

이처럼 일본 회사법상 내부통제제도는 단순한 공시규제를 넘어서 기업지배구조에 관한 실질적인 규제로서 내부통제 시스템의 설치·유지를 요구하고 있으며, 기업지배구조에 있어 회사경영의 건전성과 효율성에 이바지하는 도구로서 이해되고 있다.[59] 그리고 회사법의 명문규정에 의해 선관주의의무에 이론상 포함되어 있는 추상적인 내부통제 시스템의 구축의무를 구체적인 항목상의 내용으로 강제하는 것으로 이해되고 있다[60]고 한다.[61]

(4) 2006년 금융상품거래법상 내부통제제도

일본 금융상품거래법은 종래의 증권거래법을 중심으로 복수의 금융 관련법을 통합한 것으로서 2006년 6월에 성립되었고, 이 법의 목적은 투자자의 보호에 있다.[62] 금융상품거래법은 내부통제제도를 도입하였는데, 상장회사는 재무계산 서류를 포함한 각종 정보의 적정성을 확보하기 위해 재무보고에 관한 내부통제의 유효성을 평가한 보고서, 즉 내부통제보고서를 작성해야 하고(금융상품거래법 제24조의4의4 제1항), 내부통제보고서는 공인회계사 또는 감사법인의 감사증명을 받도록 규정하고 있다(금융상품거래법 제193조의2 제2항). 그리고 내부통제보고서의 내용에 허위가 있을 경우에 개인에 대해서는 5년 이하의 징역 또는 500만 엔 이하의 벌금이, 법인에게는 5억 엔 이하의 양벌규정이 부과된다.

이러한 금융상품거래법상 내부통제제도에 대해서는 "일본판 SOX법(또는 J-SOX법)" 또는 "기업개혁법"이라고 한다. 즉 금융상품거래법상의 내부통제 시스템은 미국 SOX법의 일본판이라는 의미를 갖는다. 그동안 회사의 유가증권보고서상의 개시내용이 부적정한 사례가 자주 발생하자 재무보고서의 작성을 위한 기업내부의 컨트롤 기능이 유효하지 않았던 것은 아닌가라는 지적이 있었다. 이에 따라 2003년 3월 결산부터 주된 금융기관이 회사대표자가 작성한 유가증권보고서상의 기재내용이 적정한지에 관한 확인서를 작성하도록 하고, 다시 2004년 3월 결산부터는 다른 회사도 포함하는 임의제도로서 확인서의 작성을 요구하게 되었다.

금융상품거래법에서는 이러한 제도를 법제화하여 2008년도부터 유가증권보고서 제출회사 가운데 상장회사 등에 대해서는 유가증권보고서 외에 해당 유가증권보고서의 기재내용이 적정하다는 것을 기재한 확인서 및 내부통제보고서(해당 회사가 속하는 기업집단 및 해당 회사에 관한 재무계산에 관한 서류, 그 밖에 정보의 적정성을 확보하기 위해서 필요한 체제가 정비되어 있는지를 평가한 보고서로 공인회계사 또는 감사법인의 감사증명을 받는 것이 의무화되어 있음)를 내각총리대신에게 제출하도록 강제하였다.

유가증권보고서를 제출해야 하는 회사 중 금융상품거래소에 상장되어 있는 유가증권의 발행자인 회사 등은 매 사업연도마다 해당 회사가 속하는 기업집단 및 해당 회사와 관련되는 재무계산에 관한 서류 그 밖의 정보의 적정성을 확보하기 위해 필요한 체제에 대하여 평가한 보고서(내부통제보고서)를 유가증권보고서와 함께 내각총리대신에게 제출해야 한다(금융상품거래법 24조의4의4). 즉 공공재로서의 증권시장의 공정성 유지를 위해 일정한 수준의 정비가 의무화되었고, 경영자 스스로가 재무보고에 관한 내부통제의 유효성을 평가하여 보고서를 작성하도록 하였다(내부통제보고서에 의한 개시).

일반적으로 내부통제제도는 재무보고의 신뢰성과 업무집행의 효율성 및 컴플라이언스의 확보를 그 목적으로 하며, 이사회와 경영자 및 직원에 의해서 수행되는 일련의 절차를 말하는데(광의의 내부통제), 금융상품거래법이 요구하는 내부통제보고서는 재무보고의 신뢰성을 확보하기 위해서 필요한 체제(협의의 내부통제)에 대해 경영자가 그 유효성을 평가한 보고서라고 할 수 있다. 또한 유가증권보고서를 제출해야 하는 회사 중 금융상품거래소에 상장되어 있는 유가증권의 발행자인 회사 등은 유가증권보고서의 기재내용이 금융상품거래법령에 근거하여 적정한 것을 확인하는 취지를 기재한 확인서를 유가증권보고서와 함께 내각총리대신에게 제출해야 한다(금융상품거래법 제24조의4의2).

한편 내부통제보고서는 반드시 외부감사인(공인회계사 또는 감사법인)의 감사증명을 받아야 한다(금융상품거래법 193조의2 제2항). 즉 감사법인에게 내부통제의 유효성을 증명할 책임이 요구된다. 미국에서는 내부통제에 관한 경영자의 평가보고서(internal control report)와 외부감사인에 의한 증명서(attest and report)를 SEC 등록기업이 연차보고서에 첨부하는 것을 의무로 규정하고 있고(SOX법 제404조), 외부감사인은 내부통제에 대해서 직접보고를 해야 하는 의무를 부담하고 있지만, 일본에서는 외부감사인의 직접보고는 채용하지 않고 외부감사인의 감사증명서의 첨부만을 요구한다.[63] 이는 재무보고에 관한 내부통제의 전사적 통제를 평가하는 하나의 항목으로서 감사가 제대로 기능하고 있는가의 여부에 관한 항목이고, 그 항목에 대하여 경영자가 스스로 평가를 하고 평가내용을 회계감사인이 감사하는 것이다. 한편 회사법상 감사는 회계감사인의 회계감사의 방법과 결과의 상당성을 감사하게 되어 있어 감사와 회계감사인은 각자 서로의 행위를 감사하는 관계에 있는 것은 아닌가 하는 의문이 제기되고 있다.[64] 한편 금융상품거래법상의 내부통제에 관한 규정은 2008년 4월 1일 이후에 개시하는 사업연도부터 적용되고 있다.

요컨대, 일본 금융상품거래법상 내부통제제도의 핵심은 재무제표의 내용, 즉 결과만을 중시하는 것이 아니고 그 재무제표를 적정하게 작성하기 위한 "체제" 및 "과정"도 중시하여 이에 대하여도 외부의 감사인의 감사를 받도록 하자는 것이다. 재무보고에 관한 내부통제가 유효하다고 평가되기 위해서는 경영자를 중심으로 하는 기업의 모든 조직에 있어 통제와 감시가 미치도록 시스템을 구축하고 지속적으로 운용해야 한다.[65] 따라서 일본 금융상품거래법상 내부통제제도의 기본 틀은 ① 경영자 자신이 내부통제의 유효성의 "평가"를 실행하고, ② 독립된 감사인이 경영진의 그 평가를 "감사"하게 되는데, ③ 이러한 평가 및 감사에 객관적인 기준이 존재하고 적절한 절차도 구비하는 것이라고 할 수 있다. 또한 ④ 내부통제보고서를 작성하고 공시하는 것도 매우 강조되고 있다.[66]

(5) 회사법과 금융상품거래법상 내부통제제도의 차이점과 공통점

가. 규정방식, 입법경위와 목적에 따른 차이점

일본에서는 회사법과 금융상품거래법이 모두 내부통제 시스템에 관한 내용을 규정하고 있어 양자를 동일한 것으로 오해할 수 있다. 그러나 규정의 내용은 상당히 다르기 때문에 양자는 동일한 것이 아님에 유의할 필요가 있다. 무엇보다 명백하게 다른 점은 내부통제 시스템 그 자체의 규정방식이다. 즉 회사법에서는 "업무의 적정성을 확보하기 위해서 필요한 것으로서 법무성령으로 정하는 체제"라고 규정하고 있음에 반해, 금융상품거래법은 "재무계산에 관한 서류 그 밖의 정보의 적정성을 확보하기 위해서 필요한 체제"라고 규정하고 있으므로 양자는 그 내용이 분명히 다르다.

다음으로, 두 법의 입법경위와 목적에 따른 차이점을 살펴보면 다음과 같다. 먼저 회사법(구상법)의 분야에서 내부통제가 주목받는 계기가 된 것은 2000년 9월 20일에 나온 다이와은행의 주주대표소송에 관한 판결이었다.[67] 앞서 소개한 바와 같이, 이 판결은 다이와은행 뉴욕지점의 은행원이 오랜 세월에 걸쳐 부정거래를 실시하여 고액의 손실을 발생시킨 사건이었는데, 이 사건으로 인해 판례와 학설상 이사의 내부통제 시스템 구축의무가 인정되었고, 2002년의 상법특례법은 위원회등설치회사에 대하여 내부통제 시스템의 정비의무를 법제화하였다. 특히 회사법의 제정에 관해서 살펴보면, 당초에 법제심의회의 회사법부회가 발표한「회사법제의 현대화에 관한 요강시안」[68]에는 내부통제가 포함되지 않았고, 2004년의 「요강안」[69]에서부터 포함되었다. 이처럼 회사법의 제정에 있어서 내부통제를 포함하게 된 것은 그동안 기업비리가 계속하여 발생하였기 때문이다. 즉 기업의 부정부패 스캔들이 연이어 발생한 것을 계기로 하여 이를 방지함과 동시에 내부통제 시스템의 정비에 의해 기업지배구조의 향상을 도모하고자 한 것이다.[70]

한편 금융상품거래법상의 내부통제에 관하여 살펴보면, 원래 일본에서 내부통제에 관한 개념은 회계 또는 감사의 영역에서 형성되었다. 그러다가 2005년에 금융청의 기업회계심의회에 내부통제부회가 설치되어 동년 12월 8일에「재무보고에 관한 내부통제의 평가 및 감사의 기준의 존재방식에 대하여(이하 "재무보고에 관한 내부통제의 존재방식"이라 한다)」[71]가 공표된 것을 수용하여 검토된 내용이 금융상품거래법에 그대로 계승되었다. 그에 따라 금융상품거래법에 있어서「재무보고에 관한 내부통제의 존재방식」은 같은 법상의 내부통제를 이해하는데 있어서 매우 중요하다. 이 보고서는 1면에서 "증권시장이 그 기능을 충분히 발휘해 나가기 위해서는 투자자에 대해서 기업정보가 적정하게 개시(disclosure)되어야 한다. 그리고 개시의 신뢰성을 확보하기 위해 개시기업에 있어서 내부통제의 충실을 도모하는 방책이 진지하게 검토되어야 하고, 개시기업에 있어서의 내부통제의 충실은 개개의 개시기업에 업무의 적정화와 효율화 등을 통한 여러 가지의 이익을 가져오는 것과 동시에 개시의 전체 신뢰성, 나아가 증권시장에 대한 국내외의 신임을 높이는 것이고, 개시기업을 포함한 모든 시장 참가자에게 많은 이익을 가져온다"고 기술하고 있다. 이 점에서 금융상품거래법은 개시의 신뢰성을 높이고, 증권시장이 그 기능을 완전히 발휘하는 것

을 그 목적으로 하고 있다는 데서 회사법과의 입법경위와 목적에 차이가 있음을 알
수 있다.

나. 회사법과 금융상품거래법상의 내부통제제도의 공통점

회사법과 금융상품거래법상의 내부통제에는 차이점이 꽤 있지만, 구체적으로 어떠
한 점에서 회사법상 내부통제와 금융상품거래법상 내부통제가 다른지를 명확하게 살
펴볼 필요가 있다. 우선 회사법상 내부통제의 목적을 보면 회사 전체 특히 이사의 책
임과 이사회에서 결정해야 할 사항에 초점을 맞추고 있는 반면, 금융상품거래법은 투
자자 보호를 그 목적으로 하여 재무보고의 신뢰성에 초점을 맞추고 있으므로 원칙적
으로 양자는 완전히 별개의 제도라고 생각된다.

그러나 회사법과 금융상품거래법은 모두 COSO 체제를 참고로 하였으므로 양 법
에서 채택하고 있는 내부통제의 수단이나 방법론 등 그 실무상 대응에 있어서는 매우
공통된 모습을 지니고 있다. 예를 들어 회사법상의 "법규준수 및 업무의 적정성" 중
에는 "재무보고의 적정성"이 포함된다고 해석되므로, 회사법상의 규제와 금융상품거
래법상의 규제는 "재무보고의 적정성" 확보를 위한 체제의 정비라는 점에서 상호 공
통점이 있다. 다만 회사법은 재무보고의 적정성을 확보해야 하는 체제로서 개별적이
고 구체적인 내용을 요구하고 있지는 않다.

한편 금융상품거래법은 회사 중 상장회사에 대해서만 그 공익적 요청으로부터 강
행적으로 개별적이고 구체적인 정비의무를 부과하고 있어, 금융상품거래법에 근거
하는 규제는 회사법의 규제보다 더 가중되어 있다.[72] 즉 금융상품거래법상의 내부
통제보고서는 내부통제의 유효성을 경영자가 평가한 결과를 표시하는 것이므로, 내
부통제가 유효하지 않다는 평가결과를 제시하는 것도 얼마든지 가능하다. 그러나
유효한 내부통제를 구축하지 않는 것은 이사의 선관주의의무 위반이 되므로, 이 점
에서는 회사법상의 내부통제와 같다고 할 수 있다. 그런데 이와 같이 생각하면 회
사법상의 내부통제와 금융상품거래법상의 내부통제는 목적이 다르고 규제방법도
다르지만, 양자 모두 이사의 선관주의의무에 입각하고 있는 점에서 공통된 제도라
고 할 수 있다.[73]

〈표 6-1〉 일본의 회사법과 금융상품거래법상의 내부통제제도의 비교[74]

	회사법	금융상품거래법
내부통제 시스템의 범위	회사 업무의 적정성을 확보하기 위하여 필요한 체제(일본 회사법 제362조 제4항 제6호, 일본 회사법 시행규칙 제100조) ※ 이사의 직무 전반이 포함됨	재무계산에 관한 서류 그 외의 정보의 적정성을 확보하기 위해 필요한 체제(일본 금융상품거래법 제24조의4의4) ※ 재무보고에 관한 사항에 한함
내부통제 시스템 구축의무의 대상 및 내용	대회사 및 위원회등설치회사의 이사회는 내부통제 시스템의 정비에 관한 사항을 결정해야 할 의무가 있음(일본 회사법 제362조 제4항 제6호)	상장회사 및 그 외 법령에서 정하는 회사는 매 사업년도마다 재무보고에 관한 내부통제 시스템에 대하여 평가한 내부통제보고서를 제출해야 함(일본 금융상품거래법 제24조의4의4)
내부통제 시스템의 구체적 내용의 결정	경영진의 자유로운 설계가 가능(단, 이사는 이와 관련하여 선관주의의무를 부담함)	내부통제의 내용이 별도의 감사기준에 합치하여야 함
감사	감사의 감사 대상(일본 회사법 제381조 제1항, 일본 회사법 시행규칙 제129조 제1항 제5호 등) ※ 내부통제 시스템이 상당하지 않은 경우, 감사는 이에 대한 사항을 감사보고에 기재해야 함	감사의 업무감사의 대상(일본 회사법 제381조 제1항)
외부감사	회계감사인의 감사 대상이 아님	공인회계사·감사법인에 의한 감사가 필요(일본 금융상품거래법 제193조의2 제2항)
공시	사업보고에 있어 이사회 결의내용이 공시 됨(일본 회사법 시행규칙 제118조 제2호)	내부통제보고서 제도를 통한 공시(일본 금융상품거래법 제24조의4의4)
벌칙 규정	사업보고의 불제출과 허위기재에 대하여 과료의 제재(일본 회사법 제976조 제7호)	내부통제보고서의 불제출, 허위기재에 대하여 벌칙 부과(일본 금융상품거래법 제197조의2 제5호 등)

(6) 일본의 내부통제제도에 관한 최근 동향

가. 기업에 의한 보수적 대응에 대한 대책

앞서 살펴본 일본의 내부통제제도의 법제화는 재무위험을 완벽하게 제거하기 위한 목적이라기보다 가능한 한 최소의 부담으로 중대한 허위기재나 기재누설의 리스크를 효율적으로 대처한다는 철학 하에 이루어진 것으로, 이러한 목적을 달성하기 위한 정부의 노력은 지속되고 있다.[75] 하지만 2006년 금융상품거래법의 시행 이후 기업실무담당자는 형식적이고 획일적인 내부통제 시스템의 소요 비용을 고려할 때 정작 얻은 이익은 적다는 평가가 많다. 이는 '규정 중심의 규제방식(rule base)'에 익숙한 기업 경영·실무가와 '원칙 중심의 규제방식(principle base)'을 추진하는 규제 당국과의 괴리에서 온 것으로 보인다. 2011년 일본 금융청이 내부통제의 유효성에 대한 재평가를 통해 취한 보완조치인 내부통제제도에 관한 경영자의 창의적 발상 존중, 기업규모와 조직구조에 따른 평가절차의 간소화 등은 형식적인 완벽함을 추구하고자 함이 아니고, 원칙 기반으로의 행정규제방식을 근간으로 하되 원칙을 조금 더 명확히 한 것이라고 평가할 수 있다.

　그러나 기업실무에서는 이러한 정부의 움직임에도 기존의 보수적인 대응이 계속될 것으로 예상된다. 금융상품거래법과 내부통제부령 등이 원칙기준의 규제방식을 채택하면서도 형벌 등 강력한 형사제재가 규정되어 있어 이러한 규제가 상장기업의 실무가들에게 상당한 압력이 되고 있기 때문이다. 경영진은 이러한 상황에서는 업무 프로세스와 결산재무 프로세스에서 부정과 오류를 예방하기 위한 작업, 즉 업무의 확실성을 높이는 시스템의 정비운용에 역점을 둘 수밖에 없다. 설사 비효율적인 작업이 포함되어 있었다고 하더라도 부정과 오류를 확실하게 억제할 수 있다면 이를 철저하게 수행하게 될 것이다. 이 같은 기업실무가들의 보수적 대응은 원칙 기반에 의한 규제방식을 취한 금융상품거래법상의 취지나 회사법상의 내부통제 시스템 구축의 취지와 조화되기 어렵다고 본다.[76] 향후 이 같은 부조화의 현상을 어떻게 해결할 것인지가 일본 정부와 학계의 과제로 보인다.

　나. 회사법과 금융상품거래법상 내부통제제도의 조화

　일본 기업은 내부통제와 관련하여 여러 기구와 담당자들이 활동을 한다. 즉 회사법상 내부통제의 기본방침을 결정하는 이사회, 금융상품거래법상 내부통제보고 시스템을 운용하는 담당 이사, 이사회의 기본방침의 상당성을 심사하고 이사의 직무집행을 직접 감시·검증하는 감사(또는 감사위원회) 등이 그들이다. 그런데 일본 기업들은 여전히 회사법상 내부통제 시스템의 구축·운용과 금융상품거래법상 내부통제보고제도의 대응과 관련하여 실무상 혼란을 겪고 있다. 많은 기업에서 회사법과 금융상품거래법의 내부통제를 이중적으로 대응해야 한다는 인식을 갖고 있어, 효율적인 내부통제 대응을 위한 양 법률 사이의 정리가 요구된다.

우선, 상장기업의 경우 회사법상 당연히 이사회에서 업무의 적정을 확보하기 위한 체제정비에 관한 사항을 결의해야 한다(일본 회사법 제362조 제5항, 일본 회사법 시행규칙 제100조). 회사의 재무상태 및 경영성적을 정확히 파악하는 것은 단순히 이익계산을 위한 것만이 아니라 이사의 경영업무를 통제하기 위해서도 중요한 과제이다. 이 때문에 계산관계서류를 정확히 작성하기 위한 사내의 과정도 내부통제 시스템의 일부분으로 이해해야 한다. 특히 투자자에게 많은 정보를 개시하는 상장기업의 이사는 투자 여부의 판단에 중대한 오해를 불러일으키지 않을 정도의 재무보고를 작성하기 위한 내부통제 시스템의 구축을 해야 한다. 이 처럼 회사법상의 "재무보고 내부통제"는 기업의 리스크관리 시스템으로서 정비해야 하는 체제이다(일본 회사법 시행규칙 제100조 제1항, 제2호, 제3호). 그런데 이러한 상장기업의 재무보고 내부통제는 리스크관리 시스템이면서도, 동시에 임직원들의 컴플라이언스 시스템의 하나로서 파악되어야 한다. 즉 재무보고 내부통제 시스템을 구축하면서 금융상품거래법상 "내부통제보고제도" 관련 규정을 준수해야 하기 때문이다. 회사법상 리스크관리 시스템은 기본적으로 이사의 선관주의의무 이행에 있어 넓은 재량권이 주어지고 경영판단원칙이 적용되지만, 내부통제 시스템 중 컴플라이언스 시스템에 속하게 되면 선관주의의무의 재량 여지가 축소되고 경영판단원칙이 적용되지 않는 영역이 된다. 재무보고 내부통제를 금융상품거래법상 내부통제보고제도를 포함하는 컴플라이언스 시스템으로 파악하는 것은 금융상품거래법상 내부통제보고제도가 중요 사항의 허위기재에 대하여 형벌과 민사책임을 부과하고 있어 보고내용의 진실성을 법령이 담보하고 있다는 측면에서도 타당하다.

회사법과 금융상품거래법상의 내부통제를 위와 같이 이해할 경우, 금융상품거래법상 내부통제보고서 제출회사의 내부통제 시스템의 실효성과 진실성이 상대적으로 보다 더 향상되는 것이 정상이다. 이와 관련한 명확한 통계는 없지만 상장회사의 이사회는 "금융상품거래법상 내부통제보고 시스템에 있어 중요한 결함이 없고 내부통제가 유효하다"라고 평가할 수 있을 정도의 내부통제 시스템을 구축하여 운용하는 것이 선관주의의무의 이행이라는 인식이 폭넓게 확산되고 있다고 판단된다.[77]

요컨대, 상장기업에서 회사법상 재무보고 내부통제의 구축·운용이라 함은 최소한 금융상품거래법상 내부통제보고제도에 따라 영업연도 말에 경영자가 내부통제보고에 있어 중요한 결함이 없이 유효하다고 평가를 할 정도로 관련 시스템을 구축·운용하는 것이라고 말할 수 있다. 다만, 내부통제보고 시스템의 유효는 재무보고가 투자자, 주주를 위해 적절히 작성되었음을 보증하는데 지나지 않고, 이사의 직무집행 그 자체를 대상으로 평가한 결과가 아니다. 따라서 시스템의 유효성을 판단하면서 늘 업무집행 이사의 직무수행에 대한 평가나 경영진의 내부통제보고 시스템에 대한 이해도에 대한 판단도 중요함을 간과해서는 안 된다고 한다.[78]

V. 일본에서 양형 감경사유와 기업시스템 과실책임 관련 컴플라이언스

1. 양형에 있어 감경사유로서 컴플라이언스 프로그램

형사법과의 관계에서 기업이 컴플라이언스 시스템의 구축에 따라 컴플라이언스 프로그램을 효율적으로 운영했을 경우, 어떠한 법적 의의가 인정될 것인가의 문제가 제기된다. 이와 관련하여 일본 판례 가운데 3개의 대표적인 판례를 주목할 필요가 있다. 우선 1996년 하수도담합사건에 대한 도쿄고등법원의 판결[79]을 언급할 수 있다. 이 판결에서는 일본 하수도사업단이 발주한 전기설비 공사를 함에 있어 가격담합을 한 피고 법인을 유죄로 인정한 다음 양형상 참작해야 할 정상으로 "본건 범행의 발각 후 피고 회사 9개 법인은 사태의 중대성을 인식하고 깊게 반성하여 법인 조직의 개폐 및 인사이동을 단행하였고, 독점금지법 준수 매뉴얼의 작성 및 사원 교육을 실시하여 재범방지의 철저를 기하고 있다"는 것을 고려하였다. 이 판결은 일본에서 컴플라이언스 프로그램에 형사법상 법적 효과를 정면으로 인정한 대표적인 판례이다.

이 판결은 사후적인 정상참작 사유의 하나로 컴플라이언스 프로그램을 고려함에 있어 "법인으로서의 사회적 책임을 자각하게 하고, 조직으로서 범죄를 재차 범하지 않는 것의 증거"[80]라고 이해하고 있다. 나아가 이 판결은 컴플라이언스 프로그램이 법인에 대한 양형을 함에 있어 일정한 감경사유로 고려할 수 있음을 판시한 것으로 커다란 의의가 있다고 본다. 또한 기업(법인)이 컴플라이언스 프로그램의 도입을 추진할 경우 인센티브를 제공할 수 있는 계기로 작용하였다.

다음으로, 하수도담합사건과 유사하게 양형상 참작할 사유로 컴플라이언스 프로그램의 정비를 언급한 또 다른 판결로 도쿄지방법원 판결81)이 있다. 본 사건의 개요를 살펴보면, 어업수산물의 매매를 목적으로 하는 피고 법인이 원산지가 서아프리카인 냉동낙지를 수입함에 있어 특혜관세제도를 이용하여 증명기관 인장이 날인된 백지의 원산지 증명서에 냉동낙지의 원산지가 특별 특혜수입국임을 권한 없이 기입하고, 이를 수입신고에 사용함으로써 부정하게 관세를 면하려고 기획하여 허위내용의 수입신고를 행했다고 하여 관세법위반으로 기소되었다. 판결에서는 이미 가산세도 포함하여 완납하였다는 점과 아울러 "피고 법인은 도쿄 세관에 의한 본 사건의 조사 등에 적극적으로 협력하였으며, 본 사건의 적발 이후 컴플라이언스 위원회의 설치, 감사부에 의한 사내감사의 강화 등 법규위반의 재발방지에 노력하고 있다"는 것을 인정하였다.

마지막으로, 사이타마(土崙玉)지방법원 판결82)에서도 이와 동일한 취지의 내용을 찾아 볼 수 있다. 본 사건의 개요는 정육판매업을 영위하는 피고 법인이 수입 닭고기를 '무농약 사료 사육', '국산' 등이라고 표시된 포장지에 재포장하여 판매했다고 하여 부정경쟁방지법위반으로 기소된 사안이다. 판결에서는 행정처분이나 사회적 비난을 받고 있는 점과 함께 "법규준수나 생산관리의 철저를 위해 컴플라이언스 부서와 생산 개발부 등을 설치함과 동시에 종업원 등에 법규준수 연수회 등을 정기적으로 수강시키는 등 재범방지책을 강구하고 있다"는 점을 참작해야 할 정상으로서 언급하고 있다.83)

2. 기업시스템 과실책임과 컴플라이언스 프로그램

지금까지의 살펴본 바와 같이 일본에서도 기업의 부정부패 스캔들을 예방하기 위하여 컴플라이언스 시스템의 구축과 그에 따른 컴플라이언스 프로그램에 대한 기대가 크고, 그 법적 의의도 확립되어 가고 있음을 알 수 있다.

그리고 최근 일본의 판례 동향을 근거로 컴플라이언스 프로그램의 성질이나 효과와 관련하여 일본에서 이를 평가하여 법인이 자신의 주의의무를 다하여 면책된다고 판단하는 것이 불가능하지 않다고 본다. 미국에서는 대리인이나 종업원의 위법행위에 대한 법인의 형사책임과 관련하여 '대위책임(vicarious liability)'의 법리를 널리 채택하고 있는데, 그 경우에 법인이 처벌되기 위한 요건으로 대체로 법인의 대리인 또는 직원에 의해 위법행위가 행해진 점, 그 위법행위가 대리인이나 직원의 직무범위 내에서 행해진 점 및 그 위법행위가 법인을 위해서 실행된 점이 제시되고 있다.[84] 그와 같은 관점에서는 법인이 아무리 컴플라이언스 프로그램을 적정하게 운용하여 범죄예방에 노력했다고 하더라도 법인의 무과실면책을 인정하지 않는다. 그러나 미국과 달리 법인의 형사책임을 종업원에 대한 선임·감독상 과실책임으로 이해하는 일본에서는 법인의 주의의무의 내용으로 컴플라이언스 프로그램을 평가하는데 장애는 없다고 본다. 왜냐하면 법인이 컴플라이언스 프로그램을 실시해서 시스템 내지 조직구조를 통해 직원의 위법행위를 방지하는 데에 충분한 노력을 다한 것으로 평가되는 경우, 그와 같은 과실의 추정이 깨어지고 무과실면책이 인정될 수 있기 때문이다. 더 나아가 '조직구조'나 '관리시스템' 등 법인의 고유 성질을 고려하여 사회적 실재로서 활동하는 기업(법인)에 대해 이러한 조직구조나 관리시스템의 적정한 정비와 운용을 법적 주의의무로 부과해야 한다는 견해(이른바 '기업시스템 과실책임설')를 따를 경우, 그러한 평가는 더욱더 저항이 없을 것으로 보인다. 기업시스템 과실책임설에 따르면,[85] 기업의 주의의무를 대표자나 상급관리자의 주의의무와 구별하여 기업의 시스템으로서 범죄방지체제를 충분히 정비하여 그 방지체제의 구체적 활동(그러한 활동의 구체적인 내용으로 효과적인 컴플라이언스 프로그램의 운용)을 철저히 실시하도록 함으로써 기업에 대해 그 규모, 조직구조, 업무내용 등에 알맞은 주의의무를 부과하는 것이 가능하기 때문이다.[86] 이러한 기업시스템 과실책임설에 따라 컴플라이언스 프로그램을 효과적이고 적정하게 실시할 경우, 무과실면책이라는 법적 효과의 부여를 인정하면 기업에 있어서는 미국의 연방 기업 양형 가이드라인과 동일한 또는 그 이상의 인센티브가 될 수 있다. 이처럼 기업범죄의 방지를 위해 컴플라이언스 프로그램의 구축을 촉진한다는 관점 하에서 컴플라이언스 프로그램을 주의의무로 하는 기업시스템 과실책임으로부터 지지를 받을 수 있다.[87]

　그러나 기업의 형사책임에 관한 지금까지의 일본의 논의 가운데 컴플라이언스 프로그램을 기업의 주의의무로 파악하는 데 대해 다음과 같은 비판적 견해가 제기되고 있음에 유의할 필요가 있다.

　첫째, "효과적인 컴플라이언스 프로그램이 존재할 경우 선임감독상의 의무를 다했다고 하는 견해는 이론적으로 가능할 수 있다. 그러나 컴플라이언스 프로그램이 일정 정도 물샐 틈이 없을 것 같아도 회사의 각 부문에의 실적 요청 등으로 인해 법규준수를 경시하지 않을 수 없는 조직상의 압력이 여전히 있을 수 있다. 이 때문에 면책 여부를 컴플라이언스 프로그램의 실시만으로 판단함은 잘못된 것이다"[88]라는 지적이 있다. 분명히 형식적·외형적으로는 기업에서 컴플라이언스 시스템을 구축하였다고 하더라도, 이를 경시한 활동이 종업원 등에 의해 행해졌다면 이에 대해 면책효과를 부여는 것은 타당하지 않다고 본다. 이러한 사례의 경우 형식적으로는 컴플라이언스 프로그램이 실시되고 있는 것처럼 보이지만, 실질적으로는 기능하고 있지 않고 효과를 기대할 수 없다고 평가하여 면책을 부정해야 한다. 다만 기본적으로는 컴플라이언스 프로그램을 효과적으로 실시하고 있었다면 법인은 면책되는 것이 타당하다고 본다. 이때 컴플라이언스 프로그램을 실시하였다는 사실로부터 기업이 본연의 의무를 다하였다고 평가되기 위해서는 "형식적인 측면뿐만 아니라, 컴플라이언스 프로그램을 실시하고 있으면 통상적인 위반행위의 발생을 방지할 수 있다"라는 실질적인 측면이 동시에 갖추어지지 않으면 안 될 것이다.

둘째, 컴플라이언스 프로그램의 효율적이고 적정한 실시는 법인의 대표자 등 자연인에 대한 의무이며, 법인 자신의 의무는 아니라는 견해도 있다.[89] 이와 관련하여 미국의 케어마크 판결[90]이나 일본의 다이와은행 주주대표소송 판결에서 보면, 이러한 견해에 일정 부분 설득력이 있다고 본다. 그러나 여기서 유의해야 할 것은 두 판례는 모두 형사책임을 묻는 형사판례가 아니라 손해배상 책임의 귀속에 관한 민사판례라는 점이다. 민사책임과 달리 형사책임에 관한 판단에서는 개인의 책임능력을 전제로 그 존부가 도출되므로, 판단을 함에 있어 그 전제가 민사책임과 완전히 다르다. 효과적인 컴플라이언스 프로그램의 운용을 주의의무 내용의 하나로 파악하고, 그 존재를 기준으로 하여 선임·감독상 과실책임을 묻는다면 그러한 주의능력을 한 개인으로부터 도출해 내는 것은 불가능하다. 오늘날 기업은 경영활동을 원활하게 수행하기 위해 법적으로 다양한 혜택을 받고 있다. 더욱이 기업의 경영활동이 사회 전반에 미치는 영향력은 매우 중대하여 이를 간과는 것은 허용되지 않는다. 이러한 상황을 고려하면 기업의 대표자의 성격이나 능력과 무관하게 기업에게는 각각의 업무내용, 조직규모, 자본의 크기, 기업풍토에 따라 법규에 위반하지 않고 경영활동을 할 수 있도록 시스템을 구축할 의무를 인정해야 한다. 따라서 컴플라이언스 프로그램의 효율적이고 적정한 실시는 법인의 대표자 등 자연인과 분리된 법인 고유의 주의의무로 이해하는 것이 타당하다고 본다.

셋째, 컴플라이언스 프로그램을 실행하였다고 하여 주의의무를 다했다고 말할 수 없다는 지적이 있다. 이러한 지적이 컴플라이언스 프로그램을 형식적으로 도입한 것만으로는 법익침해의 예견 및 그러한 예견에 근거한 결과회피에 있어 충분한 주의를 다했다고 평가할 수 없다는 의미로 기술되어 있다면, 첫 번째 비판과 다를 바 없다. 이에 대해 실효성 있는 컴플라이언스 프로그램이 실시되었음에도 불구하고 기업의 경영활동과 관련하여 법익침해 또는 법익침해로 연결된 종업원의 위반행위가 발생했을 경우, 그럼에도 예견가능성을 긍정하는 것이라면 이는 어떠한 경우를 상정하고 있는 것인지 의문이다. 이와 관련하여 동일한 규모의 기업일 경우, 실시가능한 컴플라이언스 프로그램을 운용했음에도 불구하고 예견할 수 없거나 결과를 회피할 수 없는 법익침해에 대해서까지도 사후적 관점에서 예견했어야 했다거나 결과를 회피해야만 했다고 하여 형법상 책임비난을 가해야 할 사안이 존재하는지 의문이다. 과실범의 구조에 대한 이해가 서로 다를 수도 있지만, 기업의 과실책임을 인정하기 위해 필요한 주의의무의 양과 질이 컴플라이언스 프로그램의 내용을 넘어 요구된다고 생각되지는 않는다고 본다.[91]

VI. 맺는 말

일본에서는 1990년대 이후 계속되는 기업의 부정부패 스캔들의 하나로 리스크관리 시스템과 컴플라이언스 시스템이 포함된 개념으로 내부통제 시스템의 구축에 관한 논의가 활발히 진행되었다. 이러한 논의를 토대로 2000년 다이와은행 사건에 대한 오사카지방법원 판결에서 이사에게 선관주의의무로서 리스크관리 시스템, 즉 내부통제 시스템 구축의무가 법적 의무로 확인되었고, 그 후 일련의 내부통제와 관련한 판결의 영향으로 법률상 관점에서 내부통제제도의 논의가 본격화 되었다.

2002년에는 계속적으로 발생하는 기업의 부정부패 스캔들을 발단으로 하여 기업경영의 건전성과 투명성을 제고하기 위해 내부통제제도의 구축의무를 상법에 규정하게 되었고, 그 후 2005년 회사법에서도 대회사에 대해 법령에의 적합성이나 업무의 적정성을 확보하는 체제, 이른바 내부통제제도를 명문으로 규정하였다. 또한 2008년 4월부터 재무보고의 신뢰성을 확보하기 위하여 금융상품거래법에 기하여 내부통제보고제도가 마련되어 있다. 금융상품거래법에 따르면, 재무보고에 관한 내부통제의 유효성에 대하여 경영자(대표이사, 대표집행임원 등)가 평가한 후 그 결과를 내부통제보고서로 제출하도록 하고, 그러한 보고내용에 관한 평가는 공인회계사나 감사법인의 감사에 의해 담보하도록 하였다. 이러한 회사법과 금융상품거래법상 내부통제제도는 그 규정방식, 입법경위와 목적에 있어 다소 차이가 있지만, 양자 모두 이사의 선관주의의무에 입각하고 있는 점에서 공통된 제도라고 할 수 있다.

한편 미국에서는 컴플라이언스 프로그램을 실시하고 있는 기업에게 형의 감경, 불기소처분, 민사상의 면책 등 다양한 법적 인센티브를 인정하고 있다. 이는 '컴플라이언스 프로그램의 실시'라는 조건을 충실히 이행했을 경우, 그에 상당하는 인센티브를 주어도 이상하지 않을 뿐만 아니라 기업범죄 예방의 관점에서 높은 예방효과를 기대할 수 있음을 전제로 한 것이다. 이처럼 컴플라이언스 프로그램을 효율적으로 운용했을 경우, 어떠한 법적 의의가 인정될 것인가의 문제와 관련하여 1996년 하수도담합사건에 대한 도쿄고등법원의 판결을 통해 컴플라이언스 프로그램에 형사법상 법적 효과를 정면으로 인정하였다. 그리고 기업범죄의 방지를 위해 컴플라이언스 프로그램의 구축을 촉진한다는 관점 하에서 법인의 형사책임을 종업원에 대한 선임감독상 과실책임으로 파악하는 것과 달리 '조직구조'나 '관리시스템' 등 법인의 고유 성질을 고려하여 사회적 실재로서 활동하는 기업(법인)에 대해 이러한 조직구조나 관리시스템의 적정한 정비와 운용을 법적 주의의무로 부과해야 한다는 이른바 '기업시스템 과실책임설'에 따라 컴플라이언스 프로그램을 기업(법인)의 주의의무의 하나로 인정할 수 있다고 본다.

---

1) 이들 사건에 대한 상세한 설명으로는 정대, "일본의 신회사법상의 주식회사의 내부통제 시스템에 관한 연구", 상장협연구 제54호, 2006.10, 148-154면 참조.
2) 내부통제의 개념과 관련하여 가장 좁은 의미로는 회사의 회계부정을 방지하기 위한 회계적인 내부통제를 의미하고, 넓은 의미로는 회사의 업무수행을 법률 및 정관의 규정에 적합하게 이루어지도록 하는 이른바 준법관리의 내부통제를, 그리고 가장 넓은 의미로는 준법관리

뿐만 아니라 업무집행이 적절하게 이루어졌는가의 여부까지를 확보하기 위한 다시 말해, 업무적정성을 확보하기 위한 내부통제까지를 포함한다고 한다(손영화, "일본법상 내부통제의 개시에 관한 고찰", 법학연구 제18권 제3호, 경상대학교 법학연구소, 2010.12, 3면).

3) 정대, 앞의 논문, 140－141면.

4) 日本会計研究学会, 財務諸表監査における内部統制の研究(昭和 45年 6月 公表).

5) 일본에서 내부통제 시스템에 대한 논의와 도입의 경과에 대한 자세한 설명으로는 손영화, 앞의 논문, 3－7면; 정대, 앞의 논문, 141－146면; 문재호, "内部統制 とコーポレート・ガバナンス－韓日比較を中心に－", 아태연구 제13권 제1호, 2006, 174면 참조.

6) 川越憲治, "わが国におけるコンプライアンス・プログラム", 公正取引 506号(1992) 4면에 의하면, 일본어로 쓰인 독점금지법준수 매뉴얼을 볼 수 있던 것은 1960년대의 일본 IBM사의 매뉴얼이며, 그 다음으로 일본경제단체연합회가 번역하여 출판한 「미국 각사의 독점금지법준수 가이드라인집」(1976년 출판)이다.

7) 北川俊光, "企業法務の歴史的発展(戦後)", 法学教室167号(1994), 41면 이하 참조.

8) 小島武司, "会社法務部－課題と解決指針", 会社法務部－その任務と活動・別冊NBL 2号(1976), 10면; 柏木昇, "企業法務への誘し", 法学教室 167号(1994), 21면.

9) 高橋文利, "会社と官庁", ジュリスト1050号(1994), 50면 이하; 古城誠, "企業経営と行政的指導", ジュリスト1050号(1994), 161면 이하.

10) 前回庸, "会社法制", ジュリスト1073号(1995), 128면 이하; 川濱昇, "企業の健全性確保と監督機能", 森本滋ほか編, 企業の健全性確保と取締役の責任(有斐閣, 1997), 5면; 河本一郎, 日本の会社法(商事法務研究会, 新訂第2版, 1998), 48면 이하.

11) 川崎友巳, 企業の刑事責任(成文堂, 2004), 291－292면.

12) 1989년 9월부터 4회 미일 양국 간에 개최된 무역상의 구조장벽을 철폐하기 위한 협의로, 1980년대를 통하여 반복되어 온 무역협의에도 불구하고 일본시장이 개방되지 않는 데에 초조해진 부시 정부가 개별 상품의 분야별 협상이 아니라 그것들의 배후에 있는 구조장벽을 철폐할 것을 요구하여 성립되었다.
　＜http://terms.naver.com/entry.nhn?docId＝727177&cid＝42140&categoryId＝42140: 최종검색 2020.2.28.＞

13) 동서냉전이 한창이던 1949년 공산국가에 대한 주요 전략물자의 유출을 통제하기 위해 미국을 중심으로 서방 15개국이 만들었던 기구이다.

14) 東京地判昭和田年3月22日(判時1276号30頁).

15) 湯本登, "輸出関連法規遵守規定の実施状況と課題", 商事法務 1153号(1988), 2면.

16) 湯本登, 위의 논문, 3면.

17) 川越憲治, "「独占禁止法コンプライアンス・プログヲムの手引」の概要", 公正取引 493号(1991), 4면 이하; 松下満雄, "「独占禁止法コンプライアンス・プログヲムの手引」作成に携わって(学者の立場から)", 公正取引 493号(1991), 10면 이하.

18) 川越憲治, 위의 논문, 4면.

19) 財団法人公正取引協会編著, 独占禁止法コンブライアンス・プログラムの手引－独占禁止法の遵守のために, 公正取引協会, 1991.

20) 経営法友会, コンプライアンス・プログラムのための独占禁止法遵守マニュアル(ひな型), 商事法務研究会, 1991.

21) 川崎友巳, 앞의 책, 292-294면.

22) 川越憲治, "企業法務における独占禁止法ーコンプライアンス・プログラムについてー", 自由と正義 45巻 4号(1994), 36면; 川崎友巳, 앞의 책, 294면.

23) 川崎友巳, 앞의 책, 295면.

24) 예를 들어 일본 상법 제254조의3. 또한 신용조합의 이사에 대해서는 일본 중소기업등공동조합법 제42조 등 참조.

25) 일본 은행법 제21조 제1항 전단, 일본 보험업법 제111조, 일본 농업중앙금고법 제81조 제1항, 일본 어업협동조합법 제58조의3 제1항 전단, 일본 농업협동조합법 제54조의3 제1항 전단.

26) 일본 농림중앙금고법 시행규칙 제59조의2 제4호, 일본 협동조합에 따른 금융사업에 관한 법률 시행규칙 제12조의2 제4호, 일본 농업협동조합 및 농업협동조합 연합회 신용사업에 관한 명령 제55조, 일본 어업협동조합 등 신용사업에 관한 명령 제48조, 일본 은행법 시행규칙 제19조의2 제4호, 일본 장기신용 은행법 시행규칙 제18조의2 제4호, 일본 신용금고법 시행규칙 제20조의2 제4호, 일본 노동금고법 시행규칙 제16조의2 제4호, 일본 증권회사의 행위규제 등에 관한 내각부령 제11조의2 제3항, 일본 상공조합 중앙금고법 시행규칙 제27조의10 제4호.

27) 濱田俊郎, "規制緩和と社内体ーコンプライアンス・プログラム等", ジュリスト 1228号(2002), 87면 이하.

28) 川口恭弘, 現代の金融機関と法(中央経済社, 2001), 163면.

29) 금융검사 매뉴얼이란 정식으로는 「預金等受入金融機關に係る檢査マニュアル」이며, "金融監督廳檢査監理官・總括檢査官・特別檢査官・專門檢査官・金融證券檢査官宛金融監督廳檢査部長の通達"(金融監督廳 第177號 1999年 7月 1日)"에 별지로 첨부되었던 것이다. 금융검사매뉴얼은 "법령 등 준수"와 "리스크관리"의 두 가지 항목으로 구성되어 있는데, 전자는 금융기관과 그 경영자 등이 준수해야 할 구체적인 법령 등에 관한 사항이고, 후자는 리스크관리에 대한 인식, 적절한 리스크관리 태세의 확립, 내부감사, 외부감사로 구분한 리스크관리 태세에 관한 사항이다(정대, 앞의 논문, 142-143면). 그런데 2017년 6월 9일 니혼게이자이신문에 따르면, 일본 금융청은 1999년 도입한 금융검사 매뉴얼을 폐지하기로 하였다고 한다(한국경제 2017년 6월 10일자 기사 참조).

30) 금융청의 각 금융회사에 대한 검사 매뉴얼의 자세한 내용은, <http://www.fsa.go.jp/manual/manualj/yokin.pdf: 최종검색 2020.2.28.> 참조.

31) 片木晴彦, "內部統制と証券取引法", ジュリスト 1249号(2003), 65면.

32) 湯本登, 앞의 논문, 2면.

33) 해체된 코콤(대공산권수출통제위원회)을 대신해 세계평화에 위협이 될 만한 나라에 대하여 무기 및 기술 수출금지를 목적으로 1996년 설립된 국제기구이다. 이란, 이라크, 리비아, 북한 등이 규제를 받고 있다. 나토 15개국과 일본, 호주, 러시아 등이 참여하고 있다(네이버 지식백과) <http://terms.naver.com/entry.nhn?docId=639049&cid=50303&categoryId=50303: 최종검색 2020.2.28.>

34) 일본 보험업법 시행규칙 제52조의5 제2항 제3호 및 제52조의6 제2항 제3호.

35) 일본 증권사의 행위규제 등에 관한 내각부령 제11조의2 제3항.

36) 川崎友巳, 앞의 책, 296－298면.

37) 손영화, 앞의 논문, 8－11면; 정대, 앞의 논문, 148－149면; 川崎友巳, 앞의 책, 298－299면.

38) 平成12·9·20 大阪地裁 第10民事部判決, 平成7年(ワ) 第1194号 株主代表訴訟事件(甲事件), 平成8年(ワ) 第4676号 株主代表7訴訟(乙事件), 平成9年(ワ) 第1939号 株主代表訴訟(乙事件), 平成10年(ワ) 第8677号 共同訴訟参加事件(乙事件), 平成10年(ワ) 第9278号 共同訴訟参加事件(甲事件), 請求一部認容(控訴).

39) 손영화, 앞의 논문, 17－19면.

40) 코바야시 히로야·호서미(역), "컴플라이언스에 관한 일본의 현황 －CSR매니지먼트의 일환으로서의 컴플라이언스－", 서강법률논총 제5권 제2호, 2016, 17－18면.

41) 平成 12年 9月 20日 大阪地裁判決.

42) 최종사업연도 관련 대차대조표에 자본금으로서 계상한 금액이 5억 엔 이상이든가 같은 표의 부채 항목에 계상한 금액의 합계가 200억 엔 이상일 것이 요건이다(일본 회사법 제2조 제1항 제6호 가목, 나목).

43) 日本公認会計士協会 監査基準委員会, 統制リスクの評価(報告書 第20号(中間報告), (平成14年 7月 公表). 이에 의해 보고서 「내부통제」는 전면 개정(폐지)되었다.

44) 日本公認会計士協会, "専門情報 「統制リスクの評価【廃止】」", 2002年07月11日 [号数] 20号.
    <http://www.hp.jicpa.or.jp/specialized_field/post_444.html: 최종검색 2020.2.28.>

45) 企業会計審議会内部統制部会, "Ⅲ. 財務報告に係る内部統制の監査", 財務報告に係る内部統制の評価及び監査に関する実施基準－公開草案－(2006.11.21.), 70면.

46) 한국법정책학회, 준법지원인제도와 준법경영의 활성화 방안, 2014.10, 96면.

47) 정식 명칭은「商法等の一部を改正する法律の伴う關係法律の整備に關する法律(平成14年 法律 第45號)」이다.

48) 山田隆夫, "企業の內部統制システムの構築とリスクマネジメント", 最新倒産法·會社法をめぐる實務上の諸問題(今中利昭先生古稀記念), 民事法研究會, 2005, 782－783면.

49) 江頭憲治郎, 株式會社·有限會社法(第3版)(有斐閣, 2004), 405면; 神田秀樹, 會社法(第七版)(弘文堂, 2005), 184면.

50) 박정수, 기업의 내부통제제도에 관한 비교법적 연구, 한국법제연구원, 2006.10, 69－70면; 안수현, "내부통제의 회사법제 정비를 위한 검토", 상사판례연구 제20집 제2권, 2007.6, 54－55면; 정대, 앞의 논문, 143－144면.

51) 판례와 학설상 내부통제 시스템의 구축은 회사법 제정 이전부터 이사의 선관주의의무의 하나로서 요구되고 있었다고 한다. 그러다가 다이와은행 주주대표소송의 판결 이후에 각종 판례가 이에 따르고 있고[神戸製鋼事件における和解(神戸地判, 平成 14年 4月 5日, 商事法務, 第1626号, 商事法務研究会, 2002.4, 52면); 三菱商事事件判決(東京地判, 平成 16年 5月 20日, 判例時報, 第1871号, 判例時報社, 2004, 125면); ヤクルト本社事件判決(東京地判, 平成 16年 12月 16日, 判例時報, 第1888号, 判例時報社, 2004, 3 면); ダスキン事件判決(大阪

地判, 平成 16年 12月 22日, 判例時報, 第1892号, 判例時報社, 2004, 108면); 雪印食品事件判決(東京地判, 平成 17年 2月 10日, 判例時報, 第1887号, 判例時報社, 2004, 135면) 등], 학설의 경우에도 내부통제 시스템의 구축을 인정함이 통설적 견해이다[江頭憲治郎, 앞의 책, 405면; 神田秀樹, 会社法(第8版)(弘文堂, 2006), 189면].

52) 이런 점에서 업무집행에 관한 컴플라이언스를 촉구하는데 중심축을 두고 있다는 평가가 있다[淺木, "内部統制システム", 浜田道代編, キーワードで読む会社法(有斐閣, 2005), 78면].

53) 池野千白, "内部統制システム構築義務と新会社法", CHUKYO LAWYER, Vol. 5, 中京大学法科大学院, 2006, 38면.

54) 위원회등설치회사는 내부통제 시스템이 당연하게 포함된 제도라는 견해가 제기되고 있다[小舘浩樹・山神理・戸倉圭太, "会社法における内部統制システムの構築", 商事法務 第1760号(商事法務研究会, 2006.3), 43면].

55) 前田雅弘, "経営管理機構の改革", 商事法務 第1671号(商事法務研究会, 2003.8), 30면.

56) 松岡弘樹, "会社法と内部統制システム", 東京交通短期大学 研究紀要 第15号(東京交通短期大学, 2009.12), 17면.

57) 江頭憲治郎, 株式会社法(有斐閣, 2006), 367면 참조.

58) 2가지의 법정감사기관의 감사환경체제정비의 내용은 거의 차이가 없다고 한다[尾崎安央, "内部統制監査と内部監査", 法律時報 第80巻 第3号(法律時報社, 2008.3), 26면].

59) 김경석, 내부통제제도에 관한 연구, 중앙대학교 박사학위논문, 2010.2, 115면.

60) 池野千白, 앞의 논문, 38면.

61) 고영진, "외국의 금융회사 내부통제에 관한 검토", 법과기업연구 제4권 제1호, 2014.6, 195－196면; 박정수, 앞의 연구보고서, 74면; 손영화, 앞의 논문, 19－23면; 안수현, 앞의 논문, 55－59면; 정대, 앞의 논문, 156－168면; 한국법정책학회, 앞의 연구보고서, 97－100면;

62) 2005년－2006년 가네보주식회사, 서무철도주식회사, 라이브도어주식회사 등의 유가증권허위기재 및 허위공시사건이 잇달아 발생하여 재무보고에 관한 내부통제의 실효적 운용 필요성이 강조되면서, 2005년 12월에 "재무보고에 관한 내부통제의 평가 및 감사기준"이 발표되고 연이어 이를 바탕으로 한 금융상품거래법이 입법되었다고 볼 수 있다.

63) 김경석, 앞의 논문, 108면.

64) 鷺地発言, "会社法と金融商品取引法の交錯と今後の課題(上－財務報告に係わる内部統制制度への対応", 商事法務, 第1821号(商事法務研究会, 2008.1), 20면.

65) 中村聡/鈴木京昌/峯岸健太郎/根本敏光/斎藤尚雄, 金融商品取引法_資本市場と開示編(商事法務, 2008), 362면.

66) 고영진, 앞의 논문, 197－198면; 박세화・홍복기, 국제적 기준에 부합하는 준법지원인제도, 법무부, 2011, 36－37면; 손영화, 앞의 논문, 23－25면; 한국법정책학회, 앞의 연구보고서, 100－102면.

67) 大阪地判, 平成 12年 9月 20日, 判例時報, 第1721号(判例時報社, 2000), 3면.

68) 회사법제의 현대화에 관한 요강시안에서는 ① 조직재편행위와 관련되는 규제의 개정, ② 감사 설치회사와 위원회등설치회사와의 사이의 제도간 조정 등, ③ 새로운 회사유형에 대하여 규정하고 있었다(法務省民事局, 会社法制の現代化に関する要綱試案の概要, 2003.11).

69) 내부통제 시스템의 구축에 관한 결정과 개시에서 ① 내부통제 시스템의 구축의 기본방침에 대해서는 이사회가 설치된 주식회사에 있어서는 이사회의 전결사항으로 하고(상법 제260조 제2항, 상법특례법 제21조의7 제3항 각호), 해당 결의의 개요를 영업보고서의 기재사항으로 하는 것으로 하고, ② 대회사에 있어서는 내부통제 시스템의 구축의 기본방침의 결정을 의무화하는 것으로 한다[法制審議会会社法(現代化関係)部会, 会社法制の現代化に関する要綱案, 2004.12.8, 7면].

70) 後藤啓二, 会社法・施行規則が定める内部統制(中央経済社, 2006), 8면; 神田秀樹, "新会社法と内部統制のあり方", 商事法務 第1766号(商事法務研究会, 2006.5), 40면.

71) 企業会計審議会内部統制部会, 財務報告に係る内部統制の評価及び監査の基準のあり方について, 2005.12, 8면.

72) 武井一浩, "「内部統制法制」の実務的観点からの検討", 商事法務 第1766号(商事法務研究会, 2006.5), 52면.

73) 손영화, 앞의 논문, 25−30면; 한국법정책학회, 앞의 연구보고서, 102−105면.

74) 鈴木克昌/浜口厚子/兒島幸良, 會社法·金商法下の内部統制と開示(商事法務, 2007), 21면의 [표 1−3−1−B]을 수정·보완한 것임.

75) 山口利昭, "内部統制報告制度の見直しと今後の実務対応", 商事法務 No.1934(2011), 5면.

76) 山口利昭, 위의 논문, 6면.

77) 山口利昭, 앞의 논문, 8−9면.

78) 박세화·홍복기, 앞의 연구보고서, 47−50면.

79) 東京高判 平成8年5月31日, 判例タイムズ 912号 146면.

80) 原田國男, "社会奉仕活動と量刑", 量刑判断の実際(現代法律出版, 2003), 214면.

81) 東京地判 平成14年1月16日 <LEX/DB INTERNET28075341>.

82) さいたま地判 平成14年12月4日 <LEX/DB INTERNET 28085282>.

83) 川崎友巳, 앞의 책, 300−301면.

84) 이에 대한 상세한 설명으로는 김재윤, 기업의 형사책임, 마인드탭, 2015, 178면 이하 참조.

85) 일본의 기업시스템 과실책임에 대한 상세한 설명으로는 김재윤, 앞의 책, 306−309면 참조.

86) 김재윤, 앞의 책, 307면.

87) 川崎友巳, 앞의 책, 301−302면.

88) 川濱昇, "独禁法遵守プログラムの法的位置づけ", 川又良也先生還歴記念・商法・経済法の諸問題(商事法務研究会, 1994), 576면 이하; 今井猛嘉, "法人処罰", 法学教室 260号(2002), 75면 이하; 高山佳奈子, "法人処罰", ジュリスト 1228号(2002), 73면 이하.

89) 神例康博, "法人処罰における過失責任法理の限界(I)", 松山大学論集 13巻 2号(2001), 11면 이하.

90) In re Caremark International Inc. Derivative Litigation, 698 A.2d 956 (Del. Ch. 1996). 이에 대한 상세한 설명으로는 본서 제2장 § 4 Ⅳ. 1. 참조.

91) 川崎友巳, 앞의 책, 302−304면.

[§ 7] 그 밖의 외국에서의 준법지원인제도

"컴플라이언스는 주기적으로 찾아와 진전사항을 검토하는 외부감사인에 의해
행해지는 것이 아니다. 컴플라이언스는 정의된 내부통제의 어느 것이라도
다룰 책임이 있는 조직 내의 모든 사람에 의해 일상적으로 행해져야 한다."
- Summer Blount(전 CA, Inc.의 보안 솔루션 담당이사) -

Ⅰ. 영국의 준법지원인제도

1. 개설

영국에서는 1980년대 후반부터 금융회사의 내부통제제도 부재와 관련된 문제가 지속적으로 발생하면서 내부통제와 관련된 각종 보고서가 발표되었고, 이를 기초로 1998년 6월에 '모범실무규준(Code of Best Practice)'과 '건전한 지배구조의 원칙(Principles of Good Governance)'으로 정리된 '통합규준(Combined Code)'이 발표되었다.[1] 영국의 상사 관련 제도는 보통법(common law)과 제정법상의 원칙이 동시에 존재하는 광범위한 영역으로 구성되어 있다. 그러나 상사 관련 제도의 성문화가 한정적으로 이루어졌기 때문에 통상적으로 회사의 내부통제에 관한 규제를 법률에 의하기보다는 모범규준 및 각종 보고서를 통하여 규율하고 있다.[2]

따라서 2006년 회사법, 상사 관련 모범규준, 그리고 연혁적으로 발표된 각종 보고서를 중심으로 영국 금융회사의 내부통제제도를 살펴보면 다음과 같다.[3]

2. 회사법상 내부통제제도

2000년대 이전부터 영국에서는 1992년의 캐드베리 보고서(Cadbury Report),[4] 1995
년의 그린베리 보고서(Greenbury Report),[5] 1998년의 함펠 보고서(Hampel Report)[6]와
같이 내부통제에 관한 중요한 보고서가 공표되었는데, 이러한 논의가 내부통제를 구
축하는데 기틀이 되었다. 상장회사는 연차보고서 중에 각 회사의 내부통제 시스템의
작동현황을 보고하여야 하는데, 이는 미국의 사베인-옥슬리 법(SOX) 제404조와 유
사한 기능을 한다.[7] 상장회사는 그 소유가 광범위하게 분산되어 있기 때문에, 회사가
파산할 경우 손실을 입은 회사채권자 등은 감사법인에 대하여 감사업무의 소홀에 따
른 소송을 제기하여 법원에서 이 문제를 해결하고 있다.[8] 이에 대해 영국 정부는
2004년에 「회계감사, 조사 및 공동이익회사 관련 회사법」(The Companies of Audit,
Investigation and Community Enterprise Act 2004)을 개정하여 감사인의 책임에 관한 법
률을 정비하였다.[9] 그리고 2006년에는 「회사법」(The Companies Act 2006)을 개정하
였다.[10] 2006년 개정회사법에서는 회계, 감사 및 보고와 관련하여 회사로 하여금 회
계연도말 일정기간 내에 연차보고서를 회사하우스(Company House)에 제출하도록 요
구하였다.[11]

3. 통합규준과 기업지배구조규준상 내부통제제도

(1) 통합규준(Combined Code)

영국에서 통합규준이 발표되기 이전에도 1992년의 캐드베리 보고서, 1995년의 그
린베리 보고서, 1998년의 함펠 보고서 등 다양한 보고서가 있었다. 이러한 보고서 가
운데 1992년의 캐드베리 보고서는 이사에 의한 내부통제 시스템의 유효성 평가와 독
립감사인에 의한 심사(review)와 관련된 권고를 하였고, 이러한 보고서를 중심으로 상
장회사의 내부통제와 관련된 논의가 진행되었다.

1998년 6월 모범실무규정과 건전한 기업지배구조원칙으로 정리된 함펠위원회의
통합규준이 공표되었다. 통합규준에 따르면, 영국의 모든 상장회사는 회사를 감독 및
관리하는 이사회를 설치하여야 한다. 이에 따라 이사회는 법령 및 정관에 따라 회사

를 경영할 책임이 있으며, 임·직원의 부정행위를 방지하고 필요한 경우에 한하여 임·직원의 업무능력을 평가하여 집행임원을 해임하는 감시·감독기능을 수행하여야 한다. 요컨대, 통합규준상 상장회사의 이사회는 경영전략수립기능과 감시·감독기능을 담당하는 기관이라고 할 수 있다.[12]

통합규준은 상장회사에 적용되는 제1부와 기관투자자에 적용되는 제2부로 구성되어 있다. 제1부 D. 회계감사·책임(Accountability and Audit)의 D.2. 내부통제(Internal Control)에서는 상장회사의 내부통제 시스템의 유지책임에 관하여 설명하고 있다. D.2 규정은 "이사회는 주주의 투자자산과 회사의 자산을 보호하기 위하여 건전한 내부통제 시스템을 유지하여야 한다"고 하고, D.2.1. 규정은 "이사는 적어도 매년 기업그룹의 내부통제 시스템의 유효성을 평가하여야 하며, 그 결과를 주주에게 보고하여야 한다. 평가는 재무통제, 운영통제 및 컴플라이언스 통제 그리고 리스크관리를 포함한 모든 통제사항을 포함하여야 한다"고 한다. 그리고 D.2.2. 규정은 "내부감사기능을 갖추지 않은 기업은 수시로 그에 대한 필요성을 평가하여야 한다"고 하며, D.3 규정은 "이사회는 재무보고 및 내부통제원칙이 어떻게 적용되고 있는지에 대하여 평가하고, 회사의 감사와 적절한 관계를 유지하기 위한 공식적이고 투명한 제도를 설치하여야 한다"고 한다.[13]

2008년 6월에 통합규준은 '감사위원회의 역할과 책임에 관한 규정(Code Provision)'을 추가함에 따라, 감사위원회는 내부감사활동을 감시하고 그 유효성을 평가하여야 한다. 즉 감사위원회는 회사의 재무제표의 완전성과 재무성과에 관한 공시내용을 감시하고, 해당 자료에 포함된 주요한 재무보고 판단을 평가한다. 또한 회사의 내부재무통제를 평가하고, 독립이사로 구성된 리스크위원회 또는 이사회가 명백하게 발표하지 않을 경우 회사의 내부통제 및 리스크관리 시스템을 평가한다. 그리고 회사의 내부감사기능의 유효성을 감시하고, 평가하는 것에 관한 사항을 포함하여야 한다.[14]

(2) 기업지배구조규준(The UK Corporate Governance Code)

영국의 재무보고위원회(The Financial Reporting Council)는 수차례 개정을 거쳐 2010년 6월 '영국의 기업지배구조규준(The UK Corporate Governance Code)'을 발표하였다. 이 규준 Section C. 2는 리스크관리와 내부통제라는 주제로 몇 가지 원칙을 규정하고 있다. 특히 Section C. 2에서는 "이사회가 영업상 전략목표를 성공적으로 달성하기 위하여 감수해야만 하는 중요한 리스크의 성격과 범위를 결정할 책임이 있으며, 건전한 리스크관리와 내부통제 시스템을 유지할 의무가 있다"고 규정하고 있다.[15] 이러한 영국의 기업지배구조규준은 내부통제와 리스크관리를 통합적으로 규제하려는 2004년 COSO 보고서의 주된 특징을 포함하여 규제체계를 마련하였다.[16]

4. 각종 보고서상 내부통제제도

앞서 살펴본 바와 같이 영국에서는 상사 관련 제도의 성문화가 한정적으로 이루어졌기 때문에 통상적으로 회사의 내부통제에 관한 규제를 법률에 의하기보다는 각종 보고서를 통하여 규율하고 있다. 그 대표적인 유형으로는 1992년의 캐드베리 보고서, 1998년의 함펠 보고서, 1999년의 턴벌 보고서, 2007년의 무역상무부의 기업지배구조 보고서 등이 있다.

(1) 1992년 캐드베리 보고서(Cadbury Report)

영국에서는 1991년 5월 아드리안 캐드베리(Adrian Cadbury)를 위원장으로 하는 '지배구조와 통치의 재무적 측면에 관한 위원회(the Committee on the Financial Aspects of Corporate Governance: 캐드베리위원회)'가 재무보고위원회와 런던증권거래소 및 잉글랜드·웨일즈 공인회계사협회(ICAEW) 등에 의해 설립되었다.

캐드베리위원회는 기업의 실무관행을 검증하고 청문을 실시한 후 1992년 12월 이사회의 본연의 자세에 중점을 둔 '기업지배구조의 재무적 측면에 관한 위원회보고서(The Report of the Committee on the Financial Aspects of Corporate Governance)'[17]와 이에 부수한 '모범실무규준(Code of Best Practice)'을 발표하였다. 캐드베리 보고서는 이사에 의한 내부통제 시스템의 유효성 평가와 독립감사인에 의한 심사에 관련된 권고를 하였다. 보다 구체적으로, ① 이사는 내부관리에 관한 내부통제 시스템을 유지해야 하고,[18] ② 이사가 내부통제의 유효성에 대하여 보고해야 하며, ③ 외부감사인이 당해 유효성 평가에 대하여 검증을 해야 하고, ④ 유효성 평가의 기준과 보고의 형태 및 감사절차와 감사보고의 형태에 대하여 회계전문가가 그 상세한 내용을 정하도록 하고 있다.[19] 그러나 유효성 평가의 객관적인 기준을 정하는 것이 어렵고, 동 보고서의 가이던스에는 유효성에 관한 이사회의 결론에 관한 보고는 포함되지 않았다.[20]

(2) 1998년의 함펠 보고서(Hampel Report)

1995년 그린베리위원회는 그린베리 보고서(Greenbury Report)를 발표하였으나, 기업지배구조에 관한 문제를 총체적으로 논의하기 위해 함펠위원회를 구성하였다. 함펠위원회는 1998년 회계보고에 관한 캐드베리 보고서와 이사의 보수에 관한 그린베리 보고서를 종합하여 기업지배구조에 관한 보고서를 발표하였다.[21] 이 보고서는 내부통제제도의 전반에 관하여 규정하면서 재무통제를 비롯하여 업무 및 컴플라이언스 통제, 리스크관리를 포함하고 있다.[22]

(3) 1999년의 턴블 보고서(Turnbull Report)

앞서 언급한 통합규준상의 내부통제는 재무통제에 한정되지 않고, 모든 내부통제의 유효성 심사를 요구하고 있다는 점에서 문제가 있다는 인식 하에 런던증권거래소가 내부통제의 보고기준 및 평가기준의 작성을 ICAEW에 요구하였다. 이에 따라 1999년 9월 ICAEW가 작성하여 공표한 것이 '턴블 보고서(Turnbull Report)'[23]이다.

턴블 보고서에 의하면, 내부통제 시스템에 대해 궁극적 책임을 부담하는 것은 이사회이다. 이사회는 내부통제 시스템의 구축(establishing)·운용(operating)·감시(monitoring)의 임무를 경영진에게 위양하지만, 그 책임까지도 위양할 수는 없다. 턴블 보고서의 주요 내용은 다음과 같다.

첫째, 건전한 내부통제의 유지와 관련하여 건전한 내부통제의 유지에 관한 책임은 이사회가 지고, 기업이 처한 환경과 조직목적을 충분히 이해한 후에 적절한 방침을 설정하거나 또는 효율적으로 운용되는지에 대해 지속적으로 확인해야 한다. 그리고 리스크와 통제에 관한 이사회의 방침에 따라 구체적인 도입 작업을 하는 것이 경영자의 주된 역할이고, 모든 종업원은 각자 주어진 영역에서 목적달성을 위해 내부통제가 적절하게 운용되고 있는지에 대한 책임을 져야 한다.

둘째, 내부통제의 유효성 평가와 관련하여 내부통제의 유효성 평가는 이사회의 기본적인 직무이므로, 내부통제의 유효성 평가 프로세스에는 경영진으로부터 정기적으로 보고를 받는 것 외에 실효성을 지속적으로 검토하고 평가하는 것, 그리고 연차보고에서 기재하는 것이 포함된다. 이때 경영자의 보고에는 리스크와 내부통제의 유효성에 관한 균형잡힌 평가가 나타나 있어야 한다.

셋째, 이사회의 내부통제에 대한 의견서와 관련하여 이사회는 기업의 중요 리스크를 식별하고 평가한 후 그에 대응하기 위한 계속적인 프로세스가 있는지 및 연차보고서의 승인 일까지 이사회가 정기적으로 검토하고 있는지를 기재해야 한다.

넷째, 내부감사와 관련하여 내부감사에 관한 부문을 보유하지 않은 회사에서는 매년 위험상황의 변화를 감안하여 그 필요성에 대해 지속적으로 재검토해야 한다. 내부감사 부문은 상급경영자와 이사회에 있어서 리스크와 통제의 객관적 평가기능으로서 매우 유용하므로, 이러한 내부감사 부문이 없는 경우에는 경영자가 자신과 이사회를 위해 대체적인 내부통제의 유효성에 관한 감시절차를 구비해야 한다. 또한 이사회는 그 절차의 적절성을 검증해야 하고, 내부감사 부문이 있는 경우에도 회사는 그 범위와 권한 및 자원배분 등을 충분히 재검토할 필요가 있다.[24]

(4) 2007년의 무역상무부의 기업지배구조 보고서

영국의 무역상무부는 2007년에 '건전한 기업지배구조에 관한 보고서(Key Drivers of 'Good' Corporate Governance and the Appropriateness of UK Policy Responses)'를 발표하였다. 이 보고서에서는 "회사의 목표를 추구하는 영업과정에 있어 내부통제를 구축하고, 리스크를 효과적으로 관리하는 것은 좋은 기업가정신(entrepreneurship)이 된다. 내부통제 시스템은 임무, 행동, 절차 등의 여러 요소들을 포함한다. 이사회는 회사의 리스크관리와 내부통제에 관한 직접적인 책임을 부담한다. 감사위원회는 재무통제를 비롯하여 내부통제 및 리스크관리 시스템을 폭넓게 살펴보아야 한다"[25]고 한다.[26]

II. 프랑스의 준법지원인제도

1. 개설

2000년대 초반 미국의 엔론사 등 에너지 대기업들이 부정회계로 도산에 빠져 미국 사회에 충격을 주었는데, 프랑스에서도 2002년 세계 유수의 미디어회사인 비방디 유니버설(Vivendi Universal)과 유럽 각국의 통신회사에 적극적으로 투자를 확대해 온 프랑스 최대 통신회사 프랑스 텔레콤(France Telecom)이 2001년 9월 11일 이후 경제상황의 정체와 주가의 대폭락으로 인해 재무상태가 크게 악화되자 기업지배구조개선에 대한 목소리가 높아지게 되었다. 이런 상황에서 프랑스는 미국의 사베인－옥슬리 법 (SOX)의 영향을 받아 2003년 8월 「금융안정법」(Loi de Sécurité Financière: LSF)[27]을 제정하여 금융시장의 글로벌화에 따른 금융시장 기능의 불완전성을 보완하고, 회계 정보의 문제를 개선함과 아울러 금융감독기관의 현대화와 기업지배구조의 개선을 도모하고자 하였다.[28]

프랑스에서는 상장회사를 비롯하여 금융회사 등의 내부통제와 관련하여 금융안정 법과 상법에서 관련 규정을 두고 있다. 즉 내부통제절차에 관한 사항은 금융안정법 제117조 및 제120조에 규율되어 있고, 내부통제보고의 구체적인 사항은 상법 제 225－37조 및 제225－68조에 규정되어 있다. 그리고 2006년에 금융시장감독기구 (AMF)가 발표한 「내부통제규준」(Le dispositif de Contrôle Interne: Cadre de référence) 을 통해 모든 회사가 내부통제 시스템을 구축하여 내부통제에 관한 보고서를 작성할 때 참고할 수 있도록 하였다. 따라서 프랑스 금융안정법과 상법상의 내부통제제도를 살펴본 다음에 금융시장감독기구의 내부통제규준의 주요 내용을 살펴보면 다음과 같 다.[29]

2. 금융안정법(LSF)상 내부통제제도

금융안정법은 미국의 사베인－옥슬리 법(SOX) 제404조를 참고하여 회사의 재무정 보의 신뢰성에 관한 사항을 강화하기 위해 내부통제절차(procédures decontrôle interne) 로서 내부통제보고제도를 신설하였다. 즉 금융안정법 제117조에 따르면, 2003년의 기 업업적에 관한 결산보고부터 기업의 이사회 의장 또는 감사회(conseil de surveillance) 의장이 이사회 또는 감사회에 의한 업무의 준비와 조직구성의 조건, 기업에 의해 채 택되어 있는 내부통제의 절차에 대해서 연차보고서의 부속서류라는 형태로 주주총회 에 보고하여야 한다. 이에 의해 상법전 제225－37조 및 제225－68조[30]가 개정되어 내부통제보고제도가 창설되었다. 그리고 회계감사인(Commissaires aux comptes)은 연 차결산서에 관한 보고서에서 제117조에 의해 규정된 이사회 의장 또는 감사회 의장 에 의한 보고서에 대한 의견을 표명하고, 경우에 따라 회계 및 재무정보의 작성과 취 급에 관한 내부통제절차에 대해서도 의견을 표명하도록 규정하고 있다(금융안정법 제

120조). 회계감사인의 이와 같은 보고서의 작성은 이미 책정된 회계서류에 대한 판단만이 아니라 회계서류작성의 전단계에 있는 내부통제의 방법에 대한 검토도 수행한다는 점에서 독특한 의미를 가진 것으로 평가된다고 한다.[31]

프랑스 LVMH 그룹의 2010년 내부통제보고서[32]

1. 보고서의 기재 범위 및 원칙(조직화와 형식화의 원칙)

2. 리스크관리(Risk Management)의 일반원칙
    ① 정의 및 목적
    ② 리스크관리의 조직 및 구성요소
    ③ ERICA(전사적 리스크 및 내부통제평가)시스템의 형식화
    ④ 리스크관리와 내부통제의 연계

3. 내부통제의 일반원칙
    ① 정의 및 목적
    ② 내부통제의 구성요소
    ③ 내부통제의 전반적 환경
    ④ 리스크관리
    ⑤ 통제활동, 절차 및 문서화
    ⑥ 정보 및 전달 시스템
    ⑦ 내부통제 시스템의 지속적 모니터링

4. 리스크관리 및 내부통제의 주체

5. 회계정보에 관한 리스크관리 및 내부통제
    ① 조직
    ② 회계 및 관리의 원칙
    ③ 연결 프로세스
    ④ 관리보고

6. 결론

금융안정법 제117조 및 제120조의 규정은 2005년에 제정된 「경제의 신뢰와 현대화법」(Loi Breton : la loi n°2005-842 du 26 juillet 2005 pour la confiance et la modernisation de l'économie)에 의해 상장회사에 대해서만 적용되고 있다. 그리고 금융안정법은 미국의 사베인-옥슬리 법 제404조를 참고하여 제정되었으나, 이 법률은 내부통제절차의 대상을 회계 및 재무 분야에 한정하지 않고 그 범위를 확대하여 내부통제제도의 실효성을 높이고 있다. 다만 회사에 어떤 내부통제절차를 둘 것인지는 경영판단의 범위에 속하는 것이기 때문에 법률에서는 내부통제에 관한 명시적인 규정을 두지 않고, 단지 회사가 스스로 판단하여 설치한 내부통제절차에 대한 설명만을 요구하고 있을 뿐이다.

이처럼 금융안정법에 의해 설치된 내부통제보고제도는 상법전의 개정을 통해 주주총회에 대한 경영진의 정보제공 시스템을 개선하는데 그 중점이 있으며, 내부통제의 목적과 구조는 내부통제 책임기관이 임의로 결정할 수 있는 것이 원칙이다. 정보의 내용과 설명방법 등을 이사회 의장이 어느 정도의 재량권을 가지고 결정할 수 있는 것이다. 다만 금융안정법은 상장회사에게 내부통제절차 등에 관한 정보를 금융시장감독기구가 정하는 조건으로 공표토록 요구하고 있다. 동시에 금융시장감독기구에 대해서는 매년 이러한 정보를 수집하여 보고서를 작성하도록 요구하고 있다(금융안정법 제122조). 즉 상장기업들이 금융시장감독기구라는 금융시장의 감독규제기관의 통제 하에 내부통제에 관한 정보를 공표하게 함으로써 일반 투자자에 대해 상장회사의 지배구조의 적합성 판단의 자료를 제공하려 하는 것이다. 이와 같이 내부통제절차에 관한 정보가 금융시장에 있어 투자판단의 자료로서 활용되는 시스템을 갖출 경우, 회사 상호간에 비교가능성 생기게 된다.[33]

3. 상법상 내부통제제도

프랑스 상법은 상장회사의 이사회 의장(일원적 이사회제도)과 감사회 의장(이원적 이사회제도)은 주주총회에 제출할 각각의 보고서에서 내부통제에 관한 현황, 이사회 또는 감사회의 계획과 그 절차에 대하여 보고해야 한다고 규정하고 있다(제225-37조 제6항, 제225-68조 제7항). 그런데 내부통제보고제도에 관하여 규정하고 있는 상법전 제225-37조 및 제225-68조는 2005년 7월 일부개정되어 내부통제절차 등에 대한 설명을 의무화하는 회사를 상장회사 등 외부자금을 조달하는 회사로 한정하였다. 특히 동조는 2008년 7월에도 개정되어 내부통제절차에 추가하여 회사가 설치하고 있는 리스크관리 절차(procédures de gestion des risques)에 대한 설명도 요구하고 있고, 특히 회계정보의 작성 및 전달에 관한 내부통제에 대해서는 매우 상세히 기술하도록 요구하고 있다. 이러한 개정은 내부통제에 관한 정보가 금융시장에서 일반투자자의 투자 의사결정과 더욱 긴밀하게 결합되도록 하고자 하는데 그 목적이 있다. 그리고 상법전은 내부통제절차의 구체적인 내용에 대해서 규정하지 않고, 회사가 스스로의 판단으로 마련한 내부통제절차에 대한 설명을 요구하고 있다.

한편 프랑스 상법은 회계감사인이 회계 및 재무정보의 선정 및 취급에 대하여 의견을 제출해야 한다고 규정하고 있다(제225-235조). 상법상 회계감사인은 업무와 회계감사를 담당하는 회사의 필요적 상설기관으로 이들은 각자 독립하여 직무를 수행하고 권한을 행사한다. 이와 같이 회계감사인이 단독기관이라는 점에서 합의체기간인 업무감독이사회(Conseil de surveillance)와 구별된다.[34]

이처럼 회계감사인제도는 프랑스 기업지배구조에서 독창적인 지위를 가진 것으로 평가받고 있는데, 2001년에 「신경제규제법」과 2003년에 「금융안정법」에서 재정립되었다. 이 제도는 2006년에 「유럽연합의 회사법지침」(la directive du 17 mai 2006 concernant le contrôle légal des comptes annuels)의 영향을 받았다.[35] 그 중 회사법 지침 제4호, 제7호, 제8호가 개정되면서 법정감사의 역할과 지위 및 책임 등은 각 회원국의 법제에 의하여 개별적으로 규율되었지만, 미국과 유럽에서 대규모 회계부정 사건이 지속적으로 발생하면서 EU국가 간 감사기능의 통일적 조화가 요구됨에 따라 회사법 지침이 제정되었다.[36] 이 지침에 의하면, 상장회사의 경영보고서에 기업지배구조에 관한 사항이 포함되어야 하고, 회계 및 재무정보의 작성에 관한 절차에 있어서 회사의 내부통제와 리스크관리에 대한 사항이 개별적으로 기재되어야 하며, 상장회사의 감사위원회 설치에 관한 명시적인 규정이 마련되어야 한다고 한다.[37]

4. 금융시장감독기구(AMF)의 내부통제규준상 내부통제제도

프랑스에서 내부통제보고제도가 도입된 초기에는 내부통제보고서가 금융시장에서 일반투자자에 대한 내부통제절차에 관한 공시수단으로서의 역할도 담당하고 있었음에도 불구하고 기업들 마다 임의로 작성하여 공시하다보니 기업 간 상호비교가 실질적으로 어려웠다. 이에 내부통제보고의 당초 목적을 달성하기 어렵다는 비판과 혼란이 있었다. 이런 환경을 개선하기 위해 금융시장감독기구(AMF)는 2005년 4월 내부통제에 관한 규범을 작성하기 위하여 워킹그룹을 조직하였고, 이 규범의 작성목적은 2003년 8월에 금융안정법상 내부통제에 관한 보고의무를 부담하는 상장회사에 대해 내부통제보고서의 작성을 위한 방법을 제시하는 것이었다. 그 결과 2006년에 금융시장감독기구는 '내부통제규준'을 발표하였고, 이 규준은 같은 해 12월에 회계정보에 관한 내부통제절차에 대한 적용 지침을 추가하였다.

내부통제규준은 모든 회사가 내부통제 시스템을 구축하여 내부통제에 관한 보고서를 작성할 때 참고할 수 있고, 강제적인 성격을 가지고 있지 않다. 이미 내부통제의 규제를 받고 있는 은행이나 보험회사의 규제를 대체하는 것도 아니다. 이 규준은 이사회나 감사회 의장이 작성할 내부통제보고서를 통일하여 투자자가 쉽게 이해할 수 있도록 기준을 제시하는데 그 목적이 있다. 이러한 내부통규준의 일반원칙은 내부통제의 정의, 범위, 구성요소, 주체, 한계라는 5개항으로 구성되어 있다.[38] 이러한 5개 원칙에 대한 개요는 다음과 같다.

첫째, 내부통제의 정의와 관련하여 내부통제란 회사의 책임 하에 설정되어 운용되는 회사의 시스템이라고 정의하고 있다. 그리고 회사활동의 관리, 경영의 유효성 및 경영자원의 효율적인 이용에 기여하고 회사의 다양한 위험을 적절히 고려할 수 있도록 고안된 회사의 특성에 적합한 수단, 행동, 절차 및 행위를 포함한다고 말하고 있다. 따라서 내부통제에는 법규준수, 업무집행 책임자의 지시와 방침의 적용, 자산의 보전과 같은 회사의 내부 프로세스의 건전한 기능, 재무정보의 신뢰성 등을 보증할 목적으로 설치된다고 설시하고 있다. 이 내부통제규준은 금융시장감독기구가 주도하여 마련한 것이어서 회계정보에 관련된 내부통제의 적용 지침에 많은 부분을 할애하고 있다. 그러나 이 규준은 내부통제가 재무정보의 신뢰성을 보증위한 시스템에 한정되지는 않는다는 점을 분명하게 밝히고 있다.

둘째, 내부통제의 범위와 관련하여 각 회사는 각자의 상황에 적합한 내부통제 시스템을 설치하면 되는데, 단지 기업집단의 경우는 모회사가 자회사에 대해 자회사가 적절한 내부통제 시스템을 설치하고 있는지 아닌지, 모자회사 간의 관계에 적합한 시스템이 작동하는지 여부를 점검해야 한다고 한다.

셋째, 내부통제의 구성요소와 관련하여 미국 COSO 보고서의 5개 요소인 통제환경, 위험평가, 통제활동, 정보와 전달, 감시활동을 그대로 수용하여 동일하게 언급하고 있다. 다만 요소별로 풀어서 표현하고 있고, 요소에 대한 구체적 실시 여부는 기업들이 상황에 따라 결정할 수 있다고 설명한다.

넷째, 내부통제의 주체와 관련하여 내부통제는 회사의 경영에 관련을 가진 모든 자가 주체로 되어 운용됨을 선언하고 있다. 따라서 내부통제 프레임워크는 이사회 또는 감사회, 경영업무집행책임자, 내부감사(audit interne), 종업원 등 모든 구성원에 의해 운용됨을 기술하면서 각자 맡아야 할 역할에 대하여 상세한 해설을 곁들이고 있다. 이사회 또는 감사회 의장은 내부통제에 대해 주주에게 설명하는 책임을 지고, 업무집행책임자는 회사의 상황과 활동에 가장 적합한 내부통제 시스템을 정하고 그것을 운용함과 동시에 그 상황을 감독할 책임을 진다고 설명하고 있다. 또한 내부감사는 내부통제 시스템의 운용상황을 평가함과 동시에 감사대상 영역의 내부통제 시스템에 대한 개선을 제안할 책임을 지며, 종업원은 내부통제 시스템을 구축, 운용 그리고 감독하기 위해 필요한 지식과 정보를 취득하고 경우에 따라서는 적극적으로 보고할 의무가 있다고 한다.

마지막으로, 내부통제의 한계와 관련하여 이 규준에서는 내부통제 시스템이 아무리 잘 구축되어 적용될지라도 회사의 목적달성을 위한 절대적인 담보방책은 될 수 없음을 기술하고 있다. 이러한 내부통제의 한계에는 다양한 요인이 관계하고 있는데, 특히 외부환경의 불확실성과 관계자의 과실에 의한 기능정지 또는 저하, 비용대비 효과 등이 언급되고 있다. 특히 기업들이 내부통제 시스템의 설정에 있어 비용대비 효과를 고려할 수밖에 없고, 그 결과 과대한 비용부담을 회피하기 위해서 일정 수준의 리스크를 허용하는 시스템을 구축할 수밖에 없다고 한다.[39]

III. 중국의 준법지원인제도

1. 개관

중국에서도 고도의 경제성장과 함께 자본시장의 규모도 크게 확대되어 주식회사제도가 본격적으로 도입되어 활용되면서 컴플라이언스 제도를 포함한 내부통제 시스템의 규범화 문제가 이슈화되고 있다. 중국은 비약적인 경제발전을 이루고 있지만, 반면에 1980년대부터 여러 기업들의 회계정보 날조, 허위장부 작성 등의 부정사건이 계속하여 발생하고 있다. 그 대표적 예가 원야실업공사(原野实业公司)사건,[40] 은광하(银广夏)사건[41]을 언급할 수 있다. 또한 오랜 시간 동안 중국 정부의 행정권에 의한 외부감독을 통해 금융시장을 감독하였으나, 금융기관 종업원의 내부자거래·시세조종행위 등 스캔들로 인하여 감독당국은 행정권에 의한 감독만으로 금융시장의 혼잡한 상황을 해결할 수 없음을 깨닫게 되었다. 이에 따라 중국 정부는 그 원인을 기업의 내부통제도의 흠결에서 찾고, 기업의 내부통제제도의 정비를 위해 입법화를 추진하였다. 특히 금융업계와 관련해서는 금융업의 건전한 발전은 반드시 금융기관 내부통제에 의하여야 하며, 이는 다시 금융회사 컴플라이언스 제도가 대내적으로 형성되어야 함을 깊게 인식하였다.

이러한 인식 하에 중국 정부는 회사법과 증권법에 내부통제 관련 규정을 입법화하는 한편, 금융업계에 대해서는 강행법규가 아닌 임의법규의 성직을 갖는 「준칙」 형식의 가이드라인을 제정[42]을 통해 컴플라이언스 제도의 설립을 요구하였다.[43] 이에 따라 중국 회사법과 증권법상의 내부통제제도의 핵심 내용과 금융회사에 도입된 컴플라이언스 제도의 주요 내용과 특징, 실효성 부족의 원인과 그 해결방안으로 제시된 내용을 살펴보면 다음과 같다.[44]

2. 중국 회사법과 증권법상 내부통제제도

중국에서 내부통제제도에 관한 기본적 규정은 회사법과 증권법에서 규정하고 있다. 즉 2005년 10월 중국 제10회 전국인민대표대회 상무위원회 제18차 회의에서 「중화인민공화국 회사법수정안 및 증권법 수정안」이 통과되었고, 2006년 1월 1일부터 「개정 중화인민공화국공사법」[45]과 「개정 중화인민공화국증권법」[46]이 시행되었다. 소위 개정 회사법과 개정 증권법이라 불리는 두 법률에 내부통제 관련 규정이 입법되었다.

(1) 중국 회사법상 내부통제제도

회사법 제5조에 따르면, "회사는 경영활동을 함에 있어서 법률과 행정법규를 준수하고, 사회공덕, 상업도덕을 준수하고, 성실하게 신용을 지키며, 정부와 사회 공중의 감독을 받으며, 사회적 책임을 부담해야 한다"라고 하여 기업의 사회적 책임을 규정하고 있다. 즉 영리법인인 기업도 사회질서의 준수 또는 사회적 책임의 이행이 요구되고 있다. 2006년 신회사법에는 이사회가 회사 내부관리기구를 의무적으로 설치해야 한다는 내부통제 관련 규정이 포함되었다(회사법 제47조). 이 조항 이외에도 이사와 최고경영책임자, 고급관리자는 법률, 행정법규 및 회사정관을 준수하고, 회사에 대하여 충실의무 및 근면의무를 부담한다는 회사법 제148조, 회사는 법률, 행정법규 및 국무원 재정부문의 규정에 따라서 재무와 회계제도를 확립해야 한다는 내용의 회사법 제164조, 회사는 회계사무소에 거짓이 없는 완전한 회계증빙, 회계장부, 재무회계보고 및 그 외 회계자료를 제공해야 하며, 거절·은닉·허위의 보고를 해서는 안 된다는 회사법 제171조 등을 통해 내부통제 관련 규정을 정비하고 있다.[47]

(2) 중국 증권법상 내부통제제도

중국 회사법과 증권법은 2005년에 동시에 개정이 이루어졌는데, 개정 증권법은 시장관리를 강화하고 규제를 완화함으로써 증권시장의 신뢰를 확보하여 시장의 발전을 촉진하고자 하였다. 개정사항 중 내부통제와 관련 있는 것은 정보공시에 관한 사항이다. 즉 증권법 제21조는 주식상장 전의 사전정보공시의무를 규정하고 있고, 증권법 제63조에서는 "발행자, 상장기업이 법률에 근거해서 공시하는 정보는 진실하고, 정확·완전해야 하며, 허위의 기재, 오해를 불러일으키는 진술 또는 중대한 누락이 있어서는 안 된다"고 하는 관련 정보의 진실성에 관한 사항이 포함되어 있다.

한편 상장회사의 이사, 고급관리자는 회사의 정기보고서와 관련하여 서면의 확인의견서에 서명해야 하고, 감사회는 이사회의 회사정기보고에 대해서 심사하고, 서면의 심사의견을 제출해야 한다. 그리고 상장회사의 이사, 감사, 상급관리자는 상장회사가 공시한 정보가 진실하고 정확하게 완비되어 있다는 것을 보증해야 한다(증권법 제68조).[48]

3. 금융회사 컴플라이언스 제도의 주요 내용과 특징

2010년 4월 26일 중국 재정부·증권감독관리위원회·감사부·은행업감독관리위원회·보험업감독관리위원회 등 5개 부서에서는 「기업내부통제가이드라인」(企業內部控制配套指引)을 공시하였다. 이 가이드라인은 컴플라이언스, 컴플라이언스 리스크 및 컴플라이언스 제도의 의의를 규정하였으며, 컴플라이언스 제도의 지도사상·컴플라이언스 책임자·컴플라이언스 부서의 권한과 의무 등을 확립하였으며, 컴플라이언스 책임자와 컴플라이언스 부서의 독립성을 강조하였다. 컴플라이언스 부서의 독립은 금융회사들로 하여금 돈세탁의 방지와 정보차단벽(chinese wall)의 구축을 요구하였으며, 실효성이 있는 컴플라이언스 제도를 정비하는 데 중요한 의미가 있다.

중국 금융회사 관련 컴플라이언스 제도의 주요 특징으로는 제도 정착이 아직은 초기단계에 머무르고 있으며, 강행법규가 아닌 임의법규의 성질을 띠고 있음을 언급할 수 있다. 즉 중국 금융회사에 대한 시장화 개혁의 시간이 그리 길지 않아 컴플라이언스 제도 실행의 역사 또한 짧아 여전히 초기 단계에 머무르고 있다. 그러나 중국 금융감독기관은 짧은 기간임에도 불구하고 컴플라이언스 제도의 정착을 위한 지속적인 노력을 하였으며, 그 결과 중국 금융회사와 세계 기타 금융회사 간의 협력이 이루어지고 있다. 2003년 4월 바젤위원회에서 「은행컴플라이언스와 준법감시 부서」(銀行合規与合規內部門)를 공시하여 중국의 은행감독관리위원회에서는 이에 따라 3년 내에 「상업은행준법감시리스크관리가이드라인」(商業銀行合規風險管理指引)을 공시하였다. 이 가이드라인에 따라 중국에서는 컴플라이언스 제도를 전국 은행에서의 실행을 추진하였다. 해당 가이드라인에서는 바젤위원회에서 요구하는 준법감시의 이해에 따라 "합법적 경영"뿐만 아니라 업종별로 "합리적 경영"까지 포함하고 있다(상업은행준법감시관리가이드라인 제3조). 그밖에도 준법감시의 중요성을 업계 차원에서 강조하여 준법감시 시스템상 이사회·감사회·상급관리임원(경영진) 및 준법감시의 부서 등의 책임을 강화하고, 준법감시 담당자의 독립성을 부여하되, 준법감시 보고서에 대하여 평가하는 방식으로 컴플라이언스 제도를 확립하였다.

또한 중국의 금융회사 관련 컴플라이언스 제도는 강행법규가 아닌 임의법규의 성질을 띠고 있다. 이는 감독부서에서 공시한 가이드라인에 의해 금융업계에서 자율적으로 실행을 추진하고 있으며, 법규 차원에서 규정을 하지 않고 있다. 이러한 임의법규의 성질은 다시 금융감독기관이 컴플라이언스 제도에 대하여 강행법으로 강제하는 것이 아니라 금융업계에서 자율적으로 실행에 옮길 것을 희망하고 있다고 한다.49)

4. 금융회사 컴플라이언스 제도의 영향과 실효성 부족의 원인

(1) 금융회사에 대한 컴플라이언스 제도의 영향

2006년부터 금융감독기관은 금융업계에서 컴플라이언스 제도의 추진을 요청하였다. 이와 더불어 금융감독기관은 증권시장의 위법행위에 대해 처벌을 강화하였으며, 이는 다시 "위로부터 아래로" 컴플라이언스 제도를 추진하는데 적극적인 작용을 하였다. 금융감독기관의 강력한 추진력으로 인하여 금융회사는 점차적으로 컴플라이언스 리스크의 특수성을 인식하게 되었고, 이는 다시 기업 내 컴플라이언스 제도 구축의 필요성을 강화하였다. 금융회사에 대한 컴플라이언스 제도의 영향은 다음과 같은 네 가지 면에서 알 수 있다. 첫째, 금융회사는 준법감시기관을 설립하였으며, 준법감시 책임자를 선정하였다. 준법감시기관은 금융회사 내 금융자문팀과 동일한 구성으로 하는 방식(약 28%의 비중을 차지함), 단독으로 준법감시 부서를 설립하는 방식(약 42%의 비중을 차지함) 및 내부통제 부서를 설립하는 방식(약 20%의 비중을 차지함) 등 세 가지 방식에 의하여 금융회사의 준법감시 부서를 설립하였다. 둘째, 다수의 금융회사는 내부 컴플라이언스 제도와 이에 상응하는 규제체제를 설립하였다. 셋째, 종업원에 대하여 컴플라이언스 교육을 강화하였다. 넷째, 금융회사 내부의 종업원의 위법행위에 대하여 처벌을 강화하였다. 비록 네 가지 면에서 금융회사 컴플라이언스 제도의 구축을 위하여 노력하였지만, 실효성이 떨어지는 문제점이 여전히 존재한다. 금융회사에 대한 조사에 따르면, 금융회사 내부의 컴플라이언스 제도는 기대한 만큼의 실효성을 거두지 못하였고, 이는 2015년 6월 중국 주식시장에서 일어난 주식폭락 사건50)으로 설명될 수 있다고 한다.51)

(2) 금융회사 컴플라이언스 제도의 실효성 부족의 원인

중국 금융업계에서 도입된 컴플라이언스 제도가 실효성을 거두지 못하는 원인으로 컴플라이언스 제도의 구축에 대한 적극성의 결여, 컴플라이언스 부서의 독립성 결여,

불명확한 권한의 분배, 전문인력의 부족으로 인한 전문성 부족, 컴플라이언스 리스크 관리 수단의 제한 등 다섯 가지가 언급되고 있다.

첫째, 컴플라이언스 제도의 구축에 대한 적극성의 결여와 관련하여 중국에서 많은 금융회사들이 컴플라이언스 제도를 도입하였지만, 이는 금융감독기관의 요구에 의하여 타율적으로 도입한 것으로 그 실행에 있어 적극성이 떨어지고 있다. 관련 통계수치에 의하면, 컴플라이언스 제도에 대한 인식에 대해 외자금융회사 51%, 내자금융회사 20%, 국유금융회사 18%로 점차적으로 떨어지는 추세를 볼 수 있다. 이로써 중국 금융회사는 컴플라이언스 제도에 대해 "법에 따른 행위"를 하는데 그치고 금융감독 당국의 감독을 받기 위한 것이라는 주된 인식을 갖고 있다. 심지어 9%에 해당하는 금융회사는 조사서류에서 컴플라이언스는 거의 작동되지 않는다고 주장하였다.[52] 특히 중소형 금융회사는 컴플라이언스 부서의 역할을 외부 감독의 대응을 위한 기관으로 정의하여, 컴플라이언스 부서의 업무범위를 감독기관과의 협력으로 일원화 하였다.

둘째, 컴플라이언스 부서의 독립성 결여와 관련하여 금융감독기관에서는 금융회사에게 컴플라이언스 책임자의 선임 및 감독기관의 설립과 그 권한 면에서의 독립성을 요구하고 있지만, 컴플라이언스 책임자가 회사에서의 권한과 책임으로 인하여 이해충돌을 면할 수 없다. 따라서 컴플라이언스 부서는 금융회사에서 이익을 창출하지 않으므로 경영진은 그의 존재가치를 인식하지 못한다. 이러한 이유로 금융회사에서의 컴플라이언스 책임자는 법무팀 또는 감사팀의 업무를 겸임하는 등 컴플라이언스 부서와 법무팀, 리스크관리팀 및 재무팀 등을 동일한 존재로 인식하고 있으며, 이는 다시 컴플라이언스 부서의 독립성을 보장하지 못하는 원인이 되고 있다. 사실상 금융회사에서는 "업무팀을 중시하고 준법감시를 경솔히 하며", "사후관리를 중시하고, 사전예방을 경솔히 하며", "실무팀을 중시하고 경영진을 경솔히 하는" 현상이 존재한다. 특히 내부통제 차원에서 "실무팀의 문제점은 지적하지만 경영진의 문제점을 지적하지 않고", "동급간의 문제점을 지적하지 않는" 문제점이 존재한다.

셋째, 불명확한 권한의 분배와 관련하여 금융회사 이사회, 감사회 및 상급관리임원은 자기 부서의 컴플라이언스에 대하여 책임을 부담하지만 컴플라이언스 부서와 감사팀, 법무팀 및 내부통제 부서 간의 권한 분배를 감독기관의 서류에서 명확히 하지 않아 컴플라이언스 부서의 업무범위가 명확하지 않은 문제점을 초래하고 있다. 그리고 컴플라이언스 제도의 실효성은 경영진에 의하여 확보되어야 한다. 다시 말하면 경영진이 컴플라이언스에 대해 어떠한 의식을 갖고 있는지가 전체 금융회사의 컴플라이언스 제도가 실효성이 있는지 여부를 점검하는데 결정적인 역할을 하고 있다. 컴플라이언스의 중심은 경영진의 행위와 리스크관리에 있으며, 컴플라이언스에 대한 인식부족으로 컴플라이언스 부서는 업무중심을 경영진의 행위보다는 일반적인 영업행위에 두어 준법감시제도의 최초 입법 목적을 실현하지 못하고 있다.

넷째, 전문인력의 미비로 인한 전문성 부족과 관련하여 중소형 금융회사에서는 독립적인 준법감시팀을 구성하지 않았거나 구성하되 인력 부족의 문제점을 안고 있다. 중국 공상은행(ICBC) 절강성지점(浙工省分行)을 예로 들면, 2012년말 컴플라이언스 부서의 인력은 총 97명이며, 이는 전체 종업원 수의 0.52%를 차지하였고, 국제은행업 준법감시 인력의 기준인 1%보다 낮은 수준이었다. 따라서 총 97명의 준법감시 인력 중 다수가 겸직인원이었으며, 진정한 준법감시에 관한 독립적인 인원은 10명에 불과하였다. 이러한 인력 구성으로 인해 컴플라이언스 부서는 리스크평가, 컴플라이언스 계획, 컴플라이언스 보고서, 외부감사와의 정보교류 등 업무를 담당하여야 하며, 나아가 감독관리 시스템의 운영, 위법행위의 관리 및 감사업무 등 경영감독도 수행하여야 한다.

마지막으로, 유관기관의 조사에 의하면 준법감시 리스크관리 수단이 제한되어 있어 리스크의 통계·분석 등에 대한 적정한 방법이 없고, 정책제정으로 처벌규정을 강화할 수밖에 없다고 한다. 이는 다시 컴플라이언스 제도가 법적 효력이 없는 제도로 전락하게 하였다고 한다.[53]

5. 금융회사 컴플라이언스 제도의 실효성 확보 방안

앞서 살펴본 바와 같이 중국 금융회사에서 컴플라이언스 제도가 여러 원인으로 인하여 기대한 것만큼 실효적으로 운용되고 있지 않는데, 이러한 문제를 극복하고 피감독자인 금융회사로 하여금 적극적으로 컴플라이언스 제도를 운용하여 실효성을 확보하기 위한 방안의 모색이 요구되고 있다. 이러한 실효성 확보 방안으로 크게 엄격한 처벌규정의 마련과 준법감시제도의 개선이 언급되고 있다.

우선 엄격한 처벌규정을 마련함으로써 위법행위에 대한 대가를 확대하여 컴플라이언스 제도의 중요성을 인식하게 할 필요가 있다. 컴플라이언스 제도가 효율적으로 실행가능한지 여부는 금융기관 경영진의 인식과 노력이 무엇보다 중요하다. 따라서 경영진의 개인책임을 엄격히 물을 수 있도록 함으로써 제도의 유효한 작동을 보장할 수 있다. 금융감독기관은 2015년 6월 중국 주식시장에서 일어난 주식폭락 사건을 계기로 하여 금융회사의 책임과 경영진 개인의 책임을 추궁하는 방식이 중요하고, 준법감시의 업무와 개인 이익은 밀접한 관계가 있음을 알게 되었다. 2016년 초반 상하이 증권감독관리기관은 중국 최대의 통합 증권사 가운데 하나인 国泰君安 증권사가 시장가 이하로 16개의 주식을 거래하여 주가의 파동을 일으켰고, 이를 이유로 증권감독관리기관은 위 증권사에게 3개월 업무정지 처분을 내렸다. 동 사건이 발생한 후 国泰君安 증권사는 2016년 상반기에 컴플라이언스와 리스크관리에 관한 사규를 개정하여 평가체계와 개인책임제도를 강화하여, 평가제도에서 컴플라이언스의 비중을 20%에서 30%로 증가하였다.

다음으로, 준법감시제도를 개선할 필요성이 있다. 이를 위해서 첫째, 준법감시리스크를 명확히 하여야 한다. 준법감시리스크와 법률리스크·시장리스크 등이 다르다는 것을 모두 알고 있지만, 준법감시리스크와 기타 리스크 간의 차이가 어디에 있는지는 여전히 정리가 되지 않은 과제로 남아 있다. 이들 상호간의 차이의 불명확성으로 인하여 금융회사가 컴플라이언스 제도를 도입함에 있어 인력의 배치 및 실행절차 등 면에서 다양한 방식을 보이고 있다. 둘째, 전면적인 리스크관리와 경영진의 리스크관리 책임을 강화하여야 한다. 준법감시의 리스크관리는 금융업무의 각 절차에 의하여 나타나고 있다. 현행 컴플라이언스 제도에 관한 각 서류에서는 준법감시부서의 설립을 강화하고 있지만, 영업부서와 준법감시부서의 대립적인 상황을 해결하지 못하여 준법감시 권한을 명확히 할 필요가 있다. 셋째, 금융회사에서의 준법감시 평가기준과 격려시스템을 명확히 하여야 한다. 현행 컴플라이언스 제도에 관한 가이드라인에서는 평가기준을 명확히 하지 않아 준법감시로부터의 감독체계를 형성하지 못하고 있다. 이러한 상황에서 금융감독기관은 처벌을 강화하는 사후조치에 의하여 준법감시제도의 실행을 감독할 수밖에 없어 자의성이 크게 작용한다. 마지막으로, 입법적인 차원에서 증권감독관리위원회는 준법감시의 상황에 대한 면밀한 조사연구를 통해 현재 시행하고 있는 「증권투자펀드회사의 내부통제 가이드라인」(证券投资基金公司内部控制指引)와 「사모주식펀드관리인의 내부통제 가이드라인」(私募股权基金管理人内部控制指引)의 관련 내용을 종합하여 증권회사·펀드회사·옵션회사 등에게 동일하게 적용할 수 있는 통일적인 컴플라이언스 제도를 제시할 필요가 있다고 한다.[54]

1) "The Combined Code: Principles of Good Governance and Code of Best Practice", June 1998.

2) 심영, "영국 상사법의 개별입법화 동향", 기업법연구 제23권 제4호, 2009, 10면.

3) 이하의 논의는 고영진, "외국의 금융회사 내부통제에 관한 검토", 법과 기업연구 제4권 제1호, 2014.6, 185−190면; 박한성, "상법상 준법지원인제도의 개선방안", 외법논집 제38권 제4호, 2014.11, 135−136면; 안수현, "내부통제의 회사법제 정비를 위한 검토", 상사판례연구 제20집 제2권, 2007.6, 51−52면; 정대, "주식회사의 내부통제제도에 관한 연구", 연세대학교 법학연구 제2권 제1호, 2010, 134−137면; 한국법정책학회, 준법지원인제도와 준법경영의 활성화 방안, 2014.10, 107−111면 참조.

4) Report of the Committee on the Financial Aspects of Corporate Governance (1992).

5) Director's Remuneration: Report of a Study Group chaired by Sir Richard Greenbury (1995).

6) Committee on Corporate Governance: Final Report (1998).

7) 최준선, "환경에 따른 기업지배구조의 선택", 성균관법학 제24권 제2호, 2012, 605면.

8) DTI, "Company Law Reform White Paper March 2005", Chapter 3, 25.

9) 정기승, 금융회사 지배구조론, 법문사, 2008, 219−220면 참조.

10) Ian Pearson, the Parliamentary Under−Secretary of State for Business, Enterprise and Regulatory Reform, Written Ministerial Statements for 6 Nov. 2008.

11) DTI, "Company Law Reform White Paper March 2005", Chapter 4, 46−47.

12) 정대, 앞의 논문, 136면.

13) 김순석·최준선, "회사 경영감독제도의 개선을 통한 기업하기 좋은 법적 환경 조성 방안", 법무부 연구용역 보고서, 2011, 91−92면.

14) FRC, "the Combined Code on Corporate Governance", June 2008, C.3.2, 17.

15) 영국회사지배구조규준(The UK Corporate Governance Code)은 Section마다 주된 원칙(main principle)과 보조적 원칙(supporting principle), 구체적 조항(Code Provision)의 형식으로 구성되어 있다고 한다(박세화, "준법지원인제도의 안정적이고 효율적인 운용을 위한 법적 과제", 상사법연구 제30권 제2호, 2011, 260면).

16) 고영진, 앞의 논문, 187−189면; 정대, 앞의 논문, 135−136면.

17) Report of The Committee on The Financial Aspects of Corporate Governance, 1 December, 1992, <http://www.ecgi.org/codes/documents/cadbury.pdf: 최종검색 2020.2.28.>

18) 4.31. 1985년 회사법 제221조에 따라 이사는 적절한 회계기록을 유지하는 책임을 지고 있다. 이러한 책임을 다하기 위해 이사는 실무상의 문제로서 부정한 리스크를 최소화하기 위해 고안된 절차를 포함하여 기업의 재무관리에 관한 내부통제 시스템을 유지할 필요가 있다.

19) 4.32. 유효한 내부통제 시스템은 기업의 효율적인 경영상 매우 중요한 요소이기 때문에 본 위원회는 이사가 주주 전용 보고서 및 재무제표에서 내부통제 시스템의 유효성에 대하여 보고해야 하고, 또한 감사인이 그에 관해 의견을 표명해야 한다고 권고한다. 따라서 유효성을

평가하기 위한 기준 및 감사인에게 제공하는 상세한 가이던스를 확립할 필요가 있다.

20) 고영진, 앞의 논문, 189면; 한국법정책학회, 앞의 연구보고서, 108면.

21) The Committee on Corporate Governance, "Final Report", Jan. 1998.

22) 고영진, 앞의 논문, 189면.

23) "Internal Control: Guidance for Dirctors on the Combined Code", Sep. 1999.

24) 고영진, 앞의 논문, 189 – 190면; 정대, 앞의 논문, 136 – 137면; 한국법정책학회, 앞의 연구
보고서, 109 – 110면.

25) Igor Filatotchev/Howard Gospel/Gregory Jackson/Deborah Allcock, "Key Drivers of
'Good' Corporate Governance and the Appropriateness of UK Policy Responses, Final
Report", Jan. 2007, 48.

26) 고영진, 앞의 논문, 190면.

27) Loi No 2003 – 706 du 1er août 2003 de sécurité financière, Journal Officiel 2 août,
13220 – 13270.

28) LSF는 2003년 2월 프랑스 의회에서 법안심의를 시작하였는데, 초기 이 법안은 전4편 88조
로 구성되었지만, 심의과정에서 조문수가 대폭 증가해 2003년 8월 1일의 공포 시에는 전4편
140조로 입법되었다. LSF의 제정 배경을 살펴보면, ① 금융시장의 글로벌화, ② 금융공학의
발달에 부응, ③ 금융시장기능의 불완전에 대한 보완 필요 및 ④ 회계정보의 질적 문제 해
결이라는 네 가지 이슈를 언급할 수 있다. 특히 금융시장의 글로벌화에 대한 대응이 주된 이
슈가 되었었는데, 프랑스는 이를 위해 금융감독기관의 현대화라는 기치 하에, 종전의 증권거
래위원회(COB), 금융시장평의회(CMF) 및 재무관리규율평의회(CDGF)라는 3개의 시장감독
기구를 하나로 통합하여 '금융시장감독기구(Autorité des Marchés Financiers: AMF)'를 창
설하였다.

29) 이하의 논의는 고영진, 앞의 논문, 190 – 194면; 박세화·홍복기, 국제적 기준에 부합하는 준
법지원인제도, 법무부, 2011, 52 – 64면; 박한성, 앞의 논문, 136 – 137면; 정대, 앞의 논문,
140 – 143면; 한국법정책학회, 앞의 연구보고서, 116 – 120면 참조.

30) 프랑스에서는 회사의 기관 설계시 이사회만을 두는 일원적 이사회제도와 감사회와 집행임원
회로 구성된 이원적 이사회제도를 선택할 수 있다. 상법전 제225 – 37조는 일원적 이사회 회
사의 이사회 의장(Président du Conseil d'Administration), 제225 – 68조는 이원적 이사회
회사의 감사회 의장(Président du Conseil de Surveillance)의 의무를 규정하고 있다.

31) Alain Couret et Michel Tudel, Le nouveau contrôle légal des comptes, Recueil Dalloz,
no 33 (Septembre 25, 2003), 2291.

32) 박세화·홍복기, 앞의 연구보고서, 56면.

33) 고영진, 앞의 논문, 192 – 193면; 박세화·홍복기, 앞의 연구보고서, 52 – 55면; 정대, 앞의 논
문, 141면; 한국법정책학회, 앞의 연구보고서, 117 – 118면.

34) 원용수, "프랑스 회계감사인 법제의 어제와 오늘", 서울법학 제17권 제1호, 2009, 53면.

35) 원래 EU 소속 국가에서 법정감사의 역할, 지위 및 책임 등은 각 회원국의 법제에 의하여 개
별적으로 규율되었다. 그러나 미국과 유럽에서의 대규모 회계부정 사건으로 인하여 EU국가
간에 감사기능의 통일적 조화가 요청되어 위 지침이 제정되었다[Directive 2006/43/EC on

Statutory Audits of Annual and Consolidated Account(8th Company Law Directive)].

36) 원용수, 앞의 논문, 52면.

37) 고영진, 앞의 논문, 191－192면; 박세화·홍복기, 앞의 연구보고서, 60－61면; 한국법정책학회, 앞의 연구보고서, 118－119면.

38) Le dispositif de Contr le Interne: Cadre de r f rence, Les Principles G n raux de Contr le Interne, 2.2 Expos d taill, 14－19.

39) 고영진, 앞의 논문, 193－194면; 박세화·홍복기, 앞의 연구보고서, 57－59면; 정대, 앞의 논문, 141－143면; 한국법정책학회, 앞의 연구보고서, 119－120면.

40) 原野实业公司사건이란 原野实业公司가 주식상장 후에 신주를 발행해 자금조달을 하면서, 영업상 순이익이 발생했고 상당한 투자이익이 발생할 것으로 공표했지만 실제로는 3년 연속으로 손실을 냈던 사건으로, 중국공인회계사 업계에 충격을 주었던 중국 제1호의 상장회사 사건이다(박세화·홍복기, 앞의 연구보고서, 64면).

41) 银广夏实业주식회사 사건이란 银广夏实业주식회사가 재무관련 서류의 허위기재 및 은닉행위를 통해 허위이익을 발표하고, 신주발행으로 조달한 자금을 유용하였으며, 매출액 부풀리기 등의 부정행위를 자행하여 주주에게 손해를 끼친 사건이다(정대, 앞의 논문, 143면).

42) 이에 대해 자세한 설명으로는 박세화·홍복기, 앞의 연구보고서, 64－68면 참조.

43) 대표적으로 2010년 4월 26일 중국 재정부·증권감독관리위원회·감사부·은행업감독관리위원회·보험업감독관리위원회 등 5개 부서에서는 「기업내부통제가이드라인」(企业内部控制配套指引)를 공시하였고, 해당 가이드라인은 「기업내부통제응용가이드라인」(企业内部控制应用指引)·「기업내부통제평가가이드라인」(企业内部控制评价指导)·「기업내부감사가이드라인」(企业内部控制审计指引)·「기업내부통제기본규범」(企业内部控制基本规范) 등 18개 문서로 구성되어 있다[평과·남옥매(역), "발전 중인 중국 금융회사 컴플라이언스 제도 －중국 금융회사 컴플라이언스 제도의 실행 및 평가", 서강법률논총 제5권 제2호, 2016.8, 45면].

44) 이하의 논의는 김경석, "중국의 내부통제제도 －회사법, 증권법, 증권거래소 지침을 중심으로－", 기업법연구 제24권 제1호, 2010, 201－220면; 박세화·홍복기, 앞의 연구보고서, 64－74면; 정대, 앞의 논문, 143－145면; 평과·남옥매(역), 앞의 논문, 43－54면 참조.

45) 중국 회사법이라 불리는 「中華人民共和國公司法」은 1993년 제정되어 1994부터 시행된 법률이다. 중국 회사법은 2004년과 2005년 개정을 거쳤다(김경석, 앞의 논문, 208면).

46) 「中華人民共和國證券法」은 증권의 발행과 유통을 규제하는 법률로 1998년 제정되어 1999년 7월부터 시행되었다(김경석, 앞의 논문, 209면).

47) 김경석, 앞의 논문, 208－209면.

48) 김경석, 앞의 논문, 210－211면.

49) 평과·남옥매(역), 앞의 논문, 45－46면.

50) 2015년 6월 15일 그동안 폭등을 거듭하고 있던 중국의 상해종합지수가 돌연 폭락하기 시작해 8월 말까지 주가지수가 42.6% 떨어진 사건을 말한다. 2015년 6월 12일 종가기준 5,166.35를 찍었던 상해종합지수는 2015년 8월 24일 종가로 3,209.91을 기록하였으며, 8월 25일에는 3천 포인트의 벽을 뚫고 2964.97을 기록했다. 8월 24일 하루 만에 증발한 자금이 한화로 733조라고 한다.
<https://namu.wiki/w/2015~2016%20%EC%A4%91%EA%B5%AD%20%EC%A6%9D%

EC%8B%9C%20%ED%8F%AD%EB%9D%BD: 최종검색 2020.2.28. >

51) 평과 · 남옥매(역), 앞의 논문, 47면.

52) < http://www.cnrencai.com/diaochabaogao/325864.html: 최종검색 2020.2.28. >

53) 평과 · 남옥매(역), 앞의 논문, 48 − 49면.

54) 평과 · 남옥매(역), 앞의 논문, 51 − 53면.

CHAPTER 03

기업범죄예방을 위한 준법지원인제도의 체계적 구축방안

[§ 8] 기업범죄예방을 위한 준법지원인제도의 이론적 토대

"사베인-옥슬리 법은 민주주의 국가에서 규제 당국이 어떻게 이상적으로 행동해야 하는지에 대한 교과서적 사례이다. 즉 관련 기관들은 기업의 회계부정에 대해 강력한 입법조치로 반응한 후, 이를 섬세하게 조율하였다. 전 세계적으로 프랑스, 캐나다, 일본, 중국 및 다른 국가들에서 이와 유사한 법률을 채택하고 있는 것도 놀랄 일은 아니다."
- Thomas J. Healey(전 Goldman, Sachs & Co. 파트너) -

I. 특별한 범죄적 위협으로서 기업경영자 - 기업경영의 위험부담

1. 현대사회에서 기업의 지위

형법에서 집단적 경제 참여자를 기술하기 위해 사용되는 개념은 상당히 다양한데,

단체(Verband), 법인(juristische Personen), 기업(Unternehnmen) 또는 사업장(Betrieb) 등이 대표적이다. 이 가운데 기업, 특히 유한책임회사(GmbHs) 그리고 주식회사 (Aktiengesellschaften)는 거의 동일한 의미로 다루어진다. 이들은 모두 근본적으로 회사법과 노동법상 정의되는 독자적인 단체조직으로서 개별적인 개인과 구별되는 집합적 성질을 가진다.[1)]

단체는 사회적 성격을 갖는다. 인간은 자신의 삶을 부분적으로 개인적 고립 속에서, 부분적으로 사회적 연대 속에서 영위한다. 즉 개인은 각자 상이한 부분도 있지만 동일하게 처해 있는 삶의 여건으로 인해 개개인에게 공통된 삶의 이익(예컨대 경제적 이익, 정치적 이익 등)을 공동체의 힘을 가진 연대적 협력 작용을 통해 실현하기 위해 서로 모여 단체(예컨대 기업, 노동조합, 정당 등)를 형성한다.[2)] 이때 단체의 취급뿐만 아니라 공동체 이익의 보호가치에 대한 평가는 국가와 사회적 관점과 관련을 맺는다.[3)]

오늘날 경제생활에서 조직화된 기업들이 경제 공동체의 무대를 지배하고 있다.[4)] 즉 기업으로 대표되는 경제조직의 형성은 모든 현대 산업사회에서 전제조건이자 보편적인 특징이다. 유한책임회사, 주식회사 등은 우리나라에서 뿐만 아니라 독일의 경제생활에서 지배적인 모습이다. 모건 스탠리 등 거대 투자회사는 과거의 개별 기업과 비교할 때 더욱더 중요해지고 있다.[5)] 이는 지속적인 융합과정, 즉 회사들 간의 지속적인 인수합병을 거치면서 더욱 강화되고 있다.[6)] 또한 개개인의 전통적인 경제활동을 대신하여 세법과 상법을 토대로 한 회사가 증가하고 있다.[7)] 현대적 기업은 고도로 조직화되어 있음이 분명하다.[8)] 이처럼 고도로 조직화된 기업은 거대한 경제적 · 사회적 잠재가능성을 만들어낸다. 모든 사람은 현대 산업사회에서 단기간 또는 장기간 다양한 조직체(예컨대 학교, 대학교, 병원, 공장, 회사, 클럽 등)에서 활동하게 된다. 조직체와 연결되지 아니한 삶의 영역은 거의 없다.[9)] 기업은 수십억의 사람들의 소비습관과 생활방식에 영향을 미치고 변화시킨다.[10)] 이 때문에 기업의 영향력은 개인의 영향력보다 훨씬 더 막강하다. 커다란 사업을 수행하고 이를 통해 막대한 이윤을 만들어 내는 것은 개인이 아니라 기업이다.[11)] 따라서 공급자 측의 제조업 부문은 거의 대부분 집단단위로 존재한다. 단지 수요자와 소비자 측면에서만 민법상 자연인이 행위를 할 뿐이다.[12)]

기업(단체)은 대부분의 행위를 함에 있어 일정 정도 강제성을 띠고 움직인다. 또한 기업(단체)은 국가 권력에 맞대응할 수 있는 대상이기도 하다.[13)] 기업이 행사하는 사적 권력은 개인을 지배하고자 하고 국가 권력의 맞수로 등장하게 된다.[14) 여기서 국가가 수행해야 할 여러 책무 분야에 있어 더욱더 중요한 역할을 기업에게 맡기는 이른바 '민영화' 통해 국가의 역할 후퇴가 언급되고 있다. 기업은 개인적이고 사실적인 에너지를 한 곳으로 모아 회사 차원에서 논의를 거쳐 그 결과의 실행 여부를 결정을 한다.[15) 그 결과 기업이 활동하는 경제영역이 더욱더 확대됨에 따라 기업은 기업범죄의 잠재적 후보로 변화되었다.[16)

2. 기업경영상의 현대적 리스크

(1) 기업경영상의 현대적 리스크에 대한 이해

기업에 관한 논의는 기업에 의해 야기되는 손실예상치, 즉 리스크의 과대평가에 집중하여 이루어지는 경향이 있다. 이때 기술적 진보에 대한 낙관론과 회의론이 서로 팽팽히 맞서고 있다. 사회의 주된 의견 형성은 때때로 시대정신을 통해 변화되곤 한다. 경제활동의 여러 부작용(예컨대 소득격차에 따른 양극화 현상의 발생 등)이 주된 문제로 등장할 경우 진보의 어두운 측면은 더욱더 사회적 논란을 불러일으킨다. 기업은 사회학과 철학에서 유행한 '위험사회(Risikogesellschaft)'의 일부분이라고까지 일컬어지고 있다.[17) 그러나 법학은 위험사회라는 개념에 대해 그리고 그 내용이 모호한 채 정치적으로 만들어진 신조어에 대해 비판적이다.[18)

주지하듯이 기술적 진보는 리스크를 야기한다. 기술적 진보에 따라 대규모 위험(예컨대 원자력, 유전공학적 위험 등)발생의 가능성은 증가한다. 새롭게 개발된 공정과 제품은 전통적인 경험지식을 결여하고 있다.[19) 예컨대 화학물질과 같은 인공적 결합물의 생성은 자연에 의해 설정된 경계선을 훌쩍 뛰어 넘는다.[20) 이러한 제품들은 복잡하게 상호 융·복합되어 있다.[21) 끊임없이 새로운 물질, 약물의 혼합, 제품들이 개발되고 있으며, 이들을 사용했을 때 얻을 수 있는 편익이 빠르게 알려지고, 이는 다시 새로운 제품개발의 동기로 작용한다. 하지만 이들의 사용에 따른 부작용은 충분히 연구되고 있지 않다. 왜냐하면 언제나 복잡한 상황과 인과관계가 존재하기 때문에 부작용을 연구하기 위한 연구방법이 충분하지 않기 때문이다. 이에 따라 부작용과 관련된 리스크가 더 이상 간과되서는 안 되지만,[22) 전통적인 삶의 경험지식을 바탕으로 한 리스크

평가는 더 이상 가능하지 않다.[23] 개별적으로 위해(Gefahren)를 지각하기 위해 사용된 전통적 수단인 오감은 새로운 위해상황(Gefahrensituationen)과 관련하여 아무런 역할을 하지 못한다. 인식된 무지의 지평이 점차 확대된다. 바로 여기서 불확실성(Ungewissheit)이 발생한다.[24] 제조업자들에 의해 대량생산된 제품들은 특별한 사용자 그룹에게만 예기치 않은 부작용을 가질 수 있으나, 그 밖의 경우에는 아무런 해가 없는 물질이다. 또한 이러한 부작용은 일정한 잠복기간이 지난 후에 특별한 외부적 사용조건이 충족될 때 그리고 불규칙적인 증상을 가진 이질적인 질병의 형태로 나타난다.[25] 질병에 의해 야기되는 피해에 대한 정확한 상황평가는 전문가들에 의해 예측 가능한 요인들을 분석하더라도 지극히 어렵거나 불가능하다. 제품의 결함이 어디에 있는지 그 원인에 대한 포괄적인 조망은 더 이상 가능하지 않다.[26] 사업상 행해지는 리스크와 관련된 결정은 인간 및 동·식물에게 지속적인 거대한 실험이 된다. 상대적으로 적게 나타나는 개별적인 부하는 특히 인구가 밀집한 대도시 지역에서 누적적이고 시너지 효과를 갖는 위해잠재성을 야기한다. 이처럼 특정한 기술적 진보는 특히 현대사회에서 일반 대중의 동일한 행위패턴 또는 새롭게 개발된 활동분야를 통해 위험해진다.[27] 우리는 결코 합리적인 분석과 계획을 포기할 수 없기 때문이 이들에 대한 신뢰성을 너무 손쉽게 과대평가한다.[28] 대량생산의 단점은 결함이 있는 제품이 발생한다는 것이다.[29] 제조업자는 제품의 참신성과 독창성을 통해 시장점유율을 어떻게 해서든 끌어 올리고자 한다. 이 때문에 제품의 성분에 주의를 기울이지 않거나 부적합한 분석을 통해 최종소비자에게 유해한 부작용을 야기하는 결함 있는 제품이 소비자에 도달하는 것은 놀라운 일이 아니다. 특히 이러한 부작용은 제품들이 시장에 장기간 동안 유통될 때 흔히 보여질 수 있다.[30]

객관적인 위해탐지(Gefahrenermittlung)의 문제는 관찰자의 서로 다른 인식에 의해 악화된다. 전문가의 위험탐지에 대한 견해 차이는 점점 더 커지고 있다. 현재의 사실적 쟁점에 대한 비전문가와의 거리는 점점 더 멀어지고 있다.[31] 소비자는 제품의 효능에 대해 매우 제한된 보호만을 받을 뿐이다. 일반적으로 판매자도 소비자도 제품의 무결함성(Beschaffenheit)을 판단할 수 없다.[32] 법률관계는 특별한 검증가능성 없어 기업의 결정에 전적으로 의존한다. 이 때문에 소비자에 대한 보호 필요성이 점차 증가한다.[33] 이는 마치 다윗(소비자)이 골리앗(제조업체)과 맞서 싸우는 것과 같기 때문이다. 여기서 생산자(제조업체)와 소비자 사이에 지속적으로 벌어진 역량 격차로 인해 위해의 잠재가능성(Gefahrenpotentiale)은 더욱 증가한다.[34] 그러나 한편으로 정부 당국도 기술적 전문화에 의해, 그리고 이에 따라 요구되는 특별한 지식에 의해 압도당하고 있다. 이는 회사 구성원에게도 커다란 부담이 되고 있다. 즉 복잡한 기술적 시스템은 빈번한 작동오류를 발생시키는 반면, 제한된 오류 여지를 갖게 한다.[35] 이러한 부담은 한편으로 경제적 그리고 사회적 (성공)압력으로 요약되지만, 다른 한편으로 일상화로, 과도한 요구로 또는 인간의 단순한 실수로 요약되기도 한다.[36] 주지하듯이 인간의 '주의가능성(Sorgfaltsmöglichkeit)'은 상당히 제한적이다.[37] 더욱이 삶의 더 넓은 영역에서 가속화라는 시간의 압박을 받게 된다. 즉 정보를 습득하여 처리하는 시간은 더욱더 짧아지고 있다. 사업상 중요한 협상은 전세계에 걸쳐 한 시간 안에 이루어진다. 정보처리의 시간단위는 더욱 빨라지고 있다. 보다 신속한 조치와 대응이 요구되고 있고, 그에 따라 결함 있는 의사결정의 위험이 불가피하게 수반된다.[38] 종전의 리스크는 장소적, 시간적 그리고 사회적으로 제한되어 있었으나,[39] 후기산업사회에서는 보이지 않는 사회적 대량위험(Großrisiken)이 존재한다.[40] 이러한 대량위험은 종종 되돌릴 수 없다.[41] 인간은 스스로를 파멸의 길로 이끌 가능성을 가지고 있다.[42] 이는 한편으로 천연자원의 착취와 파괴를 통한 파멸의 잠재가능성을, 다른 한편으로 기술적인, 예컨대 원자력 기술에 의한 손해의 잠재가능성을 의미한다. 현재 인류의 지속적 생존이라는 과제는 위험에 직면해 있다.[43] 이러한 장기적 관점을 결코 부정하거나 억압하거나 무시해서는 안 된다.[44]

장기적인 후속비용은 미래 세대의 몫이고, 이는 그들의 삶의 조건을 위협한다. 그리고 소비시대에서 익명의 소비자에게 대량 유통방식에 의한 제품의 일상적 판매는 결함 있는 제품이 다수의 사람들에 의해 사용될 경우 커다란 손해를 초래한다.[45] 바로 이때 리스크는 장소, 시간 및 이해관계자에 따라 제한될 수 없다.

이러한 리스크는 기업활동의 관점에서 볼 때 이익 창출에 부담이 될 것이다.[46] 경제라는 하위시스템은 사회의 다른 부분에 막대한 영향을 미친다. 경제권력은 다른 권력, 예컨대 정치권력과 마찬가지로 남용되기 쉽다. 기업은 '공동행위'라 맥락에서 고립된 개인으로 할 없는 일들을 처리할 수 있다.[47] 거대하고 막강한 기업의 시스템은 집단적 위해잠재성을 가진 불안감(Unnehagen)을 불러일으킨다.[48] 기업 내부에서 개인의 실수는 기술적 진보로 인해 엄청난 결과를 초래한다.[49]

Prittwitz는 이를 마차와 철도의 비교로 설명한다.[50] 즉 위험한 행동(예컨대 철도사고)일수록 더 큰 손해가 발생한다. 사소한 부주의일지라도 엄청난 결과를 초래한다. 반면에 철도와 달리 마차는 그다지 복잡하지 않고 그 사용에 있어 실수가 거의 없으며, 설사 손해가 발생하더라도 이를 손쉽게 되돌릴 수 있다. 기계의 구조가 복잡하면 할수록 그 조작은 본질적으로 더 어렵다. 작동중인 프로세스가 빠르게 진행될수록 실수가 더 빈번히 발생한다. 이러한 상황에서 발생한 손해는 되돌릴 수 없다.

기업범죄 내지 경제범죄는 개인범죄보다 더 큰 손해를 초래한다. 예컨대 결함 있는 제품의 대규모 유통은 다수의 피해자로 연결된다. 필요한 경우 해당 법익(예컨대 환경: 산업과 상업은 환경침해의 주요 원인제공자이다[51])의 편재성뿐만 아니라 구성요건 이외의 결과(예컨대 손해를 야기한 기업이 파산한 경우 대규모 실업의 발생[52])을 고려해야 한다. 이에 따라 기업운영 이외의 다른 원인에 의해 발생한 법익침해는 더욱더 그 해결이 어려운 사회적 한계가 되어가고 있다.[53] 기업경영자는 경제권력을 행사할 기회를 가지고 있다. 그들의 의사결정의 결과는 회사, 주주 및 일반 대중으로 하여금 노동자의 실업, 주주의 자본 손실, 세수입, 보조금, 사회보험 수입 등의 형태로 감지할 수 있다.[54] 특히 경제범죄의 행위자는 불법수익을 얻기 위해 자신의 범죄행위의 논리적 전제조건을 만들거나 찾지 않으려고 한다. 그는 이미 기업 내에서 합법적인 경제적 활동을 통해 이를 보유하고 있기 때문이다. 나아가 여러 단체 가입을 통해 회원으로서 자신의 행위의 영향력과 사회적 권한을 증대시킨다. 이와 동시에 그에 상응하는 오남용의 위험도 증가한다.[55]

국가 간 이동이 손쉽고 이로 인해 이동성이 날로 증가하고 있는 시대에서 현대적 삶의 세계화는 상황을 더욱 복잡하게 만든다. 국경의 개방은 차원을 더 확장시킨다. 국제적인 경제교역의 강화와 자유화는 가장 심각한 경제범죄를 국제화하는 결과를 초래했다.[56] 기업은 여러 국가에 보내진 공적·사적 시설물들을 가동할 수 있다.[57] 다국적 기업, 초국가적 콘체른(기업결합체)은 국제적 분업을 통해 국경을 초월하는 범죄행위를 할 수 있다. 자국의 규제 당국은 시장의 개방에 의해 그 힘을 점점 잃어가고 있다.[58] 반면에 초국가적인 규제기구는 부족하다. 글로벌 시장은 규제기준이 약한 나라로 이동을 가능케 한다. 국제 범죄자의 소추는 쉽지 않다.[59] 국제적 상호 연결성은 국제 범죄자들로 하여금 그 활동무대를 더 넓게 하는 요인으로 작용하지만 그들을 소추하는 검찰은 점점 더 수렁에 빠지게 한다.[60] 설혹 그들을 기소하더라도 국제 경제법과 세법의 선결문제, 외국법의 적용, 보호영역의 문제, 착오, 충돌법상의 문제,

부족한 법적 지원의 문제 등이 등장한다.[61] 또한 순수한 국내 기업들도 증가된 글로 벌 경쟁 압박으로 인해 더 첨예한 경쟁 상황에 내몰리고 있다.[62]

(2) 리스크에 대한 요구되는 상대화

오늘날 급격한 기술적 진보에 따른 부작용에 대한 진단은 때때로 문화적 비관론과 국가에게 과도한 요구로 나타난다. 이때 여러 부작용을 야기하는 대기업에 대해서는 특별한 동정이 가지 않지만, 골목 소상인과 원칙에 충실하기 위해 부단히 애쓰는 중 소기업은 이상적인 것으로, 종래의 고전경제는 낭만적인 것으로 생각하게 한다. 많은 사람들은 새로운 것에 대해 영원한 걱정거리로 여긴다.[63] 현대 후기산업사회에서 복 잡하게 뒤얽힌 경제적 관계는 헤아릴 수 없을 정도이며, 이로 인해 비정상적이기까지 한다. 이미 시장의 거래관계에서 통용되는 표준약관은 이해하기 어려운 용어로 가득 하다.[64]

가. 진보를 위한 리스크의 필요성, 사회적 유용성, 허용된 위험 vs. 비난받는 위해

기업경영자와 그 직원은 인간의 번영을 창출하고 인류의 진보를 만들어 낸다. 기업 은 모든 현대 사회의 기본적인 필수품들을 제공한다. 이는 기업의 이윤달성을 위한 중간목표이다. 기업활동에서 구체화되는 리스크 설정은 합리적 고려가 요구된다. 이 른바 '위험사회'라는 수사학은 요구되는 것을 능가한다.[65] 즉 여전히 극복되지 못한 이 개념의 호황은 여러 면에서 증명가능한 비합리성과 관련을 맺고 있는 위해 (Gefahr)의 범주에 속한다. 하지만 사실상 오늘날 사회에서 삶은 과거의 그 어느 사회 보다 더 안전하다. 이미 위험스런 삶이라는 새로움은 역사적으로 불충분한 강조에 지 나지 않는다. 왜냐하면 어디나 편재해 있고 일상적인 존재 그 자체의 리스크가 이전 의 사회에서 개인적이고 집단적인 존재에게 위협을 가했기 때문이다.[66] 예컨대 과거 사회에서 인간은 오늘날 농업과학기술로 극복한 굶주림을 리스크로 생각했다.[67] 어 쨌든 개개의 인간과 관련된 리스크는 이전보다 더 심각해졌다.[68] 이와 관련하여 미시 적 관점과 거시적 관점을 상호 분리해야 한다. 또한 기술적으로 덜 발전된 시대에서 위해는 언제나 그렇듯 자연스럽게 받아들여지지 않는다. 특히 위험한 활동으로서 오 늘날 상품의 제조는 지금까지 단순한 가정에 근거하였고 수많은 다른 위험한 행위와 비교하여 등가치한 가정에 근거한 것은 아니다. 그 결과 대량생산이 등장하였다. 새

로운 위해는 제재와 형사처벌이 가능한 행위규범을 통해 축소할 수 있고 해야 하는 인간의 행위에 존재한다.

　리스크는 삶의 한 요소이나, 모든 것이 보장되는 보험사회(Vollkaskogesellschaft)는 존재할 수 없다. 인간이 상호작용을 하며 사는 곳에 위험이 결코 완전히 차단될 수 없다. 각양각색의 가능한 여러 행위방식이 표준화되어 위험이 없는 고정된 형태로 되어서는 안 된다. 그렇게 된다면 경제적·사회적 삶 전체가 막히게 될 것이고, 인간은 아무런 활동을 하지 않음을 이유로 비난받게 될 것이다.[69] 삶은 그 자체가 위험스러운 것으로, 이 때문에 허용된 위험, 사회적인 기본위험이 존재한다. 그러한 점에서 기업활동에 있어 전통적인 범죄와 차이점이 있다. 후자의 경우 위험스런 행동으로서 모든 법규에서 어떠한 사회적 이익도 없는 것으로 본다. 반면에 전자의 경우 일부 산업에 있어 위험한 상태의 초래가 요구되며, 이는 허용될 뿐만 아니라 대체로 바람직한 것으로 여겨진다. 허용된, 심지어 용인된 행위가 형사처벌되는 것은 형법에서 찾아볼 수 없다.[70]

　행위의 특성으로서 위험감수가 요구되어 주의의무가 요구될 경우, 행위자는 이를 준수함으로써 위험의 허용범위 내에서 행동한다. 이때 법률은 그러한 위험의 허용범위를 일반적인 삶의 리스크로 감수할 수 있는 것으로 간주한다.

　인간은 합리적인 인식능력의 한계선상에 도달해 있다. 즉 두려움에 의한 마비, 장점의 익명화, 단점의 개인화, 손실의 회피 및 현상유지의 선호 등은 사려 깊은 결정으로서 위험감수를 저해시키는 결과를 초래한다. 비록 절대적인 안전은 불가능하고 목표가 단지 적정한 위험의 최소화일 수 있음이 분명할지라도 말이다. 불합리한 엄격함은 특정한 발전단계에 고착되는 결과를 낳게 하고, 기술적·경제적·의학적 진보를 방해한다. 이는 현대의 고도로 발전된 세계를 퇴보하게 한다.[71] 예컨대 의약 분야에서 형사절차와 제재의 과도한 사용은 의사로 하여금 진단과 처방을 함에 있어 환자뿐만 아니라 의사 자신의 법적인 리스크를 고려해야만 하는 결과를 초래한다. 이 때문에 방어적이고 지나치게 많은 검사를 수행하여 위험을 더 적게 감수하고자 한다. 그 결과 의료과실에 따른 형사처벌에 대한 과도한 불안감과 의사결정의 왜곡은 전적으로 환자의 몫으로 남게 된다.[72] 리스크의 최소화는 행위자에 의해 당연히 받아들이도록 요구되는 공공복지에 대한 관심과 고려를 요구한다.[73] 일정한 경제적 또는 기술적 과제가 때때로 해소될 수 없을 경우도 있다. 이들 과제가 근로자의 생명과 건강이 반드시 그리고 모든 상황 하에서 보장되어야 하도록 의존될 경우에는 더욱 그러하다.[74] 후기산업사회는 거의 모든 제품생산 영역, 수송 및 사적 생활영역의 기계화로 인하여 일정한 비율의 사고가 발생한다. 이러한 사고는 기술적 처리과정의 복잡성 때문에 완벽히 회피할 수 없으며, 기술적 진보의 부산물로서 감수해야 한다.[75] 모든 부주의를 형사처벌할 경우 사회적 삶은 중단되고 말뿐이다.[76]

이와 함께 위험한 행동의 사회적 유용성과 현대의 기술화된 사회의 상위 목표의 존재의 문제가 언급된다. 예컨대 식량, 에너지, 운송 등은 삶에 있어 반드시 필요한 것일 뿐만 아니라 이들은 사회적으로 대단히 유용하다. 이때 사회적 유용성이 때때로 사회적 합의가 도출되지 못하여 법질서를 통해 규율되는 것이 단념됨을 의미하는 '사회적 관습(Sozialüblichkeit)'과 동일시 되서는 안 된다. 사회가 더욱 법제화되는 틀 내에서 법적으로 승인되는 않는 것을 사회적 유용성이라는 이름으로 규범화할 때 이를 특히 고려해야 한다. 제약산업의 대응이 전형적인 예이다. 즉 의약품은 일반인에게 엄청나게 유용하다. 이에 단지 의약품의 위험을 최소화하는 데에 국한하여 법적 통제가 가해질 수 있을 뿐이다.[77] 물론 통계상의 사망률에 있어 허용된 위험이 일반적으로 존재한다.[78] 그리고 만일 대중화된 의약품이 최종적인 시험절차에서 안정성과 관련된 모든 의심스러운 점이 해소되고 최대한의 안전 요구사항이 지켜져야 한다면 이러한 의약품은 그 가격이 엄청나게 상승하여 그 사회적 유용성에도 불구하고 거의 경제성이 없을 것이다.[79]

이러한 상황에서 기업은 가장 큰 리스크 유발자가 될 수 있다. 그러나 기업은 고도로 발전된 국민경제와 지식산업사회에서 가장 중요한 지식 생산자이기도 하다.[80] 기업의 혁신을 위한 부단한 노력은 경제성장으로 연결된다. 기업의 특허출원 신청은 특히 천연자연이 부족하기 때문에 현재와 미래의 경쟁력 확보에 있어 중요한 요소이다.[81]

리스크관리는 기술적 진보를 통해 더 원활히 수행된다.[82] 결함 없는 제품에 대한 소비자의 신뢰는 대부분의 경우에 정당화된다. 새로운 기술적 진보에 대한 두려움과 관련하여 다소 선택적인 논쟁이 불거지곤 한다. 즉 기술적 진보의 어두움 측면만이 강조되고 안전의 수준을 한층 끌어올린 매우 주목할 만한 기술적 진보는 좀처럼 드러나지 않는다. 기술의 지속적 발전은 예컨대 에너지의 원활한 수급과 같은 새로운 문제의 해결에 있어 매우 중요하다. 그리고 예상치 못한 제품의 부작용은 이른바 '우연한 발견(Zufallsfunde)'이라고 불리는 긍정적인 효과(예컨대 아스피린의 암 예방 효과)를 가질 수 있다. 제품의 긍정적 또는 부정적 효과에 대한 정확한 계량화의 어려움과 그 사용에 따른 소비자에 대한 보호수준의 향상으로 인해 혁신적 제품의 금지를 통한 손해는 통계가 분명히 나타나지는 않는다.[83] 이에 따라 금지규범을 통한 안전의 확보는 적어도 때때로 환상으로 판명되곤 한다. 그리고 소비자는 다양한 가격의 상품에 관심을 가지고 있다.[84]

감정적이고, 비이성적이고, 희화화된 논박은 기술적 리스크에 대한 사회적 관점에 영향을 미친다.[85] 수없이 많이 발생하는 경미한 사고와 달리 대형재난에 있어 심리적으로 이해가능하나 비이성적으로 강화된 리스크에 대한 반감은 행위의 위험성이 과연 무엇을 뜻하는가에 대한 인간의 해석에 어려움을 나타낸다. 이에 덧붙여 기술적 수단을 이용하여 고의적으로 재앙을 초래할 수 있다는 혼란스러운 두려움도 있다. 그러나 리스크를 감수하는 것은 새롭거나 보다 향상된 제품, 서비스 또는 프로세스의 발명이라는 의미에서의 번영과 진보를 위해 불가피한 선택이다. 안전과 번영의 구축은 인적 자원의 총체적 동원을 전제로 한다. 경쟁력 있고 혁신적인 기업활동은 국민의 소득과 생계를 보장하고 산업화된 대량생산 제품의 물질적 이익을 창출한다. 소비자의 욕구는 많은 시간과 노력이 요구되는 제품의 자체 생산방식을 통해서는 더 이상 충족될 수 없다. 오히려 이는 시장에서 기업에 의해 생산·제공되는 다양한 상품과 서비스를 통해 값싸게 이루어진다.[86] 사회 시스템의 구축과 사회적 평화의 전제조건은 기술적 진보를 통해 이루어져 왔다. 개별 시민의 평균 수명은 길어지고 삶의 질은 높아지고 있다. 육체노동에서의 해방, 직장에서의 자아실현, 오늘날 자유로운 여가시간이 늘어난 사회가 가능하도록 한 근로시간의 단축 및 개개인에게 폭넓게 확대된 행위가능성으로 대표되는 오늘날의 삶은 리스크에 중점을 둔 기업의 경제시스템의 덕분이다.[87] 다시 한 번 역마차와 철도의 비유로 돌아가 보기로 한다. 철도회사는 커다란 대규모 리스크를 가지고 있지만 사회는 현저히 더 많은 여행의 기회를 살 수 있었는데, 이는 더 많은 시민이 더 자주, 더 멀리 여행을 할 수 있음을 의미한다.[88] 리스크를 떠안고 철도사업을 운영하는 기업가는 이윤창출을 위해서이지만 일반 대중과 이로써 개개의 시민들 또한 커다란 혜택을 얻는다.

시민들은 부가 창출되고 경제적 이익을 벌어들어야만 하고, 이로써 경제적·정치적·문화적 자유와 개별화된 삶의 품격이 창출되고 유지될 수 있음을 잊어서는 안 된다. 국가의 복지서비스는 국가적 재정수입을 필요로 하는데, 이는 일정 부분 기업의 법인세로부터 충당된다. 이를 근거로 기업이 자동적으로 사회에 미치는 힘은 선험적으로 부정적인 것은 아닐지라도 이상을 현실로 실현하기 위해서 불가피하다.[89] 우리나라뿐만 아니라 독일과 같이 수출 중심의 국가는 새로운 분야와 시장을 개척함에 있어 경제적 역동성을 강하게 요구받는다. 작업방식의 단순화, 제품생산 비용의 절감, 새로운 시장의 개척 등은 합리적 경제의 가장 중요한 요소들에 해당한다. 이러한 방식 모두에 리스크가 따른다.[90] 모든 가능한 리스크를 회피하고 단지 안전한 조치만을 수행하고자 하는 리스크관리의 최신 경향은 부정적인 결과를 초래할 수 있다. 즉 혁신적인 그러나 위험한 사업은 더 적게 감행될 것이다. 그러나 기회를 포착하기 위하여 리스크를 무릅쓰는 것, 그리고 초기의 리스크 결정의 결과적 문제를 극복하기 위해 기회를 실현하는 것은 사회적 발전의 전형적인 기능원리이다.[91]

리스크와 기회는 기업활동에 언제나 내재되어 있는 기본적 속성이다. 기업은 시장에서 생존하기 위하여 리스크를 감수해야 한다.[92] 기업가의 성공은 포괄적인 안전조치가 이행되고 있지 않을 때 리스크를 감수하지 않고, 도식적인 사고에서 벗어나지 않고 그리고 적절하고 빠른 조치를 취하지 않고는 상상할 수 없다. 의사결정자는 전체적으로 리스크에 친숙하도록 행동할 것을 요구받는다. 형법을 통해 리스크를 띠는 기업활동을 제한하려는 조치는 경제적인 이유로 어려움이 따른다.[93]

나. 불확실한 조건 하에서 기업의 리스크 결정

거의 모든 인간의 행동은 행위에 대해 더 이상 재배할 수 없는 사회적 영향이 있을 수 있다. 기업의 여러 활동과 관련된 기업 리스크는 정당한 이유 없이 감수해서는 안 된다. 이에 기업 리스크는 사회적 필요성의 범위 내에서 법적으로 용인되어야 하며, 이를 위한 규범적 척도를 필요로 한다.[94] 허용된 위험을 규정할 경우에 불확실성의 요소들이 포함된 결정인자들이 고려되어야 한다. 후기산업사회에서 기술과 밀접하게 연관된 경제적 행위는 복잡성을 수반한다. 이에 따라 기업경영자는 의사결정의 과정에서 무엇인가를 강요적으로 선택해야 하는 상황에 처해진다. 리스크 결정은 더 이상 회피할 수 없다. 예측은 우연성에 기반할 수밖에 없고, 이에 실망의 위험이 언제나 도사리고 있다. 이러한 사정은 기업 이외에 예컨대 수술을 집도하는 의사들에게도 마찬가지이다. 최선을 다하여 행동하는 현명한 사람들이 있을 수 있지만 그들이 급작스레

의사결정을 내려야 할 때 깨닫지 못하는 일들이 존재한다. 불확실한 인과과정의 진행 속에서 몇 가지 합리적인 의사결정이 가능할 수 있을 뿐이다. 이는 전적으로 사후적 관점에 기반을 둔 책임형법이다. 이때 의사결정 그 자체가 중요한 의미를 갖는다.[95] 제조업자의 의사결정은 제품이 가질 수 있은 위험성의 존재와 그 정도에 대한 불확실 성의 상황에서 이루어진다. 때문에 아주 정상적인 기업의 의사결정(이러한 의사결정은 일반적으로 불확실성 아래에서 내려질 수밖에 없다)에 있어 일정한 과도기적 경과과정이 상존한다.[96] 리스크 결정은 종종 다양한 이해관계를 고려하여 내려야만 하는 중요한 의사결정의 하나이다. 당연히 위험한 행위의 부작위, 예컨대 이미 생산된 제조물품의 공급 중단을 통한 모든 위해의 차단은 대표적인 리스크 결정이다. 왜냐하면 이러한 의사결정으로 인해 개개인과 일반 소비자에게 제품사용과 연결된 이익이 포기되기 때문이다. 어쨌든 인간행동의 모든 형태에 존재하는 일정한 결과에 대한 불확실성은 이러한 인간행위의 특수성으로 인해 복잡성을 증가시킨다.

  그러나 불확실성의 증가는 특히 형법에서 사회적 행위의 정상적 수행을 위해 허용된 위험으로 수용될 수 있다. 당연히 모든 새로운 지식의 획득의 결과로 허용된 위험이 받아들어지기 위해서는 법적 평가의 검토와 수용을 필요로 한다. 이때 더 많은 결과가 리스크 결정에 기인할 수 있으므로 규범적, 특히 형법적 관점에서의 필터링이 요구된다. 형법은 인과과정의 평가에 있어 불확실성이 여전히 존재함에도 불구하고 제품 생산자를 형사처벌하는 것이 올바른 것인지 여부를 결정해야 하는 과제에 더욱 더 자주 직면하고 있다. 제품생산자를 포함하여 규범수범자는 자신의 행위로 인한 손해잠재가능성을 인식하는 데 현저한 어려움에 직면할 수 있다. 이에 따라 의무의 구체화가 어려우면 어려울수록 의사결정자가 규칙의 효력을 신뢰할 수 있도록 올바른 행위 규칙을 보다 자세히 만들어내는 것이 더욱 필요하다. 결국 사소한 주의의무 위반조차도 때로는 중대할 수 있다. 이에 따라 법적 안정성을 통한 기업의 보호, 특히 주의의무에 대한 정확한 개념 정의가 언급되고 있다.

  형법적 평가의 최종 대상은 기업구성원, 특히 고위경영진의 잘못된 의사결정이다. 사람은 이러한 잘못된 의사결정에 대해 때때로 이해할 수 있고 이해를 해야만 한다. 의사결정자는 항상 상세한 검토보고서를 토대로 더 크고 기업운영에 적합한 연구부서를 지원할 수 있는 자격을 갖춘 전문 인력과 동일한 그룹인 것은 아니다. 어쨌든 대기업과 대부분의 기업은 서로 구분될 필요가 있지만 이들 기업은 크건 작

던 간에 리스크를 감소시킬 조치 가능성이 있을 경우 법적으로 고려가능한 모든 수
단을 강구해야 한다. 만일 그렇지 않을 경우 기업의 고위경영진에 대한 '인수책임
(Übernahmeverschulden)'이 고려될 수 있을 것이다.[97]

3. 기업범죄에 의한 손해

(1) 손해에 중점을 둔 논의

기업의 범죄행위로 인해 야기된 손해가 얼마 만큼인지를 파악하는 것은 커다란 법
정책적 의미를 가진다. 엄청나게 큰 손해의 발생은 동일하게 높은 등급의 불법의 내
용과 형사처벌의 강화로 귀결되기 때문이다. 기업범죄의 경우 사소한 범죄가 아님을
강조하는 것이 일반적이다. 즉 기업범죄는 가중 중대하게 다루어져야 할 영역이고,
이에 따라 형법의 독자적인 연구대상임을 부인할 수 없다.[98]

가. 기업범죄에 따른 직접적인 재산상 손해

이미 기업의 범죄행위에 의해 야기된 직접적이고 실질적 손해는 수십억 달러에 달
하다고 한다.[99] 기업범죄에 의한 손해는 일반범죄에 의해 야기된 손해보다 전체적으
로 높음에 틀림없다.[100] 무엇보다 피해자가 한명이 아닌 다수이기 때문에 범죄행위는
하나의 행위로 평가되지만 그 손해액이 엄청나게 큰 것으로 설명된다.[101] 이러한 손
해액 계산의 기초는 피해를 입은 다수의 개인이 고소·고발을 좀처럼 하지 않아 커다
란 암수가 있음을 전제로 한다.[102] 기업범죄행위는 전형적인 이른바 '암수범죄'로 경
찰에 의해 사실상 적발되기 전까지는 좀처럼 드러나지 않는다. 그리고 적발된 기업범
죄라 하더라도 형사고소가 제기되는 경우가 드물다. 왜냐하면 기업범죄는 단지 보편
적 법익을 침해한 경우가 대부분이고 직접적인 피해자가 존재하지 않기 때문이다. 또
한 그 복잡성으로 인해 전문지식이 없이는 형사처벌을 하기 매우 어렵다는 점, 사회
적·경제적으로 파급되는 결과와 독자적 형사소추에 대한 두려움, 피해자의 민사소송
에 의한 해결의 선호 등도 그 이유로 언급된다.

나. 기업범죄에 따른 부수적 손해

기업범죄는 부수적 손해, 특히 무형적인 손해를 발생시킨다. 기존의 경제 시스템에

대한 신뢰도가 낮아질 수 있으며, 그 결과 시장경제에 대한 사회적 수용성이 감소되어 시스템 신뢰가 잠식됨을 대표적으로 언급할 수 있다.[103] 잠식된 신뢰는 거래관계에도 영향을 미친다. 즉 소비자는 더 이상 기업범죄를 저지른 기업을 신뢰하지 않고 기업의 평판은 땅에 떨어진다.[104] 기업범죄는 시장경제의 가장 커다란 결점으로 지적되며, 기업범죄의 희생자는 국가에 대해 부정적 태도를 갖게 한다.[105]

나아가 기업범죄를 저지는 개인 또는 기업이 기업범죄를 통해 부당한 수단으로 경쟁 우위를 차지할 경우 불공정한 경쟁을 초래한다.[106] 경우에 따라 심지어 독점이나 과점을 형성할 수 있다. 그 결과 공정경쟁(자유경쟁 시장의 조정기능, 할당기능, 선별기능, 분배기능 등)은 분해된다. 소수의 기업범죄 행위자가 시장의 중대한 기능장애를 야기할 수 있으며, 큰 관심을 불러일으킨 몇몇 기업범죄 사건이 전체 시장경제에 커다란 부정적 영향을 미치기도 한다.[107]

이는 기업범죄의 전염효과, 모방효과, 학습효과 또는 적응효과 등으로 언급되는 부정적 효과로 연결된다. 즉 경쟁업체는 시장에서의 경쟁력을 유지하기 위해 범죄적 행위를 모방하고, 새로운 기업범죄는 차례로 더 전염된 또 다른 기업범죄의 출발점이 된다. 또한 예컨대 기업은 물론이고 공직 차원에서 확장적 경향을 갖는 이른바 '하향식 출혈 경쟁(race to bottom)'[108]으로 인해 부패경쟁이 발생한다.[109] 경제는 매우 높은 신용성에 기반하고 있기 때문에 피해자의 거래 상대방과 연쇄반응을 불러있을 킬 수 있고, 이는 또 다시 그들의 채권자 등에게 영향을 미친다.[110] 이는 재정적 의존성과 상호 의존성으로 인해 피해자가 아닌 개개인 또는 비관련 기업까지 손해를 보게 된다.[111] 그리고 예컨대 이러한 손해를 가능케 하거나 감추기 위한 문서위조 범죄의 형태로 동반범죄 및 후속범죄가 발생한다. 피해자의 경우 범죄결과에 손해를 극복하기 위해 각기 관리비용을 부담한다.[112]

경쟁위반은 가격 상승 내지 제품의 품질 저하를 초래한다.[113] 그로인해 소비자는 불이익을 겪으며, 이에 그들은 다른 물품의 구매를 위해 지출해야 하는 지불능력이 감소된다. 경우에 따라 예컨대 시장에서 식품위생법, 약사법, 노동법, 환경법 또는 상표법을 위반한 기업범죄의 결과로서 심지어 개인의 건강이 위태롭게 된다.[114]

(2) 기업범죄에 의한 손해에 대해 요구되는 상대화

가. 경험과 시대정신의 고려

기업범죄로 인한 손해가 경제생활에서 과소평가되거나 미화되어서는 결코 안 된다. 하지만 그 손해에 대한 분명한 수치화를 지나치게 강조하는 것 역시 문제다. 그럼에도 불구하고 이론적 문제를 규명하기 위해 경험적 결과를 사용하는 것은 연구분야가 성숙되었다는 표시이다. 경험적 결과의 사용은 연구를 검증가능하게 하고, 후속 연구가 적합한 주제로 되게 한다. 그래야만 법정책은 합리적인 것이 된다. 이 때문에 경험적 연구가 반드시 필요하다.[115]

예컨대 국제적인 컨설팅 및 회계 전문 기업인 KPMG, Ernst & Young, Euler Hermes, PWC에 의해 수행된 경제 컨설팅의 빈번한 연구[116]는 이들 기업의 광고적 성격에 영향을 받은 다수 응답자에 의해 리스크 평가가 다소 왜곡되는 문제가 발생하기도 한다.[117] 그로인해 경제형법 또는 기업형법에 대한 위협과 사회정책적 대호황은 때때로 결여된 규범적·사실적 명료성에 근거하고 있는 것 같다.[118] 기업범죄를 포함하여 모든 범죄에 대한 수치화는 암수범죄를 가정하지 않고는 불가능하다. 이러한 암수가 얼마 만큼인가 하는 것은 강력한 형사소추로 적발의 기회가 증가되기 때문에 개념적으로 불분명하고 사실상 과대평가된다. 개념상 불분명하여 통계적으로 의문이 드는 전체 손해액에 대한 평가는 다소나마 명확해 보이지만 결국 추측에 지나지 않는다. 그러나 이것이 일반 대중, 정치 및 경제에 대한 인식을 결정하는 요인으로 작용하고, 그 결과 일정한 행동과 관련을 짓게 한다. 이러한 측면에서 기업범죄가 증가되고 있음이 자주 주장됨을 알 수 있다.[119] 하지만 기업범죄의 증가가 객관적 자료를 통해 명확히 증명된 것은 아니다.[120] 모든 범죄학자는 일반적으로 통계의 문제점과 경찰 범죄통계의 부족한 신뢰성을 충분히 인식하고 있다.[121]

특히 기업범죄의 부수적 손해로 언급되는 간접적 영향은 더욱 모호하기만 하다. 경제 질서가 갖는 복잡성으로 인해 시장에서 어느 한 경제주체(가계, 기업, 정부, 외국)의 규정위반이 경제 질서 전체를 위태롭게 하는 일은 거의 없다. 또한 기업범죄의 모방효과와 나선효과는 누구에게나 신뢰할 수 있을 정도로 증명되고 있지 않으며 선뜻 수긍하기도 어렵다.[122] 그리고 기업범죄만이 아니라 모든 범죄는 일정 정도 부수적 손해를 야기한다. 예컨대 살인범죄는 피해자의 자녀에게 부수적으로 그 성장과정에 악

영향을 끼친다. 사회통제가 약화될 경우 모방범죄는 기업범죄 이외의 다른 범죄분야
에서도 존재한다. 동반범죄 및 후속범죄는 예컨대 마약범죄의 경우에도 찾아 볼 수
있다. 결국 법정책적 주장이 경험적 통계로 증명될 수 있는 것인지 또는 규범을 새롭
게 설정함에 있어 '신뢰성(Plausibilitäten)'으로 만족할 수 있을까라는 근본적 문제가
상존한다.123)

입법자는 이러한 문제에 대해 증명의 부담을 지지 않는다. 입법자들로부터 신뢰할
수 있는 진술을 기대하기란 좀처럼 가능하지 않다. 신뢰할 수 있는 입법, 그 자체가
불가능할 수 있다. 그렇기 때문에 입법을 함에 있어 완벽하지는 않더라도 수긍할 수
있을 정도로 만들어진 가정과 예측으로 충분하다.124) 그렇지만 적어도 다음 번 '형법
강화(Strafrechtsverschärfung)'가 이루지기 전까지라도 단순한 추측과 실험에서 벗어나
기 위해 부단히 노력하는 것은 꼭 필요한 일이다.125)

나. 전문가의 수사학(rhetoric)과 언론에 의해 조장된 두려움의 야기

때때로 단지 인상에 의해 지지된 추측 내지 가정이 기업범죄에 대한 형사정책적
방향을 설정하는 데 영향을 미치고 있다고 본다. 전문가의 관심이 중대한 역할을 할
수 있다. 그래서 부정부패 방지를 위해 혼신의 힘을 쏟고 있는 저명한 사람이 만연된
뇌물의 문제를 언급하곤 한다. 또한 검찰은 부정부패라는 거대한 풍차 날개에 맞서
싸우는 슬픈 모습으로 기사화되곤 한다. 나아가 검찰은 부정부패를 히드라(Hydra)로
표현하며, 부정부패의 만연, 유물론의 팽배, 가치의 추락, '2차 덕성(Sekundärtugend)'
의 붕괴, 정의감정의 침식, 전방위에 걸친 선량한 거래관습의 붕괴 위협 등을 언급한
다. 하지만 검찰의 수사활동에서 표출된 이러한 일회적이고 격양된 표현이 오랜 시간
의 연구를 통해 도출해낸 경험적 연구결과와 결코 혼동되어서는 안 된다.

미디어의 역할은 양면적 성격을 가지고 있다. 즉 한편으로 미디어는 범죄행위의 적
발에 기여할 수 있고(이른바 "감시견"으로서의 역할), 이러한 행위는 공적 토론의 대상이
된다.126) 다른 한편으로 기사화된 내용이 광범위하게 전파될 수 있는 미디어기술의
시대에서 미디어는 특정 사안을 스캔들화하거나 조작할 위험이 상존한다.127)

범죄행위는 언론기사로서 높은 가치가 있는 것으로 평가된다.128) 그러나 미디어산
업분야에서 개별 경제 부분과 관련된 매일매일의 최신 소식은 한편의 드라마와 같다.
기업의 범죄행위에 대한 미디어의 폭로는 그 판매부수와 인용빈도에 있어 상업적 가

치가 있어야 한다. 이를 위해 미디어는 악의적 의도로 감정적 편집을 하곤 한다.129) 그래서 언론보도는 개별 사안과 특정 개인에게 지나치게 초점을 맞춘다. 이때 개인적 요인들이 전면에 등장하고, 예컨대 부정부패 행위를 통해 얻을 수 있은 커다란 상황별 이득과 같은 체계적인 관련성은 언급되지 않는다. 그 결과 왜곡된 인식만 남는다. 미디어가 기사화하는 주제는 매우 흥미롭고 이목을 끄는 사건을 중심으로 다룬다. 문제가 아닌 사건이 전면에 등장한다. 흥미롭고 이목을 끄는 보도는 빠르게 전파된다. 하지만 그와 관련된 토론 역시 빠르게 사라진다. 결국 기업범죄 억지와 관련된 문제해결을 위한 전문가들의 진지한 토론은 제대로 이루어지지 않은 채 기사만 덩그러니 남을 뿐이다.130)

언론인들은 이미 잘못된 질문을 던지고 일반 국민의 오해와 왜곡된 생각을 재반영한다. 언론인들은 편견과 그릇된 판단을 몰아내는 대신에 이들을 미디어를 통해 제공한다. 특히 미디어는 다른 어떤 사안보다 불법, 군사적·정치적 갈등, 스캔들, 분쟁, 재난 등에 관심을 가진다. 이들 사안은 이분법적 사고가 지배할 수 있는 것들이다.131) 또한 이들 사안에서는 인기 있는 범죄소설처럼 정치적·경제적·사회적 및 도덕적 갈등이 다루어진다.132) 사안의 진상을 최대한 간략히 기술하는 것은 미디어의 임무이다. 하지만 기업 경영자로서 이루어 낸 성과를 전혀 도외시한 채 파렴치한 사람으로 기업경영자를 단조롭고 무미건조하게 일방적으로 묘사하는 것은 미디어로서의 임무를 소홀히 하는 것이다. 피의자, 심지의 용의자 단계에서 편견과 혐의를 가지고 보도하는 것은 헌법이 보장하고 있는 무죄추정의 원칙에 반할 수 있다.133)

다른 한편으로, 미디어는 넓은 의미에서 부패에 취약하다. 미디어는 광고주에게 상업적으로 의존해 있어 광고주의 정파적인 또는 경제적인 이익을 위해 도구화될 수 있기 때문이다. 또한 어느 한 기업에 대한 언론 보도의 범위와 전체적 경향은 신문사와 기업 간의 관계가 어떠한가에 의존될 수 있다. 이와 더불어 정치 및 경제에 있어 관련 그룹에 언론인의 개인적 친소관계가 덧붙여진다. 그리고 사법부 역시 미디어의 영향으로부터 자유로울 수 없다.134) 수천억 원대의 기업범죄를 저지른 혐의로 기소된 기업 최고경영책임자에 대한 언론 보도는 사법부에게 일정한 영향을 미친다. 그리고 미디어 역시 사법부의 선고결과에 대한 전반적인 보도 태도에 영향을 받는다. 예컨대 기업범죄를 저지른 기업 최고경영책임자에게 내려진 사법부의 반부패 조치에 대해 질타하는 목소리가 아니라 우호적인 목소리를 내는 긍정적 보도는 기업범죄에 대한

강력한 대처를 기대하는 독자들의 관심을 잃게 하고, 더 나아가 기업가에게 부패를
척결하게 하는 유인도 상실하게 한다.[135)]

4. 정당한 이윤추구와 탐욕

형법적 수단을 사용하여 경제를 통제하려는 요구의 법정책적 핵심은 대체로 이윤
을 추구하는 경제적 활동의 제어가 숨겨져 있다. 어느 한 기업에서 지나게 영리를 추
구하려는 목적설정은 법적 신뢰의 잠재적 약화로 이해되곤 한다. "경제와 범죄는 서
로 밀접하게 연결되어 있다"라는 가설이 대중의 인식 속에 굳게 자리를 잡고 있
다.[136)]

(1) 기업의 이윤추구에 중점을 둔 논의

기업은 이윤추구와 그에 따른 성장에 의존하기 때문에 모든 비용을 상쇄하고도 남
을 정도의 이윤을 추구하고자 하는 욕구를 차단하기 어렵다. 이처럼 극대화된 이윤추
구는 법령준순의 기회를 잃게 한다. 기업적 이해관계, 즉 얼마나 이윤을 창출했는가
라는 결과에 따른 경영관리는 제3자의 법익을 침해할 수 있다. 거래실적과 경력은 신
중함이 아닌 놀라운 성과로 만들어지는데, 이는 명성의 추구와 관련된다.[137)] 기업범
죄는 조직범죄로 옮겨갈 수 있다.[138)] 경쟁이 치열한 시장에서 자금부족은 내일의 상
황에 대해 지속적인 우려를 하게 한다. 기업에 있어 가능한 한 가장 높은 이윤의 확
보는 미래의 안전을 의미한다.[139)] 미래의 안전을 담보하기 위해 지나친 이윤추구는
합법적인 방법에서 점차 벗어나 불법적인 방법으로 유동적이고 불확실한 전환을 야
기한다. 이와 관련하여 법과 도덕이 혼재된 도덕의 한계가 언급된다.[140)] 이윤과 성과
를 추구하는 과정에서 마주치는 형법상의 명령규범과 금지규범은 어떻게든 이를 회
피해야만 하는 최후의 장애물로서 인식한다.[141)]

(2) 기업의 이윤추구에 대해 요구되는 상대화

가. 형법을 통한 사회적 가치관의 변화 모색의 의문

우선 과거에는 모든 것이 더 좋았다는 식의 현재에 대한 비관적 태도를 배척해야
한다. 많은 경우에 이는 오늘날 젊은이들의 퇴보에 대한 기성세대의 비판을 떠올리게

한다. 남자들은 실적주의에 따라 평가되고 물질주의와 이윤추구 기질에 지배되며, 전체 사회에서 수용된 비물질적인 가치를 경시하곤 한다.[142] 모든 삶의 영역은 성공신화 속에서 물질화되어 종래의 덕성을 가진 진정한 모범은 사라지고 있다. 요컨대, 사람은 물질적 이익과 자아와 관련하여 자기실현이 가능한 사회에서 자기 자신을 찾고자 한다.[143] 이것은 부분적으로 소비에 대한 비판 또는 조금 더 높이 출세하고자 하는 권력의지에 대한 비판과 연결된다.

그러나 왜 형법적 수단을 가지고 사회적 가치관의 변화에 대처해야 하는지는 설명되지 않는다. 사회의 역사적 존재 그 자체가 목적은 아니다. 이는 사회의 붕괴가 아닌 단지 사회의 구체적 형태의 변화에 관한 것이다. 가치관의 보호 필요성은 이러한 가치관과 연결된 사회를 구성하는 개개인의 이익으로부터만 도출될 수 있다.[144] 이것은 민주주의에서 절차를 통해 결정되어야 한다. 현재 자유민주주의 사회에서 제정된 법률은 개개인 그 자체의 보호를 최우선으로 한다. 이에 다원주의가 존재하고 존재해야만 한다. 즉 의미 있는 삶의 형태가 무엇인지에 대한 다양한 개념의 공존이 결코 결함으로 설명되지는 않는다. 자신의 가치관과 신념에서 다소 벗어난 생각을 하더라도 방해받지 않고자 하는 단순한 욕망은 형법상 중요하지 않다.[145] 그보다는 타인의 법익을 침해하거나 사회 공동체의 공존을 위태롭게 하는 행위가 형법상 중요하다. 종말이라는 의미에서의 가치타락은 아직까지 존재하지 않는다.[146] 오히려 오늘날 우리는 현대의 다양한 정보를 통해 더 예리하고 통찰력 있는 인식을 가지게 되었다. 기업범죄의 경우 사람이 어린 시절에 배우는 기본적인 가치태도에 관한 것이 아닌 직업 수행의 과정에서 발생한 법령위반에 관한 것이다. 즉 기업범죄의 경우 개인적인 가치타락이 아닌 직업생활에서 습득하고 보상되는 태도가 중요하게 다루어진다. 따라서 준법지원인과 효과적인 컴플라이언스 프로그램을 통해 그러한 태도의 체계적인 변화가 기업범죄를 예방하기 위해 요구된다.

나. 자유시장 경제체계에서 합법적인 이윤추구의 변호

자유시장 경제체계에서 최종목표로서 사회적으로 유용한 행동을 야기케 하는 것이 바로 '이윤(profit)'이다. 기업의 성과지향은 장기적 관점에서 이윤을 계속 창출하기 위해 그들의 행동에 있어 신중을 기하게 한다. 이것은 일반적으로 유용한 이타주의이다.

그럼에도 불구하고 시장경제 시스템 전체, 이러한 시스템에서 단합된 주인공으로서 기업, 기업에서 임원으로서 대표이사 그리고 시장경제에서 기업활동의 대원칙으로서 이윤추구 등에 있어 상호 간에 서로 맞부딪치는 다층적인 '수용의 위기(Akzeptanzkrise)'가 감지될 수 있다. 그 대표적인 표현이 모든 경제학 교과서에 기술된 경제와 경영자의 설명일 수 있다. 거기에서는 리스크를 감수하고 그들 상호간 자유경쟁을 하는 자유 기업가를 매우 비판적으로 간주하고 있다. 여기에는 성장과 혁신에 대한 회의론이 지배한다. 무엇보다도 재화의 생산이 아닌 재분배가 주요한 주제로 다루어진다. 거기서 글로벌화는 위험을 만들고, 시장은 위험한 정글이다. 뚱뚱한 부자와 땀 흘려 일하는 노동자라는 상투적 묘사는 자본주의에 대한 비판과 반자유주의적 이념의 전파를 위해 애쓴다. 가계, 기업, 정부, 외국이라는 경제주체 가운데 정부의 역할이 무엇보다 강조된다.[147)]

부도덕한 자본주의 경제를 대신하여 대체되어야 그 무엇에 대해서는 구체적으로 언급되지 않고 있다.[148)] 때때로 제2차 세계대전을 승리로 이끈 자신의 리더십에 식상해 있던 영국 유권자들이 자신과 자신의 정당에 등을 돌리자 1947년 영국 총리 윈스턴 처칠(1874.11.30.~1965.1.24.)은 "지금까지 시도됐던 다른 형태의 모든 정치 시스템을 제외하면 민주주의는 최악의 정부 형태다"라는 말이 생각나게 한다. 특히 기업은 사회의 거울이라는 점에서 시장과 국가의 관계에 있어 상호 견제와 규제는 정당하다. 개인과 사회 사이의 목표와 관심사에 있어 불일치는 국가와 그의 개입의 존재에 대한 중요한 근거가 된다.[149)] 개개인의 사적 이기심을 공적 이익으로 유용하게 만들어야 한다. 하지만 이기심은 모두를 위한 번영의 핵심 엔진이다.[150)] 리스크 감수를 통해 발전을 꾀하고자 한다면 이윤추구가 필요하다. 이윤추구가 비록 대부분의 범죄의 동기일지라도 기업범죄에 대한 대처로 이윤추구를 법정책적으로 곧바로 범죄시할 수 없다. 즉 이윤추구는 법적으로 중립적 성격을 가질 뿐이다. 잘 계획된 생산과 구매, 유용한 제품의 분배와 처분은 제3자인 고객, 소비자, 주주 등으로 하여금 그들 개개인의 이익에 만족을 가능케 하고, 사회적 일상생활의 협력과 다양한 형상을 촉진한다. 이 때문에 이윤추구는 개개인에게 유용할 뿐만 아니라 간접적으로 사회공동체에게도 유용한 성격을 갖게 한다. 기업은 사회에서 경제적 가치를 창조하는 단체이다. 기업가의 이윤추구는 자유시장 경제체계에서 사회가 부여한 하나의 특권이고, 이 특권을 위해 사회에 보상을 지불해야만 한다는 것은 어쨌든 잘못된 이해이다. 시장경제에서 주연 배우로서, 그리고 가치 창조자이자 문제 해결자로서 기업에게는 사회적 책

무가 존재한다.151)

자유시장 경제체제에서 시장접근의 자유, 제품생산의 자유, 상업의 자유 및 동일한 목표를 달성하기 위하여 타인과 일할 수 있는 자유를 포함하여 기업경영의 자유가 보장된다.152) 만일 기업경영의 자유를 제한하고 기업에게 징벌적 추가비용을 부담시키고자 할 경우 그 경제헌법적 정당성에 대한 검토가 요구된다. 자유시장은 외부에서 도덕적 규범으로 덮어씌우지만 않는다면 개개인과 일반 대중의 안녕과 복지를 위해 제 기능을 다 한다. 항상 의심으로 눈초리로 보는 금융산업도 저소득층을 착취하기 위한 수단이 아니라 대다수가 구매와 투자를 할 수 있는 기회의 수단으로 여긴다. 은행을 통한 대출은 자본가와 비자본가 사이의 권력관계를 조화시키려는 분배과정으로 민주주의의 한 부분이다.153)

자유시장 경제모델이 아닌 통제 경제모델은 일정 부분 매력을 가지고 있지만 이는 시장이 전적으로 국가적 보호에 의존했을 경우에만 그러하다. 도덕주의자들에 의한 '능력사칭(Kompetenzerschleichung)'은 위험하다. 아무런 근거도 없이 기업범죄 내지 경제범죄는 자본주의 시스템에서 발견된다는 극단적 마르크스주의자들의 비판이 존재했었다.154)

그렇다고 하여 자유시장 경제모델에서 규제가 전혀 없는 것이 아니다. 다만 시장경제에 있어 모든 규제는 시장거래의 마비, 가치창출 연결고리의 단절로 연결될 수 있어 의문시 되곤 한다. 특히 정부의 타율규제는 시장참여자들을 획일화시키고 자유롭게 움직이지 못하게 한다.155) 시장참여자는 규제에 의해서가 아니라 사회적으로 유해한 행위를 저지른 것인지를 스스로 확인하고 주의해야 한다. 즉 국가는 자율규제가 충분히 달성되지 않는 곳에서만 개입해야 한다. 얼마만큼 경쟁을 해야 최적의 경쟁인가를 찾는데 있어 규제가 개입됨으로써 경쟁의 촉진 내지 방해가 되는지가 언제나 그 판단 척도가 된다. 새로운 가치와 부를 만들어 내고자 하는 기업가 정신은 결코 억압되어서는 안 된다. 무엇보다 시장경제 질서의 혼란을 최소화하기 위하여 형법의 개입은 경제범죄 또는 기업범죄의 대처수단으로서 최후에 머물러야 한다. 어떠한 규제가 시장경제의 본질적 구성요소의 보호에 관한 것일수록 기업과 기업경영자의 이윤추구의 노력은 징벌적으로 더욱 제한될 수 있다. 왜냐하면 시장경제를 작동케 하는 기어장치에 모래가 끼게 되면 기업과 기업경영자에게 막대한 손해가 발생하기 때문이다. 그럴 경우 기업경영이 위축되거나 제품생산활동이 차질을 빚게 되고 이로써 제품생

산에 더 유리한 장소로 이전하게 되는 위험이 초래된다. 도덕적 이상과 규범은 시장
과 경쟁의 폐쇄가 아닌 확대를 통해 더욱 잘 실현될 수 있다. 국가 역시 세금을 점진
적으로 비례해서 부과함으로써 성과원칙을 활용한다. 그리고 국제사회에서 서로 다
른 국가들도 예컨대 관세, 보조금 및 세금 등에서 상호간에 경쟁관계에 놓여 있
다.156)

결과적으로 경제활동을 하는 기업은 결코 위험한 범죄자 아니다. 기업이 아닌 다른
공동체는 완전히 다른 방식으로 사람을 이용하는데 이 때문에 강력한 범죄적 단체태
도를 형성할 수 있다. 조직범죄 단체는 위계질서를 가지고 분업적으로 국경을 넘나들
며 활동하기 때문에 그들의 범죄적 성향으로부터 정당한 이윤추구로의 반전이 허용
되지 않는다. 형사처벌이 불가능하고 또는 가능한 기업범죄 내지 경제범죄의 구별은
아무런 실익이 없다. 또한 형사처벌을 받지 않는 또는 받는 기업범죄 내지 경제범죄
를 사전에 확정하는 것은 시민의 경제활동의 자유를 부인하는 것과 다름없다. 누가
형사처벌을 받지 않은 범죄의 내용에 대해 말할 수 있는가?157) 비용을 고려하는 성향
에 있어 사회화 과정은 인간과 기업에게 고유하고 변할 수 없는 것이다. 게임규칙의
설정을 통해 이윤추구의 고려는 조종할 수 있다. 이를 스포츠와 비교해보자. 성공한
모든 선수가 불공한 것은 아니다. 하지만 실패한 모든 선수는 성공을 위한 열망을 가
지고 있다. 경기규칙의 수립과 심판에 의해 규칙준수 여부의 판정은 어느 누구도 공
정성으로 인해 어려움을 겪지 않게 한다. 마찬가지로 자유시장 경제 시스템에도 시장
경제가 제대로 기능할 수 있도록 충분한 자유가 보장되어야 하고 거래 상대방에 대한
존중이 수반되어야 한다.158)

조직범죄의 경우 범죄목적으로 법망을 벗어난 조직 내지 단체를 형성하여 고의에
의한 범행이 주를 이루지만, 기업범죄는 조직범죄와 달리 종종 고의가 아닌 과실에
의해 범죄가 행해진다.159) 범죄조직과 달리 기업의 경우 합법적 기업목적이 중심을
이루고 있으며, 기업의 대다수가 기업가 정신과 선량한 의지를 가지고 기업활동을 한
다. 기업에 의해 행해진 대부분의 범죄행위는 잘못된 리스크 평가 또는 불충분한 사
실관계의 확정에 기인한 것이지 고의적인 규범위반에 의한 것이 아니다.160) 그럼에도
불구하고 이는 대부분의 기업, 특히 다국적 기업이 고의적인 규범위반에 따른 범죄행
위를 하는 것으로 부당한 공격을 받곤 한다.161) 이때 기업에 대한 비난은 대부은 그
대상이 정확히 세분화되지 않고 행해질 뿐만 아니라 일괄적이고 포괄적으로 이루어

지는 경향이 있다.[162]

그러나 합법의 경계 지역에서 행해지는 기업활동을 법적으로 규제하려는 시도는 바람직하지 않다. 어쨌든 허용된 경제활동과 금지된 경제활동의 경계는 예컨대 사기와 현대적 영업 관행 사이의 경계와 마찬가지로 서로 가깝다. 합법적으로 허용되나 부도덕한 것으로 인식되는 것들(이른바 불공정하고, 신뢰할 수 없고, 의심스러운 관행)의 지지표명은 자칫 반대에 부딪칠 수 있다. 도덕은 경제 시스템에 속하는 것이 아니고 법적으로 요구되지도 않는다. 도덕의 인용은 체계적인 경계설정을 흐릿하게 한다. 이와 달리 명백하게 금지된 것이 아닌 한 허용된다는 것은 형법상 자명한 일이다. 법적·경제적 교류의 틀과 형성가능성의 활용, 흠결과 우회가능성의 탐색은 말 그대로 정상적인 것이다. 이는 민법에서 사적 자치의 이해와도 일치한다. 경제적 활동의 목록에는 법률의 흠결을 이용하는 것이 포함된다. 법률 자문은 아직 허용되는 것의 경계가 어디까지인가 탐색함을 목적으로 한다.[163] 바로 여기서 그러한 경계에 대한 입법적 조치가 요구된다. 규범의 복종을 비난해서는 안 된다. 마찬가지로 다국적 기업이 치열하게 경쟁하는 국제경제 영역에서 국가들 상호 간의 법규의 차이점과 흠결을 적절히 활용하는 것도 합법적인 것이다. 그렇지만 기업형법 내지 경제형법은 우연 혹은 무의미한 혼돈의 영역이 아니라 규범적 질서와 기능적 구조를 가지고 있는 경제라는 사회의 하부체계를 존중해야 한다.[164]

Ⅱ. 특별한 범죄적 위협으로서 기업조직과 분업

1. 리스크에 중점을 둔 논의

(1) 기업조직의 분업화, 위임 및 탈중심화

이전 시대와 비교해 볼 때 현대 사회는 엄청난 규모의 기업조직과 분업이 존재한다. 이를 통해 시민은 다양한 서비스 분야와 자유로운 직업을 얻었다. 이러한 분업화된 기업조직은 기업범죄의 형사책임과 관련하여 귀속이론과 범죄행위의 입증 문제를 초래한다.[165] 한편으로 분업화, 수직적·수평적 위임과 탈중심화는 특히 현대적 리스크의 분배문제와 관련된다. 다른 한편으로 이러한 기업활동에 있어 분업화의 경향으로 인해 기업범죄에 대한 형법적 통제의 실패가 언급되고 있다. 매우 복잡한 인과관계의 문제를 극복하기 위해 고안해 낸 개인책임에 근거한 결과귀속이라는 전통적 귀속원칙은 분업화에 의해 점점 더 그 기능을 상실해 가고 있기 때문이다.166) 후기산업사회에서 등장하는 경제활동의 현대적 리스크는 결코 한 개인에 의해 완벽히 지배될 수 없고 책임질 수 없으며, 오히려 수많은 사람의 상호작용에 의해 발생한다. 복잡한 대규모 기업조직에서 개인 책임은 특정되지 않고 여기저기로 분산된다. 어느 한 범죄자가 피해자 한 명의 법익만 침해하는 이른바 '미세범죄(Mikrokriminalität)'라는 의미에서 개인범죄를 바탕으로 한 귀속원칙은 실패할 수밖에 없다. 개인에 초점을 둔 전통적 형법적 도구는 분업활동의 과정에서 발생한 형사처벌의 근거가 되는 개개인의 범죄적 기여를 확정함에 있어 제대로 기능을 하지 못하고 점점 한계점에 도달하고 있다.167)

역할 분담에 따른 범죄자 탐색은 기업의 계층화된 조직구조와 충돌한다. 주지하듯이 형법의 전형적인 행위주체는 단독정범이다. 단독정범의 '개인적' 행위 관련성은 이러한 기업 조직구조에서 '집단적' 행위관련성으로 대체된다. 왜냐하면 기업조직에서 개인행위는 상호 연결되어 형성되거나 연동되기 때문이다.168) 이에 따라 범죄주체가 사라질 위기에 처해 있다. 예컨대 독일형법 제25조 제1항의 단독정범과 같은 전통적 형법적 귀속기준으로는 불충분하다.169) 또한 기업범죄의 영역에서 살인, 상해, 강취 등과 같은 육체적 행위방식은 쉽사리 찾아볼 수 없다. 단독정범으로 대표되는 중심인물의 형상은 구체적이고 명백한 미세범죄를 다루는 개인형법에서만 유효하다.170) 기업의 계층화된 조직구조에서 행위귀속의 일반 원칙은 존재하지 않는다. 행위귀속을 위해 작업활동을 일일이 기록하게 할 경우, 이는 엄청난 업무 부담으로 작용하게 되고 이를 통해 책임이 말단의 개별 종업원에게 떠넘겨지게 한다. 그리고 기업범죄와 관련된 행위귀속을 위해서는 조직내부에서 권한이 어떻게 분배되어 있는가와 아울러 현실에서 그 권한이 얼마만큼 실현되었는가에 대한 정확한 분석이 요구된다. 하지만 본래 의미에서 행위형성에 개인이 얼마만큼 기여했는가라는 '개인화' 내지 '개별화' 가능성을 확인하는 작업은 쉽지 않은 일이다. 왜냐하면 기업조직의 집단적 행위에 대해 개별 종업원의 행위는 종종 뒷자리로 물러나기 때문이다. 그러한 점에서 하위에서 상위로의 의견개진에 의한 의사소통체계를 의미하는 '상향식(bottom-up)' 접근방법은 그리 성공가능성이 높지 않다. 더욱이 상향식 접근방법의 경우 책임을 져야 하는 사람은 보통 다수이다. 이 경우 기업범죄의 수사과정에서 용의자가 차고 넘쳐 수사가 쉽사리 진척되지 않는다. 또한 가장 책임이 큰 배후자를 찾아내기도 어렵다.[171] 경우에 따라 교사범에 대한 책임을 물을 수도 없다. 왜냐하면 말단 종업원인 피교사자는 전형적으로 전체를 개관할 수 없다는 점에 비추어 볼 때 배후자의 교사행위를 찾아낼 수 없기 때문이다. 더욱이 교사자로부터 너무나 멀리 떨어져 있어 전체를 조망할 수 없는 피교사자 집단에 대해 교사자의 교사에 따른 구체적 영향력을 입증하기도 어렵다. 말단 종업원은 상급 관리자들이 원하는 바를 알고 있기 때문에 상급 관리자의 어떠한 지시도 필요하기 않는 경우가 때때로 있다. 이는 방조범에게도 동일하게 적용된다.[172]

기업범죄에 있어 진정한 범죄자는 분업화로 말미암아 형사책임으로부터 자유롭게 되어 책임귀속 범주에 대해 다시 생각하게 한다. 법적 의무의 위임은 기업경영의 무죄변명 사유로 이어질 수 있다. 하지만 이는 종업원 개인의 행위는 기업조직에 연결되어 있으므로 그 개인에게 막중한 위험 권한을 떠 넘겨서는 안 된다는 점에서 받아들여질 수 없다.[173] 그럼에도 불구하고 확산된 계층구조와 실질적인 분권화를 통해 책임귀속을 어렵게 하는 상황이 빈번히 발생한다. 오늘날 대기업의 경우 계층구조의 최고 정점에 있는 어느 한 자연인, 즉 최고경영책임자(CEO) 한 사람을 통해 모든 기업의 활동을 물샐틈없이 완벽히 통제할 수 있다는 생각은 실현될 수 없다. 왜냐하면 개별 부서의 종업원에게 단계별 권한 위임을 통해 상당 부분 재량권이 부여되어 있기 때문이다.[174] 단지 중대한 시스템 위반자만이 적발될 뿐이다. 개별 종업원들에 대한 행위지배는 단순한 조정기능으로 변이되고, 그들의 개인적이고 육체적인 행위가능성은 점차 희석되어진다.[175]

이러한 현상은 조직적인 인적 단체(Personenverbände)에도 마찬가지로 적용된다. 조직적인 단체의지가 형성된 이후에 단체의지는 그가 단체의 기관이든 아니든 간에 인간을 통해 행동으로 옮겨질 수 있다. 일반적인 조직에서 인간과 조직의 결합은 복잡한 네트워크 내에서 경영, 지시, 통제 및 자문활동의 확산을 창출해 낸다. 이때 누구에게 책임을 물을 것인가 의문이 제기된다.[176] 이와 관련하여 중소기업의 경우에 포괄적이고, 단선적·계층적인 조직구조를 가지며 최고경영책임자에게 모든 정보가 집적된다. 이에 따라 지시 내지 명령을 역추적하는 것이 가능하다. 하지만 이와 달리 대기업의 경우 개별 부서의 상호 독립적인 시스템의 운영으로 인해 유연한 분권화 및 역할분할이 지배적이다. 이에 따라 한 개인에 의한 전체 시스템의 지배 잠재가능성은 현저히 줄어들고, 개인의 개별적·육체적 행동도 그 의미가 희석된다.[177] 이는 곧바로 최고 의사결정기관인 이사회에 객관적인 실행력의 결함, 권한의 축소 및 정보의 파편화로 연결된다.[178] 조직의 인적·물적 자원이 증대됨에 따라 기업은 국가의 법규준수 압박으로부터 회피할 수 있다. 경우에 따라서는 업무처리과정에서 자유로운 창의성을 촉진하기 위해 거의 규제되지 않고 있으며, 서류도 남아있지 않다. 이는 권한분배와 위임의 문제를 초래한다. 특히 제3차 서비스산업 분야에서 작업 프로세스의 계통적 분류를 위한 전통적인 지침은 포기되고 있다. 팀에 의한 공동 작업이 광범위하게 실행되고 있으며, 필요에 따라 임시 프로젝트팀이 꾸려지고 해체가 반복되고 있다. 자재구매에서 생산, 재고관리, 판매에 이르기까지 전 과정에서 낭비요소를 최소화한다는 의미의 이른바 '린 경영(Lean management)'은 종업원의 참여목소리가 더 커지게 한다. 외부에 영향을 미치는 다양한 결정은 기업의 최고경영책임자에 의해서가 아니라 이미 조직의 하위 계층에서부터 이루어진다. 이에 덧붙여 기업업무의 일부 프로세스를 경영 효과 및 효율의 극대화를 위한 방안으로 제3자에게 위탁해 처리함을 의미하는 '아웃소싱(Outsourcing)'의 의미가 더욱 커지고 있다.[179] 나아가 기업조직의 종업원에 대한 인사업무에 있어 시간적 차원은 더 큰 어려움을 초래한다. 즉 어느 한 종업원에 대한 전보, 해고, 신규임용 및 재배치는 책임 소재를 변경시키거나 심지어 어느 누구도 책임지지 않게 하는 상황을 초래한다.[180]

　이러한 형사책임귀속의 문제와 관련하여 입법자는 예컨대 독일질서위반법 제130조[181]에서 하나의 모델을 제시했다. 공기업 또는 사적 기업의 소유주가 고용된 경영전문가와 비교할 때 언제나 더 고도의 지식과 경험을 가진 것은 아니고, 오히려 그 반대로 비전문적 지식만을 가지고 있을 수 있기 때문에 오늘날 그의 감독권한이 많이 상대화되어 있다고 하더라도 그는 여전히 포괄적인 역량, 전문지식 및 영향력을 가지고 있다.[182] 여기에는 현대적 리더십 개념과는 대치되는 가부장적인 사고가 녹아 있다. 이러한 기업 소유주에 대한 이미지는 지나치게 계층적인 사고에 기초하고 있기 때문에 잘못된 것이다. 조직의 최고 정점, 즉 사업주를 통한 조직의 물샐틈없는 규제 내지 통제가 가능할 수 있다는 생각은 문제가 있다. 하급 직원은 절대적 복종 관계에 있지 않기 때문이다. 하급 직원과 비교할 때 전문적인 지식 및 경영 노하우를 가지고 있음을 이유로 한 사업주에 대한 권위주의적인 가부장제 리더십의 이미지는 19세기에나 적용될 법한 것이다. 이와 달리 오늘날 사업주는 합리성을 갖춘 각 분야의 전문가와 함께 사업을 수행하는 것이 일반적이다. 이때 상호 신뢰의 영역이 생겨나고, 해당 분야의 책임자에 의해 취해진 조치는 더 이상 재검토될 필요가 적다.[183] 이에 기업조직 내에서 사업주와 하급 직원의 상호 의존성이 증대하고 있고, 사업주를 포함한 고위경영진은 기업조직이라는 전체 기어장치에서 단지 하나의 톱니바퀴에 지나지 않는다.[184]

(2) 기업조직에 대한 책임비난의 어려움

기업조직과 관련된 회의론은 기업 내의 구체적인 범죄행위가 지속적인 발생함으로 인해 계속해서 제기되고 있다. 기업조직이 아닌 개인을 바탕으로 한 개인형법은 자연 발생적인 개인의 의사결정 상황에 초점을 둔다. 이때 한 개인의 단일한 상황에 따른 고정점을 쉽게 특정할 수 있다. 하지만 이는 기업조직에서 동일하게 작동되지 않는다. 여기에서는 특정한 순간에 개인의 의사의 자유 또는 의사결정의 자유가 중요하지 않지 않다. 기업조직의 다양성 및 그 복잡성으로 인해 어느 한 하급 직원의 자유로운 의사결정에 따른 활동이 기업조직 전체에 어떤 의미를 갖는지를 완벽히 파악할 수 없을뿐더러 다수 개인의 즉각적인 활동은 파편화되고 원자화된다. 이러한 곳에서 개인이 행한 범죄과정을 하나하나 재건하기란 여간 어려운 것이 아니다. 기업에서는 장기적으로 의사결정과정이 점차 시스템화 되어가고, 그 결과 그러한 프로세스만을 파악할 수 있을 뿐이다. 기업 그 자체에 대한 독자적인 형사상 책임비난은 고위경영진에 의한 매우 분리된 전략적 의사결정, 결함 있는 제품의 개발·생산 및 위험인식과 위험예방에 대한 장기간에 걸친 흠결이 있는 경우에만 가능할 뿐이다. 기업조직 내에서 여러 주의의무가 얼기설기 뒤엉킨 혼재 상황은 단순히 운명으로 치부되는 불운과 가벌적인 개인책임을 서로 구별하기 어렵게 한다.[185]

(3) 분업화에 따른 업무지식과 정보의 분배

개인형법은 즉각적인 의사결정, 실행 및 그에 필요한 정보가 한 개인에게 결합되어 있음을 기반으로 한다.[186] 반면에 기업형법은 의사결정 권한의 분산과 아울러 그에 따른 행위와 책임의 분산을 토대로 한다.[187] 이러한 기업형법에서는 고의뿐만 아니라 과실이 더 적게 근거지어질 수 있고, 분업화에 따른 업무지식과 정보의 분배로 인해 각기 다른 행위주체로 불법구성요건요소가 분배됨을 초래하여 경우에 따라 그 어느 누구도 형사처벌되지 않는 처벌의 흠결이 발생할 수 있다. 업무지식과 정보의 기반은 분업화된 하부 단위조직에 기초하고 있고, 이는 기업이 수행해야 하는 과업, 특히 그 과업이 고도로 전문화된 자연과학적인 또는 경제학적인 지식을 필요로 하는 경우에 더 세밀화 된 분화를 가져오게 한다.[188) 법규범을 준수해야 하는 규범수범자와 관련하여 좁은 적용 대상자만을 규정하고 있는 독일형법 제14조[189)와 독일질서위반법 제9조[190)는 그 흠결을 완벽히 차단하지 못한다. 이에 전통적인 형사책임귀속 모델은 아주 제한적으로 적합할 뿐이어서 이른바 '조직화된 무책임'에 대해 아무런 대응책이 될 수 없다고 한다.[191)

그리고 분업화와 탈집중화된 시스템을 갖춘 기업에서 정보전달 구조는 의사소통의 문제와 정보선별 심지어 정보에 대한 조작의 문제까지 나타나고 있다.[192) 이러한 시스템 내에서 느리고 다소 답답하기까지 한 업무처리 절차의 단점은 직급별 상급자로의 보고 절차와 수평적 정보흐름을 더디게 하는 결과를 초래한다. 해당 업무를 가장 잘 아는 전문가는 기업의 최고위층에서가 아니라 개별 업무부서에서 자주 발견된다. 기업운영과 관련된 핵심적인 정보기반은 기업의 위계질서 내에서 상층부가 아닌 점차 하층부로 이동한다.[193) 또한 여기서 직원에 대한 지배적인 이미지가 상사의 명령에 따라 업무를 수행하는 하급 직원에서 팀 내에서 독립적이고 책임감 있는 동료직원으로 점차 변화하고 있음이 분명히 나타나고 있다. 나아가 기업 내에서 비공식적 시스템이 등장함에 따라 공식 조직에 적용되는 '일차 행동 강령(first code)'과 개별 직원에 대한 미시적 정책으로 '이차 행동 강령(second code)'이 만들어진다. 이러한 점에서 실제 기업운영과 관련된 구체적이고 상세한 정보흐름의 프로세스를 재구성하는 데 여러 문제가 발생한다.[194)

기업을 경영함에 있어 핵심적인 정보와 지식의 결여로 어려움을 겪을 수 있다. 최고경영책임자로서의 권위와 그들의 전문능력은 더 이상 일치하지 않는다. 고위경영진은 거대한 기업 시스템에서 때때로 단순한 중재 업무를 수행하곤 한다. 이들은 자신의 중요한 의사결정이 어떠한 결과를 초래할지에 대한 전체적인 조망이 부족할 때가 있는데, 이는 이들이 항상 기업 전체의 세세한 일상 업무까지 개입하지 않기 때문이다. 그리고 고위경영진은 직원들이 좋은 정보는 과대포장하고 특히 나쁜 소식은 뒤로 숨기기는 경향이 있기 때문에 잘못된 정보와 부분적인 정보에 취약하다.[195) 한편,

직원들에 의해 충분한 관련 정보를 제공받지 못하였고 자신의 역량을 바탕으로 선의로 행동했을 경우, 예컨대 기술적 또는 법률적 전문가의 찬성 의견을 신뢰한 경우 혹은 전임자에 의해 행해진 관행을 전적으로 수용한 경우, 기업 책임자의 승인은 때때로 반박될 수 없다. 특히 직원이 자발적으로 위반행위에 가담했을 경우 고위경영진의 지휘명령에 오해가 있었음을 손쉽게 주장할 수 있고, 최고경영책임자의 인식과 주도적 행위 없이 직원이 자발적으로 범죄행위를 행하였다고 주장할 수도 있다.[196)]

요컨대, 분업화와 탈집중화된 시스템을 갖춘 (대)기업에서 분업화된 제품생산과 작업활동 과정의 궁극적 목표는 개개의 개별 작업단위가 시간적·장소적으로 멀리 떨어뜨려져 있어도 제품생산과 작업활동이 가능하도록 하는 데 있다. 이를 통해 최종 생산제품 또는 업무결과에 관여하지 않더라도 부분 작업만으로도 아무런 문제없이 제품생산 또는 업무가 완료될 수 있게 한다. 이러한 시스템 아래에서 직원은 리스크를 통상적으로 인지하거나 적절히 평가할 수 없기 때문에 자신의 개인적 역할 이상으로 기업의 리스크관리에 대해 의문을 제기할 수 없다. 분업적 작업활동에 종사하는 사람은 위험 없이 업무를 처리하기 위해 관련 정보와 상급자의 지시에 의존한다. 예컨대 폐기물처리 기업에서 근무하는 하급 직원은 폐기물 저장고가 관련 행정법에 의해 승인 내지 변경승인 되었는지 여부에 대해 대개는 알지 못한다. 이에 따라 이러한 관련 행정법위반범이 성립되기 위해서는 요구되는 특별한 표지인 승인 내지 변경승인을 고의적으로 위반해야 하는데 하급 직원은 이러한 특별표지의 주체가 아니어서 진정한 행위자가 될 수 없으며, 상급자가 경우에 따라 고의 없이 행위를 할 뿐이어서 이른바 '조직화된 무책임'의 문제가 제기된다.[197)]

2. 기업조직의 분업화와 탈중심화에 대해 요구되는 상대화

그러나 기업에서 형사처벌되지 않는 분업적 리스크 설정이라는 관념은 기업형법 내지 경제형법의 영역에서 분업활동이 갖는 매우 다양한 의미와 그로 인해 매우 다른 형사정책적 상황을 고려할 때 비록 주안점이 기업범죄 내지 경제범죄를 중심으로 다루어지지만 지나치게 환경법과 제조물책임법에 지향되어 있음을 부인할 수 없다. 또한 책임형법의 성과는 책임의 개별화뿐만 아니라 분업활동의 합리화에도 있음을 기억해야 한다.

(1) 책임의 개별화

노동계약에 따라 근무를 하는 기업 종업원은 때때로 의사결정을 함에 있어 독자적인 판단의 자유가 없는 것으로 설명되곤 한다. 이는 조직지배에 의한 간접정범의 문제, 사업주의 보증인지위 혹은 기업(단체)형벌의 도입과 관련된 논쟁으로 심화될 수 있다. 이러한 쟁점과 관련하여 경제체계에서 인간의 사적 의사결정의 자유를 언급하는 것으로 충분하다. 법치국가형법은 인간을 사회적 존재로서, 그러나 개인적 존재로서 진지하게 다루어야 한다는 임무를 가지고 있다. 기업 내에서 각기 다양한 시스템의 통합뿐만 아니라 상하로 나누어진 계층구조는 기업조직체의 위험성을 강조하는데에 모순되게도 동일한 정도로 사용되고 있다. 그러나 책임 있는 개인을 찾아내어 그를 형사처벌하는 것이 진정한 법치국가형법이다. 그렇다고 하여 법인 또는 개인 사업주가 언제나 면책되는 것도 아니다. 왜냐하면 사업주는 자신의 의무가 매우 추상화되어 있어 직접적인 직무집행 내지 직접 행위자로부터 그 거리가 상당히 멀지만 '조직책임(Organisationsverschulden)'의 관점에서 바라볼 때 자신의 책임이 그러한 거리에 비례하여 감소함을 결코 의미하지 않기 때문이다. 법치국가형법이 실현되는 곳에서 아무런 책임도 없는 그러한 공간은 없다. 기업에서 근무하는 사업주에서부터 말단 종업원은 기업경영의 사실상의 기능과 부분 기능으로 나누어 질서정연하게 구성된 상호 협력활동에 대해 책임이 있다.198) 특히 사업주의 직무 권한과 그에 따른 책임은 팀워크 활동과 협소한 계층구조를 통해 축소되지 않는다. 사업주는 그룹의 역동적인 여러 업무처리과정에서 그저 수동적인 역할에 머무는 것이 아니라 자신의 조직지배력을 수단으로 하여 적극적으로 활동한다. 이때 사업주가 그 기업을 창업한 창업주이던, 아니면 선대로부터 기업을 물려받았던 그건 중요하지 않다. 또한 사업주가 기업 내 계층 구조에서 최상위층에 속해있는지 여부도 중요하지 않다. 체계적인 관계를 강조할 경우 기업활동으로 발생한 귀속가능한 사회적 장애는 종종 기업 내에서 어느 한 구체적인 의사결정에서 원인을 찾을 수 있다.199) 이때 사회체계 내에서 발생하는 대규모 혼란은 단지 고의범의 형태로만 발생하지 않고, 과실범 또는 부작위범의 형태로도 발생한다. 여기서 기업 종업원 각자가 부담하는 개별적 의무범위가 어디까지인지 그 경계설정이 중요하게 다루어지는데, 이러한 의무는 사실상 분업활동에 의해 세분화되어 발생한다. 개별 부서에 각자 배치되어 특정한 기능을 맡아 업무를 처리하는 종업원으로서는 그가 맡아 처리한 업무범위 내에서 책임을 질뿐이다. 개별 종업원은 자신이 준수해야 할 의무가 있고, 부서 내 업무는 이러한 의무를 준수하는 과정 속에서 처리된다. 이에 따라 준법지원인으로서는 개별 종업원이 의사결정을 함에 있어 형법상 문제가 없는지를 우선적으로 점검해야 한다.[200)]

(2) 합리성의 제고

분업활동은 리스크가 따르지만 개인적으로는 물론이고 사회적으로도 유용하다. 인간행동의 모든 영역에서 분업활동을 통한 합리성의 제고는 정상적이고 일반적인 것이다. 이는 범죄행위에서도 해당하는데 더 이상 특별하지도 새롭지도 않다. 예컨대 절도행위를 함에 있어 甲, 乙, 丙 3명이 특수절도를 공모하고 甲은 전체적인 절도범행의 계획을 치밀하게 짜서 乙, 丙에게 알려주고 이에 따라 乙은 절취현장에서 망을 보고 丙이 직접 절취행위를 하고 난 후 훔친 재물을 세 명이서 나누는 사례는 절도에서 분업활동이 갖는 의미를 분명히 보여준다. 분업활동에 있어 수평적이고 수직적인 권한의 위임은 합리적인 업무달성에 의존하는 경제체계에 이익이 되는 동시에 공적 이익에도 부합한다. 왜냐하면 사회는 기능화된 경제체계에 의존하기 때문이다. 이처럼 분업활동은 사회적으로 유용할 뿐만 아니라 효율적인 경제체계에 본질적인 요소이다.[201)] 또한 분업활동은 생산성과 효율성을 촉진시키고 고도로 발전된 사회의 가장 중요한 특징이기도 하다. 오늘날 어떤 기업도 분업활동이 없이 경쟁력과 효율성을 유지할 수 없다. 왜냐하면 분업활동을 통해 인적·물적 자원을 경제적으로 이용할 수 있기 때문이다. 경제적 진보와 발전은 직업적 활동영역의 개인의 능력 및 지식의 개선된 투입가능성과 이용가능성 속에서 이루어진다. 분업이 의미하는 바가 기업의 특별한 임무를 더 잘 수행하기 위해 개별적 업무활동을 세분화하고 그 업무에 최적화된 인적 자원을 투입하여 그들에게 임무를 맡기는 데 있기 때문이다.[202)] 소비자는 필요한 제품을 엄청난 수고와 많은 시간을 들여 생산하는 대신에 현대적인 제조기술과 최신의 판매방식을 통해 시장에서 광범위하게 판매되는 재화를 구입함으로써 자신의 욕구를 값싸게 충족시킬 수 있다. 이처럼 기능화된 분업화와 탈중심화를 통해, 특히 강력한 혁신을 통해 시장의 요구를 더 유연하고 신속하게 충족시킬 수 있다.[203)] 예컨대 의료 분야에서 학문적인 전문화와 분업화는 주목할 가치가 있다. 왜냐하면 의료 분야에서 어느 특정한 분야(예컨대 성형외과 분야)의 모든 사항을 충분히 알기란 불가능에 가까워 환자의 이익을 위해 전문화와 의료인 상호간 협업이 직·간접적으로 이루어지고 있기 때문이다.204) 그리고 오늘날 팀워크와 팀작업과 같은 개념은 긍정적인 것으로 인식되고 있다. 기업에서 분업활동의 불가피성은 제한된 책임이 필요함으로 암시한다. 분업화된 업무에 대한 준법지원인의 세밀한 감독에 의해 더 확실한 리스크 지배는 기업으로 하여금 합리적 목표설정을 가능케 한다.205)

(3) 범죄 관련 리스크 축소

분업활동이 이루지는 기업 내에서 준법지원인의 적극적 활동에 의해 범죄적 행동은 제한되고 기업조직은 범죄 관련 리스크를 축소시킬 수 있다. 현대적 기업조직에 대한 비판은 어쩌면 이제 진부하기까지 하다. 기업조직은 인적·물적·재정적 수단을 투입함으로써, 특히 준법지원인, 준법지원조직, 준법지원인 및 그 조직을 위한 대규모 예산을 투입함으로써 기업 내에서 발생할 수 있는 범죄발생의 리스크를 효과적으로 축소 내지 예방할 수 있다.206) 특정한 업무 영역에서 중요한 업무지시와 관련하여 준법지원인의 준법통제는 법령에 따른 의무이행을 하도록 하는 인식 강화로 연결되게 한다.207)

어느 기업에서 사업주가 자신의 종업원을 주의 깊게 선발하고, 교육시키고, 감독하지 않음으로써 배치된 부서의 분업적 작업활동을 적절하게 수행하지 않을 경우 그는 매우 높은 리스크를 창출한 것이다. 사업주는 자신에 의해 결함을 지닌 채 조직·운영된 기업조직으로부터 야기된 리스크에 대해 책임진다. 이러한 점에서 기업운영 리스크가 중요하게 다루어진다.

기능의 분화와 분업활동은 통제와 위험 감독을 더 잘 할 수 있기 때문에, 그리고 수많은 전문가에 의해 안전을 보장하게 함으로써 위해의 잠재가능성을 더 잘 지배할 수 있기 때문에 경우에 따라 법적으로 책임을 묻기가 더 쉬워진다. 사업주는 업무능력이 뛰어나고 자질을 충분히 갖춘 전문가를 선임하고 이들을 신뢰하는 것이 필요하다. 이러한 전문가에는 준법지원인이 당연히 포함된다. 만일 사업주가 준법지원인을 선임하지 않거나 선임하더라도 그를 신뢰하지 않는다면 사업주는 사업체 또는 기업의 규모가 크면 클수록 기업운영에 필요한 금지규범 또는 명령규범을 스스로 정확이 이해하고 이를 준수하는 데 커다란 어려움에 처할 수밖에 없다. 따라서 사업주는 업무와 의무의 일정 부분을 선임된 전문가에게 위임해야 한다. 분업과 위임이 없는 리스크관리는 수많은 업무의 완수를 불가능하게 한다. 분업화된 조직구조와 업무구조는 현대적 리스크에 대한 불가피한 반응에 지나지 않는다. 그렇다면 이러한 구조를 갖추진 못한 회사, 특히 1인 회사는 주의의무위반에 쉽게 노출될 수밖에 없다.[208]

III. 특별한 범죄적 위협으로서 기업 내 종업원

1. 하나의 기업조직에의 편입이 갖는 범죄적 영향

현대 형법은 기업 종업원들의 집합적 행동에 의해 야기된 범행을 중요한 부분으로 다루어야 할 필요가 있다.[209] 특히 기업범죄, 경제범죄, 환경범죄는 빈번히 기업 종업원의 집합적 행동에 의해 행해지는 경우가 많기 때문이다. 이러한 범죄 영역에서 형법규범의 준수에 대한 호소가 기업의 규범체계에 훨씬 더 각인된 종업원에게 별다른 영향을 미치지 않고 있다. 형법적 차원에서 예고된 불이익, 즉 형벌의 부과가 있다고 하여 법익과 관련된 종업원의 의사결정이 모든 경우에 있어 언제나 올바르게 내려지는 것은 아니다. 이에 기업 종업원에게는 일정 정도 규범준수와 관련된 통제가 필요하다.

개인이 어느 기업조직에 채용되어 업무활동할 때 기존에 개인적 차원에서 내리던 의사결정과정을 종종 변경하는 것을 자주 목격할 수 있다. 개인의 행동은 이미 존재하는 기업조직에 의해 상당한 영향을 받는다.[210] 이때 기업조직에서 인간행동의 수직적 차원으로서 심리적 상태의 전체성, 개인적인 책임을 상대화함으로써 범죄의 위계성과 집단성 등이 언급된다. 이러한 위계성과 집단성은 기업과 그 구성원 사이의 관계로서 기업과 개인의 책임에 관한 문제를 발생시킨다. 또한 개인과 기업의 물적 수단의 상호 결합은 기업 내에서 종업원을 리스크 요소로 만들어 중대한 위험을 초래하게 한다.[211]

집단을 연구하는 사회학, 조직이론 등 사회학적 연구는 주목할 가치가 있다. 이러한 연구결과에 따르면 인간은 고립화와 원자화로 인해 사회의 수동적 산물로서 그려질 수 있으며, 사회 구조에 파묻힌 개인으로 이해될 수 있다. 반면에 인간은 집단적으로 동기 부여가 가능한 심리적 영역을 가지고 있기도 하다.[212] 사회심리학에서 다루어지는 '탈개인화(Deindividualisierung)'라는 개념은 기업의 상하계층적 구조로 연결된다. 기업의 상하계층적 구조에 순응하고 그 기업이 추구하는 목적을 따르려는 심리는 종업원으로 하여금 계산적이고 경제적인 동기구조를 형성하도록 한다. 이때 종업원은 단지 개인적으로 동기만으로 의사결정을 하는 것이 아니라 타인의 기대에 부응하고 법규범 준수의 압박 하에서 의사결정을 한다.[213]

한편으로, 기업에는 종업원 개개인으로서는 완벽히 통제할 수 없는 집단의 누적적 영향력과 추진력이 존재한다. 기업의 집단역동성은 높은 복종준비성, 순응압력, 집단정신, 우리라는 감정의 의미에서 집합의 동일시 등을 만들어 낸다. 이는 "나의 회사" 내지 "우리 회사"라는 말로 흔히 언급된다.[214] 이로써 특별한 집단도덕이 형성된다. 종업원은 자신이 속한 그룹과 연대하고 여기에 융화하는 과정에서 이러한 집단도덕을 나타낸다. 기업은 종업원의 긍지와 자긍심을 이끌어 내면서 점차 사회화되어 간다. 또한 기업의 상하계층적 시스템은 종업원 상호 간의 신뢰와 단체규율을 만들어 내고, 종업원은 자신이 기업 집단에 속해 있다는 감정을 통해 그 기업 집단의 해체에 대한 두려움을 갖게 한다.

기업 종업원은 법규범과 충돌이 발생할 경우 기업이익을 과대평가하는 경향이 있다. 특히 기업이 달성해야 할 사업목표와 관련하여 사업완수를 최우선시하기 때문에 종업원의 법규범 준수와 책임의식은 역할행동에 있어 불안정해진다. 심지어 종업원이 기업에 처음 입사했을 때 이미 불법적 관행을 목격하는 경우도 있다. 이는 범죄행동은 분화한 사회조직 중에서 범죄적인 문화나 행동에 접촉함으로써 발생한다고 이해하는 이른바 '분화적 접촉이론(Theorie der differentiellen Kontakte)'으로 연결된다. 이에 따르면 기업 종업원이 다른 화이트칼라 범죄자와 빈번하고 긴밀한 접촉을 통해 직업상 체득하고 요구되는 행위로서 범죄라는 하위문화에 적응하게 된다고 한다.[215]

기업 종업원은 범죄적 행동에 대해 좀처럼 심사숙고 하지 않으며, 적은 억제를 보인다. 종업원은 합리화, 정당화 및 자기면책의 '중화기술(Neutralisierungstechnik)'을 이용한다.[216] 중화기술은 단체정신에 방향을 맞추어 종업원 개인의 입장을 수정하게 하고, 예컨대 판매촉진을 위한 부정부패를 유용한 비용으로 경시하는 것과 마찬가지로 자신의 행동이 갖는 가벌적 성격을 부인하게 한다.[217] 이것은 기업에 의해 제공되는 자유로운 여가활동의 가능성(예컨대 해외출장, 회사 경비에 의한 축하 행사, 개인전용 운동시설, 각종 회원권의 무료사용 등)을 수단으로 하여 종업원을 감정적으로 결속시키려는 기업의 오랜 노력에 의해 등장하게 되었다. 하위문화는 고유한 행동규범을 가지고 발생할 수 있는데, 기업의 이익을 위하여 범죄행위를 하는 것이 더 이익이 되고 용이하다는 분위기가 조성될 수 있다.[218] 기업의 모든 부서에서 상급자의 긍정적 평가가 강조되고, 이에 따라 개인적 이익은 기업에 편입되어 얻는 이익을 누리기 위하여 뒤로 물러난다. 기업에의 순응압력에 의해 기업 내 분위기와 감정이 동기화되고 강화된다.[219]

다른 한편으로, 기업을 통해 형성된 종업원 상호 간의 집단적 연대성은 개인적 무력감과 피상적 안전에 대한 최소한의 잠재적 욕구를 기업 내 익숙한 행위습관, 행위숙련 및 행위표본을 통해 충족시킨다. 또한 기업에서의 이성적이고 합리적인 지배력은 모두가 준수해야 하는 규정과 규범의 제정을 통해 비인격성과 익명성을 만들어 낸다. 이때 비인격성과 익명성은 종업원 개인으로 하여금 기업의 업무처리 절차규정, 내규 및 합리적 목표설정 뒤로 손쉽게 숨게 만든다. 이러한 기업환경에서 종업원이 행한 범죄의 형법적 결과에 대해 별다른 생각을 하지 않게 하는 것은 어렵지 않다. 또한 전쟁 시에 합법적 행위와 불법적 행위의 경계가 모호한 것처럼 기업 간 이윤추구 경쟁이 치열한 오늘날의 경제상황에서 기업의 경제활동 가운데 어디까지가 허용되고 금지되는 행위인지도 모호하기는 마찬가지이다.

이와 관련하여 비판범죄학은 기업범죄의 집단적 성격을 강조하여 독일의 국가사회주의 체제(1919년 – 1945년) 하에서 행해진 '거시범죄(Makrokriminalität)'로 설명하는 시도가 있다. Jäger는 이러한 개념을 제노사이드, 전쟁범죄, 국가테러리즘과 같은 국가사회주의 범죄와 결부시켜 발전시켰다.[220] 국가사회주의 범죄에서는 집단적 파괴성으로 인해, 그리고 조직화된 거대집단에 자신의 행위를 순응시키는 것으로 인해 살해금지가 손쉽게 간과된다. 여기서 도덕적 가치지향은 집단적으로 변경된다.[221]

이러한 상황은 기업 내에서 범죄행위가 발생하는 경우에도 동일하게 적용될 수 있다. 거시범죄로서 기업범죄는 기업 내에서 서로 경쟁하는 내부 도덕, 규범구조 및 가치구조로 인해 형법의 예방적 기능을 약화시킬 수 있다. 경우에 따라 기업 내에서 범죄행위가 일상화되고 당연한 것처럼 여겨지게 된다. 이 경우 집단으로 행동하는 상황에서 구성원 개개인의 정체성과 책임감이 약화되어 집단행위에 민감해지는 현상을 의미하는 '몰개성화(Deindividuation)'에 의해 기업 집단의 권위에 대한 복종과 순종이 강화된다.[222]

　전통적 견해에 따르면 법인은 살아 있는 실존(Lebenswesen)으로 간주된다.[223] 법인의 실존에 대한 장기간의 논쟁이 있었다.[224] 즉 우선 '법인의제설(Fiktionstheorie)'에 따르면 법인은 법률의 힘에 의하여 자연인에 의제되어 만들어진 허구 내지 관념적 존재라고 본다. 반면에 '법인실재설(Realitätstheorie)'에 의하면 법인은 육체와 정신을 갖는 사회적 유기체로 간주되며, 법인은 모든 개인활동의 총합 이상의 의미를 갖는다. 법인은 완전히 새로운 의미를 갖는 의지로서 단체의지(Verbandwille)를 갖고 있는데, 이는 자연적 유기체로서 개인의지와 구별된다. 단체의지는 특별한 지능, 특별한 에너지, 특별한 인식을 발생시킨다.[225] 의식적으로 조직화된 인적 단체의 하나인 법인은 조직화되지 않는 사람들의 단순한 집합 내지 모임과 구분된다. 인간이 법인의 구성원으로서 독자성을 가지고 행하는 개인적 행위도 있지만, 통일된 단체의지(예컨대 단체의 이익 추구라는 의지)가 단체 내에서 활동하는 기관을 지배한다. 이때 기관은 전체의 부분으로서 기능한다. 모든 기관은 최종적으로 단체의 이익을 최우선으로 고려한다. 기관의 수장은 인간에 불과하지만 그의 행위의 최종 결과는 단체의 심사숙고에 의해 유래된 것이다. 단체의지가 개인적 이익과 배치될지라도 단체라는 전체의 필요성의 견지에서 다루어진다. 이때 개인의지와 긴밀한 결속을 통해 단체의지는 서로 결속되지 않는 개인의 의지결단보다 훨씬 더 강력해진다. 단체에 속하게 된 인간은 개인의지의 일부를 단체의지로 대체한다.[226]

　또한 개인책임과 구별되는 독자적이고 도덕적인 기업책임을 인정할 수 있는지 여부도 견해 대립이 있다.[227] 이를 긍정하는 견해와 관련하여 법적으로 신뢰할 수 있는 시민으로서 기업(선량한 기업시민, 기업의 사회적 책임)의 개념이 발견된다. 이러한 개념에 따르면, 기업은 도덕적으로 완벽한 존재로서 구성되고 이를 통해 경제적 관점에서뿐만 아니라 사회적 관점에서 신뢰할 만한 협력자로 여겨진다.[228]

　나아가 기업은 그 자체가 하나의 독자적 시스템이고, 고유한 생명을 가지고 있다고 한다. 이에 따라 기업은 고유한 성격·특징을 가지고 있다고 가정할 수 있고, 이러한 가정으로부터 기업이 결과적으로 범죄적 성격을 가지고 있음을 도출할 수 있다. Schünemann 교수는 이를 '범죄적 단체태도(kriminellen Verbandsattitüde)'라는 개념으로 설명한다.[229] 그러나 가벌적 행위를 초래하는 범죄적 단체의지가 있다는 견해는 이미 1933년 Busch에 의해 제시된 것으로 새로운 것이 아니다.[230] 그에 따르면 수많은 학습과정을 통해 단체정신은 단체 구성원의 법익침해적 행위의 원천으로 자리를 잡으며, 이렇게 형성된 단체정신은 법익보호를 위한 임무를 포기하게 함으로써 형법의 일반예방과 특별예방을 마비시킨다고 한다.[231] 그리고 기업의 임원들조차 이미 존재하는 범죄적 단체태도를 갖는 기업문화의 영향으로부터 완전히 벗어날 수 없다. 이러한 결함 있는 기업문화는 손벽을 한번 치는 것만으로 쉽게 변화하는 것이 아니다. 이에 대한 비판적인 성찰 없이 기업임원을 교체하는 것으로 결함 있는 기업문화가 변화하지도 않는다. 결국 범죄적 단체를 갖는 기업문화는 종업원의 현실적 태도에 대해 영향을 미칠 뿐만 아니라 과거의 태도에 의해서도 영향을 받는다. 그리고 다른 어떤 인적 단체보다 이윤추구를 목표로 하는 기업은 경제적 합리성으로 인해 범죄적 단체태도의 형성에 특히 취약하다. 왜냐하면 이윤추구의 극대화 경향은 비용편익 분석과 결과에 의한 경영관리로 이어지기 때문이다.[232]

기업 종업원의 범죄적 행동은 의심할 여지없이 기업의 범죄적 시스템에서 유래한 결과에 지나지 않는다. 기업은 종업원 개인의 의사결정에 미친 영향요인들에 대해 책임을 져야 한다. 이러한 요인들로는 기업문화와 조직결함으로 인해 종업원 선발과 감독의 결여가 언급될 수 있다. 현대적 용어를 빌리자면 잘못 조직화된 기업 혹은 의도적으로 안전 비용과 컴플라이언스 비용을 절약한 기업이 언급될 수 있다. 이에 따라 이러한 기업에게 과실에 대한 형법상 책임비난이 가해질 수 있다.[233]

이와 관련하여 Lampe는 기업 종업원이 범죄행위를 하는 기업을 '불법 시스템'으로 정의한다.[234] 이러한 불법 시스템은 반사회적 목적을 지향하는 범죄단체와 범죄국가와 밀접한 관계가 있다. 기업의 범죄적 태도는 일반적이고 다소 모호하게 표현된 기업의 경제적 목표 내에서 회사 내부의 도덕으로 통합된다. 그리고 여러 분업적 업무의 병렬적 수행은 어느 한 부분이 그 기능을 다하지 못할 경우에 조직상의 결함을 발생시키기도 한다. 이에 결함 있는 기업조직에 토대를 두고 수립한 기업의 경제적 목표는 그 달성을 어렵게 하고 기업과 공동체로서의 연대성으로 말미암아 종업원으로 하여금 잘못된 행동을 하게 하는 위험을 발생시킨다. 경우에 따라 비용편익 분석에 따라 기업범죄가 관용되고, 이러한 비정상적인 것이 알려지지 않는 한 사업은 더욱 번창한다. 기업은 형사소추에 의해 기업범죄에 관련된 유능한 종업원 몇 명을 잃을 뿐이기 때문이다. 이에 기업범죄에 대한 형사소추는 그 기능을 제대로 발휘하지 못한다는 비판이 제기된다.[235] 이러한 이유에서 기업범죄는 흔히 "합리적으로 잘 계산된 범죄행위"로 다루어진다.[236]

마지막으로, 개인을 넘어선 범죄적 기업정신이 있다는 가정은 가벌적 행위의 문제를 기업조직의 한 개인이 아닌 기업조직 그 자체에 귀속시킬 수 있다는 데 커다란 정점을 가진다.[237] 기업조직에서 일관되게 진행된 탈개인화라는 의미를 생각해 볼 때 기업조직의 구조적 영속성과 기업 종업원의 교체가능성은 기업에 대한 최우선적인 규제가 순전히 개인적인 차원의 것이 아니라 언제나 "기업 시스템" 차원에서 적정하게 이루어져야 한다는 결론에 도달한다.[238]

2. 하나의 기업조직에의 편입이 갖는 범죄적 영향에 대해 요구되는 상대화

그러나 앞서 설명한 거대 기업조직에서 하나의 톱니바퀴로서 기업 종업원이 경제적 예속 하에 범죄행위를 한다는 법정책적 형상은 일정 정도 제한이 요구된다. 사람은 소비자, 시민 또는 납세자로서 조직화된 관계의 속박으로 힘들어 하지만 그 조직의 합리성과 예측가능성에 의지한다. 또한 사람은 조직을 좋아하지 않지만 거의 항상 조직에 의지한다. 사람은 조직의 권한과 차가운 기능논리를 싫어 하지만 조직이 제대로 기능하지 않을 때 더 애석해 한다. 경제적으로 왕성한 활동을 하는 기업의 형상은 국민경제에 이익이 되기 때문에 표면상 위험한 것처럼 보이는 상황의 야기는 대부분 허용되고 원하는 방식에 의해 발생된 것이다. 기업의 유용성에 의해 헌법상 승인[239] 되었기 때문에 경제적으로 활동하는 기업은 결코 위험한 존재가 아니다. 예컨대 종교단체, 특히 정치적 테러조직 등 다른 공동체 조직도 완전히 다른 방식이지만 사람으로 구성되어 있고 강력한 단체태도를 형성하고 있다. 이들 단체 내지 조직의 사회적 현실성을 고려할 때 조직의 유용성을 결코 무시해서는 안 된다.[240]

대다수의 기업은 전적으로 법에 충실하고 그 구조에 있어 불법에 저항한다. 사회체계에 적응한 경제적 통일체인 기업과 사회를 위협하는 불법단체(예컨대 조직범죄단체, 마피아 조직 등) 사이에 엄밀한 차이가 존재한다.[241] 조직범죄를 극복하기 위해 시도된 여러 정책들에 회의가 제기되고 있다. 왜냐하면 범죄조직의 시스템 그 자체의 특성이 아니라 독일형법 제84조(위헌정당유지), 제85조(결사금지위반), 제129조(범죄단체조직), 제129조의a(테러단체조직)에 따른 조직원 개인에게 형법적 책임을 묻는 해결책을 시도했기 때문이다. 범죄단체와 달리 기업은 사회적으로 요구되고 기본적으로 법의 테두리 내에서 활동을 한다.[242] 기업은 유해한 법익침해 행위를 하는 형법의 전통적 행위주체와 구별된다. 합리적 사고를 바탕으로 경영활동을 하는 기업은 법규를 준수했을 경우 제공되는 다양한 국가적 장려책을 접하면서 범죄행위를 회피하기 위한 자극을 경험한다. 비합리적이고 불법적 행위를 하는 기업은 사기기업과 마찬가지로 커다란 문제에 직면할 수 있다. Lampe가 적절히 지적했듯이, 기업은 범죄에 쉽게 유혹되지만 목적 그 자체가 범죄를 지향하고 있지는 않으므로 기업에 있어 범죄적 불법은 본질적 요소가 아닌 단지 부수적 요소로 다루어질 뿐이다. 그러한 점에서 그는 기업에 대해 불법 시스템으로 개념 정의하는 데에 이의를 제기하였다.243) 기업은 그 자체가 불법적인 조직이 아니다. 기업은 경제적 이윤의 합법적 창출을 최우선 과제로 다룬다. 범죄행위는 일정한 시장전략에 의해 수반될 수 있지만 결코 기업정책의 확고한 핵심 부분은 아니다. 검은 양은 매우 독특해서 쉽게 눈에 띠는 것과 마찬가지로 기업에서 범죄행위는 상대적으로 매우 드문 경우에 한하여 발생할 뿐이다. 또한 기업과 관련된 대부분의 형사소송은 처음부터 범죄적 목적을 설정하여 설립된 기업이 아닌 평판이 좋고 건실한 기업의 불법적 경영활동에 기인한다.244)

한편 범죄적 기업문화에 대한 비난은 여전히 남아있다. 어느 한 기업의 기업문화를 명료하게 설명하기란 쉽지 않다. 기업문화에 범죄 리스크를 높이는 관련점이 있다는 생각은 추측에 지나지 않는다. 왜냐하면 이러한 추측은 잘 알려져 있듯이 모든 기업은 경영활동을 함에 있어 범죄적 상황에 언제나 직면할 수 있다는 사실에서 도출된 것이기 때문이다. 기업 내부에서 범해진 범죄행위는 단지 한 측면만을 보여준다. 즉 기업의 경영활동과정에서 발생한 법률위반은 고의에 의한 경우도 있지만 단지 과실 혹은 금지착오에 기인한 경우도 많음을 간과해서는 안 된다. 그리고 경제 영역에서 주인공인 기업은 비록 상당한 비용 상승을 야기하지만 컴플라이언스를 위한 준비를 철저히 한다. 기업은 법규를 준수하며 올바른 방향으로 행동하고자 하며, 자신의 이익과 최우선 순위로서 법규범을 내면화 한다. 때때로 기업범죄라 일컬어지는 경우도 자세히 살펴보면 종업원 개인의 사기행위가 문제될 뿐인 경우가 대부분이다. 기업활동의 대다수는 적법한 것이다.245) 결과적으로 기업구조 그 자체의 금지성은 주장되지 않는다. 기업의 형성이 실제로 위험한 상태를 만드는지 여부도 의심스럽다. 즉 기업의 내부가 외부보다 더 많은 범죄를 행한다거나, 기업범죄가 개인범죄보다 더 빈번하다는 주장은 거의 증명될 수 없을 것이다. 대부분의 범죄행위는 상하위계질서를 갖는 메커니즘에 의해 설명될 수 있지만 그러한 메커니즘 없이 범죄행위가 발생하지 않는

다고 손쉽게 가정해서도 안 된다.[246)]

그리고 범죄학의 관점에서 볼 때 기업의 범죄적 태도라는 개념은 여러 문제가 있다. 우선 단체정신은 형사소송에 있어 방법상 수사할 수 있는 대상이 아닐뿐더러 비난가능한 것으로 증명할 수조차 없다.[247)] '의심스러울 때는 피고인의 이익으로'라는 원칙을 고려할 때 단체정신은 원칙적으로 법규범을 준수하는 행위를 강화하는 요인으로 고려할 수 있다. 또한 본질적으로 기업의 범죄적 태도가 그 의미상 존재하는 것인지도 의문이다. 기업의 범죄적 태도를 형성하는 데 관련된 기업의 모든 종업원이 교체된 경우에도 기업 그 자체와 조직은 계속해서 유지되기 때문에 기업의 범죄적 태도는 여전히 존재하는 것인지, 아니면 관련 종업원의 전원 교체로 더 이상 존재하지 않게 되는 것인지 의문이 들기 때문이다.[248)] 이처럼 기업의 범죄적 태도라는 개념은 그 논리적 관계에서 볼 때 불행히도 잘못 선정된 개념일 수 있다.

Schünemann 교수는 기업의 범죄적 태도를 기업의 경영활동에 있어 기업 그 자체가 아닌 리스크관리와 관련된 인간의 의사결정에 기초한 경영조치 또는 감독조치의 객관적 결함 또는 불완전성에 기초하여 도출해 냈다.[249)] 하지만 기업 구성원 전체의 위험성에 근거한 기업의 '범죄적 태도'라는 개념은 일차적으로 부인되어야 한다. 왜냐하면 기업 구성원의 대다수는 자연인이고, 이들 자연인이 범죄행위를 저지르는 전체적인 경향 내지 태도가 있다는데 동의할 어떠한 직·간접증거도 없기 때문이다. 그리고 집단적 범죄성이 인정되는 기업의 범위가 어디까지인의 경제설정 문제도 수많은 기업형태, 기업 구성원은 다양한 인원수, 기업의 공간적 확장성 등을 고려할 때 거의 불가능에 가깝다.[250)] 나아가 기업에는 결코 간과해서는 안 되는 범죄적 행위에 저항하는 요인들이 존재한다. 즉 기업의 내부통제 장치는 분업활동에 의한 상호 통제를 통해 주의의무를 더 많이 기울이게 하기 때문에 일반적인 형법적 사회통제의 경우보다 훨씬 더 강력하게 기능한다.[251)]

기업의 범죄적 영향은 현대적 조직구조에 비추어 볼 때 지나치게 강조할 필요는 없다.[252)] 기업에서 종업원은 전문적으로, 독자적으로 그리고 자기책임 하에서 근무한다. 한편으로 가족 기업으로서 인적회사인 유한회사, 다른 한편으로 국제적으로 활동하는 다국적 주식회사에 이르기까지 서로 상이한 기업형태 사이에 현저한 구조상 차이가 있다. 예컨대, 기업형벌이 요구될 경우 비록 경험적으로 기업범죄의 대부분은 개인회사에서 행해지고 있지만 우선적으로 대기업이 떠오른다.[253)] 이때 앞서 언급한

'거시범죄'라는 개념은 유의해서 사용할 필요가 있다. 왜냐하면 기업에 의한 경제범죄와 환경범죄는 제노사이드, 전쟁범죄, 인신매매범죄에 이르기까지 국가에 의해 강화되는 거시범죄의 침해 잠재성에 쉽사리 연결되지 않기 때문이다. 범죄행위는 인격성과 철저히 유리된, 순수한 도구적인 실행행위로 오인해서는 안 된다. 그럼에도 불구하고 인간은 개인적으로 동기가 부여된 행위방식을 위한 어떠한 여지도 허용되지 않는 시스템, 기계장치 및 조직화된 거대집단의 독자적 행위로서 '집합범죄(kollektive Verbrechen)'를 해석하려는 시도에 빠르게 동의한다. 이는 어쩌면 착시에 불과하다. 또한 시스템은 대체로 개개인의 협력행위에 기반하고 있고, 개인의 태도, 동기 및 이해관계는 시스템에 직접적이고 중요하게 영향을 미친다. 그러므로 집합행위는 탈인격화된 사건으로 잘못 해석해서는 안 된다. 이에 집합범죄는 인간의 부분 행위가 혼재되어 범죄적 개별 행위로 이루어진 것이다.254) 따라서 개인별로 개별화하여 범죄의 몫을 분리함으로써 형사책임이란 톱니바퀴는 시스템이 아닌 개별 인간에게 되돌아가야 한다. 또한 집합행위는 인식 가능한 개개인의 부분 행위들로 이루어진다. 이에 집합행위와 관련된 형사책임을 전적으로 시스템에 떠맡기고 개인이 형사책임으로부터 면책되어서는 안 된다.255)

요컨대, 집합행위에서 인간의 자율성의 강조는 신화, 비합리성, 고전주의, 시대에 뒤떨어진 결함 있는 자유권에 기초한 견해가 아닌 규범학으로서 법학을 포함하여 실정법에 기초한 인간상에 기반한 것이다. 인간은 실정법 하에서 여전히 개인이어야 하고, 힘이 닿는 한 개인으로 행동하여야 한다. 집합적 의사결정의 과정에서 개인의 불법을 증명하는 것은 결코 환상이 아니다. 즉 이는 국제형법의 여러 판결에서 쉽게 찾아 볼 수 있다.256)

IV. 기업범죄의 범죄증명의 곤란

1. 문제 제기

기업범죄와 관련하여 증명가능성의 문제가 남아 있다. 형사절차에서 증명될 수 있는 것만이 형법상 활용가치가 있다. 기업범죄를 형사소추할 경우 오늘날 기업의 분업활동으로 인해 증명의 어려움이 오래전부터 제기되어 왔다. 즉 법익침해 야기자로서 기업을 수사함에 있어 여러 어려움이 있다.[257] 예컨대 환경업체에 의한 대기오염 물질의 방출 관련 수사에 있어 대기오염 물질은 쉽게 이동하고 빠르게 사라진다. 특히 공장이 밀집한 지역에서 오염원을 장소적으로 특정하기가 어렵다. 나아가 법인의 법적 형태의 다양성, 복잡한 자본형성과 경영방식, 자회사, 아웃소싱, 외국 지사 등 역시 기업범죄 수사를 어렵게 하는 요인이다. 기업의 대표이사는 관련 형사책임을 타인, 예컨대 오염물질 관리 책임자에게 떠넘긴다. 경우에 따라 책임 있는 사람의 증거를 인멸하기 위하여 법인 자체를 해산하거나 기업 상호를 변경하기까지도 한다.[258]

인과관계의 연결고리를 기업에까지 결부시킬 수 있는 경우라 할지라도 개인행위자를 언제나 수사할 수 있는 것은 아니다. 이때 매우 복잡한 기업조직 구조를 분명히 파악하거나 개관하기가 매우 어렵다는 수사 실무상 문제가 제기된다.[259] 검찰은 관련 기업의 업무에 대해 잘 파악되지 않은 상태에서 수사를 해야 하는 반면, 기업범죄 관련 피의자는 자신이 담당하고 있는 업무를 너무나 잘 알고 있어 기업의 치부를 어떻게든 숨기고 시선을 다른 방향으로 돌리게 할지를 심사숙고한다.[260] 자동생산 시스템으로서 기업은 그 업무 전체를 조망하여 파악하기가 쉽지 않다. 제품의 생산공장과 이를 판매하는 영업장의 상호 폐쇄된 업무 범위는 외부자로 하여금 그 내부의 의사결정 과정과 의사결정 실행 사이의 관계를 파악하기 어렵게 하는 결과를 초래한다.[261]

반박할 수 없는 기업의 무죄변명은 법원에 의해 쉽게 받아들여지곤 한다. 기업은 집단의 익명성에 기초한 '정보 우위'가 있는 반면, 검찰에게는 '정보 장벽'이 존재한다. 이로 인해 경우에 따라 설득력 있는 혐의단서가 부족하여 목표한 기업범죄 수사를 불가능하게 한다.[262] 기업의 인적 구조를 전체적으로 조망할 수 없을 경우, 이는 기업범죄에 대한 현실적인 소추장애가 된다. 기업의 보호장벽은 깨뜨려져야 할 필요가 있다.[263] 검찰은 이를 위해 분업과 그에 따른 책임분배의 촘촘한 그물망을 풀어야 하고, 모든 종업원을 대상으로 하여 주의의무의 위반 여부를 개인적 차원에서 수사해야 한다. 이때 서로 다른 조직관리 형태로 인해, 특히 기업의 기관인 이사회의 의사결정이 문제될 경우 증명의 문제가 발생한다.[264]

기업범죄의 증명의 어려움과 관련하여 무엇보다 '조직화된 무책임(organisierte Unverantwortlichkeit)'[265]이 언급된다. 이러한 매우 모호한 개념은 기업 종업원이 형사책임귀속 규정의 흠결을 이용하여 형사제재로부터 면책되는 현상에 기초한다. 기업에 대한 전면적 범죄수사는 아무런 성과 없이 끝날 수 있다. 검사는 거의 모든 사업주가 조직화된 무책임을 눈에 띠게 수용한 결과, 이는 어쩔 수 없는 일이라고 항변할 수 있다.266) 기업조직은 더욱더 형사책임을 불명확하게 유도한다. 많은 기업, 특히 환경 관련 기업은 환경에 중대한 영향을 미치는 폐기물질 처리에 관한 구체적 형사책임을 하위 기업조직과 말단 종업원에게 떠넘기도록 구조화하고 있다는 것은 실무상 이미 널리 알려진 사실이다. 이에 따라 최고경영책임자가 아닌 최종 행위자인 (환경)기업의 말단 종업원만이 형사책임을 부담할 수 있을 뿐이다.267)

형사절차가 개시될 경우 빈번한 증거부족은 외관상으로는 합법적 행위로 포장된 범죄행위에 대해 형사소추를 곤란하게 한다. 이러한 증거부족과 관련하여 기업범죄에 대해 유죄를 인정할 수 있는 문서를 찾아내기란 어려운 일이다. 예컨대, 담합을 입증할 수 있는 계약문서를 남기는 경우는 거의 없다. 이사회의 의사결정의 경우, 실명동의와 조언에 대한 기록은 생략된 채 이루어진다.268) 나아가 물적 증거뿐만 아니라 인적 증거 역시 부족하기는 마찬가지이다. 기업은 종업원으로 하여금 진술거부권을 강요하거나 종업원을 매수하기까지 한다. 직접적 목격자는 존재하지 않는 경우가 많으며, 피해자는 자신의 손해에 대해 때때로 정확히 인식하지 못하거나 진실이 무엇인지를 알고 싶어 하지도 않는다.269) 왜 고발했는지 그 동기도 명확하지 않은 경우도 있다. 증인은 손쉽게 공동피의자로 전락되고 증언거부권을 행사한다.270)

2. 기업범죄의 범죄증명의 곤란에 대해 요구되는 상대화

(1) 기업조직 내에서 형사책임

그러나 앞서 언급한 조직화된 무책임이라는 개념은 기업 실무뿐만 아니라 실정법상 지나치게 단순화된 개념이다.271) '조직화된'이라기보다 '구조적인' 무책임이라고 말하는 것이 더 적절할 수 있다.272) 하지만 이 또한 일반적인 현상은 아님에 주의할 필요가 있다. 조직화된 혹은 구조적인 무책임의 개념은 증명의 실패가 언급될 경우에 한하여 적합하다고 본다. 왜냐하면 이러한 개념은 책임 있는 고의 혹은 과실행위를 누가 했는지를 입증하기 위한 모든 추측가능한 노력에도 불구하고 여러 명의 혐의자 가운데 한 명의 개인 책임자도 찾아 낼 수 없는 없는 그러한 사례에 국한하여 포섭될

수 있기 때문이다.[273)]

하지만 이러한 수사의 어려움은 분명히 극복할 수 있는 문제이다. 기업의 분업활동은 경영상 필요에 의한 것으로 기업조직을 통한 형사책임의 회피 수단으로 고안된 것이 아니다. 분업화된 현대적 기업조직구조는 기업범죄의 증거에 대한 고의적 은폐에 능할 수 있지만 결코 금지된 것은 아니다. 따라서 이러한 기업조직구조 그 자체로부터 형벌부과의 실패를 도출할 수 있는 것은 아니다. 다만 기업범죄 관련 형사소송의 증명곤란이라는 장애를 이러한 이유 탓으로 돌릴지 여부는 좋던 싫던 간에 결정할 수는 있다. 즉 어느 기업조직이 어떠한 구체적이고 분명한 권한도 없는 조직으로 구성될 경우, 이는 기업 측면에서 조직구성과 관련된 의무위반과 주의의무위반에 해당하는 것이고 기업의 고위경영진의 책임으로 돌릴 수 있다. 결국, 조직화된 무책임이란 개념은 경험상 문제가 있을 뿐만 아니라 법률상으로도 위험한 개념이다. 왜냐하면 경험이 일천한 기업 경영진은 기업조직을 제대로 구축할 능력이 없어 형사책임이 면책될 수 있는 반면, 이와 반대로 조직구성이 완비된 기업조직은 조직화된 무책임을 근거로 하여 형사책임을 부담할 수 있기 때문이다.[274)]

(2) 증명의 이행가능성

기업범죄에서 증명의 어려움에 대한 논의는 어느 한편으로만 진행되어서는 안 된다. 즉 오늘날 기업조직의 형태는 증명의 곤란이 아닌 뛰어난 증명 이행가능성을 제공할 수 있다.[275)] 각종 문서와 증인이 이를 말해준다. 기업범죄 관련 형사소송 절차는 특히 신뢰할 만한 각종 서류형태의 증거가 넘쳐난다. 기업은 공식화된 내부 및 외부 의사소통과 관련된 정보를 저장할 필요가 있으며, 이를 위한 공식적인 사내전산망을 구축할 것이 요구된다. 결과적으로 이러한 사내전산망에는 기업범죄를 입증할 수많은 관련 정보와 서류가 존재한다.[276)]

공식적인 사내정보망은 이미 대부분의 기업에서 구축되어 있다. 그리고 강력하게 공식화된 기업조직구조는 책임자가 누구인지를 더 쉽게 수사할 수 있게 한다. 기업의 사업계획과 작업일지는 많은 책임 소재와 관련된 정보를 제공한다. 결재서류의 서명을 통해 기업의 핵심 인사가 누구인지 확인할 수 있다. 그리고 기업 종업원이 자신의 기업의 최고경영책임자에게 부담을 지우지 않고자 스스로 '희생자'의 역할을 선택한 경우를 고려할 때 기업의 최고경영책임자를 소환할 수 없다는 비판은 설득력을

잃는다.277)

기업조직에서 의사형성과 형성된 의사의 실행은 법률에 근거하여 개별적으로 결정된다. 때때로 예컨대 독일 「연방생활방해방지법」(BImSchG) 제52조의a에 따른 법률상 조직구성 의무와 서류화 의무 혹은 우리나라 「대기환경보전법」 제82조에 따른 보고 및 검사 의무가 존재한다. 그리고 기업에서 서면주의가 지배하고 있으며, 대부분의 사업처리과정은 공시되고 있다. 기록, 노트, 프로토콜, 지시내용, 서류, 계산서, 이메일 등이 흘러넘친다. 종전에 구술로 진행된 사업처리 과정은 오늘날 날짜별 이메일 내용으로 손쉽게 재구성할 수 있다.278) 이러한 모든 증거는 압수·수색의 대상이 되고, 이는 제거하기가 특히 흔적을 없애기가 어려우며, 증거인멸의 경우 공모자도 남기 마련이다. 당연히 공식적 기업조직구조의 신뢰성은 비공식적 조직구조에 의해 약화된다. 실제의 사건경과는 증거의 위조와 인멸, 자기면책을 위한 수단화로 인하여 잘못 재구성될 수 있다.279) 많은 사람들은 심지어 기업에서 일반적인 의무가 허술하게 준수되고 있으며, 정보저장의 경우 어떠한 예외도 없이 행해지고 있다고 추측한다. 그렇다면 개개의 사안에서 공식적 기업조직 혹은 비공식적 기업조직에 의해 행해진 것인지, 예외적 상황에서 일어난 것인지 여부를 밝혀낼 필요가 있다.280) 만일 기업의 비공식적인 시스템에 의해 증거가치가 훼손될 경우라도 개인형법에서 가장 빈번히 활용하는 증인을 통한 입증방법이 여전히 남아 있다.281)

기업범죄 수사에서는 보통 많은 수의 잠재적 증인들이 있으며, 검사는 피의자를 취사선택할 수 있다.282) 비록 많은 증인들이 증언거부권을 정당하게 행사할 수 있고, 통일된 방어전략을 합의하거나 사업주에 대한 충성을 유지할 수 있겠지만 기업범죄 관련 공모자, 조력자는 언제나 있기 마련이다. 그리고 단체정신이 기업으로부터 분리되고 종전의 종업원으로서 증언을 할 경우 단체정신은 더 이상 의존될 수 없다.283)

기업조직의 의사형성은 개인인 인간의 의사형성과 전혀 다르게 이루어진다. 즉 이는 외부세계에서 전혀 볼 수 없는 내적 심리상태에서 형성되는 것과 달리 관찰가능한 외부 사건의 일환으로 형성된다. 기업조직의 의사형성에 있어 비밀주의는 불가능에 가깝다. 기업에 이익이 되는 어떠한 행위도 협력 없이는 불가능하며, 적어도 제3자와의 공모 형태로 수행된다. 더욱이 기업범죄의 혐의자는 일반적으로 누가 진짜 범인인지를 알고 있다.284) 퇴직한 종업원, 경우에 따라 노동조합에 의해 보호를 받는 종업원뿐만 아니라 경쟁업체의 종업원도 고소·고발을 할 준비가 되어 있다. 언론 또한

결코 무시할 수 없는데, 언론의 탐사 결과가 때때로 많은 도움이 될 수 있기 때문이
다. 기업범죄 관련 형사소송에서 증명곤란의 문제도 있겠지만 이와 정반대로 기업범
죄를 입증할 물적·인적 증거가 너무나 많아 어쩌면 기업은 체포되지 않기를 희망하
고 있을 뿐이지도 모른다.[285]

　요컨대, 기업범죄 관련 수사에 있어 예외적인 경우에 증거가 부족할 수 있다. 그러
나 대부분의 경우 인적·물적 증거가 지나치게 적기보다 지나치게 많은 것이 현실이
다. 이에 따라 기업범죄의 입증과 관련하여 진정한 문제는 증거물의 과잉이고, 이러
한 방대한 증거물을 효과적으로 수집함에 있어 검찰의 물적·인적 능력이 한계를 보
이고 있다는 데 있다.[286]

(3) 증명곤란의 수용

　기업범죄 관련 사건에 있어 입증절차가 일정정도 부담이 됨을 전면적으로 부인할
수 없다. 증명곤란의 문제는 특별한 것이 아닌 언제든 제기될 수 있는 성질의 것이다.
이는 개인형법에서도 범인의 머릿속을 속속들이 들여다보고 범행동기를 재구성하여
완벽히 입증할 수 없음은 마찬가지이다. 그리고 언제까지 증명곤란의 문제를 논해야
하는지도 불분명하다.

　추정규정, 거증책임 규정 등의 도입을 통한 증명곤란의 실정법적 해결책도 그 정당
성에 여러 의문이 제기되고 있다. 그리고 순수한 공리주의적인 사고는 '혐의 처벌'의
허용이라는 비판에서 자유로울 수 없다.[287] 기업범죄의 기소율 등에 대한 평가 역시
회의적이다. 증명곤란의 견해는 경험상 좀처럼 증명할 수 없는 문제이다. 기업범죄에
있어 적극적 범행기여의 사실상 결여를 어느 누구에도 자신의 입증책임으로 떠넘길
수 없다. 이처럼 기업 범죄자를 형사소추함에 있어 여전히 증명곤란의 문제가 남아
있다. 즉 기업범죄와 관련된 사실관계의 복잡성은 법집행과 법정책적 실무에 어려움
을 야기한다. 법률가는 이러한 자명한 사실을 때때로 간과하는데, 모든 법규정의 영
역이 경제처럼 복잡성을 띠는 것은 아니기 때문이다.[288]

　증명의 어려움이 있다고 하더라도 이를 극복하기 위한 진지한 노력은 법치국가에
서 수용될 수 있다. 증명곤란은 더 이상 논쟁사항이 아니다. 이는 형사소송법상 관련
규정에 따라 처리되기 때문이다.[289] '의심스러울 때는 피고인의 이익으로'의 원칙이
받아들여진 개인형법에도 증명곤란의 문제는 존재한다.[290] 형사소송에서 신뢰할 수

없는 증인이 더 많아지는 문제는 전체 형법과 다른 법 영역에서 공통된 문제이다. 법치주의국가에서 범죄행위의 철저한 진상규명은 더 이상 피고인의 책임이 아니다.[291] 그렇다고 하여 형사소송에서 유연하게 입증책임의 부담을 나누는 민사소송법상의 장점을 가져다 활용할 수도 없다. 더욱이 증명곤란은 실정법상의 불명확성을 보여주는 가장 중요한 신호이다.[292] 이에 따라 형법이 아닌 대안적인 법적 규제모델이라는 맥락에서 형법적 구성요건의 질적 내용이 언급되기도 한다. 하지만 실정형법에서 입증경감을 가져다주는 구성요건, 예컨대 추상적 위험범 성격을 갖는 구성요건을 확대할 경우 당벌적 불법의 실질을 상실할 위험이 있다.[293]

---

1) Kohlhoff, Kartellstrafrecht und Kollektivstrafe, 2003, 244면 이하.

2) Busch, Grundfragen der strafrechtlichen Verantwortlichkeit der Verbände, 1933, 7면 이하, 83면.

3) Busch, 앞의 책, 5, 86면.

4) Heine, in: Dölling (Hrsg.), FS-Lampe, 2003, 577면.

5) Busch, 앞의 책, 82면.

6) Schünemann, Unternehmenskriminalität und Strafrecht, 1979, 15면.

7) Tiedemann, in: Eser/Thormundsson (Hrsg.), Old Ways and New Needs in Criminal Legislation, 1989, 157면.

8) Soeffner, in: Amelung (Hrsg.), Individuelle Verantwortung und Beteiligungsverhältnisse bei Straftaten in bürokratischen Organisationen, 2000, 13면.

9) Busch, 앞의 책, 82면.

10) Haeusermann, Der Verband als Straftäter und Strafprozesssubjekt, 2003, 161면.

11) Volk, JZ 1993, 429, 430.

12) Bottke, wistra 1997, 241, 246; Schünemann, Aufsichtspflichtverletzungen im Spannungsfeld zwischen dem Strafrecht und dem Zivilrecht, 2005, 123면.

13) Mittelsdorf, Unternehmensstrafrecht im Kontext, 2007, 1면.

14) Richter, in: Müller-Gugenberger/Bieneck (Hrsg.), Wirtschaftsstrafrecht, 4. Aufl., 2006, § 2 Rn. 16.

15) Kohlhoff, 앞의 책, 231면.

16) Schünemann, in: Schünemann (Hrsg.), Deutsche Wiedervereinigung, Band III Unternehmenskriminalität, 1996, 129, 130면.

17) 위험사회의 개념과 그 사회학적 근원에 대한 상세한 설명으로는 Ratsch, Individuelle

Haftung in Großunternehmen, 1998, 45면 이하; Hilgendorf; Strafrechtliche Produzentenhaftung in der Risikogesellschaft, 1993 참조.

18) Hilgendorf, 위의 책, 11, 18면 이하.

19) Kuhlen, in: Roxin (Hrsg.), FG 50－Jahre BGH IV, 2000, 647, 649면.

20) Heine, Die strafrechtliche Verantwortlichkeit von Unternehmen, 1995, 61면.

21) Hassemer, Produktverantwortung im modernen Strafrecht, 2. Aufl., 1996, 27면.

22) Schwartz, Strafrechtliche Produkthaftung, 1999, 34, 108면.

23) Heine, 앞의 책, 62, 283면.

24) Große Vorholt, Behördliche Stellungnahmen in der strafrechtlichen Produkthaftung, 1997, 63－64면.

25) Große Vorholt, 위의 책, 84－85면.

26) Heine, 앞의 책, 66면.

27) Bosch, Organisationsverschulden in Unternehmen, 2002, 581면.

28) Soejfner, in: Amelung (Hrsg.), Individuelle Verantwortung und Beteiligungsverhältnisse bei Straftaten in bürokratischen Organisationen, 2000, 13, 25면.

29) Schwartz, 앞의 책, 108면.

30) Große Vorholt, 앞의 책, 76면.

31) Große Vorholt, 앞의 책, 64면.

32) Geerds, in: Jescheck/Vogler (Hrsg.), in: FS－Tröndle, 1989, 241, 249면.

33) Große Vorholt, 앞의 책, 81면.

34) Kuhlen, JZ 1994, 1142.

35) Eidam, Unternehmen und Strafe, 2. Aufl., 2001, 2면 이하.

36) Dannecker, in: Amelung (Hrsg.), Individuelle Verantwortung und Beteiligungsverhältnisse bei Straftaten in bürokratischen Organisationen, 2000, 209, 210면.

37) Prittwitz, StV 1991, 435, 440.

38) Eidam, 앞의 채, 10면.

39) Heine, 앞의 책, 61면.

40) Hilgendorf, 앞의 책, 17면 이하.

41) Schünemann, in: Schünemann/Suarez Gonzalez (Hrsg.), Bausteine des europäischen Wirtschaftsstrafrechts, 1994, 265, 269면.

42) Prittwitz, StV 1991, 435, 438; Seelmann, KritV 1992, 452; Albrecht, StV 1994, 265, 266.

43) Prittwitz, Strafrecht und Risiko, 1993, 310면.

44) Rotsch, Individuelle Haftung in Großunternehmen, 1998, 36면.

45) Große Vorholt, 앞의 책, 80면.

46) Alexander, Die strafrechtliche Verantwortlichkeit für die Wahrung der Verkehrssicherungspflichten in Unternehmen, 2005, 2면.

47) Mittelsdorf, 앞의 책, 31면.

48) Dannecker, GA 2001, 101, 102.

49) Kraatz, JR 2009, 182.

50) Prittwitz, 앞의 책, 301면 이하.

51) Kuhlen, WiVerw 1991, 181, 231.

52) Mittelsdorf, 앞의 책, 176면.

53) Schünemann, in: Schünemann (Hrsg.), Deutsche Wiedervereinigung, Band III Unternehmenskriminalität, 1996, 129, 131면.

54) Windolph, NStZ 2000, 522.

55) Seiler, Strafrechtliche Maßnahmen als Unrechtsfolgen gegen Personenverbände, 1967, 110면.

56) Tiedemann, NJW 1972, 657, 658.

57) Tiedemann, in: Schimmelpfeng (Hrsg.), Aktuelle Beiträge zur Wirtschaftskriminalität, 1974, 109, 110면.

58) Pieth, in: Sutter－Somm/Hafuer/Schmid/Seelmann (Hrsg.), Risiko und Recht, 2004, 597, 599면.

59) Vogel, GA 1990, 241, 253.

60) Schlüchter, Zweites Gesetz zur Bekämpfung der Wirtschaftskriminalität, 1987, 36면.

61) Michalke, in: Lüderssen (Hrsg.), Aufgeklärte Kriminalpolitik oder Kampf gegen das Böse?, 1998, 29면.

62) Bundeskriminalamt (Hrsg.), Wirtschaftskriminalität Bundeslagebild 2007, 12면.

63) Busch, 앞의 책, 82면.

64) Pieth, in: Sutter－Somm/Hafuer/Schmid/Seelmann (Hrsg.), Risiko und Recht, 2004, 597, 598면 이하.

65) Kuhlen, GA 1994, 347.

66) Schünemann, in: Schünemann/Suarez Gonzalez (Hrsg.), Bausteine des europäischen Wirtschaftsstrafrechts, 1994, 265, 268 Fn. 10.

67) Eidam, 앞의 책, 1면.

68) Schünemann, in: Graul/Wolf (Hrsg.), GS－Meurer, 2002, 37, 46면.

69) Mayer, Strafrechtliche Produktverantwortung bei Arzneimittelschäden, 2008, 171면.

70) Schmitt, Strafrechtliche Maßnahmen gegen Verbände, 1958, 206면.

71) Mayer, 앞의 책, 173면.

72) Wilhelm, Verantwortung und Vertrauen bei Arbeitsteilung in der Medizin, 1984, 67면.

73) RGSt 30, 25, 27.

74) RGSt 33, 347.

75) Schünemann, in: Graul/Wolf (Hrsg.), GS－Meurer, 2002, 37, 40면.

76) Kraatz, JR 2009, 182, 183.

77) Mayer, 앞의 책, 171면 이하.

78) Hilgendorf, 앞의 책, 94면 이하.

79) Große Vorholt, 앞의 책, 76면.

80) Gómez−Jara Diez, ZStW 2007, 290, 320.

81) Große Vorholt, 앞의 책, 73, 88면.

82) Prittwitz, 앞의 책, S. 314면.

83) Große Vorholt, 앞의 책, 74, 79 f., 90면.

84) Schwartz, 앞의 책, 103면.

85) Schall, NJW 1990, 1263, 1265.

86) Schmucker, Die Dogmatik einer strafrechtlichen Produkthaftung, 2001, 55면.

87) Große Vorholt, 앞의 책, 73면 이하.

88) Prittwitz, 앞의 책, 307면.

89) Brünner, in: Brünner (Hrsg.), Korruption und Kontrolle, 1981, 677, 688면.

90) Kindhäuser, in: Schünemann/Suarez Gonzalez (Hrsg.), Bausteine des europäischen Wirtschaftsstrafrechts, 1994, 125, 132면.

91) Große Vorholt, 앞의 책, 74면 이하.

92) Theile, Wirtschaftskriminalität und Strafverfahren, 2009, 137면 이하.

93) Bosch/Lange, JZ 2009, 225, 228.

94) Schlüchter, 앞의 책, 53면.

95) Große Vorholt, 앞의 책, 62 ff., 65, 71면.

96) Kuhlen, in: Roxin (Hrsg.), FG−50 Jahre BGH IV, 2000, 647, 649면.

97) Große Vorholt, 앞의 책, 71 f., 84 f., 97면.

98) Schünemann, in: Schünemann (Hrsg.), Deutsche Wiedervereinigung, Band III Unternehmenskriminalität, 1996, 129면.

99) Otto, ZStW 1984, 339.

100) Ransiek, Unternehmensstrafrecht, 1996, 2면.

101) Kube, in: Kühne/Jung/Kreuzer/Wolter (Hrsg.), FS−Rolinski, 2002, 391, 395면.

102) Bundeskriminalamt (Hrsg.), Wirtschaftskriminalität Bundeslagebild 2007, 6면.

103) Otto, ZStW 1984, 339.

104) Opp, Soziologie der Wirtschaftskriminalität, 1975, 27면.

105) Zirpins, in: Schimmelpfeng (Hrsg.), Aktuelle Beiträge zur Wirtschaftskriminalität, 1974, 43, 48면.

106) Bundeskriminalamt (Hrsg.), Wirtschaftskriminalität Bundeslagebild 2007, 8면.

107) Berndt/Hoppler, BB 2005, 2623, 2626.

108) Pies/Sass/Meyer zu Schwabedissen, Prävention von Wirtschaftskriminalität, 2005, 5, 36면.

109) Bannenberg, Korruption in Deutschland und ihre strafrechtliche Kontrolle, 2002, 371 면 이하.

110) Zirpins/Terstegen, Wirtschaftskriminalität, 1963, 101면.

111) Pies/Sass/Meyer zu Schwabedissen, 앞의 책, 18면.

112) Bussmann/Salvenmoser, CCZ 2008, 192, 193.

113) Opp, 앞의 책, 18면.

114) Bundeskriminalamt (Hrsg.), Wirtschaftskriminalität Bundeslagebild 2007, 8면.

115) Tiedemann, Welche strafrechtlichen Mittel empfehlen sich für eine wirksamere Bekämpfung der Wirtschaftskriminalität?, 1972, C 24 f., 40면.

116) Bussmann/Salvenmoser, CCZ 2008, 192.

117) Pies/Sass/Meyer zu Schwabedissen, 앞의 책, 89면.

118) Albrecht, KritV 1988, 182, 193.

119) Bannenberg, in: Wabnitz/Janovsky (Hrsg.), Handbuch des Wirtschafts— und Steuerstrafrechts, 3. Aufl., 2007, 10. Kapitel, Rn. 1

120) BT—DrS 13/11425, 7.

121) Prittwitz, 앞의 책, 186면 이하.

122) Richter, in: Müller—Gugenberger/Bieneck (Hrsg.), Wirtschaftsstrafrecht, 4. Aufl., 2006, § 7 Rn. 28.

123) Opp, 앞의 책, 99면.

124) Schünemann, 앞의 책, 1979, 25면.

125) Schubarth, ZStW 1980, 80, 89.

126) Pies/Sass/Meyer zu Schwabedissen, 앞의 책, 155면 이하.

127) Hörisch, StV 1994, 151, 155.

128) Hassemer, StV 1990, 328.

129) Prittwitz, in: Lüderssen (Hrsg.), Aufgeklärte Kriminalpolitik oder Kampf gegen das Böse?, 1998, 9면.

130) Pies/Sass/Meyer zu Schwabedissen, 앞의 책, 156면.

131) Hörisch, StV 1994, 151, 152 f.

132) Eidam, 앞의 책, 36면.

133) Eidam, 앞의 책, 573면.

134) Eidam, 앞의 책, 37면.

135) Pies/Sass/Meyer zu Schwabedissen, 앞의 책, 198면.

136) Pies/Sass/Meyer zu Schwabedissen, 앞의 책, 12면.

137) Opp, 앞의 책, 85면.

138) Mittelsdorf, 앞의 책, 1면.

139) Kohlhoff, 앞의 책, 92면 이하.

140) Tiedemann, 앞의 책, C 19면.

141) Zirpins/Terstegen, 앞의 책, 84면.

142) Kube, in: Kühne/Jung/Kreuzer/Wolter (Hrsg.), FS—Rolinski, 2002, 391, 400면.

143) Schaupensteiner, NStZ 1996, 409, 410.

144) Wohlers, Deliktstypen des Präventionsstrafrechts, 2000, 268면.

145) Wohlers, 위의 책, 273면 이하.

146) Bannenberg, 앞의 책, 373면.

147) Pies, Unternehmensethik für die Marktwirtschaft, 2008, 1면.

148) Goeudevert, in: Bundeskriminalamt (Hrsg.), Wirtschaftskriminalität und Korruption, 2003, 19면.

149) Matzner, in: Brünner (Hrsg.), Korruption und Kontrolle, 1981, 329, 331면.

150) Werner, KritV 1992, 433, 444.

151) Brammsen, in: Amelung (Hrsg.), Individuelle Verantwortung und Beteiligungsverhältnisse bei Straftaten in bürokratischen Organisationen, 2000, 105, 120면.

152) Bottke, wistra 1997, 241, 243.

153) Lüderssen, StV 2009, 486, 490.

154) Opp, 앞의 책, 118면 이하.

155) Otto, ZStW 1984, 339, 361 f.

156) Heine, 앞의 책, 284면.

157) Zirpens, in: Schimmelpfeng (Hrsg.), Aktuelle Beiträge zur Wirtschaftskriminalität, 1974, 43, 45면.

158) Hassemer, wistra 2009, 169.

159) Lampe, ZStW 1994, 683, 714.

160) Alexander, 앞의 책, 316면.

161) Tiedemann, in: Tiedemann (Hrsg.), Multinationale Unternehmen und Strafrecht, 1980, 5면.

162) Bosch, 앞의 책, 211면.

163) Heinz, in: Gropp (Hrsg.), Wirtschaftskriminalität und Wirtschaftsstrafrecht, 1998, 13, 29면.

164) Hassemer, wistra 2009, 169, 171.

165) Bosch, 앞의 책, 1, 8면 이하.

166) Wohlers, 앞의 책, 46면.

167) Schünemann, in: Graul/Wolf (Hrsg.), GS—Meurer, 2002, 37, 42면.

168) Alexander, 앞의 책, 40면.

169) Schünemann, 앞의 책, 1979, 5, 31면.

170) Heine, 앞의 책, 29면 이하.

171) Eidam, 앞의 책, 1—3면.

172) Heine, 앞의 책, 107면.

173) Schall, in: Schünemann (Hrsg.), Deutsche Wiedervereinigung, Band III

Unternehmenskriminalität, 1996, 99, 101면.

174) Alexander, 앞의 책, 195면.

175) Dannecker, in: Amelung (Hrsg.), Individuelle Verantwortung und Beteiligungsverhältnisse bei Straftaten in bürokratischen Organisationen, 2000, 209, 212면.

176) BT-DrS 13/11425, 8.

177) Heine, 앞의 책, 30 f., 141면.

178) Ratsch, 앞의 책, 134면.

179) BT-DrS 13/9682, 3.

180) Mittelsdorf, 앞의 책, 49면.

181) 독일질서위반법 제130조 ① 경영체 또는 기업의 소유자로서 고의 또는 과실로, 당해 경영체 또는 기업 내에서 소유자 자신이 행하고 그 위반에 대하여서는 형벌 또는 과태료가 과하여지는 감독의무를 다하지 않는 사람은 적절한 감독이 있었더라면 저지되었거나 현저히 곤란하게 되었을 위반행위가 행하여지는 경우에 질서위반행위를 행한 것이다. 그 필요한 감독조치에는 감독직원의 임명, 신중한 선발 및 감시도 또한 포함된다.
② 제1항에서 말하는 경영체 또는 기업에는 공기업도 포함된다.
③ 이러한 질서위반행위는 당해 의무위반행위에 대하여 형벌이 과하여지고 있는 경우 1,000,000유로 이하의 과태료에 처할 수 있다. 의무위반에 대하여 과태료가 과하여지고 있는 때에 감독의무위반을 이유로 하는 과태료의 상한은 의무위반에 관하여 과하여지는 과태료의 상한에 따라 정하여진다. 제2문은 의무위반에 있어서 과하여지는 과태료의 상한이 제1문에 의한 상한을 초과하는 때에는 형벌과 과태료가 동시에 과하여지고 있는 의무위반의 경우에도 적용된다.

182) Bosch, 앞의 책, 389면.

183) Alexander, 앞의 책, 41면.

184) Mittelsdorf, 앞의 책, 153면.

185) Heine, 앞의 책, 43 f., 64 ff., 141면 이하.

186) Ratsch, 앞의 책, 76면.

187) Schünemann, 앞의 책, 1979, 5면.

188) v. Freier, Kritik der Verbandsstrafe, 1998, 26면.

189) 독일형법 제14조(타인을 위한 행위) ① 다음 각호의 1에 해당하는 자격으로 행위한 경우, 특별한 인적 성질, 관계 또는 상황(특별한 인적 요소)이 가벌성의 기초를 이루는 법률은 그와 같은 요소가 대리인에게는 존재하지 아니하고 본인에게만 존재하는 경우에도 그 대리인에 대하여 이를 준용한다.
1. 법인의 대표기관 또는 그 기관의 구성원
2. 권리능력 있는 인적 회사의 대표권이 있는 사원 3. 타인의 법정대리인
② 사업주 또는 기타 사업권한을 가진 자로부터 다음 각호의 1에 해당하는 위임을 받고 그 위임에 근거하여 행위한 경우에는 특별한 인적 요소가 가벌성의 기초를 이루는 법률은 그와 같은 요소가 수임자에게는 존재하지 아니하고 사업주에게만 존재하는 경우에도 그 수임자에 대하여 이를 준용 한다.

1. 사업소의 전부 또는 일부의 경영에 관한 위임
2. 사업주의 책임에 속한 임무를 자기 책임으로 임무를 담당하도록 하기 위한 명시적 위임

   기업은 제1문에 의한 사업소로 본다. 위와 같은 위임에 근거하여 공공 행정의 임무를 담당하는 기관의 경우에는 제1문을 준용한다.

   ③ 제1항과 제2항은 대리권 또는 위임관계에 기초하여 이루어진 법률 행위가 무효로 된 경우에도 준용된다.

190) 독일질서위반법 제9조(타인을 위한 행위)는 독일형법 제14조와 동일

191) Schünemann, in: Schünemann/Suirez Gonzilez (Hrsg.), Bausteine des europäischen Wirtschaftsstrafrechts, 1994, 265, 272면.

192) Schünemann, 앞의 책, 1979, 30면 이하.

193) Alexander, 앞의 책, 53면.

194) Heine, 앞의 책, 37, 47, 79면.

195) Mittelsdorf, 앞의 책, 11, 39면.

196) Heine, 앞의 책, 50면.

197) Schünemann, 앞의 책, 1979, 24, 38면.

198) Busch, 앞의 책, 456, 646면.

199) Schlüter, Die Strafbarkeit von Unternehmen in einer prozessualen Betrachtung, 2000, 34면.

200) Alexander, 앞의 책, 49면 이하.

201) Bosch, 앞의 책, 144면.

202) Alexander, 앞의 책, 38면 이하.

203) Kaufinann, Möglichkeiten der sanktionenrechtlichen Erfassung von (Sonder−) Pflichtverletzungen im Unternehmen, 2003, 31면.

204) Ulsenheimer, Arztstrafrecht in der Praxis, 2. Aufl., 1998, Rn. 138.

205) Kaiser, in: Deutsche Kriminologische Gesellschaft e.V. (Hrsg.), Betriebskriminalität, 1976, 21, 34면.

206) Alexander, 앞의 책, 2면.

207) Schmucker, 앞의 책, 208면.

208) Kraatz, JR 2009, 182.

209) Alexander, 앞의 책, 2면.

210) Busch, 앞의 책, 98면.

211) Kohlhoff, 앞의 책, 295면.

212) Kohlhoff, 앞의 책, 305면 이하.

213) Mittelsdorf, 앞의 책, 40, 184면.

214) Busch, 앞의 책, 103면.

215) Sutherland, in: Sack/König (Hrsg.), Kriminalsoziologie, 1968, 187, 198 ff., 396 ff.

216) Sykes/Matza, in: Sack/König (Hrsg.), Kriminalsoziologie, 1968, 360, 366 ff.

217) Jentsch, Betriebsjustiz, 2005, 34면.

218) Alexander, 앞의 책, 33면.

219) Mittelsdorf, 앞의 책, 182면.

220) Jäger, StV 1988, 172.

221) Jäger, StV 1988, 172, 173.

222) Ratsch, 앞의 책, 31, 32면 이하.

223) Hafter, Delikts− und Straffähigkeit der Personenverbände, 1903, S. 43 ff.

224) 이에 대해 상세히는 Mittelsdorf, 앞의 책, 24면 이하; 김재윤, 기업의 형사책임, 마인드탭, 2015, 67−70면 참조.

225) Hafter, 앞의 책, 44−45, 95면.

226) Hajter, 앞의 책,, 52 f., 54 f., 76, 96면.

227) 이에 대해 상세히는 Mittelsdorf, 앞의 책, 31면 이하; Pies, Korruption: Diagnose und Therapie aus wirtschaftsethischer Sicht, 2003, 17면.

228) Pies/Sass, 앞의 책, 1면.

229) Schünemann, wistra 1982, 41, 43.

230) Busch, 앞의 책, 165면.

231) Busch, 앞의 책, 98면.

232) Kohlhoff, 앞의 책, 312면.

233) Mittelsdorf, 앞의 책, 45면.

234) Lampe, ZStW 1994, 683.

235) Lampe, ZStW 1994, 683, 687, 698 f., 715.

236) Schünemann, 앞의 책, 1979, 59면.

237) Pies, Wie bekämpft man Korruption?, 2007, 1면.

238) Mittelsdorf, 앞의 책, 28면.

239) 독일기본법 제9조, 제19조 제3항.

240) Soeffner, in: Amelung (Hrsg.), Individuelle Verantwortung und Beteiligungsverhältnisse bei Straftaten in bürokratischen Organisationen, 2000, 13면.

241) Heine, in: Arnold/Burkhardt/Gropp/Heine/Koch/Lagodny/Perron/Walther (Hrsg.), FS−Eser, 1995, 51, 68면.

242) Kudlich, Die Unterstützung fremder Straftaten durch berufsbedingtes Verhalten, 2004, 233면.

243) Lampe, ZStW 1994, 683, 708.

244) Eidam, 앞의 책, 1면.

245) Schünemann, 앞의 책, 1979, 22면.

246) Schmitt, 앞의 책, 206면.

247) Bottke, Haftung aus Nichtverhütung von Straftaten Untergebener in Wirtschaftsunternehmen de lege lata, 1994, 61면.

248) Mittelsdorf, 앞의 책, 29면.

249) Schünemann, in: Schünemann/Suirez Gonzilez (Hrsg.), Bausteine des europäischen Wirtschaftsstrafrechts, 1994, 265, 287면.

250) Busch, 앞의 책, 172면.

251) Bosch, 앞의 책, 14면.

252) Hermanns/Kleier, Grenzen der Aufsichtspflicht in Betrieben und Unternehmen, 1987, 57면 이하.

253) v. Freier, 앞의 책, 245면.

254) Jäger, StV 1988, 172, 176 − 177.

255) Ambos, Der Allgemeine Teil des Völkerstrafrechts, 2002, 536, 538면.

256) Ambos, 위의 책, 536면.

257) 이에 대해 상세한 논의로는 Busch, 앞의 책, 245면 이하 참조.

258) Busch, 앞의 책, 252면 이하.

259) Winkelbauer, in: Eser/Schittenhelm/Schumann (Hrsg.), FS − Lenckner, 1998, 645면.

260) Zirpins/Terstegen, 앞의 책, 161면.

261) Schlüchter, 앞의 책, 181면.

262) Pies/Sass, 앞의 책, 6면 이하.

263) Bosch, 앞의 책, 544면.

264) Alexander, 앞의 책, 41면.

265) 대표적으로 Schünemann, 앞의 책, 1979, 34면.

266) Heine, in: Alwart (Hrsg.), Verantwortung und Steuerung von Unternehmen, 1998, 90, 91면.

267) BT − DrS 13/11425, 8.

268) v. Freier, 앞의 책, 30면.

269) Zirpins/Terstegen, 앞의 책, 40면.

270) Bannenberg, in: Bundeskriminalamt (Hrsg.), Wirtschaftskriminalität und Korruption, 2003, 43, 61면.

271) Kuhlen, in: Maschmann (Hrsg.), Corporate Compliance und Arbeitsrecht, 2009, 15면.

272) BT − DrS 13/9682, 2.

273) Bottke, wistra 1991, 81, 90.

274) Alexander, 앞의 책, 4면.

275) Schünemann, in: Schünemann/Suarez Gonzalez (Hrsg.), Bausteine des europäischen Wirtschaftsstrafrechts, 1994, 265, 272면.

276) Mittelsdorf, 앞의 책, 14면.

277) Busch, 앞의 책, 305면.

278) Pieth, in: Arnold/Burkhardt/Gropp/Heine/Koch/Lagodny/Perron/Walther (Hrsg.), FS − Eser, 2005, 599, 614면.

279) Mittelsdorf, 앞의 책, 14면; v. Freier, 앞의 책, 30면.

280) Schünemann, in: Graul/Wolf (Hrsg.), GS−Meurer, 2002, 37, 48면.

281) Napp, Unternehmensstrafbarkeit und Unternehmenskuratel, 2006, 96면.

282) Alexander, 앞의 책, 193면.

283) Napp, 앞의 책, 95면.

284) Bundeskriminalamt (Hrsg.), Wirtschaftskriminalität Bundeslagebild 2007, 8면.

285) Zirpins/Terstegen, 앞의 책, 135면.

286) Schünemann, wistra 1982, 41, 49; Kirch−Heim, Sanktionen gegen Unternehmen, 2007, 56면.

287) v. Freier, 앞의 책, 199면; Lampe ZStW 1994, 683, 731.

288) Hassemer, wistra 2009, 169, 170.

289) 제조물책임에 관해서는 Samson, StV 1991, 182, 185 f.

290) Schünemann, 앞의 책, 1979, 46면.

291) Alexander, 앞의 책, 4면.

292) Arzt, in: Roxin (Hrsg.), FG−50 Jahre BGH IV, 2000, 755, 778면.

293) Ransiek, 앞의 책, 185면.

[§9] 기업범죄예방과 관련하여 자율규제로서 준법지원인제도의 기대와 한계[1]

> "이사의 의무에는 이사회를 포함한 고위경영진이 회사의 법률준수 및 비즈니스 성과와 관하여 자신의 업무범위에 속한 정보를 시의적절하고 정확하게 그리고 충분히 제공받은 상태에서 의사결정을 할 수 있도록 하기 위해 조직 내에 합리적으로 고안된 정보 및 보고시스템이 갖춰지도록 성실하게 노력할 의무가 포함된다."
> – William Allen(전 델라웨어 주 형평법원 판사) –

I. 머리말

'컴플라이언스(Compliance)'란 용어가 최근 전 세계를 휩쓸며 유행하고 있는데, 우리나라도 예외는 아니어서 1997년 국가적 금융위기(IMF)를 계기로 2000년부터 은행이나 증권회사 등의 금융회사에 처음으로 준법감시인제도가 도입된 이후,[2] 2011년 「상법」 제542조의13은 기업의 윤리·준법경영과 기업 내부의 의사결정이나 업무집행 과정에서 발생할 수 있는 법률 리스크(legal risk)를 사전 예방함으로써 기업의 경쟁력을 높이고 사회적 책임의 강화를 위해 준법지원인(Compliance Officer)제도[3]를 자산총액 5천억 원 이상 상장회사에까지 확대하였다.[4]

그런데 오늘날 컴플라이언스 논의는 법에 의해 강제되는 타율규제가 아닌 기업에 의한 자율규제와 자기보호의 측면이 강조되면서 전개되고 있다. 규제적 시각에서 볼 때 예컨대 강제집행, 허가취소, 폐쇄조치, 영업정지 등의 행정행위와 같은 전통적 타율규제 수단을 넘어 법규준수를 강화하기 위한 수단을 발전시키고 탈집중화된 자율규제의 여러 장점을 활용하는 것을 목표로 한다. 이때 핵심은 좁은 의미에서 준법지원인의 책임으로서 기업 내부의 '감독의무(Aufsichtspflichten)'와 '조직구성의무(Organisationspflichten)'[5]로 모아진다. 이는 기업범죄의 원인에 적극적으로 대처하기 위하여 기업 내부에서 타율규제로 대표되는 형법을 하나의 도구로 이용하는 '형법적 컴플라이언스(Criminal Compliance)'[6]와 관련된다. 이때 법에 의해 강제되는 전통적 타율규제로부터 자율규제로의 패러다임의 전환이 언급된다.

독일질서위반법 제130조에 따른 사업주의 '감독의무(Aufsichtspflichten)' 위반[7]

1. 입법취지

독일질서위반법 제130조의 입법취지는 현대 분업사회에서 사업주가 부담하는 법규준수 의무를 기업 내 타인(직원)에게 이전함에 따라 사업주에게 그 직원에 대한 감독책임을 귀속시키기 위함이다. 원래 상법이나 회사법 등에 규정된 각종 요구와 금지는 원래 사업주를 수범자로 한 것이다. 그러나 사업주 스스로가 각종 법률에 산재해 있는 요구와 금지를 모두 준수한다는 것은 기대하기 어렵다. 오늘날 사업주가 준수해야 할 금지규범과 요구 규범은 사업주 이외의 타인(직원)에 의하여 보충될 수밖에 없다. 따라서 일차적으로 사업주에게 부과된 각종 의무가 준수되도록 하기 위해서는 사업주로부터 위임 내지 위탁받은 임직원의 직무집행에 대한 가중된 주의의무 내지 감독의무를 인정하지 않을 수 없다. 이러한 독일질서위반법 제130조는 준법지원인제도와 관련하여 핵심적인 규범이다. 왜냐하면 이 조문에서는 사업주가 감독의무를 충실하게 이행하지 않은 경우 질서위반행위가 성립한다고 명시하고 있어 기업 내 컴플라이언스 조직의 설치 및 컴플라이언스 프로그램의 효과적인 운영 여부가 사업주의 감독의무 이행 여부를 판단하는 데 중요한 기준이 되기 때문이다.[8]

2. '감독의무'의 주체

독일질서위반법 제130조[9]는 사업주의 감독의무 위반으로 인하여 범죄행위가 발생한 경우 사업주의 책임에 대하여 규정하고 있다. 이에 따라 사업주는 사업체 내에서 위법행위가 발생하지 않도록 필요한 조치를 취할 의무가 있다. 만일 필요한 조치를 취하지 않아 범죄행위가 행해진 경우 사업주는 독일질서위반법 제130조에 의하여 처벌된다. 이런 점에서 독일질서위반법 제130조의 감독책임은 진정부작위범이며, 나아가 사업주 또는 기업주만이 행위주체가 될 수 있는 진정신분범이다.

3. '감독의무'의 내용

독일질서위반법 제130조에 의하여 처벌되는 행위는 고의 또는 과실로 사업체 내의 위법행위를 방지하기 위하여 필요한 감독조치를 취하지 않는 것, 즉 부작위이다.

이때 사업주의 감독조치를 통하여 방지되어야 하는 위법행위는 전형적인 사업상 위험의 실현을 의미한다. 이러한 전형적인 사업상 위험을 막기 위해 필요한 감독조치가 무엇인가에 대하여 독일질서위반법 제130조는 종국적으로 규정하고 있지 않다. 다만 감독조치의 예로서 선임(Bestellung), 선정(Auswahl), 감독(Überwachung) 등을 예시하고 있을 뿐이다. 따라서 법률상 규정된 감독조치 외에 다른 감독조치들도 있을 수 있다. 어떠한 감독조치를 취할 것인지는 사업의 규모·조직, 활동분야 및 적용규정의 종류와 내용, 다양한 감독가능성 등 구체적 상황에 따라 상이하다.[10]

사업주에게 일반적으로 요구되는 감독조치는 다음과 같다.

① 사업주는 자신에게 속하는 업무를 담당할 종업원을 신중하게 선정할 의무가 있다. 이때 사업주는 위임되는 업무의 사업상 의미와 그에 대한 책임을 선정기준으로 삼아야 한다. 그러므로 예를 들어 종업원이 수행할 업무가 공적 안전을 해칠 위험성이 높은 경우에는 사업주는 보다 엄격한 인사선정기준을 적용하여 종업원을 선정하여야 한다.[11]

② 사업주는 인사관리 의무가 있다. 사업주는 종업원에게 자신이 담당해야 할 업무가 무엇인지를 명확하게 알려주고, 관련 법률을 준수하도록 지속적으로 교육시켜야 한다. 뿐만 아니라 그 내용을 숙지할 충분한 시간을 주어야 한다.

③ 사업주는 종업원 및 업무처리에 관하여 정기적으로 감독할 의무가 있다. 이러한 사업주의 정기 감독에는 사업체 내의 기계설비들이 해당 법률요건에 상응하게 설치되고 사용되고 있느냐 하는 것도 포함된다.[12]

4. '감독의무'의 요건

독일질서위반법 제130조에 따르면 사업주가 취해야 할 감독조치는 사업관련 의무위반행위를 방지하기 위하여 객관적으로 필요한 것이어야 한다. 즉 감독조치는 사업관련 의무위반행위를 방지하는 데에 적합한 수단이어야 한다. 따라서 독일질서위반법 제130조가 요구하는 감독조치는 빈틈없이 철저한 인사관리가 아니라, 기업 내 범죄행위 방지의 개연성이 높은 감독조치라고 할 수 있다. 이러한 감독조치는 종업원의 행위에 대하여 일정한 영향을 미칠 수 있는 것이어야 한다. 그러므로 이와 같은 영향을 미칠 수 없는 감독조치는 처음부터 부적합한 것으로 배제되어야 한다.[13]

또한 사업주의 감독조치는 기대가능한 것이어야 한다. 기대가능성이라는 요건의 설정은 노사간 평화유지와 종업원의 자기책임 존중을 위한 것이므로, 독일질서위반법 제130조의 감독의무 소홀로 인한 사업주의 처벌은 영업행위의 성질과 종업원의 자질에 비추어 보아 특별한 범죄요소가 예상됨에도 불구하고 아무런 감독조치도 취하지 않은 경우에만 정당화될 수 있다.[14] 그러므로 종업원에 대한 지나친 뒷조사, 밀고행위의 보상, 염탐, 끊임없는 감시, 전횡 등은 기대불가능성이라는 요건을 충족하지 못하기 때문에 독일질서위반법 제130조에서 요구하는 사업주의 감독조치가 될 수 없다.

5. 주관적 구성요건

사업주는 고의 또는 과실로 감독의무를 위반하여야 한다. 이러한 주관적 구성요건의 대상에 대해 독일 판례는 사업주의 고의 또는 과실은 감독조치의 태만, 즉 감독의무의 소홀에 대한 것이고, 감독의무 소홀로 인하여 행해진 사업체 내 사업 관련 의무위반행위와는 관련이 없다고 보고 있다.[15] 이에 독일 판례의 태도에 따르면 사업주는 불충분한 감독의 결과 범죄행위가 발생할 것이라는 사실을 예견하지 못했거나 예견할 수 없었던 경우에도 감독의무 위반으로 독일질서위반법 제130조에 의거하여 처벌된다고 한다.[16]

이러한 자율규제로의 패러다임의 전환과 관련하여 무엇보다 법은 외부규제인 타율규제의 수단으로서가 아니라 내부규제인 자율규제를 지원하기 위한 도구로서 역할을 한다.[17] 왜냐하면 법은 기업에 대해 내부의 조직구성과 운영 차원에서 막대한 영향을 미치기 때문이다. 특히 기업에 대해 형법을 수단으로 하는 직접규제는 형법의 최후수단성(ultima-ratio)이라는 이념에 충돌되고 책임을 회피하게 하는 부작용을 일으킬 수 있다. 반면에 기업범죄의 사전 예방을 위한 간접규제인 자율규제는 기업의 합리적 이성에 호소하는 것이고, 기업으로 하여금 예컨대 감사원, 금융감독원, 공정거래위원회 등 관련 감독기관과 협력하도록 유도한다.[18] 이와 관련하여 기업을 포함시켜 상호 협력하는 법률이행 또는 법규준수를 위해 관련 법규의 허용범위 내에서는 자유롭게 기업활동을 보장하고 이를 위반했을 때만 제재를 가하는 관점의 전환이 중요하다고 본다. 이러한 관점에 볼 때 2011년 우리나라 「상법」에서 타율규제의 일환으로 준법지원인제도를 도입한 지 이미 8년여 시간이 흘러가고 있는데 기업범죄의 사전 예방적 기능[19]이 제대로 작동하고 있는지 의문이다.

따라서 본 절에서는 기업범죄의 사전 예방적 기능을 수행하기 위해 도입된 컴플라이언스가 타율규제와 자율규제 수단으로서 어떠한 의미를 갖는지, 그리고 컴플라이언스 제도의 도입을 통해 기대하고 있는 통제 비용절감 및 기업범죄에 있어 입증곤란의 문제해결에 효과적인지 여부와 관련된 독일의 논의를 중심으로 소개하고, 우리나라의 준법지원인제도와 관련하여 어떠한 시사점을 얻을 수 있는지 검토하고자 한다.

II. 타율규제와 자율규제, 그리고 자율규제로서 컴플라이언스

1. 타율규제가 아닌 자율규제로서 컴플라이언스의 이해

국가와 법률은 한정된 인적·물적 자원으로 인해 일정한 영역에서 기업의 자율규제를 허용할 것을 요구받고 있다. 오늘날 국가는 국민의 생명과 재산의 보호, 리스크의 분배 그리고 이들의 보호·분배에 대한 전략의 수립 등에 있어 더욱더 근대국가가 누렸던 독점적 지위를 잃어 가고 있다. 국가에게는 이를 위한 충분한 정보와 능력이 부족하고 효율성이 떨어지고 있다. 나아가 감사원, 금융감독원, 공정거래위원회 등의 국가기관 역시 개별 기업에서 필요한 세부 지식이 무엇인지 제대로 알지 못한다. 이는 오늘날 여러 기업의 경험을 통해 확인되고 있다. 이 때문에 기업은 국가의 타율규제가 아닌 자율규제라는 대안에 대해 더욱더 많은 관심을 가진다. 이제 국가의 임무는 타율규제 수단을 통해 기업을 통제하는 데 있기보다 기업 스스로 행하는 자율규제가 제대로 이행되고 있는가에 대한 외부통제를 적절히 수행하는데 있다고 해도 과언이 아니다.[20]

기업은 경영활동과정에서 발생할 수 있는 범죄, 즉 기업범죄를 사후가 아닌 사전에 예방하는 것이 자신에게 훨씬 더 이익이 됨을 너무나 잘 알고 있다. 이 때문에 기업은 종업원으로 하여금 기업범죄의 억지와 사전 예방을 위해 적극적으로 활동하도록 요구하고 있다. 독일에서는 기업이 오래전부터 기업 외부는 물론이고 내부에서 이미 발생한 범죄에 대해 단호한 조치를 취하려고 노력해왔음은 잘 알려진 사실이다. 새로운 것이라면 사후적 시각이 아니라 사전적 관점에서 기업범죄를 사전에 예방하기 위해 기업 스스로 다양한 수단과 조치들을 마련하고 있다는 점이다.[21] 예컨대 기업의 부정부패의 경우 일정 부분 극복될 수 있다. 왜냐하면 사업주는 자신의 기업 내에서 일어나는 업무처리과정에 대해 누구보다 잘 알고 있고 기업 내부지침과 제재규정을 마련하여 범죄행위를 억지할 수 있는 위치에 있어 범죄예방을 위해 적극적으로 활동할 권한의 행사가 가능하기 때문이다.[22] 기업의 고위경영진(principal officers)[23]은 '범죄적 단체태도(kriminellen Verbandsattitüde)'[24]의 형성에 중요한 영향을 미친다. 이 때문에 고위경영진은 기업 내에서 범죄적 단체태도가 형성되지 않도록 하고 범죄행위를 사전에 예방하기 위해 기업 내부의 자율규제, 대표적인 예로 컴플라이언스 제도의 구축이 법, 특히 형법에 의한 직접적·타율규제보다 훨씬 더 효과적임을 잘 알고 있다.[25] 보다 구체적으로 기업은 연구, 생산, 유통 및 폐기물 관리분야에서 위험원을 파악하고, 그러한 위험원에 따른 손해의 잠재적 가능성을 조사하며, 리스크를 평가함에 있어 국가기관보다 훨씬 더 나은 위치에 있다. 이는 자신의 고의·과실에 의한 행위에 대하여만 형사책임을 진다는 형법상 자기책임의 원칙에도 부합한다.[26] 기업 스스로에 의한 독자적·자율적 감독이라는 간접적·자율규제는 기업의 자구책으로서 국가에 의해 정당화된다. 사업주는 이러한 간접적·자율규제를 바탕으로 종업원을 전문영역에 따라 세분화된 분업활동에 투입함으로써 기업의 활동영역을 확대하고 이로부터 여러 이익을 창출한다.[27] 기업 내부지침에 따라 조직상 의무를 세밀하게 마련해 놓고 이를 준수하도록 함이 법익침해가 발생하게 된 과정이 아닌 그 침해결과에 초점을 두는 형법에 의한 개입보다 더 낫다.[28] 이처럼 자율규제는 기업의 의사결정에 영향을 미치거나 이를 위한 내부지침을 만듦으로서 직접적·타율규제의 단점을 보완하는 부드럽고 유연한 수단으로 이해된다.

이러한 자율규제로서 컴플라이언스는 기업범죄의 사전 예방을 위해 (형)법에 의한 직접적·타율규제를 전적으로 대신하는 '대체적(substitutiv)'인 것이 아니라, 내부 규제조치가 외부 규제조치와 함께 동반되는 경우에만 실현될 수 있다는 의미에서 '상호보완적(komplementär)'인 것으로 이해된다.[29] 컴플라이언스가 기업범죄의 사전 예방을 위해 효과적일 수 있다는 최고 기대치는 기업은 기업범죄 예방과 관련하여 새로운 사고방식이 가능하다는 희망 속에서 탈집중화된 자율규제에 놓인 기대에서 발견된다. 기업들은 더 많은 책임감을 가져야 한다. 이에 독일 판사 Mittelsdorf는 자신의 저술서에서 법규범은 단지 "준수"되어야만 하는 것이 아니라 규범수범자가 스스로 그 자체로서 "수용·승인"해야 하는 것임을 강조하였다.[30]

2. 자율규제로서 컴플라이언스의 강조와 그에 따른 부작용

(1) 자율규제로서 컴플라이언스와 '윈도우 드레싱(Window Dressing)'의 문제

우리나라에서 컴플라이언스 구축의무는 「상법」 제542조의13, 「자본시장과 금융투자업에 관한 법률」 제28조, 「금융회사의 지배구조에 관한 법률」 제25조 등에서 요구하는 법적 의무이다. 국가에 의해 부과되는 모든 법적 의무와 마찬가지로 컴플라이언스 구축의무는 기업 스스로에 의한 내부적 요청이 아닌 외부적 요청에 따른 것이고, 자율적 동기가 아닌 타율적 동기에 의해 발생한 것이다. 이는 독일에서도 마찬가지이다. 즉 독일에서 컴플라이언스에 대한 논의는 1992년에 규정된 증권 관련 법상의 '행동규칙의 준수'(증권시장에서 이해상충의 부정적 영향에서 고객을 보호하기 위한 것)에서 시작하여 2014년 8월 7일 독일 연방금융감독기관(BaFin)[31]이 금융투자업자에 대한 증권거래법 제31조 이하에 따른 컴플라이언스 기능과 그 외 행동, 조직 및 투명성 의무에 대한 권고문(MaComp)[32]을 공고함으로써 본격적으로 이루어지고 있다.[33]

국가가 기업으로 하여금 컴플라이언스 제도의 구축에 관해 보다 철저한 관철을 의도할 경우 내부규제와 자율규제만으로는 다소 부족한 면이 있다. 이러한 부족한 면을 보완하기 위해 설계된 컴플라이언스는 일방적인 법적 강제에 따른 여러 부작용을 다소나마 줄이기 위한 장치로 간주된다. 하지만 법적 가이드라인의 기업 내부지침으로의 전환은 컴플라이언스에 대한 규범수범자의 수용·승인에 따른 것이 아니라 경제적 계산에 기초한 것임을 부인할 수 없다. 예컨대 금융기관이 내부 컴플라이언스 구조의 범위 내에서 자금세탁금지법과 그 시행령에 따라 새로운 감독기준을 마련할 경우, 엄청난 금액의 금전적 제재를 회피해야 하는 금융기관으로서는 그밖에 다른 선택지가 없다. 기업은 금전적 제재를 회피하기 위하여 내부의 자율규제 조치에 따라 법적으로 노력할 뿐이다. 이때 이미 회사의 자산이나 수지상황을 양호하게 보이기 위해 대차대조표나 손익계산서의 숫자를 속여서 발표하는 결산을 말하는 이른바 '윈도우 드레싱(Window Dressing)'의 문제가 발생한다. 이를 통해 단지 외부의 법적 신뢰를 구축하기 위해 서류상으로 작업만하고 기업 내부에서 자금세탁방지를 위한 여러 실질적 조치들이 진정성 있게 적용·실현되지 않을 수 있다. 이럴 경우 컴플라이언스는 기업의 법규준수 관련 정책을 외부에 그럴듯하게 보이게 포장하는 수단으로 기능할 뿐이다.[34]

오늘날 기업은 기업 외부(특히, 국가)로부터 국민의 생명권, 신체의 완전성, 재산권 등의 법익보호를 위해 그 운영상 위험원에 대한 통제능력을 갖출 것을 강요받고 있다.[35] 이에 따라 늘어나는 자율규제 목록은 컴플라이언스에 대한 요청을 증가시키겠지만 앞서 언급한 '윈도우 드레싱'의 문제를 해결할 수 있을지는 의문이다.[36] 기업으로 하여금 법적 의무와 혼동되는 '청렴' 내지 '고결성'과 같은 도덕적 가치와 신념을 가지게 하고자 할 경우 실망할 가능성이 높다. 자율규제를 통해 거둘 수 있는 성과는 기업 내부에서 작동하는 국가적 규제력의 일반적 성과와 별반 다르지 않고 이는 빈번히 회의적인 것으로 평가되기 때문이다. 대표적인 직접적·타율규제 수단인 법규범이 얼마만큼 관철될 수 있는가는 모든 법규범에 해당하는 문제이다.

그렇다고 하여 자율규제에서 나타나는 '윈도우 드레싱'의 문제를 해결하고 그 실행력을 높이기 위해 직접적·타율규제로서 (형)법에 따른 제재를 강화할 경우, 기업으로 하여금 결코 최대한이 아닌 최소한으로 요구되는 재정적 수단을 가지고 새로운 감독수단과 통제 수단을 만들게 할 뿐이다. 이처럼 기업에서는 비용에 대한 고려가 언제나 최우선시 되기 때문에 일깨워야 할 기업의 책임의식에 대한 지나친 강조는 부적절하다. 하지만 기업 내에서 특정한 가치, 예컨대 '청렴' 내지 '고결성'의 확립은 바람직하다. 이에 기업과 그 종업원이 고유한 책임 하에서 법령에 위배되지 않는 행동을 할 수 있도록 길을 만들어 주어야 한다.[37] 법치국가의 명확성의 원칙이란 관점에서 볼 때 입법자가 이와 관련된 명확한 행위지침을 마련해 줄 것이 요구된다. 그러나 기업에 대한 이러한 명확한 행위지침에 따른 공식적·법적인 요구사항은 생각가능한 감독의무 위반의 가장 최소한의 공통분모에 지나지 않는다. 그 밖의 다른 모든 사항은 단지 수사학에 불과할 뿐이다.[38]

(2) 규제 확대의 부작용으로서 '관료주의화(Bürokratisierung)'의 문제

컴플라이언스는 자율규제의 수단이지만 역시 규제의 한 종류이다. 기업활동과정에서 행해질 수 있는 의무위반을 포함한 범죄에 대한 사전 예방은 그 기준점으로서 규범을 요구한다. 타율규제 역시 시장경제에서 최대한 보장되기를 원하는 기업활동의 자유에 대해 일정 부분 제한을 가한다. 독일 기업은 독일기본법 제9조(결사의 자유) 제1항, 제12조(직업의 자유) 제1항, 제14조(재산권, 상속권, 수용) 제1항을 통해 보호받지만 그 침해에 대한 정당화도 가능하다.[39)40)] 다만 국가는 스스로에 대해 투자하지 않는다. 국가는 경제활동과 관련하여 혁신적인 업무수행이 아닌 관료주의적 절차를 따르는 경향이 있다.[41] 그리고 감독의무 관련 규정은 실행비용과 관료주의화에 따른 비용을 발생시킨다. 이러한 비용발생은 불필요한 것으로 생각되는 형식주의에 대한 저항, 외면 또는 회피전략으로 이어진다. 이 경우 금융회사와 보험회사와 같이 특히 민감한 영역에서 뿐만 아니라 모든 기업에서 전체 의사결정, 재무구조 및 회사조직 전반에 걸쳐 영향을 미친다. 금융회사와 보험회사에서 오랫동안 관찰할 수 있었던 것처럼 기업은 규제를 두려워한다. "신뢰는 좋고, 통제는 더 좋다"라는 법정책적 격언이 있다. 그러나 "통제는 사회적으로 비싸고, 신뢰는 더 저렴하다"라는 사실을 종종 잊어버린다.[42]

기업이 법규범의 준수를 어떻게 조직하여 달성할지 여부는 기업 스스로에게 맡겨져야 한다. 감독의무를 수단으로 한 '관료주의화(Bürokratisierung)'는 기업으로 하여금 조직의 유연성 상실을 초래한다.[43] 또한 관료주의화에 따른 엄격한 통제 조치는 시장경제에서 형성된 기업의 특성, 즉 바람직한 기업가 정신(Entrepreneurship), 합리적 의사결정, 모험거래, 리스크를 기꺼이 감수하려는 의지 및 혁신능력에 역기능을 불러일으킨다.[44] 그렇다고 사업운영(비즈니스)상의 모든 결정과 조치들에 대해 하나하나 법률가인 준법지원인에게 의견을 구해야만 하는 것도 아니지 않는가? 만일 이를 긍정한다면 컴플라이언스 자체에 대한 컴플라이언스가 필요한 것이 아닌가? 모든 사람들 뒤편에 감시자를 세워 둘 수 없는 일이다. 그리고 모든 시민이 법률가가 되기 위해 재교육을 받을 수도 없다.

이와 달리 자기책임은 창의성을 만들어 낸다. 기업의 재량권에 대한 국가적 감독과 통제는 장기적으로 손해를 초래할 수 있다.[45] 기업은 무언가를 판매하는 공공기관으로 변모한다. 이렇게 변모된 공공기관으로서 성격을 갖는 기업은 시장으로부터 외면을 받게 된다. 이에 따라 기업이 더 이상 설립되지 않고 기존의 기업마저 해산할 경우, 이는 중요한 삶의 목적의 실현을 위해 타인과 협력하는 문화적 가치를 파괴한다.[46] 이러한 점에서 볼 때 기업이 '조직형성의 자유'를 얼마만큼 향유하는가는 자유와 안전 사이의 관계라는 근본적인 문제로 각인된다.[47] 이미 모든 국가적 규제 관련 규정은 기업조직의 형성에 기여도 하지만 손해를 끼치는 양립적인 성격을 띠고 있고, 이는 형법 규정에도 마찬가지로 적용된다.[48] 형법이 손쉽게 적용될 수 있을 정도로 엄격한 기업조직 형성의 의무를 강조할 경우, 조직의 유연성을 중요시하는 시장경제의 요구와 여러 면에서 충돌한다. 형법에 지나치게 의존한 조직규범은 조직에서 필요한 혁신(예컨대 구조조정 조치)을 방해할 위험이 있다.[49] 이때 또 다시 '위해 방지 (Gefahrenabwehr)' 사고가 지배하게 된다.[50] 형법상 주의의무 규정은 기업규모와 구조에 일정한 영향을 끼친다. 그러나 기업에게 이러한 부정적 영향을 주는 것은 형법에서 허용되어서는 안 된다.[51] 기업에 대한 통제기능을 확보하는 것이 형법의 본래 임무는 아니기 때문이다.[52] 형사제재가 부과되는 감독의무는 가벌성을 보다 앞당기는 작용을 한다. 어쨌든 사회적으로 부작용을 갖는 모든 감독과 통제는 신중하게 고려해야 한다.[53]

한편 컴플라이언스 제도 구축과 관련하여 그 논의와 실무에 있어 지나치게 앞서 가는 태도 역시 위험하다. 사업주는 의심스러운 경우 더 안전한 것을 선택하기 때문에 재정적 수단을 더 투입해서라도 본래 법령이 요구하는 것 이상으로 앞질러 가는 경향이 있다. 사업주의 이러한 종류의 과잉행위는 경제적 측면에서 불필요한 비용을 초래하여 해롭기까지 하다. 뿐만 아니라 사실상 형법적 처벌 규정을 강화하라는 요구를 낳게 한다. 또한 검찰과 법원 역시 사업주에게 부과된 감독의무에 대한 규정과 관련하여 사업주의 사전적 과잉조치에 더욱더 관심과 초점을 두게 하는 위험이 있다. 이는 주의의무 위반의 개념정의를 어떻게 하느냐에 달라지는데, 이러한 주의의무 위반의 개념은 해당 사업의 통상적인 "거래 관계"에서 정의 내려진다. 그러한 점에서 법규준수 노력은 기업에서 스스로 검증가능한 범위 내에서 이루어지고, 그 결과 기업과 임원에 대한 요구가 비합리적으로 강화된다. 이때 자율규제로서 컴플라이언스는 지금까지 존재하지 않았던 형법적 리스크 범주 내에서 기업과 임원에게 스스로를 옥죄는 위협으로 다가온다.[54]

III. 자율규제로서 컴플라이언스에 대한 기대와 한계

1. 자율규제로서 컴플라이언스가 비용절감에 효과적인지 여부

국가는 사업주로 하여금 종업원이 업무범위 내에서 기업의 이익을 위하여 행하는 범죄행위를 사전에 예방하기 위한 감독조치를 의무화시키고, 이에 기업은 시행 중인 관련 법규를 준수하기 위해 노력해야 한다. 이는 사업주 입장에서 볼 때 잠재적 범죄자에 대한 통제 확대와 비용 증대를 의미한다. 반면에 국가는 손쉽게 다룰 수 있는 사업주만을 대상으로 통제를 제한하게 될 경우 비용부담을 덜게 된다.[55] 이렇게 이해되는 자율규제는 전통적인 타율규제로서 정범에게 직접적으로 개입하는 형법보다 비용 측면에서 유리하다. 왜냐하면 종종 복잡하고 포괄적인 사실관계를 가진 기업범죄 내지 경제범죄의 소송비용은 인적으로나 시간적으로 평균 이상으로 많이 소요되기 때문이다.[56]

　그러나 국가적으로 절감된 통제비용이 그러한 비용절감이 사실상 존재하는 한 규제를 받는 기업 입장에서 볼 때 그것이 타율규제이든 자율규제이든 반대로 절감된 비용 상당액이 소요됨을 의미한다. 이에 따라 사업주는 컴플라이언스 리스크의 사전 예방비용의 형태로 법적 보호의 비용을 지출한다.[57] 특히 감독조치의 의무적 도입과 그 이행과 관련된 법률자문 비용 및 감시·감독의 일상적 수행은 기업의 수익성을 떨어뜨린다. 예컨대 복잡한 세법이 세금을 납부함에 있어 세법에 대한 법률자문을 필요로 하게 만드는 것과 유사하게 컴플라이언스 조치의 경우에도 그 자문에 재정적 지원이 있어야 한다. 법적으로 요구되는 감독조치가 반드시 행해져야 하는 산업안전 분야에서 볼 수 있듯이,[58] 특히 이는 기업에게 커다란 재정적 부담으로 작용한다. 또한 지나치게 엄격한 컴플라이언스 의무는 기업으로 하여금 신규 투자를 억제하게 하고, 이에 따라 기업 혁신을 방해한다. 이는 더 관대한 외국 법규정에 비추어 볼 때 기업 상호간 경쟁을 어렵게 하고 노동시장에 부정적 결과를 가져오게 한다.[59] 이는 특히 (중소) 제조업체의 경제적 실존에 문제가 될 수 있다. 왜냐하면 법적으로 요구되는 감독 의무 이행에 소요되는 비용은 모든 기업에게 적용되지만 무엇보다 (중소) 제조업체에 많은 영향을 미치기 때문이다.[60] 반면에 이처럼 통제비용 상승으로 재정적 압박에 처해지는 기업과 달리 컴플라이언스가 사람들 입에 더 자주 오르내릴수록 통제비용 부담을 던 '형사소추 기관', 불명확한 법규범으로부터 자유로워지는 '법원' 및 경제적으로 더 큰 수익창출이 가능한 '형사변호인' 3자 모두는 상호 '윈-윈' 하는 상황에 놓인다.[61]

2. 자율규제로서 컴플라이언스가 기업범죄의 입증곤란의 문제해결에 효과적인지 여부

(1) 컴플라이언스 제도 도입과 입증곤란의 관계

사업주는 컴플라이언스 제도를 도입하여 독일질서위반법 제130조에서 요구하는 기업 내부의 '감독의무'와 '조직구성의무'의 확립을 통해 기업범죄 관련 입증곤란의 문제로 인한 집행결손이 극복되길 기대한다. 일반적인 '조직상 결함(Organisationsmangel)'으로 인해 책임 있는 기업의 고위경영진에 대해 수사를 하지 못할 때 이른바 '조직화된 무책임(organisierte Unverantwortlichkeit)'[62)]이 발생한다. 반면에 컴플라이언스 제도의 도입을 통해 기업의 모든 부서에서 개개인으로 특정할 수 있는 사람이 행위를 하고, 그가 특정한 업무를 위임받아 그 범위 내에서 행동한 행위에 대해 자기책임을 지며, 그의 법규준수 여부가 형법적으로 문제되어 검증될 수 있을 때 개인 책임귀속과 입증은 다툼의 여지없이 경감될 수 있다.

(2) 가벌성의 전제조건의 축소에 대한 비판

앞서 언급한 바와 같이 독일질서위반법 제130조는 사업주의 감독의무 내지 조직구성의무 위반으로 인하여 범죄행위가 발생한 경우 사업주의 책임에 대하여 규정하고 있는데, 이러한 부작위에 의한 감독의무 위반을 처벌하는 규범이 그 적용 영역을 과태료(Geldbuße)를 넘어 형벌이 부과되는 형벌규범으로까지 확대되고 있다는데 문제가 발생한다. 무엇보다 독일질서위반법 제130조에 따르면 입증경감에 대한 의심은 이 규정 자체로 사실인 것으로 나타난다고 한다. 왜냐하면 독일질서위법 제130조가 적용되기 위해서는 사업주의 감독의무 위반과 업무 관련 의무위반 행위 사이에 인과관계가 인정되어야 하는데, 사업주의 적절한 감독이 있었다면 업무 관련 의무위반 행위가 발생하지 않았거나 또는 본질적으로 곤란했을 것이라고 판단되는 때에 양자 간의 인간관계가 인정될 수 있기 때문이다.[63)] 일반적으로 기업에 의해 행해진 범죄행위에 대한 검찰의 수사는 기업 자체의 엄격한 내부 통제로 인해 그 입증에 상당한 어려움을 겪고 있다는 것은 잘 알려진 사실이다. 그런데 독일질서위반법 제130조는 인과관계의 입증에 대한 이러한 검찰의 어려움을 손쉽게 불식시킨다.[64)]

독일질서위반법 제130조와 같이 침해범으로부터 구체적 위험범으로 그리고 추상적 위험범의 단계로 가벌성의 전제조건의 축소는 새로운 형사입법의 일반적 경향이다. 그러나 Herzog 교수는 침해범으로부터 추상적 위험범으로의 발전을 선구적으로 비판하고 있다.[65] 그의 견해에 따르면 경제·기술 관련 영역에서 혁신, 복잡성의 증가, 구조적 변화 및 변혁에 직면하여 더 많은 안전에 대한 욕구가 표출되고 있다고 한다. 그는 규제적이고 억압적 성격을 갖는 (형)법적 간섭의 문제해결 능력에 대한 잘못된 신념을 통해 야기된 자기책임의 속박을 적절히 지적하고 있다.[66] 특히 현대 사회는 더욱더 과잉입법화되고, 정치화되고, 경제적 효율성이 강조되고 있는데, 이와 관련하여 핵심 문제는 왜 형법이 기업범죄, 경제범죄, 환경범죄 등에 있어 리스크의 사전배려에 대한 적절한 담당자가 되어야 하는가에 있다.[67] 사회·경제적 관계는 형법을 수단으로 하는 엄격한 타율규제를 기피한다. 이러한 사정을 고려하여 입법자는 문제되는 기업범죄, 경제범죄, 환경범죄 등의 영역에서 과잉입법화를 통해 서로 상충하는 이해관계에 사실상 영향을 미치지 않으면서 사회 집단을 위해 무엇인가 중요한 역할을 한 것처럼 보이도록 한다.[68]

이러한 문제에도 불구하고 기업범죄, 경제범죄, 환경범죄 등에 대해 형사소추를 함에 있어 드러난 지금까지의 입증곤란이라는 결함은 극복될 수 없는 근본적 원인을 가지고 있는 것인지 그리고 이 때문에 추상적 위험범 형식의 의문스러운 구성요건들을 다수 신설함으로써 법치국가에서 그 정당성에 의문이 제기되는 법률개정 이외에 또 다른 대응책이 있을 수 있는지에 대해 여전히 적절한 해답이 제시되고 있지 않다.[69] 그렇다고 하여 순수한 실용적인 측면만을 고려하여 불법을 의제하는 것은 책임원칙과 충돌한다.[70] 이러한 비판은 무엇보다 추상적 위험범에 적용된다. 구체적 위험범에 있어 구체적 위험이 무엇인가에 대해 종종 모호한 경우가 있는데, 하물며 추상적 위험범에 있어 그러하지 않다는 반대증명을 통한 반박은 거의 불가능에 가깝기 때문이다. 이에 추상적 위험범은 법익침해 결과를 회피하려는 인간의 이성을 신뢰하는 대신에 하나의 '금기(Tabus)'로 작동되므로 선사시대에나 있을 법한 것으로 원시적이라는 비판이 제기된다.[71]

(3) 추상적 위험범 비판에 대한 반론

이러한 추상적 위험범에 대한 비판에도 불구하고 추상적 위험범은 예컨대 우리나라 도로교통법 제44조(술에 취한 상태에서의 운전 금지) 및 제148조의2 제2항(벌칙), 독일형법 제316조(음주운전) 규정처럼 행위자가 계속된 법익침해의 사태를 더 이상 통제할 수 없고 보호해야 하는 법익의 중요성과 취약성을 특별히 고려할 경우 법치국가형법에서 예외적으로 허용될 수 있다.[72] 형법에서 불법의 구체적이고 실질적 내용은 이것이 규범수범자인 국민들로부터 경시되지 않기 위해 그리고 이를 통해 형법의 높은 법윤리적 요청이 방해되지 않도록 하기 위해 계속해서 유지되어야 한다.[73] 그럼에도 불구하고 추상적 위험범은 압도적으로 옹호되고 있다. 현대 후기산업사회으로의 급속한 발전으로 인해 고전적 침해범으로부터 추상적 위험범으로의 변화는 당연하고 자연스러운 것으로 받아들여지고 있다.[74]

　살인범죄, 재산범죄 등과 같은 전통적인 범죄와 달리 기업범죄, 경제범죄, 환경범죄 등의 새로운 범죄 유형에 있어 결과의 발생은 '우연성(Zufälligkeit)'에 의해 좌우된다. 이러한 우연이란 요소는 손쉽게 차단·배제될 수 있는 성질의 것이 아니다. 경제질서의 보호, 환경의 보호 등과 같은 보편적 법익과 관련하여 예컨대 다수의 위반행위가 발생할 경우 구체적 위험범에 의한 대처는 생각할 수 없다. 왜냐하면 예컨대 환경오염에 따른 근본적인 두려움과 불가역적인 손해는 회복할 수 없을 정도로 위험에 처해 있기 때문이다.[75] 구체적 위험이 발생할 때까지 기다리기에는 너무나 늦다. 하지만 반대로 개개 시민이 처한 위해를 구체적으로 파악할 수 없는 경우 무해한 것으로 보아야 한다.[76] 어느 문제해결의 모델이 더 이상 현실의 문제를 해결하는데 부적합한 것으로 인정될 경우 전통적인 사고를 고수하는 것은 거의 받아들여질 수 없다.[77] 폭력범죄를 대상으로 발전한 결과범의 도그마틱은 기업범죄, 경제범죄, 환경범죄 등의 새로운 범죄 유형에 있어 더 이상 유용하지 않다.[78] 어느 한 개인의 행동방식이 위험한 것으로 간주될 수 있을 경우 법익보호를 지향하는 형법이 이러한 위험한 행동방식에 대해 형벌을 부과하는 것은 타당하다.[79] 이미 발생한 법익침해 결과에 대해 뒤늦게 형벌로 대응하는 것보다는 법익침해가 발생하지 않도록 사전에 예방하는 것이 더 적절하다. 이는 ① 예컨대 음주운전, 유해한 환경오염 물질의 배출 등과 같이 전형적으로 위험한 행위방식이 존재하기 때문에 리스크 야기가 허용될 수 없는 것으로 설정될 수 있을 것, ② 허용될 수 없는 그러한 종류의 리스크는 위험한 행동이 승인되지 않는 행위로서 형벌이 부과될 수 있을 정도로 중대하여 사회적으로 유해할 것이라는 두 가지 전제조건이 충족될 경우에 허용될 수 있다. 이미 전통적 형법은 보

편적 법익뿐만 아니라 예컨대 문서범죄 혹은 도로교통범죄와 같이 개인보호보다 전
단계화된 범죄를 승인하고 있다.[80] 전통적인 안전기준에 의한 보편적 법익의 보호는
법익의 보호에 있어 그 부담을 어떻게 분배할 수 있을지 설명될 경우 그 자체로서 승
인된다.[81] 그리고 그러한 부담의 분배문제는 개별 사안에서 민주적 정당성을 확보한
입법자의 재량사항에 속한다.[82] 추상적 위험범은 구성요건표지로서 구체적인 행위의
특정이 가능하므로, 입법자에게 명확성의 원칙을 더 잘 준수할 수 있는 기회를 제공
한다. 그 결과 법실증주의가 더 강화될 수 있다.[83]

IV. 맺는 말: 우리나라 준법지원인제도에 주는 시사점

이상의 논의를 통해 기업범죄의 사전 예방적 기능을 수행하기 위해 도입된 컴플라
이언스 제도는 독일이나 우리나라에서 법(대표적으로 독일 「증권거래법」 제31조, 우리나라
「상법」 제542조의13)에 의해 강제되는 직접적·타율규제 차원에서 시작되었지만 기업
스스로에 의한 독자적·자율적 감독이라는 간접적·자율규제에 의할 때 더욱더 효과
적임을 알 수 있다. 기업 내에서 범죄에 지향된 행위요소의 개선을 위해 국가는 기업
과 함께 했을 때만이 그리고 기업도 자신들이 스스로 구축한 컴플라이언스에 따라 조
직상 의무를 세밀하게 마련해 놓고 이를 준수하도록 함이 침해 결과에 초점을 두는
형법에 의한 개입보다 더 낫기 때문이다.

기업은 자신의 업무와 관련된 기업범죄를 예방하기 위한 적극적인 컴플라이언스
프로그램의 마련과 자율규제의 메커니즘에 대한 영향을 통해 전체적으로 변화될 수
있다.[84] 이때 국가와 기업의 적극적 협력이 요구되고 이러한 협력은 합리적인 것으로
평가된다. 국가가 기업으로 하여금 컴플라이언스 제도 구축을 통해 기업범죄를 예방
하고 그 노하우를 만들고 전파하도록 자극함으로써 국가와 기업이 협력하여 기업범
죄에 대한 예방임무를 달성하는 것이 사회에 이익이 되기 때문이다. 이는 컴플라이언
스 기업문화를 만들고 유지하게 하는 결정적 요인으로 작용한다. 범죄적 요소를 사전
에 예방하도록 기업 내부의 조직형태, 즉 컴플라이언스 부서를 설치하고 유지하도록
함이 국가, 기업, 국민 모두에게 이익이 된다.[85] 기업경영에 대한 효과적인 내부통제
정책의 수립, 초기에 기업 내부에서 집단적 단속조치의 이행 등은 컴플라이언스 부서

의 핵심 역할에 속한다. 그리고 자율규제로서 효율적인 컴플라이언스 제도 구축을 통한 기업 내부의 범죄행위의 적발가능성의 증대는 예방효과를 더 증대시킬 것이다.

그러나 우리나라에서 컴플라이언스 제도는 여전히 미흡한 것이 사실이다. 2011년 「상법」 제542조의13에 의해 타율규제 수단으로 자산총액 5천억 원 이상의 상장회사에 대하여 준법지원인을 의무적으로 두도록 하였음에도 불구하고 2016년 기준 적용대상 304개 기업 중 40.5%(123개 기업)만이 준법지원인을 선임하고 있으며, 이들 기업에서도 기업범죄의 사전적 예방기능을 달성하기 위한 효과적인 컴플라이언스 프로그램이 구축되어 운영되고 있는지는 다소 의문스럽다.[86] 이러한 문제를 해소하기 위해서는 우선 무엇보다 컴플라이언스 관련 조치는 기업 내부에서 타율규제가 아닌 기업 스스로의 자율적 동기에 기반을 두었을 때 보다 효과적임을 재인식할 필요가 있다. 그렇지 않을 경우 '규제의 역설'의 문제를 해결할 수 없다. 즉 타율규제 조치는 규제를 받는 사람으로 하여금 적절한 행동전략을 통해 규제를 벗어나려는 시도를 야기하게 하고, 이때 규제는 더욱 강화된다. 이럴 경우 또 다시 이를 모면하기 위한 회피적 조치가 유발되고, 이러한 악순환은 계속될 뿐이기 때문이다.

다음으로, 기업은 컴플라이언스를 통한 법규준수가 단순히 외부에서 법적으로 부과된 의무로 인식하는 것이 아니라 조직 내의 문화로서 정착되도록 하여야 한다. 즉 법규준수가 단순이 외부로부터의 (형)법적 제재를 회피하기 위함이 아니라, 기업조직과 자신의 이익을 위해 반드시 필요하다는 인식이 확산되고 기업조직의 기본적인 윤리문화로 정착되어야 한다. 또한 자율규제로서 컴플라이언스가 기업으로 하여금 통제비용을 상승시키게 할 뿐이라는 부정적 시각에서 벗어나 기업의 성장을 지속적으로 가능하게 해 주는 핵심 경쟁력의 원천이며, 첨예한 글로벌 경쟁시대에 기업이 자신을 방어하는 강력한 무기가 됨을 인식해야 한다.[87]

마지막으로, 컴플라이언스제도가 형사법의 영역에서 주목을 받은 가장 커다란 이유는 컴플라이언스 제도를 도입한 상장회사가 기업 및 임직원의 업무활동에 있어 법규를 준수하기 위한 컴플라이언스 프로그램을 효과적으로 운영했을 경우 기업(법인)의 형사책임과 관련하여 사업주(법인 또는 개인 사업주) 내지 이사 개인의 형사책임의 면제 또는 감경, 소추면제 등과 같은 형사법적 인센티브를 제공할 수 있을지 여부가 논란이 되기 때문이다. 상장회사의 입장에서 보면 직접적·타율규제와 통제 비용으로 인식되는 컴플라이언스 제도가 기업의 직접적인 이익과 연결되지 않는 한 이 제도의 조기정착과 그에 따른 기업범죄의 사전적 예방이라는 효과를 기대하기 어렵기 때문에 구체적으로 어떠한 형사법적 인센티브를 제공할 수 있을지를 적극적으로 고려할 필요가 있다고 본다.[88]

---

1) 이 글은 김재윤, "기업범죄예방과 관련하여 자율규제로서 준법지원인제도의 이해 -독일의 논의를 중심으로-", 비교형사법연구 제21권 제3호, 2019.10, 59-82면에 게재된 것으로 최근의 논의까지를 반영하여 수정·보완한 것임.

2) 준법감시인제도를 분석한 대표적 문헌으로는 서완석, "내부통제와 준법감시인 제도", 기업법연구 제23권 제4호, 2009, 289면 이하; 손영화, "내부통제의 개시에 관한 고찰 -미국에서의 전개의 검토와 우리나라의 제도개정을 위하여-", 한양법학 제21권 제4집, 2010, 357면 이하; 윤상민, "준법감시제도를 통한 기업범죄예방", 법학연구 제53집, 2014, 217면 이하; 이진국, "기업범죄의 예방수단으로서 준법감시제도(Compliance)의 형법적 함의", 형사정책연구 제21권 제1호, 2010, 65면 이하; 최수정, "금융기관의 내부통제제도 강화를 위한 법적 개선방안 -은행을 중심으로-", 상사법연구 제29권 제4호, 2011, 45면 이하 참조.

3) 상법상 준법지원인제도에 대한 상세한 분석으로는 김재윤, "형법적 준법지원인의 개념과 역할에 대한 고찰", 일감법학 제38호, 2017.10, 83면 이하; 박선종, "개정상법상 준법통제와 준법지원인", 저스티스 통권 제124호, 2011.6, 233면 이하; 박한성, "상법상 준법지원인제도의 개선방안", 외법논집 제38권 제4호, 2014.11, 131면 이하; 윤성승, "개정 상법상 준법지원인제도의 문제점", 기업법연구 제25권 제4호, 2011.12, 155면 이하; 주기종, "상법상 준법지원인제도의 문제와 해결", 법학연구 제48권, 2012, 405면 이하; 정찬형, "2011년 개정상법에 따른 준법경영제도 발전방향 -집행임원 및 준법지원인을 중심으로-", 선진상사법률연구 통권 제55호, 2011.7, 30면 이하 참조.

4) 박선종 교수는 준법감시인제도와 준법지원인제도의 차이점으로 ① 용어의 상이, ② 내부통제기준 내지 준법통제기준의 위반 여부의 점검과 그 결과 보고 대상의 차이, ③ 자격에 관한 규정의 차이, ④ 양벌규정의 탄력성의 차이 등을 언급하고 있다. 이에 대해 자세히는 박선종, 앞의 논문, 242-243면 참조.

5) 사업주에게 부과된 '조직구성의무'란 사업주는 위법행위를 방지하기 위한 감독조치(예컨대 감독직원의 임명, 신중한 선발 및 감시 등)가 빠짐없이 취해질 수 있도록 기업 내의 조직을 구성하여 감독의무를 적절하게 분배하고, 감독의무를 위임받은 자에게 이행할 의무의 내용과 범위에 대하여 정확하게 설명하며, 그 행위를 감독하여야 할 의무를 말한다. 이러한 조직구성의무의 해태는 '조직결함(Organisationsmangel)'로서 독일질서위반법 제130조에서 의미하는 '감독의무' 위반이 된다(Cramer, in: Senge (Hrsg.), Karlsruher Kommentar zum Gesetz über Ordnungswidrigkeiten, 4. Aufl., 2014, § 130 Rn. 73 ff.).

6) 이에 대해서 자세한 설명으로는 본서 제1장 § 2 참조.

7) 이주희, "기업범죄 방지대책 -독일질서위반법상의 규정을 중심으로-", 법학논집 제29집,

2007.11, 96-98면.

8) 이진국, "기업범죄의 예방수단으로서 준법감시제도(Compliance)의 형법적 함의", 형사정책 연구 제21권 제1호, 2010, 78-79면.

9) 독일질서위반법 제130조 제1항 경영체 또는 기업의 소유자로서 고의 또는 과실로, 당해 경영체 또는 기업 내에서 소유자 자신이 행하고 그 위반에 대하여서는 형벌 또는 과태료가 과하여지는 감독의무를 다하지 않는 자는, 적절한 감독이 있었더라면 저지되었거나 현저히 곤란하게 되었을 위반행위가 행하여지는 경우에 질서위반행위를 행한 것이다. 그 필요한 감독조치에는 감독직원의 임명, 신중한 선발 및 감시도 또한 포함된다.

제2항 제1항에서 말하는 경영체 또는 기업에는 공기업도 포함된다.

제3항 이러한 질서위반행위는 당해 의무위반행위에 대하여 형벌이 과하여지고 있는 경우 1,000,000유로 이하의 과태료에 처할 수 있다. 의무위반에 대하여 과태료가 과하여지고 있는 때에 감독의무위반을 이유로 하는 과태료의 상한은 의무위반에 관하여 과하여지는 과태료의 상한에 따라 정하여진다. 제2문은 의무위반에 있어서 과하여지는 과태료의 상한이 제1문에 의한 상한을 초과하는 때에는 형벌과 과태료가 동시에 과하여지고 있는 의무위반의 경우에도 적용된다.

10) Göhler, OWiG, 12. Aufl., 1998, § 130 Rn. 3.

11) Rorberg, OWiG, 5. Aufl., 1975, § 130 Rn. 4.

12) Göhler, OWiG, 12. Aufl., 1998, § 130 Rn. 4.

13) Cramer, 앞의 책, § 130 Rn. 51 ff.

14) Achenbach, in: Bausteine des europäischen Strafrechts, 1995, 288.

15) OLG Karlsruhe, Die Jusciz 1980, 395.

16) OLG Frankfurt, wistra 1985, 38 ff.

17) Pies/Sass/Meyer zu Schwabedissen, Prävention von Wirtschaftskriminalität, 2005, 211 면; Pies/Sass, Selbstverpflichtung als Instrument der Korruptionsprävention bei Infrastrukturprojekten, 2005, 14면.

18) Alwart, in: Alwart (Hrsg.), Verantwortung und Steuerung von Unternehmen, 1998, 75, 85 f.

19) 컴플라이언스는 다양한 기능을 가지고 있는데, 컴플라이언스를 통해 ① 기업 임직원의 법규위반으로 발생하는 다양한 손해 등으로부터 기업을 보호하고 범죄를 예방하며, ② 기업의 투명성 및 법적 안정성을 확보하며, ③ 고객에 대한 적정한 자문 등을 함으로써 임직원의 질적 능력을 향상시킬 수 있다고 한다. 이러한 컴플라이언스 기능의 핵심적 요소로 예방(Prävention), 교육(Instruktion) 및 억제(Repression)가 언급된다. 이에 대해 자세히는 이진국, "기업범죄 관련 준법지원인의 역할과 형사책임", 사법 제24호(2013년 6월), 10면 참조.

20) Heine, in: Alwart (Hrsg.), Verantwortung und Steuerung von Unternehmen, 1998, 90, 93.

21) Schünemann, in: Eser/Thormundsson (Hrsg.), Old Ways and New Needs in Criminal Legislation, 1989, 287, 292 f.

22) Pies/Sass/Meyer zu Schwabedissen, 앞의 책, 165면.

23) 회사의 주요한 업무집행임원, 주요한 재무담당임원 또는 이와 동등의 직무를 가지는 자(the principal executive officer or officers and the principal financial officer or officers, or persons performing similar functions)를 말한다.

24) 이는 Schünemann 교수가 제시한 개념으로 기업은 그 자체가 하나의 독자적 시스템이고 고유한 생명을 가지고 있는데, 이에 따라 기업은 고유한 성격·특징을 가지고 있다고 가정할 수 있으며 이러한 가정으로부터 기업이 결과적으로 범죄적 태도를 가질 수 있음을 도출할 수 있다고 한다. 이에 대한 상세한 설명으로는 Schünemann, wistra 1982, 41 ff. 우리나라에서 이 개념에 대한 소개로는 김재윤, 현대형법의 위기와 과제, 전남대학교출판부, 2009, 206면 참조.

25) Alexander, Die strafrechtliche Verantwortlichkeit für die Wahrung der Verkehrssicherungspflichten in Unternehmen, 2005, 34면 이하.

26) Heine, Die strafrechtliche Verantwortlichkeit von Unternehmen, 1995, 133면 이하.

27) Maschke, Aufsichtspflichtverletzungen in Betrieben und Unternehmen, 1997, 26면 이하.

28) Bosch, Organisationsverschulden in Unternehmen, 2002, 442면.

29) Pies/Sass/Meyer zu Schwabedissen, 앞의 책, 180, 191면.

30) Mittelsdorf, Unternehmensstrafrecht im Kontext, 2007, 17면.

31) 독일 연방금융감독기관(Bundesanstalt für Finanzdienstleistungsaufsicht: BaFin)은 2002년 은행감독기관(Bundesaufsichtsamt für das Kreditwesen: BAKred), 증권감독기관(Bundesaufsichtsamt für den Wertpapierhandel: BAWe) 및 보험감독기관(Bundesaufsichtsamt für das Versicherungswesen: BAV)이 하나의 감독기관으로 통합되면서 새롭게 형성되었다.

32) Rundschreiben 4/2010(WA) der BaFin vom 07. 08. 2014, Mindestanforderungen an die Compliance−Funktion und die weiteren Verhaltens−, Organisations− und Transparenzpflichten nach §§31 ff. WpHG für Wertpapierdienstleistungsunternehmen (MaComp).

33) 독일에서 컴플라이언스의 태동과 발전에 관한 상세한 설명으로는 본서 제2장 § 5 이하; 김화진, "독일의 기업금융과 자본시장의 최근변화", 서울대학교 법학 제43권 제2호, 2002.3, 28면 이하; 신상우, "독일의 MaComp과 컴플라이언스 기능 −한국 준법감시인제도에 대한 시사점−," 증권법연구제16권 제1호, 2015, 1면 이하 참조.

34) 이러한 문제에 대한 적절한 지적으로 Pies/Sass, Korruptionsprävention als Ordnungsproblem, 2006, 14면.

35) Schünemann, in: Schünemann/Suárez Gonzalez (Hrsg.), Bausteine des europäischen Wirtschaftsstrafrechts, 1994, 265, 275면.

36) Nell, ZRP 2008, 149, 150.

37) Mittelsdorf, 앞의 책, 208면.

38) Schünemann, wistra 1982, 41, 47.

39) Spindler, Unternehmensorganisationspflichten, 2001, 1046면 이하.

40) 우리나라 기업은 헌법 제15조(직업선택의 자유), 제21조(결사의 자유) 제1항, 제23조(재산

권 보장 및 한계) 제1항에 의해 보호받는다.

41) Heine, 앞의 책, 281면 이하.

42) Soeffner, in: Amelung (Hrsg.), Individuelle Verantwortung und Beteiligungsverhältnisse bei Straftaten in bürokratischen Organisationen, 2000, 13, 18면.

43) Bosch, 앞의 책, 434면.

44) Kube, in: Kühne/Jung/Kreuzer/Walter (Hrsg.), FS－Rolinski, 2002, 391, 398면.

45) Kindhäuser, in: Schünemann/Suárez González (Hrsg.), Bausteine des europäischen Wirtschaftsstrafrechts, 1994, 125, 132면.

46) Busch, Grundfragen der strafrechtlichen Verantwortlichkeit der Verbände, 1933, 145면.

47) Eser, in: Prittwitz/Baurmann/Günther (Hrsg.), FS－Lüderssen, 2002, 195, 200면.

48) Bosch, 앞의 책, 434면.

49) Schünemann, Aufsichtspflichtverletzungen im Spannungsfeld zwischen dem Strafrecht und dem Zivilrecht, 2005, 249면.

50) Maschke, 앞의 책, 85면.

51) Dannecker, in: Amelung (Hrsg.), Individuelle Verantwortung und Beteiligungsverhältnisse bei Straftaten in bürokratischen Organisationen, 2000, 209, 217면.

52) Schick, in: Brünner (Hrsg.), Korruption und Kontrolle, 1981, 573, 581면.

53) Schünemann, in: Dornseifer/Horn/Schilling/Schöne/Struensee/Zielinski (Hrsg.), GS－Armin Kaufmann, 1989, 629, 645면.

54) Kuhlen, in: Maschmann (Hrsg.), Corporate Compliance und Arbeitsrecht, 2009, 11, 25－27면.

55) Tiedemann/Sasse, Delinquenzprophylaxe, 1973, 31면.

56) Pies/Sass/Meyer zu Schwabedissen, 앞의 책, 15면.

57) Kuhlen, in: Maschmann (Hrsg.), Corporate Compliance und Arbeitsrecht, 2009, 11, 26면.

58) 예컨대 우리나라 산업안전보건법 제23조와 제24조는 안전조치와 보건조치를 의무화하고 있다.

59) Große Vorholt, Behördliche Stellungnahmen in der strafrechtlichen Produkthaftung, 1997, 88면.

60) 우리나라 상법상 준법지원인제도는 자산총액 5천억 원 이상의 상장회사에 대하여 준법지원인을 반드시 두도록 의무화하고 있다. 그런데 2016년 기준 적용대상 304개 기업 중 전체의 약 40.5%인 123개 기업만이 준법지원인을 선임하고 있어 준법지원인제도의 활용이 저조한 상황이다. 이는 준법이원인제도 도입 기업에 대한 인센티브 결여 이외에 비용 부담도 커다란 원인으로 작용하고 있는 것으로 보이다. the 300, "준법지원인 공시제도 마련해 실효성 확보해야", 2015.8.5일자 기사 참조 <최종검색: 2020.2.28.>

61) Pieth, in: Prittwitz/Baurmann/Günther (Hrsg.), FS－Lüderssen, 2002, 317, 324면.

62) 이에 대한 상세한 설명으로는 김재윤, 기업의 형사책임, 마인드탭, 2015, 37－38면 참조.

63) 이주희, 앞의 논문, 93면.

64) 독일 학계의 견해에 따르면 독일질서위반법 제130조를 기업을 위한 기업구성원에 의한 범죄

의 경우에 기업운영의 결정권자, 즉 이사들에 대한 형법적 책임을 묻기 위해 사용할 수 있는 조항으로 간주된다고 한다. 예를 들어 어느 기업이 특정 제조물을 생산하고 판매하던 중 그 특정 제조물을 사용하던 소비자가 신체에 대한 상해를 입은 경우, 해당 제조물을 생산·판매한 기업은 그 제조물에 대한 하자를 제거하기 위한 필요한 조치를 취해야만 한다. 여기에서는 하자제거를 위한 제조물의 생산 및 판매중단, 이미 판매된 제조물의 회수 등의 조치가 필요할 수 있다. 이러한 조치를 취하기 위해서는 제조물의 생산 및 판매회사의 이사회를 통하여 결정해야만 한다. 하지만 대부분의 생산 및 판매회사는 그들의 이미지훼손으로 인한 매출감소를 우려하여 적시에 필요한 조치를 하지 않는 경우가 대부분이다. 따라서 하자있는 제조물의 생산 및 판매로 인하여 소비자의 손해가 발생한 경우에 그러한 하자있는 제조물에 대한 생산 및 판매, 손해발생 후에 손해제거를 위해 요구되어지는 행위의 부작위 등으로 인한 결과에 대하여 형법상의 귀속문제가 발생하게 되며, 그러한 생산 및 판매행위, 그리고 손해발생 후 손해제거를 위해 요구되어지는 행위의 직접적 당사자 외에 그러한 행위를 결정한 이사회 구성원들에 대한 형법상 책임 또한 문제가 된다. 하지만 이사회 구성원들이 직접적인 행위자가 아니기 때문에 이들의 형사책임은 공범에 대한 규정과 원칙에 따라서 결정되어져야만 한다. 형법상 공범의 규정을 적용하기 위해서는 공동의 행위계획과 행위에의 기여가 필요한데, 특히 하자있는 제조물로 인한 형법상의 책임과 관련되어 이를 입증하는 것은 아주 어려운 문제이다. 이 경우에 이러한 이사회의 구성원들에 대한 형법상의 책임을 위해 질서위반법의 본 규정을 원용하고자 하는 견해가 최근에 대두하고 있다(이재일, 앞의 논문, 17면).

65) 이에 대해 상세히는 Herzog, Gesellschaftliche Unsicherheit und strafrechtliche Daseinsvorsorge, 1991, 50면 이하 참조.

66) Herzog, 위의 책, 60면.

67) Herzog, 앞의 책, 66면 이하.

68) Hassemer, NStZ 1989, 553, 557.

69) Schünemann, JA 1975, 787, 792.

70) Schünemann, JA 1975, 787, 797.

71) Wohlers, Deliktstypen des Präventionsstrafrechts, 2000, 286면 이하.

72) Schünemann, in: Graul/Wolf (Hrsg.), GS-Meurer, 2002, 37, 59면.

73) Kindhäuser, in: Schünemann/Suárez González (Hrsg.), Bausteine des europäischen Wirtschaftsstrafrechts, 1994, 125, 134면.

74) Schünemann, GA 1995, 201, 212.

75) Wohlers, 앞의 책, 48, 285, 308면.

76) Tiedemann/Kindhäuser, NStZ 1988, 337, 340, 343.

77) Bosch, 앞의 책, 2면.

78) Bosch, 앞의 책, 305면.

79) Wohlers, 앞의 책, 23, 47면.

80) Baumann, JZ 1983, 935, 938.

81) Kindhäuser, in: Schünemann/Suárez González (Hrsg.), Bausteine des europäischen Wirtschaftsstrafrechts, 1994, 125, 131면.

82) Hilgendorf, Strafrechtliche Produzentenhaftung in der Risikogesellschaft, 1993, 49면.

83) Schünemann, GA 1995, 201, 214.

84) Mittelsdorf, 앞의 책, 17, 84면.

85) Maschke, 앞의 책, 26면 이하.

86) 준법지원인의 의무선임 대상회사임에도 불구하고 준법지원인을 선임하지 않은 이유로 ① 실효성이 없을 것 같아서, ② 준법지원인의 보수 등의 비용이 과도하게 들어서, ③ 형사제재의 감면이나 세금감면 등과 같은 인센티브가 없어서, ④ 기타 사유(처벌규정이 없어서, 선임예정이어서 등)의 순서로 파악되고 있다. 한국상장회사협의회, 상장회사의 준법지원인제도 도입 및 운영현황, 2014.7, 12면.

87) 이원준, 컴플라이언스의 세계, 새녘, 2019, 199면.

88) 이에 대한 상세한 설명으로는 김재윤, "준법지원인제도의 도입에 따른 형사법적 인센티브", 인권과정의 통권 제425호(2015.5), 94면 이하 참조.

[§ 10] 준법지원인제도 비구축에 따른 형법 개입 개연성의 증가가 형법과 형사소송 절차에 미치는 영향[1]

"변호사들은 당신이 무엇인가를 할 수 있다고 말하는 반면, 준법지원인은 무엇인가를 해야 한다고 이야기한다. 우리 생각에 최고경영책임자는 이 두 가지 관점을 다 경청해야만 한다고 본다(The lawyers tell you whether you can do something, and compliance tells you whether you should. We think upper management should hear both arguments.)."
– 2009년 제약회사인 화이저(Pfizer)의 기록적인 23억 달러 소송합의건 판결문 중에서 –

Ⅰ. 머리말

모든 기업은 현존하는 법규범을 준수하며 기업활동을 수행해야 한다. 법규범 가운데 특히 형법규범에 대한 준수 요청은 과거와 비교해 볼 때 기업활동과 관련하여 더 강화되고 있다. 이는 기업에서 형사처벌 리스크를 축소시키고자 내부통제기준과 준법감시인, 준법통제기준과 준법지원인, 컴플라이언스 프로그램 도입 등의 증가된 시도에서 잘 드러난다.[2] 이러한 시도에도 불구하고 한국 사회에서 기업범죄는 끊임없이 발생하고 있다.[3] 이에 국민들로부터 기업의 여러 활동에 대해 형법이 더 많이 더 자주 개입하라는 요청이 증가하고 있으며, 범죄적 기업활동과 관련된 형사처벌이 점점 증가하고 있다. 그 결과 기업(법인)과 기업의 고위경영진이 형사절차에 개입될 리스크가 증가하고, 형사소추의 압박도 증가하고 있다. "기업의 고위경영진은 한쪽 다

리를 감옥에 걸쳐두고 경영활동을 하며, 법률의 홍수에 빠져있다"⁴⁾는 진단은 더 이
상 과장된 표현으로 치부할 수 없게 되었다.

　기업의 고위경영진에 대한 형사책임의 강화는 기업에서 자율적 규제로서 컴플라이
언스(Compliance) 제도를 도입하여 확립함으로써 기업범죄를 사전에 예방하게 하는
긍정적 효과도 거두지만, 기업활동 영역에 대한 대표적 타율규제인 형법의 지나친 개
입으로 형벌의 정당성에 대한 문제를 불러일으킨다.⁵⁾ 즉 형법에 의한 개입 개연성의
확대는 귀속척도의 확대로 반응하게 되고, 이는 법치국가적 형법의 경계를 허물어뜨
리는 위협으로 다가온다. 또한 이는 "대한민국의 경제질서는 개인과 기업의 경제상의
자유와 창의를 존중함을 기본으로 한다"고 규정하고 있는 헌법 제119조 제1항을 침
해할 수 있다는 헌법적 문제까지도 야기한다. 탈규제화, 비범죄화, 재민영화, 다이버
전(Diversion)⁶⁾ 및 형벌폐지론의 경향은 기업활동에 대한 형법의 적극적 개입에 비추
어 볼 때 이제 과거의 일에 속한 것으로 여겨진다.⁷⁾ 기업범죄 내지 경제범죄와 관련
된 현재의 형사정책은 본질적으로 신범죄화와 형사제재의 강화의 방향으로 가고 있
다고 말해도 과언이 아니다. 더 많은 더 강한 형법에 대한 요청은 오늘날 일반적인
정치적 시대정신과도 일치한다. 이와 관련하여 일찍이 독일의 저명한 형법학자는 독
일에서 1989년 피혁스프레이 판결(Lederspray Urteil)⁸⁾이 나오기 이전까지는 기업 고
위경영진에 대한 형사제재 압력의 증가를 거의 찾아볼 수 없음을 적절히 지적하였
다.⁹⁾ 그러나 독일에서 피혁스프레이 판결 이후로 상황은 달라졌다. 왜냐하면 이 판결
을 통해 기업 고위경영진의 개인적 형사책임을 적극적으로 묻는 결과를 가져왔기 때
문이다. 이에 따라 기업범죄를 사전에 예방하기 위한 컴플라이언스 기능은 더욱 중요
해지고 전문화되고 있다.¹⁰⁾

독일의 피혁스프레이 판결(Lederspray Urteil)¹¹⁾

1. 사실관계

W와 M 주식회사는 주로 구두나 의류 등 피혁제품에 바르는 스프레이를 생산하는 회사로
E, R, 그리고 S라는 자회사를 통해 이 제품을 판매하고 있었다. 1980년 늦가을부터 소비
자들이 스프레이를 사용한 후 건강이상을 호소하는 사례들이 접수되었다. 증상은 기침과
구역질, 식은 땀, 그리고 고열에서부터 허파에 물이 고이는 경우(폐수종)까지 다양하였

다. 피해접수 이후 회사는 자체 조사를 거쳐 스프레이의 성분을 변경하였다. 그럼에도 1981.2.14 경 다시금 피해사례(F)가 접수된 이후 추가로 4건의 피해가 발생하였다. 이에 회사의 고위경영진은 1981.5.12 대책회의를 개최하였는데 당시 참석자는 W, M, S 회사의 대표와 회사그룹의 중앙연구센터의 소장인 화학자 B 박사 등이었다. 참석자들은 사안을 충분히 인지하였음에도 기존 제품을 지속 판매를 통해 소진하는 한편, 용기에 기재된 경고 문구를 개선하기로 합의하고 판매중지 또는 제품회수는 결정치 않았다. 그러나 대책회의 이후 추가적으로 38건의 피해가 발생하였고, 1983.9.20 결국 보건당국의 개입에 따라 해당 회사들은 제품판매 중지 및 회수조치에 나섰다.

2. 판결요지

독일연방대법원은 대책회의 이전인 1981.2.14 피해사례 F와 이어 발생한 4건에 대해서는 과실책임만을 인정하였다. 이유는 사례 F가 발생할 당시 이후 4건의 피해를 유발한 제품이 이미 시중에 있었으므로 문제된 제품을 회수하지 아니한 부작위 책임을 물을 수 없다는 것이다. 피고인들은 부작위에 의한 과실치상(독일형법 제230조 및 제13조)으로 처벌되었다. 하지만 대법원은 대책회의 이후 발생한 38건에 대해서는 고의책임을 인정하였는데 그 죄책을 다시 다음과 같이 구분하였다. 즉 독일연방대법원은 회의 당시 피해를 유발한 38개의 제품 중 28개는 이미 시중에 있었고 10개는 회의 이후 추가로 제조되어 판매되었다는 점에 주목하여 전자의 28건의 피해에 대해서는 부작위에 의한 상해죄(제223조의a 및 제13조)를 인정하였으나 후자의 10건에 대해서는 적극적인 작위에 의한 상해죄(제223조의a)에 해당한다고 보았다.[12]

오늘날 기업의 경영활동에 있어 법규범, 특히 형법규범의 준수가 강조됨에 따라 컴플라이언스 제도의 도입 및 구축의 중요성이 날로 강조되고 있다. 그럼에도 불구하고 기업에서 컴플라이언스 제도를 제대로 구축하지 않음으로써 형법규범의 침해, 즉 기업범죄가 발생했을 경우 불가피하게 형법의 개입 개연성이 높아진다. 이러한 형법의 개입 개연성 증가는 기업 및 기업 고위경영진에게 형사처벌의 리크스를 증가시키고, 기업범죄 수사에 있어 형사소송 절차의 개입권한을 확대시켜 형사소추의 강도를 증가시키는 부정적 영향을 초래하게 한다.

따라서 본 절에서는 기업에서 컴플라이언스 제도를 제대로 구축하지 않음으로써 형법의 개입 개연성이 높아질 경우 기업 및 기업 고위경영진, 형법과 형사소송법에게 미치는 부정적 영향의 구체적 내용과 관련하여 전개된 독일의 논의를 중심으로 살펴보고, 우리나라에서 2011년부터 개정상법을 통해 도입된 준법지원인제도[13]와 관련하여 어떠한 시사점을 얻을 수 있는지를 검토하고자 한다.

II. 기업 및 기업 고위경영진에 대한 형사처벌의 리스크 증가

기업에서 컴플라이언스 제도를 제대로 구축하지 않을 경우 우선적으로 기업 및 기업 고위경영진에 대한 형사처벌의 리스크가 증가한다. 경제분야에서 형사처벌의 리스크 증가는 과실범 구성요건의 확대 경향에서 기인한다. 무엇보다 화학물질, 자동차 등 제조물의 생산, 도로교통 등에 있어 기술화는 다수의 과실범 구성요건을 신설하는 계기가 되었다. 이때 신설되는 과실범 구성요건의 목적은 고의범에 의할 경우 요구되는 고의를 대신하여 특별한 감독책임을 근거로 업무상 과실로 대체하는 데 있다.[14] 이는 고의범과 과실범에 대한 형벌 위협이 거의 비슷하거나 일치할 때 특히 명확해진다. 그러나 이러한 과실범과 관련하여 독일형법 제324조(수자원오염) 제3항,[15] 제326조(허용되지 아니한 방법의 위해폐기물 취급) 제5항,[16] 독일형법 제261조(자금세탁, 불법적으로 획득한 재산가치의 은닉) 제5항,[17] 독일형법 제264조(보조금사기) 제4항[18]의 과실범 구성요건에 대해 비판이 제기되고 있다.[19] 왜냐하면 고의 입증의 어려움이라는 형사소송법적 사유로 인해 과실범으로 규정하는 것은 실정형법이 남용되는 것이기 때문이다. 이러한 고의 입증의 어려움은 결코 과실범 구성요건을 정당화시키지 못한다. 과실, 즉 주의의무 위반의 요구만으로는 충분하지 않다. 그리고 과실범 자체만을 보더라도 과실로부터 중과실 행위로의 도약 거리는 일반적으로 생각되는 것보다 훨씬 더 짧다.[20] 나아가 왜 고의범의 행위가 과실범의 행위보다 더 높은 형벌로 처벌되어야 하는지 경제적으로 설명될 수 있어야 한다. 즉 고의 부작위범의 경우 보증인지위와 보증의무 있는 자의 단순한 부작위 결심만으로 충분하다. 그러나 과실로 인한 결과발생에 따른 손해를 회피하기 위해서는 행위자의 단순한 결심만으로는 불충분하고 행위자가 죄의 성립요소에 대한 인식이 있었는지 유무 이외에도 무엇보다 그 실현의 의사가 '용인(Billigung)' 또는 '감수(Abfindung)'에 이를 정도까지 있었는지 유무에 대한 상당한 조사와 입증이 필요하다.[21]

　　형사법 실무에서 형벌은 객관적 규범위반에 연결되어 있어 주관적 측면은 거의 문제 삼지 않는다. 그러나 형벌은 객관적 구성요건과 주관적 구성요건 모두의 충족을 전제로 하므로 주관적 구성요건표지, 특히 과실에 대한 더 강한 객관화의 요구가 계속해서 제기되고 있다.22) 이때 과실범의 영역에서 형법의 호소력이 적다는 사실을 쉽게 망각한다. 왜냐하면 이러한 영역에서 '위험성(Gefährlichkeit)'에 대한 실질적인 판단과 결정은 종종 '사후(ex post)'적 관점에서만 가능하기 때문이다.23) 그 결과 과실범에 대한 규범구속성, 책임인식 그리고 법규준수 인식은 점점 침식되고 있으며, 이에 적어도 보통과실에 대해서만큼은 비범죄화를 하자는 논의가 계속해서 이어지고 있다.24) 언제 어디서나 주의사항과 고려사항을 이상적 척도까지 끌어올릴 수 있는 사람은 많지 않기 때문이다. 더욱이 엄청나게 빠른 속도의 기술화로 인해 늘어난 주의의무 준수 요구는 사려 깊고 조심성 있는 평균인의 이해력과 집중력을 뛰어넘는 것일 수 있다.25) 이러한 상황에서 주의의무를 준수하기 위한 의지적 노력이 장기간 지속될 경우 피로현상을 초래하고, 이는 그 자체가 위험요소가 되어 사고를 회피하기 위한 효과를 방해하기까지 한다. 그리고 업무수행 의지가 크면 클수록 갑작스런 위험이 발생할 경우 사고위험도 더 커진다. 그렇기 때문에 사회환경이 더 촘촘히 짜여 있고 기술화가 빠르게 진행될수록 궁극적 손해를 예방하기 위한 실질적 조치를 철저히 준비하도록 해야 한다.

　　다른 한편으로, 과실범 구성요건의 신범죄화를 통한 형벌화의 요청은 오늘날 인간과 기술 상호 간의 관계성에 대한 높아진 인식에서도 기인하는데, 이때 인식은 우연성이 지배하던 영역을 가능한 한 축소시키고 탈신비주의를 가능케 한다. 하지만 기술화의 진전에 따른 위험에 대한 인식이 커다랗게 증대하였다고 하여 위험 회피전략이 그에 비례하여 증가한 것은 결코 아니다. 이에 위험에 대한 객관적 인식가능성으로부터 개개인의 회피가능성에 대한 추론은 그 설득력을 점점 상실해가고 있다.26) 따라서 중과실이 아닌 보통과실은 경미한 사회윤리적 불법을 그 내용으로 하므로 질서위반 정도의 불법으로 이해하는 것이 적정하다고 본다.27)

　　과실범 구성요건의 확대 경향을 컴플라이언스 제도와 관련하여 비추어볼 때, 기업에게 요구하는 다양한 감독조치는 감독의무와 조직구성의무와 관련된 일반조항의 강화를 통해 기업과 기업 고위경영진에 대한 형사처벌 리스크를 증가시킨다. 입법자는 거의 매년 사업주에게 기업활동과 관련된 새로운 의무를 부과시키고 있다고 해도 과언이 아니다. 이는 사회적으로 떠들썩한 기업의 부정부패 사건과 기업 파산을 접하면서 기업과 기업 고위경영진에 대해 더욱 엄격한 형사책임을 요구하는 시민들의 목소리를 반영한 결과이기도 하다. 이러한 시민들의 목소리는 2008년 세계 금융위기 이후에 더욱 높아지고 있다.

Ⅲ. 기업범죄 내지 경제범죄 수사에 있어 형사소송 절차의 개입권한 확대

환경범죄, 기업범죄, 경제범죄, 마약범죄, 테러범죄 등 현대 사회에서 표출되고 있는 여러 사회문제를 법, 특히 형법으로 해결하려는 경향은 형법뿐만 아니라 형사소송 절차에도 영향을 미치고 있다. 오늘날 국가의 '내적 안전(innere Sicherheit)'의 강조는 시민이 향유하는 국가로부터의 자유로운 영역의 축소를 통해, 그리고 시민의 사적 영역에 대한 국가적 통제의 강화를 통해 '자유로부터 안전'으로의 이동을 가능케 한다.[28] 사회 전체의 시스템을 보호하려는 예방적 사고는 더 이상 범죄자 개인이 아닌 사회집단 혹은 생활기반에 혐의를 둔다. 법치국가라는 개념의 개방성과 확장성은 안전에 대한 요구의 강조를 허용한다. 이 경우 사회 전체의 시스템을 위협하는 범죄, 예컨대 환경범죄, 기업범죄, 경제범죄, 마약범죄, 테러범죄 등의 진압이 중요하게 다루어진다. 이러한 범죄의 진압과 관련된 행정부(특히 경찰청, 검찰청로 대표되는 수사기관)의 일상인 요구에 대한 반응으로서 장래의 필요에 대비하여 대규모의 권한위임 규범이 만들어진다. 민법 규정으로는 범죄 진압이라는 목적을 결코 달성할 수 없기 때문에 국가적으로 허용가능한 잔여리스크를 남겨 둘 수 있는지 여부를 고려하지 않은 채 폭넓은 범죄 진압활동을 전개해 나가기 위해 계속해서 새로운 접근법과 대안이 등장하고 있다.[29] 그러나 이와 같은 방식의 가벌성의 확대는 형사소송 절차에 있어 개별 사안의 입증 부담을 현저히 증가시킨다. 이때 사법부는 법치국가적 형식성을 대거 완화하고 축소시킴으로써 형사소송 절차에 있어 정형성을 벗어나 소송촉진을 돕는다.[30]

형법과 형사소송법은 두 개의 수레바퀴와 같이 상호 의존적 관계에 있다. 형법과 형사소송법의 이러한 상호 의존성은 서로 영향을 미치며 작용한다. 즉 앞서 언급한 과실범 형태의 형벌구성요건의 확대는 예컨대 독일형사소송법 제102조(피의자와 관련한 수색), 제105조(수색 절차), 제108조(다른 물건의 압수)에 따라 검찰의 사전 개입을 위한 입구로서 기능하도록 한다.[31] 그러한 점에서 볼 때 형법에 대한 요청은 종종 형사소송법에 대한 요청이기도 하다. 기업범죄, 경제범죄 등과 관련된 실정형법 규정이 분명히 존재하고 있지만 빠르게 그 집행결손이 나타나고 있으며, 그 결과 무엇보다 피의자 개인의 정보에 대한 자기결정권을 다소 희생시켜서라도, 예컨대 압수·수색·검증 등과 같은 불가피하지만 꼭 필요한 강제처분 권한의 확대를 강조하게 한다.[32]

형사소송법에서 수사기관의 강제처분 권한이 확대되면 될수록 형사소송 절차를 위협할 가능성은 더욱 증가한다. 뿐만 아니라 은행, 증권회사 등 금융기관은 물론이고 일반 기업에서 컴플라이언스 처리과정에 있어 그 위반의 입증과 관련된 논의가 더욱 활발해질 것이다. 왜냐하면 해당 금융기관 내지 기업 전체의 조직구조와 리스크 관리가 논의 중점에 세워질 가능성이 높기 때문이다. 수사기관은 공판단계에서 처하게 될 이러한 입증의 어려움을 해소하기 위해 수사단계에서 보다 광범위하고 더 효과가 있는 강제처분 수단을 적극적으로 행사하여 다량의 증거를 수집하고자 할 것이다.

다른 한편으로, 형사소추 기관으로서 독일 검찰은 일정 정도 폐쇄된 조직 형태로 운영되는 기업을 형사소추하기 위해 해당 기업에 대한 특별한 이해를 필요로 한다. 형사소추 대상인 기업과 관련된 특별한 이해는 어느 누구도 진심으로 검찰과 경찰에게 넘겨주고 싶지 않은 정보의 수집을 통해 이루어지는데, 수사기관은 이러한 기업 내부의 폐쇄된 정보를 수집할 수 있도록 하는 특별한 강제처분 권한을 요구한다.[33] 이러한 특별한 강제처분 권한과 관련하여 무엇보다 전기통신 감청에 대한 권한의 확대가 요구되고 있다. 독일형사소송법 제100조의a(통신감청) 제2항에서 규정하고 있는 전기통신 감청 목록에 대한 확대의 필요성은 특히 기업의 부정부패 사건과 관련해서 제기된다.[34] 왜냐하면 이러한 기업범죄는 흔히 전화통화, E-메일, 트위터, 페이스북과 같은 소셜 네트워킹 서비스(SNS) 등 통신대화를 통해 이루어지기 때문이다.[35] 이때 조직범죄에 대처하기 위해 고안된 기술적 수단의 투입이 기업범죄의 수사에 있어서도 손쉽게 장려된다.[36]

독일형사소송법 제100조의a 제1항, 제2항[37]

독일형사소송법 제100조의a ① 다음 각 호의 어느 하나에 해당하는 경우 당사자가 이를 알지 못하더라도 통신을 감청 및 녹음할 수 있다.

1. 제2항에 열거된 중범죄의 정범 또는 공범으로서 수행했다는 혐의 및 미수를 처벌하는 사례에서 실행에 착수하였거나 다른 범죄행위를 통해 이를 예비하였다는 혐의의 근거가 되는 사실이 있는 경우
2. 개별 사례에 비추어 범행의 중대성이 인정되는 경우
3. 사실관계의 조사나 피의자의 소재에 대한 수사가 다른 방법으로는 현저히 어려움을 겪거나 불가능할 것으로 예상되는 경우

② 제1항 1호에 해당하는 중범죄는 다음과 같다.

1. **형법**
   a) 형법 제80조 내지 제82조, 제84조 내지 제86조, 제87조 내지 제89조의a, 제94조 내지 제100조의a에 따른 평화위반의 죄, 반란죄, 민주적 법치국가를 위협하는 죄 및 내란죄, 외환죄
   b) 제108조의a에 따른 의원증뢰죄
   c) 제109조의d 내지 제109조에 따른 국가방위에 반하는 죄
   d) 제129조 내지 제130조에 따른 공공질서에 반하는 죄
   e) 제152조와 결부된 제146조, 제151조 및 제152조의a 제3항과 제152조의b 제1항 내지 제4항에 따른 화폐 및 유가증권 위조의 죄
   f) 제176조의a, 제176조의b, 제177조 제2항 2호 및 제179조 제5항 2호에 해당하는, 성적 자기결정권을 침해한 죄
   g) 제184조의b 제1항 내지 제3항, 제184조의c 제3항에 따른 아동 및 청소년이 등장하는 음란물의 유포, 취득, 소지
   h) 제211조, 제212조에 따른 모살과 고살
   i) 제232조 내지 제233조의a, 제234조, 제234조의a, 제239조의a 및 제239조의b에 따른 개인적 자유에 반하는 죄
   j) 제244조 제1항 2호에 따른 범죄단체구성절도와 제244조의a에 따른 범죄단체구성중절도
   k) 제249조 내지 제255조에 따른 강도와 협박의 죄
   l) 제260조와 제260조의a에 따른 영업적인 장물취득, 범죄단체구성 장물취득 및 영

업적인 범죄단체구성 장물취득

m) 제261조 제1항, 제2항, 제4항에 따른 금전세탁 및 불법영득재산의 은닉

n) 제263조 제3항 제2문의 요건을 충족하고 제263조의a 제2항과 결부하여 제263조의a 제5항에 해당하는 사기와 컴퓨터사기

o) 제264조 제2항 2호에서 언급하고 있는 요건을 충족하고 제263조 제3항과 결부하여 제264조 제3항에 해당하는 보조금사기

p) 제267조 제3항 제2문에서 언급하고 있는 요건을 충족하고 제268조 제5항 또는 제269조 제3항과 결부하여 제267조 제4항에 해당하는 문서위조의 죄 및 제275조 제2항과 제276조 제2항에 따른 문서 위조의 죄

q) 제283조의a 제2문에서 언급하고 있는 요건을 충족한 파산

r) 제298조에 따른 불공정경쟁의 죄 및 제300조 제2문에서 언급하고 있는 요건을 충족하는, 제299조에 따른 불공정경쟁의 죄

s) 제306조 내지 제306조의c, 제307조 제1항 내지 제3항, 제308조 제1항 내지 제3항, 제309조 제1항 내지 제4항, 제310조 제1항, 제313조, 제314조, 제315조 제3항, 제315조의b 제3항 및 제316조의a와 제316조의b에 해당하는 공동체에 위험이 되는 죄

t) 제332조와 제334조에 따른 수뢰와 증뢰죄

2. 세법

a) 제370조 제3항 제2문 5호에서 언급하고 있는 요건을 충족한 탈세

b) 제373조에 따른 영업적, 폭력적 및 범죄단체를 구성하여 행한 밀수

c) 제374조 제2항에 해당하는 조세장물죄

3. 의약품법 제95조 제3항 제2문 2호 b)에서 언급하고 있는 요건을 충족하고 있는, 제95조 제1항 2a호에 따른 범죄

4. 망명절차법

a) 제84조 제3항에 따른 망명신청남용을 목적으로 하는 호도행위

b) 제84조의a에 따른 망명신청남용을 목적으로 하는 영업적 및 범죄단체 구성을 통한 호도행위

5. 외국인체류법

a) 제96조 제2항에 따른 외국인의 불법유입

b) 제97조에 따른 인명의 손실을 야기한 불법유입과 영업적 및 범죄단체 구성을 통한 불법유입

6. 무역법 제34조 제1항 내지 제6항에 따른 범죄

7. 마약류법

　　a) 제29조 제3항 제2문 1호와 관련된 규정에 따라 당해 조항에서 언급하고 있는 요
　　　 건을 충족하는 범죄

　　b) 제29조의a, 제30조 제1항 1호, 2호, 4호 및 제30조의a, 제30조의b에 따른 범죄

8. 마약재료감시법 제19조 제3항 제2문에서 언급하고 있는 요건을 충족하는 제19조 제
　　1항에 따른 범죄

9. 전쟁무기통제에 관한 법률

　　a) 제21조와 결부하여 제19조 제1항 내지 제3항 및 제20조 제1항과 제2항 및 제20
　　　 조a 제1항 내지 제3항에 따른 범죄

　　b) 제22조 제1항 내지 제3항에 따른 범죄

10. 국제형법

　　a) 제6조에 따른 인종학살

　　b) 제7조에 따른 인간성에 반하는 죄

　　c) 제8조 내지 제12조에 따른 전쟁범죄

11. 무기법

　　a) 제51조 제1항 내지 제3항에 따른 범죄

　　b) 제52조 제1항 1호와 2호 c), d) 및 제5항, 제6항에 따른 범죄

　　그러나 형사소송 절차에서 기업범죄, 경제범죄, 마약범죄, 테러범죄 등에 적극적으
로 대처한다는 미명아래 기술적 수단의 무분별한 투입, 비밀정보기관과 유사한 증거
수집 방법을 대거 허용할 경우 이는 근대 초기 규문주의 시대에 횡횡했던 '비밀주의
원칙(Heimlichkeitsmaxime)'의 승리로 귀결될 것이라는 견해는 타당하다고 본다.[38] 이
는 법치주의국가에서 오랜 기간 시민의 투쟁으로 어렵게 확보한 강제처분 조치의 한
계 설정이 얼마나 빠르게 허물어질 수 있는지를 보여주는 대표적인 예이다. 더욱이
기술적 진보가 이루어진다고 하더라도 피의자에게 보장된 권리의 침해의 방지와 경
감을 위한 기술적 수단은 결코 동일한 속도로 투입되지 않는다고 한다.[39] 나아가 독
일형사소송법은 물론이고 우리나라 형사소송법에서 여러 조항에 걸쳐 상세히 규정된
압수·수색·검증 조치는 이미 제재로서의 성격을 가진다. 미결구금 또한 피의자로 하
여금 자백 등을 유도하기 위한 조치로 사용되고 있다. 즉 미결구금은 다양한 효과를

갖는데, 구금 경험이 없는 기업범죄 내지 경제범죄 피의자로 하여금 미결구금의 압박 하에 자백과 아울러 공범자 내지 진정한 배후자에 대한 진술을 확보하기 위해 활용되고 있다.

Ⅳ. 기업 및 기업 고위경영진에 대한 형사소추 강도의 증가

1. 이해관계자(Stakeholder)의 민감성 증가

형법을 수단으로 한 범죄예방, 특히 기업범죄 예방 조치가 얼마만큼 효과성을 달성할 수 있는지는 범죄행위에 대한 적발 개연성과 실제 형사처벌의 개연성에 크게 의존한다. 특히 형사처벌의 개연성이 얼마만큼 높아질 수 있는가는 형사소추를 위해 관련 인적·물적 자원이 얼마만큼 많이 그리고 효과적으로 투입될 수 있는가에 따라 달라진다. 뿐만 아니라 개별 형법규범의 위반에 대해 일반 시민, 특히 이해관계자가 얼마만큼 민감하게 반응하는가에 의해서도 달라진다.

우선 기업의 '이해관계자(Stakeholder)'란 경제체계에서 기업과 직접·간접적으로 이해관계를 가지는 개인 혹은 그룹을 말하는데, 예컨대 주주, 채권자, 이사, 직원, 소비자, 하청업체, 노동조합 등이 이에 속한다. 이들은 자신의 이해관계가 결부된 기업이 발전할수록 커다란 이익을 얻을 수 있는 기회를 갖는다. 특히 이러한 이해관계자가 기업 관련 범죄행위를 중요하게 평가하면 할수록 개별 경제주체(기업, 개인, 정부, 외국 등)에게 더 많은 압력을 행사할 것이다. 이와 관련하여 최근 기업 관련 범죄행위에 대한 이해관계자의 민감성이 계속해서 증가하고 있다. 성숙하고 높은 수준의 교육을 받은 다수의 시민들은 기업의 경영활동에 대해 다른 시민들보다 더 날카롭고 비판적인 시각으로 관찰한다. 이처럼 이해관계자의 기업 관련 범죄행위에 대한 증가된 민감성은 기업의 부정부패 스캔들을 방지하는 데 크게 기여한다. 그리고 기업범죄에 의한 피해자들도 기업범죄 행위자에 대한 처벌보다 효과적인 컴플라이언스 프로그램의 구축을 통해 이를 사전에 예방함이 더 중요하다는 인식의 전환이 이루어지고 있다.[40]

종전에 다수의 사소한 경미범죄는 그 유해성에 대한 사회적 인식이 결여되어 있어 무의식적으로 허용되곤 하였다. 하지만 이제는 더 이상 금기시되지 않고 형사처벌이 요구되고 있다.41) 그리고 예컨대 대기오염, 수질오염 등을 발생시킨 환경 관련 기업의 경영실패가 어떠한 결과를 낳는지에 대해 지속적이고 깊이 있게 보도하는 언론매체, 경찰과 검찰의 관련 최종 수사결과 보고서, 그리고 사법부의 재판결과에 대한 상세한 대국민 공보활동을 통해 국민들이 더 잘 인식하게 되었고, 그로인해 환경보호에 대한 국민들의 인식이 고양되었다. 하지만 늘어난 경미범죄 사건과 기업에 의한 환경범죄, 기업범죄, 경제범죄 사건들로 인해 발생한 무분별한 형사소추 현상과 항상 투명하지만은 않은 사법적 선별 메커니즘은 문제로 지적된다.42)

그러나 이와 같은 비판에도 불구하고 기업은 시민들, 특히 이해관계자로부터의 기업에 대한 증가된 형사소추 압력에 주목할 필요가 있으며, 경제적 이유에서도 컴플라이언스 제도의 도입과 구축 노력을 게을리 하면 안 된다.

2. 형사소추 기관의 전문화

형사소추 기관으로서 독일 검찰은 법적 강제처분 권한뿐만 아니라 수사와 기소, 공소유지에 관한 뛰어난 역량과 전문성을 갖추고 있다. 이에 따라 기업범죄 내지 경제범죄에 대한 형사소추의 강도가 높아지고 있고, 그 결과 기업은 형법적 규범준수를 의미하는 형법적 컴플라이언스(Criminal Compliance)43)의 문제에 대해 더 큰 관심을 갖게 되었다.

기업범죄 내지 경제범죄는 이른바 '통제범죄(Kontrolldelikte)'에 속하는데,44) 형사소추 기관의 노력 여하에 따라 실체적 진실규명과 소추의 효율성에 커다란 영향을 미친다. 통제범죄와 관련하여 검사, 검찰수사관, 사법경찰관리 등 인적 자원의 부족과 뒤떨어진 기술적 장비에 대한 비난은 시간을 초월해서 계속해서 제기되고 있다. 이에 인원 충원에 대한 요구는 계속되지만 예산문제로 인해 좀처럼 달성되지 않는다. 때문에 제한된 인적 자원의 효율적 투입이 개선된 방향으로 이루어지고 있다. 또한 현대적 기술을 갖춘 장비도 점차 갖추어지고 있다. 그러나 무엇보다 기업범죄 내지 경제범죄 사건을 다루는 데 있어 경제 관련 지식이 필수적으로 요구된다. 이를 위해 경제분야에 보다 정통하도록 검사, 검찰수사관, 사법경찰관리 등의 전문화를 위한 교육이 점차 개선되고 있다. 비록 기업범죄 내지 경제범죄 통계를 오래전부터 작성해 왔지만 법률교육에 따른 기업형법 또는 경제형법적 교육과 훈련은 부족했던 것이 사실이다.

하지만 이러한 어려운 상황은 형사소추 기관의 전문화 및 인력과 장비의 집중화를 통해 서서히 변하고 있다.[45]

한편 형사소추 기관은 그들의 역량을 이른바 '커다란 물고기(große Fische)'로 전환하여 집중하고, 검사의 객관의무에도 불구하고 실체적 진실규명이라는 형사소추자로서 본래의 역할을 다 하고자 한다. 형사소추 기관은 정치·경제·사회의 지도층의 범죄행위에 대해 단호한 조치를 취하기 위하여 그동안의 소극적 태도에서 벗어나 적극적 자세로 임하고 있다. 그리고 형사재판부 판사의 전문화도 독일법원조직법 제74조의c(경제범죄 형사부)에 따라 성공적으로 진행되고 있다. 경제범죄 전담 형사부의 수가 증가함에 따라 엄격한 판결실무가 자주 목격된다.[46]

그리고 여전히 부족한 것으로 비판을 받고 있지만,[47] 형사소추 기관의 국내·외 협력과 공조도 개선되고 있다.[48] 기업범죄 내지 경제범죄 관련 사건의 수사를 진행함에 있어 일반적인 경험의 상호교환, 공동 예방 프로젝트, 상호협력 작업 등이 자주 수행되고 있다. 특히 환경범죄 사건에서 경찰, 검찰 그리고 환경 관련 정부기관의 참여 하에 개최되는 3자 대책회의, 다국적 기업에서 벌어진 분식회계 사건에서 관련 국가의 국세청, 관세청 그리고 공정거래위원회의 국제적 협력이 이루어지고 있다. 이전에 특히 어려웠던 국제적 법률구조도 보다 효과적으로 진행되고 있는 것은 고무적이다.

형사소추를 언론 등을 통해 공개적으로 진행하는 최근의 경향은 긍정적인 평판에 상당히 의존하는 기업에게 특히 폭발력이 있다. 이는 무제한적으로 보도자료를 배포하는 방식이 아닌 진행중인 수사상의 조치들에 대한 방송 등을 통한 정보전달의 방식으로 이루어진다. 다만 이것이 피의자에게 공개적 비난여론을 형성하여 무죄추정의 원칙에 위반될 경우 그러한 방식의 언론 작업은 공개적으로 윤리적·사회적·경제적 사형집행으로 이어질 수 있음에 주의해야 한다.[49]

3. 전문화된 감독기관의 형사소추 기능 분담

독일 연방감사원((Bundesrechnungshof), 독일 금융감독원(BaFIN) 등 전문화된 감독기관들은 형사소추에 있어 중요한 의미를 갖는다. 이들 감독기관은 개별 법령의 위반행위를 감지하고, 그와 관련된 정보를 수집하며, 관련 피감독기관의 질의에 답을 한다. 이들 감독기관에 의해 수집된 데이터의 일반화 작업과 검찰로의 이송 임무는 고발의무를 통해 이행된다. 또한 정보처리 직무 담당자에 대한 형사처벌을 수단으로 하여 정보유출을 사전에 차단·방지하고자 한다. 이에 따라 폭넓은 법적 고발의무에 대한 요구가, 예컨대 독일 금융감독원 혹은 독일 연방환경부(BMU)를 중심으로 계속해서 제기되고 있다. 이러한 감독기관으로 하여금 피감독기관에게 위반행위의 시정에 대한 경제적·정치적 압력을 행사하도록 함이 형사소추에 의해 기나 긴 형사소송 절차를 밟게 하는 것보다 훨씬 더 용이하고 기업으로서도 경제적 측면에서 유리하다. 왜냐하면 이들 감독기관은 전속고발권을 가지고 법적 의무를 충족시키도록 피감독기관을 감독·지시할 수 있기 때문이다. 그러나 전문화된 감독기관의 형사소추 기능 분담을 통한 형사소추의 기능 확대는 형법적 사회통제를 수단으로 하여 경제적 삶의 터전에 더 넓고 빈번한 침투 내지 개입으로 이어질 위험성이 있음에 유의해야 한다.[50]

4. 사인의 형사소추 기능 분담: 사인과 형사소추 기관의 협력

마지막으로, 기업활동에 대한 형법적 규제의 강화는 사인의 지식의 활용을 통해서도 이루어진다. 비록 국가는 범죄행위에 대한 형사소추 권한을 원칙적으로 개별 시민이 아닌 검찰에게 맡기고 있으나, 시민의 협력을 빈번히 활용한다. 그 대표적으로 예로 독일형사소송법 제163조 제3항[51]에 따른 증인의 증언의무를 언급할 수 있다. 또 다른 예로 사인의 '고발의무(Anzeigepflicht)'를 언급할 수 있다. 이는 예외적인 경우로 한정되어 있기는 하지만 독일형법 제138조(범죄불고지)에서 규정한 범죄에 국한하여 인정하고 있다.

이처럼 사인으로 하여금 형사소추 기능을 일부 분담시킴으로써 사인과 형사소추 기관과의 협력의무가 증가되고 있다. 이러한 사인과 형사소추 기관과의 협력을 통한 사인의 전문지식과 사인에 의해 축적된 데이터의 활용은 예컨대 자금세탁범죄, 문서위조범죄, 컴퓨터범죄 등의 형사소추에 있어 중요한 요소로 자리 잡고 있다.[52] 심지어 국가에 대한 사인의 정보 우위의 결과는 리스크 관련 지식의 독점화 단계에까지 이르고 있다. 이에 따라 경제를 감시하는 사인의 고발의무를 보다 확대할 필요가 있다는 의견이 계속해서 제기되고 있는 실정이다. 이는 기업의 입장에서 보면 이제 기업범죄 내지 경제범죄에 대한 대응 상대가 전통적 형사소추 기관인 검찰 이외에도 사인에게까지 확대됨을 의미한다.

5. 소결

요컨대, 기업에서 컴플라이언스 제도가 제대로 구축되지 않았을 경우 단지 기업 내부의 윤리·준법경영 위반의 문제를 넘어서 ① 이해관계자의 기업범죄에 대한 적극적 감시활동, ② 형사소추 기관의 기업범죄 내지 경제범죄에 대한 교육 강화를 통한 전문화 및 해외 수사기관과의 공조 및 국제협력 개선, ③ 독일 연방감사원, 독일 금융감독원 등 전문화된 감독기관의 기업의 위반행위에 대한 고발의무 강화, 그리고 ④ 사인의 전문지식과 데이터의 적극적 활용 등을 통한 형사소추 기능의 분담과 협력에 의해 기업 및 기업 고위경영진에 대한 형사소추의 강도가 높아진다.

V. 맺는 말: 우리나라 준법지원인제도에 주는 시사점

우리나라는 2011년 「상법」 제542조의13에 따라 기업의 윤리·준법경영과 기업 내부의 의사결정이나 업무집행과정에서 발생할 수 있는 법률 리스크를 사전 예방함으로써 기업의 경쟁력을 높이고 사회적 책임의 강화를 위해 준법지원인제도를 자산총액 5천억 원 이상 상장회사에 대하여 의무적으로 도입하도록 하였다. 그럼에도 불구하고 2016년 기준 적용대상 311개 기업 중 전체의 약 41%인 128개사가 준법지원인을 선임하지 않고 있으며,[53] 준법지원인을 선임한 기업에서도 기업범죄의 사전적 예방기능을 달성하기 위한 효과적인 컴플라이언스 프로그램이 구축되어 운영되고 있는지는 다소 의문스럽다.

그러나 앞서 살펴본 바와 같이 기업에서 컴플라이언스 조직과 시스템을 견고하게 구축하지 않을 경우 우선적으로 기업 및 기업 고위경영진에게 형사처벌의 리스크가 증가하게 된다. 뿐만 아니라 해당 기업의 거래처, 고객, 일반 투자자, 나아가 전체 국민 경제 등 여러 이해관계자에게 다양한 유·무형의 피해를 끼치게 된다. 그로인해 한편으로 손해배상 또는 과태료나 과징금 등의 부과를 통해 기업에게 재산상 손실을 가져오고, 다른 한편으로 시장에서 기업 지위의 하락, 고객의 상실 또는 기업 브랜드 가치 순위의 하락 등의 형태로 기업의 사회적 명성이나 평판과 관련한 손해가 발생하게 된다.[54]

다음으로, 우리나라에서처럼 다수의 기업에서 준법지원인제도가 구축되지 않아 기업범죄 내지 경제범죄가 빈번히 발생할 경우 자유로워야 할 기업의 경영활동에 형법이 과도하게 개입할 개연성이 증가하는데, 이는 형법과 상호 의존적 관계에 있는 형사소송 절차에서도 강제처분 권한의 확대라는 결과는 초래한다. 하지만 형사소송 절차에서 기업범죄 내지 경제범죄 등에 적극적으로 대처하기 위한 수단으로 기업 경영활동과 관련된 전화통화, E-mail 등에 대한 감청과 압수·수색이 광범위하게 이루어질 경우 법치주의국가에서 오랜 기간 동안 시민의 투쟁으로 어렵게 확보한 강제처분 조치의 한계 설정이 손쉽게 허물어질 우려가 있다.

더 나아가 준법지원인제도의 비구축은 기업 관련 범죄행위에 대해 주주, 소비자 등으로 대표되는 이해관계자의 적극적 감시활동, 형사소추 기관의 기업범죄 수사에 대한 전문성 제고, 감사원 등 전문화된 감독기관의 고발의무 강화를 통한 형사소추 기능 분담 그리고 사인과 수사기관의 협력 강화에 의해 기업 및 기업 고위경영진에 대한 형사소추 강도가 더욱더 높아지게 한다.

결국 기업에서 컴플라이언스 조직과 시스템의 견고한 구축은 윤리·준법경영을 위한 단순한 형식적 업무가 아니라 기업의 영속적 발전과 성장을 저해하는 최대 요인으로서 기업범죄, 즉 기업 내부에서 임직원에 의한 기업에 대한 범죄행위(예컨대 업무상 횡령죄, 업무상배임죄 등)를 방지하고 기업 외부에서 제3자(예컨대 당해 기업의 거래당사자 또는 고객)에 의한 기업의 법익침해의 위험을 사전에 예방하기 위해 반드시 필요한 핵심 업무임을 재인식할 필요가 있다. 이러한 인식을 바탕으로 기업에서 컴플라이언스 제도가 구축되어 효과적으로 운용될 경우 일차적으로 기업 및 기업 고위경영진으로 하여금 형사처벌의 리스크를 감소시켜 줄 뿐만 아니라 부차적으로 기업의 경영활동에 대한 형법의 개입 개연성의 증가로 인해 초래될 수 있는 형법과 형사소송 절차의 부정적 영향을 해소하는데 기여할 수 있다고 본다.

---

1) 이 글은 김재윤, "준법지원인제도 비구첵에 따른 형법의 개입 개연성 증가가 형법과 형사소송 절차에 미치는 영향 -독일의 논의를 중심으로-", 영남법학 제49호, 2019.12, 103-125면에 게재된 것으로 최근의 논의까지를 반영하여 수정·보완한 것임.

2) 금융회사에 적용되는 준법감시인제도와 상법 제524조의13에 따라 자산총액 5천억 원 이상 상장회사에 적용되는 준법지원인제도의 차이점으로 ① 용어의 상이, ② 내부통제기준 내지 준법통제기준의 위반 여부의 점검과 그 결과 보고 대상의 차이, ③ 자격에 관한 규정의 차이, ④ 양벌규정의 탄력성의 차이 등을 언급할 수 있다. 이에 대해 자세히는 박선종, "개정 상법상 준법통제와 준법지원인", 저스티스 통권 제124호, 한국법학원, 2011.6, 242−243면 참조.

3) 최근의 단적인 예로 역대 금융권 비리 중 범죄에 연루된 금액만 6조 1천억 원(불법대출)으로 금융권 비리 사상 최대를 기록한 2011년 부산저축은행 비리사건을 언급할 수 있다. 이 사건에서 검찰은 42명을 구속 기소하고 34명을 불구속 기소하는 등 총 76명을 기소한 바 있다.

4) Wehnert, in: FS−Peter Rieß, 2002, 811, 818면.

5) 자율규제로서 컴플라이언스 제도에 대한 상세한 설명으로는 김재윤, "기업범죄예방과 관련하여 자율규제로서 준법지원인제도의 이해", 비교형사법연구 제21권 제3호, 한국비교형사법학회, 2019.10, 59면 이하 참조.

6) 일반적으로 다이버전이란 특정한 사건을 공식적 사회통제 체계로부터 전환시키거나 우회시켜 절차적으로, 비범죄화 시키는 것으로 법원의 판결이 내려지기 전에 형사사법기관이 통상의 사법처리절차를 중지하는 조치를 의미한다(박봉진, "소년범죄자에 대한 경찰단계 다이버전 효율화방안", 법학연구 제54권, 한국법학회, 2014, 263면).

7) Hassemer, ZRP 1992, 378, 381.

8) BGHSt 37, 106. 이 판례에 대한 국내의 대표적인 소개·분석으로는 김동률, "형법상 제조물책임에 있어 기업 경영진에 대한 보증인 지위의 인정근거 −피혁스프레이 판결을 둘러싼 독일에서의 논의를 중심으로−", 한양법학 제25권 제1집, 2014.2, 386면 이하 참조.

9) Schünemann, in: Dornseifer/Horn/Schilling/Schöne/Struensee/Zielinski (Hrsg.), GS−Armin Kaufmann, 1989, 629, 631면.

10) 컴플라이언스는 다양한 기능을 가지고 있는데, 컴플라이언스를 통해 ① 기업 임직원의 법규 위반으로 발생하는 다양한 손해 등으로부터 기업을 보호하고 범죄를 예방하며, ② 기업의 투명성 및 법적 안정성을 확보하며, ③ 고객에 대한 적정한 자문 등을 함으로써 임직원의 질적 능력을 향상시킬 수 있다고 한다. 이러한 컴플라이언스 기능의 핵심적 요소로 예방(Prävention), 교육(Instruktion) 및 억제(Repression)가 언급된다. 이에 대한 상세한 설명으로는 이진국, "기업범죄 관련 준법지원인의 역할과 형사책임", 사법 제24호, 2013.6, 10면 참조.

11) 김동률, 앞의 논문, 386−387면.

12) BGHSt 37, 108 ff.

13) 상법상 준법지원인제도에 대한 상세한 분석으로는 김재윤, 앞의 논문, 2017.10, 83면 이하; 박선종, 앞의 논문, 233면 이하; 박한성, "상법상 준법지원인제도의 개선방안", 「외법논집」 제38권 제4호, 한국외국어대학교 법학연구소, 2014.11, 131면 이하; 윤성승, "개정 상법상 준법지원인 제도의 문제점", 「기업법연구」 제25권 제4호, 한국기업법학회, 2011.12, 155면 이하; 주기종, "상법상 준법지원인제도의 문제와 해결", 「법학연구」 제48권, 한국법학회, 2012, 405면 이하; 정찬형, "2011년 개정상법에 따른 준법경영제도 발전방향 −집행임원 및 준법지원인을 중심으로−", 「선진상사법률연구」 통권 제55호, 법무부, 2011.7, 30면 이하 참조.

14) Dannecker, in: Amelung (Hrsg.), Individuelle Verantwortung und Beteiligungsverhältnisse bei Straftaten in bürokratischen Organisationen des Staates, der Wirtschaft und der Gesellschaft, 2000, 209면.

15) 독일형법 제324조 제3항 행위자가 과실로 행위한 경우에는 3년 이하의 자유형 또는 벌금형에 처한다.

16) 독일형법 제326조 제5항 행위자가 과실로 행위한 경우에 그 형은 다음과 같다.
   1. 제1항 및 제2항의 경우 3년 이하의 자유형 또는 벌금형
   2. 제3항의 경우 1년 이하의 자유형 또는 벌금형

17) 독일형법 제261조 제5항 제1항 또는 제2항의 경우에 그 대상물이 제1항에 언급된 위법행위로부터 유래한다는 사실을 중과실로 인식하지 못한 자는 2년 이하의 자유형 또는 벌금형에 처한다.

18) 독일형법 제264조 제4항 제1항 제1호부터 제3호까지의 경우에 중과실로 행위한 자는 3년 이하의 자유형 또는 벌금형에 처한다.

19) 이에 대해서는 Herzog, Gesellschaftliche Unsicherheit und strafrechtliche Daseinsvorsorge, 1991, 132면 이하.

20) Otto, ZStW 1984, 339, 367.

21) Adams/Shavell, GA 1990, 337, 356 f.

22) Heine, Die strafrechtliche Verantwortlichkeit von Unternehmen −Von individuellem Fehlverhalten zu kollektiven Fehlentwicklungen, insbesondere bei Großrisiken, 1995, 259면.

23) Schwartz, Strafrechtliche Produkthaftung Grundlagen, Grenzen und Alternativen, 1999, 113면 이하.

24) Dannecker, in: Amelung (Hrsg.), Individuelle Verantwortung und Beteiligungsverhältnisse bei Straftaten in bürokratischen Organisationen des Staates, der Wirtschaft und der Gesellschaft, 2000, 227면.

25) Prittwitz, Strafrecht und Risiko −Untersuchungen zur Krise von Strafrecht und Kriminalpolitik in der Risikogesellschaft, 1993, 308면.

26) Roth, Zur Strafbarkeit leicht fahrlässigen Verhaltens, 1996, 13, 15면 이하.

27) Roxin, Strafrecht Allgemeiner Teil 1, 4. Aufl., 2006, § 2 Rn. 99.

28) 이에 대한 상세한 설명으로는 김재윤, "형법을 통한 안전보장의 가능성과 한계에 관한 고찰", 비교형사법연구 제6권 제1호, 2004.7, 1면 이하 참조.

29) Krauß, StV 1989, 315, 317 ff.

30) Albrecht, KritV 1993, 163, 164.

31) Volk, JZ 1982, 90

32) Ransiek, Unternehmensstrafrecht −Strafrecht, Verfassungsrecht, Regelungsalternativen, 1996, 218면.

33) Seelmann, KritV 1992, 452, 457.

34) 독일형사소송법 제100조의a 제2항은 형법, 세법, 의약품법, 망명절차법, 외국인체류법, 무역

법, 마약류법, 마약재료감시법, 전쟁무기통제에 관한 법률, 국제형법, 무기법 등 총 11개 법률에서 중범죄로 열거된 범죄에 대해 당사자가 알지 못하더라도 통신을 감청 및 녹음할 수 있도록 하고 있다.

35) Bannenberg, Korruption in Deutschland und ihre strafrechtliche Kontrolle, 2002, 427면.

36) Kersten, in: Bundeskriminalamt (Hrsg.), Wirtschaftskriminalität und Korruption BKA-Herbsttagung 2002, 2003, 31, 38면.

37) 법무부, 독일형사소송법, 2016.

38) Schünemann, GA 2008, 314, 316 f.

39) Schünemann, GA 2008, 322.

40) Freisitzer, in: Brünner (Hrsg.), Korruption und Kontrolle, 1981, 151, 155면.

41) 독일은 경미범죄를 질서위반법(OWiG)을 통해 규율하고 있다. 독일질서위반법 제111조부터 131조까지에서는 경미범죄의 유형을 상세히 규정하고 있는데 대표적으로 질서위반행위에의 공연한 선동(제116조), 허용되지 않는 소음(제117조), 일반대중에 대한 민폐행위(제118조), 비속행위 및 민폐행위(제119조), 금지된 매음의 실행과 매음광고(제120조), 위험한 동물의 사육(제121조), 만취상태에 이른 명정(제122조) 등이 있다. 독일질서위반법에 대해 상세한 설명으로는 김재광 외 5인, 경범죄처벌법 전문개정방안 연구, 한국법제연구원, 2016 참조.

42) Hamm, NJW 2004, 1301.

43) 형법적 컴플라이언스란 "일반적 컴플라이언스의 특수한 부분, 즉 기업의 최종의사결정자인 최고경영자(CEO)나 그 밖의 임직원에 의한 범죄행위를 방지해야 하는 일체의 조치 또는 감독의무"로 이해된다. 형법적 컴플라이언스의 개념에 대한 상세한 설명으로는 김재윤, 앞의 논문, 2017.10, 86-91면 참조.

44) Dannecker, in: Wabnitz/Janovsky (Hrsg.), Handbuch des Wirtschafts- und Steuerstrafrechts, 3. Aufl., 2007, 1. Kapitel, Rn. 20.

45) Dannecker, in: Wabnitz/Janovsky (Hrsg.), Handbuch des Wirtschafts- und Steuerstrafrechts, 3. Aufl., 2007, 1. Kapitel, Rn. 126.

46) Rönnau, ZStW 2007, 887

47) Busch, Unternehmen und Umweltstrafrecht, 1997, 262면 이하.

48) Kersten, in: Bundeskriminalamt (Hrsg.), Wirtschaftskriminalität und Korruption BKA-Herbsttagung 2002, 2003, 31, 39면.

49) Schünemann, GA 2008, 314.

50) Busch, 앞의 책, 274면 이하.

51) 독일형사소송법 제163조 제3항 증인은 검찰수사관의 출석요가 검찰의 위임에 근거하는 경우에 그 출석요구에 따라 검찰수사관에게 출석하여 사안에 관하여 진술할 의무가 있다. 달리 정한 바가 없는 한, 제1편 제6장의 규정을 준용한다. 선서에 의한 신문은 법원에 유보되어 있다.

52) Sieber, ZStW 2007, 1, 29.

53) 준법지원인의 의무선임 대상회사임에도 불구하고 준법지원인을 선임하지 않은 이유로 ① 실효성이 없을 것 같아서, ② 준법지원인의 보수 등의 비용이 과도하게 들어서, ③ 형사제재의

감면이나 세금감면 등과 같은 인센티브가 없어서, ④ 기타 사유(처벌규정이 없어서, 선임예정이어서 등)의 순서로 파악되고 있다고 한다(한국상장회사협의회, 상장회사의 준법지원인제도 도입 및 운영현황, 2014.7, 12면).
54) 이진국, 앞의 논문, 11면.

[§ 11] 형법적 준법지원인(CCO)의 형사책임[1)]
- 형법적 준법지원인의 보증인지위 발생근거를 중심으로 -

"조금 더 많은 법인 자체를 처벌함으로써 조금 더 많은 법인의 영혼을 지옥에
떨어뜨릴 경우 종업원의 생명과 안전을 보다 더 확보할 수 있고,
공중이나 환경에 중대한 위험을 처하게 하는 활동을 하고 있는
법인에게 조금 더 많은 양심을 환기시키는 자극이 될 것이다."
- C.M.V. Clarkson -

Ⅰ. 머리말

 '컴플라이언스(Compliance)'는 현대의 기업경영에 있어 그 중요성이 점점 높아지고
있다. 이때 '준법감시', '준법지원', '준법통제', '법(규)준수' 또는 '자율준수' 등으로 번
역되어 사용되는 컴플라이언스란 "모든 기업과 기업의 임직원이 업무수행과 관련하
여 접하는 법규범, 회사규범, 기업윤리 등의 제반 규범상 명시된 요구나 금지를 준수
하도록 사전에 상시적으로 통제하고 감독하는 제도"라고 일반적으로 정의할 수 있
다.[2)] 이에 컴플라이언스는 소극적 의미에서 법규준수 여부를 감시하고 위반 여부를
조사하는 제도로, 적극적 의미에서 기업 자체의 준법·윤리강령 및 법규준수와 관련
된 업무절차 규정을 제정하고 위법행위 방지를 위한 사전 감시와 사후 통제 및 교육
의 실시 등을 통한 법규준수 전반에 걸친 사전적 예방제도를 의미한다.[3)] 이러한 의미
에서 진정한 컴플라이언스는 "기업에서 물의를 일으키지 않으려고 단순히 법규범을
지키기만 하는 수준보다 더 깊이 들어가는 것으로서, 법규준수와 함께 항상 옳은 일
을 하는 것에 기반을 둔 윤리적인 기업문화를 개발하고 이를 지속키는 노력과 결합"

하는 데 있다.[4]

한편 일반적인 컴플라이언스의 특수한 부분으로서 형법적 컴플라이언스(Criminal Compliance)는 "기업 내부에서 발생하는 최고경영자나 그 밖의 임직원에 의한 범죄행위를 방지하기 위해 필요한 일체의 조치 또는 감독의무"[5]라고 할 수 있다. 이러한 형법적 컴플라이언스의 핵심 기능은 무엇보다 기업 내부에서 발생할 수 있는 범죄행위의 방지에 있다.[6] 즉 기업은 형법적 컴플라이언스를 통해 임직원이 형법상 범죄행위나 행정법상의 위반행위를 범하지 않도록 적절한 조치를 취해야 한다. 범죄행위의 방지라는 형법적 컴플라이언스의 핵심 기능이 제대로 작동되기 위해서는 우선적으로 '형법적 준법지원인(Criminal Compliance Officer: CCO)'을 중심으로 한 컴플라이언스 조직과 시스템의 견고한 구축이 요구된다. 이때 형법적 준법지원인은 무엇보다 기업 내부에서 임직원에 의한 기업에 대한 범죄행위를 방지하고, 제한된 범위 내에서 기업 외부에서 제3자에 의한 기업의 법익침해의 위험을 방지하며, 다국적 기업(Multinational Corporation)의 경우 외국 자회사의 법익을 침해하는 범죄행위를 방지하는 주요한 임무를 담당한다. 그런데 형법적 준법지원인이 컴플라이언스 활동을 하면서 스스로 직무상 의무에 위반하여 뇌물을 받거나 부정한 청탁을 하거나 기타 범죄를 행한 경우 그에게 당해 범죄에 대한 형사책임을 귀속시키는데 별다른 어려움은 없다. 그러나 형법적 준법지원인이 기업 내에서 임직원의 범죄행위를 발견하고도 이사회나 고위경영진에게 보고하는 등 적절한 조치를 취하지 않은 경우에 과연 부작위에 의한 형사책임을 물을 수 있는지 문제된다.

이와 관련하여 형법 제18조(부작위범)는 특별한 작위의무의 발생근거를 규명하는 데 대한 분명한 기준을 제시하고 있지 않기 때문에 법 문언에서 형법적 준법지원인의 보증인지위의 발생근거를 찾기란 쉽지 않다.[7] 나아가 형법적 준법지원인에 대해 부진정부작위범으로서 형사책임의 문제를 직접적으로 다룬 판례도 아직까지 없다.[8] 반면에 독일에서는 일반 상장기업의 경우 준법지원인제도의 도입이 법률상 강제되어 있는 것은 아니지만,[9] 2009년 독일연방법원 판례[10]를 통해 공공기관의 내부감사 부서의 책임자를 '준법지원인(Compliance- Beauftragte)'으로 보면서 보증인지위와 보증의무를 인정하여 부작위에 의한 사기죄의 방조범을 인정한 바 있다.

따라서 본 절에서는 향후 기업에서 컴플라이언스가 중요해짐에 따라 발생하게 될 형법적 준법지원인의 부진정부작위범으로서의 형사책임, 특히 형법적 준법지원인에 대한 보증인지위가 법률, 계약(자발적 의무인수), 선행행위, 직원에 대한 지배, 특정한 위험원에 대한 지배, 감독보증인, 사업주책임에 근거하여 발생할 수 있는지 여부와 그에 따른 보증의무의 내용을 중심으로 고찰하고자 한다.

Ⅱ. 준법지원의 형사책임에 관한 독일연방법원 판례의 분석

1. 독일연방법원 판례의 주요 내용

(1) 사실 관계

피고인 W는 독일 사법시험에 합격한 후 1998년 이후부터 베를린시 청소회사 법무부서 과장인 동시에 위원회자문부서 과장으로 활동하였다. 또한 W는 2000년부터 2002년 사이에 베를린시 청소회사에서 내부감사의 직무를 담당하였다. 베를린시 청소회사는 거주자부동산의 소유주에게 그 가입과 이용이 강제된 도로청소를 담당하는 공법상 법인이다. 베를린시 청소회사와 거주자부동산 소유주 간의 법률관계는 민법에 따르도록 되어 있었지만 청소요금의 결정에 대해서는 비용 산정의 공법상 원칙인 상당성 원리와 적정가격의 원리가 적용되었다. 베를린 주의 도로청소법 규정에 따르면 도로청소에 소요되는 비용의 75%를 거주자가 부담하고, 나머지 25%는 베를린 주가 부담하되, 공도의 청소에 소요되는 비용은 베를린 주가 모두 부담하도록 되어 있었다. 그런데 1999년, 2000년 청소요금 적용기간의 요금을 산정함에 있어 실수로 원래 베를린 주가 모두 부담했어야 할 거주자 없는 도로에 대한 비용도 거주자가 부담하게 될 75%에 포함되었다. 이 요금산정은 W가 위원장으로 주재한 요금산정위원회에서 이루어졌다. 베를린시 청소회사가 이 요금산정이 실수에 의한 것임을 알게 된 후 그 다음의 2011년, 2012년 정산기간 동안의 비용조사를 위하여 구성된 내부 프로젝트그룹은 그 실수를 수정하고자 하였다. 그러나 공동피고인 G의 지시로 그 실수는 수정되지 못했다. W는 이 프로젝트그룹에 속해 있지는 않았지만, W의 직속 부하로부터 G가 그 실수를 그냥 내버려 두라고 말했다는 사정을 알게 되었다. 한편 W도 간헐적으로 이 프로젝트그룹에 참가하였고 감사회 회의에서는 G가 잘못 산정한 수도요

금을 보고하여 감사회의 승인을 받았다. 그 이후 W는 G의 잘못을 보고할 수 있었음
에도 자신의 직속상관뿐 아니라 감사회 구성원에 대해서도 아무런 보고를 하지 않았
다. 그 결과 거주자 있는 부동산의 소유자들로부터 총 2,300만 유로에 달하는 초과요
금을 징수하였고, 소유자들 대부분은 초과요금을 납부하였다.

(2) 판시 내용

이 사건에서 원심인 베를린 지방법원(Landgericht Berlin)은 G의 행위에 대하여 작
위에 의한 사기죄를 인정하였고, W에 대해서는 부작위에 의한 사기죄의 방조범으로
유죄를 선고하였다. 베를린 지방법원은 W가 요금산정위원회의 위원장으로서 이전의
요금적용기간에 행해진 요금산정의 실수를 문제 삼았어야 했고, 차기 요금적용기간
에 그 실수를 바로잡아야 했다는 점에서 W의 보증인지위를 도출하였다. 나아가 W에
게는 내부감사 부서의 과장으로서 근로계약에 따른 감시의무와 보호의무의 자발적
인수를 통해 보증인지위가 인정된다고 보았다.

W의 상고에 대하여 연방법원은 판결이유에서, "그러한 수임인(즉 W)은 일반적으로
기업의 활동과 관련된 기업 임직원의 범죄를 방지할 독일형법 제13조 제1항 소정의
보증의무를 부담한다. 이는 법률위반, 특히 범죄를 방지할 의무가 있는 기업의 고위
경영진으로부터 자발적으로 인수한 의무의 불가피한 이면이다"고 판시하여 W의 상
고를 기각하였다. 다만 이 사안에서 독일연방법원은 준법지원인의 이러한 부진정부
작위범으로서 형사책임이 "언제나" 인정되는 것이 아니라 위험과 기업의 권위실추에
의한 "현저한 손해"가 나타날 수 있는 범죄행위에 한하여 인정된다는 일정한 제한을
달았다.[11]

2. 독일연방법원 판례의 의미와 비판

(1) 판례의 의미

2009년 독일연방법원의 판결은 피고인 W에게 기업 임직원의 범죄행위를 방지할
임무를 수행하는 형법적 준법지원인으로서 보증인지위를 처음으로 인정하였다는 데
커다란 의미가 있다. 이때 독일연방법원은 준법지원인의 부작위에 따른 형사책임과

관련하여 보증인지위의 발생근거를 근로계약에 따른 감시의무와 보호의무의 인수에서 찾았다. 이로써 독일연방법원은 형법적 관점에서 장차 어떻게 '조직화된 무책임'에 대처할 수 있는지와 관련하여 기업의 형법적 책임 시스템에 대한 새로운 기본 틀을 만들고 보여주고자 하였다.[12] 무엇보다 이 판결에 대해 독일형법학계에서는 "컴플라이언스가 이 판결을 계기로 기업으로 하여금 단지 립 서비스 차원에서 벗어나 살아 있는 청렴성 내지 고결성으로의 전환을 더욱 가속화하게 할 것"[13]이라고 긍정적으로 평가하기도 한다.

(2) 판례에 대한 비판

그러나 이와 달리 법체계적 관점, 헌법적 관점 및 컴플라이언스 시스템 도입 목적의 관점에서 다양한 비판이 제기되고 있다. 비판의 핵심은 준법지원인의 보증의무를 일반적으로 인정하고 보증의무의 범위를 외부로 확장하였다는 데 있다. 이러한 비판에 대한 간략히 살펴보면 다음과 같다.[14]

가. 법체계적인 관점에서의 비판

우선 준법지원인에 대한 독일연방법원의 판결을 보증의무의 발생과 관련한 형법적 기준과 상관없이 살펴볼 경우, 이 판결은 컴플라이언스가 형법적 책임을 발생시키거나 컴플라이언스 직무 담당자로 하여금 그 책임을 현저히 강화시킬 여지를 만들었다.[15] 금융업계에서 컴플라이언스가 태동하게 된 근원으로 되돌아 가볼 경우 정확히 정반대의 상황을 목격할 수 있다. 즉 금융업계에서 컴플라이언스는 처음에 자발적 수단에 불과하였다.[16] 컴플라이언스가 상당한 시간이 흐른 후에야 비로소 법률에 의해 강제되었고 지금은 컴플라이언스가 형사처벌의 근거가 되기에 이르렀다.

법체계적인 관점에서 볼 때 우선 준법지원인에게 근로계약을 통해 위임된 의무를 작위 형태로든 부작위 형태로든 위반했을 경우 그를 처벌하는 것은 민법 내지 노동법의 소관 사항이 아닌가 하는 의문이 제기된다. 이와 관련하여 Nave/ Vogel은 형법은 보충적으로 법익보호에 기여해야 하며, 준법지원인의 책임은 형법이 아닌 노동법이 우선해서 적용되어야 한다는 견해를 제시하였다.[17]

그리고 독일법체계에서 볼 때 상급자가 적절한 조치를 취하지 않음으로써 감독을 받아야 하는 하위 직원에 의해 업무 관련 범죄행위가 발생했을 경우, 일차적으로 독일질서위반법 제130조에 따라 벌금인 아닌 질서위반금(Geldbuße) 제재를 받으며 범죄행위로 형사소추되지 아니 한다는 점에서도 반론이 제기될 수 있다.[18] 더욱이 민간 경제영역에서 민사상 사용자책임이 일반적으로 인정되는 것과 달리 이른바 '형법상 사용자책임(die strafrechtliche Geschäftsherrenhaftung)'[19]이 존재하는 여부는 부진정부작위범에 있어 보증인 도그마틱의 가장 논란이 되는 문제 중 하나이다.[20] Ransiek는 하위 직원의 범죄행위를 방지할 사용자의 의무에 기초한 형법상 사용자책임에 반대하면서 이는 실제로 중요한 문제를 간과하는 결과를 낳을 수 있다고 한다.[21] 왜냐하면 부진정부작위범을 규정하고 있는 독일형법 제13조[22]는 타인의 범죄행위 방지에 관한 일반 규정이 아니라 형법의 구성요건에 해당하는 결과의 발생을 방지할 법적 의무 있는 자가 누구인가에 관한 규정이기 때문이라고 한다. 이러한 부진정부작위범에 있어 구성요건적 결과는 다른 직원의 범죄행위 혹은 위반행위 그 자체가 아니라 부작위에 의해 실현될 수 있는 결과를 말한다. 그러므로 독일형법 제13조에 따르면 타인이 자율적으로 행동하고 구성요건적 결과를 초래한 데 대한 책임을 그 자신이 스스로 지는지 여부는 전혀 중요하지 않다고 한다.[23] 따라서 준법지원인의 형사처벌에 대한 사용자책임의 중요성에 관한 문제는 일률적으로 평가할 수 없다.

나아가 준법지원인의 개인적 보증의무가 다른 사람보다 더 엄격하게 제한되는지 그리고 회사에서 근무하는 내부감사역과 수임인(Beauftragte)의 보증의무와 어떻게 다르게 판단해야 하는지도 의문이다.[24] 독일에서 수임인은 법률에 의해 명시적으로 규정되어 있으며,[25] 이러한 점에서 그의 법적 보증인의무는 법률로부터 도출할 수 있다. 이와 달리 준법지원인은 독일증권거래법(Wertpapierhandelsgesetz: WpHG), 독일은행업법(Kreditwesengesetz: KWG), 독일증권법(Börsegesetz: BörseG) 및 독일보험감독법(Wertpapieraufsichtsgesetz: WAG)의 법률규정 이외에서 적어도 자유롭게 규정될 수 있으며, 이 때문에 법적 보증의무가 곧바로 그리고 일반적으로 부과되어서는 안 된다.[26] 공기업에서 내부감사역은 준법지원인과 동일하게 독일연방법원 판결 이래로 형사처벌의 근거가 되는 보증인지위를 갖는다. 그러나 준법지원인이 동시에 내부감사역 혹은 법무부서의 책임자인 경우 부진정부작위범의 영역에서 형법적 보증의무를 어떻게 판단해야 하는지는 의문이다.[27] 독일연방법원이 판결은 기업에서 인사조직과 관련한 이러한 문제에 대해 함구하고 있다.

한편 독일연방법원의 판결을 통해 준법지원인은 보증인 도그마틱에 처음으로 등장하게 되었다. 이때 독일연방법원은 판결에서 준법지원인의 보증의무의 채택을 뒷받침하기 위해 특정한 기능의 인수에 따른 보증인지위와 관련된 종전까지의 판결을 참조하였다. 판결문에서 인용된 판결은 환경보호의 영역에서 개입의무,[28] 독일 내 국경지대에서의 총기사용의 허용,[29] 정신병원에서 음주를 허용하는 처분을 집행하는 공무원[30] 등이 이에 해당한다. 이러한 인용된 판결이 설득력이 없다는 것은 적절한 비판이라고 본다. 준법지원인의 보증인의무를 인정한 2009년 판결은 제3자(즉 베를린시 거주자부동산의 소유주)의 재정적 손해도 보증의무로 포섭하려 했다는 점에서 매우 이례적이라고 할 수 있다. 그러나 판결문에서 인용된 판결은 이러한 제3자 보호라는 측면과 전혀 무관한 것들이다.[31]

나. 헌법적 관점에서의 비판

독일연방법원의 판결은 준법지원인에게 독일형법 제13조(부작위범)에 따른 보증인지위를 인정하였는데, 보증의무의 범위와 관련하여 헌법적 관점에서 죄형법정주의, 특히 명확성의 원칙을 충족하는지 여부를 검토할 필요가 있다. 즉 독일기본법 제103조 제2항[32] 및 독일형법 제1조[33]는 "행위시에 그 가벌성이 법률에 의해 명확히 규정되어 있을 것"을 요구하고 있는데, 준법지원인의 보증의무도 이러한 헌법적 요구를 충족시키는지 의문이 제기된다.[34] 이러한 문제는 특히 법률에 의해 그 내용이 완벽히 규정되어 있지 않은 준법지원인의 직업상(Burufsbild)과 관련하여 제기된다. 준법지원인의 직업상, 즉 준법지원인이 기업 내에서 어떤 직무를 수행하는가는 회사마다 위임된 권리와 의무의 범위가 매우 상이하다. 그 결과 준법지원인에 대해 부진정부작위범의 성립요건의 하나인 법적인 보증의무를 명확히 확정하는 것이 매우 어렵고, 경우에 따라서는 불가능에 가깝기도 하다.[35] 따라서 독일연방법원에 의해 준법지원인의 보증의무와 관련하여 확정된 그러한 종류의 일반조항은 그 범위의 불명확성으로 인해 매우 위험하다. 독일연방법원의 판결은 이러한 준법지원인의 보증의무의 범위가 모호하다는 점에 대해 우선적으로 비판이 제기될 수 있다.[36]

준법지원인의 개인적 보증의무와 그의 범죄행위 예방의무의 구체적인 내용이 무엇인지 형법적 관점에서 대답해야 하는 문제 이외에도 독일연방법원이 판결에 따르면 또 다른 비(형)법적인 문제가 제기된다. 즉 왜 기업에서 컴플라이언스 조직이라는 사적인 '통제 기관'을 만들 필요성이 있는가? 왜 범죄예방 및 형사소송법 분야에서 사인인 개인, 보다 구체적으로 준법지원인이 책임을 져야만 하는가? 이때 국가는 도대체 어디에서 무엇을 하고 있는가? 마지막으로, 독일연방법원 판결에 의해 준법지원인에 게 반강제적으로 떠 맡겨진 범죄행위 혹은 위반행위에 대한 진상규명의 보조활동이 국가에게 유익하지 않은가?[37] 그러나 독일연방법원은 이러한 비법적인, 특히 비형법 적인 관점에 전혀 관심을 두지 않았다. 이때 왜 독일연방법원은 기업에서 준법지원인 의 존재와 필요성을 충분히 고려하지 않은 채 판결문을 작성하고 컴플라이언스의 개 념을 수용하였는지 의문이 든다.

　기업에서 '사적인 감시자(private Aufpasser)'의 필요성에 대한 문제와 관련하여 Wessing는 국가는 기업형법 내지 경제형법의 영역에서 독자적인 통제와 감시를 통해 범죄예방의 기능을 더 이상 수행할 수 없으며, 이 때문에 국가는 이러한 기능을 외부 인 기업 스스로에게 맡길 수밖에 없음을 적절히 지적하였다. Wessing은 그 이유를 더 욱 복잡해지고 글로벌화 된 시장경제체계에서 제품의 전체 생산과정을 일목요연하게 파악할 수 없으며, 기업 내부에서 책임을 다양하게 나누어지는 데서 찾고 있다.[38] 범 죄예방을 위한 국가의 통제와 영향력 행사는 이로 인해 더욱 어려워지고 있다. 이 때 문에 국가는 범죄예방을 위한 활동에 기업을 참여시키고 민영화하는 방향으로 나아 가기 시작하였다. Wessing의 견해에 따르면 국가는 기업으로 하여금 컴플라이언스 프로그램을 의무적으로 또는 자발적으로 마련하도록 하고, 이를 토대로 기업 스스로 에 의해 기업범죄의 예방에 전념하도록 했을 때 이러한 범죄예방의 민영화는 성공을 거둔다고 한다. 이에 Wessing는 "법규준수, 즉 컴플라이언스의 관철은 더욱더 잠재적 인 법률 위반자의 문제로 변모되고 있다"[39]라고 결론을 도출하고 있다.

　이러한 Wessing의 견해는 다음과 같은 이유에서 일정 부분 타당하다고 본다. 우선 오늘날 국가는 기업 내부에서 행해지는 범죄예방기능을 사실상 수행할 수 없다. 이는 기업의 전문화가 증가하고 다양한 이해관계자가 경제의 여러 과정에 개입하고 있기 때문이다. 부품 납품업자, 하도급업체 및 기타 업체가 제조, 유통 및 판매과정에 참여 하고 있다. 기업 내의 다양한 책임범위, 위임, 대외관계 및 국내외 네트워킹으로 인해 누구에게 책임을 귀속시킬 것인지, 그리고 책임이 과연 있는지 여부를 증명하기가 더 욱더 어려워지고 있다. 간략히 말해, 대기업, 특히 다국적 기업에서 책임의 현지화와 개별화로 인해 국가에 의한 기업범죄 내지 경제범죄의 예방이 전혀 불가능한 것은 아 니라 할지라도 더욱더 곤란해지고 있는 것이 사실이다. 이러한 이유들로 인해 국가는

기업범죄를 행하고 있는지 감시를 받아야 하는 기업에 대해 반대로 그들의 협조에 의존한다.[40]

국가는 앞서 언급한 이유들로 인해 기업형법 내지 경제형법의 영역에서 더 이상 기업범죄 내지 경제범죄의 예방기능을 수행할 수 없음에 주목해야 한다. 그러나 국가가 이에 대한 의무조차도 부담하지 않는 것인가? 이와 관련하여 국민의 기본권을 보호하기 위한 국가의 일반적 의무는 오늘날 일반적으로 승인되고 있다.[41] 이러한 기본권 보호의무는 헌법이나 국가이론에서 정당화된다. 기본권을 보호해야 할 의무로부터 범죄예방을 위한 국가의 의무가 도출될 수 있다.[42] 그러나 범죄학적 관점에서 볼 때 범죄예방을 위한 국가의 의무가 결코 형법의 투입으로 국한되는 것은 아니다. 오히려 범죄를 예방할 수 있는 모든 조치의 총체가 국가의 의무에 속한다.[43] 형법은 이른바 3차 범죄예방 수단 혹은 최후수단으로 설명되고, 이에 전체적으로 볼 때 여러 범죄예방의 조치들 가운데 하나에 속할 뿐이다. 범죄예방은 첫 번째로 사회정책에, 두 번째로 위험예방에 의존하고 있다. 이러한 배경에도 불구하고 국가는 기업범죄, 경제범죄, 특히 화이트칼라 범죄의 영역에서 형법의 효과에만 전적으로 의존하고 있고, 더 중점을 두어야 할 예방과 감시활동에 거의 완전히 손을 놓고 있다는 데에 놀라움을 감출 수 없다. 금융감독원, 노동감독청, 환경청 등과 같은 국가적 기구는 존재하지만 '일반적인 경제경찰'은 아직까지 설립되어 있지 않다.

또한 국가는 범죄예방활동을 스스로 하는 대신 기업에게 범죄예방을 위한 의무를 부과하는 컴플라이언스 관련 법규정을 만들었다. 그 대표적인 예로 독일증권거래법 제33조의d, 독일은행업법 제25조의a, 우리나라 상법 제542조의13, 자본시장법 제335조의8, 「금융회사의 지배구조에 관한 법률」(이하 '금융사지배구조법'이라 한다) 제25조 등을 언급할 수 있다.

국가는 기업범죄 내지 경제범죄의 영역에서 도대체 무엇을 통제하고 있는가? 그 대답은 간단해 보인다. 즉 피감시자인 기업이 자신의 임무인 범죄예방을 수행하기 위한 감시메커니즘, 즉 컴플라이언스 조직과 프로그램을 적절하게 설정했는지 여부를 감독하는 것이다. 그러나 이러한 국가의 소극적 의무는 불합리한 것으로 보인다. 그럼에도 불구하고 독일 만하임 지방법원은 이미 2003년 1월 22일 판결에서 효과적인 컴플라이언스 프로그램의 존재는 비록 이것이 제대로 작동하지 않더라도 형벌감경 요소로 고려할 수 있다고 판시한 바 있다.[44]

다. 컴플라이언스 시스템 도입목적 관점에서의 비판

기업에서 왜 컴플라이언스 시스템을 도입해야 하는지 그 도입목적을 생각해 볼 때 컴플라이언스 기능은 무엇보다 기업 내에서 임직원이 형법상 범죄행위나 행정법상의 위반행위를 범하지 않도록 적절한 조치를 취하도록 함으로써 기업의 법익보호에 중점을 두고 있음을 알 수 있다.[45] 나아가 기업의 법익보호 이외에 기업 내부의 범죄행위 혹은 위반행위로부터 '제3자'(즉 투자자, 소비자 등의 이해관계인)의 법익을 보호하기 위해서도 준법지원인을 선임할 필요가 있다.[46]

이와 관련하여 독일연방법원은 공법상 법인(사안에서는 베를린시 청소회사)도 제3자 법익보호 임무를 부담한다는 이유에서 내부감사역 내지 준법지원인의 보증의무를 제3자 법익보호로까지 확대하였다. 사안에서 W에 의해 바로잡지 못한 잘못 계산된 요금산정의 업무는 독일연방법원 판례에 따르면 청소회사의 사적 업무영역이 아닌 중요한 공적 업무영역에 해당한다고 한다. 이러한 사례의 이면에 내부감사역 내지 준법지원인이 감독해야 할 사항이 사적인 영역과 공적인 영역에서 서로 다르게 설계되어야 하는가라는 다툼의 여지가 있는 논제가 제기될 수 있다. 왜냐하면 공적 업무영역에서 공법상 법인 자신의 고유한 이익과 그밖에 제3자의 이익은 서로 분리될 수 있기 때문이다. 독일연방법원은 이러한 구분에 대한 아무런 논거를 제시하지 않고 있다. 마찬가지로 왜 공법상 법인에서 컴플라이언스 시스템을 기업 자신의 법익보호를 넘어서 일반적인 제3자 보호의무와 결부시켜 내부감사역 내지 준법지원인에게 제3자 보호의무를 근거로 보증의무를 인정했는지도 의문으로 남겨져 있다.[47]

III. 형법적 준법지원인과 부진정부작위범의 가벌성

1. 준법지원인과 부진정부작위범

기업 내부에서 기업 구성원에 의해 고의적인 법익침해 행위가 발생했을 경우, 이를 명백히 인식하고도 방지하지 않은 준법지원인이 어떠한 형사책임을 지는지 문제된다. 이와 관련하여 준법지원인의 "부작위"가 있음이 분명하다. 준법지원인에게 부진정부작위범이 성립하기 위해서는 부진정부작위범의 일반적 성립요건, 즉 ① 구성요건적 결과의 발생, ② 작위의 가능성, ③ 요구되는 작위의 부작위행위, ④ 행위정형의 동가치성, ⑤ 보증인지위와 보증의무, ⑥ 부작위행위와 결과 간의 인과관계 및 객관적 귀속의 존재 등 객관적 요건이 요구되는 데 그 가운데 보증인지위와 보증의무가 인정될 수 있는지가 핵심 문제가 된다. 이러한 보증인지위와 보증의무는 부작위정범뿐만 아니라 타인의 범죄행위에 부작위에 의한 단순한 가담에서도 요구된다.

부작위 보증인으로서 준법지원인은 '형법상 사용자책임 모델'과 밀접하게 관련을 맺고 있다. 이러한 사용자책임 모델에서는 사용자가 직원의 범죄행위 혹은 위반행위를 방지해야 할 의무라는 문제가 도출된다. 이때 사용자에게 법익침해 결과방지의무가가 있는지, 있다면 그 범위가 어디까지 인지가 문제된다. 준법지원인은 근로계약을 통해 사용자가 부담하는 직원의 범죄행위 혹은 위반행위를 방지할 의무를 인수하였으므로, 이러한 사용자책임 모델의 논의가 그대로 적용된다.

2. 준법지원인의 보증인지위 발생근거와 보증의무

(1) 보증인지위 발생근거에 관한 일반론

부진정부작위범이 성립되기 위해서는 그 주체가 보증인지위(Garantenstellung)에 있어야 한다.[48] 이때 보증인지위란 일정한 법익과 특수하고도 밀접한 관계를 맺고 있어서 그 법익이 침해되지 않도록 보증해 주어야 할 지위를 말한다. 부진정부작위범의 주체가 보증인지위에 있어야 하는 것은 그의 부작위가 작위와 동가치성을 인정받을 수 있는 필수적인 요소가 된다. 이러한 지위에 있는 자의 법익침해 방지의무 내지 위험발생 방지의무를 작위의무 또는 보증의무라고 한다. 여기의 보증의무는 법적 의무이지 단순한 도덕적 의무, 종교적 의무로는 족하지 않다.[49]

보증인지위와 보증의무의 발생근거에 관하여 학설은 형식설, 실질설(기능설) 및 결합설(절충설)로 나누어지고 있다. 우선, '형식설' 내지 '법원설(法源說)' 보증인의 작위의무가 법적 의무이어야 함을 감안하여 법률과 계약, 그리고 형법 제18조에 명시된 '위험발생의 원인이 된 선행행위', 조리(사회상규·신의칙) 등과 같은 형식에서 발생한다는 견해이다.[50] 다음으로, '실질설' 내지 '기능설'은 보증의무의 발생근거를 법률이나 계약과 같은 형식에서만 찾게 되면 보증인의무가 지나치게 제한적으로 경직되므로 실질적인 관점에서 보증인의 작위의무는 법익침해의 위험이 있는 구체적인 상황 속에서 탄력적으로 유연하게 인정될 수 있다는 견해이다.[51] 실질설을 주장한 대표자는 독일의 아르민 카우프만(Armin Kaufmann)이다.[52] 그는 보증인지위와 보증의무의 발생근거를 일정한 관계 있는 자의 법익을 외부의 위험으로부터 보호하는 '보호기능' 내지 '보호의무(Obhutspflicht)'에 의한 보증인지위 및 보증의무, 자기의 지배영역 내에 있는 위험원이 일정한 관계인에게 작용하는 것을 감시·감독하는 등 '안전의무(Sicherungspflicht)' 내지 '감시의무(Überwachungspflicht)'에 의한 보증인지위 및 보증인의무로 분류하였다. 구체적으로 보호의무의 경우 부모가 자녀에 대하여, 부부 상호간에 대해 그리고 감독자가 피감독자 및 보관물이 외부의 침해에 의해 위험에 처하지 않도록 하는 의무를 언급할 수 있다. 위험원에 대한 감시의무는 자신 소유의 부동산, 자녀 혹은 애완동물 등이 외부를 향하여 타인의 법익을 훼손하지 않도록 방지하는 의무를 생각할 수 있다.[53] 마지막으로, 결합설은 형식설과 실질설을 결합하려는 견해이다. 여기에는 형식설의 입장에서 출발하면서 형식설의 범위를 어느 정도 확대하기 위해 실질설의 실질적 관점인 보호의무와 안전의무를 결합하는 견해도 있고,[54] 반대로 실질설의 입장에서 출발하면서 작위의무의 범위를 지나치게 확장하지 않고 어느 정도의 한계성을 유지하기 위하여 형식설의 내용을 고려하는 견해도 있다.[55]

한편 대법원은 작위의무는 법적인 의무이어야 하므로 단순한 도덕상 또는 종교상의 의무는 포함되지 않으나, 작위의무가 법적인 의무인 한 성문법이건 불문법이건 상관이 없고 또 공법이건 사법이건 불문한다고 한다. 따라서 법령, 법률행위, 선행행위로 인한 경우는 물론이고 기타 신의성실의 원칙이나 사회상규 혹은 조리상[56] 작위의무가 기대되는 경우에도 법적인 작위의무는 있다고 한다.[57]

생각건대, 형식설과 실질설이라는 양자는 서로 배타적이어서는 안 되고 서로 결합되어야 한다. 즉 법령, 계약, 또는 선행행위의 형식에는 보호의무 또는 안전의무라는 실질로서 채워져야 한다. 따라서 형식설과 실질설은 서로 배타적이어서는 안 되고 서로 보충적·제한적으로 통합되어야 한다. 그 통합의 방법은 원칙적으로 형식설을 토대로 하되, 예외적으로 실질적인 관점을 추가하는 방향의 결합설이 타당하다. 보증의무의 발생근거는 원칙적으로 법적 의무이기 때문에 그 의무의 범위가 무한정 인정될 수 없고, 그렇지 않으면 형법상 부진정부작위범의 주체를 일정하게 제한하려는 형법

제18조의 취지를 벗어날 우려가 있기 때문이다. 물론 이와 같은 결합설을 취한다고 해도 사회상규 내지 조리 혹은 신의칙을 보증의무의 발생근거로 삼아서는 안 된다.[58] 사회상규 내지 조리는 형법 제20조를 근거로 해서 구성요건에 해당하는 행위의 위법성을 조각시키는 소극적인 역할을 할 수는 있지만, 이러한 추상적인 요건들을 "적극적으로" 보증인지위 및 보증의무의 발생근거로 삼는다면 엄격한 형식적인 요건에 의해 가벌성의 범위를 확정하고 있는 형법의 죄형법정주의가 무색하게 되기 때문이다. 따라서 형식설을 토대로 하여 사회상규, 조리 또는 신의칙을 제외한 실질설의 보호의무와 안전의무를 추가하는 의미의 결합설에 따르는 것이 타당하다.[59] 따라서 이하에서는 결합설을 중심으로 형법적 준법지원인의 보증인지위의 발생근거와 보증의무의 구체적 내용에 대해 살펴보고자 한다.

(2) 준법지원인의 보증인지위와 보증의무의 구체적 내용

가. 법률(Gesetz)에 따른 보증인지위와 보증의무

우리나라에서 준법지원인 혹은 준법감시인의 보증인지위 및 보증의무의 발생근거는 일차적으로 상법 제542조의13, 자본시장법 제335조의8, 금융사지배구조법 제25조 등의 법률에서 찾을 수 있다.[60] 우선 상법 제542조의13 제3항은 준법지원인에게 기업 임직원의 준법통제기준의 준수 여부에 대한 점검의무와 그 점검 결과의 이사회에 대한 보고의무를 부과하고 있고, 같은 조 제7항은 준법지원인은 그 직무를 수행함에 있어서는 선량한 관리자의 주의의무를 부담한다고 규정하고 있기 때문이다. 다만 상법 제542조의13에 규정된 준법지원인의 의무 중 기업 임직원의 준법통제기준 준수 여부에 대한 '점검'의무에 기업 임직원의 법령 또는 내부규정 위반을 조사할 권리도 포함되는지의 여부가 문제된다.

본래 기업 내부 임직원의 법령 또는 내부규정 위반을 조사하고 제재를 가할 권한과 의무는 이사회나 대표이사 등 고위경영진에게 있다. 이사회는 회사의 모든 업무집행에 대하여 감독하는 기관이기 때문이다. 따라서 원칙적으로는 준법지원인에게 임직원의 위법행위를 조사할 권한과 의무는 없으며, 단지 준법지원인이 임직원의 특정한 위반행위에 대한 충분한 혐의를 가지게 된 경우에는 그 사실을 신속하게 이사회에 보고할 의무가 있을 뿐이라고 보아야 한다.[61] 다음으로, 1997년 국가적 금융위기(IMF)를 겪고 난 후 2000년부터 은행, 증권회사 등의 금융회사에 대한 효과적인 감독체계의 중요성이 부각되었고 금융 전 부문에 대한 규제완화, 개방화가 진전되면서 금융회사의 내부통제 강화를 위해 준법감시인제도가 법의 강제 사항으로 도입되었다. 이후 종전의 「증권거래법」, 「선물거래법」, 「간접투자자산운영업법」 등 자본시장과 관련된 6개 법률을 통합하여 2007년 8월에 제정된 자본시장법 제28조[62]에 준법감시인제도가 규정되었다. 마지막으로, 자본시장법을 포함하여 종전의 「은행법」, 「보험업법」, 「상호저축은행법」, 「여신전문금융업법」 및 「금융지주회사법」에 따른 준법감시인 관련 규정은 "금융회사 임원의 자격요건, 이사회의 구성 및 운영, 내부통제제도 등 금융회사의 지배구조에 관한 기본적인 사항을 정함으로써 금융회사의 건전한 경영과 금융시장의 안정성을 기하고, 예금자, 투자자, 보험계약자, 그 밖의 금융소비자를 보호하는 것을 목적으로" 2015년 7월 31일 제정[63]된 금융사지배구조법 제25조(준법감시인의 임면 등), 제26조(준법감시인의 자격요건)에 의해 삭제되고 금융사지배구조법상의 준법감시인 규정이 적용됨으로써 금융회사에서 준법감시인제도는 내부통제 장치로서 중요한 역할을 담당하고 있다.

한편 우리나라와 마찬가지로 독일에서도 준법지원인의 보증인지위 및 보증인의무의 발생근거로 법률을 우선적으로 말할 수 있다. 즉 독일의 보험 및 금융업계에서는 독일은행업법(KWG) 제25조의a, 독일증권거래법(WpHG) 제33조, 독일보험감독법(WAG) 제64조의a를 통해 컴플라이언스를 보장하기 위하여 관련 회사에게 컴플라이언스 조직을 요구하고 있다.

나. 자발적 의무인수(freiwillige Pflichtenübernahme)에 따른 보증인지위와 보증의무

(가) 전제조건과 견해 대립

보증인지위는 계약에 따른 '자발적 의무인수'에 의해서 발생할 수 있다.[64] 이 경우 단순한 계약의 체결만으로는 불충분하다. 오히려 그 범위가 명확히 설정된 법익보호의 사실상 인수가 필요하다.[65] 준법지원인과 관련하여 이러한 보증인수의 유형이 법적 보증의무의 발생근거로 인정될 수 있는지 문제가 제기된다. 즉 준법지원인의 보증의무 인수가 근로계약을 통해 가능한지, 가능하다면 그 인수의 범위는 어디까지인지 그리고 계약상의 규정 이외에 별도로 준법지원인이 고위경영진에 의해 위임된 보증의무를 인수하고 이로써 형법상 부진정부작위범의 보증인이 되는지 여부를 검토해야 한다.

　　독일연방법원은 앞서 언급한 베를린시 청소회사 판결에서 사실상 자발적 의무인수를 근거로 사업운영과 관련된 범죄행위의 방지를 위한 보증인지위와 보증의무를 긍정하였고, 이러한 보증인지위의 도출을 위해 "특정한 위험원에 대한 보호의무를 인수한 사람(즉 준법지원인)은 그가 인수한 책임 범위 내에서 '고결성(Integrität)'에 대한 특별한 책임을 진다"[66]라고 판시하였다.

　　그러나 이와 달리 독일 형법학계에서는 근로계약상 의무인수에 따른 준법지원인의 "일반적인" 보증의무를 인정함에 반대하고 있다. 다수견해에 따르면 이러한 보증의무 인수에 따른 준법지원인의 형사책임은 단지 매우 제한된 범위 내에서 개별 사안과 관련해서만 고려될 수 있다고 한다. 대표적으로 Geiger는 자발적 의무인수에 따른 준법지원인의 감시의무는 이미 헌법적 이유에서 인정될 수 없다고 한다.[67] 그의 견해에 따르면 의무의 자발적 인수는 계약 당사자(즉 준법지원인과 그를 고용한 사용자) 사이의 실질적 합의 이외에 법적 의무의 존재를 전제로 한다. 이에 컴플라이언스 조직구성의무를 법적으로 요구하고 있는 독일은행업법(KWG), 독일증권거래법(WpHG), 독일보험감독법(WAG) 등과 달리 이러한 이미 존재해야 하는 법적 의무가 존재하지 않는 경우라면 계약 당사자는 계약자유의 원칙을 침해하게 되어 더 이상 헌법적 정당성이 없으므로 형벌 부과를 전제로 하는 본래적 의미의 형사책임을 준법지원인에게 근거지울 수 없다고 한다. 또한 이러한 법적으로 명확히 규정된 책임 영역 이외에서는 아무런 업무 관련 지시권한이 없는 준법지원인에게는 감시·감독 행위를 위한 처분권한의 결여로 인해 계약 당사자 사이에 본래 합의한 감시의무는 존재하지 않는다고 한다.[68]

　　그러나 이러한 소수견해는 다소 설득력이 약하다고 본다. 왜냐하면 자발적 의무인수에 따른 보증의무의 인정은 법적으로 규정된 책임 영역이 존재하는지 여부에 좌우되는 것이 아니기 때문이다. 보증인지위는 입법자가 사전에 그러한 의무와 유사한 형법적 책임을 규정했는지 여부와 무관하게 이미 의무의 사실상 자발적 인수로부터 도출될 수 있다. 만일 이것이 보증인지위와 보증의무 인정의 필요조건이라고 한다면 법률에 따른 보증인지위는 불필요한 것임에 틀림없다.

　　Geiger의 견해와 달리 독일 형법학계의 다수견해는 의무의 사실상 그리고 실질적 인수에 따른 준법지원인의 보증인지위를 원칙적으로 배제하지 않는다. 그러나 준법지원인의 보증인지위의 발생 여부는 개별 근로계약의 구체적 내용, 즉 준법지원인의 구체적 직무와 직책 등에 따라 준법지원인에 의한 특수한 의무범위 내의 침해가 있고 그로 말미암아 승인되지 않은 결과가 발생했는지 여부에 좌우된다고 한다.[69] 이는 독일연방법원이 베를린시 청소회사 판결에서 인정한 것과 달리 준법지원인의 "일반적인" 보증인지위는 인정될 수 없음을 의미한다.

생각건대, 독일의 다수견해가 타당하다고 본다. 왜냐하면 지금까지 완벽하게 규정되지 않은 준법지원인의 직업상, 너무나 다양한 행태로 존재하는 기업조직 그리고 이에 따라 개개의 사례에 의존할 수밖에 없는 준법지원인의 의무 범위 등을 고려할 때 단지 준법지원인이라는 이유만으로 자발적 의무인수에 따른 보증인지위의 "일반적인" 인정은 허용될 수 없기 때문이다. 준법지원인의 보증인지위 인정 여부를 결정짓는 결정적인 요인은 개별 사례에 인수된 의무 범위이다. 결국, 자발적 의무인수에 따른 준법지원인의 보증인지위는 단지 개별적 사례와 관련하여 원칙적으로 인정될 뿐이다.

(나) 근로계약에 의해 보호의무와 감시의무의 인수

준법지원인의 보증인지위 및 보증의무가 앞서 언급한 바와 같이 사실상 자발적 의무인수에 따라 도출될 수 있다면 이제 준법지원인의 작위의무의 범위, 즉 보증의무를 "어떻게" 설정할지가 검토되어야 한다. 이와 관련하여 준법지원인은 업무 관련 명령권한과 지시권한이 없기 때문에 기업의 대표이사를 포함한 고위경영진과 비교할 때 준법지원인의 보증의무의 범위는 더 명확하게 설정할 수 있다. 예를 들어 환경보호 분야에서 기업의 대표이사나 임원은 근본적으로 준법지원인의 모습과 비교할 수 없다. 왜냐하면 이러한 환경보호 분야에서 준법지원인은 우선적으로 기업의 이윤이 아닌 환경보호라는 공적 이익을 위해 업무활동을 수행하기 때문이다. 그러나 이러한 고위경영진으로서 수임인의 업무범위와 이로부터 도출될 수 있는 보증의무가 어떤 관계가 있는지는 준법지원인과 비교하여 살펴볼 필요가 있다.

다수견해에 따르면 이러한 수임인은 단지 통제의무, 정보전달의무, '안건발의의무(Initiativpflichten)'를 부담할 뿐이므로 제한된 보증의무만을 진다고 한다. 즉 수임은 법률상 규정에 따른 감시의무만을 지고 모든 법익과 관련하여 '보호자 보증인지위(Beschützergarantenstellung)'를 지지 않는다. 이러한 견해에 따르면 마찬가지로 통제의무만을 부담하고 어떠한 지시권한도 행사할 수 없는 준법지원인 역시 그가 인수한 의무범위 내에서 '기업의 고결성'이라는 법익의 보호보증인이 아니라 단지 기업에 의해 이행된 시스템의 감시보증인의 역할을 할 뿐이라고 한다.

　이러한 견해가 설득력 있는지 여부를 검토하기 위해 근로계약서 내지 기업의 고위 경영진에 의해 위임될 수 있는 생각가능한 의무범위를 자세히 검토하는 것이 필요하다. 이와 관련하여 한편으로, 준법지원인의 행위범위는 단지 권한의 위임을 통해서만 구체적으로 결정될 수 있을 뿐이다. 이는 단지 근로계약에 따라 명시적으로 위임된 임무가 중요할 수 있으며, 위임된 의무는 승인된 권리로서 재차 그 범위를 확대할 수 없음을 의미한다. 만일 이와 같이 해석되지 않는다면 이는 준법지원인에게 법적으로 불가능한 임무를 부여하는 것과 다르지 않다.

　다른 한편으로, 사실관계의 규명의무가 준법지원인에게 위임된 것으로 생각할 수 있다. 만일 그렇다면 준법지원인은 그에게 위임된 모든 권한을 사용하여 문제된 혐의사실을 확인함으로써 모든 법령위반 사항을 조사하여야 한다. 혐의사실이 구체화된 이후 준법지원인에게는 정보전달의무라고 하는 추가적인 핵심 의무가 필요할 수 있다. 이러한 의무는 다시 내부 정보전달과 외부 정보전달로 나누어질 수 있다. 이와 관련하여 준법지원인은 이사회, 기업 내 전체 기관, 감사(감사위원회)에 보고를 해야 하는지 여부는 최종적으로 의무의 범위설정을 토대로 하여 구체적인 개별 사례에서 판단된다. 그러나 어쨌든 정보전달의무라는 임무는 감시의무와 보호의무 구분 사이의 접점으로 설명된다. 왜냐하면 준법지원인은 사실관계 규명과 정보전달 이후에 어떠한 추가적 행위에도 책임을 지지 않기 때문이다. 준법지원인은 감시의무의 내용으로 언급되는 통제의무, 정보전달의무 및 안건발의의무만을 갖는다. 이와 달리 준법지원인이 법령을 위반한 직원에 대해 시정조치를 이행해야 한다거나 심지어 수사기관에 고발의무와 이로써 간접적 '소추의무'를 가지고 있다고 가정할 경우 보호보증인지위가 인정될 있다. 그러나 다수견해는 준법지원인에게는 감시보증인지위가 인정될 뿐이라고 한다. 왜냐하면 준법지원인은 지시권한과 명령권한이 없기 때문에 범죄행위 혹은 법령위반 행위에 대한 궁극적이고 최종적인 어떠한 시정조치도 내릴 수 없고, 이로써 보호가능성의 결여로 인해 특정한 기업의 법익보호 필요성을 보증할 수 없다고 한다.[70] 준법지원인의 이러한 결여된 법익보호 가능성은 결과회피가능성의 결여로 연결되고 그 결과 귀속가능성을 인정할 수 없게 한다.[71] 그러나 준법지원인에게 이러한 보호보증인지위를 완전히 부인하고 그로써 보호의무를 인정하지 않는 것은 타당하지 않다고 본다. 왜냐하면 결여된 지시권한과 명령권한의 상황은 보증의무의 발생에 영향을 미치는 것이 아니라, 오히려 단지 행위가능성에 관계될 뿐이기 때문이다.

보호보증인 혹은 감시보증인으로서 준법지원인의 최종적인 분류는 결과적으로 개별 사례의 판단에 맡겨져야 한다. 이 경우 준법지원인의 결여된 지시권한은 보호의무 또는 감시의무로 보증의무를 분류하기 위한 판단 자료에 불과하다. 자발적 의무인수에 따른 준법지원인의 보증인지위의 발생은 이러한 문제에 의해 별다른 영향을 받지 않기 때문이다. 그리고 궁극적으로 보호보증인지위와 감시보증인지위는 서로 교차될 수 있다.72) 이에 따라 수임인과 달리 준법지원인의 경우 책임 한계가 반드시 근로계약상 명시되어야 한다. 또한 노동법상의 지시권한과 관련하여 준법지원인에게 고위경영진의 근로계약 이외의 의무위임은 준법지원인의 이익을 위하여 지양되어야 한다. 왜냐하면 이를 통해 준법지원인의 책임 범위가 현저히 확장될 수 있기 때문이다.

(다) 고위경영진 책임의 우선: 준법감시의 일차적 책임자로서 고위경영진

여기서 검토해야 하는 준법지원인의 보증인지위의 범위와 관련하여 고위경영진의 지위와 임무범위를 간과해서는 안 된다. 기업활동에 있어 규범준수의 보장을 위한 일반적인 기업법상 의무뿐만 아니라 예컨대 독일은행업법(KWG) 제25조의a, 독일증권거래법(WpHG) 제33조, 독일보험감독법(WAG) 제64조의a에 따른 특별법상 컴플라이언스 구축의무는 원칙적으로 이사회의 연대책임에 해당한다.73) 그러한 점에서 준법지원인의 컴플라이언스 구축의무의 위임범위와 효과를 보증인지위의 발생과 관련하여 보다 자세히 검토할 필요가 있다.

전체 이사회 내지 고위경영진의 조직역량의 범위에는 본래 규범준수 보장을 위한 내부 메커니즘을 구축할 의무, 구축된 시스템을 감독할 의무 그리고 필요한 사례에 이를 적용할 의무 등이 속한다.74) 컴플라이언스의 구축과 효과적인 이행을 위한 의무는 이사회에 대해 세 가지 책임 영역, 즉 사실관계를 규명할 의무, 불법행위를 근절시킬 의무 그리고 위반에 대한 제재부과 의무로 나눌 수 있다.75) 이러한 이사회의 세 가지 의무와 관련하여 의사회에 의한 그러한 본래의 집행임무가 수평적으로 이사회를 구성하는 개별 임원에게 뿐만 아니라 수직적으로 기업의 종업에게 완전히 위임되어서는 안 됨을 결코 간과해서는 안 된다.76) 이때 이사회에 의해 준법지원인에게 컴플라이언스와 관련하여 허용가능한 위임은 준비행위와 실행행위와 관련해서만 이루

어질 수 있고, 이에 따라 컴플라이언스 관련된 최종적 결정권한은 여전히 이사회에
남아 있어야 한다.[77] 이 때문에 최종적인 책임은 언제나 고위경영진이 부담한다. 이
는 위임과 준법지원인의 책임에 대해 다음과 같은 결론에 도달하게 한다. 즉 수직적
차원에서 준법지원인에게 컴플라이언스 관련 준비활동, 지원활동 및 실행활동을 위
임할 수 있고, 이때 고위경영진은 이러한 활동범위 내에서 준법지원인의 의무범위를
자유롭게 결정할 수 있다. 또한 고위경영진에 의해 준법지원인의 임무수행의 범위가
결정되었을 경우 그는 내부 관계에 있어 단지 '기관(Organ)'에 대해서만 책임을 부담
한다. 이는 제3자와의 관계에 있어 의무의 위임과 그에 따른 근로계약은 제3자에 대
해 어떠한 보호 효과조차 발휘할 수 없음을 의미한다.[78]

결론적으로, 무엇보다 최종적인 책임은 언제나 고위경영진이 부담한다는 사실로부
터 준법지원인의 보증의무는 언제나 고위경영진으로부터 파생된 2차적 의무에 지나
지 않음을 알 수 있다.[79]

다. 선행행위(Ingerenz)에 따른 보증인지위와 보증의무

준법지원인에게 '선행행위'에 따른 보증인지위가 발생하는지 여부를 검토하기 위해
서는 직접적 위험은 하위 직원에 의해 발생되어 아무런 문제가 없지만 회사 자체가
만들어 내고 의무위반적인 회사조직으로 인해 발생한 간접적 위험이 실현된 것은 아
닌가라는 문제를 다루어야 한다.[80]

이와 관련하여 자신의 작위로 인해 혹은 보증의무가 있음에도 부작위로 인해 법익
에 대한 근접하고 상당한 위험을 창출한 사람은 그 법익이 침해되지 않도록 위험을
제거하거나 결과를 방지할 의무가 있다.[81] 우리나라 형법 제18조에서도 "자기의 행
위로 인해 위험발생의 원인을 야기한 자가 그 위험발생을 방지하지 아니한 때에는 그
발생된 결과에 의하여 처벌된다."고 규정하여 선행행위에 의한 보증인지위를 인정하
고 있다. 이러한 원칙은 우리나라뿐만 아니라 이미 독일 판례나 학계에서 널리 인정
되고 있으며, 단지 선행행위의 구체적 내용과 그 기준이 무엇인가에 대해서만 다툼이
있을 뿐이다.[82]

준법지원인에 대해 선행행위에 따른 보증인지위가 인정될 수 있는지 여부와 관련
하여 독일 형법학계에서는 상반된 견해가 제기되고 있다. 우선 Beulke는 준법지원인
과 관련하여 사용자책임과 감독보증인지위에 따른 책임을 제외한 이후에 유일하게

생각할 수 있는 책임의 기초로서 선행행위에 따른 책임을 생각할 수 있다고 한다.[83] 그의 견해에 따르면 사용자가 스스로 창출한 위험을 통제하지 못한 경우에 직접적 행위자를 제외하고 최상급자인 사용자가 책임을 부담하는 것은 정당화된다고 한다. 왜냐하면 위험은 사용자에 의해서도 창출되기 때문이라고 한다. 이때 Beulke는 그 예로 식료품회사를 언급한다. 식료품회사의 경우 구체적 사안에서 식료품에 오염이 발생했을 때 그 책임을 일차적으로 직접 행위자인 하위 직원에게 귀속시킬 수 있다. 그러나 식품위생 기준은 고위경영진에 의해서도 종종 무시되므로, 이때에는 고위경영진에게도 그러한 위험창출에 따른 책임이 있다고 한다.[84]

반면에 Geiger는 과거의 위험한 행위를 근거로 한 준법지원인의 선행행위 책임에 대해 반대한다. 왜냐하면 이러한 선행행위 책임은 기업에 의해 초래된 특정한 범죄와 관련하여 경우에 따라 한번은 인정될 수 있으나, 기업 내에서 제3자(즉 하위 직원)에 의한 범죄행위에 대한 책임의 구조적이고 원칙적인 근거로 원용될 수 없기 때문이라고 한다. 추가적으로 개별적 사안에 국한된 상황이 발생하지 않는 한 단지 기업을 운영한다는 사실만으로 과거의 위험한 행위를 근거로 한 어떠한 보증인지위도 발생하지 않는다고 한다.[85]

한편 독일연방법원은 이미 베를린시 청소회사 판결에서 "새로운 요금산정위원회(피고인 W가 위원장으로 주재)의 최종적의 책임과 선행행위(W가 요금산정위원회의 위원장으로서 이전의 요금적용기간에 행해진 요금산정의 실수를 문제 삼았어야 함에도 그러하지 않은 것)에 따른 보증인지위의 수용은 서로 모순된다"라고 판시함으로써 내부감사역(즉 피고인 W)과 관련하여 선행행위 책임을 부인하였다.[86] 준법지원인의 보증인지위는 독일연방법원의 판결을 통해 결과적으로 자발적인 의무의 인수에 따른 책임의 측면에서만 논의되었고, 이에 따라 판결에서 선행행위에 따른 책임은 제외되었다.

이와 같은 준법지원인의 선행행위 책임과 관련된 견해 대립으로 인해 선행행위 책임의 특성에 대해 보다 자세한 검토가 요구된다. 선행행위에 따른 책임을 인정하기 위한 가장 중요한 기준은 작위에 의한 의무위반적인 선행행위 혹은 보증의무를 위반한 부작위가 존재하는지에 있다. 이러한 기준에 대해 독일연방법원은 "구성요건적 결과를 야기하는 근접하고 상당한 위험의 창출이 있어야 한다"[87]고 판시하였다. 이때 근접하고 상당한 위험의 창출이란 선행행위가 새로운 위험원의 발생에 직접적이고 일반적인 적합성을 갖고 있거나 위험에 전형적으로 연관된 것임을 의미한다.[88] 이에

따르면 관련된 사전행위는 의무위반성의 표지를 통해 그리고 상당한 위험의 요구를 통해 제한된다.[89]

그러나 준법지원인의 선행행위 책임과 관련하여 지금까지 주목받지 못한 전혀 다른 문제가 제기된다. 베를린시 청소회사 판결에서 내부감사역(즉 피고인 W)의 선행행위 책임과 관련하여 Beulke의 견해와 독일연방법원의 판결은 "작위"에 따른 선행행위의 기준에만 머물고 있다. 예컨대 Beulke가 제시한 식료품회사 사례에서 고위경영진은 불충분한 식품위생 기준을 적용했다고 한다. 그리고 베를린시 청소회사 판결에서 내부감사역 W는 적극적 "작위"에 의해 야기된 요금산정의 실수가 있었고 이를 바로잡지 않은 것은 W에게 귀속되어야 한다고 한다. 하지만 초점이 준법지원인에게 맞추어질 경우 작위가 아닌 "부작위"에 의해 타인(즉 하위 직원)의 범죄행위라는 형태의 원치 않은 구성요건적 결과가 발생할 수 있음에 주목할 필요가 있다. 즉 근접하고 상당한 위험을 창출하는 선행행위는 "부작위"에 의해서도 가능하다.[90] 다만 이러한 부작위는 보증의무를 위반한 것이어야 한다.[91] 바로 이러한 점에서 선행행위에 따른 준법지원인의 부작위 책임에 반대하는 결정적 논쟁이 있을 수 있다.

이와 관련하여 준법지원인은 예컨대 적절한 사전 예방조치를 통해 제3자(고위경영진은 물론이고 그 밖의 임직원)의 범죄행위를 방지할 의무가 있음에도 이를 부작위했기 때문에 부작위에 따른 선행행위를 이유로 책임을 질 수 있다고 생각할 수 있다. 하지만 이러한 부작위는 이미 보증인지위를 인정하기 위한 선결적인 전제조건인 동시에 기초이다. 따라서 부작위에 의한 범죄예방의 행위를 일반적인 보증인지위의 문제뿐만 아니라 관련된 사전행위의 범위 내에서 특별한 '선행행위'의 유형으로 또 다시 파악할 경우, 이는 헤어 나올 수 없는 순환논리에 빠지게 하는 결과를 초래한다. 왜냐하면 선행행위는 부작위의 여러 형태 가운데 의무위반적인 부작위를 전제로 하기 때문이다.

생각건대, 선행행위에 따른 준법지원인의 보증의무는 직접적으로 법익을 위태롭게 하는 제3자의 행위가 준법지원인의 책임영역으로 귀속될 수 있는 경우에 한하여 부작위가 아닌 "작위"에 의한 선행행위만을 근거로 하여 고려할 수 있을 뿐이다. 이는 준법지원인으로부터 감독을 받아야 하는 감독 대상자에 의해 법익침해가 행해졌을 때 이를 방지하는 것이 준법지원인에 의해 설계된 컴플라이언스 시스템의 목적인 경우에 더욱더 그러하다. 이 경우 법익침해의 방지 활동과 관련하여 준법지원인에게 요구되는 정확한 작위의무가 무엇인지는 개별 사안에 따라, 그리고 근로계약의 구체적 내용에 의해 판단될 수 있다. 예컨대 컴플라이언스 사례에 있어 직원에 대한 불충분한 교육, 내용상 오류가 있는 행동지침의 출판, 고위경영진에 대한 잘못된 조언 등을 생각해 볼 수 있다.

라. 직원에 대한 지배(Herrschaft über Untergebene)에 따른 보증인지위와 보증의무

원칙적으로 손해를 방지할 의무는 누군가 타인의 행위에 전적인 책임을 지고 있고, 이에 그가 이들의 행위로 인해 다른 사람에게 어떠한 손해도 발생하지 않도록 감시·감독할 권한이 있다는 것으로부터 도출될 수 있다.[92] 준법지원인과 관련하여 이러한 유형에 근거한 보증인지위는 우선적으로 직접적 관련이 없어 보인다. 왜냐하면 준법지원인제도의 본질적인 목적은 기업 외부의 제3자(예컨대 주주, 소비자 등 잠재적 피해자)의 법익보호가 아닌 무엇보다 기업의 법익보호에 있으며, 준법지원인의 본래 임무는 실질적으로 고위경영진을 포함한 임직원의 법규준수를 보장하는데 있고 간접적으로나마 개개인의 통제 내지 감시·감독에 관련되어 있기 때문이다. 하지만 타인의 범죄행위에 대한 형법적 책임은 이러한 보증인 유형 내에서 행위자를 감시·감독할 의무가 인정되는 지배적 지위로부터 도출될 수 있다.[93] 특히 준법지원인의 보증인지위와 관련하여 준법지원인에게 타인의 범죄행위를 방지할 의무가 있는 기업 내의 '상하종속관계(Über–Unterordnungsverhältniss)'로부터 도출될 수 있는지 여부가 검토되어야 한다.

이와 관련하여 상급자로서의 지위와 역할을 통해 하급 직원에 대해 증가된 영향력을 행사할 가능성을 보유한 사람은 동전의 다른 면처럼 외부적으로 보증인으로서 형법적 책임을 부담할 수 있다. 하지만 Beulke는 준법지원인이 기업 내부에서 상급자로서 사실상 지배적 지위를 가지고 있는지, 그리고 그러한 지위가 상향식 감시의무와 관련을 맺고 있는지의 문제와 무관하게 원칙적으로 이러한 보증인지위의 인정에 반대한다. 즉 그의 견해에 따르면 범죄행위를 방지할 수 있는 특별히 좋은 기회를 가지고 있다고 하더라도 이것이 결코 누군가를 보증인이 되게 하지는 않는다고 한다.[94] 또한 하급 직원에 대한 지배적 지위에 따른 보증인지위는 이른바 사용자책임에 대한 정당화 논거로도 사용되기 때문에 사용자책임에 대한 논의 장에서 그러한 책임의 찬반 논쟁이 더 깊게 다루어져야 할 필요성도 있다.[95]

생각건대, 준법지원인과 관련하여 하급 직원에 대한 지배에 따른 보증인지위는 앞서 언급한 부정적 견해를 고려하지 않더라도 결과적으로 인정되지 않는다. 왜냐하면 사용자와 달리 준법지원인은 하급 직원에 대해 지배적 지위에 있지 않기 때문이다. 보다 구체적으로 준법지원인은 기업 내에서 고위경영진보다 하위 직급으로 스태프(staff)로서 지위를 가질 뿐이고 고위경영진으로부터 "업무상 독립"되어 있지만 고위경영진의 지시로부터 결코 자유롭지 않다.[96] 이러한 사실은 이미 준법지원인의 의무가 근로계약의 범위 내에서 위임을 통해 이루어지고 언제든지 노동법상 변경될 수 있다는 사정으로부터 도출된다. 준법지원인에게 위임된 의무범위 내에서 '지배적 지위'에 대한 중요한 특징은 근로계약상 특별히 별다른 규정이 없는 한 그의 컴플라이언스 관련 직무 외에 지시권한과 명령권한이 없다는 것이다.[97] 예컨대 위반행위를 한 직원에 대한 처벌이나 범죄행위의 적발에 따른 처리방법에 대한 결정권한 등과 같은 본질적인 영역은 준법지원인에 있지 않고 이사회나 최고경영자에게 최종적으로 유보되어 있다. 포괄적인 의무 목록은 일반적인 컴플라이언스 기능과 준법지원인제도의 구비로부터 도출할 수 없다. 또한 법률에 의해 요구되는 준법지원인의 보고의무에서도 이러한 준법지원인의 지배적 지위를 인정할 수 없게 한다. 이러한 준법지원인의 보고는 고위경영진의 최종적 의사결정의 기초가 된다.[98] 그러한 점에서 준법지원인에게 어떠한 개입권한이나 지시권한이 부여되어 있지 않고 범죄행위에 대해 보고의무만이 있는 한, 그에게는 하급 직원에 대한 지배적 지위에 따른 어떠한 보증의무도 도출되지 않는다고 봄이 타당하다.[99]

마. 특정한 위험원에 대한 지배(Herrschaft über bestimmte Gefahrenquelle)에 따른 보증인지위

작위의무는 특정한 위험원에 대한 책임으로부터 도출될 수 있다.[100] 이러한 '사업운영상 위험원 이론(Theorie vom Gefahrenherd im Betrieb)'은 모든 물적 위험(예컨대 위험한 물건, 시설, 기계 등)과 직원에 의해 야기된 인적 위험의 전체를 포함한다. 이러한 보증인 유형의 범위 내에서 '인적' 위험원에 대한 적용가능성 내지 위임가능성은 이미 문제가 되고 있다. 왜냐하면 준법지원인의 보증의무와 관련하여 기업 내에서 물적 위험의 방지의무가 아닌 제3자의 범죄행위를 방지할 의무의 문제가 중요하기 때문이다.

독일형법학계에서는 준법지원인과 관련하여 이러한 보증인 유형의 원칙적 적용가능성에 대해 서로 상반된 견해가 제시되고 있다. 우선 Beulke는 사업장에서 물적 위험과 인적 위험의 구별을 포기하고 '사업운영상 위험(Betriebsgefahren)'에 개입하기 위한 상급자의 일반적 보증인의무를 수용하는 것은 설득력이 없다고 한다. 왜냐하면 범죄행위는 사업장에서도 여전히 행위자의 자유로운 의사결정에 따른 것으로 물적 위험원과 비교할 수 있는 것은 아니기 때문이다. 이 견해는 위험물과 인간의 행위를 직접적으로 상호 비교할 때 명확해질 수 있다. 즉 물적 위험의 경우 그러한 위험한 물건에 대한 사실상 지배권을 가지고 있는 소유자(예컨대 위험한 기계, 공작물의 소유자)는 위험의 존재와 위험의 강도와 관련된 필요한 지식을 사전에 가지고 있고, 이에 소유자는 이러한 우월적 지배에 근거하여 위험한 물건을 감시·감독해야 한다. 반면에 인간의 행위는 자유의지에 따른 것으로 제3자에 대한 감시·감독을 필요로 하지 않는다고 한다.[101]

반면에 Ransiek는 물건 그 자체가 갖는 위험 또는 위험한 물건을 다루는 인간의 행위에 근거한 것인지 여부에 따라 이를 구분하는 것은 명확하지 않다고 주장한다. 왜냐하면 일반적으로 물건 그 자체가 위험한 것은 아니고 그것을 "다루는 것"이 위험하기 때문이라고 한다. 그의 견해에 따르면 준법지원인과 관련하여 '위험원의 지배'라는 보증인 유형의 원칙적 적용가능성은 동물 혹은 물건에 의해 초래된 위험이 아니라 기업조직에 의해 초래된 일반적 위험에 관해 긍정될 수 있다고 한다. 이로부터 의무자인 준법지원인은 사업운영상 어떠한 불법적 위험도 실현되지 않도록 방지해야 한다고 한다. 그러나 이때 기업조직에 의해 초래된 일반적 위험은 물적 위험 그 자체가 아니라, 이를 다루는 데서 즉 사업운영과정에서 초래되는 위험일 뿐이라고 한다. 결론적으로, Ransiek는 순수한 의미에서 '위험원에 대한 지배'에 따른 준법지원인의 보증의무를 인정하기보다 독일연방법원의 태도와 마찬가지로 감시의무의 사실상 인수에 따른 준법지원인의 보증의무를 인정하는 것이 타당하다고 한다.[102]

생각건대, 준법지원인과 관련하여 특정한 위험원에 대한 지배를 근거로 보증인지위를 인정하는 것은 보증인지위 발생근거와 관련된 전체적인 체계상 설득력이 약하다고 본다. 잠재적 보증인이 위험한 물건 그 자체뿐만 아니라 사업운영상 위험한 물건을 다루는 타인에 대해 감시·감독을 해야 한다는 것은 일정 부분 타당해 보인다. 하지만 Ransiek의 견해와 같이 왜 그러한 감시의무로부터 기업조직에 의해 초래된 일반적 위험까지도 감시의무에 포함되어야 하는지는 분명해 보이지 않는다.[103] 준법지원인의 임무는 임직원의 범죄행위를 사전에 방지하는 데 있지 물적 위험과 관련된 활동에 있지 않다. 물적 위험의 발생에 대한 사전예방은 기업 내에서 준법지원인이 아닌 "안전관리책임자"의 임무에 속하는 사항이다. 따라서 준법지원인은 '위험원에 대한 지배'를 근거로 해서가 아닌 '자발적으로 인수한 의무범위'를 근거로 하여 해당 기업에 특수하고 근로계약에서 구체화된 위험을 방지해야 한다고 보는 것이 타당하다.

바. 감독보증인(Aufsichtsgaranten)에 따른 보증인지위와 보증의무

관할권이나 지배영역에서 오는 특별한 신분상 권위로 인해 타인으로 하여금 범죄행위를 하지 않도록 감독해야 할 법적인 책임이 있는 사람은 일반적으로 감독보증인으로 정의된다.[104] 예컨대 이러한 감독보증인으로서 책임무능력자의 친권자 또는 후견인, 학생을 지도·감독하는 교사, 부하 직원을 감독하는 상사, 선원을 통솔하는 선장, 부하 사병을 지휘하는 군지휘관, 재소자들을 감독하는 교도관 등을 언급할 수 있다.[105] 이러한 다양한 유형의 사람들에 대한 감독의무가 존재한다는 데에 견해가 일치하고 있다. 다만 이 경우 잠재적 보증인이 타인의 행동을 결정할 수 있도록 법령, 계약, 사실상의 인수행위 등에 의해 승인된 권위적 지위가 감독보증인지위를 위해 필요하다.[106] 예컨대 친권자의 미성년자에 대한 보호·교양의무(민법 제913조)는 법령에 의해, 변호사의 법률사무소직원의 변호사법위반행위 방지의무는 계약에 의해, 정신미약 아동을 임의로 인수하여 보호하는 경우에는 사실상의 인수행위에 의해 감독보증인지위가 발생한다.[107]

이러한 최소한의 전제조건으로 인해 준법지원인의 감독보증인지위와 관련하여 이미 직원에 대한 '감독권(Direktionsrecht)' 내지 '상하종속관계'를 필요로 함이 추론될 수 있다. 그러나 이러한 감독권 내지 상하종속관계는 '직원에 대한 지배'라는 보증인 유형에서 이미 언급했듯이 준법지원인의 지위와 임무범위를 고려할 때 인정될 수 없다. 감독보증인의 유형에 준법지원인의 편입에 반대하는 또 다른 논거는 감독을 받아야 하는 사람들의 유형과 감독보증인지위의 목적에 대한 정확한 고려에서도 도출될 수 있다. 보다 구체적으로 권위적·지배적 지위의 형태에서 타인의 행위에 대한 결정권 내지 타인에 대한 지배는 위험의 저지를 필요로 하는 곳에서만 예외적으로 허용되

어야 한다. 앞서 언급한 바와 같이 전형적인 감독보증인지위는 감시·감독을 받아야
하는 미성년자인 학생에 있어 친권자와 교사에게 인정된다. 이러한 감독권자는 피감
독자에게 발생할 수 있는 위험 혹은 피감독자에 의해 초래될 수 있는 위험의 방지에
필요한 행위결정권을 가지고 있다. 피감독자는 정신적·도덕적 또는 사실상의 이유로
인해 그들 스스로 위험을 예방할 수 없기 때문에 감독권자의 감독을 받게 된다.
Beulke는 앞서 언급된 감독보증인지위의 예를 볼 때 준법지원인이 기업 내에서 이러
한 지위에 있는지 의문이 제기된다고 한다. 즉 Beulke는 대부분의 사람이 직업 생활
을 영위하고 있다는 사실을 고려할 때 기업에서 근무하는 직원이 일반인과 비교할 때
준법지원인으로부터 감시·감독을 받아야 할 만큼 특히 위험한 인적 집단으로 간주되
어야 한다는 것은 이해할 수 없다고 주장한다. 그의 견해에 따르면 직원은 미성년자
도 아닌 성년이고 책임무능력자도 아닌 완전한 책임능력을 가진 사람이기 때문에 준
법지원인의 감시·감독을 필요로 하지 않는다고 한다.[108]

생각건대, Beulke의 견해는 전적으로 타당하다고 본다. 비록 준법지원인에게 매우
제한된 범위 내에서 감독권이 사용자로부터 위임될 수 있다고 가정하더라도, 이는 법
적으로 승인된 권위적·지배적 지위의 형태로는 결코 정당화될 수 없는 사업상 업무
수행을 위한 수단에 지나지 않는다. 많은 기업에서는 준법지원인이 직원에 대해 '감
시인' 혹은 '경찰관'으로서의 기능을 담당하길 희망할 수 있지만, 준법지원인은 결코
이러한 기능을 수행하지 않는다. 이 때문에 기업 내 준법지원인은 앞서 설명한 감독
보증인지위에 있다고 보기 어렵다. 결론적으로, 준법지원인의 감독보증인지위는 인정
될 수 없다고 봄이 타당하다.

사. 사용자책임(Geschäftsherrenhaftung)에 따른 보증인지위와 보증의무

사용자가 직원의 범죄행위에 책임을 져야 하는지 여부는 이른바 '사용자책임'[109]이
라는 주제로 논의가 독일형법학계에서 활발히 전개되고 있다.[110] 관련 논의가 독일형
법학계에서 어느덧 40년 이상 전개되었음에도 여전히 사용자책임이 무엇인가에 대해
서는 명확하게 설명되고 있지 않다고 한다.[111] 독일형법학계의 다수견해는 사용자책
임을 인정하고 있지만,[112] 이에 반대하는 견해도 분명 존재한다.[113] 사용자책임 인정
여부에 대한 상세한 학설 대립의 논의는 생략하고 원칙적으로 사용자책임 인정 모델
을 전제로 하여 준법지원인의 보증인지위가 사용자책임으로부터 도출될 수 있는지

여부에 대해 살펴보면 다음과 같다.

독일형법학계의 다수견해에 따르면 사용자책임은 '직원에 대한 지배'라는 보증인 유형으로부터 도출되며, 기업과 제3자의 보호법익에 대한 위험원으로 파악되는 하위 직원에 대한 감독의무가 근거 지어진다고 한다.114) 다수견해는 감독의무의 내용과 범위와 관련하여 이를 폭넓게 인정하는 견해와 제한적으로 파악하는 견해로 다시 나누어진다. 즉 한편으로, 사용자의 광범위한 보증인지위가 업무 관련 범죄행위를 예방하기 위하여 가정되고 있다. 이때 사용자의 보증인지위는 사용자에게 위임된 임무를 수행함에 있어 위험원으로서 회사 전체와 관련하여 '통제보증인지위(Kontrollgarantenstellung)'로 귀결된다.115) 이와 반대로 제한적으로 이해하는 견해는 결과회피의무를 특별한 위험원으로서 사업운영과 연결시키고, 이를 통해 대표이사를 포함한 회사 임원은 사업운영의 위험성으로부터 비롯되는 단지 그와 같은 행위만을 예방해야 한다고 한다.116)

사용자책임과 관련된 독일 판례는 좀처럼 찾아볼 수 없다. 이와 관련하여 독일연방법원은 일찍이 회사로 하여금 비용부담을 초래하는 회사 내 절도와 관련하여 상급 관리자의 보증인지위를 인정했다.117) 마찬가지로 칼스루에(Karlsruhe) 지방고등법원도 하위 직원의 절도를 방지하지 못한 상급 관리자의 책임 문제를 다루었다.118) 반면에 1990년 '피혁스프레이 판결(Lederspray Urteil)'에서는 건강에 해로운 제품(구체적으로 구두나 의류 등 피혁제품에 바르는 스프레이 제품)을 회수하지 아니한 부작위 책임과 관련하여 사용자책임이 아닌 선행행위에 따른 보증인책임을 인정하였다.119)

생각건대, 준법지원인의 보증인지위는 사용자책임으로부터 도출될 수 없다고 보아야 한다. 그러한 보증인지위를 인정할 수 없는 결정적인 논거는 하급 직원에 대한 준법지원인의 징계권한의 결여에서 찾을 수 있다.120) 이에 따라 준법지원인에게는 사용자책임 인정을 위한 대표적 특징인 "직원에 대한 지배" 내지 "임원의 명령권한"이 결여되어 있다.121) 사용자로부터 준법지원인에게 작의의무의 위임이 있는 경우라 할지라도 준법지원인의 보증인지위는 매우 제한된 범위에서 인정될 수 있을 뿐이다. 왜냐하면 하급 직원에 대한 지배라는 의미에서 그러한 위임이 어떠한 경우에도 이사회를 구성하는 고위경영진에 대한 결과회피의무를 정당화하지 못하기 때문이다.122) 또한 이러한 위임에도 불구하고 준법지원인은 하급 직원에 대해 단지 예외적인 경우에만 지배권을 행사할 수 있을 뿐이다. 준법지원인은 자신이 속한 컴플라이언스 부서 이외의 직원에 대해서 지시·명령권한이 없기 때문이다.123) 나아가 이른바 '콘체른(Konzern)' 형태의 대규모 기업집단에서 자회사와 관련하여 준법지원인의 사용자책임에 따른 보증인지위는 부정되어야 한다. 이러한 자회사는 일반적으로 지주회사와의 관계에 있어 독립 법인으로서 설명되고, 그러한 점에서 자회사에 대한 어떠한 개입권한도 인정되지 않으므로 지주회사에 속한 준법지원인은 자회사의 직원에 대한 지배를 인정할 수 없기 때문이다.[124]

IV. 맺는 말

　지금까지 형법적 준법지원인의 형사책임과 관련하여 독일 베를린시 청소회사 사안에 대해 피고인 W에게 내부감사 부서의 과장으로서 근로계약에 따른 감시의무와 보호의무의 자발적 인수를 통해 보증인지위가 인정된다고 판시한 독일연방법원의 판결내용과 그에 대한 비판점을 법체계적 관점, 헌법적 관점, 컴플라이언스 시스템 도입 목적의 관점으로 나누어 살펴보았다. 그리고 준법지원인의 부진정부작위범의 성립요건 가운데 핵심적인 사항인 보증인지위와 보증인의무의 발생근거와 관련하여 결합설의 관점에서 법률, 계약에 따른 자발적 의무인수, 선행행위, 직원에 대한 지배, 특정한 위험원에 대한 지배, 감독의무, 사용자책임에 따른 보증인지위의 도출 여부와 그에 따른 보증의무의 구체적 내용을 검토하였다. 우리나라에서 2011년 상법 개정을 통해 자산총액 5천억 원 이상의 상장회사에 준법지원인제도가 도입되었으나, 여전히 제대로 정착되지 못하고 있는 현실과 함께 형법적 준법지원인의 부진정부작위범으로서 형사책임과 관련한 구체적 사례가 없다보니 국내의 논의가 아닌 독일 판례와 독일형법학계에서 전개된 논의를 중심으로 살펴보았다. 이를 간략히 요약하면 다음과 같다.

　형법상 준법지원인의 보증인지위와 보증의무는 첫째, 법률에 의해 도출될 수 있다. 즉 우리나라에서 준법지원인의 보증인지위는 상법 제542조의13, 자본시장법 제335조의8, 금융사지배구조법 제25조 등에 의해, 독일에서는 독일은행업법(KWG) 제25조의a, 독일증권거래법(WpHG) 제33조, 독일보험감독법(WAG) 제64조의a를 근거로 인정할 수 있다. 둘째, 준법지원인의 보증인지위와 보증의무는 근로계약의 형태로 사실상 자발적 의무인수에 의해 도출될 수 있다. 다만 이때에도 "일반적인" 보증인지위는 인정은 허용될 수 없고, 단지 개별적 사례에서 인수된 의무범위 내에서 원칙적으로 인정될 뿐이다. 셋째, 선행행위에 따른 준법지원인의 보증인지위와 보증의무는 직접적으로 법익을 위태롭게 하는 제3자의 행위가 준법지원인의 책임영역으로 귀속될 수 있는 경우에 한하여 "작위"에 의한 선행행위만을 근거로 하여 고려할 수 있다. 만일 이와 달리 "부작위"에 의한 선행행위의 유형도 인정할 경우, 이는 헤어 나올 수 없는 순환논리에 빠지게 된다. 넷째, 준법지원인의 보증인지위와 보증의무는 직원에 대한 지배를 근거로 도출될 수 없다. 왜냐하면 준법지원인은 하급 직원에 대해 지배적 지위에 있지 않으며, 이들에 대한 지시·명령권한이 인정되지 않기 때문이다. 다섯째, 특정한 위험원에 대한 지배를 근거로 준법지원인의 보증인지위와 보증의무가 도출되지 않는다. 준법지원인의 임무는 임직원의 범죄행위를 사전에 방지하는데 있지 물적 위험과 관련된 활동에 있지 않으며, 인적 위험과 관련해서도 인간의 행위는 자유의지에 따른 것으로 제3자에 대한 감시·감독을 필요로 하지 않기 때문이다. 여섯째, 준법지원인의 감독보증인지위는 인정될 수 없다. 다수의 기업에서 준법지원인으로 하여금 직원에 대해 '감시인' 혹은 '경찰관'으로서의 기능을 담당하길 희망할 수 있지만, 준법지원인은 결코 이러한 기능을 수행하지 않기 때문이다. 마지막으로, 준법지원인의 보증인지위와 보증의무는 사용자책임으로부터 도출될 수 없다. 결정적인 이유는 하급 직원에 대한 준법지원인의 징계권한, 지시·명령권한의 결여에서 찾을 수 있다. 준법지원인은 결코 사용자가 아닐뿐더러 지시·명령권한은 자신이 속한 컴플라이언스 부서 직원에 대해서만 행사할 수 있을 뿐이기 때문이다.

이상의 논의를 토대로 볼 때 우리나라에서 준법지원인에 대해 부진정부작위범으로서 형사책임이 문제될 때 그 보증인지위는 법률(상법 제542조의13, 자본시장법 제335조의8, 금융사지배구조법 제25조 등), 자발적 의무인수 및 작위에 의한 선행행위로부터 도출될 수 있다. 그리고 그에 따른 구체적인 보증의무는 법률상 요구되는 준법통제기준의 준수 여부에 대한 점검의무와 그 결과의 이사회에 대한 보고의무가 중심이 되고 그밖에 다양한 형태로 존재하는 기업에서 준법지원인과 체결한 계약에 의해 자발적으로 인수된 개별적 의무 범위 내에서 보증의무의 구체적 내용을 찾을 수 있겠다. 또한 직원에 대한 불충분한 컴플라이언스 관련 교육, 내용상 오류가 있는 행동지침의 출판, 고위경영진에 대한 잘못된 조언 등과 같은 작위에 의한 선행행위를 통해서도 그 보증의무를 고려할 수 있다고 본다.

1) 이 글은 김재윤, "형법적 준법지원인의 보증인지위와 보증의무에 관한 고찰 –독일의 논의를 중심으로–", 형사법연구 제32권 제1호, 2020, 3–32면에 게재된 것으로 최근의 논의까지를 반영하여 수정·보완한 것임.

2) 이에 대해 자세한 설명은 본서 제1장 § 1 Ⅱ. 2. 참조.

3) 우리나라에서 준법지원인제도는 이미 2011년 상법 개정을 통해 자산총액 5천억 원 이상의 상장회사에 대해 도입하였다. 최근 준법지원인제도가 커다란 주목을 받고 있다. 2020년 1월 이재용 뇌물사건 파기환송심 재판부인 서울고법 형사1부(재판장 정준영)는 "기업범죄의 재판에서 '실효적 준법감시제도'의 시행 여부는 미국 연방법원이 정한 양형 사유 중 하나"라며 "전문심리위원 제도를 활용해 삼성의 약속이 제대로 시행되는지 점검하려 한다"고 했기 때문이다. 이에 삼성은 2020년 2월 5일 김지형 전 대법관을 초대 위원장으로 하는 '삼성 준법감시위원회'를 출범시켰다. 그러나 삼성 준법감시위원회가 정작 삼성의 핵심 문제인 과거 지배구조 관련 총수 일가의 불법행위에 대해서는 별다른 목소리를 내지 못하고 이 부회장 재판의 면죄부로 활용되는 것은 아닌가하는 우려의 목소리가 제기되고 있다(경향비즈 2020년 1월 9일자 기사; 연합뉴스 2020년 2월 18일자 기사; 한겨레신문 2020년 2월 23일자 기사 참조).

4) 컴플라이언스의 개념에 대한 상세한 설명으로는 김재윤, "형법적 준법지원인의 개념과 역할에 대한 고찰", 일감법학 제38호, 2017.10, 86–87면 참조.

5) Bock, HRRS 2010, 316.

6) 형법적 준법지원인의 역할에 대한 상세한 설명으로는 김재윤, 앞의 논문, 92–101면 참조.

7) 우리나라에서 준법감시인의 보증인지위에 관한 분석으로는 강지현, "준법감시인의 보증인지위에 관한 연구", 형사법연구 제31권 제1호, 2019, 43면 이하 참조. 강지현 박사는 이 논문에서 준법감시인의 보증인지위는 법률과 계약(자발적 의무인수)에 의해 발생됨을 밝히고 있다.

8) 다만 준법지원인과 관련된 사례는 아니지만 타인(작위정범)의 범죄에 부작위로 참가한 사례에서 부작위 방조범을 긍정한 대표적인 판례로 대법원 1997. 3. 14. 선고 96도1639 판결을 언급할 수 있다. 이 판례에 대한 평석으로는 신양균, "부작위에 의한 방조", 형사판례연구 제6권, 1998, 137면 이하; 전지연, "부작위범에서 정범과 공범의 구별", 형사판례연구 제13권, 2005, 95면 이하 참조.

9) 독일에서는 독일증권거래법(WpHG), 독일은행업법(KWG), 독일보험감독법(VAG), 독일주식법(AktG) 등에서 컴플라이언스 기능과 준법감시인과 관련된 규정의 도입과 개정을 통해 기업과 임직원이 법규준수의 위반을 사전적으로 감시·통제함으로써 자본시장에서 투자자의 신뢰제고, 투자자 보호, 분식회계와 부패방지 및 자본시장의 기능 향상을 위한 제도적 개선 노력은 그러한 점을 명확하게 보여주고 있다. 독일의 컴플라이언스에 대한 상세한 설명으로는 본서 제2장 § 5 참조.

10) BGH, Urt. v. 17.7.2009–5 StR 394·08＝BGHSt 54, 44＝BGH NJW 2009, 3173. 이 판결에 대한 평석으로는 Warneke, NStZ 2010, 312 이하 참고. 국내의 소개로는 이진국, "기업범죄 관련 준법지원인의 역할과 형사책임", 사법 제24호, 2013.6, 21면 이하 참조.

11) BGH NJW 2009, 3173. 이진국, 앞의 논문, 21–22면.

12) Momsen, in: Paeffgen/Böse/Kindhäuser/Stübinger/Verrel/Zaczyk (Hrsg.), Festschrift für Ingeborg Puppe zum 70. Geburtstag, 2011, 751, 757면.

13) Thiel von Herff, BB 2009, 1985.

14) 이하의 논의는 Langenhahn, *Die strafrechtliche Verantwortlichkeit des Compliance Officers im deutsch– österreichischen Rechtsvergleich*, 2012, 8–17면.

15) Berndt, StV 2009, 689.

16) Bottke, in: Jahn/Kudlich/Streng (Hrsg.), Festschrift für Heinz Stöckel zum 70. Geburtstag, 2010, 43면.

17) Nave/Vogel, BB 2009, 2547.

18) Stoffers, NJW 2009, 3176.

19) 이에 대한 개략적 설명으로 Roxin, *Strafrecht, Allgemeiner Teil* II, 2003, § 32, Rn. 134 이하 참조.

20) Nave/Vogel, BB 2009, 2549. 우리나라에서 형법상 사용자책임에 대한 논의로는 강지현, "형법상 사용자의 보증인지위에 관한 연구", 비교형사법연구 제18권 제3호, 2016, 1면 이하 참조.

21) Ransiek, AG 2010, 150.

22) 독일형법 제13조 ① 형법의 구성요건에 해당하는 결과의 발생을 방지하지 아니한 자는 법적으로 결과가 발생하지 않도록 보증해야할 법적 의무가 있고 그 부작위가 작위에 의한 법적 구성요건의 실현과 동일한 경우에 한하여 이 법에 의해 처벌될 수 있다.
② 부작위범의 형은 제49조에 의해 감경될 수 있다.

23) Ransiek, AG 2010, 150.

24) Lösler, WM 2008, 1100.

25) 예컨대 물 보호에 대해서는 독일물관리법(WHG) 제21조, 생활방해방지에 대해서는 독일연방생활방해방지법(BImSchG) 제53조.

26) 그러나 독일과 달리 우리나라에서 준법감시인은 「자본시장과 금융투자업에 관한 법률」 제335조의8에 따라 일정한 자산규모, 매출액 이상의 신용평가회사, 준법지원인은 「상법」 제542의13에 따라 자산총액 5천억 원 이상의 상장법인에 한정하여 선임하도록 있으며, 그 외회사에서 준법지원인의 선임 여부는 자율적 사항에 해당한다.

27) Kraft/Winkler, CCZ 2009, 31.

28) BGHSt 38, 325.

29) BGHSt 48, 77.

30) BGH NJW 83, 462.

31) Joecks, *Strafgesetzbuch Studienkommentar*, 9. Aufl., 2010, vor § 82, Rn. 219.

32) 독일기본법 제103조 ② 범죄행위는 그 행위를 범하기 전에 가벌성이 법률에 정해져 있는 경우에 한하여 처벌될 수 있다.

33) 독일형법 제1조(죄형법정주의) (범죄)행위는 그 행위를 범하기 전에 가벌성이 법률에 정해져(bestimmt) 있는 경우에 한하여 처벌될 수 있다.

34) Berndt, StV 2009, 691.

35) Berndt, StV 2009, 691.

36) Deutscher, WM 2010, 1393.

37) Wessing, in: Hassemer/Kempf/Moccia (Hrsg.), Festschrift für Volk, 2009, 867면.

38) Wessing, in: Hassemer/Kempf/Moccia (Hrsg.), Festschrift für Volk, 2009, 867면.

39) Wessing, in: Hassemer/Kempf/Moccia (Hrsg.), Festschrift für Volk, 2009, 882면.

40) Wessing, in: Hassemer/Kempf/Moccia (Hrsg.), Festschrift für Volk, 2009, 869면.

41) 이에 대한 전체적인 설명으로는 Lagodny, *Strafrecht vor den Schranken der Grundrechte*, 1996 참조.

42) Wessing, in: Hassemer/Kempf/Moccia (Hrsg.), Festschrift für Volk, 2009, 878면.

43) Kaiser, *Kriminologie. Eine Einführung in die Grundlagen*, 10. Aufl., 1997, § 13, 75 f.

44) LG Mannheim Urteil vom 22.01.2003.

45) Deutscher, WM 2010, 1388.

46) Ransiek, AG 2010, 148.

47) Stoffers, NJW 2009, 3176.

48) 부진정부작위범의 이론사에 대한 설명으로는 성낙현, "부진정부작위범에서의 보증인지위", 영남법학 제34조, 2012.6, 217−223면 참조.

49) 대법원 1996. 9. 6. 선고 95도2551 판결.

50) 배종대, 형법총론(제13판), 홍문사, 2017, § 164/11−12.

51) 이형국·김혜경, 형법총론(제5판), 법문사, 2019, 516면.

52) Armin Kaufmann의 부작위론의 구체적 내용과 비판점에 대한 상세한 설명으로는 성낙현, "부진정부작위범에서의 보증인지위", 영남법학 제34조, 2012.6, 219면 이하 참조.

53) Roxin, 앞의 책, 2003, § 32, Rn. 7.

54) 손동권·김재윤, 새로운 형법총론, 율곡출판사, 2013, §22/28; 신동운, 형법총론(제10판), 법문사, 2017, 143−144면; 오영근, 형법총론(제2판), 박영사, 2009, §16/24; 이재상·장영민·강동범, 형법총론(제10판), 박영사, 2019, §10/22.

55) 김일수·서보학, 새로쓴 형법총론(제13판), 박영사, 2018, 361−362면; 임웅, 형법총론(제11정판), 법문사, 2019, 593면; 정성근·박광민, 형법총론(제4판), 삼지원, 2008, 465−466면.

56) 대법원 2006. 4. 28. 선고 2003도4128 판결: "인터넷 포털 사이트 내 오락채널 총괄팀장과 위 오락채널 내 만화사업의 운영직원은 콘텐츠제공업체들이 게재하는 음란만화의 삭제를 요구할 조리상의 의무가 있다 할 것이므로, 이를 방치하였다면 전기통신무역이용음란물반포 등 죄(구 전기통신기본법 제48조의2)의 방조범이 성립한다."

57) 대법원 1996. 9. 6. 선고 95도2551 판결.

58) 손동권·김재윤, 앞의 책, §22/34; 오영근, 앞의 책, §16/33; 임웅, 앞의 책, 589−590면

59) 손동권·김재윤, 앞의 책, §22/28

60) 금융사지배구조법에 따른 준법감시인의 보증의무에 대한 설명으로는 강지현, 앞의 논문, 2019, 55−57면 참조.

61) 이진국, 앞의 논문, 27면.

62) 현행 자본시장법(법률 제16958호, 2020.2.4., 일부개정)은 제28조를 삭제(2015.7.31.)하고 신용평가회사에 대해 준법감시인의 선임을 의무화 하는 규정만을 남겨두고 있다(자본시장법 제335조의8 제3항).

63) 법률 제13453호, 시행 2016.8.1.

64) Schönke/Schröder/Stree/Bosch, *Strafgesetzbuch Kommentar*, 28. Aufl., 2010, § 13, Rn. 26.

65) Fischer, *Strafgesetzbuch und Nebengesetze*, 59. Aufl., 2012, § 13, Rn. 20 ff. mwN.

66) BGH NJW 2009, 3174, Rn. 23.

67) Geiger, CCZ 2011, 170.

68) Geiger, CCZ 2011, 173.

69) Deutscher, WM 2010, 1393

70) Kraft/Winkler, CCZ 2009, 32.

71) Ransiek, AG 2010, 152.

72) Fischer, 앞의 책, § 13, Rn. 10 mwN.

73) Wolf, BB 2011, 1355 mwN.

74) Wolf, BB 2011, 1355.

75) Reichert/Ott, ZIP 2009, 2176 ff.

76) Wolf, BB 2011, 1356.

77) Fleischer, AG 2003, 292.

78) Wolf, BB 2011, 1356.

79) Gößwein/Hohmann, BB 2011, 963; 강지현, 앞의 논문, 2019, 51−53면.

80) Beulke, in: Festschrift für Geppert, 2011, 40면.

81) Schönke/Schröder/Stree/Bosch, 앞의 책, § 13, Rn. 32; BGHSt 19, 167; 38, 356.

82) Schönke/Schröder/Stree/Bosch, 앞의 책, § 13, Rn. 32 mwN.

83) Beulke, in: Festschrift für Geppert, 2011, 39면 이하.

84) Beulke, in: Festschrift für Geppert, 2011, 40면.

85) Geiger, CCZ 2011, 172.

86) BGH NJW 2009, 3174, Rn. 21.

87) BGH NStZ 09, 381; BGHSt 38, 356, 358; BGH NStZ 98, 83, 84.

88) 김일수·서보학 교수는 이와 관련하여 "담뱃불을 끄지 않은 채 숲속에 버린 것만으로는 근접한 위험의 창출이 아니지만, 낙엽에 불붙기 시작했는데도 소화조치를 취하지 않은 것은 산불에 대한 근접한 위험의 창출이 된다"고 한다(김일수·서보학, 앞의 책, 366면).

89) Schönke/Schröder/Stree/Bosch, 앞의 책, § 13, Rn. 34 ff.

90) RG 68, 104.

91) Schönke/Schröder/Stree/Bosch, 앞의 책, § 13, Rn. 32.

92) Schönke/Schröder/Stree/Bosch, 앞의 책, § 13, Rn. 51.

93) Schönke/Schröder/Stree/Bosch, 앞의 책, § 13, Rn. 52.

94) Beulke, in: Festschrift für Geppert, 2011, 32－33면.

95) 이에 대해서는 본 절 Ⅲ. 2. (2) 사. 부분 참조.

96) Kraft/Winkler, CCZ 2009, 29, 32면. 우리나라의 상법상 준법지원인 역시 상법 제542조의
13 제9항에 의해 업무상 독립성을 제도적으로 확보하고 있으나, 이사회에 의해 임면되고 대
표이사를 비롯한 임직원들의 업무 및 경영활동의 준법 여부를 감시하며 그 결과를 이사회에
보고해야 하는 주체이기 때문에 이사회로부터 독립된 지위를 확보한다는 것은 현실적으로
쉽지 않다(김재윤, "기업범죄예방을 위한 준법지원인제도의 문제점과 개선방안", 원광법학
제35권 제4호, 2019.12, 86－87면).

97) Geiger, CCZ 2011, 173.

98) Kraft/Winkler, CCZ 2009, 31.

99) Berndt, StV 2009, 689.

100) Schönke/Schröder/Stree/Bosch, 앞의 책, § 13, Rn. 43.

101) Beulke, in: Festschrift für Geppert, 2011, 33－35면.

102) Ransiek, AG 2010, 150－152.

103) Warneke, NStZ 2010, 316.

104) Schönke/Schröder/Stree/Bosch, 앞의 책, § 13, Rn. 31.

105) 김일수·서보학, 앞의 책, 368면.

106) Beulke, in: Festschrift für Geppert, 2011, 37면.

107) 김일수·서보학, 앞의 책, 368면.

108) Beulke, in: Festschrift für Geppert, 2011, 37－38면.

109) 우리나라에서 형법상 사용자책임에 관한 논의로는 강지현, 앞의 논문, 2016, 1면 이하; 김
유근, "선임감독자의 '일반적인' 범죄방지(선임감독)의무위반행위의 범죄유형", 형사법연구
제22권 제2호, 2010, 218면 이하; 김종덕, "기업범죄에 있어서 개인의 형사책임", 법학연구,
제18호, 한국법학회, 2005, 344면 이하; 김혜경, "기업관련범죄의 형법적 개입에 관한 성찰",
형사법연구 제27권 제3호, 2015, 41면 이하; 박강우, "기업범죄와 경영진의 형사책임", 안암
법학 제43권, 2014, 538면 이하; 원혜욱, "기업대표이사의 형사책임귀속을 위한 형법이론 연
구", 형사법연구 제19권 제3호, 2007, 207면 이하 참조.

110) Deutscher, WM 2010, 1389.

111) Beulke, in: Festschrift für Geppert, 2011, 25면.

112) 예컨대 Bosch, Organisationsverschulden im Unternehmen, 2002, 216면 이하.

113) Beulke, in: Festschrift für Geppert, 2011, 25면.

114) Welp, Vorangegangenes Tun als Grundlage der Handlungsäquivalenz der Unterlassung,
1968, 235면 이하; Spring, Die strafrechtliche Geschäftsherrenhaftung. Unterlassenshaftung
betrieblich Vorgesetzter für Straftaten Untergebener, 2009, 259면 이하; Geiger, CCZ
2011, 172.

115) Schall, in: Rogall (Hrsg.), Festschrift für Hans－Joachim Rudolphi zum 70. Geburtstag,
2004, 277면.

116) Kretschmer, JR 2009, 474, 476.

117) BGH NJW 54, 320.

118) OLG Karlsruhe, GA 71, 281.

119) BGH, Urt. v. 06.07.1990 − 2 StR 549 · 89 = BGHSt 37, 106 = BGH NJW 1990, 2560. 우리나라에서 이 판례에 대한 대표적인 소개 · 분석으로는 김동률, "형법상 제조물 책임에 있어 기업경영진에 대한 보증인 지위의 인정근거 −피혁스프레이 판결을 둘러싼 독일에서의 논의를 중심으로−", 한양법학 제25권, 2014.2, 385면 이하 참조.

120) Berndt, StV 2009, 691; Deutscher, WM 2010, 1390; Geiger, CCZ 2011, 172.

121) Geiger, CCZ 2011, 172.

122) Schneider/Gottschaldt, ZIS 2011, 573, 574.

123) Berndt, StV 2009, 691; Deutscher, WM 2010, 1390.

124) Schneider/Gottschaldt, ZIS 2011, 574.

[§ 12] 기업범죄예방을 위한 효과적인 컴플라이언스 프로그램의 체계적 구축방안

"컴플라이언스는 그 자체로도 보상이 될 수 있습니다. 자체 규율에 대해 일관되게 높은 기준을 보여줄 수 있는 회사들은 일종의 '규제상의 보상'으로서 규제기관의 조사를 덜 받을 것으로 기대할 수도 있을 것입니다. 컴플라이언스는 글로벌 기업의 생존 자체를 담보하기 위해서도 필요합니다."
— Arthur Michell(전 아시아 개발은행 법률고문) —

I. 머리말

컴플라이언스 프로그램이 무엇을 뜻하는가에 대해서는 다양하게 정의 내릴 수 있다. 기본적으로는 교육, 규정, 예방, 적발, 협력, 집행에 관한 것이라고 말할 수 있다. 기업조직의 사업 수행과 관련된 법령, 산업규정, 계약 등의 준수를 보장하도록 개발된 제도 및 절차, 과정, 개개인에 관한 시스템이다. 컴플라이언스 프로그램은 기업범죄 예방을 위한 단순한 지침서도 아니고 오늘날 커다란 관심을 모으고 있는 원자력위험, 환경위험 등으로 대표되는 새로운 위험영역에 대한 즉효약도 아니다. 컴플라이언스 프로그램은 문화 속에 깊숙이 정립되어야 하며 기업조직의 일부로써 계속 진행되어야 하는 과정이다. 컴플라이언스 프로그램은 개개인이 올바른 일을 할 수 있도록 돕는 프로그램, 윤리경영에 헌신할 수 있도록 도와주는 프로그램이라고 할 수 있다.

기업범죄를 예방하기 위한 수단으로 기능할 수 있는 컴플라이언스 프로그램은 비단 상장회사로 대표되는 기업에서만 필요한 것이 아니다. 개인 사업자, 재단 및 기타 비영리단체, 정부기관, 학교 등에서도 필요하다. 이러한 컴플라이언스 프로그램이 필요한 가장 중요한 이유는 효과적인 컴플라이언스 프로그램이 법률 및 규정을 준수해야하는 기업조직의 법적 책임의 안전장치가 되어준다는 점이다. 무엇보다 기업을 국제적으로 영위하고 있는 다국적 기업조직이라면 해당 국가의 법률과 규정에 근거한 사업운영이 반드시 필요하다. 그밖에도 기업조직과 기업조직의 명성 보호, '옳은 것을 하는' 문화 장려, 직원 및 이해당사자의 준법의식 고취, 직원 및 이해당사자의 잠재적 문제제기 방법론 및 해결방안 제공, 형벌 선고 및 벌금부과의 가능성 감소 등을 위해서도 필요하다.

컴플라이언스 프로그램이 효과적으로 실행되기 위하여 추가적인 자원 내지 비용이 소요되는데, 그 비용보다 훨씬 더 큰 장기적 편익, 즉 직원 및 지역사회에 기업조직의 '좋은 기업경영'의 입증, 비윤리적·범죄적 행위 확인 및 사전 예방, 관련 사업규정 통합자료 제공, 잠재적 문제점 보고방법론의 개발, 제기된 위법행위에 대한 즉각적이고 철저한 조사절차 개발 및 재발방지책 마련, 기업조직에 대한 행정법상 제재 및 민·형사상 제재 집행의 감소 등을 기대할 수 있다. 이처럼 효과적인 컴플라이언스 프로그램의 운영은 '비용'인 아닌 건전한 '투자'이다.

기타 컴플라이언스 프로그램의 편익(benefits)[1]

- 결함 있는 재무제표의 작성 및 발행 방지
- 기업조직의 윤리·효율 경영
- 직원 및 지역사회에 기업조직의 투명성·책임경영 노력 입증
- 직원 및 공급자에 회계부정 및 남용행위 관련 명확한 관점 제시
- 부서 내부 혹은 부서 상호간 의사소통의 전반적 향상
- 반윤리적·부적절 행위 확인 및 예방
- 재무성과의 향상
- 회계부정 고발 장려
- 부당 의심행위에 대한 엄격한 조사의 허용
- 문제의 철저한 규명을 위한 '사전 경보' 시스템 제공
- 다양한 형사적 제재 및 처벌 등 피해 최소화
- 신고자, 내부고발자, 소송 기타 문제제기 직원에 대한 조치에의 기업조직 노출 최소화

현재까지 표준화되고 규격화된 컴플라이언스 프로그램은 없으나, 금융회사, 보험회사, 기타 다수의 상장회자에서 효과적인 컴플라이언스 프로그램을 위해 필요한 일곱 가지 요소로, ① 문서로 작성된 행동 강령·정책·절차의 원칙, ② 최고준법지원인 (Chief Compliance Officer: CCO) 및 기타 관할 기관의 지정, ③ 효과적인 컴플라이언스 관련 교육 및 훈련, ④ 컴플라이언스 감시를 위한 모니터링 및 감사, ⑤ 문제 보고 과정·절차 및 조사, ⑥ 적절한 컴플라이언스 교육 방법론, ⑦ 기업조직의 전반적인 문제에 대한 조사 및 개선이 언급된다. 이러한 일곱 가지 요소는 기업조직의 재정적 상황 및 필요에 맞추어 다양한 내용으로 구성할 수 있다.

따라서 본 절에서는 우선 효과적인 컴플라이언스 프로그램을 위해 필요한 일곱 가지 요소의 구체적 내용을 살펴보고, 다음으로 기업조직 단계에서 효과적인 컴플라이언스 프로그램이 구축되기 위해 어떠한 지원이 필요한지를 검토하고자 한다. 마지막으로, 개별 기업조직에 알맞게 컴플라이언스 프로그램이 구축되어야 하는데, 이때 필요한 사항이 무엇인지를 제시하고자 한다.[2]

II. 효과적인 컴플라이언스 프로그램을 위한 일곱 가지 필수 구성요소

1. 문서로 작성된 행동 강령·정책·절차의 원칙

(1) 행동 강령의 제정

'산업표준 지침(industry standards recommend)'은 컴플라이언스의 기본적인 요건으로, 범죄행위의 탐지 및 예방 원칙과 절차 규정을 권고한다. '행동 강령(code of conduct)'과 정책 및 절차는 컴플라이언스 프로그램 구성의 도구가 된다. 이러한 행동 강령은 기업조직의 준법·윤리경영을 증명한다. 이 규범은 기업조직 구성원 모두를 위한 것이다. 이는 간과하기 쉬운 인물들이기도 한 고위경영진, 물품 공급자, 판매업자, 법인의 대표자 모두에게 적용된다. 그 이외에도 이사회부터 자원봉사자에 이르기까지 모두 행동 강령의 내용을 전달받아 숙지하고, 이를 준수할 것을 동의해야 한다. 따라서 행동 강령은 읽기 쉬운 문체로 간결하고 분명하게 기술되어야 한다. 즉 이해하기 쉬운 단어와 문장으로 기술될 것이 권장된다. 그러나 쉽고 간결한 문체가 모든 것을 의미하지는 않는다. 행동 강령의 구체적 내용은 기업조직의 문화, 비즈니스, 기업 정체성을 중심으로 이루어져야 한다. 또한 다양한 국적의 구성원으로 구성된 부서를 위해 행동 강령을 여러 외국어, 점자 등으로 발행할 것을 고려해야 한다. 행동 강령을 다른 언어로 제공할 경우, 그 번역이 명확한지 여부에 대한 검토가 요구된다.

　　OECD는 2010년 "내부통제, 준법·윤리경영을 위한 모범실행지침"에서 기업조직 전반에 대한 행동 강령을 마련할 것을 권고한 바 있다. OECD의 뇌물수수에 관한 워킹그룹은 기업이 ① 기업조직의 내부통제와 준법·윤리경영을 위한 프로그램 혹은 해외뇌물수수 행위 적발 및 예방 조치에 대한 상급 관리자의 강력하고 분명하며 가시적인 지원 및 노력, ② 해외뇌물수수방지협약에 근거한 명확하며 가시적인 기업정책을 수립하도록 촉구하였다. 이러한 OECD 지침은 2009년 34개 회원국 및 6개 비회원국이 비준한 반부패백서에 수록되어있다. 이 백서에는 "기업의 컴플라이언스 전반적 체계와 관련되어야 한다"고 명시함으로써 컴플라이언스 프로그램에 중점을 두고 있다. 행동 강령에는 "옳은 것"을 하기 위한 적정한 의사결정 절차가 규정되어야 한다. 행동 강령은 기본적으로 기업성과를 향상시키고 기업조직의 준법·윤리경영을 나타낸다. 고위경영진은 행동 강령을 인사고과의 기준 내지 중요한 요소로 최대한 반영할 수 있도록 장려하여야 한다. 필요한 경우 이를 위반했을 때 적절한 징계를 해서라도 행동 강령에 근거한 준법·윤리경영이 이루어질 수 있도록 해야 한다. 중대한 위법행위에 대한 징계절차 및 해고를 포함한 처벌은 행동 강령에 명확히 적시되어 있어야 하며, 이는 기업조직의 준법·윤리경영 노력을 강조하기 위함이다.

행동 강령(Code of Conduct)

행동 강령: 내용 체크리스트
- 기업조직의 컴플라이언스를 법령 및 제반 규정에 근거하였는지
- 기업조직의 모든 구성원들이 이해할 수 있는 간결하고 평이한 문체로 기술되어 있는지
- 해당되는 경우 외국어 번역본이 있는지
- 고위험 영역을 전제로 한 사례와 빈번한 의문이 포함 되었는지
- 기업조직 구성원 상호간 또는 공급자, 의뢰인과의 상호작용에서 오는 예측가능한 점들

을 포함하였는지
- 기업조직 방침을 전면적으로 다시 기술하는 방식이 아닌 다른 방법으로 다시 언급하였는지
- 기업정책 및 절차와 일관성을 유지하고 있는지
- 고위경영진의 설명의무 및 실행 책임을 포함하였는지

행동 강령: 직원과의 의사소통
- 모든 기업조직 구성원들은 행동 강령을 전달받고 숙지하여야 한다.
- 감독자 혹은 교육자는 행동 강령을 설명하고 질의를 받는다.
- 직원은 행동 강령을 전달받아 읽었으며 내용을 이해하였다는 것을 문서로 증명해야 한다.
- 필요한 경우 적절한 징계절차를 통하여 실행될 수 있다.
- 위법행위에는 징계절차가 따를 것이며, 이러한 내용이 명확히 적시되어 있어야 한다.

행동 강령: 목적
- 직원을 위한 주요 지침 제시
- 직원에 대한 기업조직의 요구사항 및 기대 제시
- 적절한 의사결정 절차 규정
- 행동 강령에 근거한 업무집행이 이루어질 수 있도록 함
- 기본적 비즈니스 관계에서 기업조직 성과 향상
- 기업조직의 준법·윤리경영 지원 및 유지

(2) 컴플라이언스 정책 및 절차

행동 강령은 기업의 의사결정 및 행위에 대한 지침을 규정하고 있으나, 컴플라이언스 정책 및 절차는 일정 위험영역을 다뤄야 한다. 많은 경우 기업조직은 이미 인사정책 및 절차를 개관하는 기업 내부 사규가 제정되어 있고, 사규 외에도 기업의 일정한 업무와 집행을 특화한 정책 내지 방침이 있을 수 있다. 가능한 한 컴플라이언스 정책 및 절차는 기존 절차에 통합하여 실행하고, 기업조직 내 모든 법령 및 제반 규정, 일반 지침과 일치되도록 한다. 컴플라이언스 프로그램 실행의 한 부분으로 컴플라이언스 정책 및 절차 초안 작성을 하는 동안에는 기업조직 내 다른 모든 정책은 필

요한 경우 재검토되고 수정되어야 한다. 기업조직의 정책 및 절차는 반드시 필요한 것이지만, 정책이 없는 것보다 정책이 있음에도 불구하고 아무도 따르지 않는 것이 더 큰 손실임은 아무리 강조해도 지나치지 않다.

컴플라이언스 정책 및 절차를 조심스럽게 개발할 필요가 있다. 컴플라이언스 정책 및 절차가 현실적이고 측정가능하여야 함에 유의해야 한다. 컴플라이언스 목표는 반드시 현실적이어야 한다. 모든 기업조직은 컴플라이언스 정책 및 절차에 있어 두 유형인 '구조적' 정책 및 절차와 '실질적' 정책 및 절차를 개발하여야 한다. 전자는 컴플라이언스 프로그램의 실행 방식에 대한 기본적 시스템에 대한 것이며, 후자는 기업조직에 적용될 규정과 규정 내에서의 컴플라이언스 프로그램 실행 방식을 정의하는 것이다. 이는 해당될 수 있는 위험영역을 기업조직에 인지시키고, 위험영역에 관련된 적절·부적절 행위가 무엇인지를 규정한다. 컴플라이언스 프로그램에서 제도 및 절차에서 필수적인 구조적·실질적 정책 및 절차에는 직원들에게 적용될 규정과 규정집행 방법론이 명백히 서술되어야 한다.

구조적 측면에서 컴플라이언스 정책 및 절차는 다음의 사항이 포함되도록 개발되어야 한다.
- 컴플라이언스 강령
- 기존 컴플라이언스 정책의 개정 및 새로운 정책 및 절차의 구축
- 준법지원인의 역할
- 컴플라이언스 위원회의 역할
- 교육 요건

익명제보 방법 및 비보복 정책: 기업조직 내 비보복 정책을 명백히 적시해야 하는 것이 중요하다. 이슈 제기에 따른 보복이 없음을 모두가 알 수 있도록 한다.
- 감사 절차
- 모니터링 절차
- 잠재적 위법행위 보고에 대한 대응 방법
- 작성 및 기타 조사를 위한 내부·외부에서의 문의 대응 방법
- 인사부서의 정책 및 절차와 일관되는 징계 계획

- 익명제보 방법론
- 기록의 보유 및 파기

실질적 측면에서 컴플라이언스 정책 및 절차는 다음의 사항이 포함되도록 개발되어야 한다.
- 컴플라이언스 정책이 부재한 특정 위험영역(예컨대 이해상충, 개인정보보호 및 데이터 보안, 지적재산권, 수출규제 등)에서의 부적절 행위의 예방 절차
- 기업조직의 정책 내지 사업주가 부재한 주요 위험영역(예컨대 이해상충, 개인정보보호 및 데이터 보안 등)
- 서류 요구사항

행동 강령과 같은 컴플라이언스 정책 및 절차는 살아 있는 문서이어야 하지 단순히 책장에 꽂혀있어야 할 가이드북이 아니다. 컴플라이언스 정책 및 절차는 기업조직의 업무집행에 반드시 접목되어야 하며, 이는 효과적인 컴플라이언스 프로그램이 되기 위한 가장 기본적 사항이다. 목표달성 여부를 확정짓기 위해서는 다음의 사항들이 고려되어야 한다.
- 정책 및 절차가 업무집행에 어떻게 적용되는가?
- 정책 및 절차가 업적평가에 반영되는가?
- 정책 및 절차가 교육 프로그램에 적용되는가?
- 정책 및 절차가 심사되고 일정 및 시간에 따라 갱신되는가?

컴플라이언스 정책 및 절차의 개정은 복잡하고 지속적인 과정이며, 언제나 현행으로 유지되기 위해 주기적 검토와 수정이 요구된다. 행동 강령, 컴플라이언스 정책 및 절차는 컴플라이언스의 도구이며 효과적 실행을 위하여 지속적으로 갈고 닦아야 한다.

행동 강령 개발을 위한 권고[3]

행동 강령은 회의론에도 불구하고, 많은 조직에서 확립된 관행이 되었다. 조직의 행동 강령을 제정할 때 몇 가지 고려해야 할 사항이 있다.

- 효과적인 강령은 금지되는 행동이나 규칙의 단순한 나열을 넘어선다. 강령은 조직이 핵심적인 법률적 의무와 규제상의 의무를 강화할 뿐만 아니라, 자신의 윤리적 가치와 관행을 요약할 수 있는 기회가 된다.
- 행동 강령의 문안을 작성할 때 세심한 주의를 기울여야 한다. 강령은 불가피하게 법률적 진술과 야심적 진술, 실제와 이상, 그리고 규칙과 가치 사이의 균형을 유지시키는 행동이다. 조직은 내부 및 외부의 이해관계자들에게 강령의 진술을 책임져야 하는 것이다.
- 조직과 관련된 모든 사람들은 강령의 규정에 책임을 져야 한다. 이사회로부터 말단 직원에 이르기까지 아무도 강령의 규정으로부터 면제되어서는 안 된다.
- 조직이 여러 나라에 퍼져 있는 직원들을 위한 행동 강령을 수립할 경우, 지역적·문화적 그리고 법률적 차이를 감안해야 한다. 다국적 기업의 행동 강령의 제정 시의 어려움을 토로하며 그의 좌절감을 표출하던 어느 컴플라이언스 책임자가 이 점을 잘 보여준다. 그 조직의 미국 이외의 고위경영진은 이 문서가 내용 및 어조에 있어서 "너무 미국적"이라고 폄하했다.
- 잘 작성된 강령은 직원들을 가르칠 수 있는 하나의 기회이다. 강령은 문제가 될 수 있고 리스크가 있는 영역에 대한 지침 및 통찰력을 제공한다. 또한 강령은 직원들에게 "옳은 일"을 할 수 있게 해준다.

행동 강령의 구체적 내용은 조직마다 다르지만, 행동 강령은 일반적으로 다음과 같은 주제들을 다룬다.
- 내부자거래
- 이해상충
- 업무 관행(workplace practices)
- 정부와의 관계
- 법률 및 규정 준수
- 시장에서의 고결성
- 조직의 컴플라이언스 윤리 프로그램의 역할
- 보고 장치

2. 준법지원인과 컴플라이언스 위원회

산업표준 지침은 컴플라이언스 활동의 중심이 될 준법지원인의 임명을 권고한다. 준법지원인의 근무조건은 기업조직의 규모, 범위, 자원에 따라 달라질 것이다. 대다수의 경우 준법지원인은 상근직이어야 하며, 기업조직은 이에 관한 적용가능성 및 확장성을 결정하여야 한다. 또한 준법지원인에게 적정한 권한을 부여하는 것도 컴플라이언스 프로그램의 성공에 있어 매우 중요하다. 예컨대 준법지원인은 준법지원 업무와 모든 관련 서류를 볼 수 있는 전면적인 권한을 가져야 한다. 이러한 서류에는 재정 관련 서류, 공급업체와 대리점과의 계약서, 기타 회계장부 등을 포함한다. 넓게 보면 최종 권한자이고, 신임받는 최고경영책임자(CEO)와 이사진 내지 이들에 상당하는 인물 등으로부터의 확실한 지원으로부터 "적정한 권한"이 부여될 것이다.

적정한 권한 및 이사회 내지 고위경영진의 전폭적인 지원은 산업계 관행과 일관되어야 한다. 업무집행 책임자는 적절한 자원 및 지휘권, 운영 지휘권 내지 그 하위 집단에의 직접적인 접근 권한을 위임할 필요가 있다. 이러한 요구는 합리적인 것으로 컴플라이언스 프로그램의 실행 및 준법지원인의 채용 허가까지도 고위경영진의 적극적 지원이 있어야 가능하기 때문이다. 고위경영진은 적극적으로 준법지원인 후보면접에 참여할 수 있고, 준법지원인의 직무지침서 작성과 준법지원인 보고체계의 주요 부분에 관여해야 한다.

준법지원인이 법률자문위원이나 최고재무책임자에게 보고하게 되면 리스크가 있을 수 있는데, 각자 맡은 역할에서 오는 현실적인 이해 충돌이 발생할 수 있기 때문이다. 가능하면 준법지원인의 독립성 및 객관성을 보장하기 위해 컴플라이언스 조직을 법무 및 회계와 분리하여 독립적 기구로 설치해야 한다. 준법지원인의 역할에 맞는 보고체계는 다양할 수 있다. 각각의 기업조직은 최선의 보고체계를 결정하기 위하여 많은 요소를 고려하여야 할 것이다. 지배적인 보고체계는 준법지원인이 조직의 최고경영책임자(CEO)나 내부 운영위원회(지원위원회, 집행부, 이사회, 감사회 혹은 감사위원회 등)에 직접 보고하는 것이다. 기업조직의 규모 및 환경이 보고체계에 영향을 미칠 수 있다. 이사회나 그의 연락위원회(liaison committee)가 최소한 준법지원인과 "긴밀한" 혹은 간접적 보고체계를 유지하는 것이 권장된다. <표 12-1>은 2010년 기업 컴플라이언스·윤리협회와 의료컴플라이언스협회에서 진행한 준법지원인 보고체계 설문이다.

〈표 12-1〉 준법지원인 보고 체계

준법지원인이 보고한 대상	응답자의 직장 유형				
	영리, 상장회사	영리, 비상장회사	비영리	합계	%
이사회	31	51	184	256	54.7
최고경영책임자(CEO)	14	23	79	116	24.8
최고재무책임자(CFO)	3	5	11	19	4.1
법률자문위원	16	8	14	38	8.1
인사과	0	0	0	0	0.0
기타	11	6	22	39	8.3

준법지원인의 의무는 컴플라이언스 프로그램의 규모와 범위에 따라 달라질 것이다. 준법지원인은 컴플라이언스 프로그램의 실행, 관리, 감독에 주안점을 두어야 한다. 준법지원인의 주된 책임은 다음과 같다.

- 컴플라이언스 프로그램의 설계, 실행, 감독, 모니터링
- 조직의 운영위원회, 최고경영책임자(CEO), 컴플라이언스 위원회에의 정기적인 보고
- 필요한 경우 주기적인 컴플라이언스 프로그램의 개정
- 다면적인 교육 및 훈련 프로그램의 개발, 협조, 참여
- 비즈니스 관계자가 조직의 컴플라이언스 프로그램의 요구사항을 인지하고 있는지 확인
- 직원, 고위경영진, 공급업체 및 이사회를 위한 컴플라이언스 관련 정보출처로서 서비스 제공
- 국가별 법규정에 따라 적절한 배경조사가 수행되었는지 확인
- 내부 컴플라이언스 검토 및 모니터링 활동 보조
- 고위경영진이 위험을 완화할 수 있은 메커니즘을 갖출 것을 보장
- 컴플라이언스 관련 문제에 대한 독립적인 조사 및 활동
- 확인된 문제를 해결하기 위해 고위경영진에게 시정조치 보장
- 조직이 직원들에게 잠재적 문제를 보고하기 위한 메커니즘을 제공하도록 보장

준법지원인은 비즈니스나 해당 사업의 본질적 속성을 잘 아는 사람이 맡는 독특한 직역이며, 조직의 재무를 포함한 업무 관행을 알고, 의문점을 가질 수 있어야 한다. 또한 준법지원인은 조직의 위법행위에 대한 당해 업계에서의 법률요건에 대한 지식의 보유, 뛰어난 글 작성 능력과 언변을 지니는 강경하지만 사귀기 쉬운 성품을 지닌 사람이어야 한다. 교육수준이나 재임기간과 무관하게 준법지원인은 컴플라이언스 프로그램의 핵심 담당자로 활동하며, 조직 구성원 모두로부터 존경받고 신임받는 인물이어야 한다. 뛰어난 대인관계 능력, 경청 능력을 보유하며 반드시 신중하여야 한다. 오늘날 컴플라이언스가 전문적으로 성장하고 발전하면서 다른 전문직과 마찬가지로 컴플라이언스 관련 분야의 경력을 보유하고 교육을 받은 바 있어 준법지원인으로서 필수 능력을 갖춘 인재상을 원한다. 나아가 준법지원인은 일반 대중의 신뢰를 받는 청지기(steward)이며, 이에 따라 최고 수준의 전문성, 고결성, 능력의 서비스를 제공할 수 있어야 한다. 컴플라이언스 전문가를 위한 윤리 강령은 기본적으로 다음의 세 가지 원칙을 포함하고 있다.

■ 원칙 I : 대중에 대한 의무

'컴플라이언스·윤리 전문가(CEPs: Compliance and Ethics Professionals)'는 자신을 고용한 조직의 행동을 지배하는 기본 정신과 법령을 준수하고 장려하며, 공공의 이익에 기여하기 위해 그들의 전문적인 행동에 있어 가장 높은 윤리기준을 실천해야 한다.

■ 원칙 II : 조직에 대한 의무

컴플라이언스·윤리 전문가(CEPs)는 최고 수준의 고결성, 중립적이고 치우침 없는 판단을 가지고 자신을 고용한 조직에 봉사해야 하고, 효과적인 컴플라이언스·윤리 프로그램을 촉진해야 한다.

■ 원칙 III : 직원에 대한 의무

컴플라이언스·윤리 전문가(CEPs)는 자신의 행동을 통해 직업의 고결성과 품위를 유지하고, 컴플라이언스·윤리 프로그램의 효과를 향상시키며, 컴플라이언스·윤리에 있어 전문성을 증진해야 한다.

이러한 세 가지 원칙과 그에 수반되는 행동 강령은 모든 준법지원인이 검토하고 숙지해야 하는 사항이다.

준법지원인은 컴플라이언스 프로그램의 핵심 담당자일 수 있지만, 준법지원인만이 유일한 담당자일 수 없으며, 조직에 대한 컴플라이언스를 보장해주지도 않는다. 업계는 컴플라이언스 위원회의 구성이 컴플라이언스 프로그램에 효과적으로 추가될 수 있음을 보여주었다. 물론 이러한 컴플라이언스 위원회의 구성방식은 다양할 수 있다. 컴플라이언스 위원회는 고위경영진과 직원뿐만 아니라 법무, 인사, 감사, 재무, 운영 등 다양한 관점을 가진 인물들로 구성함이 유익할 것이다. 이러한 위원회는 리스크 영역에서 실제적 또는 잠재적 리스크를 완화하기 위한 효과적인 메커니즘을 마련함에 있어 준법지원인에게 도움을 줄 것이다.

또한 준법지원인의 컴플라이언스 위원회에서의 역할도 다양할 수 있다. 즉 일부 조직에서 준법지원인은 단순한 직무상 담당자일 수 있고, 다른 조직에서 준법지원인은 위원회의 위원장을 맡을 수도 있다. 위원장을 누가 맡던지, 컴플라이언스 부서가 공통적으로 회의 소집, 의제 준비, 시간 배분, 후속조치 조정 등에 대해 책임을 진다.

컴플라이언스 위원회의 기능은 준법지원인 원조 및 지원 이외에 다음을 포함할 수 있다.

- 법적 요구사항 및 특정 위험영역의 분석
- 정책 및 절차의 정확성과 준수 여부에 대한 정기적인 검토·평가
- 행위 기준, 정책 및 절차의 개발 지원
- 기준, 정책 및 절차 관련 내부 시스템 모니터링
- 업계 지침과 새로운 정보의 정기적 검토 및 컴플라이언스 프로그램에의 통합
- 컴플라이언스 장려를 위한 적정한 전략 결정
- 불만사항 및 문제에 대한 지원 요청, 평가, 대응 시스템의 개발

컴플라이언스 위원회의 중요성과 잠재적 영향력은 아무리 강조해도 지나치지 않다. 컴플라이언스 프로그램을 위하여 목소리를 확실하게 내는 강인하고 열정적인 위원회 구성원을 찾아내야 한다. 또한 위원회는 조직의 각 부서를 대표하는 개인으로 구성되어야 하며, 이들은 위원회의 타 위원, 준법지원인의 컴플라이언스 활동과 소통할 수 있어야 한다. 위원회의 구성원들은 다시 해당 부서로 돌아가 조직의 컴플라이

언스 요구사항을 전달하는 중요 임무를 맡는다. 위원회는 준법지원인과 여타의 조직 구성원 모두에게 중요한 정보원으로서 기능한다.

컴플라이언스 위원회에 대한 옹호론 vs. 비판론[4]

독립적인 이사회 위원으로 구성된 감사위원회와 구별되는 컴플라이언스 위원회는 조직과 직원들이 관련 법률, 규정, 행동 강령에 따라 행동하게 한다.

컴플라이언스 위원회 구조에 대한 옹호론자들은 이 위원회가 회계와 감사 책임이라는 많은 부담을 지고 있는 감사위원회와 달리 규제, 윤리, 컴플라이언스 관련 사안에만 집중함으로써 컴플라이언스와 윤리 이슈를 다루는 효과적인 장치라는 입장을 견지한다.

그러나 컴플라이언스 위원회에 대해 비판론자가 없는 것은 아니다. 특히, 컴플라이언스 위원회는 조직의 감사위원회의 책임 중 하나를 침해한다는 주장이 제기되었다. 오라클 코퍼레이션의 감사위원회 위원인 스탠포드대학교 법학교수 조셉 그룬드패스트(Joseph Grundfast)는 「은행 회계와 재무」 2006년 4월호에서 컴플라이언스 위원회가 "정보를 중복 생산하고 있으며 누군가가 정보를 빠뜨릴 리스크를 만들어내고 있기" 때문에 "나쁜 거버넌스의 징후일 수 있다"고 말했다.

---

3. 컴플라이언스 관련 교육 및 훈련

교육 및 훈련은 컴플라이언스 프로그램에서 가장 최우선적으로 중요시해야 할 사안이다. 업계와 비즈니스 관행의 지배에 대해 강력한 강제처분이 시도되는 시대에 교육은 위반행위 예방을 위한 최선의 전략이다. 그리고 훈련은 모든 직원을 대상으로 하는 컴플라이언스 '일반 과정'과 일정 인원만을 대상으로 특별한 정보를 추가적으로 제공하는 '특별 과정'의 두 종류로 나눌 수 있다.

컴플라이언스 교육 기본과정에 포함되어야 할 10가지 요소

① 모든 컴플라이언스 활동의 원리가 되는 법원(法源) 및 규정에 관한 지식
② 개별 조직에 특화된 컴플라이언스 철학
③ 조직의 내부 및 외부에서의 컴플라이언스 의사소통 방법
④ 컴플라이언스 위반행위의 정의 및 보고 방법

⑤ 비밀유지 정책

⑥ 개인정보 보호 및 보안 정책

⑦ 제3자 관계 및 관련 규제 지침

⑧ 컴플라이언스를 위반한 직원에 대한 징계절차

⑨ 필요한 서류의 적절한 준비

⑩ 문서의 적절한 보관

일반적인 훈련과정은 전 직원의 의식을 고취시키고 결과적으로 전 직원에게 영향을 미치는 조직의 윤리경영의 노력을 강조하고 전달하기 위한 것이다. 조직은 계약요구사항 혹은 제3자의 지시로 훈련을 실시할 수 있으나, 이와 무관하게 직원들은 연간 컴플라이언스 관련 교육을 일정 시간 받아야 한다. 기본적으로 최소한 연간 한 시간 이상의 컴플라이언스 관련 훈련을 요구한다. 앞서 언급한 바와 같이 모든 직원은 행위 강령과 주요 컴플라이언스 정책 및 절차를 문서로 전달받아야 한다. 여기에 포함된 조직의 컴플라이언스 프로그램에 관한 기본정보, 운용방식, 문제제기 방법이 일반적 훈련의 핵심 내용이 된다.

고위험 영역을 다루는 특수한 훈련은 전문 인력을 위해 매우 중요하다. 이 훈련은 해당 직원의 직무 기능과 관련된 컴플라이언스 리스크 영역에 중점을 두고 일반적인 직무 교육과 아울러 직무를 적절하게 수행하는 방법에 대한 구체적인 훈련을 받아야 한다. 이러한 전문적 훈련은 일반적 컴플라이언스 훈련을 뛰어넘는 특별 과정이므로, 이론적 개념으로 머물지 않고 일상 활동에 컴플라이언스가 통합될 수 있도록 '일대일 방식(one-on-one training)' 내지 '현장실습 방식(on-the-job training)'으로 이루어지는 것이 더 적합할 수 있다. 컴퓨터 기반 프로그램을 이용하여 복잡한 컴플라이언스 리스크 영역을 토론하고 배우는 것은 효과가 떨어질 수 있다. 내부운영위원회는 컴플라이언스에 대한 관리감독과 컴플라이언스 관련 리스크에 대해 교육을 받아야 한다. 교육 및 훈련 프로그램을 통한 리스크 영역을 명확히 하고 강조하는 것은 마케팅, 재무, 판매 등 조직의 일정 직무와 관련된다. 비즈니스 목적달성에 대한 압박은 직원들이 위법한 관행에 쉽게 관여하도록 만들 수 있다.

연간 교육계획서는 각 부서의 요구 내용, 시간, 방법론, 훈련 기간, 고위경영진들의 참여 장려전략 등을 개관하여야 한다. 고위경영진은 컴플라이언스 프로그램상 역할에 맞는 전문 훈련을 받으며 그들의 지원 및 참여의 가치에 대해 교육을 받을 수 있도록 한다. 또한 중간 직급에 속한 직원들의 '중간 목소리(Tone in the middle)'를 결코 간과해서는 안 된다.

비협조적인 고위경영진은 직·간접적으로, 의식·무의식적으로 다른 직원의 참여를 방해할 수 있다. 고위경영진은 직원 참여를 장려하고 격려하는 방법으로 훈련의 중요성을 강조하여야 한다. 성인이 컴플라이언스 프로그램에 대해 학습하는 스타일은 다양하다. 들으면서 배우는 사람들 혹은 보면서 배우는 사람들이 있겠지만, 직접 행동함으로써 배우는 사람이 가장 많을 것이다. 따라서 교육이 활력을 띨 수 있도록 하고 다양한 직원들을 참여시키며, 영상물, 강연, 점심시간 이용, 원탁 토론 등 다양한 교육 포맷을 개발하여야 한다. 점심시간 이용이나 원탁 토론 등은 맞춤식 훈련에 매우 유용할 것이다. 직원은 각 부서에서 일어나는 일을 교육 진행자에게, 최종적으로는 준법지원인에게 알릴 수 있을 것이다. 조직에는 전체 임직원회의나 부서회의처럼 맞춤식 교육을 위한 다양한 포럼이 있을 수 있다. 웹 애플리케이션에서 가상업무 시나리오를 주고 해결하는 방법도 널리 쓰이는 훈련방법의 하나이다. 컴플라이언스를 다른 사안 안에서 교육할 수 있는 방법을 찾는 것이 필요하다.

컴플라이언스 교육은 자발적으로 해야 할까, 의무적으로 해야 할까? 일반적 훈련과정에서는 조직을 대리하여 일하는 사람들, 모든 직원과 중개업자, 도급업자, 유통업자 등은 행동 강령을 숙지했다는 확인으로 서명 및 일자를 넣은 아래의 예시와 같은 문서형태의 확인서를 받는 것이 필요하다. 이 확인서는 필요한 경우 보관되어야 한다.

증명서 / 확인서 [예시]

나는 조직의 행동 강령을 전달받아 검토하였다. 나는 조직의 구성원으로서 행동 강령의 원칙, 정책 및 절차를 준수할 것이다. 나는 행동 강령이 개인적인 그리고 비즈니스 관련 행동에 대한 원칙의 선언이며, 근로계약을 구성하는 것이 아님을 이해한다. 나는 내가 알게 된 잠재적 위반행위에 대하여 상관 및 준법지원인에게 지체 없이 보고할 것이다. 나는 행동 강령, 정책 및 절차에 위반한 행위는 해고까지 포함한 징계절차의 근거가 됨을 이해한다.

날짜 : _____   성명 : _____   (날인 또는 서명)

컴플라이언스가 단순히 일회성으로 그치는 교육행사일 수 없음을 이제 잘 알게 되었을 것이다. 컴플라이언스 위원회는 교육을 자발적으로 할 것인지 의무로 할 것인지, 조직 내 교육 및 훈련은 어떤 방식과 내용으로 구성할 것인지 등에 대한 준법지원인의 평가를 보조할 수 있을 것이다. 조직의 문화는 컴플라이언스 교육의 가장 큰 원동력이 된다. 교육과 훈련은 기업범죄의 사전 예방을 위한 최선의 전략이다. 준법지원인에 대한 교육도 필요함을 잊지 말아야 한다. 준법지원인이 아는 것이 많을수록 직원 교육에 필요한 여러 사항들을 확인할 수 있기 때문이다.

4. 컴플라이언스 감시를 위한 모니터링 및 감사

모니터링 및 감사 절차를 밟기 전에 양자의 차이를 먼저 이해하여야 한다. 우선 감사는 감사과정(심사범위 확인, 평가기준 설정, 예시적 방법론의 설정 및 선정, 행동 심사, 서류 탐지, 조사결과에 따른 고위경영진에 대한 후속 조치 계획)의 형식화된 방법으로 간주된다. 감사는 감사결과에 따른 실질적 또는 잠재적인 기득권이 없어 고위경영진으로부터 독립적이다.

반면에 모니터링은 매일매일 진행되는 과정이며, 고위경영진이 컴플라이언스 실행 상황을 확인하는 데 흔히 사용된다. 모니터링은 독립적일 필요는 없지만 가능은 하다. 감사에서는 독립성이 매우 중요한 개념이다. 이러한 독립성은 이사회 등에게 컴플라이언스 활동이 객관적임을 보장하는 핵심이기 때문이다. 모니터링 및 감사는 고위경영진이 확인된 문제를 해결하고, 리스크를 조정 내지 제거하고 재발을 막는 적절한 통제와 시스템 실행을 보장하는 효과적인 방법이다. 모니터링 및 감사계획을 수립하기 위하여 준법지원인은 리스크 평가, 계획에 포함할 리스크의 우선순위를 확정하고 분석하는 작업을 수행해야 한다. 계획은 역동적이어야 하며 조직의 컴플라이언스 리스크와 관련된 우선순위를 충족할 수 있도록 지속적으로 평가되어야 한다. 컴플라이언스 부서가 예컨대 재무나 해외부패방지법(FCPA)[5] 등과 같은 단일한 영역을 담당할 경우, 모든 컴플라이언스 리스크의 전달을 통한 종합적이고 전사적으로 컴플라이언스 리스크를 기반으로 한 계획을 수립함이 중요하다. 이렇게 계획이 수립된다면 조직은 전반적인 컴플라이언스 모니터링 및 감사계획에 중복되는 사항은 없는지, 이용 가능한 자원이 효율적이고 효과적으로 활용되는지 여부를 한눈에 볼 수 있다. 또한 해당 이슈와 관련된 가장 적합한 전문가를 활동에 참여시킬 수 있어, 조직의 신용과 성과 향상을 기대할 수 있다. 모니터링 및 감사는 컴플라이언스 프로그램이 계속해서 진보함에 따라 발전한다. 아무도 첫술에 100% 완벽한 컴플라이언스를 기대할 수 없다. 컴플라이언스 활동을 점진적으로 개선시키기 위해서는 진행과정에서 최선의 노력을 하고, 이를 입증하는 것이 중요하다. 평가의 목표는 최소한 매년 조직의 우선순위 리스크를 평가하는 데 있다.

컴플라이언스 모니터링 및 감사 계획은 조직의 우선적 리스크에 집중하여 세우는 것이 가장 좋다. 즉 리스크에 기반한 계획을 수립하는 것인데 다음의 사항들은 모든 유형의 조직에 공통적으로 검토해야 한다.

- 제3중개자 또는 부적절한 비즈니스 관계에서의 이슈
- 이해상충
- 지적재산권
- 개인정보 보호 및 보안
- 해외 부정부패
- 독점금지
- 계약관리, 즉 적절성 및 계약 조건상 컴플라이언스
- 기타(조직의 유형에 따라 다를 것)

예를 들면 상장회사의 경우 재무제표와 업무지원 워크시트는 정기적으로 감사된다. 컴플라이언스는 간헐적인 감사활동을 보조하거나, 해당 부서가 예컨대 사베인-옥슬리 법(Sarbanes-Oxley Act)[6]과 미국증권거래위원회(Security and Exchange Commission: SEC) 요구사항과 같은 법률을 준수해야 할 경우 이러한 영역에서 1차적인 감사관이 될 것이다. 비영리재단은 상장회사와 유사한 책임을 진다. 비영리재단은 자금의 투명성, 내부통제에 있어 실질적 약점 및 중대한 재정적 손실의 공개에 대한 책무를 제시해야 한다. 미국에서는 이러한 요구사항은 연방정부 및 주마다 다르다. 조직의 포괄적인 컴플라이언스 리스크 계획수립에는 재무제표에 대한 감사를 포함하는 것이 가장 효과적이다. 무엇보다 과거에 확인된 바 있는 주요 리스크 영역은 내부에서 혹은 외부에서 면밀하게 주기적으로 살펴볼 필요가 있다.

감사는 '상시 감사'와 '소급 감사'라는 최소한 두 가지 방식으로 접근할 수 있다. 모든 조직은 각자 독특한 특성을 가지고 있으므로, 조직의 상황에 적합한 최선의 방식으로 감사가 진행되어야 한다. 소급 감사 방식이 종종 활용되곤 하는데, 표본화 과정을 위한 자료 획득이 쉽기 때문이다. 표본은 대개 완전한 정보를 갖추고 있으므로, 과학적인 감사가 가능하다. 이때 예컨대 새로운 프로세스가 개발되거나, 새로운 시스템이나 신제품이 추가되거나, 정책이나 법률이 변경되는 등의 사정을 고려하여 소급할 시점의 설정이 중요하다. 이러한 사정을 고려할 경우 내부 혹은 외부적으로 문의가 있을 때 "왜" 그 시점으로 소급하기로 하였는지 설명할 때 유용하다.

소급 감사는 특정 리스크 영역에서 리스크 평가에 대한 스냅 샷을 제공하고자 한다. 하지만 이는 기껏해야 어느 특정한 기간 동안 잘못된 모든 것을 확인한 뒤 그러한 문제들을 해결하기 위한 현실적인 기간 설정을 시도할 수 있다는 정도로 여기는게 나을 것이다. 나아가 소급 감사에서 확인된 문제는 재발방지를 위한 시정조치뿐만 아니라 손해를 입은 제3자에 대한 구제책을 요구한다. 확인된 문제의 해결은 컴플라이언스 프로그램의 일부로서 조직이 책임져야 할 부분이다. 따라서 소급 감사 이후 과거 부당행위가 확인되었을 경우 단순히 "계속 감사를 진행"해서는 안 된다. 이는 감사의 시점 설정이 매우 중요한 이유이기도 하다.

반면에 상시 감사는 잠재적 문제가 발생할 때 그리고 소비자를 포함한 제3자 등에게 손해를 야기하기 이전에 이를 개별적으로 식별하고 해결하고자 한다. 문제가 실제로 존재한다면 관련 프로세스 및 프로세스를 재 반영한 모든 정책 또는 절차를 수정하기 위한 조치를 취할 수 있다. 모든 당사자에게 변경 사항이 전달되면 감사 책임자는 사전에 결정된 기간(예컨대 3개월 또는 6개월) 이내에 프로세스와 결과 문서를 검토하여 문제가 해결되었는지 확인할 수 있다. 반복적인 재교육을 거친 후에도 문제를 시정하지 못한 직원에 대한 징계조치를 포함하여 추가적인 시정조치가 필요할 수 있음을 결정할 수 있다. 상시 감사는 개인의 태도를 상시적으로 변하게 하는 데 유용하고, 즉시 법규를 준수하도록 하여 문제점이 시정될 수 있어 많이 선호되는 방식이다. 이와 달리 과거에 대한 소급적 관찰은 태도 변화에 적용하기가 어렵다. 왜냐하면 당사자에게 문제점이 전달되었을 때 그 소식은 이미 "오래된" 뉴스이기 때문이다.

모니터링 및 감사는 두 가지 방식 모두 적용하는 것이 효과적일 수 있다. 소급 감사는 시스템, 규정 등의 변경으로 인하여 발생하는 문제를 확인할 수 있고, 여러 시점 간 비교·대조할 수 있는 반면, 상시 감사는 이를 "상시적"으로 할 수 있기 때문이다.

모니터링 및 감사를 위한 샘플링에는 다양한 접근방식이 있다. 모니터링 및 감사활동의 전반적인 목적을 포함하여 최종 결과의 보고지(내부보고 혹은 외부보고), 접근 방식(소급적 방식 혹은 상시적 방식) 등을 고려하여야 한다. 통계적으로 유효한 샘플링은 리스크 문제를 식별하는 데 가장 신뢰할 수 있다. 그러나 이 방식은 자료의 집중 및 통계적으로 유효한 샘플을 정의하는 데 전문지식을 필요로 한다. 통계적으로 유효하지 않지만 또 다른 유형의 샘플링을 사용할 수 있는데, 자료의 제한 및 기타 변수로 인해 더 일반적으로 활용되는 경향이 있다. 통계적으로 유효한 샘플링 방식은 표본 집단만이 아닌 전체 인구 집단에 결과를 적용할 수 있는 유일한 방법이라는 점에 유의해야 한다. 반면에 그 밖의 다른 유형의 샘플링은 전체 인구가 아니라 표본 자체에만 적용된다.

모범 규준의 전파, 훈련, 징계 등의 컴플라이언스 요소가 충족되었는지 여부를 판단하기 위해 모니터링 혹은 정기적인 점검이 필요하다. 그러므로 이러한 방식은 잠재적인 결함과 수정이 필요한 부분을 대상으로 한다. 내부 평가에 적합한 장소에서 직원 인터뷰로 시작하는 것이 좋다. 직원은 지식이 풍부하고 아마도 조직이 발전하는 과정에 참여하는 것을 즐길 수도 있다. 따라서 이들은 예상한 것 이외로 엄청난 양의 정보를 제공할 수 있다. 직원에게 리스크, 일상 업무, 프로세스, 절차, 직원 개개인의 건전성 내지 고결성에 대하여 자유롭게 물어보라. 정책과 절차대로 업무가 집행되고 있는지 물어보라. 피드백을 위해 정기적으로 설문지를 직원 혹은 행동표적 집단에게 보내라. 이때 중요한 사항은 조직은 비보복 정책을 유지하고 있음을 알려 직원을 항상 안심시키는 것이다.

최종적인 서류(예컨대 송장, 재무제표 등) 및 업무지원 서류(예컨대 워크시트, 법률자문, 재무분석, 일정, 예산, 지출 등)에 대한 정기적·부정기적 점검 시스템을 구축하라. 데이터 수집 및 탐지는 사업 관련 동향 분석 및 프로세스 측정을 제공하기 때문에 점검에서 가장 중요한 부분이다. 준법지원인 혹은 점검 책임자는 다음의 기술적 사항을 고려해야 한다.

- 현장 방문
- 경영, 운영, 법무, 구매, 마케팅, 재무, 기타 관련 활동 인원과의 인터뷰
- 조직 구성원의 광범위한 단면을 밝히기 위해 개발된 질문지
- 조직 각 사업 단위 부서에서 준비한 서류 심사

- 특정 영역 내 일정기간 동안의 긍정적·부정적 일탈행위의 발견을 위한 동향 분석 또는 장기간의 추적 연구
- 내부 및 외부에서 접수된 불만사항
- 성과 점검 시 인터뷰에서 잠재적인 잘못된 행동 혹은 준수하지 않은 영역이 있는지 여부 질의(이는 직원들이 문제를 제기할 수 있는 또 다른 경로를 제공함)
- 잠재적 리스크를 식별하기 위해 출구 인터뷰에서 컴플라이언스 관련 질문 제기

모니터링을 조정하고 내부 감사를 수행하는 책임은 누구에게 있는가? 내부 감사관의 책임인가, 컴플라이언스 부서의 책임인가, 모두의 책임인가? 우선 중복을 피하려면 조직에 감사업무를 수행하는 또 다른 부서가 있는지 고려해야 한다. 업무의 질적 향상 혹은 질적 보증활동은 흔히 기업조직 전반에 걸쳐서 진행되고 있다. 또한 이러한 활동에 대한 명명법(nomenclature)은 컴플라이언스 부서에서 수행한 모니터링 및 감사활동과 다른 정의를 가질 수 있다. 감사 책임자는 감사분야에 경력이 있어야 한다. 특별한 이슈를 모니터링하거나 잠재적 문제영역을 점검하기 위하여 주제별 전문가를 포함한 컴플라이언스 특별 팀과 같은 내부 특별 그룹을 고려할 수 있다.

정부, 미국증권거래위원회와 같은 규제기관 또는 관련 산업협회와의 상호 협의사항이나 질의는 모니터링 또는 감사 노력에서 포함된다. 대규모의 기업조직이라면 계약서 작성 등에 있어 훨씬 더 어려움을 겪을 것이다. 정부 및 기타 규제기관과 전화통화를 했을 경우 그 내용을 메모하고, 제공된 정보에 대한 서면 확인을 부탁할 필요가 있다. 이때 메모에는 대화의 세부 내용뿐만 아니라 날짜, 시간, 연락한 사람 등도 포함되어 있어야 한다. 예방적 조치로서 경우에 따라 규제기관의 대표와 주기적으로 만나 특별한 의문점이나 업계 관련 핵심 이슈를 논의하는 것이 유용할 수 있다. 이러한 미팅은 더 좋은 의사소통 라인을 형성하고 기대와 요구사항에 대한 이해를 높여 준다.

모니터링 및 감사활동은 실제적·잠재적 컴플라이언스 리스크에 대한 전체적인 관심을 나타내기 위해 문서로 남겨야 한다. 계획, 관찰, 실행 계획, 이슈에 대한 해결책 등은 회사의 고위경영진에게 정기적으로 보고되어야 한다. 또한 컴플라이언스 프로그램의 지속적 평가결과는 고위경영진(예컨대 최고경영책임자, 회장 등), 이사회, 컴플라이언스 위원회에 적어도 매년 보고되어야 한다. 모니터링 및 감사활동은 모든 연간

점검에 있어 핵심 사항이다. 이때 고위경영진, 이사회, 컴플라이언스 위원회에의 보고에는 잠재적 문제를 다루고 해결하기 위한 실천 계획과 함께 조사결과 또는 위법행위의 의혹이 포함되어 있어야 한다.

5. 보고 및 조사

긍정적이고 친문화적 분위기는 직원들이 자발적으로 문제를 보고하도록 장려하는데 있어 대단히 중요하다. 직원들이 잠재적인 문제를 보고하거나 우려를 제기하는 데는 다양한 방법이 있다. 이러한 방법 가운데 일부는 보고 메커니즘을 수립하기 위한국가의 특수한 법률(예컨대 프랑스 데이터보호법)에 좌우된다. 커뮤니케이션은 컴플라이언스 프로세스에 있어 매우 중요하다. 가장 중요한 보고 시스템은 개방적인 것이며, 가장 좋은 보고 시스템은 직원이 그의 상관에게 편안히 다가가 어떠한 잠재적 문제라도 자유롭게 논의할 수 있는 그러한 시스템이다.

보고 시스템이 효과적이기 위해서는 직원들이 보고에 따른 보복은 존재하지 않고앞으로도 없을 것이라는 것을 받아들여야 한다. 친문화적 분위기의 강조는 직원들로하여금 보고를 장려하는 하는 데 도움이 된다. 반면에 분위기가 조심스럽거나 우회적인 보복이 가능하다면 실제로 보고에 악영향을 미칠 수 있다. 비보복 정책은 컴플라이언스 프로그램에서 가장 기본적인 개념이며, 비보복에 관해 명확하게 명시된 정책이 그 첫 걸음이다. 이와 달리 직원이 보고 이후에 보복이 있을 거란 의심을 하면 아무도 나서지 않을 것이며, 결과적으로 '내부고발자(whistleblower)'에게 척박한 환경을만들고 조직은 체크되지 않은 리스크에 노출될 것이다.

그렇기 때문에 비밀유지가 매우 중요하다. 컴플라이언스 정책과 절차는 모든 보고프로세스에서 가능한 한 비밀성과 익명성을 최대한 보장해야 한다. 물론 비밀유지는비보복 정책과 밀접히 연결되어 있다. 예컨대 승진 후보자의 문제에 대한 보고가 상급자에게 통보된 경우 승진과 관련된 의사결정과정은 오염될 수밖에 없다. 컴플라이언스 정책 및 절차는 직원에 대해 확신을 주어야 한다. 하지만 문제 개선절차 중에는법적 조치가 수반될 수 있는데, 이는 경우에 따라 신상공개가 필요할 수 있음을 명심하여야 한다. 법률고문은 비현실적인 약속이 되지 않도록 비보복 정책 및 비밀유지정책을 검토해야 한다.

보편적으로 권장되는 보고방식 중 하나는 긴급직통전화(hotline)이나 전화상담 서비스(helpline)이다.[7] 이때 몇몇 국가는 이러한 방법의 사용을 제한하거나 허용하지 않는 법률이 있을 수 있다. 핫라인을 내부 혹은 외부 어디에서 다룰 것인지에 대해 다양한 논의가 있다. 기업조직의 규모와 환경은 이에 대한 결정에 있어 주요 요인이 된다. 대규모 기업조직은 핫라인이 24시간 운영될 필요가 있을 수 있다. 반면 더 작은 규모의 기업조직에서 핫라인의 24시간 운영은 불필요하거나, 외주업체를 통해서만이 가능할 수 있다. 어떤 방식을 채택하든 비용이나 자원이 충분히 고려되어야 한다. 특히 외주업체를 활용하기로 한 경우, 계약은 다음 사항들을 포함하여야 한다.

- 수신자 부담 연락처를 다른 외주업체로 이전하거나 내선으로 연결할 권한
- 외주업체의 컴퓨터 시스템이 조직의 컴퓨터 시스템과 동일한 수준으로 개인정보 보호를 하고 있다는 보장
- 통화 상담에 대한 사례 관리 능력
- 최신 동향, 특이점 등을 식별하는 데 도움이 되는 분석 및 보고 능력

핫라인를 자체적으로 운용하든 외주업체에 위탁하든 익명성은 최대한 보장되어야 한다. 모든 국가의 특별법이 고려되어야 한다. 핫라인 번호와 이용 절차는 직원을 위한 정책 및 절차 매뉴얼의 한 페이지에 작은 글씨로 기재하기 보다는 직원들에게 반드시 명확하고 쉽게 전달되어야 한다. 일부 국가에서는 특정 법령에 핫라인 번호를 게시하기 위한 요구사항이 있을 수 있다. 보고방식이 어떠하던 간에 직원들이 어떠한 이슈라도 보고할 수 있으며, 그 보고방법을 쉽게 이해하도록 책임감을 고취시키는 방향으로 지속적 커뮤니케이션이 이루어져야 한다.

문제제기 방법이 정립되었다면 효과성을 어떻게 평가해야 하는가? 문제제기의 빈도수가 반드시 이러한 보고방식이 제대로 작동된다거나 직원들이 문제제기 의무를 잘 알고 이해하고 있음을 시사하는가? 꼭 그렇지만은 않다. 직원들이 보복의 두려움 없이 문제제기를 할 수 있다는 믿음을 갖는 직장 환경과 문화가 만들어졌을 경우 핫라인으로의 착신전화 수는 그다지 많지 않을 수 있다. 업계에서는 일반적으로 핫라인 도입 첫 해 전화의 80% 정도는 인사 및 사업주와 직원의 관계에 관한 사안이라고 한다. 예컨대 상관의 태도나 동료의 모욕적 언사, 근무시간에 대한 조직 정책의 불일치 등이 대표적이다. 시간이 지날수록 이러한 유형의 전화는 줄어들지만 실행 초기가 지

나서도 이러한 경향은 40~60% 정도로 유지된다. 다시 언급하면 조직의 문화를 고려하는 것이 중요하다. 착신전화 수 하나만으로 핫라인 시스템의 효과성을 판단하는 지표로 삼을 수 없다.

일반적으로 핫라인과 같은 보고 메커니즘 이외에 어떤 조직은 내부 이메일 시스템을 이용하기도 한다. 이때 이메일은 문제가 적절하게 보고될 수 있도록 설정될 수 있으나, 준법지원인은 이메일 발신인을 알아낼 수 없다. 오늘날 컴퓨터는 직장 환경에서 아주 흔하지만, 누구나 회사 컴퓨터에 접속하여 자료를 공유할 수 있는 것은 아니다. 컴퓨터를 이용하지 않는 업무도 있으며 중앙에 위치한 일반 액세스 단말기의 경우 기밀성이 손상될 수 있다. 따라서 이메일이 단일한 보고 시스템으로 되서는 안 된다. 이러한 종류의 보고 시스템을 채택했을 경우, 회신을 원하는 이메일 발신인은 자신의 이름을 이메일 본문에 포함시키는 것이 필요함을 보고 절차에서 강조할 것을 기억해야 한다. 앞서 언급했듯이 준법감시인은 발신인을 알 방법이 없기 때문이다.

또 다른 보고방법으로는 드롭박스가 있는데, 이는 전통적인 방법이었던 투서함 내지 제안함의 변형이다. 이 방법을 채택할 경우 정기적이고 빈번한 수거가 이루어지는 것이 중요하고, 여러 위치에 드롭박스가 놓여야 한다. 감시 카메라가 있는 기관이라면 사각지대에 드롭박스를 설채해야 한다.

보고작업은 전술한 두 방법 모두 효과가 있고, 준법지원인은 모든 기회를 활용하여 각 계층의 직원 전부와 연락할 수 있어야 한다. 정기적·지속적인 의사소통은 문제제기의 중요성을 반복적으로 환기시킬 수 있는 교육이 되고 문제를 예방할 수 있는 한 방편이 된다. 컴플라이언스 커뮤니케이션은 기존의 시스템에 접목될 수 있다. 예컨대 사내 소식지에 자주 컴플라이언스 관련 칼럼을 기고한다거나, 게시판에 포스터 부착 및 뉴스 속보를 통해 컴플라이언스 상황을 주기적으로 알리는 것 등이 있다. 특정 직원에게 신속히 알리고 싶은 합의사항, 특별한 경고 혹은 정책의 변경 사항이 발생했을 경우, 훌륭한 의사소통 채널이 효과적으로 마련되어 있어야 한다. 어떤 의사소통 방식을 채택하던 파일이나 바인더에 사본을 꼭 보관하여 둠으로써 언제, 어디서, 누구와, 어떻게 소통하였는지 기록이 남도록 해야 한다. 모든 직원의 이메일, 사내 소식지의 기사, 회사 인트라넷 페이지, 전체 임직원 회의에서의 브리핑 등 모든 커뮤니케이션 방식은 컴플라이언스 부서의 가시성 및 직원들에 대한 접근성을 강화하는 방향이어야 한다.

불만사항이 접수되었을 경우 그 다음 단계에서 무엇이 발생할 것인지 예정되어 있어야 한다. 불만사항 및 제기된 문제를 다루는 절차가 명백히 규정되어 있어야 하고, 이에 따라 문제를 제기한 직원에게 높은 예견가능성을 제시할 수 있어야 한다. 제기된 문제가 고위경영진으로부터의 단순한 답을 필요로 하는 것인지, 추가적인 조사가 필요한 것인지 또는 다음 단계로 넘어가기에는 충분한 정보가 부족한 것인지를 결정하는 방법이 있어야 한다. 때때로 충분한 정보 없이 문제가 제기되는 경우가 있다. 이 경우 프로세스에는 문제 제기자가 웹 액세스, 이메일 등과 같은 추가적인 질문을 할 수 있는 방법이 있어야 한다. 보고 메커니즘에는 호출 및 인풋 절차가 다루어져야 하는데, 이는 정책 및 절차에 규정되어 있어야 한다. 특별한 조사절차가 열거되어야 하고, 이러한 정책은 비밀유지 및 비보복 정책을 보호하기 위해 정보 배포를 제한해야 한다. 이러한 공식적인 보고 메커니즘은 일견 비용이 많이 드는 것처럼 보일 수 있으나, 실질적인 투자이다. 직원들의 보고 방식의 선택지는 규제기관에서 지원하는 핫라인으로만 한정되어서는 안 된다.

조사를 진행하는 동안에는 문건 작성이 가장 중요한다. 모든 불만사항은 일지로 기록되어 추적되어야 한다. 많은 조직에서는 개별 통화에 고유 번호를 부여하여 발신자가 전화를 걸어 지정된 번호를 알려줌으로써 불만사항을 확인할 수 있도록 하고 있다. 불만사항이 누구에 의하여, 언제, 어떻게 처리되는지가 문서에 포함되어야 한다. 관심사항의 세부 내용을 작성한 문서는 다른 부서나 다른 파일 등에 보관되어야 한다. 세부사항 문서에는 관련 부서, 조사결과와 그에 대한 조치가 반드시 적시되어야 한다. 조사절차의 개요, 특히 누가 사본을 입수하고 정보가 어떻게 서면 보고서에 통합되는지가 명확히 규정되어야 한다. 조사 관련 모든 문서에는 일관된 형식과 절차로 보고서 배포방법 및 누구에게 배포할지가 포함되어 있어야 한다.

현장 조사에는 특정한 기술이 필요하다는 점에 유의해야 한다. 조사 팀이 꾸려지면 어떻게 조사를 수행할지 그리고 어떻게 관련 주제 전문가를 포함시킬 것인지에 대해 적절한 교육을 받아야 한다. 필요한 경우 프로세스 및 문건 작성과 관련하여 법률 자문을 받아야 한다. 그리고 조사절차에 변호사에 의한 조사가 더 나은 결과를 가져올지 여부를 결정하는 방법에 대해 상세하게 규정하여야 한다.

6. 집행 및 교육

행동 강령, 정책 및 절차를 시행하기 위한 핵심 키워드로 공정함, 공평함 그리고 일관성이 있다. 집행의 시작점은 행동 강령, 정책 및 절차의 시작으로 다시 돌아간다. 조직의 컴플라이언스 및 윤리 프로그램은 조직 전체에서 일관되게 장려되고 시행되어야 한다. 이러한 목표를 달성하기 위해 집행 및 징계에는 컴플라이언스 및 윤리 프로그램에 따라 수행했을 경우 적절한 인센티브가 포함되어야 하며, 범죄행위에 관여하거나 범죄행위를 방지하거나 탐지하기 위한 합리적인 조치를 취하지 않은 경우 적절한 징계 조치가 포함되어야 한다. 이러한 징계 조치는 정책에 상세히 기술되어 있어야 하며, 조직에 있을 수 있는 징계에 관한 또 다른 정책 및 절차와 일치해야 한다. 이 요소에서는 개별 국가의 특별한 법률과 규정, 즉 직장협의회, 노동법, 노동조합 등을 고려해야 한다.

정책의 내용은 다음과 같은 영역을 포함할 수 있다.
- 위반행위에 대한 처벌
- 위반행위 보고 불이행에 대한 처벌
- 징계절차에 대한 개요(다른 정책에서 제시되어 있지 않은 경우)
- 적절한 조치를 취할 책임이 있는 당사자들
- 징계가 공정하고 일관성 있을 것이라는 약속

'작위에 의한 범죄'뿐만 아니라 '부작위에 의한 범죄'도 징계의 대상이 된다는 점을 강조할 필요가 있다. 위법행위의 감지 및 보고 불이행은 심각한 위반행위이며 그 자체가 범죄로서 징계대상이 된다. 컴플라이언스는 모두가 책임을 지는 역동적이고 지속적인 프로세스이다.

이러한 징계 관련 영역에서는 조직의 인사 부서와 협의가 중요하다. 기업조직에는 일관성이 있고 하나의 모델로 사용될 수 있는 징계 관련 정책과 절차가 이미 마련되어 있다. 인사 부서의 동료가 제공할 중요한 조언 중 하나는 모든 직원에게 규칙을 제대로 알리지 않고는 징계할 수 없다는 것이다. 앞서 언급한 바와 같이 이때 보복이 있을 수 있으므로 정책 및 절차는 명확해야 하며 모든 직원들에게 적절하게 전달되어 있어야 한다. 모르는 정책을 위반한 경우, 그 처벌은 훨씬 더 어렵다. 따라서 집행의 첫 번째 단계는 행동 강령, 정책 및 절차의 표준을 모든 직원에게 배포하고, 준수하지 않은 결과를 포함한 교육을 실시하는 것이다.

징계문제를 다루는 절차와 적절한 조치를 취할 책임 있는 사람을 결정하기 위하여 문서로 작성된 행동 강령이 중요하다. 조직이 운영되는 국가에 따라 다소 다르겠지만, 고의이든 과실이든, 컴플라이언스 위반은 구두 경고부터 정직, 특권 박탈, 해고, 벌금 부과에 이르는 중대한 제재로 처벌될 수 있다. 대다수의 조직은 공격적인 징계를 사용한다. 징계의 이름에서 알 수 있듯이 이 징계과정은 여러 단계로 나누어져 있으며, 뒤로 갈수록 처벌이 더 가중됨을 알 수 있다. 이 과정의 첫 번째 단계는 특정 국가의 노동법에 의해 정해질 수 있지만, 최소한 감독자는 해당 문제에 대한 직원의 이해를 구하고 부적절한 행동을 바로잡기 위한 약속을 담보하기 위해 직원을 만나야 한다. 경우에 따라 다음 단계 역시 특정 국가의 노동법에 의해 다시 규정될 수 있기 때문에 모든 징계는 인사 부서와 협의하여 고위경영진에 의해 행해져야 한다. 다음 단계는 급여 없는 정직이나 직원으로 하여금 일정기간 동안 위반행위를 시정할 유예 기간을 주는 것으로, 예컨대 30일이라는 유예기간을 부여한 뒤 제대로 시정되지 않을 시 해고하는 것이다. 마지막 단계는 해고 조치로 다른 수단이 더 이상 없을 경우 적용된다. 위반의 정도에 따라 징계 단계가 정해진다. 물론 이러한 논의는 감독자가 징계문제에 대한 직원들의 이해를 파악하는 데 도움이 될 수 있다. 징계 관련 절차와 논의는 모두 반드시 서면으로 작성되어야 한다.

징계와 관련된 다른 요구사항이 정의되어 있지 않은 경우 전형적인 징계 조치의 단계로는 다음이 포함된다(이러한 징계 단계는 위반의 수준 및 고의성에 따라 한 번 이상 반복되거나 건너 뛸 수 있다).

- 구두 경고
- 서면 경고
- 정직
- 벌금 부과
- 해고

처벌은 위반행위의 정도에 상응하여야 한다. 명백한 회계부정 행위는 즉시 해고 조치가 따를 것이나, 대부분의 위반행위는 비교적 심각하지 않고 과실에 의한 경우가 많다. 이러한 행위에 대해서는 교육이나 추가적인 훈련으로 다루는 것이 가장 최선일 수 있다. 교육은 "처벌"이라는 꼬리표가 절대 붙어서는 안 된다. 긍정적이고 지지적인 맥락에서 볼 때 컴플라이언스 위반행위를 효과적으로 수정할 수 있다. 정책 및 절차에 추가적 교육과 같은 개선 단계가 포함되어 있는지 확인할 필요가 있다. 가능하다면 신입 직원 모두에 대해 추천서를 포함한 배경조사가 권장된다. 법률과 규정에 의한 배경조사 권한이 없을 경우, 조직은 현 직원을 대상으로 한 정기적인, 즉 승진시점에서 배경조사를 할 수 있도록 함을 고려하여야 한다.

이러한 사전 예방전략은 이미 제재를 받은 전력이 있는 사람(정부기관에서는 채용이 금지된 사람일 수 있음)의 채용을 방지할 수 있다. 이는 외주업체와 계약하는 경우에도 적용할 수 있다. 직원 모두가 조직의 대리인으로 활동하고 있고, 조직을 위해 일하는 '선량한 시민(good faith citizen)'을 확보하기 위해 상당한 주의가 필요하다.

물론 정책의 집행은 비단 징계에 관한 것만은 아니다. 개인 및 부서의 목표와 목적에는 컴플라이언스에 대한 특정 언급이 포함될 수 있다. 성과평가는 단지 컴플라이언스 위반문제에만 초점을 맞출 필요는 없다. 예컨대 선호되거나 개선된 감사 또는 모니터링 결과를 기록할 수 있다. 긍정적인 피드백으로 강화할 수 있는 방법을 찾는다면 컴플라이언스 및 윤리 프로그램은 보다 더 효과적으로 시행될 수 있다.

7. 대처 및 예방

위반행위 혹은 잘못된 행위가 실제로 발생했다고 믿을 만한 근거가 있다면 조직은 즉각 대처해야 한다. 아무런 대응을 하지 않거나 지연된 대응은 심각한 상황을 초래할 수 있다. 컴플라이언스 프로그램 위반과 기타 위법행위는 조직의 신용성, 투명성, 신뢰성에 큰 위협이 된다. 감지됐으나 시정되지 않은 위법행위는 조직의 비즈니스, 명성, 법적 지위에 심각한 위험을 초래할 수 있다. 부정행위의 정당한 이의제기에 대한 무시는 조직과 직원, 특히 이의를 제기한 사람과 용기를 내어 폭로한 내부고발자를 멀어지게 한다. 은폐는 문제를 해결하기 보다 더 큰 문제를 야기할 수 있다. 위법행위가 있는 경우 문제를 직시하고 시정할 필요가 있다. 위법행위의 가능성에 직면하는 것은 매우 두려운 일일지 모른다. 컴플라이언스 프로그램의 목표 중 하나가 적발이라는 것을 명심해야 한다. 문제의 적발은 컴플라이언스 프로그램이 효과적임을 입증하는 것이다.

대처를 위한 합리적인 첫 번째 단계는 조직 내부 혹은 외부 법률고문을 만나는 것이다. 법률고문과 함께 조직에서의 위반행위의 심각성 정도를 확인하고, 적절한 시정조치 계획을 결정할 수 있다. 잠재적인 위법행위가 확인되면 언제라도 조사할 것이 권장된다. 조직의 시정조치 계획은 철저한 내부조사로부터 시작된다. 행위의 위반정도와 심각성은 외부 법률고문 혹은 전문가의 조력이 필요할 것이다. 조사에 사내 법률고문을 참여시킬 수 있다면 결정에 도움이 될 것이다. 내부조사는 첫 단계이지만, 위법행위의 근원이 되는 절차를 중지하거나 수정하기 위해 필요한 조치를 즉시 취해야 함에 특히 유의해야 한다.

내부조사는 조심스럽게 진행되어야 하며 꼼꼼한 서류작성을 요한다. 조사팀을 꾸릴 때는 사안과 관련된 분야에 대해 정통하고 객관적 판단을 할 수 있는 사람들을 선정해야 한다. 준법지원인은 조사팀의 일원이 되며, 준법지원인의 책임이 중요한 만큼 가능하다면 최고준법지원인(CCO)이 참여할 수 있도록 한다. 외부 법률고문이 참여하여도 컴플라이언스 부서가 팀을 대표한다. 사안을 누군가에게 떠넘기는 것은 해결책이 아니기 때문이다. 외부 법률고문은 가까운 위치에서 지시, 감독, 평가를 받을 수 있어야 한다. 조사팀은 사안의 상세한 기술을 위해 초기에는 그룹으로 회동하여 접근법 및 전략을 결정하고, 고위경영진으로부터 안내와 지원을 받아야 한다. 조사일정, 조사절차, 관련 서류작성에 대한 지침이 갖춰져야 한다. 조사팀은 조사 막바지에 이르러 한 번 더 회동하여 조사결과 및 최종보고 계획을 논의하여야 한다. 시간은 절대적으로 중요하다. 당해 규제기관에의 위반행위 보고는 위반행위의 결정적인 증거의 확보 및 채택 이후로 한다. 시기적절한 보고는 규제기관으로부터 벌금 및 과태료의 징수를 피하는 데 도움이 된다.

앞서 언급한 바와 같이 상세한 서류작성은 대단히 중요하다. 조직의 행위를 방어할 필요성이 있을 경우, 확실한 증거가 되는 일련의 서면은 절차를 훨씬 수월하게 할 것이다. 다음의 사항을 포함하여 꼼꼼하게 서류를 작성하라.

- 잠재적 위법행위 및 보고 방식
- 조사절차
- 검토된 관련 서류 목록
- 인터뷰한 직원 목록

- 직원 인터뷰 질문지 및 조직의 견해
- 해당되는 경우 정책 및 절차의 변경
- 해당되는 경우 징계 조치에 관한 문서, 해당되는 경우 때로 이러한 조치는 별도로 문서화 됨
- 권장된 개선책을 포함한 최종 조사 보고서

최종 조사 보고서 및 첨부 서류는 민감한 자료이므로 한정 수량으로 전달한다. 조사 결과 위반행위가 없는 것으로 판명될 경우, 혐의는 "근거 없음"이라고 작성한다. 내부조사 뒤 조직의 위반행위가 실제적인 법령위반에 해당하는 것이라는 합리적인 근거가 있을 경우, 조직은 위반행위를 해당 규제기관에 이 사안을 공개하는 절차를 밟아야 한다.

규제기관에 조직의 문제 사안에 대한 자발적 공개는 투명성을 입증할 수 있으므로 고려되어야 한다. 이는 조직에 일정한 재정적인 이점을 제공할 수 있는데, 공개결과 부과될 벌금이 감경되거나 행정상 이점이 있을 수 있다. 성실한 컴플라이언스 노력은 조직과 조사자들과의 긍정적 관계를 유지시킬 것이다.

조직은 문제를 바로 잡기 위해 자체적으로 감시하고 외부 규제기관과 협력해야 한다. 때로는 자체 보고를 통해 조직은 강제된 규제기관의 감사가 아니라 규제 가이드라인에 따른 자체 감사를 수행할 선택권을 가질 수 있다. 조직은 문제된 사안의 범위에 대해 아래의 방식으로 자체 감사할 수 있다.

■ 문제의 근본적 원인은 무엇인가?

회계 관련 문제는 시스템상의 관행 또는 개인의 위법행위의 결과일 수 있다. 조직 전반에 악영향을 미치는 위법한 회계 관행은 예컨대 새로운 시스템의 실행이나 컨설턴트의 잘못된 조언에서 비롯될 수 있다.

■ 문제의 발생 시점은 언제인가?

시스템상의 회계 관행은 관행의 기원 및 조직에 미치는 영향의 범위에 대한 내부 조사를 정당화할 수 있다. 한 개인에 의한 부적절한 회계처리방법은 그의 전체 경력 기록을 면밀히 조사할 필요가 있을 뿐만 아니라 그가 고위경영진으로부터 받은 지시

에 대한 검토가 필요할 수 있다.

■ 조사를 위한 소급 기간은 어느 정도여야 하는가?

어느 한 조직의 조사기준이 다른 조직에 적용되지 않을 수 있다. 어떤 조사팀은 1년 전의 회계장부를 검토하면서 시작할 수 있고, 다른 조사팀들은 1달 전의 기록부터 시작할 수 있다. 방식과는 무관하게 핵심 이해관계자는 상황에 맞게 정당화된 합리적인 접근법을 바탕으로 조사의 매개변수를 결정해야 한다.

■ 통계 표본의 추정치를 사용할 수 있는가?

통계 표본추출과 추정치는 일부 조사에서 타당할 수 있다. 이를 조사에 적용할 때 그 표본이 조사되는 요인을 대상으로 한 조직원 모두를 정확하게 나타내지 않을 수 있다는 점에 유의해야 한다.

문제점이 확인되면 즉각 시정조치가 취해져야 한다. 해당되는 경우 지체 없이 원상복구가 이루어져야 하며, 문제점을 바로잡은 이후 정기적으로 내부 모니터링이 이루어져야 한다.

규제기관이 위반혐의에 대한 정보를 가지고 조직에 접근할 수 있다. 예컨대 어느한 정부 부처와 사업계약을 체결함에 있어 회계부정 혐의를 조사하는 것 등이다. 이경우 규제기관은 내부조사를 집행할 공식 대표인단을 조직에 보낼 수 있다. 이런 사례에서는 루머와 추측이 난무할 것이다. 중요한 점은 현재 조직의 상황을 상세히 직원에게 알리는 것이다. 전달방식은 다음과 같이 다양하다.

• 대표이사 등 고위경영진이 전 직원에게 이메일·메모 발송
• 직원회의에서의 공표 및 질의응답
• 고위경영진과 관련 부서장이 매순간 현 상황을 숙지하도록 상세한 메시지 전송
• 직원들로부터 더 많은 질문과 피드백을 받을 수 있는 기회 제공

가장 중요한 것은 조직의 정책과 절차가 조사를 위해 외부 규제기관으로부터의 접촉을 어떻게 처리하고 무엇을 기대하는지에 대해 직원의 지시사항을 포함시키고 있어야 한다는 점이다. 법률고문은 이러한 정책 초안의 작성에 적극적으로 개입하여야

한다. 규제기관의 조사가 있는 경우, 법률고문이 즉시 알 수 있어야 한다. 외부 규제 기관에 의해 제출된 모든 서류는 신중하게 검토되어야 한다. 이에 준법지원인은 조사에 참여하며 모든 활동을 상세히 작성하고, 조사된 서류나 해당 사안에서 벗어난 서류를 항목별로 분류해야 한다.

[그림 12-1] 컴플라이언스 프레임워크[8]

III. 기업조직에서 효과적인 컴플라이언스 프로그램 구축을 위한 지원

1. 지원 및 노력의 획득

(1) 이사회 또는 집행위원회의 지원

컴플라이언스는 이사회로부터 시작한다. 고위경영진 등 위로부터의 지원은 컴플라이언스 프로그램의 구축에 있어 매우 중요하다. 이사회의 비전과 지침 없이는 어떤 컴플라이언스 프로그램도 있을 수 없으며, 효과적일 수는 더욱더 불가능하다. 컴플라이언스 프로그램의 필요성을 인식하고, 준법지원인의 채용을 포함한 프로그램 개시 및 실행 권한은 이사회에 있다. 컴플라이언스 계획의 첫 단계는 고위경영진이 준법·윤리경영의 노력을 대내외에 명확히 표명하는 것이다. 이사회가 분명한 지원을 하겠다는 동의서 내지 결의서는 컴플라이언스 프로그램의 강력한 시발점이 될 것이다. 조직에 따라 이런 결의서 등의 출처는 달라질 수 있다. 어떤 조직에서는 이사회 회장이 작성할 것이고, 다른 조직은 최고경영책임자(CEO)가 작성할 수 있을 것이다. 어떤 출처이든지 이는 문서로 작성되어야 한다. 이러한 문서에는 컴플라이언스 과정 및 윤리경영에 대한 분명한 지원과 노력을 적시하고, 모두가 받아볼 수 있도록 해야 한다.

이사회 회장, 최고경영책임자 또는 대표이사가 각 사업 단위별 책임자에게 결의서 등을 전달하는 것도 하나의 방법이다. 사업 단위별 책임자는 결의서 등을 고위경영진에게 전달하여 고위경영진이 적극적으로 컴플라이언스 프로그램을 지원할 수 있도록 한다. 이러한 접근방법은 모든 직원들이 곧바로 컴플라이언스 프로그램에 접근할 수 있고, 소규모 그룹으로 논의할 수 있는 기회를 만든다. 특수한 부서 혹은 사업 단위별 회의에서 컴플라이언스 프로그램의 논의와 결의서 등의 전달은 컴플라이언스 메시지에 무게를 두거나, 정기적인 회의를 위한 주요 의제로 삼을 수 있다. 나아가 이사회의 역할은 컴플라이언스 프로그램의 실행을 위한 표결 및 그 결과를 전달하는 등의 책임으로만 끝나지 않는다. 이사회의 가시적·지속적 지원은 대단히 중요하다. 대부분의 사람들은 상사의 관심 사항에 주의를 기울인다. 이사회가 컴플라이언스를 진지하게 생각한다면 그 중요성은 하위 직급의 직원들로 흘러갈 것이다. 이사진이 컴플라이언스의 중요성에 대해 교육을 받을 수도 있다. 이사회가 "옳은 일을 하는 것"이 훌륭한 사업임을, 그리고 컴플라이언스가 건전하고 장기적 투자임을 즉각적으로 인식하지 못할 수 있기 때문이다. 이사회 혹은 집행위원회는 문제점을 보고받게 되면 모욕감을 느낄 수 있는데, 이는 부정기적인 만남으로 인하여 모든 업무집행에 관한 사항을 속속들이 알기 어렵기 때문이다. 그러나 컴플라이언스에 관한 한 이사회는 잠재적 위법행위에 대한 적극적인 무대응의 여파가 어떤 것인지 알아야 한다. 이사회는 조직의 법적 책임에 대하여 교육받아야 하고, 사기 및 남용행위를 탐지하고 방지하기 위한 회사의 노력에 대한 정보를 수집하는 시스템을 구축해야 할 책임이 있다. 컴플라이언스에 관한 한 이사회가 적극적으로 역할을 하는 것이 조직에 가장 이득이 된다.

(2) 고위경영진의 지원

고위경영진은 효과적인 컴플라이언스 프로그램의 실행을 위해 영향력 있는 역할을 수행하고, 다양한 방법으로 지원을 표명할 수 있다. 모든 사람이 교육 프로그램에의 참여 의무는 없지만, 고위경영진과 부사장은 예외라고 할 것이다. 고위경영진과 부사장급이 개별적으로 준법·윤리경영을 위한 노력을 보여주는 시간을 만들어라. 조직 전체 분위기에 영향을 미칠 것이다. 고위경영진은 교육에 참여한 뒤, 직원들과 정기 회의를 통해서 혹은 상황이 허락할 경우 일대일로 교육내용을 나누어야 한다.

최고경영책임자(CEO)를 포함한 고위경영진은 행동으로 모범을 보여야 한다. 최고경영책임자는 의심스러운 행위를 직원들이 보고하도록 한 다음, 이에 대해 특별대우를 하면 안 된다. 잠재적 위법행위가 보고되면 비보복 정책이 적용되는지 감시하여야 한다. 보복에 대한 두려움 때문에 앞으로 나서는 것을 주저하지 않도록 하는 것이 최고경영책임자의 의무이기 때문이다.

조직의 문화를 위해 "중간의 목소리" 또한 중요하다. 최고경영책임자를 포함한 고위경영진은 준법·윤리경영 노력을 하는데, 중간 경영자들의 노력 및 이들의 노력에 따른 보상이 없다면 컴플라이언스 프로그램을 효과적으로 운영할 수 있는 환경 조성은 실패할 것이다.

컴플라이언스 이슈를 가장 먼저 다루는 것이 경영자의 일상 업무다. 최고경영책임자를 포함한 고위경영진은 전문가로부터 얻는 자료와 뉴스를 가까이에서 보고받고 이 가운데 컴플라이언스 관련 이슈를 컴플라이언스 부서에 전달하여야 한다. 준법지원인은 사전 대책을 강구하고 때로는 최고경영책임자 및 고위경영진에게 새로운 규정이 그들의 사업분야에서 만들어지고 있는지 질의할 것이 권장된다.

(3) 전문가의 지원

일부 사업분야는 조직에서 영향력 있는 핵심 전문가를 중심으로 운영되기도 한다. 전문가에는 예컨대 의료 서비스 분야의 외과의사, 건물관리를 위한 엔지니어, 법무를 위한 변호사, 컴퓨터 과학 분야의 프로그래머, 연구분야의 전문연구원 등이 있다. 이러한 인물들은 소속한 사업분야에서 핵심 리더가 된다. 이들 전문가의 지원이 컴플라이언스 문화로의 진정한 변화를 만들어내는 상황이 자주 발생할 것이다. 따라서 컴플라이언스 프로그램 업무에 대해 이해할 수 있고 지원할 수 있는, 필요한 경우 준법지원인을 뒷받침해줄 수 있는 전문가 중의 전문가(professional champion)를 찾는 것이 유익할 것이다. 나아가 전문가들은 일반 직원들과는 달리 시간을 효율적으로 운용할 수 있으므로, 효과적인 컴플라이언스를 업무에 능률적으로 접목하는 방법을 보여주는 모범이 될 수 있다. 핵심 전문가는 다음과 같은 여러 방식으로 컴플라이언스를 지원할 수 있다.

- 컴플라이언스를 통해 얻은 업무집행 및 재정 개선 강조
- 컴플라이언스 활동 및 개선을 지원하는 데이터 제공
- 참여를 통한 신뢰 구축
- 독재자가 아닌 파트너 관계 구축
- 어얼리 어답터 및 열정가 양성
- 소통, 소통, 소통의 방법으로

전문가를 빨리 참여시킬수록 더 좋다. 컴플라이언스 실행위원회 회의에 전문가를 참여시키고 시작 단계는 물론 전체 과정에 그들의 조언을 반영할 방법을 찾아라. 많은 조직은 컴플라이언스 위원회에 유력한 전문가를 참여시키고 있다. 예산만 허락한다면, 핵심 전문가를 컴플라이언스 컨퍼런스에 보내는 것은 귀중한 교육, 의식 고취 및 추가적인 지원도 조직에 제공할 수 있다. 전문가를 참여시키는 것은 중대한 도전이지만 효과적인 컴플라이언스 프로그램의 착수를 위해 대단히 중요한 요소이다.

(4) 직원의 지원

실수는 범죄가 아니다. 실수를 했을 때 아무것도 하지 않는 것이 범죄. 컴플라이언스 프로그램을 실행하면서 문제점을 찾는 것이 컴플라이언스 부서 단독의 책임이 아니며, 직원 모두의 일임을 확인할 필요가 있다. 교육이 가장 우선이지만, 일상적 업무집행에서 경각심을 높이는 방법을 찾아야 한다. 컴플라이언스 프로그램에 착수할 때, 어떤 조직은 컴플라이언스 관련 슬로건, 조직명, 로고가 새겨진 컵이나 펜을 직원들에게 나눠 줄 것이다. 사람들은 공짜를 좋아한다. 그리고 예산이 충분하다면 이러한 아이템은 경각심을 일깨우고 참여율을 높일 수 있다.

직원 참여는 조직의 신뢰 환경을 조성하는 능력에 직접적으로 관련된다. 앞서 강조

한 바와 같이 직원의 적극적인 참여를 담보하는 가장 좋은 방법은 비보복 정책이다. 이슈를 제기한 사람에 대한 감사 표명과 보상은 직원들에게 긍정적인 피드백이 될 것이며, 컴플라이언스 프로그램 전반에 대한 장기적인 보상이 될 것이다.

2. 재정적 지원 대책의 수립

이사회를 포함한 고위경영진은 반드시 컴플라이언스에 대한 재정적 지원을 할 의사가 있어야 한다. 공간 및 자원은 비용이 많이 들며, 대부분의 조직은 한정된 자원을 가지거나 심지어 자원이 부족하다. 자원 투입의 정도는 반드시 할당된 자원(인사 및 재무)에 직접적으로 연관되는 것은 아니며, 준법지원인과 협의하여 합리적인 예산을 책정하여야 한다. 조직이 필수적인 자원 지원을 약속하지 않는 것은 컴플라이언스 프로그램에 대한 지원을 하지 않겠다는 것이며, 불행하지만 그 메시지는 조직 전체에 새어 나갈 것이다.

(1) 컴플라이언스 예산

무엇을 해야 할지 아는 것은 그것을 실현시킨다는 것을 의미하지는 않는다. 현실은 예산 없이는 아무것도 할 수 없다는 것이다. 그러나 예산이 얼마나 필요한 것일까? 조직의 규모 및 범위에 따라 달라질 것이다. 컴플라이언스 프로그램은 조직 구성원 모두에게 영향을 끼쳐야 하고, 예산의 적절한 지원은 조직의 컴플라이언스 노력을 이끌어낼 것이다. 다시 한 번 강조하면 제도가 없는 것보다 제도가 있음에도 따르지 않는 것이 더 최악이다. 자금의 부족은 이러한 상황의 대표적 사례이다. 투자만 된다면 컴플라이언스 프로그램의 가치는 좋은 기업 시민의식에 대한 조직의 헌신과 관련된 규제기관의 해석에 있어 크게 영향을 미칠 것이다. 사실, "도덕적이지도 않고 고위경영진으로부터의 예산지원도 없는 컴플라이언스 프로그램은 실질적으로 위법행위를 해도 된다는 암묵적인 허가로 비춰질 수 있음"을 명심해야 한다.

내부적 혹은 외부적 리스크와 이러한 리스크를 관리하는 두 요소 모두에 예산이 소요된다. 관리가능한 리스크 영역은 즉각적인 주의를 요하므로 추가비용이 들 수 있는데, 예컨대 전문적인 교육이나 새로운 소프트웨어 프로그램 등이다. 특정 내부요인은 직·간접적으로 컴플라이언스 예산에 영향을 미친다. 예를 들어 이직률이 높은 조직이라면 컴플라이언스 예산에서 현직 및 신입직원의 흐름과 유입에 따른 컴플라이언스 관련 교육이 필요할 것이다. 조직의 업무가 분산적으로 집행되는 곳이라면, 컴플라이언스 절차를 집중화하거나 절차의 일관성 내지 최소한 지속적인 실행 여부를 추가적으로 모니터링해야 한다. 기타 컴플라이언스 예산 책정에 고려되어야 할 다른 요인들로는 열악한 의사소통 인프라 및 데이터 프로세스 통제나 컴플라이언스에 대한 고려가 없이 재무성과에만 주안점을 둔 보상체계 등이 있다.

(2) 컴플라이언스 부서 직원채용

조직의 규모, 환경, 문화는 컴플라이언스 부서 직원의 채용 방식에 영향을 미친다. 어떤 조직에서 준법감시인은 정규직이 아닌 비정규직일 수 있다. 조직이 대규모이고 여러 지점으로 운영되고 있을 경우, 컴플라이언스 부서도 훨씬 그 규모가 커질 것이며, 이에 따라 다양한 직원 채용이 가능하다. 교육이 많이 이루어져야 하기 때문에 교육 진행자는 컴플라이언스 프로그램에서 핵심적 역할을 할 수 있다. 다른 주요 직위로 컴플라이언스 데이터를 축적하고 정기 감사, 모니터링, 보고서 작성을 맡을 감사직이 있다. 비서직이나 행정직 직원도 유용하다. 만일 직원 채용에 전술한 직위를 추가 채용할 수 없을 경우, 하나의 직위에서 업무 조정을 할 수 있는지 알아보라. 이는 컴플라이언스의 지속적 자원 투입에 대한 프로그램 역량 및 수용력 설계 단계에서 가능할 것이다.

더 큰 규모의 조직에서 중요하게 고려하여야 할 사항은 준법지원인 및 컴플라이언스 분야 담당자가 원격지에서도 컴플라이언스 노력을 도울 수 있어야 한다는 것이다. 정규직 또는 비정규직 준법지원인원은 적절한 교육 및 자원을 필요로 하며, 이는 현장에서 다양한 방식으로 제공될 수 있다. 예컨대 참조 책자, 조건부로 연락가능한 연락처, 리스크 혹은 프로세스의 핵심 영역에 관한 집중 훈련 등이 포함될 수 있다. 또한 이들을 프로세스 및 접근방식의 개발에 참여시켜 주인 의식을 갖게 하는데 도움이 될 수 있다. 적정하게 예산을 편성하도록 함이 중요하다.

(3) 운영의 계속

그 밖에도 보고방식에 소요되는 비용을 운영비로 고려해야 한다. 핫라인, 이메일 등의 보고방식은 내부적 혹은 외부적 방법으로 가능한데, 각각의 선택에 따른 비용이

산정될 필요가 있다. 외부에서 이루어지는 보고방식일 경우 비용에 있어 보다 더 경제적일 수 있다. 앞서 언급한 바와 같이 보고방식을 정할 때에는 각 국가의 법률 및 규정을 충분히 고려해야 한다. 외부 업체에 도움을 받을 경우에는 경쟁 입찰의 방식을 채택하고 비교가능한 정보를 기반으로 하였는지를 확인해야 한다. 의사결정을 내리기 전에 외부 전문가의 도움을 받는 것은 매우 유용하다. 외부 자원이 당신에게 어떤 도움을 줄 수 있는지 알아보는 것은 잃을 것이 없다.

교육자료는 상당한 비용이 요구될 수 있다. 일반적인 교육과정 및 신입 직원 오리엔테이션을 위한 비디오 프로그램이 도움이 될 수 있다. 조직의 특성에 적합하도록 영상물을 제작함에는 많은 비용이 들기 때문에 기존의 상용화된 영상물을 활용할 수 있다. 핵심 부처 및 직원을 비롯한 특정 분야 전문가들은 전문교육이 필요할 것이다. 이러한 교육은 외부 자문위원이나 전문가를 통해 제공되므로 예산에 영향을 미친다. 지속적 훈련을 위한 시청각 장비와 시각 자료를 만들 소프트웨어 등이 필요할 수 있다. 발표문, 의제, 유인물 등의 인쇄에 따른 인쇄비가 있고, 행동 강령과 정책 및 절차 인쇄비는 매우 높은 금액일 수 있다. 행동 강령은 마케팅 회사가 만든 연간 보고서처럼 보일 필요는 없으나, 조직에 대한 신뢰 및 전문성을 보여줄 수 있어야 한다. 조직에 적합한 모습과 느낌을 찾고 이에 맞게 예산을 산정할 필요가 있다.

오늘날 인터넷 액세스는 필수적이다. 다른 수많은 컴플라이언스 관련 웹사이트들과 같이 모든 관련 규정은 온라인으로 볼 수 있다. 따라서 컴퓨터와 관련한 적절한 지원은 대단히 중요하다.

전문적인 학술지 및 소식지는 새로운 개발, 모범 사례 및 업계 동향을 유지하기 위하여 반드시 활용되어야 할 도구이다. 이들은 고위경영진에게 기사, 제안, 아이디어를 전달해주거나 사내 소식지로 편집되어 전달될 수 있다. 조직의 자산이 될 컴플라이언스 도서관을 점진적으로 설계할 연간 전자 및 인쇄물 예산을 고려할 필요가 있다. 기업 컴플라이언스와 윤리협회(the Society of Corporate Compliance and Ethics: SCCE)[9] 회원으로 가입하는 것도 좋은 투자이다. SCCE와 같은 전문적 조직에의 소속은 조직의 전문분야에서의 입지를 강화해 주고 귀중한 자원 연계에 도움을 줄 수 있다.

조사에 소요되는 경비는 예측이 어려울 수 있다. 특히 조직이 위기상황일 경우 더욱 그렇다. 컴플라이언스 부서는 최소한 이러한 비용을 추정하기 위하여 연간 단위로 비교를 해야 한다. 컴플라이언스 프로그램이 새롭게 실행된 경우, 비용 예측은 다른 부서가 컴플라이언스 관련 조사에 사용한 비용, 특히 외부 자원의 사용에 의존한 비용을 알아볼 필요가 있다. 왜냐하면 컴플라이언스 기능이 이러한 조사를 내부적으로 비교 절약하여 수행할 수 있기 때문이다.

마지막으로, 조직 내에 사내 변호사가 있을 경우, 예산 요구사항을 결정하기 위해 그와 협의가 필요하다. 외부 변호사에 의존하고 있을 경우, 새로운 또는 확장된 컴플라이언스 프로그램을 회사에 알리고 추가 비용을 요청할 수 있다. 이러한 추가 비용은 합법적인 예산의 일부이기는 하나, 적절히 어딘가에서 편성될 수 있을지 확인하는 것이 좋다.

컴플라이언스 비용 절약을 위한 6가지 팁

1. 기존 과정의 질을 높여라

- 조직에 가장 큰 위협을 초래하는 프로세스를 질적 측면에서 보다 중점을 두고 반복해서 검토할 경우, 그 결과는 효율성 향상, 고객 만족도 향상, 더 개선되고 비용이 절감된 컴플라이언스를 이끌어 낼 수 있다.

2. 일반적인 프로세스 및 제어 기능을 집중화 하라

- 예를 들어 교육과 같이 동일한 기능이 서로 다른 부서에서 이루어질 경우, 이러한 분산된 노력은 추가 비용뿐만 아니라 중복과 부적절한 감독으로 이어질 수 있다.

3. 기업문화에 집중하라

- 컴플라이언스의 효율성 및 성공을 위하여 이 점은 대단히 중요하다. 직원의 만족도 및 직원 유지 현황은 기업문화가 어떤지 가늠할 수 있는 좋은 척도이다. 직원의 빈번한 이직은 채용뿐만 아니라 신입직원 교육에 많은 비용이 들 수 있다.

4. 정보처리 시스템을 향상시켜라

- 컴플라이언스에 최신 기술을 접목시키는 것은 대단히 중요하고 경제적이다. 여기에 모니터링을 용이하게 하는 편집 점검과 보고와 같은 것이 있다. 효율적인 기술은 자원을 다른 분야에서 활용할 수 있도록 해준다.

5. 교육을 강조하라

- 오류를 시정하는 가장 좋은 방법은 문제가 발생하기 이전에 예방하는 것이다. 사

람들이 법규를 준수하지 않는 가장 첫 번째 이유는 문제되는 부분이 컴플라이언스 관련 영역이라는 것을 알지 못하거나 충분히 이해하지 못했기 때문이다.

6. 마케팅과 보상을 주시하라

– 마케팅 자료의 메시지가 기업철학과 일치되는지 심사해야 한다. 새로운 벤처 기업 은 리스크와 리스크관리에 대한 조직의 능력을 평가해야 한다. 보상구조는 측정 가능한 컴플라이언스 목적을 포함해야 한다.

3. 행동 강령의 개발

컴플라이언스 프로그램을 직원들에 적용할 때는 많은 요인이 영향을 미친다. 직원 을 가능하면 빨리 참여시키는 것이 더 좋다. 조직 전반에 대한 컴플라이언스 프로그 램이 실행에 들어가기 전에 모든 것을 완벽하게 갖춰야 될 필요는 없지만, 컴플라이 언스 프로그램의 인프라 구축 가운데 가장 중요한 부분인 조직의 행동 강령을 제대로 준비할 필요가 있다.

행동 강령을 어떻게 작성할 것인지는 다양하다. 어떤 조직에서는 이사회 차원에서 준비된다. 그 밖에는 준법지원인이나 컴플라이언스 위원회의 책임이다. 조직의 행동 강령 초안을 작성해야 하는 직위에 있다면 행동 강령의 모범 사례를 참고하여도 좋 다. 연계 자원을 이용한 방법으로 다른 조직의 행동 강령을 요청하여 얻을 수도 있을 것이나, 행동 강령을 그대로 답습하는 것은 권장되지 않는다. 사소한 수정을 가하는 등 조직의 특성에 맞도록 바꿔야 한다. 행동 강령은 조직의 문화, 특성, 장단점을 반 영하여야 한다. 행동 강령이 직원들에게 문화로서 수용되지 않을 경우, 직원의 컴플 라이언스 프로그램의 참여 및 협조는 더 어려워질 것이다.

모든 조직에 적용할 수 있는 규격화된 행동 강령은 없을지 모르나, 모든 행동 강령 이 포함해야 하는 필수 요소는 있다. 대부분의 행동 강령은 공식적인 이사회나 집행 위원회의 컴플라이언스 프로그램 실행 허가 결의서 또는 프로그램 실행착수 보고서 로 시작한다. 행동 강령은 고위경영진의 지원 표명으로 출발하여야 한다. 이사회 회 장이나 최고경영책임자의 지원 표명은 "내가 약속한다"라는 메시지를 담을 수 있다. 이러한 고위경영진의 성명은 조직의 임직원 모두와 관련하여 회사가 윤리적인 태도 로 업무를 집행하고, 조직에 영향을 미치는 모든 법규를 준수해야 함을 명백히 밝혀야 한다. 직원의 지원도 필수적이다. 행동 강령은 오늘날의 복잡하고 혼란한 상황에서 직원들을 도와줄 가이드라인과 도구를 제공해 줄 것이다. 여기서 직원의 진실성은 쟁점이 아니다. 상황이 불확실성을 내포했을 때 행동 강령은 적절한 업무집행이나, 매우 어려운 상황일 경우 조직 내 해결방법을 제시한다.

행동 강령은 조직의 사명이나 비전의 정교한 버전으로 보일 수 있으나, 이러한 업무 및 비전은 행동 강령에서도 확실히 읽힐 수 있는 위치에 있어야 한다. 많은 조직이 특정한 가치를 조직의 사명으로 삼는다. 만일 조직이 조직의 사명 이외의 추구하는 가치가 별도로 있을 경우, 이러한 가치 또한 행동 강령에 두드러진 특성으로 포함하여야 한다.

모든 직원과 계열사들을 위한 것으로 행동 강령에서 준법·윤리경영에 관한 문제 처리 절차는 지휘계통 규정으로 시작하며 상세하게 개관하여야 한다. 가장 좋은 보고 방식은 개방적인 것이다. 이슈가 제기되면 직원들은 지휘계통의 가장 첫 번째 연결고리인 그의 상급자에게 편안하게 다가갈 수 있어야 한다. 직원이나 상급자가 문제해결을 할 수 없을 때는 보통 부서장이 다음 단계이다. 상급자 및 부서장과의 논의가 만족스럽지 못할 경우, 어떤 조직에서는 인사부서장을 부른다. 최종적으로 컴플라이언스 관련 이슈가 부서장이나 인사 부서에서도 해결될 수 없을 경우, 준법지원인이 관여한다. 이러한 내용은 행동 강령 내에 비보복 원칙의 명확한 규정과 함께 자세히 규정되어야 한다.

그러나 모든 직원이 고위경영진들과 편안하게 대화할 수 없기 때문에 잠재적 문제나 질문을 할 때 대체가능한 방식이 있어야 한다. 행동 강령은 이러한 대체 보고방식의 활용에 대한 분명하고 간결한 설명을 제공해야 한다. 예컨대 국가의 개별법이 핫라인 보고 시스템을 허용할 경우, 핫라인 번호를 운영시간과 함께 목록으로 작성한다. 이러한 상황에서는 모든 발신자의 익명성이 법령에 근거하여 완전하게 보장됨을 강조하여야 한다. 보고된 이슈의 대처 방식에 대한 절차 개요를 규정하는 것이 도움이 된다. 컴플라이언스 부서가 제기된 모든 이슈를 조사할 수 있는가? 컴플라이언스 관련 의문점 혹은 혐의점, 지휘계통에서 보내졌던 핫라인으로 수신되었든, 그 밖의 다른 보고방식으로 도달하였든, 48시간 이내에 조사할 수 있는가? 이러한 세부사항들이 포함되는 것이 중요하며, 그 실현가능성에 대해 직원들이 안심할 수 있어야 한다.

효과적인 컴플라이언스 프로그램의 핵심 요소로서 이슈 제기를 하고자 할 때 직원이 이용할 수 있는 자원을 기술하여야 한다. 준법지원인의 연락처와 그 외 연락가능한 직원의 전화번호 및 이메일 주소를 추가한다.

　행동 강령은 매우 폭넓게 서술될 수 있다. 예를 들어 성추행이나 마약 등과 같은 금지약물에 대한 방침을 다룰 수 있다. 모든 규정은 이해상충, 사은품 및 사례금의 수수, 지적재산권의 보호, 개인정보 보호 및 보안 등에 관한 예측가능성을 제공하여야 한다. 특별히 취약한 점과 리스크 영역은 조직의 문화에 따라 달리 규정되어야 한다. 가장 중요한 것은 규정에서 회계부정 및 남용행위에 관하여 무관용 정책, 규제기관에 시기적절한 보고 노력 그리고 모든 법령의 준수를 강조하여야 한다. 시정되지 않거나 악의적인 부당행위는 해당되는 경우 엄격한 징계절차에 따라 무거운 징계가 내려질 수 있음을 규정하여야 한다. 또한 모든 사람은 잠재적 위법행위를 보고할 의무가 있고, 보고의무 있는 자가 이를 보고를 하지 않은 것도 징계의 대상이 됨을 명확히 적시해야 한다.

　행동 강령은 추상적으로 기술될 가능성을 내포하는데, 개인의 일상 업무와 관련성이 없는 것처럼 보일 수 있으므로 빈번히 발생하는 사례나 '컴플라이언스 위반사례'를 포함하여 일반 직원에게 더욱 실용적으로 전달될 수 있도록 한다. 일반적이고 구체적인 사례의 혼용이 권장된다. 일반적인 사례의 예시는 다음과 같다.

- 제가 사업 관련 규정위반 사례를 본 것 같습니다. 누구에게 연락해야 하는가요?
- 제가 확실하지 않지만 문제가 될 가능성만 있어도 이를 보고를 해야 하나요? 제게 문제가 생기지는 않을까요?
- 저의 상관이 제가 생각하기에 옳지 않다고 생각하는 것을 부탁한다면 어떻게 해야 하나요?
- 제 보고의 비밀유지를 어떻게 확신할 수 있나요?
- 제 상관이 자신의 아들 음악공연 티켓을 근무시간 중에 제게 팔려고 합니다. 제가 사야 하나요? 제가 사지 않으면 그가 보복하지 않을까요?

　마지막으로, 대부분의 행동 강령은 확인서 내지 증명서를 동반한다. 직원의 서명을 요구하는 증명서 양식은 문서의 중요성이 강조되고 외부 조사가 있을 때 일정한 법률적 이익을 제공할 수 있다. 어떤 조직은 직원들로부터 지체 없이 이러한 확인서를 받을 수 있도록 하기 위해 신입 직원이 주차공간과 같은 혜택을 받기 전에 서명이 들어

간 확인서를 요구한다. 확인서는 직원의 공식적 인사 파일에 첨부되어야 한다.

4. 준법지원인의 채용에 있어 고려 사항

앞서 언급했듯이 준법지원인은 컴플라이언스 프로그램의 "중심"이다. 준법지원인의 채용 시 교육 수준과 학위는 주요 고려사항이나, 이보다 더 중요한 사항은 조직 내에서 신뢰받고, 높게 평가받을 수 있는 인물이어야 한다는 점이다. 배경이나 경력도 고려되어야 한다.

모든 컴플라이언스 부서 직원은 직무기술서가 있어야 한다. 필요할 경우 준법지원인은 스스로의 직무기술서를 개발해야 한다. 추가적 부서의 직원에 대한 직무기술서는 관련 업무 및 책임에 대한 세부내용과 측정가능한 기대효과도 포함되어야 한다. 예를 들어 교육기획관의 경우 특정한 날짜로 기한을 정하여 연간 교육계획을 요구할 수 있다. 감사는 매달 특정 리스크 영역을 검토할 것으로 예상된다. 이때 직무기술서는 시간의 흐름, 컴플라이언스가 요구하는 바에 따라 수정·보완되어야 한다. 직무기술서에는 주기적으로 수렴된 직원 의견을 반영하고, 연례 인사고과를 위하여 적절하게 보관되어야 한다.

조직의 규모 및 범위와 무관하게 컴플라이언스 부서의 직원은 일정한 특성을 갖추고 있어야 한다. 즉 컴플라이언스 부서는 지원활동 부서이므로 훌륭한 "대인관계 능력"이 필수적으로 요구된다. 다양한 성격 유형의 사람과 매일 상호작용을 하기 때문이다. 즉각적으로 반응하지 않는 성격은 컴플라이언스 부서에서 일하는 직원에게 자산이 될 수 있다. 또한 컴플라이언스는 많은 변화를 수반하는 일을 하는데, 일반적으로 사람들은 변화를 좋아하지 않는다. 따라서 컴플라이언스 담당자는 때때로 행복하지 않고 불만이 가득 찬 직원을 다룰 수 있어야 한다. 뛰어난 의사소통 능력은 대단히 중요하다. 신중함도 요구된다. 유머 감각도 도움이 된다. 면접을 할 때 이러한 자질들을 갖추고 있는지 살펴보아야 한다. 이러한 자질을 가진 인재를 찾지 못하더라도 계속 둘러보아야 한다. 일단 직원으로 채용했을 경우, 이러한 자질들을 끌어낼 수 있도록 하고 인사고과에서도 피드백과 조언을 주어야 한다.

대부분의 준법지원인은 컴플라이언스의 주된 업무가 교육 및 훈련과 관련되어 있음에 동의할 것이다. 따라서 채용의 최우선순위는 교육기획관이다. 앞서 언급한 바와 같이 교육은 컴플라이언스에 있어 가장 중요한 최전방의 방어선이다. 컴플라이언스 관련 교육을 충실히 받은 직원은 위법행위와 관련된 행동을 할 가능성이 적고, 조직의 컴플라이언스 노력을 알게 될 경우, 잠재적 위반행위와 관련한 문제를 앞장서서 제기할 가능성이 높아진다. 교육에 집중할 수 있는 사람을 채용할 경우, 더 많은 교육 프로그램을 설계할 수 있고 준법지원인이 전체적인 상황을 조정할 수 있게 한다. 훈련기획관은 업계에서의 유력한 배경 및 성인 학습자 훈련에 관한 탄탄한 경력이 요구된다. 파워포인트 프리젠테이션과 아울러 유인물 준비에 컴퓨터 활용기술이 필요하다. 조직을 잘 구성하는 기술 또한 중요하다. 훈련에 대한 출석률 확인도 험난한 업무가 될 수 있다. 여기에서도 뛰어난 대인관계 능력이 중요함은 동일하다.

　모니터링 및 감사는 조직이 컴플라이언스 노력에 방심하지 않도록 도와준다. 이러한 활동은 사실상 적발 및 예방책으로 기능한다. 이러한 컴플라이언스 노력을 조정하기 위한 직원을 확보할 경우, 정기적인 검토가 이루어지도록 하고 그것이 객관적이고, 문서화되고, 보고되고, 분석될 수 있다. 이러한 인물은 업계에서 일정 정도 높은 수준의 경력을 가지고 있어야 하는데, 조직 내 복잡한 컴플라이언스의 완벽한 이해는 관련 사업분야를 충분히 이해하는 사람만이 가능하기 때문이다.

5. 내부 리스크 평가의 실시

　효과적인 컴플라이언스 프로그램을 시작하기 위한 첫 번째 단계 중 하나는 컴플라이언스 관점에서 운영에 대한 기본적인 리스크 평가를 확인하는 것이다. 이때 기본적인 리스크 평가에는 적어도 네 가지 주요 목표가 있다. 첫째, 조직의 현재 운영기준과 법적 요구사항이 충족되는 정도를 개관한다. 둘째, 법적 혹은 규제적 요구사항에 따른 컴플라이언스를 실행하는데 사용된 절차에 관한 실제적이고 잠재적인 취약점을 확인한다. 셋째, 필요한 시정조치, 근접 모니터링이 필요한 잠재적 취약 영역 및 필요한 대상 영역과 관련된 권고안을 제공한다. 마지막으로, 장래 성과를 측정할 수 있고 개선된 프로세스에 접목할 수 있는 기준선을 제공한다. 이러한 네 가지 목표들은 상호 결합되어 문제 영역의 식별과 회계부정 및 남용행위의 잠재적 영역의 제거를 촉진할 수 있다. 이러한 기본적인 정보수집은 실행 중인 컴플라이언스 프로그램을 평가하거나 위반 혐의를 조사하는 감사와는 구별된다.

준법지원인은 조직 전반에 대한 광범위한 평가를 혼자 할 수 없다. 고위경영진이 임명한 기준심사 팀의 보조와 지원이 제안된다. 이 팀은 궁극적으로 컴플라이언스 위원회로 성장할 핵심 그룹이 될 수 있다. 이 팀의 구성원 중에는 법률, 회계, 조직의 업무에 관한 경력 및 전문지식을 갖춘 사람이 있어야 한다. 외부 전문가가 평가하는 것도 고려할 수 있으나, 이러한 결정은 조직의 규모 및 문화에 따라 다르다. 준법지원인은 적극적으로 기준 평가에 관여해야 하며, 외부 전문가에게 조직 운영에 대한 배경지식과 이해를 제공해야 한다.

평가방식의 결정은 조직 문화와 자원에 따라 달라질 것이나, 컴플라이언스 프로그램 실행의 실질적 첫 단계라고 볼 수 있다. 이는 과거 발생했던 문제 영역을 검토하는 것으로부터 시작한다. 이러한 문제는 다양한 합의, 처벌(벌금 등)의 범위 내에서 규제기관에 의해 확정된다. 그러나 개별화 된 리스크 영역을 포함하는 것도 중요하다. 외부 평가기관이 수행한 이전 평가, 조사 보고서 또는 평가서를 확인하고 검토하는 것이 필요하다. 나아가 기존 정책의 검토는 잠재적 취약점의 결정에 도움이 된다. 정책 및 절차가 적절한가? 제대로 집행되고 있는가? 규정 및 기존 절차에 따른 업무집행에 관한 심사는 제대로 되고 있는가? 현재의 교육 및 훈련 상황분석은 기준 평가에서 중요한 부분이다. 조사결과와는 무관하게 컴플라이언스 프로그램의 실행 및 훈련 노력의 결과로 나타난 변화에 관하여 직원을 교육하여야 한다. 만일 컴플라이언스 관련 교육 프로그램에 허점이 있다면 최대한 빨리 보완되어야 한다.

조직이 속한 산업의 무역 및 전문가 협회는 현재의 쟁점 관련 자료와 최근 동향을 제공할 수 있다. 여기에는 기준 리스크 평가를 개발할 때 고려해야 할 잠재적 리스크 영역이 포함되어 있을 수 있다.

평가 팀에게는 문서와 직원이라는 두 가지 주요 정보 소스가 있다. 하나의 접근법은 조직 운영에 가장 정통한 고위경영진들의 인터뷰에서 시작하는 것이다. 이는 컴플라이언스 프로그램을 개인화 할 수 있는 훌륭한 기회이기도 하다. 인터뷰어 자신에 대한 정보와 컴플라이언스 프로그램에 대한 계획으로 논의를 시작하라. 이때 유의할 사항은 인터뷰 및 평가의 목적을 충분히 설명하고 후속 절차가 어떻게 진행될지를 알려주어야 한다. 먼저 일반적인 것을 묻고 세부적인 내용은 나중에 들어가도록 한다. 이는 현재 일어나는 일들을 탐색하고 고위경영진의 관심 분야를 파악할 수 있는 기회이다. 논의를 위한 몇 가지 예시 주제는 다음과 같다.

- 빈번한 실패에 직면하는 기능·통제
- 부서에서 현재의 컴플라이언스 분위기
- 이슈에 대한 모니터링을 위한 절차 및 이슈 보고방식
- 신설 규정이나 정책 변경 사항의 배포 방식
- 각 부서 내부 혹은 외부 요구사항에 대한 교육방식
- 각 부서의 정책과 절차의 개발과 업데이트 방식
- 정책 및 절차의 정확한 실행 여부 확인방식
- 직속 보고서를 통한 일반적 의사소통 방법

인터뷰를 진행할 경우 관련 인터뷰지의 작성을 자세하게 해야 한다. 상세한 면접 내용은 향후 자료 평가에 도움이 될 것이다. 앞서 지적했듯이 서류에 대한 점검은 과거 감사보고서 내지 평가서를 주의 깊게 보는 것으로 시작한다. 당사자에 대한 권고안의 전달 여부 및 실행 여부를 꼼꼼히 확인한다. 또한 정책 및 절차를 검토하여 정확한지 여부를 결정해야 하고, 정책 및 절차의 효용성을 체크해야 한다. 즉 직원이 정책 및 절차의 활용방법을 정확히 알고 있고, 활용할 준비가 되었는지 등을 체크해야 한다. 마지막으로, 훈련이 적절한지 그리고 기존 시스템이 컴플라이언스 프로그램의 실행을 처리할 수 있는지 여부를 결정하기 위해 훈련기록이 기본적 평가의 일부가 되는 것이 중요하다. 훈련 관련 자료는 담당 부서에서 관리하는 시스템이 아니라면 개별 부서로부터 요구할 수 있다. 교육 계획, 강의계획서, 유인물, 출석부가 심사되고 평가되어야 한다. 외부 교육자료 또한 포함되어야 한다.

평가가 완료되면 평가 팀은 고위경영진에게 제출할 평가 보고서를 준비해야 한다. 평가 보고서는 정책에 위반한 기준과 업무, 시정조치 권고안을 제안한다. 이러한 일련의 과정은 컴플라이언스 프로그램의 시작이며 향후 평가가 이루어질 때 비교가능한 "기준"이 될 것이다. 관찰되고 권고된 모든 사항은 드러나지 않은 문제 또는 우려사항을 확인하기 위해 평가 보고서를 작성하기 이전에 고위경영진과 논의가 이루어져야 한다. 목표는 조직의 요구를 해결할 수 있는 완전하고 정확하며 사실적인 평가에 있다.

만일 평가절차를 진행하는 도중에 치명적인 오류나 명백한 회계부정 행위가 확인될 경우, 내부 혹은 외부 법률고문과 협의하는 것이 가장 중요하다. 부적절한 행위는

즉시 중단되어야 한다.

6. 임무와 목표의 개발

컴플라이언스 부서의 인원이 갖춰지면 이들은 공동의 목표를 향해 나가는 한 팀으로 활동하여야 한다. 조직 전반에 걸친 컴플라이언스 동료애를 구축하기 이전에 컴플라이언스 부서 내에서 동료애를 우선적으로 형성하는 것이 중요하다. 언제나 그렇듯 자원 조달 문제와 더불어 조직의 규모 및 환경이 고려되어야 한다. 가장 우선적으로 조직의 행동 강령과 일관되는 컴플라이언스 부서의 강령 초안(다음 예시 참조)을 작성하여야 한다.

> **컴플라이언스 부서 강령 [예시]**
>
> 컴플라이언스 부서는 최상의 교육을 제공하고, 조직 및 지역사회를 위하여 기업 업무 집행의 윤리적 · 법적 측면의 고결성을 보장하기 위한 감독을 수행한다.

다음 연도의 목표 및 당해 연도의 목표를 향한 진행 상황의 점검도 중요하다. 현실적인 목표치를 확인하고 그 목표의 달성가능성 및 측정가능성을 확인하는 것을 명심하라. 모든 목표를 정량적으로 측정하는 것이 불가능할지라도 직원들과 목표의 성과 측정을 어떻게 할 것인지 알아보아야 한다. 목표가 반드시 특정 이슈에 직접적으로 관련될 필요는 없을 것이다. 컴플라이언스 부서의 연간 목표 예시는 다음과 같다.

- 조직의 핵심 인사와 명확한 의사소통 라인의 개발과 유지
- 조직 및 지역사회의 요구에 부응하는 다양한 교육 기회 제공
- 접근이 용이한 수준 높은 컴플라이언스 창출과 유지
- 컴플라이언스 및 윤리 전문가를 위한 윤리 강령 홍보
- 지역사회의 컴플라이언스 관련 이슈에 대한 경각심과 참여율 제고
- 주요 이해당사자들과의 협력 관계의 확대
- 비밀유지 및 신뢰보장 위한 개방 정책의 유지
- 조직 업무 전반에 걸친 컴플라이언스의 보장

준법지원인이 강령, 특히 목표를 세우는데 적극적으로 역할을 함으로써 주인의식이 높아지고, 이는 컴플라이언스 부서의 목표 달성가능성을 높여줄 것이다. 목표를 설정한 후에는 효과적이고 주기적으로 부서원들과 소통해야 한다. 정기 회의에서의 진행과정 논의, 성과 측정, 뉴스 전달은 일의 진행에 매우 중요하다. 각각의 목표에 따라 연락 담당자를 지정하는 것도 주인의식을 함양하고 절차 진행을 촉진시키게 한다. 목표는 고위경영진에서부터 각 단위 부서로 전달되어야 하며, 실무의 추적 및 평가에 통합되어야 한다

이사회, 집행위원회, 임원 등이 연간 컴플라이언스 상황의 세부적 심사를 할 경우, 연간 컴플라이언스 보고서가 유용할 것이다. 연간 보고서는 전 직원들을 위한 보고서를 의미한다. 연간 컴플라이언스 보고서는 컴플라이언스 부서의 사명과 목표를 조직에 전달할 수 있는 방편이며, 조직의 컴플라이언스 성과를 나눔으로써 조직의 준법·윤리 경영이라는 긍정적 이미지를 강화하고 지원을 확대할 수 있는 좋은 기회이다. 우수한 준법의식 직원과 문제 규명에 적극적으로 나서준 직원에의 감사 표명은 조직 전반에 걸쳐 긍정적으로 작용할 것이다. 연간 컴플라이언스 보고서는 비용을 많이 들여 화려하게 할 필요는 없고, 메시지를 널리 퍼뜨려 힘을 실어주는 것이 중요하다. 축적한 데이터를 이용하고 열정을 보여라. 전파될 수 있는 분위기를 창출할 것이다.

7. 실행 다음 단계로 컴플라이언스 프로그램의 개정

컴플라이언스 프로그램이 일단 실행되면 지속적인 평가와 그 결과를 바탕으로 컴플라이언스 프로그램의 개정 작업이 필요하다. 컴플라이언스 프로그램에 착수하는 것만큼이나 정기적인 점검이 어려울 수 있다. 컴플라이언스 프로그램의 개정에 있어 유의할 사항은 다음과 같다.

- 컴플라이언스 프로그램을 면밀히 살펴보라. 컴플라이언스 위원회와 회동하여 논의하고 프로그램의 현 위치 및 가능한 다음 단계를 개발하라.
- 매우 조심스럽게 진행하라. 다음 단계를 위하여 절차 진행 중에 틀린 부분은 없는지 완벽히 숙지하고 난 뒤에 예비적 시도를 하라.
- 배운 점들을 복습하라. 예비적 시도에서 얻은 실용적 교훈을 축적하라.
- 컴플라이언스 위원회와 이제까지 배운 점 및 앞으로 해야 할 점을 접목시킬 방법

을 결정하라. 컴플라이언스는 계속되는 과정이다.

[그림 12-2] 컴플라이언스 운영 프로세스[10]

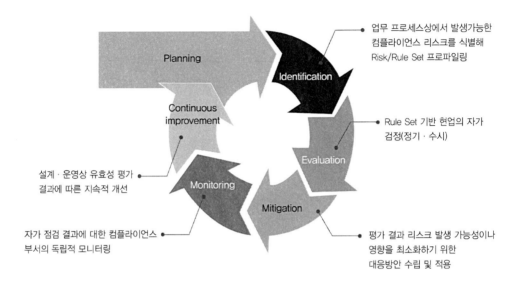

VI. 기업조직에서 컴플라이언스 프로그램의 재단(tailoring)

컴플라이언스 프로그램은 각 기업조직에 맞게 재단되어야 한다. 모든 기업조직에 적용될 수 있는 규격화된 하나의 컴플라이언스 프로그램은 존재하지 않는다. 이제까지 논의한 바와 같이 재정 지원을 포함한 필수 직원 채용 및 프로그램의 지속적인 평가를 포괄하는 주요 자원을 적극적으로 검토하여야 한다. 기업조직의 니즈(needs)를 충분히 이해하고 기업조직에 가장 부합하는 계획을 수립하여야 한다. 행동 강령은 컴플라이언스 프로그램의 핵심이다. 기업조직에서 컴플라이언스 프로그램의 재단을 할 때 다음의 일곱 가지 사항을 충분히 고려할 필요가 있다.

1. 커뮤니케이션

컴플라이언스 프로그램의 목표 및 기대효과에 대한 커뮤니케이션은 프로그램이 성공으로 가기 위한 열쇠이다. 커뮤니케이션은 분명하고 간결하며 창의적으로 이루어져야 한다. 컴플라이언스 정보는 수천 개의 규정들에 묻혀 있기 때문에 이해하기 어려울 수 있다. 행동·정책·절차의 원칙은 분명하고 이해하기 쉬운 내용으로 작성되어 직원 모두가 받아 볼 수 있도록 한다. 조직에 컴플라이언스 프로그램이 있다는 것을 아무도 모른다면 도대체 무슨 소용이겠는가? 컴플라이언스는 흥미로운 주제가 아닐 수 있으므로, 다양한 방식으로 전달되어야 한다. 프로그램이 항상 새롭고 흥미로울 수 있도록, 창의성을 발휘하라.

커뮤니케이션의 3C

- 분명하게(Clearly)
- 간결하게(Concise)
- 창의적으로(Creative)

컴플라이언스 메시지를 전달할 수 있는 방법은 다양하다. 업무 현장을 찾아가 각 부서의 전반적인 문제를 논의하거나 일대일 훈련, 교육 과중 중 역할놀이(role play) 등이다. 조직성과를 축하하는 자리에서 직원에게 다가갈 방법을 모색하라. 만약 홀리데이 파티가 있다면 재미있고 보여줄 수 있는 방법으로 참여해 보라. 콩트를 한다거나 대중가요를 부르는 것이다. 물론, 조직문화와 잘 맞을 때의 이야기이다. 예산만 허락한다면, 컴플라이언스 주제나 메시지가 담긴 액세서리는 많은 사람들과 공유할 수 있는 도구이다. 컵, 포스터, 브로슈어, 지갑에 들어갈 만한 카드도 효과적일 수 있다. 컴플라이언스 부서를 개방 장소로 하거나 다른 부서에서 설명회를 열어보라. 관련 부서에 팩스나 이메일로 알리는 것도 좋은 방법이 될 것이다(다만 절박감이 반감되므로 지나치게 자주 하지 않는 것이 좋다). 보고 경로도 커뮤니케이션 장치이다. 준법지원인이 보고체계를 항상 갖추고 있다는 점을 모든 직원들이 알 수 있도록 한다. 가능하다면 직원들이 결과를 알도록 한다. 결과에는 조사에 관한 의문점, 고발장, 컴플라이언스

성과, 감사결과 등이다. 무엇보다도 커뮤니케이션하고 커뮤니케이션해야 하며 또 커뮤니케이션해야 한다는 것을 명심하라.

가장 중요한 점은 컴플라이언스가 개방적 정책으로 실행되어야 한다는 것이다. 고위경영진이 직원의 의문점에 항상 열려있다는 것을 알 수 있도록 한다. 모든 직원들이 컴플라이언스 부서에 방문하여 의문과 우려되는 점들을 이야기 나눌 수 있도록 의식을 고취시켜야 한다. 컴플라이언스 부서 직원, 고위경영진은 직원들과의 대화를 통하여 직원이 꺼내는 주제 가운데 컴플라이언스 관련 정보가 드러날 수 있기 때문에 끊임없이 눈과 귀를 열어두어야 한다. 준법지원인에 대한 수월한 접근은 법률과 규정을 접하는 것보다 훨씬 폭넓은 커뮤니케이션을 의미한다.

2. 지속적인 평가

계획을 수립하고, 모든 직원들과 커뮤니케이션한 다음에는 어떻게 할 것인가? 컴플라이언스 계획은 최소한 일 년에 한번은 검토되어야 한다. 새로운 법률과 규정, 규제기관의 지침이 있을 수 있기 때문이다. 검토 후 변경사항이 있다면 그에 맞게 수정·보완되어야 한다. 컴플라이언스 프로그램이 계획대로 잘 작동하고 있는가? 더 개발되어야 할 것은 없는가? 이 과정에서 컴플라이언스 위원회가 적극적으로 역할을 할 수 있다.

또한 모든 정책 및 절차는 모니터링이 이루어질 필요가 있다. 모든 정책에 대한 전면적 심사는 최소한 매년 이루어져야 한다. 정책 및 절차 심사는 험난한 작업이므로 일정을 정해 놓는 것이 좋다. 일부 정책은 1월에 심사하고 또 다른 정책들을 함께 묶어 4월에 심사하는 방식이다. 여기에서도 컴플라이언스 위원회가 일정한 역할을 할 수 있다. 정책 및 절차를 검토하면서 그 필요성에 대해서도 고려해야 한다. 새로운 정책이 옛 정책을 대체 할 수 있다. 정책 및 절차의 수정·보완이 필요하도록 상황이 변하였는가? 정책 및 절차가 여전히 효과적인가? 앞서 지적한 바와 같이 정책은 존재하는데 아무도 따르지 않는다면 그것은 커다란 문제이다. 모든 직원이 정책 및 절차를 직무와 관련하여 잘 알고 있는지 평가하여야 한다. 잘 알지 못하는 정책을 따를 것이라고 기대할 수 없기 때문이다.

준법지원인이 수행한 결과물을 기준으로 삼는 것도 컴플라이언스 프로그램의 측정 및 평가에 좋은 방법이다. 컴플라이언스 연간 보고서는 하나의 규칙적·통계적 총체를 제공한다. 예컨대 실행된 교육 프로그램의 수와 일정 기간 훈련된 직원의 수 또는 보고된 이슈의 수와 나중에 입증된 이슈의 수를 추적·비교할 수 있다. 결과를 비교함으로써 컴플라이언스 프로그램의 성공가능성을 점칠 수 있으니 반드시 데이터를 축적해야 한다.

컴플라이언스 프로그램의 구축에 대한 노력이 성공했는지를 판단하기 위해 다음의 전략들을 통해 중요한 정보를 얻을 수 있다.

- 컴플라이언스 프로그램 관련 서류의 연간 심사
- 개별 정책 및 절차의 지속적인 심사
- 준법지원인이 낸 통계와의 대조
- 조직의 컴플라이언스 프로그램의 진척과 관련 업계의 진척과의 비교

3. 효과성 측정

컴플라이언스 프로그램의 효과성은 어떻게 측정하는가? 효과성이란 무엇인가? 정확히 한 단어로 정의는 내려져 있지 않으나, 일반적으로 컴플라이언스 프로그램은 그 기본적 설계구조가 앞서 설명한 ① 행동 강령, 정책 및 절차 규정, ② 준법지원인과 컴플라이언스 위원회, ③ 효과적인 교육 및 훈련, ④ 컴플라이언스 모니터링을 위한 감사와 평가, ⑤ 보고 프로세스 및 불만처리 절차의 수립, ⑥ 적절한 징계 메커니즘, ⑦ 구조적 문제에 대한 조사와 시정조치라는 필수 구성 7가지 요소를 포함하고 있으면 효과적이라고 간주할 수 있다.

효과성 측정

추가적인 효과성 측정방법을 사용할 수 있다. 효과성 측정을 위한 더 많은 아이디어는 다음과 같다.

- 이슈의 연간 비교
- 불만사항의 추적과 경향 파악
- 시정조치의 추적과 관련 이슈의 재발 방지

- 상시 감사에 대한 검토
- 사전·사후 테스트로 교육 세션 비교
- 외부 기관의 조사 결과, 벌금 및 처벌 추적
- 조직에 대한 설문조사 결과 검토
- 감사 결과 분석
- 컴플라이언스가 조직의 논의에 통합되었는지 여부 확인

그러나 어떻게 이 목표를 달성할 것인가? 한 가지 방법은 구조(structure), 절차 (process) 및 결과(outcome)의 세 가지 효과측정방법을 필요로 한다. 구조는 직원의 수준과 정책 및 절차의 수준을 포함하여 조직이 운영될 수 있는 역량을 말한다. 절차 란 성과 측정 또는 업무가 수행되는 방식을 의미한다. 결과란 가시적이고 측정가능한 결과를 의미한다.

> **효과성에 대한 프레임 워크 구축을 위한 6단계**
>
> 1. 컴플라이언스 리스크 영역의 확인
> 2. 조직의 컴플라이언스 프로그램 요소를 구조, 절차, 결과 측정으로 각각 범주화함 으로써 리스크 영역의 처리방법 확인
> 3. 효과성 평가에 대한 최종적인 결론을 도출하기 이전에 컴플라이언스 프로그램의 완성도 평가
> 4. 효과성의 구조·절차·결과가 컴플라이언스 프로그램에 얼마만큼 연관되었는지 평가
> 5. 내부적 혹은 외부적 요인에 대응한 지속적 변화 등 컴플라이언스 프로그램의 '역동성' 정도 평가
> 6. 규제기관 및 조직의 목표 모두에 대한 컴플라이언스 프로그램의 효과성 평가
> 7. 컴플라이언스 프로그램의 실행 초기단계에서 수행된 기본 평가와 비교한 조직의 '리스크 지능(risk intelligence)' 확인

4. 조직에의 적합성

행동 강령의 중요성과 가치는 아무리 강조해도 지나치지 않다. 행동 강령은 조직의 문화, 믿음, 윤리적 지위를 다뤄야 한다. 행동 강령과 컴플라이언스 프로그램은 조직의 업무, 비전, 목표를 이해하고 인정하며, 그 안에서 "살아있어야" 한다. 행동 강령에는 직원들의 사진을 포함할 수 있으며, 조직의 환경 및 영역에 특화된 예시 질문 및 상황을 포함할 수 있다. 행동 강령은 이사회 회장이 함께하는 전체 직원회의 혹은 정기적인 부서회의에서 개별 고위경영진에게 전달될 수 있다. 준법지원인은 조직의 니즈(needs)에 민감하여야 하고, 컴플라이언스 프로그램을 기존 업무방식에 일관성 있게 접목시켜야 한다. 기업문화가 컴플라이언스 프로그램을 이끌 것이다. 변화시키고 싶은 것이 있을 수 있으나, 변화는 모든 사람들에게 어려운 것이다. 변화를 익숙한 정도로 유지시킨다면 컴플라이언스 업무는 조금이나마 수월해질 것이다.

5. 컴플라이언스 프로그램의 발전

컴플라이언스 프로그램은 절대 끝나지 않는다. 언제나 발전할 것이다. 프로그램을 조직의 니즈(needs)에 알맞게 재단하는 방향으로 컴플라이언스 업무를 확장시켜야 한다. 현상 유지에 만족하지 말라. 큰 그림을 보라. 새로운 영역을 컴플라이언스 프로그램에 추가하라. 많은 컴플라이언스 프로그램은 핵심 리스크 영역으로 시작하지만, 그 밖의 다른 영역에도 주목해야 한다. 새로운 정보가 업계 또는 규제기관으로부터 공개되면 프로그램은 이러한 모든 변경 사항을 포함하도록 확장해야 한다. 준법지원인은 컴플라이언스 프로그램을 발전시키고 확장할 수 있는 방법을 항상 염두에 두어야 한다.

6. 변화를 위한 노력

컴플라이언스 프로그램에 끝은 없으며, 프로그램이 순조롭게 진행되고 있다면 준법지원인의 확실한 하나의 업무는 프로그램을 변화시키는 것이 될 것이다. '변화(change)'라는 단어에는 여러 뜻이 있다. 그 하나는 "다름을 만들어 내는 것"이다. 다른 정의들 중에는 "변경을 거치다", "전환시키다" 등이 있다. "변화"라는 단어의 정의 중 변화가 얼마나 어려운 것인지 설명하는 정의는 없다. 많은 이들에게 변화는 매우 절망적일 수 있다. 끝이라고 생각하면 그때 변한다. 우리는 모두 그 느낌을 알지만 이는 컴플라이언스의 전부이며, 오늘날 컴플라이언스를 가장 흥미로운 분야 중 하나로 만드는 것이기도 하다. 준법지원인은 새로운 규정들과 나란히 해야 하고, 업계의 리듬을 감지해야 하며, 직원을 교육시키고 동기를 부여할 혁신적인 방법을 배워야 하고, 고위경영진의 이해를 돕고 참여를 장려하는 새로운 전략을 찾아야 하는 등의 도전을 지속적으로 받을 것이다. 준법지원인의 업무는 결코 쉬운 것이 아니지만 중요하다. 준법지원인은 변화를 통해 "다름을 만들어 낼 것"이다.

7. 컴플라이언스 프로그램의 장애 사유

컴플라이언스 프로그램은 개별 기업조직의 크기 및 규모에 따라 맞춤형이어야 하고 똑같은 프로그램은 있을 수 없음을 고려할 경우, 프로그램의 효과성을 평가하기가 어려울 수 있다. 조직은 컴플라이언스 프로그램에 문제가 있는 경우, 유효성을 가로막는 요인이 있음 미리 확인할 수 있다. 다음은 컴플라이언스 프로그램의 수정 또는 개선의 필요성을 알려주는 지표로 컴플라이언스의 일반적 장애 사유이다.

- 준법지원인의 부적합한 전문성(회계 감사, 구술 및 문서로 이루어지는 커뮤니케이션), 지식(재정, 업무집행, 법적 자격), 컴플라이언스 비전과 지략
- 재정적 지원의 부재
- 직원, 거래처, 고위경영진, 최고경영책임자(CEO), 이사회의 노력 부재
- 준법지원인의 원칙·정책·절차를 실행할 권한의 부재
- 준법지원인의 최고경영책임자(CEO) 및 고위경영진과 직속 커뮤니케이션 라인의 부재
- 외부 자원이 조직의 업무에 통합을 회피하는 것으로 컴플라이언스 책임을 가정하는 것
- 이해상충 및 준법지원인의 독립성 부재
- 정책 및 절차에 대한 전달이 이루어지지 않거나 잘못 이루어짐
- 부정확하고, 너무 원론적이고, 재단되지 않고, 뒤떨어진 정책 및 절차

- 불충분하고, 부정확하고, 부적절한 훈련 내용
- 자격을 갖추지 못한 교육자 혹은 컴플라이언스 내용을 진지하게 가르치지 않는 교육 진행자
- 너무 길거나 너무 많은 정보로 흥미를 떨어지게 하는, 필요 없는 것을 가르치거나 불충분한 교육과정(단조로운 교육 진행자, 멀티미디어의 미사용)
- 다양성이 부재한 교육(강좌, 메모, 공지, 일대일 지도, 온라인 훈련 등)
- 하나의 방법(예컨대 웹 기반)에 따른 너무 많은 훈련
- 보고해야 할 내용 또는 의심스러운 부적절한 행위를 보고해야 할 의무에 대한 이해의 부족
- 익명성과 무관하게 개방적 문화와 비보복 정책의 부재
- 익명으로 이슈 제기의 불가능
- 보복에 대한 두려움 또는 보복 그 자체
- 전달된 정보를 통한 후속 조치의 부재 또는 해결에 대한 피드백 부재
- 일관되지 않은 징계 조치
- 적시에 이행되지 않은 징계 조치 및 정해진 바와 다른 징계 조치
- '범죄(crime)'에 맞지 않는 징계 조치 및 적극적이지 않은 조치
- 모니터링과 감사 일정의 불충분함(양, 수, 빈도수), 일정대로 지켜지지 않음, 동적이지 않거나, 새로운 상황 및 업계의 새로운 개발에 맞게 개정되지 않거나, 부정행위의 경고를 알리지 않음
- 제대로 훈련(감사 기술 또는 감사 내용)되지 않은, 협조적이지 않거나, 협조되지 않은 감사관
- 철저하지 않거나, 지엽적이거나, 부적절한 시기에 이루어지는 조사
- 문제에 대한 즉각적인 시정조치가 이루어지지 않음
- 장기적인 시정조치 계획이 수립되지 않음
- 컴플라이언스를 위반하였다고 인정되는 영역에 대한 지속적인 모니터링의 부재
- 징계 지침의 미시행

1) Troklus/Vacca, International Compliance 101: How to build and maintain an effective compliance and ethics program, Society of Corporate Compliance and Ethics(24 Mar. 2015), 2－3면.

2) 이하의 논의는 Troklus/Vacca, 위의 책, 7－67면 참조.

3) 마이클 실버만·노동래 옮김, 공공, 민간, 비영리 조직을 위한 컴플라이언스 매니지먼트, 연암사, 2013, 101－103면.

4) 마이클 실버만·노동래 옮김, 위의 책, 126－127면.

5) 이에 대한 자세한 설명으로는 본서 제2장 § 4 Ⅱ. 3. 참조.

6) 이에 대한 자세한 설명으로는 본서 제2장 § 4 Ⅲ. 1. 참조.

7) 독일 지멘스 사에서 운영하고 있는 내부고발자의 핫라인으로서 'Tell Us'에 대한 상세한 설명으로는 본서 제2장 § 5 Ⅲ. 2. (3) 참조.

8) 권우철·양천호, "컴플라이언스 경영은 모두의 경쟁력", 이슈 하이라이트, Deloitte Anjin Review, 2015.1, 37면.

9) SCCE(홈페이지: www.corporatecompliance.org)는 기업의 컴플라이언스와 윤리 담당자를 위한 주된 교육 및 글로벌 네트워킹 행사인 연례 강좌를 개최한다. 이 협회는 또한 컴플라이언스 전문가를 위한 자격증 프로그램을 제공한다.

10) 권우철·양천호, 앞의 논문, 38면.

[§ 13] 기업범죄예방을 위한 준법지원인 제도의 개선방안[1]

> "컴플라이언스 및 윤리 프로그램은 효과적으로 범죄행위를 예방·적발하도록 '합리적으로 설계, 실행, 집행'(reasonably designed, implemented and enforced) 되어야 하며, 일회적인 위반행위의 예방 또는 적발에 실패했다고 하여 프로그램이 범죄행위를 예방·적발함에 있어 일반적으로 효과적이지 않다는 것을 반드시 의미하지는 않는다."
> – U.S. Sentencing Guidelines Manual § 8B2.1.(a) –

Ⅰ. 머리말

그동안 우리나라 기업들은 국민경제 발전에 커다란 기여를 하였다. 그러나 대기업 중심의 급속한 성장 속에서 정경유착으로 인한 뇌물공여, 분식회계를 통한 비자금 조성, 업무상횡령·배임, 주가조작, 세금탈루 등 각종 기업범죄가 끊임없이 발생하고 있다. 최근 박근혜 게이트, 최순실 국정농단 사태에서 드러난 바와 같이 부정한 방법과 불공정한 수단을 통해 기업의 이익에만 골몰하는 형태를 보여 기업 총수들이 줄줄이 검찰조사를 받는 등 기업들의 준법·윤리경영의 한계가 여실히 드러나고 있다. 이에 기업경영에 있어 준법지원인제도의 성공적 정착과 활성화의 필요성이 그 어느 때보다 절실히 요구되고 있다.

이처럼 국내 기업들의 잘못된 관행과 탈·불법적인 경영형태를 방지하고 기업의 준법·윤리경영을 제고하기 위해 이미 2011년 상법을 개정하여 준법지원인제도를 도입한 바 있다. 즉 자산총액 5천억 원 이상의 상장회사에 대하여 준법통제기준을 마련하고 준법통제업무를 담당할 준법지원인 1인 이상을 선임하도록 강제하는 규정을 신설하였다(상법 제542조의12 제2항). 상법이 이처럼 준법지원인제도를 전격적으로 채택하게 된 것은 세계적으로 기업의 준법·윤리경영이 강조되면서 우리나라에서도 기업의 준법·윤리경영이 중요한 사회적 관심사가 되었지만, 여전히 대부분의 기업이 이에 대한 관심을 기울이지 않고 있어 어느 정도는 법적인 강제력이 필요하다고 판단하였기 때문이다.

그러나 기업의 준법·윤리경영을 도모하기 위해 도입한 준법지원인제도는 대다수의 기업에 의해 외면을 받고 있는 실정이다. 2016년 상반기 기준 상장회사 311개사 중 전체의 약 41.2%인 128개사가 준법지원인을 선임하지 않은 것으로 나타났다. 준법지원인의 의무선임 대상회사임에도 불구하고 준법지원인을 선임하지 않은 이유로 ① 실효성이 없을 것 같아서, ② 준법지원인의 보수 등의 비용이 과도하게 들어서, ③ 형사제재의 감면이나 세금감면 등과 같은 인센티브가 없어서, ④ 기타 사유(처벌규정이 없어서, 선임예정이어서 등)의 순서로 파악되고 있다.[2] 이처럼 준법지원인제도의 도입의 필요성에 대해서는 정부, 학계, 기업실무에서 공감을 하고 있지만, 실제로 이들 도입하고 활성화하는 데에는 여러 장애 사유가 있는 것으로 파악되고 있다. 특히 상법상 준법지원인제도의 문제점으로 ① 준법지원인의 선임 의무화에 대한 문제, ②

[그림 13-1]   준법지원인 선임 현황[3]

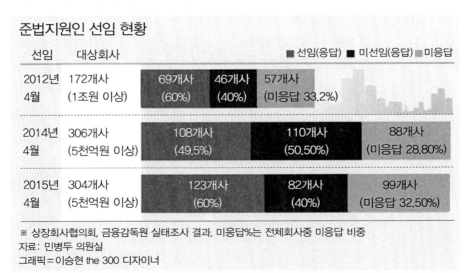

준법지원인 선임 현황

선임	대상회사	선임(응답)	미선임(응답)	미응답
2012년 4월	172개사 (1조원 이상)	69개사 (60%)	46개사 (40%)	57개사 (미응답 33.2%)
2014년 4월	306개사 (5천억원 이상)	108개사 (49.5%)	110개사 (50.50%)	88개사 (미응답 28.80%)
2015년 4월	304개사 (5천억원 이상)	123개사 (60%)	82개사 (40%)	99개사 (미응답 32.50%)

※ 상장회사협의회, 금융감독원 실태조사 결과, 미응답%는 전체회사중 미응답 비중
자료: 민병두 의원실
그래픽＝이승현 the 300 디자이너

준법지원인의 자격의 문제, ③ 준법지원인 업무의 독립성 확보와 겸직가능 여부의 문제, ④ 준법지원인과 법무부서 등 기타 부서와의 상호관계의 문제, ⑤ 준법지원인제도의 효과적 운영에 따른 인센티브 결여의 문제 등이 언급되고 있다.[4]

따라서 본 절에서는 이러한 문제점에 대한 인식을 바탕으로 향후 준법지원인제도가 활성화됨으로써 준법·윤리경영을 통해 기업범죄 예방이라는 목적을 충실히 달성하기 위해서는 어떠한 제도적 개선방안이 필요한지를 살펴보고자 한다.

Ⅱ. 준법지원인 선임의무 관련 개선방안

1. 적용대상 상장회사의 범위 확대

상법 제542조의13 제1항, 제2항 및 동법 시행령 제39조에 따르면 최근 사업연도말 자산총액 5천억 원 이상의 상장회사는 준법통제기준을 설정하고 준법지원인을 '의무적'으로 선임하여야 한다. 그런데 준법지원인제도의 적용범위를 어느 선으로 할 것인지에 대해 이 제도의 도입 당시부터 첨예한 논란을 불러 일으켰다. 당연히 추가적 비용의 투입이 불가피하다는 측면에서 기업실무에서는 가능한 적용기준을 상향시키려고 노력한 반면, 정부와 법조계 등에서는 이를 하향조정하려고 하였고, 현재까지도 논의가 계속되고 있는 실정이다. 보다 구체적으로 우선 일정한 자산규모 이상의 모든 상장회사에 대하여 준법지원인제도를 의무적으로 도입하도록 강제하는 '의무적 준법지원인제도'는 타당하지 않으므로 상장회사가 자신들이 속한 산업의 특수성을 참작하여 도입 여부를 스스로 결정할 수 있도록 함이 바람직하다는 견해가 있다. 그 논거로 미국의 경우 본래 준법지원인제도는 모범회사법상 상근감사제도가 없으므로 금융기관 등 규제가 많이 요구되는 산업에 한하여 회사 내 의사결정 및 업무의 적법성을 보장하기 위한 수단으로 이용된 것이고, 독일주식법, 일본회사법 등에서도 준법지원인제도를 강제 또는 권유하고 있지만 이는 내부통제절차를 의무적으로 채택하도록 하는 경우에 관한 입법례이지 준법지원인을 반드시 선임하도록 강제하는 것은 아님을 제시한다.[5]

다음으로, 준법지원인제도의 의무화기준을 감사제도와 연계하여 정할 필요가 있다는 견해가 있다. 즉 현재 자산총액 2조 원 이상인 대규모 상장회사는 강화된 감사위원회를 두어야 하고(상법 제542조의11, 제542조의12), 자산총액 1천억 원 이상이며 2조 원 미만인 상장회사는 강화된 감사위원회를 두지 않는 한 1인 이상의 상근감사를 두어야 하는데(상법 제542조의10), 특히 후자의 경우에 준법지원인제도를 의무화 한다면 사후적 성격을 갖는 감사기능의 공백을 효과적으로 막을 수 있기 때문에 준법지원제도의 의무화기준은 현행 자산총액 5천억 원 이상이 아닌 자산총액 1천억 원 이상으로 하향하는 것이 적합하다고 한다.[6] 같은 취지에서 "감사위원회 설치의무가 있는 자산총액 2조 원 이상의 상장법인은 임원급 준법지원인과 준법감시의무를 직접 담당할 변호사를 의무적으로 두고, 상근감사를 의무적으로 두어야 하는 자산총액 2조 원에서 1천억 원까지의 중간규모회사는 준법지원업무 담당자로 변호사를 의무화하되 임원급 준법지원인의 임명 여부는 자율에 맡기며, 자산총액 1천억 원 미만의 소규모 회사는 준법지원인과 변호사 등 준법지원조직을 면제하거나 비상근으로 하자"[7]고 한다.

셋째, 준법통제는 본래 자발성과 자율성에 기초한 것인데 준법지원인제도를 중소규모 회사까지 의무화할 경우 기업의 비용부담이 가중되고, (고위)경영진의 준법관리가 일선 업무라인까지 미치지 못하거나 (고위)경영진의 전문성의 한계로 인해 법률전문가가 컴플라이언스를 상시적으로 점검하는 제도이고, 준법통제를 경영진의 견제와 감시라고 이해하는 현실을 감안할 때 자산총액 5천억 원 이상 상장회사에 대해서만 준법지원인의 선임을 의무화하고 그 이하 중소규모 회사는 준법지원인의 선임을 강제할 것이 아니라 이사의 책임 강화 등 기존 법리로 준법통제를 하자는 견해도 있다.[8]

넷째, 자산총액 1천억 원 미만의 소규모회사에 대해 준법지원인을 상근이 아닌 비상근으로 하거나 준법지원인의 선임을 면제시키는 것은 임직원이 위법행위로 인하여 처벌을 받을 때, 양벌규정에 따른 면책이나 감경의 기회를 잃기 때문에 자산총액 1천억 원 미만의 상장회사도 준법지원인의 선임을 의무적으로 두는 것이 타당하다는 견해도 있다.[9]

생각건대, 우리나라에서 고질적 병폐로 언급되는 (고위)경영진에 의한 기업범죄를 사전에 예방하기 위해 최소한의 비용투자는 필요[10]하고 준법·윤리경영의 필요성이 회사의 자산규모에 따라 달라져야 하는 것은 아니기 때문에 준법지원인 도입의무 대상 상장회사의 범위를 현재보다 확대하는 것이 필요하다고 본다. 다만 소수의 견해처럼 자산총액 1천억 원 미만의 상장회사도 준법지원인을 의무적으로 두게 할 경우 현재 자산총액 5천억 원 이상의 상장회사에 대해 준법지원인의 선임이 의무 사항으로 되어 있음에도 불구하고 2016년 상반기 기준 311개 상장회자 중 전체의 약 41.2% (128개 회사)가 준법지원인을 선임하지 않고 있어 준법지원인제도의 활용이 저조한 상황을 고려할 때 실효성이 적다고 본다. 따라서 자산총액이 1천억 원 이상인 상장회사는 비상근이 아닌 상근감사를 두어야 하고, 외부감사법에 의하여 자산총액이 1천억 원 이상인 상장회사에 대해서는 내부회계관리 제도를 갖출 것이 요구되기 때문에 이에 맞추어 자산총액 1천억 원 이상인 상장회사에게 준법지원인의 선임을 의무화하고, 자산총액 1천억 원 미만인 회사는 자율적으로 결정하도록 함이 타당하다고 본다. 이렇게 되면 2016년 기준, 상장기업은 총 1,987개이며, 자산총액 5천억 원 이상인 상장회사는 311개(15.6%), 자산총액 1천억 원 이상인 상장회사는 1,147개(57.7%)임을 고려할 때 적어도 상장기업 중 과반수 이상의 회사에 대해 준법지원인제도를 의무화하는 결과가 되는데, 준법·윤리경영 마인드 제고 및 확산을 위해 필요하다고 본다. 그 후 매년 준법지원인제도의 운영 실태를 면밀히 파악하여 일정 정도 제도가 정착되고 합리적으로 운영된 것으로 판단될 경우 그 시점에서 다시 적용대상 상장회사의 범위를 확대하고, 장기적으로는 모든 상장회사가 준법지원인제도를 도입하도록 함이 바람직하다고 본다.[11]

2. 준법지원인 미선임 상장회사에 대한 제재 도입

상법 제542조의13 제2항에 따라 최근 사업연도 말의 자산총액이 5천억 원 이상인 상장회사는 회사내부에서 임직원의 준법경영을 체계적으로 지원하며 관리하는 준법지원인을 반드시 1인 이상 선임해야 한다. 그럼에도 불구하고 기업실무에서는 2016년 기준으로 의무선임 대상회사의 41.2%가 아직까지도 준법지원인을 두고 있지 않고 있다. 준법지원인 미선임 상장회사가 많은 이유에는 여러 가지가 있을 수 있으나, 가장 큰 이유는 이에 위반한 경우 벌칙을 전혀 규정하고 있지 않음에 기인한다고 본다.[12] 이처럼 상법은 준법지원인 선임의무 적용회사가 준법지원인을 선임하지 않더라도 처벌하지 않기 때문에 기업실무에서는 준법지원인의 선임의무에 사실상 구속받지 않고 있는 것이 현실이다.

이에 따라 준법지원인의 미선임의 문제를 해결하기 위해 벌칙에 관한 조항을 신설할 필요가 있다는 견해가 제시되고 있다.[13] 다만 구체적인 벌칙의 내용에 대해 준법지원인 미선임에 대해 최소한 "과태료" 부과의 조치가 필요하다고 한다. 대상기업을 자산총액 1천억 원 이상의 상장회사로 확대하면서 이러한 과태료까지 부과하는 것은 지나친 것이라는 비판이 있을 수 있으나, 부과 요건을 준법지원인의 미선임으로 한정함으로써 법위반행위와 제재간의 형평을 도모할 수 있어 문제가 되지 않을 것이라고 한다.[14]

그러나 준법지원인의 미선임에 따른 과태료 부과 제재에 대해 반대하는 견해도 있다. 준법지원인을 선임하지 않은 상장회사에게는 과태료라는 새로운 제재가 아니더라도 이미 이른바 이사의 제3자에 대한 책임규정인 상법 제401조 제1항이 적용되어 불이익을 받게 될 것이기 때문이라고 한다.[15] 또한 상법상 감사의 미선임에 대한 과태료 등의 제재(상법 제635조)가 있으나 준법지원인의 미선임에 대해서도 이에 준하여 과태료를 부과할 사항인지 의문이며, 일본에서도 내부통제체제 구축의무를 위반한 대회사[(연결)자본금 5억 엔 이상, (연결)부채총액 200억 엔 이상]에 대한 과태료의 제재는 없고, 내부통제 미구축에 따른 이사들의 감시의무위반 등에 따른 책임을 묻는 것으로 충분하다는 견해도 있다.[16]

생각건대, 준법지원인의 미선임에 따른 과태료 부과라는 제재를 신설한다고 하여 (과태료는 상법 제635조 제3항과 유하하게 5천만 원 이하로 결정될 가능성이 높음) 준법지원인의 선임하지 않은 자산총액 5천억 원 이상의 상장회사가 5천만 원 이하의 과태료가 무서워 준법지원인의 선임에 적극적으로 나설 것이라고 보이지 않는다. 기업범죄에 대해 현행 양벌규정에 의해 1억 원 미만의 벌금 혹은 경우에 따라 3억 원 이하의 벌금, 10억 원 이하의 벌금[17]이 규정되어 있음에도 불구하고 형벌로서의 억지력을 전혀 발휘할 수 없어 무수한 기업범죄가 행해지는 것과 동일하다고 본다. 따라서 준법지원인의 '미선임'에 대해 과태료 부과라는 소극적 차원의 접근이 아닌 준법지원인 '선임'에 따른 다양한 인센티브의 제공과 같은 적극적 차원의 접근이 필요하다고 본다.[18]

III. 준법지원인 자격 관련 개선방안

준법지원인은 일정한 자격요건을 갖추어야 하는데, ① 변호사 자격을 가진 사람, ②「고등교육법」제2조에 따른 학교에서 법률학을 가르치는 조교수 이상의 직에 5년 이상 근무한 사람, ③ 그 밖에 법률적 지식과 경험이 풍부한 사람으로서 대통령령으로 정하는 사람만이 될 수 있다(상법 제542조의13 제5항). 우선 준법지원인의 자격요건 가운데 변호사에 대해 그 자격과 관련한 경력을 별도로 요하고 있지 않다.[19] 그런데 준법지원인은 상법에 규정된 준법통제기준에 의거하여 회사 내에 마련한 구체적인 준법통제기준에 따라서 임직원의 직무수행상의 준법경영을 지원해야 하고 그들의 법령위반행위를 상시적으로 감시해야 한다. 이에 준법지원인은 경영활동에 직·간접적으로 관련된 각종 법령의 내용을 정확히 숙지하고 있어야 하므로, 법률적 전문식견을 갖춘 변호사는 적합한 주체임을 부인할 수 없다. 하지만 준법지원인은 상장회사에 직·간접적으로 적용되는 각종 법령에 정통하여야 하므로 일정한 경력요건, 예컨대 기업의 법무부서 등에서 최소한 3년 내지 5년 이상의 근무경력[20]을 추가적으로 요구할 필요가 있다.[21]

둘째, '법률학을 가르치는 조교수 이상의 직에 5년 이상 근무한 사람'으로 요건을 정한 것도 준법지원인은 임기를 3년으로 하여 상근하도록 한 규정에 비추어 일신상의 사유로 교수직에서 사직하거나 정년퇴임한 법률학 교수만이 가능하다. 그리고 실제로 한국상장회사협의회의 2014년 설문조사에서 준법지원인을 두고 있는 108개 상장회사에서 법률학 조교수 이상의 직에 있는 전문가를 준법지원인으로 선임한 경우는 단 한 회사도 없어 실효성이 없는 자격요건으로 보인다. 따라서 이 자격요건에 대해서는 근본적인 재검토가 요구된다.[22]

셋째, 준법지원인의 결격사유(소극적 요건)에 대한 규정이 마련되지 않아 상법상의 적극적 요건에만 해당하면 누구나 아무런 제한 없이 준법지원인으로 선임될 수 있는 점도 문제이다.[23] 이러한 문제점을 해소하고 전문성과 적격성을 갖춘 사람이 준법지원인으로 선임되어 효과적인 컴플라이언스 업무를 수행할 수 있도록 하기 위해서는 적극적 요건 외에 일정한 결격사유도 아울러 상법에 규정함이 필요하다. 보다 구체적으로 ① 행위무능력자(미성년자·피성년후견인·피한정후견인), ② 파산선고를 받고 복권

(復權)되지 아니한 사람, ③ 법원의 판결 또는 법률에 따라 자격이 상실되거나 정지된 사람, ④ 금고 이상의 실형을 선고받고 그 집행이 끝나거나(집행이 끝난 것으로 보는 경우를 포함한다) 집행이 면제된 날부터 5년이 지나지 아니한 사람, ⑤ 금고 이상의 형의 집행유예의 선고를 받고 그 유예기간 중에 있는 사람, ⑥ 벌금 이상의 형을 선고받고 그 집행이 종료되거나 집행이 면제된 날로부터 5년이 경과되지 아니한 사람, ⑦ 법령이나 정관의 위반행위로 인해 회사에서 해임되거나 면직처리된 사람으로서 5년이 경과되지 아니한 사람, ⑧ 영업의 인가·허가 등이 취소된 회사나 법인의 임직원이었던 사람(그 취소사유의 발생에 직접 또는 이에 상응하는 책임이 있는 사람만이 해당함)로서 그 회사나 법인에 대한 취소처분이 있었던 날부터 5년이 지나지 아니한 사람, ⑨ 기타 이에 준하는 사람이라고 인정되는 사람 등은 준법지원인이 될 수 없도록 해야 하는 것이 바람직하다고 본다.[24]

IV. 준법지원인 업무 및 타 부서와의 관련 개선방안

1. 준법지원인 업무의 독립성 확보

상법 제542조의13 제9항에서는 "상장회사는 준법지원인이 그 직무를 독립적으로 수행할 수 있도록 하여야 하고, 상장회사의 임직원은 준법지원인이 그 직무를 수행할 때 자료나 정보의 제출을 요구하는 경우 이에 성실하게 응해야 한다"고 규정하여 준법지원인 업무의 독립성을 보장하고 있다. 하지만 준법지원인은 이사회에 의해 임면되고, 대표이사를 비롯한 임직원들의 업무 및 경영활동의 준법 여부를 감시하며 그 결과를 이사회에 보고해야 하는 주체이기 때문에 이사회로부터 독립된 지위를 확보한다는 것은 현실적으로 쉽지 않다.

이러한 문제를 해결하기 위해서는 우선 준법지원인의 업무적 특성을 충분히 고려하는 것이 필요하다고 본다. 즉 회사 내부에서 임직원의 준법경영 여부를 점검하고 판단해야 하는 준법지원인의 업무적 특성을 고려할 때 준법지원인은 기업의 경영활동이라는 사적 영역으로부터 자유롭고 독립된 지위를 최우선적으로 확보해야 한다. 이때 무엇보다 준법지원인이 이사회를 비롯한 경영 담당기관으로부터 독립하여 업무를 수행할 수 있는 체계와 그에 관련된 제도적 지원방안이 우선적으로 강구되고 실질적으로 유지되어야 한다. 이를 위해 우선 합리적인 준법통제기준을 구축해야 하고, 준법지원인의 선임과 해임 그리고 준법지원인의 보고서 등을 공시내용에 포함시킬 필요가 있다.[25] 다음으로, 준법지원인이 이사회나 대표이사로부터 지시나 감독을 받지 않는다는 점을 명확히 해야 하고, 준법지원인을 해임할 때에는 이사회의 결의요건을 강화해야 한다. 마지막으로, 준법지원인의 선임을 위한 외부 추천위원회 등을 활용하는 방법도 고려할 필요가 있다.[26]

2. 준법지원인과 법무부서 등 타 부서와의 상호협력 관계의 구축

준법지원인과 상장회사 내의 타 부서인 법무부서, 이사회, 감사 또는 감사위원회와의 상호관계가 문제된다. 우선 준법지원인을 선임해야 하는 상장회사의 상당수는 법무부서를 두고 있는데, 준법지원인의 업무는 상당부분 법무부서의 업무와 중첩될 수 있으므로 양 기관의 관계를 명확히 할 필요가 있다.[27] 이와 관련하여 무엇보다 준법지원인의 효과적인 직무수행을 위해서는 법무부서와의 유기적인 업무협조체계를 구축해야 한다. 준법지원인이 임직원의 준법경영을 지원하고 그 위반행위를 원활히 감시하기 위해서는 경영활동에 관계된 기업 내부의 다양한 정보가 필요한데, 이러한 정보를 많이 가지고 있는 부서 중의 하나가 법무부서이기 때문이다. 보다 구체적으로 준법지원인제도를 운용할 경우 준법지원인과 법무부서 간의 상호관계를 어떻게 구성할 것인가에 대해서는 법무기능과 준법통제기능을 통합하여 운영할 것인지, 양자를 분리하여 운영할 것인지 또는 양자를 기능적으로 상호 보완되는 조직으로 운영할 것인지 여부 등을 결정해야 한다. 준법지원인이 독임제적 기관으로서의 독립성을 확보·유지하면서도 직무 수행에 필요한 각종 정보를 신속·정확하게 취득하기 위해서는 법무부서와 상호 보완되는 조직으로 운영함이 바람직하다고 본다.[28]

다음으로, 상법상 이사회의 주된 권한은 경영과 관련된 의사결정권과 업무감독권인데, 특히 후자의 경우 준법지원인의 업무 및 기능과 밀접한 연계관계를 형성할 수 있다. 이에 준법지원인과 이사회의 업무적 연계관계를 어떻게 설정할지 문제된다. 이와 관련하여 ① 독립된 조직으로서 준법지원인을 두는 방법, ② 이사회의 하부기관 또는 이사회 내부의 위원회 형태로 준법지원인을 중심으로 한 준법지원조직을 두는 방법, ③ 준법지원인을 대표이사의 직속기관으로 두는 방법, ④ 미국과 유사하게 준법지원인을 집행임원으로 선임하여 컴플라이언스 업무를 맡기는 방법, ⑤ 준법지원인을 법무조직의 일부로 구성하는 방법, ⑥ 준법지원인을 다른 부서의 하부조직으로 두는 방법을 고려해 볼 수 있다.[29]

이러한 여섯 가지 방법 가운데 준법지원인의 독립성을 유지하면서도 경영기관과의 업무적 연계관계를 구축할 수 있는 가장 현실적이고 실현가능한 방법은 대표이사의 직속기관으로 준법지원인을 배치한 후 법무부서와 긴밀한 업무 협력관계를 구축하도록 하는 방법이라고 판단된다. 특히 준법지원인을 대표이사의 직속기관으로 하는 것은 준법지원인의 업무적 특성상 최고경영책임자(CEO)와의 원활하고 신속한 의사소통이 중요하기 때문이고, 다른 간섭을 받지 않고 최고경영책임자에게 컴플라이언스 관련 업무보고를 할 수 있어야 신속한 조치가 가능하기 때문이다. 또한 이렇게 함으로써 회사는 비용부담을 최소한도로 줄이면서도 컴플라이언스 업무를 효과적으로 수행할 수 있다고 본다.[30]

마지막으로, 준법지원인과 감사 또는 감사위원회의 상호 관계를 어떻게 형성하는 것이 바람직한지의 문제가 있다. 감사 또는 감사위원회는 경영담당자인 이사의 직무집행을 감사하는 것을 주된 역할로 하므로, 그러한 범위 내에서 임직원의 준법·윤리경영을 지원하고 그 위반행위를 감시하는 준법지원인의 업무와 상호 중첩되는 지점이 있다. 준법지원인과 감사 또는 감사위원회의 상호 관계와 관련하여 준법지원인이 임직원의 준법통제기준 위반행위를 조사하여 그 결과를 이사회에 보고한 이후 이사회의 시정조치가 최종적으로 있어야 하는데, 이 경우 이사회가 적시에 적절하고 충분한 조치를 취했는지 여부는 감사기관(감사 또는 감사위원회)의 업무감사권의 범위에 포함된다. 즉 이사의 직무집행행위의 적법성 여부에 있어서는 준법지원인과 감사기관이 상호 연계되어 있으므로 양자 간의 긴밀한 업무협조체제의 구축이 요구된다. 이에 따라 준법지원인이 임직원의 준법통제기준 위반행위를 조사하여 그 결과를 이사회에 보고할 때에는 동일한 내용을 감사기관에도 아울러 보고하도록 규제할 필요가 있고, 감사기관이 업무감사의 결과를 이사회나 주주총회에 제출할 때에도 역시 준법지원인에게도 동일한 내용을 제출하도록 규제할 필요가 있다고 본다.[31]

V. 준법지원인제도의 효과적 운영에 따른 인센티브 부여 관련 개선방안

준법지원인제도가 형사법의 영역에서 주목을 받은 가장 커다란 이유는 준법지원인제도를 도입한 상장회사가 기업 및 임직원의 업무활동에 있어 법령을 준수하기 위한 컴플라이언스 프로그램을 효과적으로 운영했을 경우에 기업(법인)의 형사책임과 관련하여 사업주(법인 또는 개인 사업주) 내지 이사 개인의 형사책임의 면제 또는 감경, 소추면제 등과 같은 형사법적 인센티브를 제공할 수 있을지 여부가 논란이 되기 때문이다. 상장회사의 입장에서 보면 추가적 규제와 비용으로 인식되는 준법지원인제도가 기업의 직접적인 이익과 연결되지 않는 한 이 제도의 조기정착과 그에 따른 기업범죄의 사전적 예방이라는 효과를 기대하기 어렵기 때문에 형사법적 인센티브의 제공을 적극적으로 고려할 필요가 있다고 본다.[32]

1. 양벌규정상 사업주의 면책사유로 고려

양벌규정은 행정법상 벌칙에 채용되는 제도로서 법인의 대표자나 법인 또는 개인의 대리인·사용인 및 기타의 종업원이 위반행위를 한 때에 행위자를 처벌하는 외에 그 업무의 주체인 법인 또는 개인 사업주도 함께 처벌하는 제도이다.[33] 그런데 2007년 11월 29일 헌법재판소는 「보건범죄단속에 관한 특별조치법」(1990.12.3 법률 제4293호로 개정된 것) 제6조와 관련하여 형법의 기본원리인 책임주의에 반한다는 이유로 위헌결정을 내린 바 있다.[34] 법무부는 이를 계기로 양벌규정의 개정을 추진하였고, 그 결과 2010년 1월말 기준으로 약 110여 개의 법률의 양벌규정에 대해 "다만, 법인 또는 개인이 그 위반행위를 방지하기 위하여 해당 업무에 관하여 상당한 주의와 감독을 게을리하지 아니한 경우에는 그러하지 아니하다"는 면책규정을 추가하는 방식으로 개정이 이루어졌다. 상법도 예외는 아니어서 "다만, 회사가 제542조의13에 따른 의무를 성실히 이행한 경우 등 회사가 그 위반행위를 방지하기 위하여 해당 업무에 관하여 상당한 주의와 감독을 게을리 하지 아니한 경우에는 그러하지 아니하다"(상법 제634조의3)라고 면책규정을 명시하고 있다.

　그런데 상법의 양벌규정은 다른 양벌규정의 단서조항과 달리 회사가 그 종업원의 위반행위를 방지하기 위하여 해당 업무에 관하여 상당한 주의와 감독을 게을리 하지 아니한 경우의 한 예시로서 "제542조의13에 따른 의무를 성실히 이행한 경우 등", 즉 준법통제기준과 준법지원인제도를 구축하고 컴플라이언스 프로그램을 효과적으로 운영했을 경우 이를 사업주의 면책사유로서 고려할 수 있는 가능성을 열어두고 있다. 이에 따라 사업주인 상장회사가 이미 컴플라이언스 프로그램을 효과적으로 운영하고 있는 상태에서 어느 종업원이 범죄행위를 저지른 경우 사업주가 이 종업원에 대해 적절하게 감독의무를 이행했다고 판단하여 사업주에 대해 양벌규정의 면책조항을 적용하여 형벌을 면제할 수 있게 되었다. 이는 사업주에게 형벌이라는 제재수단이 갖는 의미를 고려할 때 상당한 형법적 인센티브가 제공되는 것으로 볼 수 있다.

　사실 컴플라이언스 프로그램의 효과적 운영이 사업주의 면책사유로서 고려될 수 있다는 견해는 상법의 양벌규정 도입 이전부터 제기되어 왔다. 대표적으로 이주희 교수는 양벌규정상 사업주의 감독의무의 내용으로 종업원에 대한 선임·감독의무 이외에 종업원의 위반행위방지를 위한 '조직구성의무(Organisationspflicht)'도 사업주의 감독의무로 파악하고 이러한 사업주의 조직구성의무의 구체적 기준으로 컴플라이언스 프로그램의 도입을 제안하면서, 사업주가 합목적적이고 적절하게 (준법지원) 조직을 구성할 의무를 게을리 한 경우, 이러한 조직구성의무의 해태와 종업원의 위반행위 사이에 인과관계가 인정될 경우에 사업주는 양벌규정에 따라 처벌되는 반면, 양자 간의 인과관계가 부정되거나 사업주가 조직구성의무를 다한 경우에 종업원의 위반행위가 있더라도 사업주는 면책될 수 있다고 한다.[35]

　그러나 준법지원인제도의 도입과 그에 따른 컴플라이언스 프로그램의 효과적 운영 여부를 상법상 양벌규정의 사업주 면책사유로서 고려하는 것은 다음과 같은 두 가지 이유에서 신중을 기할 필요가 있다고 본다. 하나는, 상법상의 양벌규정을 근거로 컴플라이언스 프로그램을 연계하여 사업주의 형사책임을 면책시킬 수 있다는 사고는 미국 연방양형지침매뉴얼(Federal Sentencing Guidelines Manual)이 양형단계에서 기업에 대한 벌금형의 액수를 산정하는 데 있어서 기업 내 컴플라이언스 프로그램의 효과적인 운영 여부를 그 감경사유로서 고려한다는데 토대를 두고 있다. 하지만 미국 연방양형지침매뉴얼이 요구하는 기업 내 컴플라이언스 프로그램의 효과적 운영 여부는 사업주의 감독의무의 해태 여부를 판단하여 면책사유로서 고려하기 위한 것이 아니라 양형단계에서 형감경을 위한 판단자료에 불과함을 간과한 측면이 있다.[36] 더욱이 컴플라이언스 프로그램을 탄생시킨 미국에서 조차 그 실시 여부를 기업이 부담하는 주의의무의 내용으로 파악할 것인지 여부에 대해 이를 긍정하는 일부 판례[37]와 견해[38]도 있지만 기업이 컴플라이언스 프로그램을 실시한 것이 상당한 주의를 다한 것으로 인정되어 기업의 형사책임이 면제되지 않는다는 것이 미국 연방 법원의 태도[39]로 이해되고 있다[40]는 점을 상기할 필요가 있다.

다른 하나는, 재벌체재라는 한국의 기업지배구조 현실을 고려할 때 컴플라이언스 프로그램의 운영에 따른 사업주의 면책사유의 고려는 자칫 기업 내지 (최고)경영진에 의한 기업범죄를 방지하지 못한 채 사업주인 기업과 개인 사업주의 탈·불법 경영활동에 대한 면책수단으로 기능할 우려의 소지가 있다. 상법을 통해 도입되는 준법지원인제도는 기업과 (최고)경영진이 법적 분쟁 내지 법적 위험을 회피하기 위한 것으로 기업과 (최고)경영진을 감독하고 통제하기 위한 통제기관이라기보다 이들의 준법경영을 보좌하는 지원기관으로서의 성격을 가지고 있다. 따라서 준법지원인제도의 도입과 그에 따른 컴플라이언스 프로그램의 효과적 운영이라는 명분 아래 사업주에 대한 형사책임의 면책을 폭넓게 인정하려는 시도는 준법지원인제도가 우리 사회에서 문제되는 (최고)경영진의 기업 지배권 내지 경영권의 남용에 의한 탈·불법 경영활동을 통제하지 못한 채 (최고)경영진의 경영권행사의 일환으로서 기업의 종업원의 업무수행에 필요한 업무방침에 지나지 않는 것으로 변모할 수 있음에도 불구하고, 나아가 기업의 종업원의 위반행위는 컴플라이언스 프로그램을 효과적으로 운영했지만, 즉 기업이 종업원의 위반행위를 방지하기 위해 상당한 주의와 감독을 게을리 하지 아니하였음에도 불구하고 종업원의 개인책임에서 비롯된 것으로 보아 사업주에게 면죄부만을 제공하는 부정적 결과를 초래할 수 있음에 유의할 필요가 있다

생각건대 상법의 양벌규정 단서조항이 준법지원인제도에 따른 의무의 성실한 이행 여부를 사업주의 감독의무 내지 면책기준으로 규정하고 있으므로 기업의 컴플라이언스 프로그램의 효과적 운영 여부를 사업주의 면책사유로서 고려하지 않을 수 없다고 본다. 다만 이러한 사업주의 면책기준으로서 준법지원인제도의 도입과 그에 따른 컴플라이언스 프로그램의 고려는 사업주가 종업원의 위반행위를 방지하기 위한 상당한 주의의무와 감독의무를 판단하는데 있어 전부가 아닌 하나의 기준으로 작용할 뿐이고, 이때에도 컴플라이언스 프로그램의 형식적인 실시 여부가 아니라 실질적이고 효

과적인 운영을 전제로 하여야 한다.

2. 배임죄의 고의를 부정하는 경영판단원칙의 적용요건으로 고려

(1) 경영판단원칙의 의의, 요건 및 효과

19세기 미국 판례법을 통하여 확립된 '경영판단원칙(business judgement rule)'이란 이사가 권한 내의 경영판단의 대상에 관하여 적절하다고 합리적으로 믿을 정도로 충분한 정보에 근거하여 이해관계 없이, 그리고 성실하게 회사에 최선의 이익이라고 생각되는 방법으로 판단하고 수행한 행위는 결과적으로 회사에 손해를 입히더라도 사기, 불법행위, 이익충돌이 없는 한 법원은 그 이사의 경영판단과 행위에 간섭하지 않는다는 원칙을 의미한다.[41] 즉 이 원칙은 합리적 경영행위를 존중하고 설사 이로 인해 회사 본인에게 손해를 초래하더라도 사법심사의 대상에서 제외된다는 것을 의미한다.

이 원칙을 인정하는 주요한 근거로 기업 경영진의 경영상 판단은 그 속성상 법관의 사법심사 대상으로 삼기에 부적절하고, 사법심사를 무리하게 확대하면 유능한 경영인에 의한 적극적 경영활동을 위축시켜 기업의 혁신과 이를 통한 경제발전에 저해가 된다는 점을 제시하고 있다.[42]

그리고 경영판단원칙을 적용하기 위해서는 적극적 요건으로 ① 경영상의 결정(business decision)의 존재, ② 무이해관계와 독립성(disinterestedness & independence), ③ 적정한 주의(due care), ④ 선의의 요건(good faith)이 갖추어져야 하고, 소극적 요건으로 ① 재량권의 남용이 없을 것, ② 사기, 불법행위 또는 회사자산의 낭비에 해당하지 않을 것 등이 언급되고 있다.[43]

이러한 경영판단원칙이 적용되면 첫째, 회사가 입은 손해에 대하여 이사가 배상책임을 지지 않고 면책시키는 효과, 둘째, 이사의 경영판단은 충분한 정보의 기초 위에서 선의로, 그 행위가 회사의 최상의 이익에 합치하는 것이라고 하는 정직한 신뢰 하에서 행동하였다는 추정의 혜택을 부여하는 효과, 셋째, 경영판단에 대해서는 사법적 개입을 억제하는 효과 등이 있다고 한다.[44]

(2) 경영판단원칙의 형법상 도입 여부

경영판단원칙은 상법학계[45]뿐만 아니라 형법학계에서도 기업 경영진의 경영행위로 인하여 회사나 주주에 대하여 손해가 발생한 경우에 배임죄가 성립하는가와 관련하여 그 도입 여부에 관한 논의가 활발히 전개되고 있다.

기업 경영진의 배임죄 성립 여부를 판단함에 있어 경영판단원칙의 도입을 긍정하는 견해는 경영판단원칙을 적용할 경우 배임죄의 처벌억제 효과를 전제로, 위험과 불확실성이 상존하는 경영판단의 영역에 대한 국가 형벌권의 과도한 개입을 막아 적극적이고 창조적인 경영활동을 보장하기 위한 형사정책적 입장을 강조하거나,[46] 위험감수원칙이 지배하는 사전적 합목적적 경영판단과 위험회피원칙이 지배하는 사후적 가치합리적 법적판단의 본질적 차이를 근거로 그 간극을 메우기 위하여 이 원칙의 도입이 필요하다[47]는 논거를 제시한다.

반면에 이를 도입할 필요가 없다는 견해는 경영판단원칙은 이사의 경영상 과실이 있느냐의 여부가 문제될 때 위력을 발휘하는 것인데, 배임죄는 고의가 있을 때에만 성립하므로 양자는 관계가 없으며 실제로 형법에서 경영판단원칙을 수용할 실익도 없다거나,[48] 소유와 경영의 분리가 엄격히 이루어져 전문경영인에 의한 경영판단이 행하여지는 미국과 달리 (소수)지배주주에 의한 폐쇄기업이 대부분인 우리나라에서 이를 도입하여 경영인의 형사책임을 완화할 경우에 경영실패로부터 소액주주나 회사채권자를 보호하기 어렵고,[49] 배임죄의 구성요건인 '임무위배행위'나 '재산상 이익', '고의' 등을 합리적으로 해석하면 배임죄의 불명확성으로 인한 적용확대를 해소할 수 있으므로 이 원칙의 도입이 불필요하다[50]는 점을 논거로 제시한다. 나아가 위 두 번째와 세 번째 논거를 모두 제시하는 견해도 있다.[51]

대법원은 경영인의 배임죄 성립 여부가 문제된 형사판례에서 민사판결과 같이 경영판단원칙이라는 용어를 직접적으로 사용하지 않고 있으나, 대법원 2004.7.22. 선고 2002도4229 판결[52]에서 '경영상 판단'에 관한 법리를 처음으로 밝힌 이래 계속하여 같은 취지의 판시를 하고 있다.[53]

생각건대, 경영판단원칙은 경영진의 배임죄 성립 여부와 관련하여 배임 고의에 대한 피고인 측의 항변에 대한 사법기관의 판단기준의 하나로서 검토될 뿐이라고 본다.[54] 먼저, 경영판단원칙을 적극적으로 수용하여 경영진의 실패한 경영행위에 대해

배임죄의 성립을 강하게 부정하자는 견해는 경영판단원칙의 내용을 본질적으로 오해 내지 오도하는 것으로 우선적으로 지지할 수 없다. 왜냐하면 실패한 경영행위라 할지라도 경영판단원칙이 적용되기 위한 요건, 즉 이사가 경영판단의 대상과 이해관계를 가지지 않고 독립적인 입장에서 적정한 주의를 다하여 선의로 경영상 결정을 하였으며(적극적 요건), 이때 재량권의 남용이 없고 이러한 결정이 사기, 불법행위 또는 회사 자산의 낭비에 해당하지 않는 경우(소극적 요건)에는 이미 적법한 경영판단으로 임무 위배행위에 해당하지 않는 경우가 대부분이어서 배임죄가 적용될 여지가 없어 당연한 주장에 지나지 않으며,[55] 이러한 경영판단원칙의 적용요건 중 어느 하나라도 결여되어 경영판단원칙이 적용될 수 없음에도 불구하고, 즉 실패한 경영행위를 넘어 부당 내부거래, 분식회계, 불법대출 등의 탈·불법 경영행위 내지 악의적 부실경영에 대해서까지 경영판단원칙을 내세워 고의범인 배임죄를 부정하자는 것은 경영판단원칙을 은연 중 오도하고 기업범죄에 대한 형법적 사후통제를 포기하자는 주장에 지나지 않기 때문이다. 다음으로, 경영판단원칙이 배임죄의 성립 여부와 관계가 없다는 견해는 이사가 경영행위를 하는 경우에 회사나 주주의 이익을 위하여 과감하게 모험적 투자나 거래를 할 수밖에 없는 특수성에 대한 고려가 전혀 없으며, 경영판단원칙이 이사의 경영행위에 대한 배임죄 성립 여부를 판단하기 위한 기준은 아니더라도 그 기초자료로서 기능할 수 있다는 점을 간과하고 있다는 비판이 제기된다.[56] 따라서 경영판단원칙은 기업 경영진의 경영행위에 대한 배임죄 성립 여부의 판단에 있어 전부 또는 전무(all or nothing)의 기준으로서가 아니라 경영진이 본인이나 제3자의 이익이 아니라 회사나 주주의 이익을 위한 모험적 투자나 거래를 함에 있어 그 위험성과 불가측성이라는 속성으로 최종적으로 손해가 발생하였다고 하더라도 그 손해가 경영진의 배임의 고의에 기한 것이 아니라 여러 경영사정을 고려할 때 당시로서는 합리적인 의사결정에 따른 것이라는 배임 고의의 항변에 대한 사법기관의 판단기준의 하나로서 고려될 수 있다고 봄이 타당하다고 본다. 판례도 경영판단의 이유만으로 곧바로 배임죄의 성립이 부정되는 것이 아니라 고의와 관련된 간접사실의 하나로서 경영판단적 요소가 고려되는 것에 지나지 않음을 분명히 하고 있다.[57]

(3) 준법지원인제도가 배임 고의를 부정하는 경영판단원칙의 하나의 적용요건으로 고려될 가능성

경영판단원칙은 경영진의 배임죄 성립 여부와 관련하여 배임 고의를 부정하는 피고인 측의 항변에 대한 사법기관의 판단기준의 하나로서 검토될 뿐이라는 저자의 견해에 따르면 사법기관이 경영판단원칙을 내세워 배임 고의를 부정하는 피고인 측의 항변에 대해 배임 고의 유무를 판단함에 있어 준법지원인제도의 실질적 활용 여부가 중요한 역할을 할 수 있다고 본다. 왜냐하면 경영진이 경영판단의 대상이 되는 법적 위험과 관련하여 준법지원인의 실질적 활용을 통해 적절하다고 합리적으로 믿을 정도로 충분한 정보를 수집하고 이를 토대로 이해관계 없이, 그리고 성실하게 회사에 최선의 이익이라고 생각되는 방법으로 판단하였다면 이는 선의에 의한 것으로 배임 고의를 부정할 수 있는 하나의 판단기준으로 작용하기 때문이다.[58] 이에 따라 경영판단원칙의 적용요건 중 하나인 적절하고 합리적으로 믿을 정도로 '충분한 정보의 수집'은 준법지원인의 적극적이고 실질적인 활용을 통해서 가능한데 경영진의 배임 고의를 간접사실로 입증해야 하는 검찰로서는 준법지원인제도와 효과적인 컴플라이언스 프로그램을 운영해야 함에도 이를 운영하지 않았거나 운영하더라도 형식적인 운영에 그쳐 경영판단의 대상이 되는 법적 위험에 관한 정보를 수집하지 않았거나 불충분하게 수집하였음을 합리적 의심이 없을 정도로 증명하면(형사소송법 제307조 제2항) 법관으로 하여금 배임 고의를 부정하는데 결정적으로 작용할 수 있다.

마찬가지로 대법원은 대기업 또는 대기업의 회장 등 개인이 정치적으로 난처한 상황에서 벗어나기 위하여 자회사 및 협력회사 등으로 6개 회사로 하여금 특정 회사의 주식 20만 주를 1주당 적정가액이 20,000원임에도 불구하고 35,000원에 매수하게 하여 그 차액인 30억 원 상당의 손해를 입게 하였다는 사안에 대해 "기업의 경영에는 원천적으로 위험이 내재하여 있어서 경영자가 아무런 개인적인 이익을 취할 의도 없이 선의에 기하여 가능한 범위 내에서 수집된 정보를 바탕으로 기업의 이익에 합치된다는 믿음을 가지고 신중하게 결정을 내렸다 하더라도 그 예측이 빗나가 기업에 손해가 발생하는 경우가 있을 수 있는바, 이러한 경우에까지 고의에 관한 해석기준을 완화하여 업무상배임죄의 형사책임을 물을 수는 없으나, 기업의 경영자가 문제된 행위를 함에 있어 합리적으로 가능한 범위 내에서 수집한 정보를 근거로 하여 당해 기업이 처한 경제적 상황이나 그 행위로 인한 손실발생과 이익획득의 개연성 등의 제반 사정을 신중하게 검토하지 아니한 채, 당해 기업이나 경영자 개인이 정치적인 이유 등으로 곤란함을 겪고 있는 상황에서 벗어나기 위해서는 비록 경제적인 관점에서 기업에 재산상 손해를 가하는 결과가 초래되더라도 이를 용인할 수밖에 없다는 인식하에 의도적으로 그와 같은 행위를 하였다면 업무상배임죄의 고의는 있었다고 봄이 상당하다"[59]고 판단함으로써 배임의 고의가 있었는지 여부를 판단함에 있어 경영상 판단을 하나의 기준으로 고려하였다. 그리고 이러한 경영상 판단을 함에 있어 합리적으로 가능한 범위 내에서 수집한 정보를 근거로 하여 당해 기업이 처한 경제적 상황이나 그 행위로 인한 손실발생과 이익획득의 개연성 등의 제반 사정을 신중하게 검토할 것을 요구하고 있다. 대법원은 이 판결에서 경영판단의 대상과 관련된 정보수집의 주체에 대해 명백히 밝히고 있지 않으나 이 판결을 통해 향후 일정 규모의 상장회사가 준법지원인제도를 도입할 경우 준법지원인제도의 실효적 운용을 통해 경영판단의 대상이 되는 법적 위험에 대해 합리적으로 가능한 범위 내에서 정보를 수집하여야 하고 이를 토대로 당해 기업이 처한 경제적 상황이나 그 행위로 인한 손실발생과 이익획득의 개연성 등의 제반 사정을 신중하게 검토한 경우에 한하여 배임의 고의가 부정될 수 있음을 추론할 수 있다.

(4) 소결

생각건대, 준법지원인제도는 경영진의 측면에서 본다면 경영판단원칙의 형법상 도입 여부에 관한 학계의 논의를 떠나 문제되는 경영판단의 대상에 대해 준법지원인제도의 실효적 운용을 통해 합리적으로 가능한 범위 내에서 정보를 수집하고 이를 토대로 한 경영행위에 대해서는 비록 회사 본인이나 제3자인 주주에게 손해가 발생하더라도 배임의 고의가 부정될 수 있는 가능성을 제공하는 인센티브로 활용될 수 있다고 본다.

3. 양형단계에서 감형사유로 고려

(1) 미국 연방양형지침매뉴얼에 따른 벌금액의 감경

미국에서는 연방양형위원회(United States Sentencing Commission)의 연방양형지침매뉴얼(Federal Sentencing Guidelines Manual)에 따라 기업 내지 조직체(Organization)가 효과적인 컴플라이언스 및 윤리 프로그램(Effective Compliance and Ethics Program)을 운영한 경우에 기업범죄에 대하여 벌금액을 감경할 수 있게 함으로써 기업이 스스로 컴플라이언스 및 윤리 프로그램을 도입하여 자율적으로 이행할 인센티브를 제공하고 있다. 즉 연방양형지침매뉴얼은 징벌적 손해배상(penalty damage) 제도와 맞물려 기업과 같은 조직체의 범죄행위에 대해서는 종래와는 비교가 안 될 정도로 고액의 벌금형을 부과할 수 있도록 하는 한편, 양형의 결정시에 기업에 의해서 구축·실시되고 있는 효과적인 컴플라이언스 및 윤리 프로그램을 벌금액의 감경사유로 고려할 것을 규정하고 있다.[60]

구체적으로 동 매뉴얼 제8조 B2.1. (a)에 따르면 조직체가 벌금감경 규정의 적용을 받기 위해서는 ① 범죄행위의 예방과 적발에 상당한 주의(due diligence)를 다할 것, ② 윤리적인 행동과 법령준수를 장려하는 조직 내의 문화를 촉진할 것을 요건으로 하는 효과적인 컴플라이언스 및 윤리 프로그램을 운영하지 않으면 안 된다. 그와 같은 컴플라이언스 및 윤리 프로그램은 효과적으로 범죄행위를 예방·적발하도록 '합리적으로 설계, 실행, 집행(reasonably designed, implemented and enforced)'되어야 하는 프로그램이며, 일회적인 위반행위의 예방 또는 적발에 실패했다고 하여 프로그램이 범죄행위를 예방·적발함에 있어 일반적으로 효과적이지 않다는 것을 반드시 의미하지는 않는다.[61] 그리고 효과적인 컴플라이언스 및 윤리 프로그램이라고 인정되기 위해서는 범죄행위의 예방과 적발에 조직체가 상당한 주의를 기울였다고 인정되는 것이 필요하다. 조직체가 상당한 주의를 기울였다고 인정되기 위한 7가지의 최소한의 요건으로는 ① 범죄행위를 예방하고 적발하는 기준과 절차를 마련해야 할 것, ② 기업의 최고경영책임자는 컴플라이언스 및 윤리 프로그램의 내용과 운영에 대하여 정통해야 하고, 프로그램의 실행과 실효성과 관련하여 효과적인 감독을 수행해야 할 것, 그리고 고위 임원들은 효과적인 컴플라이언스 및 윤리 프로그램을 보장하여야 하고, 그에 대한 책임을 져야 할 것, 이러한 책임을 지기 위해서 개인에게 적절한 권한 등이 주어져야 할 것, ③ 기업은 불법적인 행동을 할 개연성이 높은 개인이 실질적인 임원진에 포함되지 않도록 합리적인 노력을 기울여야 할 것, ④ 컴플라이언스 및 윤리 프로그램은 종업원과 임원이 함께 논의하는 합리적인 절차를 거쳐 구성되어야 할 것, ⑤ 감시, 감사, 평가, 프로그램의 홍보도 합리적 절차를 거쳐야 할 것, ⑥ 조직 전

체를 통해 프로그램을 발전·강화시켜 나아가야 할 것, ⑦ 범죄행위가 적발 된 후 합
리적 절차를 거쳐 유사한 범죄행위를 예방할 수 있는 장치를 마련해야 할 것 등이
다.[62]

그리고 법원은 기업의 범죄행위로 인한 벌금 부과시 위반등급에 따라 기준벌금액
(base fine)을 산정하는데, 기준벌금액은 위반등급별로 달리 나타난다. 예컨대 최저 위
반등급인 '6점 이하'인 경우에는 기준벌금액이 5,000달러이고, 위반등급이 '20점'인 경
우에 650,000달러, '30점'인 경우에 10,500,000달러, 최고의 위반등급인 '38점 이상'에
달하는 경우에는 72,500,000달러로 책정되어 있다.[63] 그리고 법원은 연방양형지침매
뉴얼에 따라 기업에 대한 '유책성 지수(culpability score)'를 고려하는데, 이 유책성 지
수는 기본점수 5점을 기준으로 가중·감경 요소에 따라 최저 0점에서 최고 10점까지
주어진다. 만일 기업이 효과적인 컴플라이언스 및 윤리 프로그램을 가지고 있다고 결
정되면 유책성 지수에서 3점을 차감하도록 되어 있다.[64] 이때 법원은 기업 내 범죄행
위가 있을 경우 컴플라이언스 및 윤리 프로그램이 없다면, 즉 컴플라이언스 및 윤리
프로그램을 무시하였다면 엄벌에 처하고, 컴플라이언스 및 윤리 프로그램이 구축되
어 있고, 앞서 언급한 효과적인 컴플라이언스 및 윤리 프로그램의 7가지 최소요건을
갖추어 운영되고 있다면 벌금액의 최고 95%까지 감면해 준다고 한다.[65]

(2) 준법지원인제도가 양형위원회의 양형기준으로서 고려될 가능성

국내에서도 기업이 추가적 비용과 규제로 인식하는 준법지원인제도를 자발적으로
도입하고 효과적으로 운영되도록 하기 위하여 기업 (최고)경영진의 범죄행위에 대해
미국의 연방양형지침매뉴얼과 같은 방식으로 양형단계에서 형사책임을 감경하는 인
센티브를 제공하는 것이 필요하고 "현재 양형기준의 정립에 관한 논의가 심도 있게
진행 중인 우리나라에 당장 도입해도 큰 무리가 없을 것"[66]이라는 견해가 제시되고
있다.

그런데 저자는 미국의 연방양형지침매뉴얼의 효과적인 컴플라이언스 및 윤리 프로
그램은 기업 내지 조직체에 대한 형 감경사유로 고려되는 것과 달리 우리나라에서 준
법지원인제도의 도입과 그 실효적 운용은 상법상 양벌규정에 의해 일차적으로 사업
주(법인 또는 개인사업주)의 면책사유의 하나로 고려되어야 하므로, 이러한 사업주 면책
사유로서 인정될 정도의 실효적 운용이 인정되지 않을 경우에 한하여 양형단계에서

사업주 내지 실제 위반행위를 한 (최고)경영진에게 그 실효적 운용의 정도에 따라 형 감경사유로 고려될 수 있을 뿐이라고 본다. 이때 무엇보다 사업주에 대한 형사책임의 면책 또는 면책되지 않는 사업주 또는 실제 위반행위를 한 (최고)경영진에 대해 미국의 연방양형지침매뉴얼과 같은 방식의 형 감경은 미국의 기업범죄의 처벌의 한 축인 징벌적 손해배상제도의 도입, 준법지원인제도의 실질적 활용과 그에 따른 효과적인 컴플라이언스 프로그램의 운영, 기업범죄에 대한 엄격한 법집행 등의 전제 조건을 충족했을 때 한하여 고려가 가능하다고 본다. 우선, 미국 연방양형지침매뉴얼이 효과적인 컴플라이언스 및 윤리 프로그램을 운영했을 경우에 벌금형을 감경할 수 있도록 한 첫 번째 이유는 기업범죄에 대하여 고액의 배상금을 부과할 수 있는 징벌적 손해배상제도를 도입하고 있기 때문이다. 주지하듯이 징벌적 손해배상이란 민사법의 일반원칙에 따라 통상 인정되는 전보적 손해배상 이외에 추가적으로 징벌적 의미를 덧붙여 별도의 손해배상을 고액으로 부과하는 것을 의미한다.[67] 이러한 징벌적 손해배상제도는 미국에서 무엇보다 기업범죄를 억지하는 데 효과적인 수단으로 인식되고 있다. 그러나 최근 과다한 징벌적 손해배상액으로 인해 파산하는 기업이 증가하게 되고, 보험료의 급등 및 인수거부 사태 등을 초래하는 문제를 보이고 있다고 한다.[68] 이러한 기업범죄에 대한 징벌적 고액 배상금이 부과되고 있는 점을 고려하여 연방양형지침매뉴얼은 기업이 효과적인 컴플라이언스 및 윤리 프로그램을 운영한 경우 벌금액을 감경할 수 있는 여지를 만들어 놓은 것이다. 하지만 이러한 제도를 도입하지 않은 상태[69]에서 상법상 양벌규정에 따른 사업주의 면책 또는 우리나라 양형기준에 같은 방식의 형 감경사유를 인정하는 것은 기업범죄의 억지를 위해 마치 채찍은 외면하고 당근만을 취하겠다는 것은 아닌지 의문이다.

다음으로, 연방양형지침매뉴얼의 기업범죄에 대한 형 감경의 전제 조건은 효과적인 컴플라이언스 및 윤리 프로그램의 운영인데 시행될 준법지원인제도와 그에 따른 컴플라이언스 프로그램은 앞서 언급한 바와 같이 (최고)경영진의 탈·불법 경영활동에 대한 '통제'기관으로서가 아니라 준법경영의 '지원'기관으로서의 성격을 갖고 있어 얼마만큼 (최고)경영진의 탈·불법 경영활동을 통제하는 데 효율적으로 기능할지 의문이다. 더욱이 이미 10년 전부터 시행되어온 금융기관을 대상으로 하는 준법감시인제도가 있음에도 금융기관 임직원의 횡령·배임 사건이 계속해서 발생되고 있는 사실을 볼 때 이러한 의문은 쉽사리 해소되기 어렵다고 본다. 하지만 준법지원인제도가 갖는 이러한 제도적 성격의 한계에도 불구하고 이를 적극적으로 도입한 상장회사에서 준법지원인과 그에 따른 컴플라이언스 프로그램을 효과적으로 운영했음이 인정될 경우 상법상의 양벌규정에 의한 사업주의 면책 또는 사업주가 면책되지 않을 경우 양형단계에 있어 형 감경요소로서 고려될 수 있다고 본다.

마지막으로, 미국과 달리 법원이 준법지원인과 컴플라이언스 프로그램을 효과적으로 운영했다고 하여 기업범죄를 저지른 (최고)경영진에 대해 형벌을 감경하는 온정주의적 태도를 취하는 것이 기업범죄의 억지와 예방이라는 형사정책적 관점에서 필요한지도 의문이다. 사실 대법원 산하 양형위원회는 2009년 횡령·배임범죄 양형기준을 마련하여 시행하고 있으나,[70] 법원이 대주주의 횡령 및 배임, 분식회계 등의 기업범죄에 대해 엄벌하여 기업범죄를 억지하고 예방하는 형사정책적 목표를 달성하지 못한 채 "솜방망이 처벌"을 하고 있다는 비판이 계속해서 제기되고 있는 실정이다.[71] 따라서 미국 연방양형지침매뉴얼상의 기업범죄에 대한 형 감경사유를 양형기준에 도입하기에 앞서 (최고)경영진의 기업범죄에 대한 기존의 관행을 바로잡고 엄격한 법집행을 하는 것이 우선시되어야 할 것이다.

(3) 소결

생각건대, 준법지원인제도의 도입과 그 실효적 운용에 따른 사업주의 면책 또는 면책되지 않을 경우 사업주 내지 (최고)경영진에 대한 양형단계에서 형 감경의 인센티브를 제공하는 것은 그 전제 조건으로 기업범죄에 대한 징벌적 손해배상제도 도입, 효과적인 컴플라이언스 프로그램의 운영, 현 시점에서 (최고)경영진의 기업범죄에 대한 엄격한 형사책임의 부과 등이 충족되지 않는 한 신중을 기할 필요가 있다고 본다. 다만 징벌적 손해배상제도가 이른 시일 내에 도입되기 어렵다는 현실을 고려할 때 기존 횡령·배임 양형기준에 있어 일반 횡령·배임과 기업 횡령·배임을 구별하고 기업 횡령·배임의 양형기준을 현행 다섯 가지 유형보다 더 구체적인 유형으로 구분하는 동시에 집행유예의 기준을 일반 횡령·배임 보다 엄격히 규정할 필요가 있으며, 이러한 전제 아래 준법지원인제도와 그에 따른 효과적인 컴플라이언스 프로그램의 운영을 감경요소로 추가하여 고려할 수 있다고 본다.

4. 검찰의 사업주에 대한 기소재량 사유로 고려

미국 연방법무부는 기업의 임직원에 의한 위법행위가 기업의 이익을 위한 직무의 범위 내에서 행해진 것인 경우에 원칙적으로 기업의 형사책임이 인정된다고 하더라도 기업의 기소 여부를 결정하는 데에 있어 기업의 컴플라이언스 프로그램이 고려되는 점을 분명히 하고 있다고 한다.72) 즉 미국 검찰은 연방법무부의 '기업기소지침 (Principles of Federal Prosecution of Business Organizations)' 9-28.300에 따라 (4) 기업이 위반행위를 신속하고 자발적으로 공개하고 검찰의 조사에 기꺼이 협조하는지 여부, (5) 기업의 컴플라이언스 프로그램의 존재와 그 효과, (6) 효과적인 컴플라이언스 프로그램의 실행, 기존 프로그램의 개선, 책임 있는 경영진의 교체, 위반행위자에 대한 제재 등을 위한 노력이 포함된 기업의 개선조치 등을 우호적 고려사항으로 하여 기업의 기소 여부를 결정하고 있다.73)

이러한 미국 연방법무부의 기업기소지침과 마찬가지로 우리나라 검찰이 양벌규정에 따라 법인 사업주에 대해 기소 여부를 결정함에 있어 준법지원인제도와 그에 따른 효과적인 컴플라이언스 프로그램의 운영 여부를 고려하여 기소재량권을 행사하는 인센티브를 제공할 수 있다는 견해가 제시될 수 있다.

생각건대, 기업의 준법지원인제도와 그에 따른 효과적인 컴플라이언스 프로그램 운영 여부를 검찰의 사업주(법인 또는 개인 사업주)에 대한 기소재량 사유로 고려하는 것은 바람직하지 않다고 본다. 왜냐하면 현재 우리나라 검찰은 "공소에 관한 한 검찰의 왕국"74)이라는 비판을 받을 정도로 기소독점권과 기소재량권에 대한 민주적 통제방안이 미흡한 실정인데, 공소제기 단계에서부터 검찰의 독자적인 판단만으로 기업의 준법지원인제도와 그에 따른 효과적인 컴플라이언스 프로그램 운영을 인정하여 법인의 업무와 관련하여 위반행위를 한 법인의 하급 종업원만을 기소하고 사업주에 대해서는 기소유예 내지 불기소처분의 결정을 할 경우 공소제기권을 부여한 국민으로부터 '자본권력의 시녀'라는 비판에서 자유로울 수 있을지 의문이기 때문이다. 더욱이 저자는 이미 다른 논문에서 기소편의주의를 규정한 형사소송법 제247조를 "기소법정 원칙, 기소편의 예외"가 분명히 인식될 수 있도록 개정할 필요가 있다는 견해를 제시한 바 있는데,75) 기업범죄의 대부분은 자본권력과 연결된 부정부패사건으로 특정경제범죄가중처벌 등에 관한 법률상 3년 이상의 징역형에 해당하는 중범죄에 해당하기 때문에 이들 사건에 대해서는 기업의 준법지원인제도와 그에 따른 효과적인 컴플라이언스 프로그램 운영 여부와 무관하게 기소법정주의 원칙에 따라 예외 없이 공소제기를 함이 바람직하다고 본다. 다만 검찰은 사업주에 대한 공소제기 후 공익의 대표자로서 양벌규정의 면책조항에 따라 사업주가 준법지원인과 효과적인 컴플라이언스 프로그램을 통해 종업원의 위반행위를 방지하기 위하여 상당한 주의와 감독을 게을리 하지 아니하였음을 증명하면 족하다고 본다.

VI. 맺는 말

2011년 여름 한국사회는 역대 금융권 비리 중 범죄에 연루된 금액만 4조 원으로 금융권 비리 사상 최대를 기록한 부산저축은행 비리사건으로 뜨거웠다. 이미 2000년부터 금융기관에 도입된 준법감시인제도가 이러한 기업범죄를 사전에 예방하는 데 어떠한 역할을 한 것인지 의문이 아닐 수 없다. 이러한 준법감시인제도의 실효성에도 불구하고 금융기관뿐만 아니라 자산총액 5천억 원 이상의 상장회사까지도 준법경영을 위하여 임직원이 그 직무를 수행할 때에 따라야 할 준법통제기준의 마련과 준법통제기준의 준수에 관한 업무를 담당하는 준법지원인을 1인 이상 두도록 의무화하고, 변호사 등 법률전문가로 자격을 제한하여 준법지원인을 이사회를 통해 임면하고 그 임기를 3년 상근직으로 함으로써 업무의 독립성을 유지하도록 하는 준법지원인제도를 2011년 상법 제542조의13 신설을 통해 도입하였다.

이와 관련하여 무엇보다 기존 준법감시인제도나 상법에 의한 준법지원인제도가 보다 실효적으로 운용되고 조기에 정착하도록 하기 위해, 그리고 이를 통해 기업범죄의 사전 예방이라는 형사정책적 목표를 달성하기 위해 준법지원인제도를 어떻게 개선할 수 있을지를 검토하였다. 현행 준법지원인제도가 갖고 있는 문제점을 극복하기 위한 개선책의 마련은 매우 중요하다. 왜냐하면 기업경영에서 컴플라이언스는 이제 단순한 법규준수를 위한 장식품이 아니라, 효율적이고 실행력 있는 컴플라이언스 체계를 구축함으로써 기업의 컴플라이언스 면역체계(compliance immune system)를 확보하는 것이 기업 경쟁력의 핵심 요소로 재인식되고 있기 때문이다. 또한 효율적이고 실행력 있는 컴플라이언스 체계의 구축을 통해 기업의 투명성을 높이고 소비자와 종업원, 주주와 채권자, 주변 사회 등 이해관계자에 대한 건전한 책임을 다하는 것은 기업의 생존을 위한 필수요건, 즉 지속가능경영(sustainability)과도 직결되어 있기 때문이다.

지금까지의 논의 결과를 간략히 요약하면 다음과 같다. 우선, 준법지원인 선임의무, 자격, 업무 및 타 부서와의 관계와 관련된 개선방안으로 자산총액 5천억 원 이상에서 1천억 원 이상의 상장회사로 적용대상 범위의 확대 필요, 변호사로 하여금 기업의 법무부서 등에서 최소한 3년 내지 5년 이상의 근무경력 추가적 요구 필요, 준법지원인의 결격사유(소극적 요건)에 대한 규정의 마련 필요, 준법지원인 업무의 독립성 확보, 준법지원인과 법무부서 등 타 부서와의 상호협력 관계의 구축이 필요하다고 본다. 다음으로, 준법지원인제도의 효과적 운영에 따른 인센티브 부여와 관련하여 첫째, 상법 제634조의3 양벌규정 단서조항이 준법지원인제도에 따른 의무의 성실한 이행 여부를 사업주의 감독의무 내지 면책기준으로 규정하고 있으므로 이를 사업주의 면책사유로서 고려해야 하지만 전부가 아닌 하나의 판단기준으로 고려해야 한다. 준법지원인제도는 종업원의 위반행위를 방지하기 위한 하나의 수단에 지나지 않기 때문이다. 둘째, 경영판단원칙은 기업 (최고)경영진의 배임죄 성립 여부와 관련하여 배임 고의를 부정하는 피고인 측의 항변에 대한 사법기관의 판단기준의 하나로서 검토될 뿐이지만 (최고)경영진이 준법지원인의 실질적 활용을 통해 경영판단원칙의 하나의 적용요건인 적절하다고 합리적으로 믿을 정도로 충분한 정보를 수집하여 경영판단을 했다면 배임 고의가 부정될 수 있으므로 이러한 한도 내에서 준법지원인의 실질적 활용이 인센티브로 작용할 수 있을 것이다. 셋째, 준법지원인제도를 실효적으로 운용하였다고 하여 기업범죄를 저지른 (최고)경영진에 대해 양형단계에서 형사책임을 감경하는 인센티브를 제공하기 보다는 미국과 같은 징벌적 손해배상제도가 도입되어 있지 않다는 점, 여전히 기업범죄에 대한 솜방망이 처벌이라는 비판이 제기되고 있다는 점 등을 고려할 때 (최고)경영진의 기업범죄에 대한 엄격한 법집행이 우선시될 필요가 있다. 마지막으로, 준법지원인제도의 실효적 운용 여부를 검찰의 사업주에 대한 기소재량 사유로 고려하는 것은 검찰의 기소독점권과 기소재량권에 대한 민주적 통제방안이 미흡하고 '자본권력의 시녀'라는 비판에서 자유로울 수 없으므로 바람직하지 않다고 본다.

결론적으로, 무엇보다 상법상 준법지원인제도가 조기에 정착할 수 있도록 형사법적 영역에서 다양한 인센티브를 제공하는 것이 장기적 관점에서 바람직해 보인다. 하지만 재벌체제라는 우리나라의 독특한 기업지배구조, 기업범죄에 대한 관대한 처벌, 준법지원인제도가 (최고)경영진에 대한 통제기관이 아닌 준법경영을 위한 지원기관이라는 태생적 한계 등을 고려할 때 현 단계에서는 보다 신중한 접근이 필요하다고 본다. 그렇지 않고 기업이 준법지원인제도를 운용했다고 하여 과도한 형사법적 인센티브를 제공할 경우 자칫 기업범죄를 저지른 (최고)경영진 내지 기업에게 특혜 내지 부당한 면죄부를 주는 것과 다름없기 때문이다.[76]

1) 이 글은 김재윤, "기업범죄예방을 위한 준법지원인제도의 문제점과 개선방안", 원광법학 제35권 제4호(2019.12), 81 − 101면에 게재된 것으로 최근의 논의까지를 반영하여 수정 · 보완한 것임.

2) 한국상장회사협의회, 상장회사의 준법지원인제도 도입 및 운영현황, 2014.7, 12면.

3) the 300, "준법지원인 공시제도 마련해 실효성 확보해야", 2015.8.5일자 기사 <최종검색: 2020.2.28.>

4) 이에 대해 상세히는 본서 제1장 § 2 Ⅳ. 참조.

5) 윤성승, "개정 상법상 준법지원인 제도의 문제점", 기업법연구 제25권 제4호, 2011.12, 157, 161면; 주기종, "상법상 준법지원인제도의 문제와 해결", 법학연구 제48권, 한국법학회, 2012, 416면.

6) 박선종, "개정상법상 준법통제와 준법지원인", 저스티스 통권 제124호(2011.6), 255면; 정대, "글로벌스탠다드로서의 내부통제 : 상장회사의 준법지원인제도", 법학연구 제43집, 한국법학회, 2011, 289 − 290면.

7) 성희활, "상장법인에 대한 내부통제와 준법지원인제도의 도입타당성 고찰", 법학연구 제12집 제2호, 인하대학교 법학연구소, 2009, 199면.

8) 박세화, "준법지원인제도의 안정적이고 효율적인 운용을 위한 법적 과제", 상사법연구 제30권 제2호, 2011, 275 − 276면.

9) 국회의원 노철래, 준법지원인제도도입 및 활성화를 위한 정책토론회 자료집, 2009년 제3차 정책토론회, 2009. 6, 42면.

10) 2017년 4월 4일 한국일보 보도에 의하면, "한국거래소와 한국상장회사협의회에 따르면 연결기준 유가증권시장 12월 결산 상장법인 533사의 작년 매출액은 1,646조 원으로 전년보다 0.80% 증가했다. 같은 기간 영업이익(121조 3.056억 원)은 15.02%, 당기순이익(80조 2.797억 원)도 18.46%나 늘었다"고 한다. 조사대상 상장기업 중 434사(81.43%)가 흑자를 냈고 99사(18.57%)가 적자를 기록했다고 한다. 우리나라 기업의 경영실적을 감안할 때 준법지원인제도를 1천억 원 이상 상장회사에 도입하는 경우 큰 비용부담은 없을 것으로 판단된다고 한다(손영화, "준법지원인제도 활성화 방안에 대한 토론문 2", 준법지원인제도 활성화를 위

한 토론회 자료집, 2017.4.25, 40－41면).

11) 같은 취지로 이준길, "준법지원인제도 활성화 방안", 준법지원인제도 활성화를 위한 토론회 자료집, 2017.4.25, 21면.

12) 다만 상법 제634조의3에서 "회사의 대표자·대리인·사용인 그 밖의 종업원이 회사업무에 관하여 제624조의2에 위반하면 행위자를 벌하는 외에 그 회사에도 해당 조문의 벌금형을 과하되, 예외적으로 제542조의13에 따른 의무를 성실히 이행한 경우 등 회사가 그 위반행위를 방지하기 위하여 해당 업무에 관하여 상당한 주의와 감독을 게을리 하지 아니한 경우에는 그러하지 않다"고 규정하고 있을 뿐이다.

13) 한국법정책학회, 앞의 연구보고서, 179－180면.

14) 이준길, 앞의 발제문, 21면.

15) 손영화, 앞의 토론문, 41면.

16) 정우용, "준법지원인제도 활성화 방안에 대한 토론문 3", 준법지원인제도 활성화를 위한 토론회 자료집, 2017.4.25, 47－48면.

17) 예컨대 건설산업기본법 제98조 제1항(10억 원 이하의 벌금), 상표법 제97조(3억 원 이하의 벌금), 특허법 제230조(3억 원 이하의 벌금) 등은 개인에 대하여는 각 해당 조의 벌금형을, 법인에 대하여는 자연인에 비해 약 3배가량 상향조정된 벌금형을 과하도록 하고 있다.

18) 이에 대한 상세한 분석으로는 김재윤, "준법지원인제도의 도입에 따른 형사법적 인센티브", 인권과정의 통권 제425호, 2012.5, 94면 이하 참조.

19) 한국상장회사협의회의 2014년 설문조사에 응답한 준법지원인 의무선임 대상회사 중 현재 준법지원인을 두고 있는 108개사에서 선임된 준법지원인의 거의 대부분이 변호사의 자격을 소지하고 있거나(48.1%) 또는 상장회사의 법무부서 경력자 출신이었다(46.3%)고 한다(한국법정책학회, 앞의 연구보고서, 193면).

20) 금융회사의 지배구조에 관한 법률 제26조 제1항 2호 나목은 "금융 관련 분야의 석사학위 이상의 학위소지자로서 연구기관 또는 대학에서 연구원 또는 조교수 이상의 직에 5년 이상 종사한 사람"을 준법감시인의 자격요건으로 하고 있다.

21) 한국법정책학회, 앞의 연구보고서, 203－204면.

22) 주기종, 앞의 논문, 412면; 한국법정책학회, 앞의 연구보고서, 205면.

23) 신종석, "기업지배구조의 공정성 제고에 관한 연구", 법학연구 제47집, 한국법학회, 2012.8, 29면; 주기종, 앞의 논문, 411면; 한국법정책학회, 앞의 연구보고서, 207－209면.

24) 최정식, "준법통제와 준법지원인에 대한 고찰", 법학논총 제27집, 숭실대학교 법학연구소, 2012.1, 281면; 한국법정책학회, 앞의 연구보고서, 209－210면.

25) 미국의 경우에는 증권거래소의 상장회사 매뉴얼에 준법통제에 관련된 규정을 담아 실질적인 통제를 가하고 있으며, 영국의 경우에도 런던증권거래소의 상장규정에서 상장회사에 대하여 연차보고서와 연차회계서류에 준법통제시스템 등에 대하여 규정한 '통합모범규준(Combined Code)'의 준수 여부를 공시하도록 규제하고 있다고 한다(권성연, "준법지원인제도의 현재와 미래", 저스티스 통권 제127호, 2011.12, 82－84면).

26) 한국법정책학회, 앞의 연구보고서, 209－210면.

27) 기업실무에서 준법지원인은 당해 회사에 관계된 각종 법령을 파악한 후 이를 준수하기 위한

일련의 활동을 하며, 회사의 이미지 관리, 준법통제에 필요한 각종 자료의 수집·보존·관리, 내부감사, 위기관리 등 매우 복합적인 기능을 수행하고 있는데, 이러한 준법지원인 업무의 상당부분이 법무부서의 업무와 중첩된다.

28) 한국법정책학회, 앞의 연구보고서, 235면.

29) 이에 대해 자세한 설명으로는 한국법정책학회, 앞의 연구보고서, 228－230면 참조.

30) 한국법정책학회, 앞의 연구보고서, 230－231면 참조.

31) 한국법정책학회, 앞의 연구보고서, 231－233면.

32) 이하의 논의는 김재윤, 앞의 논문, 2015.5, 94－104면을 수정·보완한 것임.

33) 현행 양벌규정의 해석과 문제점에 대한 상세한 분석으로는 김재윤, 기업의 형사책임, 마인드탭, 2015, 107－137면 참조.

34) 헌법재판소 2007. 11. 29. 선고, 2005헌가10 결정. 이에 결정에 대한 대표적인 평석으로는 오경식, "양벌규정에 대한 판례분석", 「영남법학」 제27호, 2008, 55면 이하 참조.

35) 이주희, "양벌규정의 개선입법에 관한 고찰", 한양법학 제20권 제4집, 2009, 108－109면. 같은 입장으로는 박선종, 앞의 논문, 248면; 양천수, 기업의 경제활동에 관한 형사법제 연구 (Ⅱ): 기업사회적 책임(CSR)과 법준수프로그램(CP)에 관한 연구, 한국형사정책연구원, 2010, 143면; 이진국, "기업범죄의 예방수단으로서 준법감시제도(Compliance)의 형법적 함의", 형사정책연구 제21권 제1호, 2010, 83－84면.

36) 반면에 이러한 미국의 방식을 우리나라 양벌규정에서 사업주의 감독의무와 그에 따른 면책기준으로 원용할 수 있다는 견해로는 이진국, 앞의 논문, 83－84면.

37) Holland Furnace Co. v. United States, 158 F. 2d(6th Cir. 1946). 김성규, 양벌규정의 문제점과 법인처벌의 개선방안, 국회입법조사처, 2010, 68면, 각주 161)에서 재인용.

38) Pitt & Croskaufmanis, "Minimizing Corporate Civil and Criminal Liability: A Second Look at Corporate Codes of Conduct", Georgetown Law Journal Vol.78, 1990, 1647면. 김성규, 앞의 보고서, 69면, 각주 162)에서 재인용.

39) United States v. Hilton Hotels Corp., 467 F. 2d 1000(9th Cir. 1972), dert. denied, 409 U.S. 1125(1973); United States v. Twentieth Century Fox Film Corp., 882 F. 2d 656(2d Cir. 1989), dert. denied, 493 U.S. 1021(1990) 등. 김성규, 앞의 보고서, 68면, 각주 160)에서 재인용.

40) 김성규 교수는 미국 연방 법원이 법인의 형사책임 유무에 관해서 컴플라이언스 프로그램을 고려하는 데 매우 소극적인 이유로 ① 컴플라이언스 프로그램이 법인의 면책을 위한 상당한 주의의 내용으로 충분하는 않다는 점, ② 상당한 주의의 항변을 인정하는 것이 법인의 무과실책임을 인정하는 종래의 판례의 입장에 반하는 점을 지적하고 있다(김성규, 앞의 보고서, 70면).

41) 조국, "기업범죄 통제에 있어서 형법의 역할과 한계 －업무상 배임죄 배제론에 대한 응답－", 형사법연구 제19권 제3호, 2007, 167면; 조기영, "배임죄의 제한해석과 경영판단원칙", 형사법연구 제19권 제1호, 2007, 91면; 한석훈, "경영판단행위의 형사규제 －경영판단원칙의 입법화 방안을 중심으로－", 상사법연구 제35권 제1호(2016), 11－12면.

42) 한석훈, "형사책임에 대한 경영판단원칙의 적용", 성균관법학 제22권 제2호(2010.8), 350면.

43) 조기영, 앞의 논문, 92면.

44) 조국, 앞의 논문, 167면.

45) 최근의 대표적인 논의로는 고재종, "회사법상 이사 등의 특별배임죄 성립 여부", 한양법학 제21권 제4집, 2010, 79면 이하; 권상로, "미국·독일법상의 경영판단원칙의 도입 여부에 관한 연구", 법학연구 제33집, 2009, 255면 이하; 전우정, "삼성전자 판례에 나타난 법원의 경영판단원칙에 대한 태도와 이사의 책임 제한 ─ 대법원 2005.10.28. 선고 2003다69638 판결 평석─", 고려법학 제57호, 2010, 315면 이하; 한석훈, "경영진의 손해배상책임과 경영판단원칙", 상사법연구 제27권 4호, 2009, 138면 이하 참고.

46) 이규훈, "업무상 배임죄와 경영판단", 형사판례연구 제13권, 2005, 328면; 이경렬, "경영판단의 과오와 업무상배임죄의 성부", 법조 통권 제603호, 2006, 156면; 이종상, "이사의 책임과 배임죄에 대한 비판적 고찰", BFL 제19호, 2006, 50─52면.

47) 이상돈, "경영실패와 경영진의 형사책임", 법조 통권 560호, 2003, 88─98면.

48) 강동범, "이사의 경영판단과 업무상 배임", 법학논집 제14권 3호, 이화여자대학교, 2010, 49─50면.

49) 김기섭, "법인대표의 경영상의 판단과 업무상배임죄", 판례연구 18집, 2005, 10면.

50) 조기영, 앞의 논문, 106─107면.

51) 조국, 앞의 논문, 184면.

52) 대법원 2004.7.22. 선고 2002도4229 판결: "기업의 경영에는 원천적으로 위험이 내재하여 있어서 경영자가 아무런 개인적 이익을 취할 의도 없이 선의에 기하여 가능한 범위 내에서 수집된 정보를 바탕으로 기업의 이익에 합치된다는 믿음을 가지고 신중하게 결정을 내렸다 하더라도 그 예측이 빗나가 기업에 손해가 발생하는 경우가 있을 수 있는 바, … 문제된 경영상 판단에 이르게 된 경위와 동기, 판단대상인 사업의 내용, 기업이 처한 경제적 상황, 손실발생의 개연성과 이익획득의 개연성 등 제반 사정에 비추어, 자기 또는 제3자가 재산상 이익을 취득한다는 인식과 회사에게 손해를 가한다는 인식(미필적 인식을 포함) 하의 의도적 행위임이 인정되는 경우에 한하여 배임죄의 고의를 인정하는 엄격한 해석기준은 유지되어야 할 것이고, 그러한 인식이 없는데 단순히 본인에게 손해가 발생하였다는 결과만으로 책임을 묻거나 주의의무를 소홀히 한 과실이 있다는 이유로 책임을 물을 수는 없다."

53) 대법원 2009.6.11. 선고 2008도4910 판결; 대법원 2007.11.15. 선고 2007도6075 판결; 대법원 2007.9.7. 선고 2007도3373 판결; 대법원 2007.3.15. 선고 2004도5742 판결; 대법원 2007.1.26. 선고 2004도1632 판결; 대법원 2005.4.29. 선고 2005도856 판결; 대법원 2004.10.28. 선고 2002도3131 판결; 대법원 2004.7.22. 선고 2002도4229 판결 등.

54) 같은 입장으로 최승재, "경영판단의 항변과 기업경영진의 배임죄의 성부", 법률신문 제3308호(2004.10), 15면.

55) 조기영, 앞의 논문, 97면.

56) 강동욱, "이사의 경영판단행위와 배임죄의 성부", 한양법학 제21권 제4집, 2010, 119면.

57) 대법원 2009.6.11. 선고 2008도4910 판결: "경영상의 판단과 관련하여 기업의 경영자에게 배임의 고의가 있었는지 여부를 판단함에 있어서도 일반적인 업무상배임죄에 있어서 고의의 입증방법과 마찬가지의 법리가 적용되어야 함은 물론이지만, 기업 경영에 내재된 속성을 고려하여, 문제된 경영상의 판단에 이르게 된 경위와 동기, 판단대상인 사업의 내용, 기업이

처한 경제적 상황, 손실발생의 개연성과 이익획득의 개연성 등 제반 사정에 비추어 자기 또는 제3자가 재산상 이익을 취득한다는 인식과 본인에게 손해를 가한다는 인식(미필적 인식을 포함)하의 의도적 행위임이 인정되는 경우에 한하여 배임죄의 고의를 인정하는 엄격한 해석기준은 유지되어야 할 것이고, 그러한 인식이 없는데 단순히 본인에게 손해가 발생하였다는 결과만으로 책임을 묻거나 주의의무를 소홀히 한 과실이 있다는 이유로 책임을 물을 수는 없다."

58) 김성규 교수도 컴플라이언스 프로그램을 제대로 실행하는 것 자체가 경영판단원칙의 한 적용요건이 될 수 있다고 본다(김성규, 앞의 보고서, 144면).

59) 대법원 2007.3.15. 선고 2004도5742 판결.

60) United States Sentencing Commission, Federal Sentencing Guidelines Manual(2010), Chapter 8, Part B, C.
<http://www.ussc.gov/Guidelines/2010_guidelines/Manual_HTML/Chapter_8.htm: 최종 검색 2020.2.28.>

61) United States Sentencing Commission, Federal Sentencing Guidelines Manual(2010), §8B2.1.(a).

62) United States Sentencing Commission, Federal Sentencing Guidelines Manual(2010), §8B2.1.(b). 이와 같은 7가지 최소기준에 관한 상세한 내용은 사법제도개혁추진위원회, 사법제도개혁추진위원회 자료집 제15권, 사법선진화를 위한 개혁 연구보고서 참고자료 Ⅵ-Ⅱ, 2006, 340면 참조.

63) United States Sentencing Commission, Federal Sentencing Guidelines Manual(2010), §8C2.4.

64) United States Sentencing Commission, Federal Sentencing Guidelines Manual(2010), §8C2.5.(f).

65) 성희활, 앞의 논문, 203면.

66) 성희활, 앞의 논문, 203면; 손영화, 앞의 논문, 397면; 이진국, 앞의 논문, 81면.

67) 김재중, "대체 형벌로서의 징벌적 손해배상 제도", 형사법연구 제26호 특집호, 2006, 678면; 최정학, "기업범죄와 징벌적 손해배상", 민주법학 제42호, 2010, 275면.

68) 이에 따라 연방법이나 주법은 2배 내지 3배의 배상을 인정하고, 최저배상액을 법정화하고 있다고 한다(김상찬·이충은, "징벌적 손해배상제도의 도입을 위한 비교법적 고찰", 법학연구 제35집, 제주대학교 법학연구소, 2009, 172면).

69) 징벌적 손해배상제도 도입의 반대 논거로는 ① 징벌적 손해배상은 주로 미국과 같은 영미법계열의 국가에서 인정되는 독특한 손해배상제도로서 이와 법체계를 달리하는 우리와 잘 맞지 않는 다는 점, ② 그럼에도 징벌적 성격을 갖는 손해배상을 인정하게 되면 이것은 형벌과의 관계에 비추어 '이중처벌'이 될 수 있다는 점, ③ 지나치게 높은 배상액의 부과가 헌법이 규정하는 '과잉(제재)금지의 원칙'에 반할 수 있다는 점, ④ 높은 손해배상액의 부과는 결국 기업의 활동을 위축시켜 전체 국가경제에 해가 되는 방향으로 작용하게 된다는 점 등이 제시되고 있다. 이에 대해 상세히는 최정학, 앞의 논문, 276-279면 참조.

70) 양형위원회의 횡령·배임 양형기준은 일반 횡령·배임과 기업 횡령·배임을 구분하지 않고 횡령·배임범죄에 대해 통일적으로 적용되는 양형기준 설정을 통해 양형편차 시비의 해소를

도모하고자 하였으나, 양자를 구별하지 않음으로써 화이트칼라 범죄에 대한 적정한 양형의 실질적 구현을 어렵게 하고 있다고 본다. 횡령·배임 양형기준에 대해 상세히는 양형위원회, 2011년 양형기준, 2011, 77면 이하 참조.

71) 파이낸셜 뉴스 신문이 2011년 8월 25일 대법원 판결정보시스템을 통해 특경가법상 횡령·배임 관련 판결 841건(피의자 1242명, 1995년 1월 1일~2011년 6월 30일)을 전수 조사하여 1심 판결 553건(피의자 수 785명)을 분석한 결과, 1심 대상자 가운데 집행유예 선고를 받은 경우가 423명으로 53.8%에 달했고, 무죄선고를 받은 피의자도 47명으로 5.9%였으며, 실형선고를 면한 피의자가 470명으로 59.8%에 달하여 권력·금력에 솜방망이 처벌을 하고 있다고 지적한 바 있다(파이낸셜 뉴스, "자본주의 독버섯 '화이트칼라 범죄' 대해부", 2011.8.25일자).

72) 김성규, 앞의 보고서, 69면; 성희활, 앞의 논문, 204면.

73) Principles of Federal Prosecution of Business Organizations 9−28.300(Factors to Be Considered)
   <http://www.justice.gov/opa/documents/corp−charging−guidelines.pdf: 최종검색 2020.2.28.>

74) 문채규, "검사의 부당한 불기소처분에 대한 법적 통제와 기소편의주의의 미래", 안암법학 제6호, 1997, 86면.

75) 김재윤, "검사의 소추재량권에 대한 민주적 통제방안", 형사법연구 제21권 제4호, 2009, 118면 이하 참조.

76) 김재윤, 앞의 논문, 2009, 104−105면.

결 론
준법지원인제도와 기업형법의 미래

"기업이 주주 가치 증대, 투자 수익률, 수익 추구 등에 관해 이야기 할 때, 최상의
투자는 세계 최고 수준의 컴플라이언스 프로그램을 구축하는 것이다."
- Martin T. Biegelman -

　2011년 4월 14일 상법(법률 제10600호)이 대폭 개정되었다. 즉 상법 제542의13에 따
르면 2014년 1월 1일부터 자산총액 5천억 원 이상의 상장회사는 법령을 준수하고 회
사경영을 적정하게 하기 위하여 임직원이 그 직무를 수행할 때에 따라야 할 준법통제
기준을 마련해야 하고 준법통제기준의 준수에 관한 업무를 담당하는 준법지원인을 1
인 이상 선임해야 한다. 무엇보다 입법자는 국민경제에 커다란 영향력을 미치는 자산
총액 5천억 원 이상의 상장회사를 대상으로 준법지원인과 준법통제기준에 관한 규정
을 신설함으로써 기업의 준법·윤리경영을 강화함과 동시에 각종 위법행위나 법적 분
쟁을 미리 예방함을 목적으로 하였다. 이는 준법지원인제도의 도입으로 일정 규모의
상장회사를 대상으로 기업범죄의 사전예방이 가능하도록 하는 제도적 장치가 마련되
었음을 의미한다.
　일반적으로 '컴플라이언스(Compliance)'란 정해진 법규를 준수한다는 의미로 모든
기업과 그 기관 및 임직원이 법률상 명시된 금지규범과 요구규범을 준수하도록 보장
하기 위한 일체의 조치라고 이해될 수 있다. 그러므로 컴플라이언스의 목적은 기업과
그 기관 및 임직원에 의한 법익침해를 방지하거나 적어도 줄일 수 있게 기업 내부 절
차를 미래지향적으로 설계함으로써 법익침해에 따른 책임위험을 최소화 하는 데 있다.
　준법지원인은 회사의 기관이 아니며 그 임무와 권한이 개별적으로 규정되고 표준

화되지 않은 특별한 지위를 갖는다. 준법지원인은 기업 내부의 준법통제기준과 법규의 준수에 대해 책임을 진다. 이를 위해 준법지원인은 임직원이 준법통제기준을 준수하고 있는 여부를 점검하고 그 결과를 이사회에 보고할 의무가 있다. 무엇보다 준법지원인은 법령위반의 방지, 특히 기업 스스로 행하는 범죄행위를 방지할 임무가 있다.

효과적인 컴플라이언스 프로그램의 수행은 기업범죄의 사전적 예방수단으로서 효과적인 것으로 평가되고 있다. 왜냐하면 준법지원인에게 법령위반의 방지, 특히 범죄행위를 방지할 의무가 부과되어 있기 때문이다. 그러나 컴플라이언스의 범죄예방의 효과는 미국과 같이 효과적인 컴플라이언스 프로그램의 이행이 형벌을 감경할 수 있도록 되어 있는 경우에 기대될 수 있다.

그러나 일차적으로 기업의 준법·윤리경영을 도모하고 부차적으로 기업범죄의 사전예방 효과를 거두기 위해 도입한 준법지원인제도는 대다수의 기업에 의해 외면을 받고 있는 실정이다. 2016년 상반기 기준 상장회사 311개사 중 전체의 약 41.2%인 128개사가 준법지원인을 선임하지 않은 것으로 나타났기 때문이다. 이처럼 우리나라에서 준법지원인제도와 이에 따른 컴플라이언스 프로그램의 정착이 원활히 이루어지지 못한 데에는 여러 이유가 있을 수 있으나, 무엇보다 준법지원인제도의 도입이 미국, 유럽처럼 금융회사나 기업의 스스로의 필요에 의해 '자발적인' 참여에 의해 자연스럽게 생겨났다기보다 정부와 규제기관 주도로 '강제적'이고 '의무적'으로 만들어져 그 필요성에 대한 내부적인 인식의 정도가 낮을 수밖에 없다는 데서 기인한다고 본다. 또한 준법지원인제도와 컴플라이언스 프로그램의 실패가 서구 금융회사나 기업의 사례에서 보듯이 몇 년 치의 영업실적과 맞먹는 천문학적인 벌금형 부과 등으로 이어질 수 있다는 현실적으로 체감할 수 있는 형사제재가 아직 우리나라에서는 이루어지지 않고 있다는 데 근본적 이유가 있다고도 본다.[1]

이러한 현실에서 "예측, 특히 미래에 관한 예측은 어렵다"는 말이 있듯이 향후 준법지원인제도와 그 핵심인 컴플라이언스 프로그램의 미래가 어떤 방향으로 흐를지 예측하기란 쉽지 않다. 그럼에도 불구하고 준법지원인제도와 컴플라이언스 프로그램을 우리나라보다 먼저 도입하여 효과적으로 운영하고 있는 미국의 전례를 살펴보면 그 미래를 다소나마 예측할 수 있다고 본다. 이때 준법지원인제도와 컴플라이언스 프로그램의 미래를 결정지을 수 있는 가장 중요한 요인으로 앞으로도 정부와 규제기관은 기업(그 기업이 상법의 준법지원인 선임의무 대상으로 자산총액 5천억 원 이상의 상장회사이던 그 이하의 상장회사이던 간에) 준법·윤리경영을 도모하기 위한 법집행을 계속 강화할 것이라는 점이다. 미국의 해외부패방지법(FCPA)의 예는 이를 잘 말해준다. 즉 미국 법무부는 FCPA 위반 기업에 대해 2004년에 1,100만 달러의 형사 벌금을 부과했고, 2005년에는 1,650만 달러를 부과했다고 전해진다. 그러나 과거 2년 동안은 해마다 벌금액이 10억 달러를 넘어섰으며, 법무부 관리들은 법집행이 앞으로 더 엄격해질 것이라고 한다. 외국의 감독 당국들이 중요한 정보를 제공하고, 고객들이 비리 혐의자의 위반행위에 대해 고발함에 따라 법무부의 정보원도 확대되고 있다고 한다. 그리고 법무부는 규칙적으로 법률 위반자들에게 장기 징역형을 구형하고 있다. 이에 아직 준법지원인을 선임하지 않고 선임했다고 하더라도 효과적인 컴플라이언스 프로그램을 운영하지 않는 회사들은 효과적인 컴플라이언스 프로그램을 갖춘 회사들이 위반행위 발생 예방에 도움을 받을 수 있을 뿐만 아니라 조사시에 회사가 보다 유리한 입장에 서게 될 것이라는 법무부 관리자의 주장, 그리고 효과적인 컴플라이언스 프로그램을 갖춘 회사가 기소 단계에서 혜택을 본 구체적인 사례에 대한 최근의 법무부 발행 자료에 주의를 기울이게 될 것이다. 이에 회사들은 규제 당국의 불필요한 접근을 막고 회사의 평판 및 수익 흐름을 보호하는 데 도움을 주기 위해 탁월한 능력을 갖춘 준법지원인을 선임하고 컴플라이언스 프로그램을 광범위하게 강화하기 위해 더 열심히 노력할 것이라고 한다.[2]

우리나라의 준법지원인제도와 컴플라이언스 프로그램의 미래도 다소간의 양적·질적 차이와 시간상의 차이가 있겠지만 미국의 흐름과 크게 다르지 않을 것이라 판단된다. 따라서 준법지원인제도의 올바른 정착과 이에 따른 효과적인 컴플라이언스 프로그램이 개별 기업에서 충실히 실행될 경우, 기업범죄의 사전 예방효과를 일정 부분 거둘 수 있고, 이러한 준법지원인제도가 기업범죄의 사전 예방에 얼마만큼 효과적으로 작동하는지를 끊임없이 살피고 개선방안을 제시하는 것이 기업형법의 주요 미래 과제가 될 것이다.

---

1) 이원준, 컴플라이언스의 세계, 새녁, 2019, 190면.
2) 리처드 M. 스타인버그·노동래 옮김, 거버넌스 리스크관리 컴플라이언스, 연암사, 2013, 502−503면.

찾아보기

저자약력

김 재 윤

건국대학교 법과대학 졸업
건국대학교 대학원 졸업(법학석사)
독일 트리어(Trier)대학교 법학석사(LL.M.)
독일 트리어(Trier)대학교 법학박사(Dr. jur.)
인제대학교 법학과 조교수
전남대학교 법학전문대학원 교수
現 건국대학교 법학전문대학원 교수
　　광주고등검찰청 검찰시민위원회 위원
　　광주지방검찰청 형사상고심의위원회 위원
　　대검찰청 과거사 진상조사단 조사단원
　　광주지방경찰청 개혁자문위원
　　광주지방법원 국선변호운영위원회 위원
　　서울동부지방검찰청 정보공개심의위원회 위원
　　사법시험, 변호사시험 등 각종 국가고시 시험위원

[주요 저서 및 논문]
『Umweltstrafrecht in der Risikogesellschaft −Ein Beitrag zum Umgang mit abstrakten
　　Gefährdungsdelikten−』(Dissertation, Göttingen, 2004)
『현대형법의 위기와 과제』(전남대학교출판부, 2009)
『형법판례 −총론편−』(전남대학교출판부, 3인 공저, 2010)
『새로운 형법총론』(율곡출판사, 2인 공저, 2011)
『새로운 형법각론』(율곡출판사, 2인 공저, 2013)
『로스쿨 의료형법』(전남대학교출판부, 2013)
『생명의 형법적 보호』(전남대학교출판부, 2014)
『의료분쟁과 법(제2판)』(율곡출판사, 2015)
『기업의 형사책임』(마인드탭, 2015)_2016년도 대한민국학술원 우수학술도서 선정
「영국의 기업과실치사법에 대한 고찰과 시사점」(형사정책연구 제25권 제4호, 한국형사정책연구원,
　　2014.12, 181−218면) 외 다수

기업범죄예방과 준법지원인제도

초판 발행	2020년 5월 25일
지은이	김재윤
펴낸이	안종만 · 안상준
편 집	우석진
기획/마케팅	정연환
표지디자인	벤스토리
제 작	우인도 · 고철민
펴낸곳	(주) 박영사
	서울특별시 종로구 새문안로3길 36, 1601
	등록 1959. 3. 11. 제300-1959-1호(倫)
전 화	02)733-6771
f a x	02)736-4818
e-mail	pys@pybook.co.kr
homepage	www.pybook.co.kr
ISBN	979-11-303-3631-2 93360

* 잘못된 책은 바꿔드립니다. 본서의 무단복제행위를 금합니다.
* 저자와 협의하여 인지첩부를 생략합니다.

정 가 29,000원